바울신학

F. F. 브루스 著
정 원 태 譯

기독교 문서 선교회

PAUL
Apostle of the Heart Set Free

By
F.F. Bruce

Translated by
Won-Tai Chung

Copyright © 1977 by The Paternoster Press Ltd.

Originally published in Englsh under the title
as *Paul: Apostle of the Heart Set Free* by F.F. Bruce
by Paternoster Press Ltd.

Translated by permission of The Paternoter House,
3 Mount Radford Crescent Exeter, Devon, England

All rights reserved

Korea Edition
Copyright © 1987 by Christian Literature Crusade
Seoul, Korea

머리말

　이 책은 수년 동안에 행한 강의와 부분적으로 출판된 논문들을 모아서 이루어진 책이다. 내가 만체스터(Manchester) 대학교에 처음으로 부임했을 때 나에게 부여된 과목 중의 하나가 바로 "역사적 배경에 비추어 본 사도 바울의 선교여행"이었다. 이 강의의 핵심된 내용들이 본서의 주요 골격을 이루고 있다. 물론 그 전에도 나는 사도 바울의 생애와 사상에 대해 문외한은 아니었지만 지난 18년 동안은 어느 다른 분야보다도 이 방면에 더 많은 시간과 정력을 투입할 수 있었다. 나는 사도의 가르침을 조직적으로 진술하기 보다는 오히려 바울이 그의 서신서들에서 드러내려고 했던 것같이, 역사적 배경 안에서의 사도 바울의 중요한 가르침을 취급하였다.

　내가 만체스터 대학교에 온 이후로 John Rylands 도서관에서 공개 강좌를 해왔다. 이 강좌에서 나는 "바울 연구"에 관한 제목들을 취급했었다. 이 강좌들이 곧 이어 도서관 회보에 실리게 되었다. 이 강좌들 중의 8개의 제목이 여러 잡지에 또다시 실리게 되었다. 이 잡지들에 실리게 된 논문들을 재편집하도록 허락해 주신 라트클리프(F.W. Ratcliffe) 박사님(대학 도서관장)과 *The Expository Times*의 편집자와, 프랑크 타일러(Frank Taylor) 그리고 회보의 편집장 박사님께 깊은 감사를 드린다.

　특히 내 비서로 수고하고 있는 마가렛 혹(Margaret Hogg) 양에게 깊은 감사를 드린다. 그녀는 천성적으로 타고난 근면함과 상냥함으로 모든 원고를 타이핑했고, 교정과 색인을 만들었다. 그녀의 아름답고 정확한 타이핑은 인쇄업자들로 하여금 내 글자를 판독하는데 소비되는 수많은 시간을 벌어주었다. 그녀는 이러한 문제들을 믿음직스럽게 해결해 주었다.

1977. F. F. 브루스

약어표

AJA	*American Journal of Archaeology*
Ant.	*Antiquities* (Josephus)
AV	Authorized (King James) Version
BC	*The Beginnings of Christianity*, ed. F. J. Foakes Jackson and K. Lake (London, 1920–33)
BGU	*Berliner Griechische Urkunden*
BJ	*De Bello Iudaico (Jewish War)* (Josephus)
BJRL	*Bulletin of the John Rylands (University) Library*, Manchester
BZNW	*Beiträge zur Zeitschrift für die neutestamentliche Wissenschaft*
CD	Book of the Covenant of Damascus (= Zadokite Work)
GIG	*Corpus Inscriptionum Graecarum*
CIL	*Corpus Inscriptionum Latinarum*
CSEL	*Corpus Scriptorum Ecclesiasticorum Latinorum*
DACL	*Dictionnaire d'Archéologie chrétienne et de Liturgie*
EQ	*The Evangelical Quarterly*
E.T.	English Translation
Ev. Th.	*Evangelische Theologie*
HDB	*Hastings' Dictionary of the Bible* (5 volumes)
Hist. Eccl.	*Historia Ecclesiastica* (Eusebius)
HJP	*History of the Jewish People in the Age of Jesus Christ*, E.T. (E. Schürer)
ibid.	*ibidem* ("in the same place")
ICC	International Critical Commentary
IGRR	*Inscriptiones Graecae ad Res Romanas Pertinentes*
JBL	*Journal of Biblical Literature*
JRS	*Journal of Roman Studies*
JTS	*Journal of Theological Studies*
loc. cit.	*loco citato* ("at the place cited")
LXX	Septuagint (pre-Christian Greek version of Old Testament)
MAMA	*Monumenta Asiae Minoris Antiqua*
MT	Massoretic Text
Nat. Hist.	*Naturalis Historia* (Pliny the Elder)
NEB	New English Bible
n.s.	new series
NTS	*New Testament Studies*
OGIS	*Orientis Graeci Inscriptiones Selectae* (ed. W. Dittenberger)

op. cit.	*opus citatum* ("the work cited")
Q	Qumran
1QH	*Hodayot* (Hymns of Thanksgiving) from Qumran Cave 1
1QIs^a	Complete scroll of Isaiah from Qumran Cave 1
1QIs^b	Incomplete scroll of Isaiah from Qumran Cave 1
1QM	*Milḥamah* (War scroll) from Qumran Cave 1
1QpHab	*Pesher* (commentary) on Habakkuk from Qumran Cave 1
1QS	*Serek* (Rule of the Community) from Qumran Cave 1
4QpNah	*Pesher* (commentary) on Nahum from Qumran Cave 4
QDAP	*Quarterly of the Department of Antiquities of Palestine*
RE	*Realencyclopädie für die klassische Altertumswissenschaft* (A. F. von Pauly and G. Wissowa)
RHPR	*Revue d'Histoire et de Philosophie Religieuses*
RSV	Revised Standard Version
s.v.	*sub voce* ("under the word")
TB	Babylonian Talmud
TDNT	*Theological Dictionary of the New Testament*, i–ix (1964–74), E.T. of *TWNT* (*Theologisches Wörterbuch zum Neuen Testament*), i–ix (1933–74), ed. G. Kittel and G. Friedrich
TJ	Jerusalem (Palestinian) Talmud
ZAW	*Zeitschrift für die alttestamentliche Wissenschaft*
ZDPV	*Zeitschrift des Deutschen Palästina-Vereins*
ZNW	*Zeitschrift für die neutestamentliche Wissenschaft*
ZTK	*Zeitschrift für Theologie und Kirche*

목차

머리말/F.F. 브루스
약어표

서론	9
제1장 로마의 융성	16
제2장 외국의 통치를 받은 유대인들	21
제3장 "소읍이 아닌" 길리기아	27
제4장 "이는 로마 시민이라"	32
제5장 "히브리인 중의 히브리인"	36
제6장 "때가 완전히 도래했을 때"	48
제7장 "그 길"의 시작	57
제8장 교회의 박해자	65
제9장 기독교인으로서의 바울	70
제10장 바울과 예루살렘 전승	80
제11장 바울과 역사적 예수	94
제12장 바울과 높이 들린 그리스도	114
제13장 바울과 헬라에의 선교	128
제14장 야망인과 행동인	137
제15장 예루살렘 회의	152
제16장 구브로와 소아시아에서의 교회확장	166
제17장 이방인 문제	180
제18장 "율법이 할 수 없는 것"	197
제19장 육과 영	212

제20장	안디옥에서 빌립보로	221
제21장	데살로니가 교회	233
제22장	바울과 아덴인들	247
제23장	고린도에 세워진 하나님의 교회	263
제24장	고린도인들에게 보낸 서신	279
제25장	세례와 성찬식에 대한 바울의 견해	296
제26장	에베소 : 전도의 문은 열렸으나 반대자도 많았던 곳	302
제27장	바울과 내세	317
제28장	마게도냐와 아가야를 떠남	333
제29장	바울이 쓴 복음서	345
제30장	마지막 예루살렘 방문	359
제31장	가이사랴와 가이사에 대한 호소	373
제32장	"드디어 로마로"	386
제33장	바울과 로마의 기독교	395
제34장	빌레몬서	407
제35장	정사와 권세	421
제36장	바울 사상의 진수	435
제37장	바울의 마지막 날들 : 역사와 전승	450
제38장	결론적인 고찰	464

서론

바울에 관해 또다른 저술을 하는 이유를 밝히라고 한다면 2세기의 『바울 행전』(Acts of Paul)의 저자가 한 말 이외에는 달리 없을 것이다. 그 책은 "바울에 대한 사랑 때문에" 기록했다고 했다. 반 세기를 훨씬 넘도록 나는 고대 문헌을 탐구하는 학도였고 또한 교사였다. 그리고 그 어떤 저술가보다도 사도 바울에게 시간과 관심을 쏟았다. 또한 나는 고금을 막론하고 사도 바울에 대한 연구보다 더 풍성한 보람을 주는 저술가는 없을 것이라고 생각한다. 이는 그의 다양성있는 인격의 면모 때문이기도 하다. 즉, 그의 인격의 매력적인 따스함, 그의 지성적 크기의 웅대함, 그의 은혜의 구원을 선포하는 복음에서 발산되는 향기로운 인력(引力), 다메섹 도상에서 회심한 이후 전심전력으로 한 가지 일에만 헌신하여 그의 모든 동료 사도들 보다 넘치는 수고를 하면서도 "내가 아니요 오직 나와 함께하신 하나님의 은혜로다"고 외치면서 "오직 이 한 가지 일만 하노라"고 전력질주하는 그 모습 등일 것이다. 그렇다면 내가 이 저술을 하는 목적은 내 자신이 사도 바울을 연구하면서 얻은 풍성한 보람을 다른 사람들과 조금이라도 나누고자 하는 소원 때문이라고 하겠다.

1. 서신의 저자 바울

모든 신약의 저술가 중에서도 바울은 그의 저술을 통하여 그 자신의 인격의 특이함을 거의 틀림없이 인쳐놓은 인물이다. 그가 세계 문학사에서 그의 뚜렷한 지위를 차지하게 된 것은 그가 사려깊은 통찰력으로 적합한 문체를 구사했다거나, 그가 처음으로 편지를 썼던 대상들을 초월해서 더욱 광범위한 독자들을 의중에 두고 그 편지를 썼기 때문이 아니라, 그 편지 자체가 너무도 자연스럽게, 그리하여 너무도 웅변적으로 그의 마음과 메시지를 독자의 심령에 전달해 준다는 사실 때문일 것이다. "사도 바울은 확실히 헬라 문화사에서 가장 위대한 인물들 가운데 한 사람이다"라고 길버트 머레이(Gilbert Murray)는 말하고 있다.[1] 머레이보다 더 훨씬 위대한 헬라주의자인 울리히 폰 윌라모윗츠 뫼렌도르프(Ulrich von Wilamowitz-Moellendorff)는 사도 바울의 작품을 "헬라 문학의 고전"으로 묘사했다. 그는 말하기를, "바울은 헬라 교육의 어느 한 요소도 그대로 전수받지 않았지만, 그는 헬라어로 썼을 뿐만 아니라 헬라어로 생각했고, 자신도 미처 깨닫지 못하는 사이에 헬라인들에게 복음을 전함으로 알렉산더 대왕의 유언을 집행하는 사람이 되었다"고 하였다. 이어서 그는 다음과 같이 서술했다.

> 드디어 마침내, 다시금 누군가가 삶의 신선한 내적 체험을 말하기 시작했다. 그 체험은 그의 신앙이었다. 이 신앙이 그의 소망을 확신하게 해주었다. 그의 불타는 사랑은 온 인류를 포옹했고, 온 인류에게 구원을 주기 위해서는 자기 자신의 목숨을 기꺼이 희생했다. 그렇지만 그가 가는 곳마다 영혼의 신선한 생명이 용솟음쳐 올랐다. 그는 그 자신의 직접적 행동을 대치하기 위하여 그의 서신을 기록했다. 이 편지의 문체가 바로 바울이고, 바울 자신이며, 그 이외의 아무것도 아닌 것이다.[2]

헬라인 중의 헬라인이 히브리인 중의 히브리인이라고 부르는 사람에게 드리는 위와 같은 찬사는 얼마나 훌륭한 찬사인가!

바울의 서신들은 그의 생애와 사업의 으뜸가는 자료이며, 아니 참으로 기독교의 시작에 대한 지식의 으뜸가는 자료이다. 왜냐하면 이 서신들이야말로 가장 초기 기독교 문헌이며, 대부분이 예수님의 사후 18년에서 30년 사이에 기록되었기 때문이다. 어떤 저술가들은 그들의 참된 생각을 은폐하기 위하여 서신 형식을 취하기도 했다. 그러나 사도 바울의 너무도 투명한 정직성은 그 어떠한 인간적인 기교와는 병존할 수가 없었다. 그가 새로운 개종자에게나 혹은 미지의 사람들에게 서신을 쓸 때 필요하다면 그 자신도 외교적인 태도를 취하기도 했지만, 그런 때에도 그는 분명하게 그의 심정을 토로하고 있다.

바울이 직접 서신을 자기 손으로 쓰는 대신 대서(代書)시킴으로 해서 이러한 자발성이 더욱 뚜렷이 드러나게 된 것이다. 그가 서신의 내용을 불러주고 대서시킬 때에 마치 수신자들을 얼굴을 마주보고 대하는 것처럼 생각하고, 그들을 마음의

---

1) G.G.A. Murray, *Four Stages of Greek Religion* (New York, 1912), p.146.
2) U. von Wilamowitz-Moellendorff, *Die griechische Literatur des Altertums=Die Kultur der Gegenwart*, ed. P. Hinneberg, i, 8 (Berlin/Leipzig, ³1912), p.232.

눈으로 보면서 구술할 수 있었다. 비록 대서자들이 그 서신을 기록했다 할지라도, 그 문체는 사도 자신의 문체이며, 특히 로마서, 고린도 전후서와 갈라디아서 같은 대서신서에 대서자가 명기되었을 경우 더욱 그러하다. 필기자가 디모데나 누가와 같은 친밀한 동료였을 경우에는 보다 더 자유롭게 그의 문체적 특징이 드러났을 것이다. 그러나 바울이 그의 주제에 불이 붙어 뜨거워졌을 때에, 그것을 받아쓴다는 것은 결코 쉬운 일이 아니었을 것이다. 만일 그의 대서자들이 그 당시의 통상적인 방법을 따랐다면, 우선 바울이 불러준 말을 왁스 판 위에 철필로 속기 형식을 취해 기록한 후 다시 파피루스나 두루마리에 옮겨 적었을 것이다.

이러한 바울 서신서의 명백한 자발성 때문에, 그의 서신서가 사도 바울에 대한 충분한 설명이 될 수 없다는 논리는 성립될 수 없는 것이다. 일 세기 이래로 그의 서신서와 완전히 독립된 형태로 된 바울에 대한 기록이 바로 사도행전이다(그 첫째 부분이 누가복음이고, 그 둘째 부분이 사도행전인데, 그 두 권의 책이 기독교의 기원과 발전의 역사를 기록하고 있다). 이 사도행전이 바울의 생애와 사역의 중요한 두번째 자료이다. 본서는 사도행전이 최고의 역사적 가치를 지니고 있다는 확신에 근거하여 기록된 것이다[3](그 증거는 나중에 다른 곳에서 개진될 것이다). 바울이 그의 서신서에서 친히 기록한 초상과 사도행전에 묘사된 바울의 초상의 차이점이라면, 사람이 자신이 그린 자화상과 다른 사람이 그가 알아차리든지, 못 알아차리든지 그의 모습을 그려준 초상화 정도의 차이일 것이다. 사도행전의 바울은, 그와 동조자이면서 또한 정확한 관찰자로서 독립된 위치에서 사도를 보고 묘사한 역사적 바울을 묘사하고 있기 때문에 이 기록은 최소한 주요 서신들의 배경을 신빙성있게 설명해 주며, 서신서에서 친히 기록한 바울 자신의 기록을 믿을 만하게 보충해 주고 있다.[4]

2. 사도 바울과 기독교의 확장

그러나 사도 바울이 세계사에 뚜렷한 족적(足跡)을 남긴 것은 서신서의 저자로서만이 아니라 더욱 행동의 사람이었기 때문일 것이다. 예를 들어서, 두 가지 역사적인 현상을 살펴보자.

첫째로 기독교는 유대인 공동체 안에서 흩어진 유대인 사회에서가 아닌 이스라엘 본토 안에서의 한 운동으로 태동했다. 창시자는 유대인이었고, 그의 제자들도 유대인이었다. 그의 스승이 떠난 다음에 그들은 그들에게 위탁된 복음을 유대인들에게만 전파했다. 그렇지만 한 세대가 지나기 전에 로마 제국에서는 막강한 이방

---
3) Cf. F. F. Bruce, *The Acts of the Apostles*(London, ²1952), pp. 15ff. *et passim*.
4) 마지막 두 문장들은 브루스의 책 Is the Paul of Acts the Real Paul? 을 부연한 것이다. BFRL 58(1975~76), pp. 282~305.

종교라고 규정했다. 그래서 오늘날까지도 세계의 일부에서는 유대인대 기독교인이라는 표현이 유대인대 이방인을 지칭하는 것으로 알고 있는 것이다.

두번째로 기독교는 아람어를 쓰고 있었던 서남 아시아에서 태동했다. 그렇지만 그 표준 기초문서들은 헬라어로 기록되었고, 행인지 불행인지 수 세기가 지난 오늘날까지도 유럽의 종교로 간주되었다.

이 두 현상들이 모두 다(사실은 하나의 동일한 현상의 두 양상이기는 하지만) 주로 사도 바울 한 사람의 정력적인 활동에 기인하는 것이다. 그는 유대인으로 태어났고, 자라났고, 그리스도의 복음을 그가 AD 33년에 기독교로 개종한 후 30년 동안에 수리아에서부터 이탈리아까지 그리고 스페인까지(?) 이방세계에 편만하게 전했다. 그가 그의 사명을 성취한 그 정력적인 모습의 실례들이 AD 47년에서 57년의 십 년 동안 사역한 그의 사도적 사역에서 뚜렷하게 볼 수 있을 것이다. 롤란드 알렌(Rolland Allen)은 이 기간의 바울의 사역을 다음과 같이 요약하고 있다.

> 십 년 내에 사도 바울은 대제국의 네 지역에(갈라디아, 마게도냐, 아가야 그리고 아시아) 교회를 세웠다. AD 47년 이전에는 이 지역에는 교회가 없었다. AD 57년에 사도 바울은 그의 일이 다 완료된 것처럼 말할 수 있었고, 그가 세운 교회들이 그의 부재(不在)중에 그의 지도와 도움이 없으면 소멸되지 않을까 하는 일말의 염려도 없이 보다 더 광범위한 먼 서방 전도여행을 계획할 수 있었다.[5]

그의 신뢰는 옳았다. 그가 세운 교회들은 소멸되지 않았을 뿐만 아니라 오히려 장성하고 번영했다.

그 당시 이방세계에 기독교를 전파한 사람은 바울만이 아니었다. 바울을 동정해서 전한 사람도 있었고, 바울과 경쟁하기 위해 전한 사람도 있었다.[6] 그러나 그는 개척 선교사로서 그리고 교회 창설자로서 모든 다른 사람들을 능가했으며, 아무도 이방인의 뛰어난 사도로서의 업적과 성취를 감소시킬 수 없을 것이다.

3. 값없는 은혜의 설교자 바울

그러나 바울이 전세계를 향한 가장 탁월한 공헌은 그 자신이 옳게 표현한 대로 예수님의 가르침을 재진술한 그 복음, 자신의 생애와 사역을 통해서 구현된 값없는 은혜의 복음을 제시한 것이다. 바울이 선포한 하나님의 값없는 은혜는 하나 이상 여러 가지 의미를 내포하고 있다. 주권적이면서 조건없이 주신다는 의미와, 믿음만을 가지고 모든 남녀에게 받아진다는 의미와, 모든 종류의 내적 혹은 외적 속박, 즉 율법주의 생애와 도덕적 무정부주의의 속박 등에서 해방되는데 원천이

---

5) R. Allen, *Missionary Methods : St. Paul's or Ours?* (London, 1927), p. 3.

되며 원리가 된다는 의미 등이다.

  바울이 선포한 은혜의 하나님은 홀로 큰 기사를 행하시는 분이시다. 그는 무(nothing)에서 우주를 창조하시고, 죽은 자를 살리시며, 불경건한 자를 의롭다 칭해주시는 분이시다. 무엇보다도 이 세번째 사실(칭의)은 모든 기사 중에 최대의 기사이다. 가령 창조나 부활은 살아 계시며 생명을 주시는 하나님의 권능에 합한 일이다. 그러나 불경건한 죄인을 의롭다 칭하심은 한 마디로 그 자신의 선언대로 "나는 악인을 의롭다 하지 않겠다"(출 23 : 7)고 하시며 모든 땅의 재판장이 되신, 의로우신 하나님으로서의 성품의 모습이다. 그렇지만 신적 은혜의 속성으로 인해서, 자비로운 은혜를 받을 자격없는 사람들에게 베풂으로써 자신도 의로우시며 예수를 믿는 자를 의롭다고 칭해주신 것이다(롬 3 : 26).

  바울의 하나님 이해는 예수님의 교훈과 완전히 일치하고 있다. 여러 비유에서 볼 수 있는 대로 죄인을 너그럽게 용서하시고 돌아오는 탕자를 받아주는 하나님은 공의를 희생하고 자비를 베푼 것이 아니다. 하나님은 여전히 자체 모순이 없는 하나님으로 존재하신다. 변역지 아니하시는 하나님이 죄인들이 소멸되지 않는 이유이다. 다른 구약성경이 표현한 대로 "인애를 기뻐하심으로 노를 항상 품지 아니하시나이다"(미 7 : 18).

  그러나 은혜는 하나님께서 죄인들을 영접해 주실 뿐만 아니라, 영접한 죄인들을 그리스도의 형상으로 변화시키는 데도 나타나고 있다. 토마스 어스킨(Thomas Erskine)의 다음과 같은 말은 너무도 적절한 표현이다. "신약에서는 신앙은 은혜이고, 윤리는 감사이다." 이 경구를 헬라어로 바꾸면 한 단어로 은혜(charis)이고, 또한 이 은혜는 감사의 뜻도 포함하고 있다. 왜냐하면 감사란 신적 은혜가 수은자에게서 산출되는 열매이기 때문이다. 또한 감사는 성령에 의하여 분여되고 유지되는 표현으로서, 성령을 통하여 하나님의 사랑이 신자들의 심령에 부어주심이다. 예수님은 두 계명을 인용하심으로 하나님에 대한 사랑과 이웃에 대한 사랑을 결합시키셨는데, 이 두 계명이 모든 율법과 선지자의 강령이라고 말씀하셨다(마 22 : 40). 그래서 바울에게서는 은혜로 구속받은 성도들의 삶에는 이러한 신적 사랑이 자유롭게 작동함으로 율법의 요구가 이루어진다고 보았다(롬 13 : 10 ; 역자 보충 롬 8 : 1~4). 그러므로 바울은 값없는 은혜의 복음은 하나님의 율법의 본질적 요소를 폐하는 것이 아니라 오히려 든든히 세운다고 주장한다(롬 3 : 31).

  사랑은 율법적 규례나 심판의 공로보다 더욱 하나님의 뜻을 행하는데 강력한 요인이 된다. 2세기의 말시온(Marcion)은 어느 정도 이 사실을 깨닫기는 했어도, 복음 전체를 이해하고 있는 바울의 가르침과는 조화가 되지 못하였다. 말시온은 그리스도인이 구약성경과도 깊은 관계가 있다는 것과 장차의 심판도 부인함으로써 복음을 그 과거와 미래로부터 차단해 버렸다. 바울은 구약성경을 파기하지 않았다. 그에게 있어서는 구약성경은 거룩한 경전이었고(롬 1 : 2), 그가 알고 있는 유일한 성경이었다. 그는 그것을 "율법과 선지자"(롬 3:21)라고 불렀고, "하나님의 말씀"이라고 묘사했다(롬 3:2). 구약성경은 그리스도 안에서 성취를 보았고 그 의미가 분명해졌다. 사람들이 만일 이 열쇠를 사용하지 않고 구약을 읽으며 그 의미를 열어보려고 한다면 그들의 마음에는 아직도 수건이 벗어지지 않고 있는 것이다(고후 3:15). 바울이 더욱 구약에 중요한 가치를 두는 이유는 구약이 그리스도를 믿음으로 말미암아 얻는 칭의에 대해서 증거하고 있기 때문이다. 구약 안에서 아브라함에게 미리 선포된 복음은 사도 바울이 선포하라고 위임받은 복음이지 결코 그가 최신에 창안한 복음이 아니었다.

그리고 바울은 결코 오는 심판을 부인하지 않았다. 이 도덕적 우주에는 신적 보응이 반드시 있다는 것을 기억해야 한다. "만일 그러하면 하나님께서 어찌 세상을 심판하리요"(롬 3:6). 그러나 말시온은 바울같이 하지 않고, 극단에 치우쳐 비현실적 주장을 하게 된 것이다. 그러나 말시온도 그 당시 정통교회들이 깨닫지 못했던 은혜로 인한 구원을 깨닫고 있었다는 것은 그의 특이성이라고 하겠다.

예를 들면 터툴리안이 말시온 사후 그에 대한 반박 논문을 쓰면서 "왜 말시온은 예수께서 계시하신 하나님 아버지께서 세상을 심판할 것을 믿지 않으면서도 죄에 대해서 화려하게 기록하지 않았는가?"라고 도전했을 때 "말시온이여 그대는 '결코 그럴 수 없느니라,' '결코 그럴 수 없느니라'고 대답했으리라"고 기록했다. 이러한 터툴리안의 기록은 말시온에 대한 경멸이 섞여 있는 것이다. 그러나 바로 여기에 사도 바울과 조화를 이루지 못한 사람은 터툴리안이지, 말시온이 아니라는 증거가 있다. 터툴리안이 말시온의 입에서 나오게 한 "결코 그럴 수 없느니라"(absit)라는 라틴말은 헬라어 mé genoito라는 말로 번역된다.

그러나 만일 말시온이 터툴리안의 그러한 도전에 "결코 그럴 수 없느니라"(mé genoito)로 대답했다면 그는 사도 바울이 "그런즉 어찌하리요 우리가 법 아래 있지 아니하고 은혜 아래 있으니 죄를 지으리요 그럴 수 없느니라"(롬 6:15)로 대답한 똑같은 말로 대답하고 있는 것이다. 바울과 같이 말시온도 믿음으로 새 생명(신자와 함께 나누는 그리스도의 부활생명)을 받은 사람이 계속해서 죄를 진다는 것은 그 자체가 도덕적 자가당착에 빠진다는 것을 알고 있었다. "죄에 대하여 죽은 우리가 어찌 그 가운데 더 살리요?"(롬 6:2). 말시온과는 달리, 사도 바울은 그에게 사명을 맡겨주신 주님 앞에 회계할 때가 다가온다는 청지기 관념을 갖고 살았다. 그로 하여금 죄를 못짓게 하는 것은 그가 그리스도의 심판대 앞에 서게 된다는 전망 때문만은 아니다. 이미 모세의 율법에서 의의 표준을 획득한 사람은, 이제는 그리스도의 율법 아래 있기 때문에 더 낮은 의의 차원 가지고는 만족할 수 없는 것이다(고전 9:21). 오히려 그 안에 살아 있는 것은 자신이 아니라 그리스도이기 때문에 그리스도를 닮아 온전해지는 것이 그가 추구하며 좇아가야 할 푯대인 것이다. 터툴리안도 이것을 알았을 것이지만, 아마도 그가 말시온에 대하여 논쟁에서 유리한 고지를 차지하고자 그렇게 힐문했을 것이다. 만일 말시온에게 터툴리안을 반박할 기회를 준다면 "터툴리안이여! 그대가 죄를 멀리하는 이유가 오직 다가오는 심판을 무서워하기 때문인가?"라고 대꾸했을 것이다.

　아마도 말시온과 바울은 그리스도를 사랑함이 삶의 가장 강력한 능력이라는 것을 확실히 알았을 것이다. 사랑이 강력한 능력으로 작동할 때, 의를 실행하는데 긴장도, 갈등도, 속박도 느낄 수 없을 것이다. 예수님의 사랑에 강권되고, 성령의 권능으로 채움받은 사람은 마음으로부터 하나님의 뜻을 순종하게 된다. 왜냐하면, 바울이 체험적으로 깨달은 바와 같이 "주의 영이 계신 곳에는 자유함이 있기" 때문이다(고후 3:17).

제1장

로마의 융성

1. 동양인들이 본 로마

오늘날과 같이 초강대국들이 세계를 장악하고 있는 시대에는 어떻게 해서 일개의 도시가 광대한 영역에 걸쳐 권력을 확장하고 웅대한 제국을 설립하기에 충분한 세력의 지반을 획득할 수 있었는지 이해하기가 쉽지 않을 것이다.

그러나 세계 역사상 많은 도시들이 그 전성기에 제국을 형성했었다. 여러 시대에 걸쳐 티그리스 강과 유프라테스 강 사이의 계곡에 위치한 몇몇 도시들은 그러한 세력을 확보했었다. 그 중 가장 잘 알려진 도시로는 바벨론을 들 수 있는데, 그 도시는 BC 18세기 함무라비 대왕의 치세 하에 그러한 세력을 획득하여 그 후 BC 6세기에는 메소포타미아의 인접지역들 뿐만 아니라 서쪽으로 지중해와 이집트의 국경지방에까지 이르는 영토를 장악하였다. 지중해야말로 여러 도시제국들이 흥망을 거듭하며 그 정권을 이양하던 모습을 지켜본 산 증인이다. BC 5세기에 아테네 제국은 에게 해(海)뿐만 아니라 동부 지중해와 서쪽으로 시실리에 이르기까지 광대한 영역을 지배하였다. 한편 페니키아의 도시국가 티루스의 식민지였던 카르타고는 서부 지중해를 장악하고 있었으나 3세기 말엽에 발생한 제2차 포에니 전쟁에서 로마에게 패한 후 모든 해외영토를 내놓지 않으면 안되게 되었다. 서력 기원이 시작된 후로는 베니스 시(市)가 십자군 전쟁기 이래 17세기에 이르기까지 광대한 동부 지역을 온통 장악하였다.

그러나 지중해 연안국가들을 지배한 모든 도시들 중에서 로마야말로 그 국가들과 지중해로부터 떨어져 있는 다른 많은 나라들에 대하여 가장 지속적인 영향력을 행사한 도시였다. 로마의 신속한 세력팽창은 고대인들의 마음에 깊은 인상을 심어 주었다. BC 167년에 로마에 인질로 잡혀와 그 당시 로마의 유력한 장군이었던 스키피오 아밀리아누스의 우정을 얻는 행운을 갖게 되었던 헬라 정치가 폴리비우스는 로마 시가 어떻게 해서 53년 동안이나(BC 221~168) 지중해의 여왕의 권좌에 오르게 되었는지를 밝히기 위하여 한 역사서를 저술했는데, 그것은 역사상 유례없는 탁월한 작품이었다[1](그 책이 보존되는 한 그 탁월성은 변함이 없을 것이다). 마카비 1서 8:1~16에 제시된 그림은 다소 부정확하긴 하지만 BC 100년 경 근동에서의 극히 이상화된 로마의 동향을 충실히 반영하고 있기 때문에 우리에게 많은 유익한 사실들을 제공해 준다. 그 그림은 유다 마카비우스가 셀레우키아인들과의 전투에 원조를 얻기 위해 로마에 사절단을 파견하는 내용을 담고 있다.

> 그런데 유다는 로마인들에 관한 다음과 같은 말을 들었다. 즉, 로마 군대는 대단히 강한데 동맹을 맺는 사람들에게는 누구에게나 호의를 베풀고 그들과 손잡는 사람들에게는 우호관계를 맺는다는 것이었다. 로마 군대는 과연 강하였다. 그는 로마 군대가 갈리아 전쟁에서 용감하게 싸워 고울 사람(Gauls)들을 정복하고 속국으로 삼았다는 이야기를 들었으며, 스페인 지방에 있는 금광과 은광을 뺏기 위하여 싸운 이야기도 들었다. 그들은 영토가 아주 멀리 떨어져 있었으나 빈틈없는 계획과 굴하지 않는 인내심을 가지고 그 전영토를 잘 다스렸다. 대부분의 왕들은 매년 조공을 바쳤고 변방에서 자기들에게 반란을 일으키는 왕들이 있으면 그들을 쳐부수고 큰 타격을 주었다. 그리고 로마인들은 기띔왕 빌립보[2]와 페르시우스[3], 그리고 자기들에게 반항하여 군대를 일으킨 자들은 모두 무력으로 분쇄하고 정복하였다. 그뿐 아니라 코끼리 백 이십 마리와 기병, 전차, 그리고 강력한 대군을 이끌고 전쟁을 걸어온 아시아 왕 안티오쿠스 대제[4]를 분쇄하고 그를 사로잡았다. 그리고 안티오쿠스와 그 후계자들에게 많은 조공과 인질을 바칠 것을 명령하고 인도 지방과 메대 지방과 리디아 지방, 그리고 그들의 영토 중에서 가장 좋은 땅을 바치게 하였다. 이렇게 하여 로마 군대는 그 땅을 안티오쿠스에게서 빼앗아 자기들의 왕 유미네스에게 바쳤다. 그리고 헬라 사람들이 로마 사람들을 쳐서 멸망시키려는 계획을 세우고 있을 때에 로마인들은 이것을 알고 장군 하나를 보내어 그들과 싸우게 했다. 이 전쟁에서 헬라 사람들은 많은 사상자를 내었고, 아녀자들은 포로로 잡혀갔으며, 재산은 약탈당하고, 그 땅은 정복되어 요새는 다 부서지고 오늘날에 이르기까지 로마인들의 노예가 되고 말았다.[5] 그 밖에도 로마인들에게 맞서는 나

---

1) 폴리비우스의 *History* i. 폴리비우스는 그 당시 이 이야기를 BC 146년도까지 전수하였다.
2) BC 197년 시노세팔레(Cynoscephalae) 전투에서 패한 마케도니아 왕 필립 5세를 가리킨다.
3) BC 168년 피드나(Pydna) 전투에서 패한 페르세우스를 가리킨다.
4) BC 190~189년 마그네시아(Magnesia) 전투에서 패한 셀레우키아 왕 안티오쿠스 3세를 가리킨다.
5) BC 146년 아가야 동맹국들의 반란을 진압하고 고린도를 폐허로 만든 것을 언급한 사실을 고

라나 섬들은 모두 분쇄되었고 로마인들의 노예가 되었다. 그러나 그들과 친한 나라나 그들에게 의뢰하는 사람들과는 우호관계를 굳게 맺었다. 이렇게 먼 나라와 가까운 나라의 왕들을 모두 정복하였기 때문에 로마군의 이름만 들어도 모두들 무서워하였다. 로마 사람들이 마음만 먹으면 누구든지 그를 도와 왕을 시킬 수가 있었고, 자기들이 싫으면 왕위에서 끌어내렸다. 이렇게 그들의 세도는 하늘까지 뻗쳤다. 그러나 그들 중의 아무도 왕관이나 진홍색 용포를 두르고 거만을 부리는 사람은 없었다. 그들은 원로원을 설치하고 삼백 이십 명 원로원 의원들이[6] 매일같이 모여 쉬지 않고 백성을 잘 다스리는 방법을 논의하였다. 원로원들은 해마다 한 사람을 뽑아 그에게 백성을 다스리는 권한과 온 제국의 통치를 맡겼다. 백성은 모두 그 한 사람에게 잘 복종하고 어느 누구도 그를 시기하거나 질투하는 사람은 없었다.

이 설명은 상세한 내용에 있어서 많은 부정확한 점이 있다. 무엇보다도 그들이 매년 한 사람을 선출하여 그에게 최고의 권력을 부여했다는 마지막 진술은 사실과 다르다. 오히려 실제로는 권력이 한 사람에게 집중되는 것을 막기 위해 그들은 매년 두 사람의 최고행정관(집정관)을 선출하였으며, 그리고 그들은 각자 상대방에 대하여 거부권을 행사할 권리를 가지고 있었다. 그럼에도 불구하고 이 이야기는 그 당시 서아시아인들이 로마인들에 대하여 어떻게 생각했는지를 잘 보여주고 있다. 거의 사반세기 동안의 로마인들의 압제를 겪고난 이후 2,30년 동안을 살펴보면 그들의 로마인들에 대한 견해는 훨씬 비우호적인 것으로 변질되어 있음을 알 수 있다.

2. 한 촌락에서 세계적인 제국으로의 변신

로마는 본래 티베르 강 왼편의 라틴 평원에 자리한 구릉지대에 세워진 유목과 농업에 종사하던 촌락이었다. 로마는 초창기에 에스투리아인들의 지배를 받았으나 1,2세대가 경과한 후로 이 속박을 벗어나게 되었다. 에스투리아인들은 티베르 강의 오른편으로 퇴각하였다. 로마는 세계를 정복하고나서 에스투리아의 베이 시를 포위, 공격하였다(BC 400년 경). 그때부터 로마는 처음에는 라티움의 지배자가, 그리고 그 후로는 이탈리아 전역을 장악하는 대군주가 되었다. BC 264년 시실리 분쟁에 말려들게 됨으로써 로마는 카르타고인들과 충돌하게 되었다. 이는 카르타고인들이 시실리에서 상당한 상업적 이익을 취하고 있었기 때문이다. 그 결과 두 차례에 걸친 포에니 전쟁이 발발하였다(BC 264~241, 그리고 BC 218~202). 그리고

려해 볼 때 로마의 세력에 관한 이 이야기는 분명히 유다가 사망하기(BC 160) 전에 만들어져서 그 이후에까지 전해져 내려왔음을 알 수 있다.
6) BC 2세기의 로마 원로원의 정원은 300명이었다.

제 1 장 로마의 융성

제 2 차 포에니 전쟁에서 로마는 거의 섬멸될 뻔하였다. 그러나 한니발 장군을 북아시아의 자마에서 패배시킨 후 로마는 서부 지중해의 여왕으로서 그 위치를 확고하게 굳혔다.

로마는 한니발과 그의 군대와의 전쟁으로 온 힘을 소모한 후에도 거의 휴식을 취할 수가 없었다. 제 2 차 포에니 전쟁이 끝나자마자 로마는 알렉산더 제국의 일부를 상속받은 국가들 중의 하나인 마게도냐와 교전상태에 돌입하였다. BC 195년, 로마는 헬라의 여러 도시국가들에게 그들이 거의 1세기 반 전에 알렉산더의 아버지 필립에게 빼앗겼던 자유를 되찾아 주었다. 그러나 실제로 회복된 이 자유는 극히 제한적인 것이었다. 로마가 해방된 도시들의 보호자임을 자처하였기 때문이다. 그러나 이 문제에 대하여 개입할 만한 세력을 가진 국가는 하나도 없었다(알렉산더 제국을 상속한 또다른 국가인). 셀레우키아 왕국이 BC 192년 이 문제를 바로잡으려고 봉기했으나 결국 로마 군단에게 격퇴당하였으며 나아가 침략을 당하기까지 했다. 그 결과 그 왕국은 회복할 수 없으리만큼 훼파되었으며, 빈궁해지고 말았다. 로마는 프톨레미 왕조의 이집트(알렉산더 제국을 상속한 국가 중의 하나임)나 유다 마카비우스와 그의 형제들이 이끄는 유대인 반란군(BC 168)을 막론하고 셀레우키아에 대한 소유권을 주장하는 나라에 대해서는 가차없는 무력을 행사하였다.

이러한 움직임은 로마를 점차로 근동지방에 접근토록 만들었다. BC 133년 로마의 동맹국인 페르가뭄의 마지막 왕이 죽자 그 영토(소아시아의 서부지역)는 로마의 원로원과 로마인들에게 유증되었다. 따라서 그 땅은 아시아의 로마령 행정구역이 되었다. 로마의 법률은 대체로 인기가 없었다. 그리하여 BC 88년 본도의 왕 미드리다테스 6세가 소아시아의 흑해 연안에 위치한 곳에서 반로마 폭동을 조장하였다. 하지만 실상은 그 자신이 그 지역에 대하여 제국적인 야심을 품고 있었던 것이다. 그 결과 로마와 본도 간에 전쟁이 발발하여 사반세기를 끌었다. 그 전쟁이 끝나갈 즈음에 로마 군대는 폼페이 장군의 영도 아래 승리를 거두었으며, 그 후 폼페이 장군은 서아시아 지방의 정치적인 모든 질서를 갱신, 재정립하는 과업을 수행하였다. 그는 BC 63년에 유대를 장악하였으며, 그 전 해에는 시리아를 로마령 행정구역으로 삼았다.

폼페이 장군이 서아시아 지방을 정치적으로 갱신한 후 삼십 여년 동안 로마 제국은 초강력의 권력에 대한 야망을 가진 두 지도자의 대립으로 인하여 분열되게 되었다. 그러나 로마 제국의 정복자 쥴리어스 시이저의 양자요, 정치적인 상속자인 옥타비안이 악티움 해전(BC 31년)을 승리로 이끎으로써 권력을 장악하였다. 이 승리는 이집트 프톨레미 왕조의 마지막 군주인 클레오파트라의 몰락을 초래했는데, 그녀는 로마인 안토니오와 동맹을 맺고 있었다. 안토니오의 세력을 꺾고 권력을 장악한 옥타비안은 신기에 가까울 정도의 정치적인 수완을 발휘하여 BC 27

년 아우구스투스라는 명칭을 사용하여 로마를 공화국 체제로 유지시켰지만 실상 모든 권력은 그의 손아귀에 집중되어 있었다. 그는 로마에서는 제1의 공화국 시민이라는 의미를 가진 프린셉스(Princeps)라는 칭호로 불리우는 것으로 만족하였다. 그러나 동방의 로마령 행정구역들에서는 그와 그의 후계자들은 고대 동양의 대군주들처럼 왕 중 왕으로 인식되기를 원하였다. 그들은 자신들이 알렉산더의 영토의 상속자들이요, 그의 제국을 분할받은 왕조들 중에 속한다고 생각하였다.

그 후 근동인들은 로마의 통치를 받으며 살았는데(처음에는 본래의 로마의 통치 아래, 다음에는 콘스탄티노플에 수립된 신 로마의 통치 아래) AD 7세기에 이람의 근동 정복이 있을 때까지 로마의 통치가 계속되었다.

제 2 장

외국의 통치를 받은 유대인들

1. 구브로에서 베스파시안에 이르기까지의 유대의 피지배

　페르시아 제국(BC 559~529)의 설립자 사이러스(Cyrus)와 그 후계자들은 고대 세계에 살던 사람들이 접할 수 있었던 정치적으로 가장 계몽된 제국주의자들이었다. 그들은 피지배국들을 만족시킬 줄 아는 지혜를 터득하고 있었다. 그들은 앗시리아인들이나 바빌로니아인들과는 달리, 피지배민족들의 반란 의지나 반역을 꾀할 가능성을 분쇄하려는 정책을 사용하지 않았다. 그들은 피지배민족들이 이주하기를 원하지 아니하는 한 고향으로부터 멀리 떠나가 살도록 강요하지 않고 그대로 고향에 머무를 수 있도록 허용하였다. 또한 지배민족의 신들을 섬기도록 강요하는 대신 그들 자신의 조상이 섬기던 종교를 신봉할 수 있도록 장려했으며, 때때로 그러한 일을 위하여 재정적인 후원을 제공하기도 하였다. 그 증거는 이집트(BC 525년에 정복됨)와 소아시아의 서부에 위치한 헬라 지역 식민지들에게 베푼 정책을 통해서 뿐만 아니라, 바빌로니아인들에 의해 추방당한 유대인 망명자들에게 모국으로 돌아올 수 있는 권한을 허용했을 때 그들에게 베푼 정책을 통해서 충분히 발견된다. 페르시아인들의 통치기간 동안 유대에는 두 차원의 지배체제가 있었다. 공식적으로는 페르시아 왕을 대신하는 총독이었는데, 그는 유대인일 경우도 있고 (예컨대 느헤미야처럼) 비유대인일 경우도 있었다. 총독은 치안유지나 조공징수와 같은 제국의 이익을 보호해야 할 책임이 있었다. 그러나 내적으로 볼 때 유대의 지배는 사독 가문의 일원만이 될 수 있는 대제사장의 손에 의해 이루어졌다.

페르시아인들의 지배를 받던 당시의 유대의 영토는 예루살렘을 위시한 극히 제한된 영역에 한정되었다. 유대는 일종의 성전국가로 조직되었으며, 예루살렘에서는 성도(the Holy City)라는 명칭으로 불리웠다. 페르시아 제국 안에도 그와 유사한 다른 성전국가들이 설립되어 있었는데, 그 국가들은 알렉산더 대왕의 대정복 이후도(BC 336~323) 페르시아의 패권이 헬라인들과 마게도냐인들에게로 이양될 때까지 그러한 체제를 유지하였다. 알렉산더 대왕이 사망하고 그 제국이 와해되자 유대는 처음에는 프톨레미 왕조에게 종속되어 알렉산드리아의 통치를 받았으며, (나중에는 BC 198) 셀레우키아인들에게 종속되어 그들의 통치를 받았다. 그러나 예루살렘과 유대는 AD 66년 로마에 대한 유대인들의 반란이 돌발할 때까지 간간이 그 제도를 폐지하려는, 또는 수정하려는 시도가 있었을 때를 제외하고 그들의 성례전을 유지할 수 있었다.

예루살렘과 유대의 성례전을 폐지하려던 시도 중 가장 유명한 것으로는 셀레우키아 왕 안티오쿠스 4세가 행한 것을 들 수 있는데(BC 175~164), 그는 주로 외적인 치안유지를 하려는 목적으로 유대 백성들을 문화적으로 그리고 종교적으로 헬레니즘 생활방식에 동화시키려고 하였다. 유대는 셀레우키아 왕국과 이집트 사이에 위치한 국경지대였다. 그리고 이 때문에 유대는 로마인들이 BC 168년 셀레우키아의 이집트에 대한 야심을 꺾기 위해 이집트의 보호자 역할을 자처한 이후로 전쟁에 휘말리기 쉬운 접경지역이 되었다. 안티오쿠스의 정책은 경솔한 것이었고, 따라서 실패로 끝났다. 유대인들은 유다 마카비우스와 그의 형제들의 영도 하에 반란을 도모하였고, 그 결과 BC 164년 종교적인 자유를 얻었으며, 그 후 22년 만에 정치적인 독립도 획득하였다(이것은 주로 셀레우키아 왕국 내에 살고 있던 유대 시민들의 투쟁 덕택에 얻어졌다). 그리하여 유대는 거의 80년 동안 제사장이며, 동시에 왕이었던 모국인인 하스모니아 왕조의 통치를 받았다.

그러나 BC 63년 유대가 다시 로마의 통치 아래 들어가면서 하스모니아의 왕권은 몰수되고 예루살렘의 신성한 역할만이 존속되었다. 당분간 로마는 유대인 통치자들, 특히 헤롯 왕(BC 37~4)을 통하여 간접적으로 유대를 통치했는데, 헤롯은 안티오쿠스 4세를 제외한 그 어떤 이방인 군주보다도 더 무자비하게 성전 조직을 침해하였다. 그러나 AD 6년에 로마령 행정구역으로 편성된 유대는 페르시아와 헬라-마게도냐의 통치를 받을 때 그랬던 것처럼 이중적인 통치체제를 가지게 되었다. 로마의 황제는 지방장관 또는 행정장관이라 불리우는 지방총독을 임명하였는데, 그는 평화와 질서의 유지 및 시이저에게 바치는 조공을 효과적으로 징수하는 문제에 대하여 책임을 지고 있었다. 그러나 유대 지방에 사는 유대인들의 자체적 문제들에 대해서는 대제사장이 처리하였다. 그는 직무상 그가 관할하게 되어 있는 70인의 원로들로 구성된 의회(산헤드린)를 거느리고 있었다. 대제사장들과 그 동료들은 자연히 최고의 권력을 휘두르는 것이 로마임을 인식하였으며, 따라서 총독과 우호적인 유대관계를 맺는 일에 깊은 관심을 기울였다. 이 일은 때때로 쉽지 만은 아니하였다. 총독들 중 어떤 사람들에 대해서는 아는 바나 또는 손쓸 도리가 없었기 때문이었다. 그러나 마침내 대제사장과 그 동료들은 로마에 정보를 얻을 통로를 마련하였다. 그리하여 그들은 총독의 입장을 파악하고 그가 심하게 징계받을 만하거나 또는 직위해제될 만한 어떤 불평거리에 대해서는 숨겨줄 수 있었다. 이 두 권좌 사이에 오고 간 상호작용의 대표적인 예로서는, 복음서에 기록된 예수의 심문장면에서의 대제사장들과 본디오 빌라도 사이의 행위를 들 수 있다.

유대인들의 이익이 그들 자신의 종교적 권력기구에 의해 보호되고 있었음에도 불구하고 유대 지방의 많은 유대인들은 로마의 통치로 인하여 많은 괴로움을 체감하게 되었다. 무엇보다도 그들은 이중적 과세의 부담을 견뎌야만 했다. 즉, 성전세 (이 세금의 납부액은 수입의 1/10 이상이었다) 이외에도 시이저에게 보내는 조공을 부담해야 했다. 대제사장들과 산헤드린의 주요한 의원들은 부유하였다. 더군다나 그들은 가난한 동포들이 경제적인 압박을 받으며 살고 있는 실정을 충분히 인식하지 못하였다. 뿐만 아니라 그들은 현재의 부를 지속적으로 향유하려면 현존하는 질서를 유지해야 한다는 것을 알고 있었다. 따라서 권력을 쥔 그들의 생활방식은 서민들에게 자비를 베풀 여지가 전혀 없는 것이 되었다.

로마 제국령의 행정구역들 중 일부 지역은 로마의 문명에 너무나 철저하게 동화되었기 때문에 그곳 주민들은 자신을 로마인으로 간주하였으며, 그들의 후손들은 오늘날까지 "통속적인 라틴어"에서 발전한 언어를 사용하고 있다.[1] 로마의 속국들 가운데에서 로마적으로 동화가 가장 적게 된 민족은 유대 지방의 유대인들이었다. 이것은 그들의 독특하고 배타적인 신앙 때문이었다. 로마의 식민통치 이전의 식민 통치자들이 유대인의 종교생활을 보장해 주었던 대로 로마도 법적으로 이를 보장해 주었다. 이방인 통치자들의 지배를 받던 초기에는 그들에게 바치는 유대인의 조공이 어떤 식으로든 그들이 예배하는 하나님을 거스리는 것이 아니었다. 외국인들에게 바치는 이 조공이 종교적인 의미를 가지는 한 그것은 여호와께서 자기의 백성을 기뻐하지 아니하신다는 표시로 해석되어졌다. 여호와께서 외국인들로 하여금 유대인들을 지배하게 하셨다면 그 외국인들에게 조공을 바친다는 것은 신의 심판에 대한 복종의 행위였던 것이다. 그러나 AD 6년 유대 지방이 로마의 행정구역이 되고 그 주민들이 황제에게 직접 조공을 바치게 될 조짐이 보이자 새로운 이론이 대두되었다. 즉, 거룩한 땅에 살고 있는 이스라엘 백성이 이교도 통치자에게 조공을 바침으로써 이교도를 인정한다는 것은 그들의 조상들의 하나님, 곧 이스라엘의 참된 왕되신 분에 대한 대역죄가 된다는 것이다. 이 새로운 이론을 지지하는 주요한 교사로 갈릴리인 유다(Judas)를 들 수 있다. 그는 그 당시의 새로운 행정구

---

1) 프랑스, 이베리아 반도, 이탈리아, 스위스 일부 지역, 그리고 루마니아 등지에서 사용하는 "로만즈"어들이 바로 그 예이다.

역에 대한 로마의 통치에 대항하여 반란을 주도하였다. 그 반란은 진압되었지만 그 가르침은 존속하였으며, 그리하여 열성당원들의 정책의 주요한 특징을 이루었다. 열성당은 소위 정치와 종교의 차이를 구별하지 않았는데, AD 44년 이래로 계속하여 적극적인 활동을 전개하였다. AD 66년의 로마에 대한 반란을 주도한 것은 아니었으나 오래지 않아 열성당은 잇달아 일어나는 전쟁의 통솔권을 쥐게 되었다.

반란군들은 전쟁 중 내내 계속하여 희망을 버리지 않았다. 그들은 이스라엘의 하나님의 왕의 공의를 의존하여 싸움에 착수하였다. 즉, 하나님께서 그들을 패배케 하실 리 없다는 확신 하에 전투에 들어간 것이다. 그들은 옛 계시(아마도 계시들을 종합한 결과)를 의지하였다. 그 계시에 따르면 세상의 지배권이 이방인들로부터 유대인들의 수중으로 넘어오게 되어 있었는데,[2] 그들은 바로 그때가 그 계시가 성취되어야 할 시기라고 이해하였다. 그들보다 훨씬 막강한 로마의 군대를 먼저 이기고나자 그들은 앞으로도 계속하여 유다 마카비우스(그와 그의 동료들을 적극적으로 활동하도록 촉진시킨 것은 바로 하나님에 대한 열심이었다)가 거둔 바의 승리를 거듭하게 되리라는 자신감을 갖게 되었다. 로마 전 제국과 로마 시 자체 내에서까지 수행된 상호파괴적인 전투를 통하여(그 전투는 "4대 황제의 해"의 특징을 이루고 있다—AD 69년)[3], 그들은 로마 제국에서 구현되고 있는 바와 같이 이방인들의 제국주의가 패망의 극한 상황에 처하게 되었으며, 이제 곧 종말을 고하게 되리라고 생각하게 되었다. 그러나 실상 무너진 것은 6세기 전 바벨론으로의 유배생활로부터 귀향한 이래 유지해 온 유대인 공동체 자체였다. 예루살렘 성전은 불탔으며, 도시는 약탈당해 폐허에 묻혔고, 그 신성한 위엄은 땅에 떨어졌으며, 제사장 제도도 더 이상 존속하지 못하게 되었다. 게다가 희생제사의 관습마저 끊어지고 말았다. 지금까지 성전유지를 위하여 전세계에 분포한 유대인 성인 1인당 연간 반 세겔씩 내던 세금은 로마의 통치를 받게 되면서부터 로마의 카피톨린 언덕에 세워진 쥬피터 신전의 유지비를 위한 특별기금(fiscus Iudaicus)으로 용도가 바뀌게 되었다.

그러나 유대에 거주하는 유대인들의 상황도 더 악화되어 있었다. 그러는 가운데 종교적인 법을 성문화하기 위하여 학자들로 구성된 새로운 산헤드린을 구성하는 대안이 지지를 얻었다. 그리고 사실상 성전과 성전의 예식이 사라짐으로 인하여 유대인의 종교적인 생활은 더욱 더 번창하게 되었다.

---

[2] 이것은 아마도 단 9 : 24~27에 약술된 70주간에 비추어 연대적 순서로 해석한, 창 49 : 10과 민 24 : 17의 "홀"에 관련된 계시들을 종합한 것인 듯하다.
[3] AD 69년은 네로의 후계자 갈바의 패망, 오토와 비테리우스의 흥망 및 베스파시안의 등극을 차례로 목도한 해였다.

2. 국경 밖에 산재해 있는 유대인들

그러나 오늘날에도 그러한 것처럼 유대의 국경 밖에는 그 안에 거주하고 있는 것보다 더 많은 수의 유대인들이 살고 있었다. 그리고 AD 70년 이후에 제정된 특별기금으로 인한 고통과는 달리 국경 밖에 산재하고 있는 유대인들은 전쟁의 결과로 발생한 로마법과의 관계로 인하여 법률적인 무자격으로 인한 고통을 받지 않게 되었다. 시리아와 이집트의 많은 도시들에서는 반유대인 폭동들과 유대인 학살 등이 자행되고 있었다. 그러나 그것은 별개의 문제였다. 사실상 최고의 권력을 가진 로마 당국이 포고한 일련의 칙령들은 로마 제국 전역에 산재해 있는 유대인들에게 예외적인 특권을 확보해 주었으며 그 칙령들은 폐지되지 아니하였다.

유대인들이 여러 곳으로 산재되게 된 기원은 BC 6세기 초엽에까지 거슬러 올라간다. 우리는 그 당시의 유대인들이 이집트에 정착했었다는 많은 증거와[4] 멀리 소아시아의 서부에 위치한 리디아 왕국의 수도 사르디스(오바댜서 20절의 스바랏은 이곳을 가리킨다)에 이르기까지 분단되어 있었다는 다른 증거들을 발견할 수 있다. 바빌로니아에 유배되었던 수많은 유대인들은 새로운 고향에 정착하였으며, 유대로 돌아와도 좋다는 승인을 이용하지 아니하였다. 페르시아의 통치 하에서의 유대인들은 페르시아 제국 전역에 걸쳐 분포되어 있으며, 심지어 카스피 해의 해안지대에까지 산재되어 있다. 알렉산더 대왕의 정복으로 인하여 그들은 그보다 더 멀리로까지 이주, 분포하게 되었다. BC 331년 알렉산드리아의 설립 당시에 거기에는 유대인 거주자가 있었다. AD 1세기에 이르러서는 그 도시의 5개 행정구역 가운데 두 구역의 대다수 인구가 유대인이었다. BC 300년 경 프톨레미 1세는 그 지역민들의 충성심을 확보하기 위하여 일단의 유대인들을 시레나이카에 정착시켰다. 그 후 1세기가 지나서 셀레우키아 왕 안티오쿠스 3세도 같은 목적으로 많은 유대인들을 브리기아와 리디아로 이주시켰다. 그는 프톨레미 왕조로부터 유대와 시레나이카 지방을 빼앗은 후 수도 안디옥과 다른 많은 도시에 유대인들이 정착할 수 있도록 장려하였다. BC 63년 유대가 로마에 병합되기 이전부터 로마에도 유대인 정착지가 있었으며, 그 후로 해가 거듭됨에 따라 수효가 크게 증대되었다. AD 1세기 초엽까지 로마에 거주하는 유대인은 사만 내지 육만 명 가량 되었던 것으로 추산되며, 그 수효는 아마도 예루살렘 시에 거주하는 유대인 수와 거의 같은 것으로 보인다. 로마에 있는 여섯 개의 유대인 카타콤을 발굴 조사하게 됨으로써 로마에서의 유대인들의 생활이 어떠했는지를 훨씬 더 잘 알 수 있게 되었다. 로마의 유대인들은 티베르 강(트라스테베르) 동편에 주로 살았던 것으로 보이는데, 비문들이 입증하는 바 열 한 개의 회당(synagogue)이 위치해 있던 곳도 바로 거기였던 것 같다.

사도 시대의 유대인들의 분포 범위에 대해서는 AD 30년 오순절을 지내러 예루살렘에 참석한 "경건한 유대인"에 대한 누가의 기록을 보면 잘 알 수 있다. 그들은 동쪽의 "바대인과 메대인과 엘림인과 또 메소보다미아"에 사는 자들로부터, 서쪽의 "로마로부터 온 나그네 곧 유대인과 유대교에 들어온 사람들"로 이루어져 있다 (행 2:5~11).

제 3 장

"소읍이 아닌" 길리기아

1. 길리기아

바울이 예루살렘을 마지막으로 방문하던 중 체포되어 안토니아 요새의 예비군단을 지휘하는 군사령관 앞에 끌려갔을 때 그 군사령관은 바울을 최근에 지리적인 접성을 이용하여 모종의 쿠데타를 일으킨 이집트인 선동자라 생각하였다. 그러나 바울이 관용어법에 맞는 헬라어를 구사하는 것을 듣고 오판했음을 깨달은 그는 바울에게 그의 출신을 물었다. 그때 바울은 "나는 유대인이라 소읍이 아닌 길리기아 다소 성의 시민"이라고 대답하였다(행 21 : 39).

길리기아는 소아시아 남동쪽에 위치한 지중해 연안국가로서 그 영토가 두 지역으로 대별되는 것이 특징이다. 그 중 한 지역은 길리기아 페디아스라 불리우는 동쪽의 비옥한 평원인데, 그것은 타우루스 산맥과 바다 사이에 위치해 있다. 이 평원을 관통하여 시리아에서 소아시아에 이르는 상업무역로가 뚫려 있으며, 시리아의 관문은 암마누스 산을, 중앙 소아시아로 진입하는 길리기아의 관문은 타우루스 산맥을 각각 가로지르고 있다. 서쪽으로는 길리기아 트라키아(혹은 길리기아 미개지)의 울퉁불퉁한 해안지대가 펼쳐져 있는데, 거기에서 타우루스 산맥의 등성이가 굽어 지중해를 향해 내리닫는다.

힛타이트의 기록에서는 길리기아의 영토를 키수와트나(Kizzuwatna)라 부르고 있다. 길리기아는 힛타이트 제국과 협약을 맺었으며, 그 후로 힛타이트에 병합되었고, BC 1200년 경 그 제국이 몰락할 때까지 그 상태를 유지하였다. 『일리아드』

에서는 길리기아인들을 트로이인들의 동맹자들이라 언급하고 있다. 그리고 헥터의 아내 안드로마케는 길리기아의 공주였다.[1] BC 9세기에 길리기아는 앗시리아인들의 통치를 받았는데 그들은 길리기아를 힐라쿠(Hilakku, 에스겔 27:11의 "아르왓"이 바로 그것인 것 같다)라 부르고 있다. BC 6세기 초엽부터 길리기아는 시에네시스라는 왕조명을 가진 본국인 출신의 왕들의 통치를 받았다. 그 왕들은 BC 400년 경 페르시아 제국이 통치권을 장악할 때까지 길리기아를 통치하였으나 BC 400년 페르시아 제국의 지방총독들이 그 직책을 대신하게 되었다.[2] BC 333년 길리기아는 알렉산더 제국에 속하게 되었는데, 이는 알렉산더가 그 해에 그곳에서 잇수스 전투를 결정적인 승리로 이끌었기 때문이다.[3] 알렉산더가 사망한 후 길리기아는 셀레우키아인들의 통치를 받았다. 하지만 길리기아 트라카이 해안의 일부 지역을 소유하기 위하여 한동안 프롤레미 왕조와 싸워야 했었다. 로마인들이 안티오쿠스 3세로 하여금 대부분의 소아시아의 영토를 양도하도록 강요한(BC 188) 이후로도 동부 길리기아는 수 십 년 동안이나 셀레우키아 제국의 영토로 남아 있었다. 그러나 BC 2세기 후반에 셀레우키아의 통치력이 와해되고서 약탈자들과 해적들이 길리기아 트라카아를 활동 근거지로 발굴하게 됨으로 인하여 로마인들은 그 지역의 사건들에 대해 점점 더 직접적으로 개입하게 되었다. 서부 길리기아는 BC 102년에 로마령이 되었으며, BC 67년 폼페이 장군이 지중해 연안의 여러 민족들을 대파한 후 길리기아는 다소를 수도로 하는 소단위의 한 행정구역으로 개편되었다. BC 25년 경 동부 길리기아는(다소를 포함하여) 행정적으로 시리아와 연합되었는데, 시리아는 BC 64년 폼페이의 치세 하에 로마령으로 이미 병합되어 있었다. 서부 길리기아는 로마에 예속된 왕들에게 할당되었다. AD 72년 이들 중 마지막 왕이 퇴위한 뒤 동부 길리기아는 시리아로부터 분리되어 나와 길리기아라는 독립적인 한 행정구역을 편성하기 위해 서부 길리기아와 연합되었다. 그러나 바울의 전생애를 통하여 그의 본향 다소 시가 서 있던 길리기아 지역은 시리아~길리기아라는 연합 행정구역으로 존속하였다. 그러한 상황에 대해서는 바울 자신의 진술을 통해 잘 알 수 있는데, 그는 개심한 지 약 3년 후에 예루살렘을 잠시 방문하고나서 "수리아와 길리기아 지방에 이르렀다"(갈 1:21)고 말하고 있다.

2. 다소

---

[1] 호머의 『일리아드』, 6장. 그 당시의 길리기아인들은 소아시아의 북서부에 거주하고 있었음이 분명하다. 그들이 다른 인도-유럽어족들과 함께 소아시아 반도를 가로질러 동진해 올 때 그 명칭도 함께 전해진 것이다.
[2] 지방총독들은 은전을 주조하였는데, 그 표면에 Ba'al Tarz("다소의 주인"이라는 의미)라고 새겨넣었다.
[3] 페르시아 군대에 대한 이 승리 때문에 시리아로 통하는 이 도로가 개설되었다.

제3장 "소읍이 아닌" 길리기아

비옥한 평원에 자리한 동부 길리기아의 주요 도시인 다소는 시드누스 강가에 설립되었다. 그 도시는 강 어귀로부터 약 10마일 가량, 그리고 길리기아의 관문으로부터(이 관문은 메르신과 아다나라는 두 현대적인 도시를 연결하는 도상에 위치해 있다) 남쪽으로 30마일 가량 떨어진 곳에 세워져 있다. 그곳은 요새화된 도시였으며, BC 2000년 이전 시대의 중대한 상업무역 중계항이었다. BC 20세기의 힛타이트의 기록에서는 그곳을 키스와트나의 주요도시라고 언급하고 있다. BC 1200년 경 해적들의 침입을 받아 그 도시는 파괴되었으며, 얼마 후에 헬라인들이 새로이 재건하였다. BC 833년에는 앗시리아 왕 살마니스 3세에 의해 함락되었으며, BC 698년에 세나케립에 의해 다시 한 번 함락당하였다. 페르시아인들의 지배를 받는 동안 다소는 예속왕국의 수도였으며, 나중에는 길리기아라는 총독관할의 행정구역의 수도가 되었다. 그 도시는 BC 5세기에 자신의 화폐를 발행하기 시작했다. BC 401년, 동생 사이러스가 일만의 병력과 함께 페르시아의 통치권을 빼앗기 위해 동진하던 도중 21일 간을 그 도시에 유하였다.

알렉산더 대왕은 BC 333년 퇴각하는 페르시아인들이 지른 불로 타들어가던 다소를 구하였다. 셀레우키아의 후계자들이 지배하는 동안 그곳은 시르누스의 안디옥이라는 칭호로 불리웠는데 그것은 인티오쿠스 4세의 통치기간 동안에(BC 171년 이후) 새로 주조된 동전 표면에 새겨져 있던 명칭이다. 이 새로운 동전의 주조는 그 도시의 구조가 재조직되던 것과 같은 시기에 일어난 일인 듯하다. 그런데 이 재조직을 통해 다소는 훨씬 더 많은 지방자치권을 확보하게 되었다. BC 83년 다소는 마드리다테스 6세의 동맹자요, 사위인 아르메니아 왕 티그라네스 1세의 통치를 받는다. 그러나 폼페이가 수 차례의 승전을 거둔 결과 다소는 로마의 수중에 넘겨지며 길리기아라는 소단위 행정구역의 수도가 된다. 그 동안 다소는 비과세(非課稅) 도시로서 자치권을 유지하였다[4](BC 67). 키케로는 BC 51~50년 길리기아의 지방총독에 재위하는 동안 그 도시에 거주하였다. BC 47년 줄리어스 시이저가 그 도시를 방문하자 그때부터 그 도시에게 그를 기념하는 뜻에서 이울리오폴리스라는 칭호가 부여된다. 시이저가 죽고 BC 42년 빌립보에서 발행한 반(反)시이저당이 진압된 후 다소는 동방지역에 위치한 로마령 행정구역을 다스리던 안토니의 총애를 받았다. 안토니와 클레오파트라가 축하회합을 개최한 것은 BC 41년이었는데, 그때 그녀는 아프로디테로 변장하고 시드누스 강을 노를 저어 거슬러 올라갔다.

> 배에서 떠오는 눈에 보이지 않는 진기한 향기는 근처 강 안에 모인 사람들의 코를 찔렀지.
> 사람들은 여왕을 보러 온통 쏟아져 나와 도시는 온통 텅 비었고,
> 그때 안토니 장군은 시장터에 홀로 좌정했다네.

---

[4] 그것은 마카비 2서 4:30에 언급되어 있는 폭동의 한 결과였다.

□30□ 바울신학

> 그리고는 바람을 가로질러 휘파람을 불고 있었을 때,
> 그 공기조차도 진공이 생길 염려만 없다면 역시 클레오파트라를 보러 갔을 것이요
> 그러면 대자연에 구멍이 하나 뚫렸을 거라네.[5]

아우구스투스가 전 로마 제국을 통치할 때 다소는 로마 제국에게 바치는 세금의 면제를 포함하여 훨씬 더 유리한 특권들을 누렸다. 안토니의 근동 지배의 후반기와 그 후 몇 년 동안 다소는 보에티우스라 하는 안토니가 지명한 한 수령의 실정(失政)으로 고난을 겪었다. 아우구스투스는 그 도시의 행정을 가장 탁월한 후계자들 중의 하나요 그의 가정교사였던 스토아 철학자 아데노도루스에게 위탁하였다. 아데노도루스는 다소에 돌아와서 보에티우스와 그의 동료들을 추방하고 도시행정을 개혁하였다. 최소한 500드라크마의 재산이 있어야 시민의 명부에 오를 수 있다는 규정이 정착하게 된 것도 바로 이때였다. 아데노도루스와 그의 후계자인 플라톤 학파의 네스톨(그는 마르셀루스의 스승이요 아우구스투스의 조카였다)도 또한 다소에 지대한 문화적인 영향을 끼쳤다.

AD 1세기 초엽의 저술가였던 것으로 보이는 지리학자 스트라보에 따르면 다소 사람들은 학문을 열렬하게 사랑했다고 한다. 그들은 철학과 교양과목들, 그리고 일반 제(諸) 학문(즉 백과사전 전반)을 연구하는데 전념하였다. 이 점에 있어서 다소는, 그 도시 자체의 시민보다는 유학생들이 더 많았던 학문의 도시 아테네와 알렉산드리아를 훨씬 능가하였다. 요컨대 다소는 이른바 대학도시였다. 그러나 다소의 학교로 공부하러 오는 외국 유학생은 없었다. 다소의 학교는 주로 다소 태생의 학생들이 주류를 이루고 있었는데, 그들은 학업을 마치기 위하여 종종 타지방으로 떠났으며, 돌아오는 일이 드물었다. 아데노도루스는 다소를 떠났던 사람들 중의 하나였으나 떠난 지 몇 년 후 돌아왔다.

필로스트라투스는 그의 저서 『아폴로니우스의 생애』(네오피타고리아의 현자)에서 다소에 대하여 묘사한 것은 스트라보의 그것보다 다소 덜 이상적이다. 필로스트라투스에 따르면 서력 기원이 시작될 무렵 갑바도기아의 티아나에서 태어난 아폴로니우스는 14세에 수사학자 유디데무스의 문하에서 수학하기 위해 다소에 왔다. 그는 그의 스승을 대단히 앙모하였다. 그러나 다소의 일반적인 분위기가 학문을 하기에는 전혀 부적합하다는 것을 발견하고 실망하였다. 왜냐하면 다소 사람들이 사치에 탐닉하고 경박하며 오만불손한 데다가 아테네인들이 지혜를 사랑하던 것 이상으로 결이 고운 비단옷에 온갖 관심을 다 기울였기 때문이다. 그리하여 아폴로니우스는 학문하기에 좀더 알맞는 분위기를 찾아 다소를 떠나갔다.

그러나 우리는 이 설명을 너무 곧이 곧대로 받아들여서는 안된다. 이 작품에 관

---

5) Shakespeare의 *Antony and Cleopatra*, 제2막, 제2장.

제 3 장 "소읍이 아닌" 길리기아

한 한 필로스트라투스는 진지한 전기작가라기 보다는 공상소설가라 할 수 있기 때문이다. AD 200년 경에 저술활동을 한 것을 미루어 볼 때 아마도 그는 디오 크리소스톰의 영향을 받았을 것이다. 크리소스톰은 AD 2세기 초엽에 행해진 두 번의 연설에서 다소인들의 도덕적인 성실성의 부족 때문에 그들을 혹평한 바 있다.

다소의 번창은 그 도시가 위치해 있는 비옥한 평야의 혜택 때문이었다. 예컨대 필로스트라투스 등과 같은 고대의 작가들은 그 평야에서 생산되는 아마를 재료로 하여 짠 다소의 린넨에 대해 거듭하여 언급하고 있다. 로마의 작가들도 양털로 짠 실리키움(cilicium)이라 하는 지방특산물에 대해 언급하고 있는데, 그 실리키움을 재료로 하여 추위와 습기를 막기 위한 피복을 짰다.

바울이 "소읍이 아닌 도시의 시민"임을 주장했을 때 분명히 그에게는 다소를 그렇게 묘사해야 할 만한 충분한 이유가 있었다. 그의 말이(얼핏 보기에 그러한 것처럼) 다소의 호적에 그의 이름이 등록되어 있음을 의미하는 것이라면 그것은 그가 다소 시민권을 소유한 가문에서 태어났다는 사실을 암시해 주는 것이다. 이미 언급한 바 있듯이 시민권을 얻기 위한 조건으로서 일정량의 재산을 소유하고 있어야 했는데, 그 규정은 아테네도루스에 의해 제정된 것인 듯하다. 디오 크리소스톰은 다소가 그와 같은 금권정치를 휘두름으로써 린넨 방직공과 다른 상인들에게 시민권을 부여하지 아니하였다고 암시하고 있다. 하지만 어떤 상인들은 그들의 부의 힘을 의지하여 시민권을 얻었을 수도 있음을 족히 짐작할 수 있다. 누가는 바울이 "장막 제조자"(skēnopoios)였다고 말하는데, 우리는 그 말을 읽고 자칫 그가 지방특산물인 실리키움으로 세공품을 제작하는 일에 종사했다고 생각할 수도 있다. 그러나 그는 부유한 가문의 태생이었던 것으로 보인다.

바울이 다소의 시민이었다는 점은 많은 논란을 야기시켜 왔는데 그것은 그가 장막 제조자였다는 사실에 기인한다기보다는 유대인이었다는 점에 기인한다. 헬라풍의 다른 도시들에서처럼 다소의 시민을 구성하고 있는 대다수는 부족들(phylai)이었다. 그 부족의 공통적인 생활 가운데에는 유대인들을 몹시 불쾌하게 하는 종교의식들이 포함되어 있었다. 따라서 다소의 유대 시민들은 그들 자신들만의 부족을 구성하고 유대의 종교의식을 거행하였다. 이렇게 단정을 내릴 만한 명백한 증거는 물론 없다. 하지만 그것은 충분히 그럴 가능성이 있는 일이다. 많은 이방의 도시들에서 유대인 정착자들은 잔류 외국인의 신분으로 거주하였다. 그러나 알렉산드리아, 구레네, 시리아의 안디옥 그리고 에베소와 사르디스 등 일부 도시의 유대인들은 시민의 권리를 누리고 있었으며, 따라서 다소에서도 그들은 하나의 별개 집단으로서 그렇게 생활했을 가능성이 매우 크다.

제4장

"이는 로마 시민이라"

1. 시민의 권리

바울은 서력 기원이 시작된 지 첫 십년이 경과하기 전에 다소에서 태어난 것으로 추정된다. 그러나 그가 로마 시민이라는 사실은 그가 다소 출생이요 그 시민의 특권을 가지고 있었다는 사실보다 훨씬 중요하다.

바울이 자신을 다소의 유대인이라 소개하는 것을 듣고 놀랐던 예루살렘의 군사령관은 나중에 바울이 로마 시민이라 하는 말을 듣고 다시 한 번 크게 놀랐다. 그는 바울에게 "네가 로마 사람이냐? 내게 말하라"고 말하였다. 바울이 "그러하다"고 대답하자 그 군사령관(천부장)은 "나는 돈을 많이 들여 이 시민권을 얻었노라"고 말하였다.[1] 바울은 "(하지만)나는 나면서부터였노라"고 답변하였다(행 22:27, 28).

바울이 로마 시민으로 태어났다면 그의 부친은 틀림없이 로마 시민이었을 것이다. 본래 로마 시민권은 자유인 태생의 로마 시민에게만 부여되었다. 그러나 로마의 지배권이 이탈리아와 지중해 국가들에게까지 확장됨에 따라 특정한 일부 지

---

[1] 이 천부장 글라우디오 리시아스는 글라우디오가 원수정치를 하고 있는 동안(AD 41~54년)에 그의 시민권을 획득한 것 같다. 디오 가시우스에 따르면 그 기간 동안 시민권을 구입할 수 있도록 개방되었다. 엄밀히 말하면 시민권은 매매될 수 있는 것이 아니었다. 따라서 시민권을 얻고자 하는 지원자들을 명부에 올려놓아 주는 여러 중개자들이 그 돈을 가로챘다고 볼 수 있다.

방민들을 포함하여 로마 태생이 아닌 많은 다른 사람들에게도 시민권이 부여되게 되었다.

그러나 다소의 한 유대인 가문이 어떻게 해서 이처럼 예외적인 특권을 획득할 수 있었을까? 이 가문 사람들은 어떻게 보더라도 이방인의 생활방식과 타협한 동화정책주의자 유대인이 결코 아니었다. 이것은 "히브리인 중의 히브리인"이라(빌 3 : 5)고 한 바울 자신의 주장을 통해 충분히 뒷받침되고 있다. 우리는 그 가문이 어떻게 로마의 시민권을 얻었는지 전혀 알 수 없다. BC 1세기에 길리기아는 두 사람 이상의 로마 장군에 의해 통솔되었다(예를 들면 폼페이와 안토니의 2인 통치). 그리고 그 장군들에게는 인정된 개인들에게 시민권을 부여해 줄 수 있는 전면적인 권한(imperium)이 법적으로 부여되어 있었다. 아마 바울의 부친(혹은 조부나 증조부)이 로마의 대의를 위해 어떤 탁월한 공헌을 했던 것으로 보인다. 예컨대 장막 제조자라는 직업은 전투 중인 지방총독에게 대단히 유용한 역할을 제공해 줄 수 있었을 것이다. 그러나 그것을 확증해 줄 만한 증거는 전혀 없다. 하지만 한 가지 확실한 점이 있다. 다소의 시민들과 다른 거류민들 가운데에서 소수의 로마인만이 (출신이 헬라인이든 유대인이든) 사회적인 권력집단을 구성할 수 있었다.

로마 시민으로서의 바울은 세 개의 이름, 즉 이름(forename, praenomen), 성 (family name, nomen gentile), 그리고 직함을 상징하는 이름(an additional name, cognomen)을 가지고 있었다. 우리는 그 셋 중 cognomen인 바울(Paullus) 이라는 이름만 알고 있다. 우리가 그의 nomen gentile을 알 수 있다면 그 가문이 어떻게 시민권을 획득했었는지에 대한 어떤 유익한 단서를 얻을 수 있을 것이다. 그러나 그러한 단서는 전혀 찾아볼 수 없다. 그의 cognomen인 바울(Paullus)라는 이름은 유대의 이름 사울(Saul)과 그 음이 비슷하기 때문에 택해진 것 같다. 헬라어 신약성경에서는 때때로 Saoul이라고 표현하기도 하지만 헬라의 이름인 Paulos 와 끝음이 같은 Saulos라는 표현을 더 자주 사용하고 있다.

바울의 가문이 어떻게 로마 시민권을 획득했었는지 잘 알 수 없음은 물론이거니와 바울의 시민권을 둘러싼 다른 많은 문제들도 적잖이 발생하였다. 그는 여러 차례(예컨대 빌립보에서와 그 몇 년 후 예루살렘에서) 로마 시민으로서의 자신의 권리를 행사하였다. 그는 합법적인 심문을 거치지 않고 즉결재판만을 받은 채 빌립보(로마의 식민지 중의 하나)의 총독을 섬기는 하급관리에게 매를 맞을 때 제기한 항의에서 최초로 그 권리를 사용하였다(행 16 : 37). 그 다음으로 그가 그 권리를 행사한 것은(매로 맞는 것보다 더욱 살인적인 체벌인) 채찍질을 피하기 위해 사용했던 경우인데, 그 채찍질은 이미 언급한 바 있는 그 천부장이 바울이 성전 경내에 나타나 활동할 때 어째서 예루살렘의 민중들 사이에 격렬한 폭동이 야기되는지를 밝히려는 목적으로 사용한 수단이었다. 바울은 채찍질을 수행하기 위해 파견된 병사들의 책임자인 백부장에게 항의를 제기하였다. 그러자 놀란 백부장이 천부장에게 가서 "어찌하려 하느뇨 이는 로마 사람이라"고 말하였다(행 22 : 26). 그 후 천부장과 바울 사이에 오고 간 대화에 관해서는 이미 이 글의 서두에 인용한 바 있다.

로마 시민이면 누구에게나 그가 로마 제국의 어디에 가든 로마 법에 의해 부여되는 모든 권리와 특권을 누릴 수 있었다. 물론 그는 로마 법이 부과하는 시민으로서의 의무에도 복종해야 하였다. 시민의 권리와 특권에 대해서는 자세하게 성문화되어 있었는데, 가장 후대의 것으로서 무력의 사용에 대한 쥴리어스 법을 들 수 있다. 그 법의 기원은 발레리우스 법(lex Valeria)에까지 거슬러 올라가는데 그것은 로마 공화국의 설립 초기에(BC 509) 전수된 것이다. 이 권리들과 특권들 가운데에는 어떤 죄로 기소된 자이든 로마 시민에게는 공정한 공개심문이 주어질 것과 불명예스러운 형태의 형벌이나 즉결재판에 의한 형의 집행을 가하지 말라는 법규가 포함되어 있었다. 로마 시민이 아닌 자는 이들 중 어떠한 특권에 대해서도 합법적인 요구를 할 권리가 없었다.

2. 시민 등록

어떤 사람이 시민의 권리를 행사하고자 할 때, 즉 ciuis Romanus sum("나는 로마 시민이다"라는 뜻임)라고 말하거나, 헬라어로 같은 뜻을 가진 말을 할 때 그는 그 주장을 어떻게 증명했을까? 그 증거를 즉석에서 제시하지 않아도 된다면 궁지에 몰리게 되었을 때 그 권리를 행사할 자격이 없음에도 불구하고 그러한 권리 주장을 하여 형벌을 모면하고자 하는 생각이 들었을 수도 있을 것이다. 로마 시민이라는 허위 주장은 사형에 해당하는 중죄였다. 그렇다면 시민의 권리행사를 요구해 올 때 행정관은 그것이 사실인지 아닌지를 어떻게 구별하였을까?

새로 시민이 된 사람은 정식 서명이 된 시민등록증을 가지게 되었던 것 같다. 예비 군인들은 공민권이 주어질 때 그러한 문서를 받았으며, 민간인들도 그와 같은 종류의 어떤 문서를 받았던 것으로 보인다. 하지만 바울은 새로이 시민이 된 자가 아니었다. 그럼에도 불구하고 그는 두 겹으로 접히는 일종의 수첩을 제시했던 것 같다. 거기에는 시민권과 출생증명서가 들어 있었을 것이다. 합법적으로 출생한 로마 시민의 자녀는 출생한 지 30일 이내에 출생신고를 해야 했다. 그가 지방에 거주할 경우에는 부친이나 공식으로 지정된 어떤 대리인이 공식문서 보관소(tabularium publicum)에서 지방장관의 입회 하에 어떤 선언(professio)을 하였다. 이 선언을 하는 과정에서 부친이나 또는 지정대리인은 그 아기가 로마 시민임을 공표하였으며, 그 선언은 등록부(album professionum)에 기재되었다. 그리고나서 그 부친의 지정대리인은 증인들이 합법적으로 서명한 복사본을 받았다. 이 증명서는 그 선언내용을 삼인칭 간접화법으로 기록하였다. 그 내용은 다음과 같은 것이었다.

ciuem Romanum esse professus est("본인—부친 또는 대리인—은 그가 혹은 그 아기가 로마 시민임을 선언하는 바이다"라는 뜻). 이리저리로 돌아다닐 때라 할지라도 로마 시민은 이 증명서를 휴대하는 것이 관례로 되어 있었다. 그러나 원래의 복사본을 분실했을 경우 새로운 복사본을 쉽게 재발급받을 수 있었을까? 바울이 그 증명서를 휴대하고 다녔다면 아마 그는 그것을 분실했을 수도 있었을 것이다. 예컨대 하룻밤, 하루 낮을 해상에서 표류했을 때 그런 일이 발생했을 수도 있다(고후 11 : 25). 다른 한편, 이 증명서들을 가족이 다 등록된 문서를 보관하는 관공서에 보관해 두었을 가능성도 생각해 볼 수 있다. 물론 이것은 확실한 것은 아니다. 여기에서 우리는 한 가지 사실을 더 고려해 볼 필요가 있다. 로마 시민이 출생 직후에 시민등록을 해야 한다는 규정은 두 법률(AD 4세기의 lex Aelia Sentia와 AD 9세기의 lex Papia Poppaea)에 의해 제정된 것으로 보인다. 만약 바울이 이 법률이 제정되기 1, 2세기 이전에 태어났다면 그가 이런 방식으로 시민등록을 해야 할 필요가 있었을까? 이것은 그 답을 확실하게 구할 수 없는 사항이며, 우리가 알 수 있는 바는 극히 제한되어 있음을 통감케 하는 문제이다.

바울이 로마 시민으로서의 권리를 행사한 예들 중 가장 중대한 효과를 본 경우는 그의 생애의 말기에 있었던 사건을 통해서였다. 그때 그는 유대의 총독에게 심문을 받지 않으려고 로마의 시민권을 행사하여 "가이사에게 호소하였다." 다시 말해서 그는 그의 사건이 지방법원이 아니라 로마의 대법원에서 심리될 수 있도록 호소하였다(행 25 : 10 이하). 이 호소의 상세한 내용과 그 의미에 대해서는 적당한 기회에 다시 다루려고 한다.

제 5 장

"히브리인 중의 히브리인"

1. 바울이 지닌 유대적 유산

바울 자신이 보기에 자신이 다소에서 태어나 로마 시민권을 가진 것보다 훨씬 더 중요한 사실이 있다. 그 사실은 우리가 그를 이해하는데 있어서도 훨씬 더 중요하다. 그것은 다름 아니라 그가 지닌 유대적 유산이다. 그가 기독교적인 시각으로써 한때 그가 자랑스러워했던 타고난 이 점을 회고하면서 다음과 같이 시작한다. "내가 팔 일만에 할례를 받고 이스라엘의 족속이요 베냐민의 지파요 히브리인 중의 히브리인이요 율법으로는 바리새인이요…"(빌 3 : 5).

본문을 보면, 그가 "이스라엘의 족속"이라는 사실, 즉 그가 날 때부터 유대인이었다는 사실을 좀더 설명하여 유대인 중에서도 어떤 유대인인가를 세밀하게 특별히 부가하고 있다.

첫째 그는 베냐민 지파에 속했다(이는 로마서 11 : 1에서 반복하여 주장하고 있는 바이다). 베냐민 지파의 영토는 본래 훨씬 더 넓은 유다 지역의 북단에 연해 있었다. 예루살렘은 비록 형식적으로는 베냐민에 속했지만 실제로는 유다와 베냐민 사이에 둘러싸여 있었다. 솔로몬이 죽고난 뒤 통일왕조가 붕괴되었을 때 베냐민 지역은 유대와 예루살렘의 흡인력에 의해 남방 왕조에로 편입되었다. 자연적으로 베냐민 족속들은 그들의 정체성(正體性)을 상실해 가는 경향을 띠었다. 그러나 적어도 그 중 얼마의 족속들은 그러한 정체성의 말살에 순응하지 않았다. 심지어 포로(exile)로부터 돌아온 이후에도 특별히 "베냐민의 자손들"(느 11 : 7~9, 31~36)

이라는 자들이 예루살렘과 인접한 유다 지역에 재정착했음이 전해지고 있다. 바울의 가계를 추적한다면 바로 이 맥락에서일 것이다.

그의 부모가 그의 유대 이름으로서 사울을 택한 것은 그들의 족속과 연관되었을 것이다. 히브리 역사에 있어서 가장 뛰어난 베냐민 족속은 이스라엘의 초대 왕인 사울이었다. 만약에 이 사실이 바울의 부모들에게 강한 의미를 주었다면, 그의 유대 이름이 사울이라는 사실은 단지 사도행전을 통해서 알 수 있는 반면, 그가 베냐민 족속이라는 사실을 알 수 있는 것은 오직 그의 서신서를 통해서라는 사실에서 "우연의 일치"[1]를 간파하는 것은 가능하다. 초기 기독교인들은 초대교회를 박해하는 바울의 활동에서 족장 야곱이 그의 아들들에게 축복하는 데서 "베냐민은 굶주린 이리…"(창 49:27)[2] 운운하는 것에서 성취를 찾고자 했다. 그러나 이러한 교묘한 착상은 엄밀한 주석과는 아무런 관계가 없다.

둘째, 그는 자신을 "히브리인 중의 히브리인"이라 묘사한다. 누가의 저작에서 확실하게 나타나는 것처럼 바울의 저작에서도 "히브리인"이라는 용어는 아마도 "이스라엘인"이나 "유대인"보다 더욱 특별한 것 같다. 다른 사건에서, 가령 고린도에 찾아와 바울의 개종자들에게 있어서 그의 위치가 어느 정도인지를 탐색하고자 한 방문객들에 대해 그는 "그들이 히브리인이냐? 나 또한 그러하다"고 말하고 있다. 이 문맥에서 볼 때 "히브리인"은 "이스라엘인"이나 "아브라함의 자손들"보다 더욱 한정된 의미를 지니고 있음을 알 수 있다(고후 11:25). 사도행전 6:1을 보면, 비록 히브리인이나 헬라파인들은 모두 유대인이긴 하지만(이 경우 예수님의 초기 제자들 및 원시 예루살렘 교회의 구성원들), "히브리인"들은 "헬라파인"에 대비되어 사용되고 있다. 그 구분은 아마도 언어와 문화의 연관에서일 것이다. 그 경우 히브리인들은 히브리어로 예배를 드리는 회당에 참석하고 아람어를 일상언어로 사용했다. 반면에 헬라파인들은 헬라어를 사용하고 헬라어로 성경을 읽고 기도문을 암송하는 회당에 참석했다. 예루살렘에 있는 헬라파인들의 대부분은 사도행전 6:9에서 언급되고 있는 회당에 참석하는 시레인들과 알렉산드리아인들 및 길리기아와 아시아에서 온 사람들과 같은 여러 흩어진 지역의 출신들이었다.[3] 한편 헬라파인들은 헬라—로마 세계 전역에 걸쳐 있는 분산된 지역에서 대다수를 차지하는 반면 히브리인들은 최근에 팔레스틴에서 이주해 온 자들이거나 팔레스틴적인 방식을 특별히 보존하고자 하는 가정의 사람들이었다. 로마와 고린도의 비문에서 이들 각각의 도시들에 "히브리인들의 회당"[4]이 있었음을 알 수 있다. 그러한 표식은 팔레스

---

1) 이 표현은 J.J. Blunt의 *Undesigned Coincidences in the Writings of the Old and New Testaments*(London, 1847)에서 가져 온 것이다.
2) 예를 들면, Hippolytus, *On the Blessing of Jacob*, 창 49:27에 대한 것.
3) 여기서의 지적이 하나 혹은 그 이상의 회당들에 대한 것인지는 분명치 않다. 그러나 언급된 지역들로부터 온 유대 "자유자들"이 참석하던 회당에 대한 것일 가능성이 높다. p. 62를 보라.

틴인들(아마도 아람어를 사용하는 자들)을 위한 회합장소임을 나타내었을 것이다. 그리고 이는 헬라어를 사용하는 유대인들의 장소와 구분하는 것이있을 것이나. 바울과 동시대인인 알렉산드리아의 필로는 자신이 헬라파 유대인으로서 "히브리인"을 히브리어를 사용하는 자들을 지칭하는데 사용했다[5](그리고 신약성경을 포함한 AD 1세기의 유대 헬라어 문헌에서 "히브리어"는 그 언어적 의미에 있어서 아람어를 포용할 만큼 광범한 것이다).

다소와 같은 헬라어 사용권의 도시에서 태어난 유대인은 당연히 헬라파인일 것으로 기대되곤 했다. 바울은 헬라어가 분명히 그에게 있어 결코 낯선 외래어가 아니었다는 점에서 헬라파로 불리울 수 있다. 그러나 그가 주장하는 명칭은 헬라파가 아니라 히브리인이다. 더우기 이러한 주장은 그가 예루살렘에서 자라고 교육받았다는데 근거한 것은 아니다. "히브리인 중의 히브리인"이라는 구절은 그에 앞서 그의 부모가 히브리인이라는 사실을 말한다. 바울의 가족이 원래 갈릴리의 기살라(Gischala)에서 왔다는 제롬(Jerome)의 진술이 있지만 얼마나 신빙성이 있는 것인지는 쉽게 알 수가 없다.[6] 사도행전의 기록에 의하면, 그는 예루살렘의 청중들에게 아람어로 연설할 수 있었다(행 21:40; 22:2). 그리고 다메섹 도상에서 하늘의 소리가 그에게 아람어로-"히브리어로" 주어졌다는 사실로(행 26:14) 미루어 볼 때 아람어가 그의 모국어였다는 것은 정당한 추리이다.

그런데 바울이 헬라어 통용권의 도시에서 시민권을 누리는 유대인 가정에서 태어났지만 집에서와 아마도 그들이 참석하는 회당에서는 헬라어가 아니라 아람어를 사용했던 것 같다. 아나톨리아에 거주하고 있는 많은 유대인들과는 달리 이 가정은 유대적인 생활방식을 엄격하게 고수하고 그것으로써 모국과의 접맥을 유지했다. 바울은 소년 시절에 다소의 문화를 흡수하고 거기에 동화될 기회를 거의 갖지 못했을 것이다. 사실 그의 부모는 그를 예루살렘에 보내어 정규적인 훈련의 기간을 갖게 함으로써 정통적인 양육을 확실히 했다.

바울이 예루살렘 성전의 영문 안에서 적개심을 지닌 유대인 무리에게 아람어로 연설할 때 그 초두로 끄집어낸 사도행전 22:3에 의하면, 가장 그럴 듯한 바울의 성장 내력은,

① "길리기아에 있는 다소에서 유대인으로 태어났다."

② "예루살렘에서 성장했다."

③ "가말리엘의 문하에서 하나님을 열심히 구하면서 조상들의 율법적인 엄격한 방식으로 교육받았다"[7] 등이다. 마지막 부분은 갈라디아서 1:14, "내가 내 동족

---

4) *CIG* iv. 9909(Rome); B. Powell, "Greek Inscriptions from Corinth," *AJA* series 2, 7 (1903), pp. 60이하, no. 40(Corinth).

5) Philo, *On Dreams*, ii. 250; *Abraham*, 28.

6) Jerome, *De uiris illustribus*, 5.

중 여러 연갑자보다 유대교를 지나치게 믿어 내 조상의 유전에 대하여 더욱 열심이 있었으나"라는 바울 자신의 보다 일반적인 진술과 본질적으로 일치한다. 그는 십대에 언젠가 가말리엘의 문하에 들어갔을 것이다. 그러나 그의 부모는 그보다 더 이른 소년시절을 예루살렘의 전적인 영향 하에 보내게 했다.

셋째, 바울 그 자신의 설명에 의하면 그는 "율법에 있어서는 바리새인"이었다. 이 설명은 그가 당시의 지도격의 바리새인이었던 "가말리엘의 문하에서 교육받았다"는 사도행전 22 : 3에서의 자신의 진술과 소 아그립바 왕 앞에서 "내가 우리 종교의 가장 엄한 파를 좇아 바리새인의 생활을 하였다"고 선언한 것(행 26 : 5)과 일치한다. 훨씬 더 강력한 것은 그가 산헤드린 앞에서 "나는 바리새인이요 바리새인의 아들이라"고 주장한 것이다(행 23 : 6). 이러한 말의 자연적인 의미는 그의 아버지 혹은 오랜 선조들이 바리새인들과 연관되어 있다는 것이다. "바리새인의 아들"이란 말이 "바리새인의 학생"을 의미할 수도 있다.

2. 바리새인들

그렇다면 바리새인들은 어떠한 자들인가? 이름이 처음 나타나기는 BC 2세기 중엽이었다. 요세푸스는 유다 마카비우스의 형제이자 후계자인 요나단의 통치(BC 160~143)를 설명하면서 이 당시에 유대들 간에는 바리새파와 사두개파 및 에세네파라는 세 사상의 파들이 있었다고 말한다. 그리고 에세네파는 엄격한 예정론자들이었으며, 사두개파는 모든 일들이 인간들의 자유의지에 맞추어 일어난다고 주장했으며, 바리새파는 하나님의 예정과 인간의 선택 간에 상호적인 여지를 허용하는 중도적인 입장을 취하고 있었다고 한다.[8] 그러나 사실상 이러한 특징들은 세 파를 구분하는 가장 중요한 점들이 아니라고 하겠다. 그러나 요세푸스는 유대의 종파들에 대해 말할 때 마치 그것들이 헬라의 철학 유파들인 양 하기를 좋아했으며, 그가 생각할 때 헬라인과 로마의 독자들이 관심을 가질 것 같은 양상들에 주의를 기울였다.

계속해서 그는 요나단의 조카인 요한 히르카누스가 최초의 바리새파의 제자임을 말한다. 이 사람은 약 30년 동안(BC 134~104) 유대를 통치했던 사람이다. 그러나 이 사람은 그들 동료들 중의 한 사람이 어리석게도 솔직하게 이야기한다고 해서 그를 공격했다. 그리고는 바리새파와 결별하고 그 경쟁상대인 사두개파와 연합

---

7) 이는 Nestle-Aland 헬라어 신약성경(Stuttgart, ²⁵1963)과 영연방 성서공회와 연합 성서공회(London and New York, ³1976)에서 출판한 헬라어 신약성경 판(London, ²1958)의 행 22 : 3의 시점에 의해 시사된다. W.C. van Unnik, *Tarsus or Jerusalem: The City of Paul's Youth*, E.T.(London, 1962)를 보라.

8) Josephus, *Ant*. xiii. 171f.

했다.⁹⁾ 그리하여 바리새파는 수 십 년 동안 일종의 야당을 형성했고, 심한 억압의 고통을 당했다. 특히 알렉산더 얀네우스(BC 103~76)에 의해 억압받았다.¹⁰⁾

요세푸스는 바리새파의 영적인 조상을 추적하지 않는다. 그러나 그들이 하시딤 (hᵃsîdîm) 혹은 "경건한 사람들"이라는 계급에서 생겨났을 가능성이 높다. 이들은 바로 마카비서에서 "하시디안들"로 지시되는 사람들이다(마카비 1 서 2 : 42 ; 7 : 14, 마카비 2 서 14 : 6). 이러한 하시디안들의 기원은 아마도 포로에서 돌아온 후 몇 십 년 후에 도덕과 신앙이 타락되는 와중에서 율법을 공부하고 실천하는데 서로를 북돋우기 위해 함께 모였던 유대의 경건한 사람들에게서 찾아야 할 것이다. 말라기서에 보면, "여호와를 경외하는 자들이 피차에 말하매 여호와께서 그것을 분명히 들으시고 여호와를 경외하는 자와 그 이름을 존중히 여기는 자를 위하여 여호와 앞에 있는 기념책에 기록하셨느니라 만군의 여호와가 이르노라 내가 정한 날에 그들로 나의 특별한 소유를 삼을 것이요 또 사람이 자기를 섬기는 아들을 아낌같이 내가 그들을 아끼리니"(말 3 : 16 이하)라고 되어 있다. 그 뒤의 말라기 4 : 3을 보면 "또 너희가 악인을 밟을 것이니 그들이 나의 정한 날에 너희 발바닥 밑에 재와 같으리라 만군의 여호와의 말이니라"고 하여 기념책에 그 이름이 들어 있는 자들은 도래할 그 날에 아낌을 받을 뿐만 아니라 악한 자들에게 심판을 행하는 것으로 되어 있다.

하나님의 율법에 열정적으로 헌신하는 자들에 대해서는 여호와의 "증거"를 지키는데 충성하기 위해 고난과 박해를 견디고 그 증거들이 행하는 길에 빛이 되며 꿀보다 더 단 것을 발견했다고 하는 자의 저작인 시편 119편에 잘 묘사되어 있다. 그들은 프톨레미와 셀레우키아의 치하에서 유대인의 생활에 헬라적인 방식이 유입되는 것을 개탄했다. 그리하여 그들은 젊은 세대들에 의해 고답적인 불쾌한 사람들로 경멸당했다. 심지어 새로운 유행을 환영했던 성직자들에 의해서도 그러했다. 그러나 헬레니즘이 유대의 종교적 및 민족적인 정체성을 말살하고자 했던 안티오쿠스 에피파네스의 칙령에서 용납불가능한 면모를 보였을 때 가장 진실한 애국자들은 다름 아니라 하시디안들임이 드러났다. 그들 중의 몇몇은 셀레우키아 권력에 수동적인 저항을 했다. 그리하여 순교당함으로써 그 영광의 관을 썼다. 다른 나머지의 대부분의 사람들은 하스모니아 가(家)의 유다 마카비우스와 그의 형제들 그리고 이들이 반란의 기치를 높이 들고, 셀레우키아에 대항하는 게릴라 전쟁을 주도했을 때 추종하던 자들과 공동의 목적을 취했다.

게릴라 전쟁은 기대했던 것보다 훨씬 더 성공적이었다. 왕과 그의 보좌관들은 그들의 유대 정책이 잘못된 것임을 깨달았으며, 그리하여 BC 164년의 말에 그 정

---

9) Josephus, *Ant.* xiii. 288~296.
10) Josephus, *BJ* i. 88ff ; *Ant.* xiii. 372ff. ; TB *Sotah* 47a ; *Qiddu'sin* 66a ; 4QpNah frag. 4, Col. 1. ll. 1ff.

책을 번복했다. 말하자면 유대인들에게 조상의 종교를 갖게 하고 이스라엘의 하나님을 예배할 수 있도록 예루살렘에 성전을 복건했다. 많은 하시디안들은 이러한 새로운 정책에 만족하는 경향을 띠었다. 왜냐하면 그들의 종교를 자유롭게 수행하는 것이 저항의 목적이었기 때문이다. 그들은 즉시 하스모니아인들과의 동맹을 파기하지 않았다. 그러나 그들은 이제 더 이상 정치적인 독립을 위한 투쟁에 그처럼 열성적으로 협력하지는 않았다. 특히, 이러한 투쟁이 점차 하스모니아의 권력을 확대시키는 방향으로 나아가자 더욱 그러했다. 요나단이 셀레우키아 왕위를 보호했다는 댓가로 BC 152년에 대제사장직을 수락했을 때, 하시디안들 중의 한 집단은 — 이것이 나중에 쿰란 공동체로 발전됨 — 조상 대대로 내려오는 사독의 집을 강탈했다는 데에 격분한 나머지 그를 대제사장으로 인정하는 것을 거부할 뿐만 아니라 요나단 자신과 그 상속자들 및 계승자들이 비합법적인 칙령으로 오염시킨 성전에서 예배드리는 것마저 거부했다.[11]

마침내 정치적 독립이 쟁취되었을 때, 대제사장직은 인민회의(popular assembly)의 판결에 의해 하스모니아 가에 확정되었다.[12] 그러나 하스모니아 가가 신성한 임무를 맡는 것에 반대함으로써 공직생활에 발탁된 소수의 사람들처럼 성공하지 못한 많은 하시디안들은 이러한 조치에 대해 결코 만족해 하지 않았다. 요세푸스는 바리새인들과 요한 히르카누스 사이의 균열을 말하면서 요한에게 치명적인 공격을 가한 것은 그가 정치군사적인 지휘권에 만족하고 대제사장직을 포기했어야 한다는 주장이었다.

그렇다면 바리새인들은 하시디안들이었는가? 그랬던 것 같다. 아니면 적어도 바리새인들의 기원이 하시디안들의 친교에 있었으며, 실제로 하시디안들의 발전에 있어서 주류를 형성한 것으로 인식되어야 한다. 바리새인이라는 명칭은 "분리하다"라는 히브리어 및 아람어의 근원적인 의미와 연관되어 있다. 헬라어 Pharisaioi("바리새인들")는 아람어 *prîšayyâ* ("분리된 자들")로부터 빌어온 것은 분명하다. 어떤 이들은 그들이 이 이름을 얻게 된 것은 하스모니아들과의 동맹에서 분리되어 나왔기 때문이라고 주장해 왔다. 그러나 대체로 이 이름은 더욱 일반적인 의미를 지니며 도덕적으로나 의식적(儀式的)으로 불결을 드러내는 모든 것으로부터 엄격하게 절교하는 그들의 정책을 의미한다. 그러한 분리는 그들 스스로 특별히 요청되는 것으로 느꼈던 성결의 부정적인 측면이었다. 이는 레위기에 대한 후기 랍비주석에서 표명되어 있다. 말하자면, "너희는 거룩하라 나 여호와 너희 하나님이 거룩함이니라"(19:2). "내가 거룩하니 또한 너희도 거룩해야만 한다," "내가

---

11) F. F. Bruce, *Second Thoughts on the Dead Sea Scrolls*(Exeter, ³1966), pp. 104 이하, 110 이하를 보라.
12) 마카비 1서 14:41.

분리되어 있으니 또한 너희도 분리되어야 한다"[13]로 확대되어 있다.

바리새인들은 안식법과 음식 가리는 법을 준수하는 데에 커다란 신경을 썼다. 그리하여 이러한 일에 배교를 범하느니 차라리 고통과 죽음을 견디어낸 안티오쿠스 4세 치하의 유대 순교자들의 원리들을 영속화했다. 그들은 토양의 소산을 빈틈없이 십일조 하였다. 곡식과 포도주 및 기름 뿐만 아니라 정원의 풀까지도 십일조를 드렸으며, 실제로 십일조를 행하지 않은 음식은 먹지도 않았다.[14]

그들은 율법을 연구하면서 순서를 밟아 기록된 율법과 동일한 정당성을 획득한, 그리하여 법적인 의제(擬制)에 의해 기록된 율법과 마찬가지로 시내 산에서의 모세에서 비롯되는 것으로서의 해석과 적용의 체계를 형성했다. 이러한 구전법(口傳法) — 복음서들에서(말 7:5) 일컬어지는 바로는 "장로들의 전승"의 목적은 고래의 명령을 후대의 여러 상황에 적용하고 그 명령을 사소하고 실행불가능한 것으로 간과하는 일이 없도록 하는 것이다. 바리새인들 간에 서로 다른 여러 해석파들이 있었다. 그러나 기록된 율법을 구전법의 관점에서 적용할 필요가 있다는 데는 모두 다 동의했다. 이는 그들을 주된 신학적인 적대자들인 사두개파로부터 구분시켰다. 사두개파는 어쨌든 이론상으로는 기록된 율법이 그 문자 그대로의 강압이 아무리 매섭게 백성들을 몰아친다 하더라도 수정없이 보존되고 적용되어야 한다고 믿었다.

사두개인의 신학에 관해서는 정보가 불완전하다. 왜냐하면 그것에 관한 1차자료가 전혀 전해지지 않고 있기 때문이다. 알 수 있는 것은 그들이 바리새인들과 어떻게 다른가 하는 점에 연관해서일 뿐이다. 예를 들면, 바리새인들과는 달리 그들은 "부활도 천사도 영도 없다"고 말했다(행 23:8). 바리새인들이 주장하는 것처럼 육체적인 부활에 대한 믿음은 안티오쿠스 치하에서 순교자들을 통하여 입증되었다. 이는 (가령 벤 시라가 표현한 것 같은) 최상의 불멸은 선한 사람의 덕을 후대에서 기억하는 것이며, 특히 그 덕이 후손들에게서 재생되는 것이라는 생각과 구분되어야 한다.[15] 사두개인들은 이러한 사상이 초기 성경과 더욱 일치하는 것이라고 의당 생각했다. 하지만 그들 중의 어떤 이들은 AD 30년 경 갈릴리에서 예루살렘을 방문한 어떤 사람이 불타는 덤불에서 모세에게 주어진 하나님의 음성으로부터 부활의 소망을 추론하는 것을 듣고서 놀라기도 했다.[16] 사두개인들이 천사와 악마를 믿지 않는다는 데서 그들이 거부한 것은 아마 선한 영과 악한 영들의 계급을 설정하여 각각의 계급은 대천사와 대악마라 불리우는 일곱 영들로 지배되고 있다는 생각

---

13) *Leviticus* Rabba 24:4, 레 19:2에 대한 것.
14) 참고, 마 23:23, 눅 11:42, 또한 F. F. Bruce, *New Testament History*(London, ²1971), p. 68. n. 4.
15) 이는 성찬예배에서 자주 인용됨으로써 잘 알려진 "이제 유명한 자들을 찬양합시다"(Ecclesiasticus 44:1 이하)로 시작되는 2절의 요점이다.
16) 막 12:18~27(pp. 109, 336을 보라).

이었을 것이다. 사실 그들은 이러한 바리새인들의 믿음과 조로아스터교의 믿음 간에 유사성이 있음을 인식했던 것 같다. 어떤 학자는 바리새인은 원래 "페르시아화된 사람"을 뜻하며, 이 명칭은 사두개인들이 그들의 적대자들에 대해 조롱하듯 고안하여 붙힌 이름이라고 주장했었다.[17] 그럴 수가 없다. 그러나 사두개인들이 "바리새인"을 "페르시아화된 사람"이라고 풍자적으로 해석했다는 것은 생각해 볼 만하다. 사두개인들이 그들 자신이 고래의 신앙을 유지한다고 여겼던 것은 분명하다. 그리고 그들은 바리새인들을 위험한 발상가들, 말하자면 현대주의자들로 여겼던 것이다.

바리새인들은 알렉산더 요하네우스가 그의 홀어머니인 살롬 알렉산드라에 이어 왕위를 계승했을 때 영향력있는 위치에로 부상했다. 알렉산드라의 9년 간에 걸친 통치는 (BC 76~67) 랍비적 전통에서는 작은 황금기로 기억되었다. 헤롯은 그의 통치 초기에 바리새인들에게 경의의 관심을 표했다. BC 17년 후반에 그는 신하들에게 요구한 충성의 서약에서 그들을 제외시켰다.[18] 그러나 얼마 안가서 그는 그들의 고집스런 반항에 대해 분개하기 시작했으며, BC 7년에 이르러 그는 아우구스투스와 자기 자신에 대한 새로운 충성의 서약을 강요하면서 서약하기를 거부한 대다수의 바리새인들에게 벌금형을 내렸다.[19] 그의 생명이 다해갈 쯤 많은 바리새인 문도들이 그들 스승들의 선동에 따라 성전문에 걸려 있던 거대한 금독수리를 내려버렸을 때, 그는 그들에게 잔혹하게 복수를 했다.[20]

로마의 행정에 따라 바리새인들은 산헤드린에 등장했다. 요세푸스의 말에 의하면 비록 그들이 소수이긴 하나 백성에 대한 영향력은 대제사장과 사두개인들로 된 다수가 바리새인들의 의견을 존중하여 승복할 정도였다고 한다.[21] 율법과 선지서들을 직업적으로 해석하는 대부분의 많은 서기관들은 바리새인들의 제자들이었으며 해석의 기조를 형성했다.

바리새인들은 지방조직도 형성했다. 그러한 조직의 친교를 하부라(hᵃbûrāh)라 불렀다. 하부라의 구성원들은 개인적으로 다른 구성원들에게 하베르(habēr)였다. 요세푸스는 자신이 아홉 살 되던 해부터 바리새인의 규율에 따라 생활했음을 밝히면서 그 바리새인들의 하부라의 수가 약 6,000개에 이른다고 추산하고 있다.[22]

그들은 정결함과 십일조의 율법에 대한 세심한 배려 때문에 동료 유대인들 중에서 그들 자신처럼 율법준수에 있어서 특별하지 않은 자들과는 어울릴 수가 없

---

17) T. W. Manson, "Sadducee and Pharisee," *BJRL* 22(1938), pp. 153ff ; *The Servant-Messiah*(Cambridge, 1953), pp. 19f.
18) Josephus, *Ant*. xv. 370.
19) Josephus, *Ant*. xvii. 42.
20) Josephus, *Ant*. xvii. 151ff.
21) Josephus, *Ant*. xviii. 17.
22) Josephus, *Ant*. xvii. 42.

었다. 이러한 자들에는 팔레스틴에 사는 농부들과 장인(匠人)들과 같은 대부분의 유대인들이 속해 있었다. 그런데 이들은 율법연구에 바리새인들처럼 많은 시간과 관심을 소비하지 않았다. 따라서 바리새인들은 "땅의 백성들"이라는 자들과 상종하지 않으려는 경향이 있었다.[23] 이들은 진실된 신앙심을 지닐 수 없는 자들이라는 것이다.[24] 한편 바리새인들은 성결의 추구에 있어서 너무나 절충주의적이라는 비판을 받았다. 이러한 비판을 한 자들은 쿰란 종파들이었다. 이들은 그들 나름의 "분리"를(말 그대로의 절연은 아니고) 격리의 선까지 몰아갔으며, 이사야 30:10을 마음에 두고서 바리새인들을 "평탄한 일들을 추구하는 자들" 혹은 "평탄한 해석을 내리는 자들"[25]이라 불렀다.

비록 어떤 가족유사성이 전체 바리새적인 운동을 특징짓고 있었던 것은 의심할 바 없지만, 그 운동 내에 광범한 다양성이 있었다. 이러한 다양성은 부분적으로는 해석에 있어서 다양한 학파와 연관되어 있으며, 부분적으로는 다양한 기질과 동기에 연관되어 형성되었다. 탈무드에 자주 인용되는 한 구절은 바리새인들을 일곱 유형으로 구분한다. 그런데 그 중 한 유형만이, 즉 하나님의 사랑을 주장하는 바리새인 유형만이 가장 뛰어난 유형의 바리새인으로 추천되고 있다.[26]

3. 바울 시대의 바리새주의

기독교 시대의 초기에 샴마이(Shammai)와 힐렐(Hillel)에 의하여 각각 설립된 율법 해석의 주도적인 두 학파가 있었다. 샴마이파는 힐렐파보다 더욱 엄격한 해석으로서 전통적으로 인정을 받았다. 이 학파는 개개의 율법을 적용하는데 있어서 뿐만 아니라 그 전체적인 율법에의 정도에 있어서도 더욱 엄격했다. 샴마이파는 한 율법의 파계를(행동에 의해서건 부지 중에서건) 율법 자체의 파계로 간주한 반면, 힐렐파는 오히려 하나님의 심판이 전체적으로 보아 한 인간의 생활이 선을 좋아하는가 악을 좋아하는가에 대해 관점을 두고 있다는 태도를 견지했다.

가장 잘 알려진 힐렐의 말 중 하나를 예를 들면, 어떤 사람이 전체 율법을 가능한 한 몇 마디로 압축시켜 보라고 요구했을 때 "너 자신에게 해로운 것을 다른 사람에게 행하지 말라. 그것이 율법 전체이다. 그 나머지는 모두 다 주석이니라"[27]고

---

23) 암하레스라는 어구는 구약 시대에는 집단을 나타내는 표현("땅의 사람들")이었는데, 랍비적인 용법에서는 개인, 즉 "땅의 사람들 중의 한 사람" 혹은 "일반 사람들 중의 한 사람," 즉 무식한 사람(적어도 종교적인 문제에 있어서)을 지칭했다.
24) 힐렐은 "경건한 암하레스는 결코 없다"(Pirqê Abôt 2:6)이라는 명시로 믿을 만하다. 요 7:49의 "율법을 알지 못하는 이 무리는 저주를 받은 자로다"에서 예루살렘 권위자의 경멸적인 말을 참조하라.
25) Cf. 4QpNah. frag. 4, col. 1, 1.7, 1 QH 2, 11, 15, 32 ; CD 1, 1.18.
26) TJ *Berakôt* 9:7.

말했다. 이같이 금지적인 황금률을 율법의 축약으로 인용한 것은 많은 바리새인들이 위험하다고 생각하는 방식으로 해석될 수 있었다. 이러한 가능성이 비록 힐렐의 의도가 아니었다 하더라도 이처럼 율법 전체를 몇 마디로 축약한 것은 개개의 율법의 계율에 대해 그 계율이 이웃의 고통을 막든가 아니면 이웃의 이익을 증진시키는 한에서만 지킬 필요가 있다고 주장하도록 했다. 랍비들 간에 널리 퍼져 있는 견해에 의하면 이는 불법적인 주관적 기준을 가져왔다. 어떤 한 계명에 대하여 단지 그것이 하나님의 계명이기 때문에 이유없이 복종해야만 한다는 것이다.[28]

바울은 어떠한 류의 바리새인이었는가? 이 질문은 쉽게 대답되지 않는 것이다. 사도행전 22:3에 의하면 그는 가말리엘 문하에서 교육받았다. 후기 전승에 의하면 가말리엘은 힐렐이 수장(首長)으로 있던 학파를 그 후계자로서 이끌었으며, 그렇다고 가말리엘이 힐렐의 아들이나 손자는 아니라고 한다.[29] 그러나 가말리엘과 그의 가르침에 대한 직접적인 정보를 반영하는 초기 전승에 의하면 그는 힐렐파와 연관이 없다. 오히려 가말리엘을 자신의 학파의 창설자로 보고 있으며, 그 외의 사람들이 그 학파에 속한 것으로 전하고 있다.[30]

이 가말리엘에 관한 전승들과 동일한 이름을 지닌 나중의 스승(가말리엘 2세. 약 AD 100년 경)에 관한 전승들을 구분하는 데에는 다소 어려움이 있다. 그러나 성전이 아직 서 있다는 사실을 전제하는 전승들은 분명히 앞선 가말리엘에 연관되어 있다. 전승에 의하면, "라반 가말리엘이 죽었을 때, 토라의 영광은 종식되고 순결과 '구별'도 사멸했다"고 한다.[31] 이는 그가 최후의 참된 바리새인이라고 말하는 것과 거의 마찬가지이다. 왜냐하면 "구별"(히브리어 페리슈트⟨pᵉrîšût⟩)은 "바리새인"과 동일한 어근에서 형성되었으며, 심지어 "바리새주의"로 번역될 수도 있기 때문이다. 가말리엘이 신임을 얻게 된 규례 중의 하나는 이혼 후의 재혼에 관한 법을 자유화한 것이다.[32]

---

27) TB *Shabbat* 31a, J. Neuser 이 그의 *The Rabbinic Traditions about the Pharisees before 70* (Leidon, 1971), i, pp. 338 이하에서 그 사건의 역사성에 대해 의심을 하고 있긴 하다. 부정적 황금률의 초기 형태에 대해서는 토비트 4:15 "네가 싫어하는 것을 누구에게도 하게 하지 말라"를 참조하라.

28) 이와 같이 Yohanan ben Zakkai 는 정결케 하는 붉은 암소의 의식에 대해 주석하면서 사실 시체가 영적인 불결을 가져 오지는 않으며 물이 내적인 정결함을 일으키는 것은 아님을 지적한다. 그러나 종교적인 법령은 단지 그것이 하나님의 명령이기 때문에 수행되어야 한다는 것이다(*Numbers Rabba* 19:8 ; 민 19:2에 대한 것).

29) TB *Shabbat* 15a 는 학교의 지도자로서 힐렐과 가말리엘 사이에 알려지지 않은 시므온(Simeon)을 끼워놓고 있는 것 같다. 그들 간의 혈통관계에 대한 생각은 나중까지 남아 온다.

30) J. Neusner, *The Rabbinic Traditions about the Pharisees before 70*, i, pp. 341~376을 참조하라.

31) Mishnah *Sotah* 9:15.
32) Mishnah *Gittin* 4:2.

가말리엘은 랍비 전승들과 신약성경 모두에서 산헤드린의 의원으로 묘사된다. 누가에 의하면, 예루살렘 교회력의 초기 단계에 사도들이 예수의 이름을 공적으로 가르치지 말라고 한 산헤드린의 지시를 복종하지 않았다고 하여 이 법정에 고소된다. 법정의 몇몇이 그들에게 극형이 합당하다고 제안할 때 "교법사로 모든 백성에게 존경을 받는 가말리엘이라는 한 바리새인이 공회 중에 일어나" 그의 동료들에게 최근에 있었던 다른 운동이 잠시 위험스럽게 보였으나 즉시 망한 것을 상기시키면서 다음처럼 첨언했다(행 5 : 38 이하).

> 이제 내가 너희에게 말하노니 이 사람들을 상관말고 버려두라 이 사상과 이 소행이 사람에게로서 났으면 무너질 것이요 만일 하나님께로서 났으면 너희가 저희를 무너뜨릴 수 없겠고 도리어 하나님을 대적하는 자가 될까 하노라.

이는 분명히 건전한 바리새적인 교리이다. 인간들이 하나님을 불순종할 수 있다. 그러나 하나님의 뜻은 그럼에도 불구하고 승리할 것이다. 인간의 뜻은 구속받지 않았다. 그러나 인간이 하고자 한 것은 하나님 당신의 목적을 성취하기 위하여 하나님에 의해 지배된다.[33] 후기 랍비인 제화공(sandal-maker)인 요하난(Yohanan)의 말에는 "하나님의 뜻을 위한 것은 모든 것들이 합동하여 종국에 가서 확립이 되나 하나님의 뜻을 위한 것이 아닌 것은 어떠한 것이든지 종국적으로 확립되지 못한다"는 말이 있다.[34] 가말리엘이 그러한 길을 취한 것은 우리가 기대할 수 있는 바이다.

그러나 만약에 그것이 가말리엘의 길이었다면 분명히 바울의 길은 아닐 것이다. 가령 부활의 소망과 성경주석의 기교 등을 포함한 대부분의 문제들에 있어서 바울은 그의 스승을 충실하게 따르는 자도 아니었으며, 말을 잘 듣는 학생도 아니었으리라.[35] 가말리엘의 제자 중 그 이름이 알려져 있지는 않지만 "배우는 일에 오만함"을 드러내고 그의 스승을 논박하고자 애쓰는 자가 있다고 할 때 그는 다름 아닌 바울이라고 생각되어 오고 있다.[36] 만약 이것이 사실이라면(아주 불확실하지만) 이 전승은 바울이 나중에 랍비의 길에서 이탈한 사실을 부정하는 것으로 나타난다. 이 전승은 바울이 가말리엘의 문하에 있는 동안 실제로 어떻게 행동했는가에 대해

---

33) Josephus, *Ant*. xiii. 172 ; xviii. 13과 Aqiba 의 격언 "모든 것은 예정되었다. 그러나 선택의 자유는 주어져 있다"(*Pirqê Abôt* 3 : 19)를 참조하라.
34) *Pirqê Abôt* 4 : 14.
35) J. Jeremias, "Paulus als Hillelit", in *Neotestamentica et Semitica : Studies in Honour of M. Black*, ed. E.E. Ellis and M. Wilcox(Edinburgh, 1969), pp. 88 이하를 참조하라. 다른 한편, K. Haacker, "War Paulus Hillelit?", *Das Institutum Indaicum der Universität Tübingen*, 1971~72, pp. 106~120을 참조하라.
36) TB Shabbat 30b 에 연관하여 J. Klausner, *From Jesus to Paul*, E. T.(London, 1944), p. 310도 그러하다.

아무런 회상도 보존하고 있지 않다. 그러나 어느 한 관점에서 보면 바울은 그의 스승의 모범에서 이탈했다. 그는 예수의 제자들에 대해 채택할 수 있는 대책으로서 그러한 미봉책으로는 적절하지 못함을 주장하여 그의 스승의 생각을 비난했다. 그의 생각에는 이 새로운 운동이 가말리엘이 평가한 것보다 훨씬 더 치명적으로 그가 보존해야 하는 것으로 배워온 것에 대한 공격이 될 것이라 여겨졌다. 더우기 바울의 기질은 가말리엘의 기질과는 완전히 달랐던 것 같다. 가말리엘이 인내와 관용으로써 신사다운 면모를 보인 것과는 달리 바울은 자기 자신의 고백에 의하면 결코 완전히 버리지 못한 과도한 열정으로 점철되어 있었다.[37]

그의 열정을 부추기는 대상은 조상들의 전통들 — 이스라엘의 고대법과 가말리엘파에서 가르쳐진 그 해석 — 이었기 때문에 그가 인간생활에서 그저 선이 악보다 우세한 것이 심판날에 적합한 조치를 얻을 수 있는 조건으로 충분하다는 힐렐파의 견해에 만족하지 않았다고 해서 놀랄 것은 없다. 적어도 이러한 점에 있어서 그는 오히려 율법은 전적으로 준수되어야 한다는 삼마이파의 견해에 경도되었던 것 같다. 이러한 바울의 태도는 나중에 그가 갈라디아의 개종자들, 즉 유대교의 어떤 율법적인 요청들을 채택하도록 압력을 받고 있던 자들에게 율법적으로 하나님을 만나고자 하는 자는 하나님의 계명들 중에 어느 것을 택하고 선정할 수 있다고 생각해서는 안된다고 말하는 데서 나타난다. 그는 "할례를 받는 각 사람은… 율법 전체를 행할 의무를 가진 자라"(갈 5:3)고 한다. 율법에 대한 이러한 바울의 태도는 바울로 하여금 예수의 제자들과 그들의 가르침에 대해 적대적인 평가를 결정케 한다.

---

37) 갈 1:13, 빌 3:6.

제6장

"때가 완전히 도래했을 때"

1. 고대하던 해방

로마인들의 유대로의 진출과 토착의 하스모니아 왕조가 멸망한 것은 사심깊은 유대인들이 그들의 상황을 재고하고 그 상황을 하나님의 목적에 연관시켜 해석하도록 했다. 하스모니아의 지지자들 중 일부는 왕조가 지속되는 동안 엄청난 부분을 통치하는 것에 만족했다. 요한 히르카누스(BC 134~104) 치하에서 그의 신하들은 선지자와 제사장과 왕[1]이라는 세 직분이 그에게서 조화를 이루고 있음을 확실하게 알 수 있다고 믿었고, 또한 그와 더불어 메시야 시대가 시작될 것이라고 생각하는 경향이 있었다. 사실 이스라엘의 위대한 선지자들은 다윗의 집에서 한 왕이 태어나 국가적인 소망이 실현되리라고 예언했었다. 그러나 하스모니아 가(家)의 통치 초기에는 다윗의 집이 이스라엘의 운명에 대해 더 이상의 역할을 할 것이라는 징조가 거의 나타나지 않았다. 반면에 이방의 굴레로부터 벗어나는 자유가 제사장적인 왕조의 지도 하에 확정되었다. 마지막 때의 예기되는 메시야 혹은 "기름부음 받은 자"가 유다 족속의 왕에서가 아니라 레위 족속의 제사장에서 나온다는 것이 하나님의 뜻이 될 수는 없는가?[2]

---

[1] Josephus, *Ant.* xiii. 299f.
[2] *The Testaments of the Twelve Patriarchs*(BC 1세기~AD 1세기)는 대부분 왕권은 유다에게, 제사장권은 레위에게 할당하고 있으나 하스모니아 지배권에 대한 반영으로 보이는 듯한 것으로서 *Testament of Reuben* 6:7~12는 왕권을 레위에게 할당하고 있다.

그러나 알렉산더 얀네우스(BC 103~76)의 군사적인 야망과 야만성이 국가의 최상의 부분을 하스모니아 가로부터 앗아갔다. 그리고 그의 미망인이자 계승자인 살로메 알렉산드라가 BC 67년에 죽고난 뒤에 그들의 두 아들, 히르카누스와 아리스토불루스 사이에 시민 투쟁이 일어났다. 심지어 하스모니아 가의 지지자들도 분리되었다. 로마인에게 유대를 점령할 수 있는 기회를 제공한 것은 바로 이 시민투쟁이었다. 하스모니아 가(家) 하에서 고통을 받았던 유대의 종교집단들은 하스모니아의 왕좌가 로마인들의 손에 이양되는 것을 보고 그들이 전체적으로 부정을 행한 것에 대한 하나님의 심판, 특히 법적으로 그들의 것이 아닌 위엄의 지위를 찬탈한 것에 대한 하나님의 심판으로 해석했다. 만약 쿰란 공동체가 오로지 사독의 집에 속한 대제사장에 대한 그들의 인수를 동의하지 않고 로마인들에게서 이러한 잘못에 대한 하나님의 보응을 집행하는 역할을 보았다면, 다른 경건한 집단, 바리새인들과 같은 집단은 하스모니아인들이 "다윗의 왕위를 훼파한"[3] 것에 대해 벌받는 것으로 생각했을 것이다. 이 후자의 집단은 그들의 열망의 표현으로서 『솔로몬의 시가』(Psalms of Solomon)[4] 라고 부르기로 한 열여덟 시가들의 모음집을 남겼다. 이 시가들은—쿰란 문헌들이 어느 정도 증거하는 것처럼—다윗의 집에 대한 소망이 이스라엘에서 전적으로 사라지는 것을 허락치 않았다는 것과, 하스모니아 왕조의 몰락과 그것에 연관된 메시야적 제사장직에 대한 소망이 소멸함으로써 다윗의 소망이 더 이상 경쟁해야 할 상대를 지니지 않는다는 사실을 명백히 보여준다.

쿰란 사람들처럼 『솔로몬의 시가』의 저자들이 로마의 정복에서 하스모니아에 대한 하나님의 심판을 인식하긴 했지만, 결코 로마인들에 대한 환상을 지니지는 않았으며, 따라서 로마인들이 하스모니아 가보다 그 악함에 있어 더욱 더 억압적이고 광포함을 보고서도 놀라지 않았다. 폼페이가 BC 63년에 견고한 성전을 훼파하고 지성소에 들어가고자 하는 신성모독의 주장을 했을 때 그것은 예상치 못한 충격으로 받아들여졌으며, 폼페이가 15년 후에 이집트에서 암살당했을 때 복수의 여신이 마침내 그를 거꾸러뜨렸다고 생각했다.[5] 그러나 로마인들은 외국인들이었고 하나님이 허락하는 한에서만 성지를 지배할 것이었다. 그들이 추방되는 날이 다가올 것이었다. 더우기 하나님의 행동에 의해 도래할 것이었다. 로마인들이 추방되는데 있어 하나님의 대리자 혹은 대리자들은 무엇인가에 대한 견해도 다양했다. 그러나 그 의견들의 요체는 다윗의 줄기에서 메시야가 곧 일어나 로마인들을 추방할 것이라는 것이었다. 이러한 기대는 『솔로몬의 시가』 제 7시에서 열렬하게 표현

---
3) *Psalms of Solomon* 17:8.
4) Codex Alexandrinus 는 원래 이것들을 신약성경의 부록으로 포함시켰다. 이것들은 처음에 히브리어로 구성되었으나 현재는 단지 헬라어와 헬라어에서 번역한 시리아어로만 남아 있다.
5) *Psalms of Solomon* 2:30~32.

되고 있다.[6] 또한 이는 누가의 예수 탄생 설화에 나오는 송영에서도 읽을 수 있다. 가브리엘이 마리아를 찾아와 그녀의 아들이 태어날 것을 알리면서 말했다(눅 1:32 이하).

> 주 하나님께서 그 조상 다윗의 위를 저에게 주시리니 영원히 야곱의 집에 왕노 릇 하실 것이며 그 나라가 무궁하리라.

이와 유사하게 사가랴(세례 요한의 아버지)는 찬양하는 노래를 통하여 임박한 해방을 축원한다(눅 1:68 이하).

> 찬양하리로다. 주 이스라엘의 하나님이여 그 백성을 돌아보사 속량하시며 우리 를 위하여 구원의 뿔을 그 종 다윗의 집에 일으키셨으니….

마리아에게는 이 언약의 성취가 마음의 생각이 교만한 자들을 흩으시고 권세있는 자를 그 위에서 내리치시며 "비천한 자들"을 높이시는 것이었고(눅 1:51 이하), 사가랴에게는 이와 유사하게 "원수에게서와 우리를 미워하는 모든 자의 손에서의 구원"을 의미했다(눅 1:71).

BC 40년에 로마인들이 유대인 왕을 통하여 유대를 통치할 것을 결정했을 때 헤롯에게서 메시야적인 기질을 발견하는 데에는 예외적인 정신적 통찰력이 요구되었다. 헤롯은 스스로 메시야적인 임무를 가장하고 나설 수도 있으며, 그를 지지하는 몇몇 사람들에 의해 그처럼 조장될 수도 있었다. 그러나 헤롯에 대한 보편적인 유대인의 태도는 적대적이었다. 그는 자신이 죽을 20년 내지 30년 후에 『모세의 승천』이라는 제목 하에(왜냐하면 이 내용이 모세가 여호수아에게 책임을 맡기고 하늘로 승천한 것을 말하고 있기에) 쓰여진 어느 묵시적인 저작에서 "교만한 왕"—아마도 다니엘 11:36의 왕의 형상, 즉 "자신의 의지에 따라 행할" 자의 성취라는 의미에서—즉 하스모니아 가의 남은 자들을 일소하고 자신의 사악한 광포함으로 늙은이든 젊은이든 남기지 않는 자로 묘사되고 있다.[7]

2. 고대하던 해방자

헤롯의 재임 말기에 이르러 예수가 태어났다. 그의 첫 제자들에 의해 고대하던 이스라엘의 구원자로 선포된 예수가 태어났다. 비록 누가의 예수 탄생 송영들이 예수를 약속된 다윗의 집의 왕으로 묘사하고, 초기 기독교 설교에서 그와 동일한

---

6) *Psalms of Solomon* 17:23ff.
7) *Assumption of Moses* 의 라틴역은 그를 *rex petulans* 로 부른다(6:2).

신분이 그에게 주어지지만, 그는 이러한 주장을 스스로 한 것 같지는 않다. 그는 "다윗의 자손"이라는 명칭이 다른 사람들에 의해 자신에게 주어질 때 이를 부인하지 않았다. 그러나 메시야가 다윗의 자손이리라는 널리 퍼진 신념에 대해 그가 취한 태도에 대해 기록된 문헌은 이를 부인하는 듯한 의문형식으로 되어 있다.[8] 세례 요한이 성령으로 세례를 베풀 오실 자에 대해 기술한 곳에서는 다윗의 자손이 아무런 역할도 하지 않는다. 바울은 이러한 다윗의 자손의 역할에 대해 예수를 "육신으로는 다윗의 혈통에서 나셨고"라고 말한(롬 1:3)[9] 고백적인 형식에서 묘사하고 있으나 예수의 의의를 이해하고 설명하는 데에는 실제로 전혀 중요시 하지 않는다.

그렇다면 어떠한 의미에 있어서 예수는 이스라엘의 구원자로서 인식되었는가? 그가 처음 30년을 지난 후 나사렛의 집에서 보낸 무명의 세월에서 일어나 공적인 사역을 시작할 때 그의 설교의 요지는 하나님의 나라가 가까왔다는 것 — 하나님의 나라가 자비와 능력으로 행하는 자신의 일에서 이미 도래해 있다는 것이었다.[10] 그가 하나님의 나라에 대해 말하는 것을 그의 청중들이 들었을 때 그들은 당연히 다니엘서의 환상에 따라 이방세계의 제국들의 왕위를 대신하며 "지고한 자의 성도들"에 의해 다스려지는 하나님의 질서를(단 7:18, 27) 생각했을 것이다.

AD 1세기의 이스라엘에는 이와 같은 류의 생각을 하는 다른 자들이 있었다. 이들의 성도들의 지배에 대한 사상이 "성도들"의 반열에 속하지 않았던 자들에게 불길한 징조를 가져다 주었다. 그들은 가령 시편 149:5~9에 등장하는 "성도들"에서 영감을 발견할 수 있었을 것이다. 거기에서의 "성도들"은 그 입에 하나님의 존영(尊榮)을 담고 그들의 손에 두 날 가진 칼을 지니고 있었다. 이 칼로써

  열방에 보수하며 민족들을 벌하며 저희 왕들은 사슬로 저희 귀인은 철고랑으로
  결박한다.

누가에 의하면 예수가 자신이 죽기 전날 저녁에 그의 사도들과 함께 만찬을 나눌 때 그는 그가 말했던 나라에서 지배하게 될 자가 바로 그들이라는 사실을 명백히 했다(눅 22:28~30).

  너희는 나의 모든 시험 중에 항상 나와 함께 한 자들인즉 내 아버지께서 나라를
  내게 맡기신 것같이 나도 너희에게 맡겨 너희로 내 나라에 있어 내 상에서 먹고 마
  시며 또는 보좌에 앉아 이스라엘 열 두 지파를 다스리게 하려 하노라.

---

8) 막 12:35~37.
9) 딤후 2:8, 그리고 다른 고백적인 형식을 참조하라.
10) 막 1:14 이하, 마 12:28, 눅 11:20을 참조하라.

그러나 예수가 이러한 역할을 지정하여 맡긴 자들은 그에게서 그 역할이 어떻게 이행하는가를, 즉 다른 자들을 지배하는 것이 아니라 그들을 섬김으로써 이행하는 법을 배웠다. 예수는 위와 같은 말을 하면서 나라를 "내 나라"로 일컫는다. 이는 우리에게 하나님의 나라와 "인자"의 종말론적인 형상 간의 밀접한 관계를 가르쳐 준다.

새 나라에 대한 다니엘의 환상에서는 새 나라가 "인자와 같은 자"(이방 제국들을 의미하는 야수들과는 다른 인간 형상)에게 부여된다. "지고한 자의 성도들"이 환상 자체에서 "인자와 같은 자"의 대역을 하면서 나타나는 것은 그 환상에 대한 해석에서이다. 예수는 지고한 자의 성도들과 인자를 무조건 동일시 하지 않았다. 그의 제자들은 아버지가 그들에게 왕국을 줄 "적은 무리"들이었다(눅 12:32). 그러나 그들은 목자와, 혹은 은유를 풀어 말하면 인자와 더불어 연합함으로써 "적은 무리"를 형성했다. 예수가 인자를 말했을 때 그는 "권세와 영광과 나라를 얻고 모든 백성과 나라들과 각 방언하는 자가 섬길" "인자 같은 이"를 의미했다(단 7:13 이하). 그의 사역이 진전됨에 따라 그가 개인적으로 성취할 것으로 소명받은 인자의 사명을 더욱 더 명백하게 받아들였다.[11] 이는 값비싼 소명이었다. 하나님의 나라가 능력으로 시작되기 전에 폭력을 당해야만 하는 것처럼 인자도 역시 "많은 고난을 받고 멸시를 당해야만"[12] 했다. 이는 왕의 영광을 옷입기 위한 것이다. 이러한 자신감으로써 그는 죽음으로 향했다. "인자는 자기에 대하여 기록된 대로 가거니와"(막 14:21). 그러나 그가 왕의 영광을 옷입는 것이 결코 성격의 변화를 함축하는 것은 아니었을 것이다. 이제 그가 "모든 자의 종"으로 남고자 하였으니 이는 참으로 왕의 영광을 이루는 것은 그와 같이 자기를 내어주는 섬김에 있기 때문이다.[13]

예수가 메시야라는 칭호를 자인하는 한에서 그가 그것을 자인한 것은 이러한 의미에서였다. 그가 대제사장과 그 동료들 앞에 끌려가 메시야인가라는 질문을 받았을 때 그렇다고 그는 대답했다. 왜냐하면 그 명칭이 그들이 사용하고자 택한 용어였기 때문이다. 그러나 그 자신은 인자라는 용어로 자신을 표현했다. 이 인자는(비록 거기에서 버림받고 비천한 모습으로 서 있긴 했지만) 그들이 보는 앞에 하나님에 의해 입증될 자였다. 그 입증을 통하여 그가 하나님이 그 속에 오셔서 그의 백성을 구원할 자임이 보여질 것이었다.[14]

하나님의 나라에 대한 예수의 전파는 허공에서 이루어진 것이 아니었다. 그가 자신의 대부분의 생을 보낸 갈릴리는 로마의 구성인물인 헤롯 안디바에 의해 통치

---

11) T.W. Manson, *The Teaching of Jesus*(Cambridge, ²1935), pp. 211ff ; A.J.B. Higgins, *Jesus and the Son of Man*(London, 1964) ; M.D. Hooker, *The Son of Man in Mark* (London, 1967).
12) 막 9:12, 눅 17:25.
13) 막 10:43 이하, 눅 22:25~27.
14) 막 14:61 이하.

되었다. 그리고 유대인과 사마리아는 로마 황제에 의해 직접 임명된 제독인 본디오 빌라도에 의해 통치되었다. 예루살렘에서의 성전 건립은 사두개인인 안나스 가(家)의 손에 맡겨져 있었다. 그리하여 로마에서 강요되는 공세 외에 성전건립의 유지를 위하여 세금이 부과되었다. 대중의 교사들은 "장로들의 전통"에 따라 종교법을 해석했다. 예수의 메시지는 동시에 모든 권위들에게 도전할 정도로 근본적이었다.

그는 힘에는 힘으로 맞서고자 하는 자들처럼 로마의 점령에 대해 도전하지 않았다. 그것은 로마인들 스스로 지니고 있는 권력에 대한 개념―이는 권력을 휘두르는 자들에게만 문제가 되는 것임―을 받아들임을 의미할 수도 있을 것이다. 그러나 그가 나라의 자녀들에게 의와 자비, 가난함과 온유함, 그리고 순결함과 화평을 추구할 것을 명했을 때, 그가 그들에게 다른 뺨을 돌려대고 5리 대신 10리를 가고 원수를 선으로 대하라고 가르쳤을 때 그리고 그가 하나님의 뜻이 사랑의 행동을 실천하는 데에 완전히 이루어진다고 주장했을 때,[15] 그는 이미 받아들여지고 있는 규준을 뒤집어 엎고 제국의 권력의 기반에 대해 무력적으로 저항하는 자들보다 더욱 치명적인 공격을 가한 것이었다. 동시에 그는 물질적인 부에 대해서는 가이사에게 세금바치는 것을 전혀 문제삼지 않으며,[16] 해마다 성전에 반 세겔 이상을 바치지 못할 정도[17]로 가진 것이 없었다. 그러나 결국 그의 죽음에 대해 책임이 있는 자들은 바로 성전 건립자들과 로마 제독이었다.

율법에 대한 그의 태도에 있어서 볼 때 그의 태도는 힐렐의 태도와 몇 가지 점에 있어 유사했다. 힐렐이 율법에서의 모든 여타의 것들은 부정적인 형태의 황금률에 대한 주석에 불과하다고 말한 반면, 예수는 그와 동일한 것을 긍정적인 형태로써 "그러므로 무엇이든지 남에게 대접을 받고자 하는 대로 너희도 남을 대접하라"(마 7:12)고 말했다.[18] 마찬가지로 그는 율법의 613개의 교훈 중에서 "너희는 사랑할 지니"로 시작되는 두 개의 긍정적인 교훈, 즉 "너희는 주 너희 하나님을… 사랑하라"(신 6:4)와 "너희는 네 이웃을 네 몸과 같이 사랑하라"(레 19:18)를 모든 다른 교훈들이 의존하는 율법의 첫째 및 둘째 계명으로 드러내었다(막 12:28~31 ; 참고, 마 22:35~40).[19]

예수는 이 이상으로 힐렐파의 랍비들 간에 상당히 일치를 보이고 있는 내용들을 명령했다. 그러나 이러한 원리들을 실제적인 문제에 적용하는데 있어서, 그는 율

---

15) 산상설교를 보라(마 5~7장, 눅 6:17~49), passim.
16) 막 12:13~17.
17) 마 17:24~27.
18) p. 49를 보라. 유대 정교회에서 긍정적 형태의 황금률은 Maimonides에 의해 제공된다. *Mishneh Torah 2 : Hil kôt Abel* 14:1.
19) 눅 10:27에서 이와 같이 예수의 반대작문에 응당하는 형태로 율법을 요약한 자는 작문을 제기한 율법사이다.

법을 한 힐렐파 사람마저도 귀찮게 여겼던 주권적인 자유로써 다루었던 것 같다.

이는 안식일 법에 대한 그의 태도에서 특별히 명백하게 드러난다. 안식일 법의 원래의 문구는 안식일을 쉬는 날, 즉 어떠한 일도 해서는 안되는 날로 지정하고 있었다. "일"은 규정되어 있지 않았다. 아마도 "일"은 우선적으로 농경생활의 반복되는 활동에 연관되었을 것이다. "밭 갈 때에나 거둘 때에도 쉴지며"(출 34 : 21),[20] 때때로 심지어 성문법 시기 때에도 "일"을 더욱 정확하게 규정하는 것이 필요했다. 그러다가 AD 1세기에 이르러 비로소 우선 힐렐파에서 안식일에 금해야 할 일을 39가지 범주로 뚜렷하게 규정했다.[21] 삼마이파는 더 엄격한 해석을 내렸으며, 쿰란에서는 더욱 더 엄격한 것으로 알려져 있다.[22] 그러나 예수는 스스로 그러한 일의 정의에 괘념치 않았다. 오히려 그는 안식일 제정의 본래의 의의—남녀 모든 이들의 위안과 복지를 증진시킨다는 것—를 청중들에게 상기시켰으며, 이 목적을 위한 것이라면 어떠한 일이든지간에(가령 병자를 고치는 일) 안식일에 아주 적당한 것이라고 주장했다.[23]

그는 이혼법에 관해 질문을 받았을 때도 이와 동일한 원리를 적용했다. 남편이 자기의 아내와 이혼하는 것을 정당화하는 아내에게서의 "수치스러움"이나 "불결함"은 무엇이었는가? 힐렐파는 이를 자유롭게 해석하여 넓은 범위의 결정들이라 했다. 삼마이파는 이를 더욱 좁게 해석하여 결혼 전의 부정이라 했다. 그러나 예수는 모세 이전의 창조 시대에까지 거슬러 올라가 결혼제도의 구성에서부터 이혼은 결코 하나님의 본래의 의도가 아니었음을 주장했다. 남성 청중들의 마음에 이러한 법칙은 무자비할 정도로 엄격한 것이었다. 그리하여 그들은 "만일 사람이 아내에게 이같이 할진대 장가들지 않은 것이 좋삽나이다"(마 19 : 10)라고 했다. 그러나 그의 이같은 판결은 이혼이나 결혼문제에 있어서 주도권이나 구제책을 거의 지니지 못하는 당시의 여인들에 대해 이루어졌던 사회적인 불균형을 시정하는 효력을 지니고 있었다. 그같은 여인들의 관점에서 볼 때 그것은 자유로운 판결이었던 것이다.

당시의 서기관들과 바리새인들에게 행한 예수의 많은 비난들은 아마도 삼마이 문화에 속한 사람들에게 대한 것일 것이다. "지기 어려운 짐을 사람에게 지우고" 그 짐을 덜기 위한 일을 아무것도 안한다고 특별히 비난받을 수 있는(눅 11 : 46) 사람은 다름 아니라 바로 그들이었다. 그러나 더욱 부드러웠던 힐렐파 역시 그에게서 종종 당황함을 느껴야만 했음에 틀림없다.

---

20) 이는 아마도 "단지 밭갈 때나 추수할 때"가 아니라 "심지어 밭갈 때나 추수할 때라 하더라도"를 의미할 것이다.
21) Mishnah *Shabbat* 7 : 1ff.
22) CD 10, 1. 14~11, 1. 18.
23) 막 2 : 23~3 : 5, 눅 13 : 10~17 ; 14 : 1~6.

아무리 자유로운 바리새인들의 시각으로 보더라도 예수의 행위가 특이하게 당황케 하는 것이 있었으니 그것은 그가 율법을 존중하지도 않으며, 그 생활이 율법의 기본적인 원리들마저 거스리는 자들과 언제라도 연합하여 함께 하는 것이었다. 그는 그들과 사귀되 신성한 의무를 행하는데 도움이 될 수 있는 방식으로가 아니라 그저 그들과 어울려 즐기는 인상을 주었다. 사실 그는 좋아해서 그들과 어울리고 그들과 함께 먹자는 초대를 받아들이고 그리하여 "먹기를 탐하고 포도주를 즐기는 사람이요 세리[24]와 죄인의 친구"라는 비난을 초래하는 듯한(눅 7 : 34) 인상을 주고 있다. 그는 그러한 행동으로 거룩한 자들을 공격한다고 비난받았을 때 의사가 필요한 사람은 건강한 자들이 아니라 병자라는 것과 그가 와서 얻고자 하는 자는 죄인들이라고 말함으로써 자신을 변호했다. 그렇게 할 뿐만 아니라, 그는 하나님 자신도 선한 자와 악한 자를 구별치 않고 심지어 은혜를 모르는 자와 이기적인 자들에게도 마찬가지로 은혜를 베푸심으로써 그같이 행하신다고 주장했다. 그리고 그는 여러 비유를 들어 하나님께서 합당치 못한 자들과 경멸받고 소외된 자들과 위험에 처한 자들 및 사회경제적으로 불우한 자들에게 미쁘신 은혜를 베푸심을 강조함으로써 이러한 교훈을 확신시키고자 했다. 예수의 메시지는 그 가르침에 있어서나 예증에 있어서 버림받은 자들에게 좋은 소식이었다.[25] 헤롯 안디바스에 의해 마케루스의 페라(Peraean) 성벽에 갇혀 있는 세례 요한이 예수가 진실로 그가 전령자로서 알렸던 오실 그인가를 알아보기 위하여 예수에게 사람들을 보냈을 때(예수의 사역은 요한이 오실 그이를 심판자로서 묘사한 것과는 사뭇 달랐다), 예수는 그들에게 말하기를 그들이 예수와 함께 있으면서 보고 들은 것을 전하되 특히 "가난한 자에게 복음이 전파됨"을 전하라고 했다(눅 7 : 22).

이러한 말에 요한은 이사야 61 : 1의 말을 확실히 인식했을 것이다. 여기서는 익명의 화자가 "가난한 자들에게 아름다운 소식을 전할" 목적으로 여호와의 신으로 기름부음을 받았다고 주장하고 있다. 요한은 예수가 그 선지자가 말했던 바로 그 사람임을 파악했을까? 만약 그렇다면, 그는 예수가 "하나님의 진노의 날"이 즉시 시작되는 것을 와해시킴으로써 자기를 낙담시켰다고 느끼지 않았을 것이다.[26]

예수가 이사야 61 : 1의 신으로 기름부음 받은 자와 하나님이 이에 앞서 동일한 책(사 42 : 1)에서 소개하고 있는 자를 동일시 했음이 거의 확실하다. 이사야 42 : 1의 인물은 다음과 같은 말로 소개되고 있다.

> 내가 붙드는 나의 종 내 마음에 기뻐하는 나의 택한 사람을 보라 내가 나의 신을

---

24) 정부 세금징수원은 정의에 의하면 암하레스로 간주되었을 것이다(p. 43을 보라).
25) p. 105를 보라.
26) 예수는 그가 나사렛 회당에서 표제적인 설교를 할 때에 본문으로서 사 61 : 1 이하를 택한다. 그러나 "그리고 하나님의 진노의 날"이라는 문장을 연결시키지 않고 "주의 은혜의 해를 전파하게 하려 하심이라"는 말로 끝맺는다(눅 4 : 16 이하).

그에게 주었은즉….

이는 예수가 세례를 받을 때 하늘로부터 들려온 말이다.[27] 이 종은 이스라엘과 이방 모두에 대한 임무를 받는다. 그 임무의 성취를 위해서는 부당한 박해와 비천함과 죽음을 당해야만 한다. 그러나 이 모든 것을 그에 대한 하나님의 뜻으로서 받아들임으로써, 그는 그 자신이 가장 열망하는 것과 일치하는 하나님의 목적을 이룬다. 이 목적에는 많은 자들의 용서가 포함되어 있다. 그런데 이들의 죄를 그 종이 담당하는 것이다. 사실 예수가 인자에게 예정된 수난에 관해 말한 것의 많은 부분은 그가 인자와 이사야의 여호와의 종을 자신의 마음 속에 동일한 사람으로 여겼다 할 때 가장 잘 이해된다. 이사야의 여호와의 종에 대해 말한 것에 비추어 볼 때 "인자의 온 것은 섬김을 받으려 함이 아니라 도리어 섬기려 하고 자기 목숨을 많은 사람의 대속물로 주려 함이니라"(막 10：45)는 복음서의 말을 가장 잘 평가할 수 있다. 이것이 예수가 죽음을 인수한 정신이다. 그리고 바울이 "곧 그리스도 예수의 마음이니 그는 … 오히려 자기를 비어 종의 형체를 가져"(빌 2：5~7)라거나, 혹은 예수를 "우리 범죄함을 위하여 내어줌이 되고"(롬 4：25)라고 묘사했을 때 지시한 것 역시 바로 이 정신이었다.[28] 가말리엘의 문하생이 예수의 사역과 죽음에 대해 이같이 평가하기 전에 그의 삶과 사상에 혁명이 일어나야만 했다. 그러나 그 혁명이 일어났을 때, 그는 그러한 사건들의 의의를 "때가 차매 하나님이 그 아들을 보내사"(갈 4：4)라는 정언(定言)으로 요약할 수 있었던 것이다.

---

27) 막 1：11("너는 내 사랑하는 아들이라 내가 너를 기뻐하노라"). 그러한 말이 발해질 때, 그는 "성령이 비둘기같이 자기에게 내려오심"을 보았다.
28) 각주 16, 17과 함께 pp. 87 이하를 보라.

제 7 장

"그 길"의 시작

1. 그는 부활하셨다!

예수가 사형당한 후 그 시체가 안전하게 장사되었을 때, 주된 제사장들과 성전의 권위자들은 그들이 자유롭게 숨쉴 수 있음을 느꼈다는 것은 의심할 바 없이 분명하다. 이제 불미스러운 지도자를 지지하는 대중의 봉기가 있을 위험은 전혀 없었다. 그리고 그 지도자와 가장 가까왔던 제자들에 관해서는, 그가 체포될 때 불명예스럽게 다 도망간 것으로 보아 더 이상 그들이 소란을 피우지 않을 것이 확실했다. 그들은 불운한 나사렛 사람을 추종하기 위하여 과감하게 내던져버린 이전의 비천한 직업을 찾아 사라졌을 것이다. 그 나사렛 사람에 대해 일말의 긍정적인 감정을 가지고 있었던 안정된 생활을 하던 사람들도 그 나사렛 사람이 감히 유대에 들어와 예루살렘과 그 지경에 퍼져 있는 위험한 열심의 초점이 된 것에 대해서는 잘못된 일이라 여길 것이다. 그러한 열심은 미연에 방지되어야만 했다. 목적이 수단을 정당화한다면 그래야만 했다. 아마도 예수에게 선고된 십자가 처형이라는 로마의 형벌이 신명기 21:23의 "나무에 달린 자는 하나님께 저주를 받았음이니라"라는 선포의 의미와 일치하는 것마저 바람직한 것으로 해석될 수 있었을 것이다. 그것은 진정으로 신앙적인 유대인의 눈에는 여타의 어떤 것 보다도 더욱 효과적으로 그 나사렛 사람과 그의 주장들을 불신케 하는 것이었을 것이다.

대제사장을 위시한 제사장 계급의 정책과 로마 행정에 동의하지 않고 예수의 처형방식을 개탄한 바리새인들을 비롯한 여러 유대인들은 그럼에도 불구하고 그같은 성가신 자의 출현을 제거한 것에 대해 나름대로의 위안을 경험했을 것이다.

이 모든 계산들은 예수가 살아남으로써 동요되었다. 아무도 그가 무덤에서 떠나는 것을 본 자는 없었다. 그러나 그가 죽은 지 삼일째 되는 날에 그리고 그 이후 여러 날 동안 그는 "해 받으신 후에 또한 … 확실한 많은 증거로"(행 1 : 3) 그의 많은 제자들에게 나타났다. 바울은 이 일이 있은 25년 후에 그 당시 제자들에게서 들은 바의 사실을 다음과 같이 요약하여 고린도에 있는 그의 개종자들에게 상기시키고 있다. 그리스도는 죽으시고

> 장사지낸 바 되었다가 성경대로 사흘 만에 다시 살아나사 게바에게 보이시고 후에 열 두 제자에게와 그 후에 오백여 형제들에게 일시에 보이셨나니 그 중에 지금까지 태반이나 살아 있고, 어떤 이는 잠들었으며, 그 후에 야고보에게 보이셨으며, 그 후에는 모든 사도에게 보이셨느니라.

이 요약(고전 15 : 4~7)은 다른 곳에서 바울 자신이 해결에 도움을 주고 있는 한 두 가지 흥미있는 비판적인 문제들을 야기시킨다.[1] 그러나 여기에서 다양한 부활의 현현을—때로는 개인에게 때로는 무리에게, 그리고 어떤 때는 한꺼번에 수많은 무리에게 행해진—살펴보는 것이 좋다. 예수가 그와 같이 그의 제자들에게 나타났을 때, 그들은 완전히 놀라움에 사로잡혔다. 그리하여 그들 각자마다 그 체험이 사뭇 다르게 형성된 후 삶에 영향을 미친다. 예수의 사역 동안 그와 아주 밀접하게 지내던 자들 외에 그때까지 예수를 지지하는데 미온적이거나 그의 활동을 인정하는데 다소 인색했던 그의 가족들도 부활한 그를 보았으며, 그 이후로 그의 제자들 사이에 두드러진 모습을 보였다.

소위 "부활적 사건" 이후로 생겨난 부활 신앙은 새로운 생명과 능력으로 힘입게 되었다. 이는 세례 요한이 알렸던 바 오실 그이가 그의 백성에게 세례줄 때 함께 할 것이라던 성령의 은사로 인한 것이었다.[2] 이를 그 제자들이 알아보았던 것이다. 예수는 오실 그이였다. 이 분은 이제 하나님께서 살리시고 높이 드신 자로서 그의 제자들에게 약속된 은사를 부어주었다. 이러한 은사를 부어주자 그 직접적인 효과가 나타났다. 그것은 십자가에 못 박혔던 예수가 하나님에 의해 인정을 받았다는 사실을 공적으로 그리고 개인적으로 증거하며, 그에게 연합하는 자는 누구든지 죄사함을 받고 새롭게 열린 시대의 축복을 받을 것이라고 선포하는 것이었다. 그들은 곧 감동적으로 많은 수의 동조자들을 얻었으니 이들은 그들과 함께 예루살렘에서 새로운 종교적인 공동체를 형성했다. 그리고 이 공동체는 예수의 제

---

1) (열 두 제자의 지도자인) 베드로와 (예수의 형제인) 야고보에게 나타난 것에 대한 정보가 아마 바울이 회심하고 두 사람을 만난 지 3년 만에 예루살렘을 방문했을 때 그에게 주어졌을 것이다(갈 1 : 18이하). pp. 84 이하를 보라.
2) 막 1 : 8과 그 병행구문인 요 1 : 33.

자들과 함께하는 것으로서 새롭게 부여된 성령으로 다같이 일치되어 통일을 이루었다. 그들은 자신들이 소위 "길"—즉 예수가 시작한 생활과 신앙의 길—이라고 불렀던 것을 따랐다. 이 표현은 이스라엘에서 이전에 없었던 것은 아니다. 가령 쿰란 공동체의 저작들에서 그 공동체의 신앙과 생활을 지칭하는 표현으로서 발견된다. 실제로 어떤 학자는 이 "길"이라는 표현이 예수의 제자들에 의해 맨먼저 다메섹에서 사용되기 시작한 것은(왜냐하면 이 표현이 기독교적인 의미로 처음 나타나는 것은 다메섹의 상황에서였기 때문이다) 쿰란 공동체로부터 빌어온 것이라고 주장했다.[3] 그러나 그와 같은 차용을 전제할 필요는 전혀 없다. 왜냐하면 이러한 류의 축약된 표현들이 비교적(秘敎的)인 용어로서 사용되는 것은 소집단의 특징이며, '길'은 "참된 길" 혹은 "바른 길"을 축약시킨 표현이기 때문이다.

"교회"라는 용어가 그 생성의 가장 이른 시기에 대해 사용될 때에는 엄격하게 보아 시대착오적인 것이긴 하지만 위의 공동체를 예루살렘 교회라 일컫는 것이 편리하겠다. 이 공동체의 구성원들은 제자들이라고 불리어진 것 외에 신자들, 성도들 혹은 가난한 자들 등 다양하게 기술되었다. 재산을 축적한 자들은 그것을 팔아 공동 자금으로 모아 그것에서 부터 날마다 더욱 필요한 구성원들이 쓸 수 있도록 분배했다. 이 공공자금이 고갈되었을 때는 다른 공급원이 이용되기 시작했다. 이는 복음이 널리 퍼져가고 다른 지방의 개종자들은 모교회에 물질적인 도움을 주는 것을 특권으로 여기도록 배움으로써 가능했다.[4]

많은 바리새인들은 되살아난 "예수 운동"이 이전에 그들이 두려워했던 것만큼 순수 종교에 대한 위협이 될 정도는 아니라는 사실을 곧 인식했다. 예수의 제자들은 예수 자신보다는 율법과 신성한 전통에 대한 태도가 훨씬 더 온건적인 것 같았다. 그 지도자들은 성전 예배에 참석했으며, 대체로 대중적인 지지를 얻고 있는 엄격한 유대인들처럼 행동했다. 비록 그들이 예수를 메시야로 선포했다 하더라도, 그들의 선포의 기반이 예수가 죽은 자들로부터 되살아났다는 주장이었다는 사실은 그들에게 있어서 정당한 것으로 받아들여질 것이다. 그들이 부활의 교리를 확고하게 견지했다는 것은 예수의 부활에 대한 그들의 증거가 잘못 와전된 것이라고 주장되었다 하더라도 훌륭한 것이었다.

그러나 그들이 이처럼 부활을 아주 강력히 강조함으로써 어쨋든 곧 망각될 것으로 소원했던 자의 이름으로 대중적인 선동(사두개인들은 이렇게 간주했다)이 되살아남에 의해 심상치 않게 동요를 일으키고 있는 사두개파의 주요 성직자들의 더 센 반발을 샀다.[5] 예수 운동은 불안할 정도로 치달았다. 그리하여 많은 사두개파 주요 성직자들은 만약에 그 운동을 탄압하기 위하여 격렬한 수단이 동원되지 않으

---

3) E. Repo, *Der "Weg" als Selbstbezeichnung des Urchristentums*(Helsinki, 1964).
4) pp. 156, 338 이하를 보라.
5) 행 4:1 이하와 p. 42를 보라.

면 속수무책이 될 것이라 생각했다. 예수의 이름으로 전도하고 가르치는 일을 중단하라는 명령을 준수하지 않았다는 죄목으로 사도들이 체포되어 산헤드린 앞에 불려갔을 때 이미 살펴 본 바와 같이 그들의 위법을 특수한 것으로 간주하여 관대하게 처리하자고 동료들을 설득한 자가 바로 바리새인의 지도자 가말리엘이었다.[6]

사실 몇몇 바리새인들은 제자들에게 합세했다. 비록 그들이 실제로 예수가 죽음에서 되살아났으며, 따라서 메시야라는 사도들의 증거에 의해 설득당했지만 그들은 이러한 믿음을 율법에 헌신하는 본질적인 바리새주의를 포기하지 않고 이미 그들이 주장하고 있던 것에 부가시킬 수 있었다.[7] 주요 성직자들이 그 운동에 대해 화해할 수 없는 적대적인 입장을 고수했지만 사회적인 신분에 있어서 비천한 일반 성직자들의 많은 수가 그 운동에 가세하는 경향을 보였다.[8]

2. 원시 기독론

제자들은 그들이 "길"의 동료들로서 새로운 구성체를 형성하던 아주 이른 시기에 그들 스스로 예수를 하나님의 목적이 성취되는 과정에서 평가하고 있음을 알았다. 그들은 고대 성경에서 예시된 특히 예수가 그들에게 직접 그 성경을 어떻게 해석할 것인가를 가르쳤던 바 예수의 정체와 역할을 갈수록 명료하게 알게 되었다. 사도행전의 앞장들에 나타나는 사도들의 연설에는 아주 많은 얽혀 있는 기독론이 있다. 말하자면 십자가에 못박히고 높이 들려진 예수의 인격과 일을 성경적인 예언에 따라 설명하는 부분들이 들어 있다. 예수는 다윗의 집의 기름부음 받은 자였다.[9] 그는 천시되고 인정된 여호와의 종이었다.[10] 그는 모세와 같은 언약된 선지자였다.[11] 그는 그저 인격적인 예언적인 인물들과 동일시 된 것만은 아니었다. 비인간적인 이미지들도 그를 묘사하는데 일익을 담당한다. 그는 시편 118 : 22에 의하면 건물의 결국 머릿돌이 되는 "건축자들이 버린 돌"이었다.[12]

이같은 히브리 예언의 기독론적인 해석들은 사도행전의 저자가 구성한 것으로 보아서는 안된다. 이 해석들의 원시적인 성격은 그것들이 신약 성경의 사상의 몇 가지 흐름에서 전제되어 있으며, 따라서 그 흐름들의 저변에 흐르고 있는 것 같다. 가령, 버림받은 돌이라는 주제는 구약성경의 다른 "돌"신학들과 일찌기 결합됨으

---

6) p. 45를 보라.
7) 참고, 행 15 : 3.
8) 행 6 : 7. C. Spicq는 이 개종한 제사장들이 쿰란 공동체의 초기 구성원들인 "Esseno-Christians"이라고 주장했다("L'Epître aux Hébreux : Apollos, Jean-Baptiste, les Hellénistes et Qumrân", Revue de Qumran 1 ⟨1958~59⟩, pp. 365ff).
9) 행 2 : 25~36.
10) 행 3 : 13~26.
11) 행 3 : 22 이하 ; 7 : 37.
12) 행 4 : 11.

로써 바울의 저작 전체에서, 베드로전서에서 그리고 누가의 복음에서 전용(轉用)되고 다양하게 개진(開陳)되는 혼합적인 증거를 산출했다.[13]

이러한 "기독론들"을 다윗 기독론, 종 기독론, 선지자 기독론, 그리고 "돌"기독론(a"stone" christology)이 따로 분리되어 새로운 운동권 내에서 집단이나 파에 따라 독립적으로 각각 발전된 것으로 생각해서는 안된다. 그것들은 기독교 사상의 전 역사를 통하여 서로 얽혀왔으며, 처음부터 그러했음을 이미 나타난 증거가 보여준다.[14]

그러나 이러한 "기독론" 자체보다 훨씬 더 중요한 것은 예수를 우주적인 주권을 나타내는 의미의 주(主)로 인식한 것이었다. 그의 높이 들리심은 그가 시편 110 : 1에서 하나님의 신탁이 "여호와께서 내 주에게 말씀하시기를 내가 네 원수로 네 발 등상 되게 하기까지 너는 내 우편에 앉으라 하셨도다"라고 할 때 언급되고 있는 지명된 "내 주"임을 나타낸다. 이 신탁에 대해 이같이 해석하게 한 최초의 동인력(動因力)은 예수가 자신의 정체에 대해 묻는 대제사장의 질문에 답변하면서 "인자가 권능의 우편에 앉는 것을 보리라"(막 14 : 62) 한 예수 자신의 암시였다. 그의 말은 사건을 통하여 입증되었다. 왜냐하면 하나님이 십자가에 못박힌 예수를 "주와 동시에 메시야"로 삼았기 때문이다.

이른 시기부터 하나님의 우편에 등극하신 예수라는 개념은 기독교 사상과 언어에서 일상화되었다. 신약성경의 가르침에서 이를 드러내지 않는 부분은 거의 없다(지금과 마찬가지로 그때에도 이러한 표현은 지고한 하나님이 주신 권위의 말로서 이해되었다). 그리고 어떻게 그가 하나님의 우편에 앉게 되었는가라는 질문에 대해서는 대답이 곧 나왔다. 그는 중보(仲保)의 사역에 임했기 때문이라는 것이다. "제 4의 종의 노래"(The fourth servant song)는 종이 "많은 사람의 죄를 지며 범죄자들을 위하여 기도하였느니라"(사 53 : 12)는 진술로 끝맺고 있다. 더우기 예수는 인자가 하나님 앞에서 그러한 일을 행하는 것으로 말했다. 그는 "누구든지 사람 앞에서 나를 시인하면 인자도 하나님의 사자들 앞에서 저를 시인할 것이다"(눅 12 : 8)고 말했다. 그래서 바울은 널리 퍼진 원시 기독교 고백을 인용하는 듯한 어

---

13) 그러한 신탁들은 사 8 : 14의 "걸림돌"과, 사 28 : 6의 시온에 놓여 있는 주춧돌과, 단 2 : 34 이하, 44 이하의 "사람의 손으로 다듬지 않을" 돌과 연관된 것들이다. 이 돌들의 조합관계에 대해서는 눅 20 : 17 이하, 롬 9 : 32 이하, 벧전 2 : 6~8을 참조하라. 그리고 F.F. Bruce, *This is That : The New Testament Development of Some Old Testament Themes*(Exeter, 1968), pp. 65f 와 "The Corner Stone", *Expository* Times 84(1972~73), pp. 231 이하를 보라.

14) M. Hengel 은 기독론적 발전의 분수령적인 단계는 그리스도가 죽고 부활한 후 첫 5년 동안이었다고 주장한다("Christologie und neutestamentliche Chronologie", in *Neues Testament und Geschichte : O. Cullmann zum 70. Geburtstag*, ed. H. BaltensWeiler and B. Reicke 〈Zürich/Tübingen, 1972〉 pp. 43~67).

조로 예수를 "하나님 우편에 계신 자요 우리를 위하여 간구하시는 자시니라"(롬 8 : 34)고 말한다. 스웨트(H. B. Swete)는 이에 대해 이러한 묘사는 "팔을 내밀고 아버지 앞에 항상 서서 …마음내키지 않아 하는 하나님 면전에서 우리의 죄를 변호하고 있음"에 대한 것이 아니라 "항상 자기의 요구를 듣고 정당화하는 아버지로부터 그가 원하는 것을 요구하는 등극하신 제사장 왕"에 대한 것이다 라고[15] 말한다.

예수에게 "주"라는 명칭을 부여한 그 원형은 헬라어 큐리오스(kyrios)로는 물론 아람어 형태인 마란(maran)혹은 마라나(marana)로 쓰인 데서 보인다. 사실 아람어 호격인 마라나-타(marana-tha : "우리 주여, 오소서")는 아마 성찬 기념에 쓰여졌던 것으로서 이방 기독교의 시발(始發)들보다 앞서며(기도용어인 아멘과 할렐루야와 같이), 번역되지 않고 그대로 헬라어권의 교회들의 어휘가 되었다.[16]

"마라나-타"라는 호격이 초기에 성행했다는 것은 제자들이 예수의 파루시아, 즉 그의 죽음과 부활로 시작된 왕국을 완결시키기 위한 영광의 재림을 생동적으로 기대했음을 증거해 준다. 신약성경의 가장 원시적인 종말론적 구절들 중의 하나는, 베드로가 예루살렘의 인민들에게 회개하고 다시 돌아오라고 권고하면서, 그리하여 그들의 죄를 씻고 "유쾌하게 되는 날이 …" 미리 예정된 메시야인 예수의 보내심과 함께 "주 앞으로부터 이를 수 있도록 하라. (왜냐하면) 하나님이 영원 전부터 거룩한 선지자의 입을 의탁하여 말씀하신 바 만유를 회복할 때까지는 하늘이 마땅히 그를 받아들일 것이기 때문이다"라고 한 것이다(행 3 : 19~21). 여기서는 예루살렘의 인민(아마 모든 이스라엘 백성들도 포함)편에서 일찍 회개하는 것이 파루시아를 앞당길 것임이 함축되어 나타난다. 이러한 형태의 기대는 다른 것들에 의해 곧 억눌려졌다. 그러나 기대 자체는 그저 바울의 사상에 있어서 뿐만 아니라 사도 시대 전체를 통하여 유력한 소망으로 살아 있었다.

3. 스데반의 활동과 죽음

율법과 종교적인 전통 일반에 대해 예수가 취한 근원적인 태도가 그의 제자들 간에 거의 유지되지 않았다는 것은 이상할 것이다.[17] 그것이 존속되어 있었다고 한다면, 기록들이 전하는 정보에 따르는 한 히브리인들에게서보다 헬라파에게서 괄목할 만하게 그러했다.

원시 예루살렘 교회의 헬라파들은 그들 자신 뿐만 아니라 히브리인들에 의해 경

---

15) H. B. Swete, *The Ascended Christ*(London, 1972), p. 95, pp. 119 이하를 보라.
16) 마라나-타의 성찬에 관한 정립은 *Didache* 10 : 6에서 명백하다. nn 11, 12와 함께 p. 117을 보라.
17) p. 52를 보라.

제적이나 신학적인 기반에서 볼 때 권 내에서 달리 돋보이는 집단으로 곧 인식되었다. 그들에 관한 정보가 완벽한 것은 아니다. 그러나 그들의 초기 지도자 두 사람, 즉 예외적으로 은사를 받은 사회적인 토론에서 탁월한 스데반과 복음전파자로서 활동적인 빌립에 관한 다소의 지식은 있다. 스데반은 성전에 대한 비판적인 태도로써 주의를 끌었다. 교회의 지도자들이 교회의 일상 예배에 참석하고 있을 어느 때, 스데반은 성전의 훼파에 대한 예수의 예언을 심각하게 받아들였다. 그리고 그는 그같은 영구적인 구조물이 결코 순례자들을 위한 하나님의 계획의 일부가 아님을 주장했다. 오히려 이상적인 성전은 이스라엘의 선조들이 광야에서 세웠던 것과 같은 이동식 장막 제단이라는 것이다. 그러므로 특별히 신성하게 고정된 장소에 있는 것이 성전의 이상이 아니라는 셈이 된다. 나아가 그는 예수의 오심은 모세 율법의 지위를 근본적으로 변화시켰다고 주장했다.

그는 이러한 명제들을 구레네, 알렉산드리아, 시실리 및 아시아 등지에서 예루살렘으로 왔음에 틀림없는 유대인들이 참석한 소위 "자유자들의 회당"에서 옹호했던 것 같다.[18] 헬라파라기보다는 히브리인이라 할 수 있는 길리기아 사람인 바울이 이 회당에 참석하여 스데반이 했던 말을 들었는지는 알 수 없다.

스데반은 이같은 철저한 견해들을 표방함으로써 결국 신성모독, 특히 성전에 대한 신성모독이라는 죄명으로 산헤드린에 고발되었다. 바로 이 재판에서 예수를 적대시 하는 확신을 획득하고자 한 초기의 시도는 이와 상충하는 증거 때문에 무산되었다.[19] 스데반은 힐문에 대한 답변을 통하여 예언적인 열정으로써 그의 주장을 더욱 세련되게 반복했다. 스데반이 당연히 알고 있었던 것처럼 사형선고는 불가피했다. 그러나 그는 법정의 불행한 선고를 듣고서도 "하나님 우편에 서 있는 인자"(행 7 : 56)를 더 높이 찬양했다.[20]

유대가 AD 6년에 로마의 속주가 되었을 때 유대의 행정은 사형언도의 권한을 빼앗겼다. 속주 장관이 이를 자신에게 두었던 것이다.[21] 그러나 한 영역, 즉 산헤드린에게는 이 사형언도권이 남아 있었다. 그것은 성전의 신성을 모독하는 경우에 사용되었다. 그러한 신성이 말로나 행동으로 침해되었을 경우에 유대의 권위자들이 그들 자신의 율법을 집행할 권한을 가졌던 것이다.[22] 신성모독에 대한 처벌은 돌팔매질에 의한 죽음이었으며,[23] 바로 이 처벌이 스데반에게 행해졌던 것이다.[24]

---

18) 행 6 : 9. p. 37을 보라.
19) 막 14 : 57~59.
20) 스데반의 환상에서 눅 12 : 8에서의 예수의 약속이 성취되는 것을 파악하는 것이 건강부회적인 것은 아니다(p. 62를 보라).
21) Josephus. *BJ* ii. 117, *Ant*. xviii 2, 요 18 : 31을 참조하라.
22) Josephus. *BJ* vi. 126을 참조하라. p. 369를 보라.
23) 레 24 : 10~16을 참조하라.
24) 행 7 : 28 이하.

그에 대한 재판과 사형집행은 주요 제사장단에게 교회를 탄압할 수 있는 대대적인 캠페인을 진수시킬 기회를 주었다. 예루살렘의 일반 민중들은 6세기 전에 예레미야에 의해 그들의 조상들이 그랬던 것처럼 성전에 대한 공격으로 크게 충격받았다.[25] 사도들은 아직 그들에 대한 어떠한 법적 제재가 없을 정도로 대중적인 인기를 누리고 있었다. 그러나 교회의 많은 구성원들, 특히 스데반과 아주 가까이 관계했던 자들은 억지로 예루살렘을 떠날 수밖에 없게 되었다. 사실은 예루살렘 뿐만 아니라 산헤드린의 영장이 발부될 수 있는 전 지역을 떠나야만 했다. 이러한 흩어짐의 결과는 두 가지이다. 첫째, 복음이 그러한 헬라파들에 의해 팔레스틴 외의 영토에 전파되었다. 둘째, 예루살렘 교회는 그 구성이나 외견에 있어서 훨씬 더 히브리인 일색으로 되었다. 그러나 바울로 하여금 원시 기독교에 밀접하게 관여하게 한 것은 이러한 억압의 캠페인이 처음이었다.

---

25) 렘 7：1~15, 26：1~6.

| 제 8 장 |

교회의 박해자

1. 억압의 캠페인

바울 스스로 반복해서 하는 설명에 의하면 바울이 처음으로 시작한 지 얼마 안 되는 기독교 운동에 관여하게 된 것은 박해자로서였다.[1] 그는 나중에 "나는 사도 중의 지극히 작은 자라 내가 하나님의 교회를 핍박하였으므로 사도라 칭함을 받기에 감당치 못할 자로라"(고전 15:9)고 말할 수 있었다. 그는 갈라디아 개종자들에게, "내가 이전에 유대교에 있을 때에 행한 일을 너희가 들었거니와 하나님의 교회를 심히 핍박하여 잔해하고"(갈 1:13) 하면서 자신의 과거를 되새겨 일러준다. 만약에 누군가가 그러한 박해의 활동이 예루살렘 지경 이외의 어느 곳이든지간에 가령 다메섹 지경의 헬라파 공동체들에서 있었던 것으로[2] 지정하고자 노력한 일이 없다고 한다면 그러한 활동이 어디에서 있었는가를 묻는 일은 불필요할 것이다. 그러나 그 당시 예루살렘에서처럼 눈에 돋보이는 교회 이외에 하나님의 교회가 있었다면 거기가 어디일까? 바울이 회심하고 몇 년 지난 뒤 말하는 바에 의하면, 그것은 "유대의 그리스도 안에 있는 교회들"이었다. 그리하여 그는 "다만 우리를 핍박하던 자가 전에 잔해하던 그 믿음을 전한다 함을 듣고"라는 말을 하는 것이다(갈 1:23). 이 언급이 기독교인들을 전체적으로 박해하던 자신에 대한 것으로 여길 수

---

1) A. J. Hultgren, "Paul's Pre-Christian Persecutions of the Church: their purpose, Locale and Nature", *JBL* 95(1976), pp. 97~111을 참조하라.
2) E. Haenchen, *The Acts of the Apostles*, E.T.(Oxford, 1971), pp. 297 이하를 참조하라.

가 있다면 바울을 유대의 교회들에 밀접히 관련되어 있는 기독교인들의 박해자로서 이해하는 것은 더욱 자연스러울 것이다. 이제 그가 기독교 믿음을 전파하고 있다는 소식은 시리아와 길리기아에서 왔다.

그러나 그를 "전에 우리를 핍박하던 자"로 묘사했던 자들은 그러한 지역에서 새롭게 개종한 자들은 아니었다. 사도행전의 증거와 상충되는 이러한 근거에 대해 바울 서신서의 증거에서는 아무런 언급이 없다. 사도행전의 증거에 의하면 바울은 고대 법률에서 제일 먼저 돌을 던지는 것을 의미하는[3] 자신의 겉옷을 제시함으로써 스데반을 저주한 자들과 연합되어 있었음을 말해 준다. 그리하여 그는 "주의 제자들을 대하여 여전히 위협과 살기가 등등하여"(행 9:1) 예루살렘 교회를 억압하는 캠페인에 열정적으로 가담했다. 무론남녀하고 결박하여 투옥시키고 회당 법정에 세워 그들의 신앙을 비난하도록 강요하고 유대 접경을 넘어 도피한 자들을 좇아 그들을 심판과 처벌에 처할 수 있게끔 노력했던 것이다. 누가의 기록은 바울이 수단 방법을 가리지 않고 교회를 핍박했다는 바울 자신의 증거와 분명히 일치하며, 이러한 활동이 율법과 조상의 전통에 대한 자신의 열정을 재는 척도였다는 바울 자신의 진술에 대한 주석을 제공한다.

그가 스스로 선언했던 바 그러한 전통들에 대한 철저한 열의는 분명히 "모세에서부터 내려오는 관습들을 변경"[4]하려는 어떠한 경향에 대해서는 철저하게 반대하는 열의를 제공하였을 것이다. 가말리엘은 인내와 온유를 권유했다. 그러나 바울이 상황을 파악한 바에 의하면, 이는 온유한 정도로 다루기에는 너무나 심각했다. 스데반이 상황의 논리를 사도들보다 더욱 명백하게 파악했다고 한다면, 바울은 가말리엘보다 더욱 명백히 그러했다. 스데반과 바울의 비슷한 시각에는 새로운 질서와 구질서가 양립할 수 없는 것이었다. 만약에 스데반이 "새로운 것이 왔다. 그러므로 옛 것은 가야만 한다"고 주장한다면 바울은 자기 입장에서 "옛 것은 있어야 한다. 그러므로 새로운 것은 가야만 한다"고 주장했을 것이다. 그리하여 바울은 억압의 일에 헌신하여 비타협적인 열정을 내뿜었던 것이다.

바울은 그럴 듯한 어떤 한 조건에서는 모세에 의해 성립된 관습들이 변경될 수도 있다는 것에 동의할 것이다. 그는 메시야가 왔을 때 그 메시야가 관습을 바꾸거나 율법을 폐기할 것이라고 가르칠 수도 있다. 아마도 바울 시대를 넘어서는 시대에까지 거슬러 올라가 소급되는 것으로서 역사를 각각 2천년 동안 지속되는 세 시대로, 즉 혼돈 시대와 율법 시대(시내 산에서 모세에게 주어진 계시에서 비롯되는) 그리고 메시야 시대로 나누는 유대의 종말론적 구도가 있었다. 이 세 시대들은 영원한 안식으로 연결된다.[5] 이러한 구도를 받아들이는 자들은 율법의 타당성은 일

---

3) 신 17:7.
4) 행 6:14에 스데반에 대한 부분적인 고소가 나타나 있다.
5) 세 시대에 대한 이러한 교리에 대해서는 TB. *Sanhedrin* 97a를 참조하라. 영원한 안식에 대

시적인 것으로서 메시야 시대가 열릴 때까지만 지속되는 것임을 당연히 믿었다. 만약 바울이 이를 받아들이도록 교육받았다면, 의심할 바 없이 그는 율법이 메시야 시대가 도래할 때의 새 질서에 의해 정복되기를 기대했을 것이다.

그러나 나사렛의 예수가 그의 제자들이 주장했던 것처럼 메시야가 될 수 있다는 기대는 아예 문제 밖이었다. 예수의 신분과 경력과 가르침을 어떠한 방식으로도 바울이 지니고 있던 메시야의 신분과 경력과 가르침에 대한 생각과 일치하지 않은 것 같다. 그러나 그것만이 바울의 생각에서 이루어지는 결론적인 논리는 아니었다. 결론적인 논리는 단순히 예수가 십자가에 못박혀 죽었다는 것이었다. 십자가에 못박혀 죽은 메시야는 그 자체로 모순이었다. 십자가에 의한 그의 죽음이 정당한 것인지 아니면 재판의 잘못으로 결과된 것인지는 논점 밖이었다. 문제는 그가 십자가에 못박혀 죽었으며, 그러므로 신명기 21 : 23의 "나무에 달린 자는 하나님의 저주를 받았음이니라"는 언명의 의미에 적용되는 것이었다. 사실, 이 언명은 해가 지도록 나무나 목재 구조물에 시체가 매달려 있는 광경을 그리고 있다. 그러나 이 언명은 그 나무에 살아 있는 채로 달려 있는 상황을 포함하고 있다.[6] 그러므로 예수가 메시야가 될 수 없다는 것은 이유가 있는 것이었다. 실제적인 정의에 의하면 메시야는 특별히 하나님의 축복을 받은 자였다. "여호와의 신이 그에게 강림하시리니"(사 11 : 2)-반면에 하나님의 저주가 십자가에 달린 자에게 내림은 명백했던 것이다. 십자가에 달린 메시야는 용어적인 모순보다 더 나쁜 것이었다. 나중에 바울은 십자가에 못박힌 메시야를 전파하는 것은 "유대인에게 걸림돌"(고전 1 : 23)을 전파하는 것임을 알았으며, 그리하여 신명기 21 : 23을 인용하면서 그가 알게 된 바 틀림없이 메시야인 자가 그럼에도 불구하고 왜 "율법의 저주" 아래 죽어야만 했는가를 성경으로부터 진술할 필요가 있음을 보여주었다(갈 3 : 13).[7] 그러나 그가 처음으로 십자가에 달린 자가 메시야라는 사실을 공적으로 확언하는 자들을 만났을 때 그의 생각은 분명했다. 그들은 신성모독의 죄를 범했으며, 따라서 응분의 조치를 행해야만 한다는 것이었다. 그들이 예수가 되살아나 그들에게 보였다는 주장으로써 그들 자신의 주장을 지지하고자 했을 때 어떠한 보호도 있을 수 없었던 것

해서는 Mishnah, *Tamid* 7 : 4를 참조하라. 이 교리를 받아들이도록 양육받은 사람에게는 다음과 같은 논의는 명백할 것이다. "'메시야의 시대'가 시작되었다면, 토라의 시대는 종결되었다. 한편, 율법과 토라가 아직 그 타당성을 유지하고 있다면, 메시야가 아직 도래하지 않았다는 사실을 선포해야 한다"(L. Baeck, "The Faith of Paul," *Journal of Jewish Studies* 3 ⟨1952⟩, p. 106, H. J. Schoeps, *Paul*, E. T. ⟨London, 1961⟩, pp. 171 이하를 참조). p. 190을 보라.

6) "살아 달려 있음"은 QpNahfrag 4, 11.5~8에 나와 있는 "십자가에 달리는 것"에 대해 사용된 어구이다. 이는 경건한 유대인들이 이러한 운명을 당한 자의 공포를 알게 하는 것이다.

7) 누가에 의하면, "교수대에 달림"이라는 어구는(신 21 : 22 이하)에 대해 70인역에서 사용된 그리이스어 ξύλον, 이러한 방식의 사형집행이 종교적으로 볼 때 얼마나 충격적인가를 강조하기라도 하듯 원시 사도들의 설교에서 사용되었다(행 5 : 30 ; 10 : 39).

이다. 그들이 이러한 주장을 하는 것은 기만자들이거나 자기기만자들이었다. 왜냐하면 그들이 예수가 메시야임을 주장하는데 사용하는 논의가 그 어떠한 것도 상대방에서 주장하는 반박불가능한 논리에 배치되었기 때문이다. 십자가에 못 박힌 자는 하나님이 선택한 자가 될 수 없다는 논리가 바로 그것이다.

율법과 관습, 그리고 조상의 전통 및 유대교의 가치있는 모든 것들은 제자들의 활동과 가르침으로 위험에 처했다. 여기서 극적인 수술을 요하는 암적인 요소가 성장하고 있었다. 주요 제사장들과 그들의 동조자들이 제자들에 대한 공격을 시작했을 때, 바울은 그들의 첨병장교로서 선두에 섰다. 바울의 동기는 전적으로 종교적이었으나, 그들의 동기는 부분적으로 정치적이었다. 그러나 그들의 행동은 그에게 율법의 중요성을 옹호할 수 있는 기회를 제공했다. 그러한 율법의 중요성을 주도적으로 공격한 것이 스데반 일당에서 나왔을 때 그 일당은 제일 먼저 공격되고 억압되어야만 했다. 그러나 예수의 제자들 전체 역시 비록 그들이 외견상으로 율법을 준수하는 것처럼 보였다 할지라도 그들이 십자가에 못박힌 예수를 메시야로 선포하므로 분쇄되어야 했다.

2. 다메섹에로의 파견

바울 자신의 설명은 그가 쓸어 없애고자 했던, 바로 그 신앙으로 회심한 것은 다메섹, 혹은 그 근방에서 일어났음을 말해 준다.[8] 사도행전의 설명은 무엇이 그를 그 지역으로 가게 했는가를 말한다. 박해의 폭력은 많은 제자들, 특히 헬라파 제자들을 유대 밖으로 내몰았다. 그러나 그들이 산헤드린의 손아귀에서 완전히 벗어난 것은 아니었다. 유대 정부가 하스모니아 가 하에서 독립을 쟁취했을 때, 로마인들 중에 유력한 후원자들을 지니고 있었다. 그들은 유대를 위시한 그 근방 나라들에게 유대가 범죄인 인도의 권한을 포함한 주권국가의 권리와 특권을 지니고 있음이 당연함을 주지시키고 요구했다. 그리하여 한 로마 대사가 BC 142년에 이집트의 프롤레미 8세에게 보낸 편지는 다음과 같은 요구로 결론맺고 있다. "만약에 흉악범이 그들의 나라(유대)로부터 당신에게로 도망간다면 그 어떠한 자라도 대제사장 시몬에게 넘겨주시오. 그리하여 그들이 그들의 법에 따라 처벌할 수 있게 하시오"(마카비 1서 15:1).[9] 그러한 권리와 특권들은 유대 백성들(비록 그들이 더 이상 주권국가를 구성하지는 못했지만), 특별히 대제사장직에게 BC 47년에 쥴리어스 시이저에 의해 새롭게 확인되었다.[10] 전의의 열성으로 가득찬 바울은 대제사장이

---

8) 갈 1:17 "내가 다메섹으로 돌아갔다"를 참조하라.
9) 서신의 저자는 "로마의 집정관인 루키우스"이다(마카비 1서 15:16). 추측컨대 BC 142의 집정관인 L. Caecilius Metellus 인 것 같다(E. J. Bickermann, review of M. S. Ginsburg, *Rome et la Judée*, in *Gnomon* 6〈1930〉, pp. 358 이하).

도망자들을 자국으로 인도할 수 있는 권리를 행사하도록 고무시켜 결정토록 했다. 그리하여 "그 길"에 속한 자를 발견하면 무론남녀하고 예루살렘으로 압송하도록 했던 것이다(행 9 : 1).

다메섹에는 이미 그 "길"을 따르는 자들의 공동체가 있었던 것 같다. 그리하여 유대에서 도망간 자들은 그들에게서 피난처를 찾을 수 있을 것으로 희망했던 것이다. 이러한 다메섹 제자들은 바울이 지니고 간 영장에 저촉되지 않는 자들이었다. 바울은 심지어 그곳에 그들이 있는지 조차 몰랐을 것이다. 그가 다메섹에서 그의 목적을 성공적으로 성취할 수 있다면 다른 이방 도시들에서도 그 절차를 되풀이할 수 있음[11]을 전혀 의심하지 않으면서[12] 그가 체포하고자 한 것은 도피자들이었다. 그러나 그가 다메섹에서 만나야만 했던 예수의 첫 제자는 이러한 지방 공동체의 일원인 아나니아였다. 그는 "율법에 의하면 경건한 사람으로 거기에 사는 모든 유대인들에게 칭찬을 듣는 자"(행 22 : 12)였다.

바울은 그의 기독교인으로서의 첫 경력이 시작되기까지(그 자신의 말로) 자신이 "열심으로 교회를 핍박하는"(빌 3 : 6) 자임을 보였다.

---

10) Josephus, *Ant*. xiv. 192~195. S. Safrai and M. Stern.(ed.), The *Jewish People in the First Century*, i(Assen, 1974), p. 456을 보라.
11) 이는 행 22 : 5 "그곳에 있었던 자들은" "거기로 갔던 자들"이다에서의 부사 *ἐκεῖσε* (거기로)의 함축의미이다.
12) 행 26 : 11, "내가 외국 성까지도 가서 핍박하였고."

| 제 9 장 |

기독교인으로서의 바울

1. 다메섹 도상에서

놀라울 정도로 갑작스럽게, 교회를 박해하던 자가 예수 그리스도의 사도가 되었다. 그는 율법에 대한 열광자였다. 그리고 그는 자신의 말처럼 "그리스도 예수께 잡힌 바"(빌 3:12) 되고 강제적으로 급선회하여 그때까지만 해도 그가 말살하고자 했던 운동의 선두주자가 되었다. 그 이후로 그가 최선을 다하여 파멸시키고자 했던 것을 건설하는데 헌신하게 되었다. 말하자면, 그러한 급선회가 있기 직전에 그는 이스라엘의 생명을 위협하는 역병을 조사하는 일에 열중하고 있었다.

무엇이 이러한 혁명을 일으켰는가? 그 자신 스스로 반복하여 설명하는 내용은 그가 한때 십자가에 못박힌 예수가 이제 살아나신 주로서 영광 중에 있는 것을 보았다는 것이다. 그는 그의 사도로서의 자격들을 의심받고 있을 때(고전 9:1) "내가 우리 주 예수를 보지 않았는가?"라고 되물었다. 이때, 그는 동일한 서신에서 또다시 언급한 것과 동일한 내용(고전 15:8)을 제시한다. 고린도전서 15:8에서 그는 그리스도가 부활하여 일찍이 나타나심을 열거한 후에 "마지막으로… 그는 나에게도 나타났다"라는 말을 덧붙이고 있다(그런데 이렇게 그가 덧붙인 말의 의미는 아마도 "그는 그 자신을 내가 보도록 하였다"는 것일 것이다). 그는 자신에게 허락된 부활 후의 현현이 첫 부활절과 바로 그 다음 날에 베드로와 야고보 및 많은 다른 사람들이 목격한 현현만큼 실제적이었음을 주장한다. 그가 고린도후서 4:6에서, "하나님께서 예수 그리스도의 얼굴에 있는 하나님의 영광을 아는 빛을 우리 마음에 비춰셨느니라"고 말할 때, 아마도 그의 말은 바로 그 사건을 회상한 것을 시사한 것이리라. 사도행전의 증거에 따르면(9 : 3 ; 22 : 6 ; 26 : 13), 그와 그의 동료들이 다메섹으로 가고 있을 때 그를 비춘 빛은 "햇빛보다 더 밝은 하늘로부터의 위대한 빛"이었다.

사도행전의 증거는 바울이 부활하신 그리스도를 보았다는 그의 주장을 확증할 뿐만 아니라, 그가 그리스도가 말하는 것을 들었다는 사실을 종종 내세운다. 그는 다메섹의 아나니아로부터, "우리 조상들의 하나님이 너를 택하여 너로 하여금…저 의인을 보게 하시고 그 입에서 나오는 음성을 듣게 하셨으니"(행 22 : 14 ; 참고, 9 : 17)라는 말을 듣는다. 바울의 회심에 관해 누가가 준 세 가지 설명이 어떻게 변형되어 있든지 간에, 그 세 가지 설명 모두는 그가 다메섹을 향하여 가는 중 대낮에 "'사울아, 사울아 네가 어찌하여 나를 핍박하느냐?' 하는 음성을 들었다는 것과 그가 '주여, 뉘시오니까?'라고 말했을 때 그 분이 말하기를, '나는 네가 핍박하는 나사렛의 예수니라'고 말했다"(9 : 4 이하 ; 22 : 7 이하 ; 26 : 14 이하)는 데에서 일치하고 있다.

바울이 말한, "내 어머니의 태로부터 나를 택정하시고 은혜로 나를 부르신 이가 그 아들을 이방에 전하기 위하여 그를 내 속에 나타내시기를 기뻐하실 때"(갈 1 : 15 이하)라는 진술에서는 하늘로부터 비친 환영 그 자체를 넘어서서 어떤 구술적인 의사소통이 있음을 암시한다. 계시가 객관적이었던 것과 마찬가지로 외부적으로는 물론 내부적으로도 체험되었다. 바울이 그 계시를 단순히 "나에게"가 아니라 "내 속에" 주어진 것으로 본 것은 옳았다. 그는 마치 그 부르심과 임무부여가 하나인 회심의 체험을 구성하는 부분인 것처럼 말한다.[1]

그리스도의 사건 자체를 제외하고 전 기독교 역사의 과정에서 바울의 회심 및 임무부여보다 더욱 더 결정적인 것으로 드러난 사건은 결코 없다. 바울이 자신의 다메섹 도상에서의 체험을 스스로 설명하는 것을 인정하는 사람이라면 누구든지 18세기의 어느 저술가의 관찰처럼, "정당하게 생각해 볼 때, 성 바울의 회심과 사도권만으로도 기독교가 하나님의 계시로 된 것임을 증명하는데 그 자체로 충분하다"[2]는 사실을 부인하기는 어려울 것이다.

바울은 아무런 의도적인 준비가 없이 그가 보고 들은 사실에 의해 십자가에 못

---

1) 우리는 이러한 바울의 체험을 야웨의 영광을 보는 가운데 정결케 되고 임무를 부여받은 이사야의 체험이나(사 6 : 1~9 상반절) 그와 비슷한 모습을 보는 가운데 부르심을 입은 에스겔의 체험과(겔 1 : 4~3 : 11) 비교해 볼 수 있다. 물론, 후자의 두 사람의 체험은 여러 나라들에게 지향된 것이 아니라 오로지 이스라엘에게만 지향된 것이라는 점은 다르다 할지라도 비교가 가능한 것이다. 또한, 바울의 이야기는 예레미야를 부르는 그 설화법을 반영하고 있다. 야웨는 예레미야에게 말하기를, "네가 태어나기 전에 … 나는 너를 만국의 선지자로 택정하였느니라"고 했다(렘 1 : 5). p. 148. 을 보라.

2) G. Lyttelton, *Observations on the Conversion and Apostleship of St. Paul*(London, 1747), paragraph 1.

박혔던 자인 나사렛 예수가 수난 후에 살아 있으며, 하나님에 의해 인정받아 영광의 자리에 올라 있으며, 이제는 자신을 그의 봉사자로 입적시킨다는 것을 그야말로 순간적으로 그 분의 이끌림을 통해서 인정하게 되었다. 이러한 강요에 어떠한 저항도 있을 수 없었으며, 그를 그가 이제까지 추구하던 정반대의 방향으로 몰고 가는 막대기를[3] 결코 걷어찰 수가 없었다. 그는 즉시 이 새로운 주인에게 거꾸러졌다. 그가 억지로 입적되었으나, 그 이후로 그는 헌신적이며 종신토록 봉사하는 자원자가 되었다.

바울의 경험을 생리학적이나 심리학적으로 설명하고자 하는 것은 바울의 경험이 그에게 나타난 그리스도, 즉 그 시간 이후로 바울의 삶과 사상에 있어 중심이었던 율법을 대신한 부활하신 그리스도에게 자신의 의지를 지적으로 그리고 사려깊게 복종시켰다는 것을 포함하고 있지 않는 한 위험할 뿐만 아니라 거의 소득을 얻을 수가 없다.

바울은 "넘치는 광채에 눈이 먼 채" 다메섹으로 들어가 "좁은 길이라 불리우는 길가에 있는"(이 명칭은 오늘날에도 다르브 알무스다킴〈Darb al-Mustaqim〉에 유지되고 있다) 유다의 집에 도착했다. 아마도 여기에 그가 머물 수 있는 준비가 되어 있었던 것 같다. 거기서 그는 예수의 지방 제자들 중의 한 사람인 아나니아의 영접을 받았다. 그는 바울을 형제이자 동료 제자로서 반겼다. 바울은 즉시 눈을 뜨게 되고 예수의 이름으로 세례를 받았다. 제자들을 말살하기 위하여 다메섹을 향하여 떠났던 바로 그 사람이 이제 거기서 그 제자들의 우정어린 환대를 받고 있는 자기 자신을 발견했던 것이다.

2. 다메섹의 맹약자들

다메섹은 세계에서 가장 오래 전부터 존속해 온 도시로 알려져 있다. 이 도시는 아브라함에 관한 성경 이야기에서(창 14:15 ; 15:2) 언급되고 있다. 아브라함은 나중의 헬라적인 전승에 따르면 다메섹을 통치한 것으로 되어 있다.[5] 족장 시대에

---

3) 이 은유(행 26:14)와 유사한 표현을 담고 있는 것으로 알려져 있는 문헌은 셈족어가 아니라 그리스와 라틴어이긴 하나, 이 은유는 어떠한 농경 사회에서도 발견될 수 있는 종류의 표현이다.

4) 빌 3:12 참조. 여기에서 "나는 그리스도 예수에게 붙잡힌 바 되었다"는 어구는 최근에 몇몇 번역본에서 사용되고 있는 동사들보다 더 강한 의미를 지니고 있어 더 적합하다고 할 수 있는 카펠렘프덴($κατελήμφθην$)의 의미를 지니고 있다.

5) 요세푸스에 의하면(Ant. i. 159), 헤롯의 궁정 사가인 다메섹의 니콜라우스(Nicolaus of Damascus)가 그의 『역사』(Histories)의 제 4 권에서 아브라함(Abramès, 아브라메스)이 그곳을 통치했다고 기록하고 있다. 3세기에 져스틴(Justin)은 그의 "초록"(Epitome)에서 (xxxvi. 2. 3) 이와 비슷한 진술을 라틴의 저술가인 폼페이우스 토로구스(Pompeius Trogus, 약 BC 20년 경)가 쓴 글에서 발췌하여 인용하고 있다.

다메섹은 아모리의 중심지였다. 그러나 BC 1200년 경에 아르메니아의 세력 하에 들어갔다. 히브리의 왕조 시대에는 이스라엘 왕국과 간헐적으로 전쟁을 치룬 아르메니아 왕국의 수도였다. 다메섹이 아르메니아 왕국의 수도 역할을 하던 시기는 이스라엘 왕국과 아르메니아 왕국 둘 다가 BC 8세기 말에 앗시리아에 의해 정복되고 병합됨으로써 끝난다. 그 이후로, 다메섹은 앗시리아, 바빌로니아, 페르시아 및 헬라 로마 제국에 차례로 복속된다. BC 3세기에는 프톨레미 영토와 셀레우키아 영토 간의 경계에 놓이게 되고 양쪽에 의해 서로 자기의 영토라고 주장된다. 그러다가 BC 200년에 셀레우키아가 파네이온에서 승리를 거두고 그 국경을 이집트 변경까지 확대하게 됨으로써, 다메섹은 결정적으로 셀레우키아의 세력 하에 들어가게 된다.

셀레우키아 제국이 급속히 분열되던 시기에 다메섹은 나바타니아의 왕인 아레타스 3세에 의해 약 BC 85년 경에 장악된다. 나바타니아인들은 아랍 족속이었다. 그들의 고토(故土)는 사해와 아갑바 만(彎) 사이에 있는 지역이었고, 그 수도는 페트라였다. 나바타니아 왕국은 AD 106년에 아랍의 영토로써 로마 제국에 병합되었다. 그러나 그 전성기에는 팔레스틴의 통치자들인 하스모니아 가(家)와 헤롯 가(家)를 수시로 공격하여 괴롭힘으로써 그 세력을 인정받았다. 나바티아인들은 다메섹을 오랫 동안 차지하지 않았다. 미트리다의 전쟁을 자주 하는 동안 다메섹은 BC 72~71년 경에 아르메니아의 티그라네스 1세에 의해 나바타니아인들로부터 양도된다. 그리고 티그라네스 1세는 BC 66년에 로마인들에게 다메섹을 빼앗긴다. 그 이후로 로마의 통치 하에 다메섹은(BC 40~39년에 걸친 잠깐 동안의 시리아의 파르티아인들에 의한 점령을 제외하고) 시리아 지역을 다스리는 통치자들의 감독 하에 데가볼리[6]의 한 도시로 남아 있었다. 하스모니아 형제인 히르카누스 2세와 아리스토불루스 2세는 서로 싸우면서 로마의 지원을 경쟁적으로 요구하고 있었는데, 이때 폼페이의 부관인 스카우루스가 그 싸움을 중재하기 위하여 BC 64년에 출발했던 장소가 다메섹이었다. 결국 유대는 그 결과로 그 이듬 해에 폼페이에 의해 불가피하게 정복되었다. 티베리우스 시대에는 다메섹의 영토가 시돈에 이르는 접경까지 서쪽으로 확장되었다.

셀레우키아 지배 하에서 다메섹은 광범하게 헬라화되었다. 다메섹의 수호신은 디오니소스 신과 동일시 되었다. 이 디오니소스 신이 다메섹의 기원에 대한 전설을 형성하게 되었다. 다메섹이 생길 때 그 구조가 히포다무스의 바둑판 형태로[7] 계획되었다. 그리고 이것은 다메섹이 헬라 도시의 핵심적인 시설을 가졌던 것으로

---

6) 데가볼리는 열 개 가량의 연방 도시들로 구성되어 있었다. 거기에는 다메섹, 히포, 카나다, 라파나, 가다라, 필라델피아(현재의 암만), 거라사, 디온, 펠라 그리고 스키토폴리스 등이 포함되어 있었는데, 이 중 마지막의 스키토폴리스 만이 요르단의 서쪽에 놓여 있었다.
7) 밀레토스의 히포라무스(BC 5세기)라는 도시 설계가에서 유래한 방식.

보이게 한다. 예를 들면 헤롯 대제가 다메섹에 연무장(演武場)을 지어주었을 때 그 이전의 것을 재현하는 식으로 설계되었던 것 같다. 바울이 활동하던 시기에 다메섹에서 가장 일반적으로 사용된 언어는 헬라어였다. 그러나 아람어도 거리에서 들을 수 있었을 것이다. 이 아람어는 동쪽의 사막에 거주하는 사람들 뿐만 아니라 아마도 다메섹에 사는 유대 거류민들의 언어였을 것이다. 이 유대 거류민은 요세푸스가 추산한 대로 AD 66년에 다메섹에 10,000명 혹은 심지어 18,000명의 유대인들이 학살되었다는 것을[9] 액면 그대로 받아들이지 않는다 하더라도 상당했던 것 같다.

다메섹은 모슬렘의 종말론적인 전통에서 예수가 적그리스도를 파멸시키기 위하여 강림하는 장소로서의 역할을 하는 곳이다.[10] 그런데 사실 모슬렘교도들이 그러한 기대를 가지게 된 것이 기독교 전통에서 기인한 것이기 때문에 다메섹이 기독교 전통의 분지에서 이러한 종말론적인 방식으로 여겨졌다는 것은 당연하다. 어떠한 기독교 전통이라 할지라도 그것이 1세기와 직접적인 연관을 갖기에는 너무 늦게 형성되었을 것이다. 그러나 그러한 기독교 전통은 유대적인 내력들을 지닐 수 있었다. 어떤 유대 전통의 흐름에서도 역시 다메섹이나 그 주면의 영토는 그곳에서 이방인의 통치가 종국에는 전복되고 마는 장소로서 인식되어 있다. 그리고 이러한 유대 전통의 대부분의 흐름들이 나중 것으로 판명되는 가운데 기독교 형성 이전의 시기로 소급되는 것이 하나 있다.[11]

19세기가 저물어 갈 무렵 포스타트(옛 카이로)에 있는 고대 회당에서 발견된 중세 초기의 것으로 보이는 불완전한 두 개의 수고(手稿)는 일시적으로 『사독계 작품』(*Zadokite Work*), 혹은 『다메섹의 맹약자들의 책』[12](*Book of the Covenants of Damascus*)이라고 불려지는 편집서의 복사본으로 밝혀졌다. 1947년과 그 이듬해에 쿰란 텍스트가 발견되기 전에는 이 편집서가 다른 편집서들과 동일한 공동체에서 엮어진 것으로 인식되었다. 그 내용들이 쿰란 문서 중 어떠한 것과 서로 조화가 될 뿐만 아니라 카이로 수고들보다 수 세기 더 오래된 것임에도 불구하고 그 편집서의 부록들이 쿰란의 발견 문서들과 동일한 것으로 확인되었다. 그 편집서가 『사독계 작품』이라 불려졌는데, 그 이유는 이 편집서가 경의를 표하고 있는 대상이 사독(Zadok)과 그의 왕조(이스라엘에 있어서 합법적인 대제사장직)이기 때문이다. 그리고 한편으로 그 편집서를 다메섹의 맹약자들의 책으로 부르는 것은 그것이 다

---

8) 요세푸스 *BJ* i. 422(그는 또한 다메섹에 극장을 건립했다).
9) *BJ* ii 561에 의하면 연무장에서 10,500명의 유대인 학살되었다고 되어 있고, *BJ* vii 368에 의하면 18,000명이 학살된 것으로 기록되어 있다.
10) cf. A. J. Wensinck, *A Handbook of Early Muhammadan Tradition*(Leiden, 1927) p. 113.
11) cf. N. Wieder, *The Judaean Scrolls and Karaism*(London, 1962), pp. 5~14 ; "The 'Land of Damascus' and Messianic Redemption", *Journal of Jewish Studies* 20(1969) pp. 86~88.
12) 처음으로 출판된 것이 S. Schechter에 의해 Fragments of a Zadokite Work, i(Cambridge, 1910)라는 제목으로 나왔다.

메섹 땅에 새로운 언약을 가져간 자들"을 언급하고 있기 때문이다.[13] 그런데 아마도 이 사람들은 "유다의 땅에서 나와 '율법 해석가'의 지도 하에 다메섹 땅에 거주하는 이스라엘의 회개하는 자들"을 다르게 명명한 것이리라. "다메섹 땅"은 이 언약 공동체가 초기에 다소의 세월을 보냈던 지역임에 틀림없다. 또한 다메섹은 그 당시 유포되어 있던 시대의 종말에 대한 기대를 감안하고 있었다. 왜냐하면, 다른 "율법 해석가"[14]가 그 당시의 다메섹에 올 것으로 기대되었기 때문인데,[15] 아마도 다윗의 메시야를 동반하는 것으로 여겨졌던 것 같다.[16]

"다메섹"은 어떤 학자들에 의해 공동체적인 유폐(幽閉) 장소에 대한 약호로 취급되었다.[17] 왜냐하면, 그들은 그 공동체가 이주하는 것을 다소 이상한 방식으로 아모스 5 : 26 이하의 예언을 인용하면서 그 예언의 성취로 해석했기 때문이다. 즉, "내가 너희들의 왕의 장막과 너희 우상들의 기초를 나의 장막에서 다메섹으로 추방하였다"라고 그들은 변형시켜 인용하고 있다.[18] 그러나 그 해석은 고사하고 인용의 방식이 너무나 이상하여 예언이 성취된 것으로 여기게끔 할 정도이다. 말하자면 그 해석자들은 본문에 나타난 사람들이 다메섹으로 이주하는 사건에 적합한 본문을 찾다가 그것을 아모스 5 : 26 이하에서 발견했던 것이다.[19]

맹약자들은 "공의의 선생"(Teacher of Righteousness, 그 후 더 이상 존재하지 않았음)을 최초의 지도자이자 그들의 공동체를 조직한 사람으로 여겼다. 다메섹을 문자 그대로 파악한다면 이 다메섹의 공동체와 역시 공의의 선생을 그들의 최초의 지도자이자 조직자로 하여 존경하고 있는 쿰란 공동체와의 관계가 문제된다. 그 공동체의 역사를 재구성할 수 있는 방법이 너무나 불충분하여 확고한 대답을 기대한다는 것은 불가능하다.[20] 아마도 그 양쪽의 공동체가 전체로서 "다메섹의 땅"에 몇 년 간 거주했던 것 같다. 한때 그럴 듯한 의견이 나왔었는데, 그것은 그 전체 공동체가 BC 1세기 말엽에 쿰란이 그 중심지 역할을 금지당하고난 30년 혹은 그 이상의 기간 동안 다메섹에 거주했다는 의견이다. 그러나, 『사독계 작품』의 쿰란 단편들에 대한 고증학은 그 시기가 몇 십 년 이전으로 앞당겨짐을 지적한다. 또다

---

13) CD 6, Ⅰ. 19 ; 8, Ⅰ. 21 ; ch. 20, Ⅰ. 12.
14) CD 6, Ⅱ. 5~7.
15) CD 7, Ⅱ. 18f.
16) "모든 회중의 왕"이라 불리우고 민 24 : 17의 "홀"(笏)과 동일시 되고 있다. 그리고 그 구절에서 "별"은 오실 "율법의 해석가"로 해석되고 있다(CD 7, Ⅰ. 20). cf. J. Daniélou, "L'étoile de Jacob et la mission chrétienne à Damas", Vigiliae christianae 11(1957), pp. 121~138.
17) 예를 들면, 나의 T. H. Gaster, The Dead Sea Scriptures(Garden City, N. Y., ³1977), pp. 5, 27 이하. 그러나 쿰란으로 이주한 것이 "북쪽의 땅"을 향하여 "유다의 땅"을 떠난 것으로는 거의 기술되지 않고 있다. (CD 5, Ⅰ. 5 ; 7, Ⅱ. 12~14).
18) CD 7, Ⅰ. 15.
19) Cf. J. T. Milik, Ten Years of Discovery in the Wilderness of Judaea(London, 1959), p. 91.
20) Cf. H. H. Rowley, The Zadokite Fragments and the Dead Sea Scrolls(Oxford, 1952) ; "The History of the Qumran Sect", BJRL 49(1966~67), pp. 203~232.

른 하나의 가능성이 있다. 그것은 그 전체 공동체의 주된 집단은 쿰란에 살고 있었고, 그 공동체의 어느 한 분파가 다메섹에 잠시 동안 살았다는 것이다. 알렉산더 얀네우스(Alexander Jannaeus)의 지도 하에 이루어지고 있는 많은 수고가 적절한 역사적 배경을 제공해 줄지 모른다. 그러나 우리는 모른다. 그런데도 불구하고, 그들 스스로 다메섹의 땅으로 향했던 자들이 "거기에서 메시야의 출현을 예비하기 위하여, 혹은 일반적으로 메시야의 극적인 사건이 막 올려지는 것을 기대하기 위하여"[21] 그렇게 다메섹으로 모였다는 사실을 믿을 수 있는 심각한 이유가 있다.

3. 다메섹에서 제자들과 함께

이제 다메섹에 예수의 제자들로 구성된 공동체의 전신들에 관하여 알아보려고 한다. 즉, 만약에 우리가 누가의 기록에서, 그러한 공동체가 스데반이 죽고난 뒤 유대로부터 피난자들이 그곳에 나타나기 전에 이미 설립되어 있었다는 사실을 추론한 것이 옳다면 그러한 전신이 있었다고 해야 한다는 것이다. 그러나 불행하게도 우리는 그 사실에 대해 아무런 증거를 지니지 않고 있으며, 그저 사색해 볼 뿐이다. 어느 학자는, 그 공동체의 설립자들은 사실상 예수의 신성가족들과 형제들 및 친척들이었으며, 그들이 다메섹 지경에 정착했던 것은 예수가 그곳에서 영광 가운데 급히 나타날 것이라고 기대했기 때문이라는 과감한 생각을 했다.[22] 이러한 생각이 명백히 부정될 수도 없으나—이러한 생각이 잘못된 것이라고 증명할 아무런 이유가 없다—마찬가지로 옳다고 증명될 수도 없다. 기껏 이야기할 수 있는 것은 아마도 그 공동체는 기원에 있어서 유대적이라기 보다는 갈릴리적이었을 것이라는 정도이다. 그나마 그렇게 이야기할 수 있는 것은 예수가 지상사역 중에 유대에서보다 갈릴리에서 더 많은 제자들을 얻고 있었는데, 이 갈릴리가 다메섹과 다른 데가볼리의 도시들과 더 가까이 있었다는 이유 밖에 없다. 한 두 세대 후에 데가볼리 지역이나 그 주변에 여러 유대인 기독교인들이 정착해 있었다는 것을 우리는 알고 있다. 그러나 그들은 그들보다 훨씬 일찌기 다메섹에 정착해 있던 자들과는 거의 관계가 없다.[23]

좀더 생각해 볼 때 가능할 것 같은 상황은 다메섹에 있던 예수의 제자들과 『사독계 작품』에서 확인된 맹약자들 사이에 어떤 접촉 혹은 심지어 상호 영향을 주지 않

---

21) N. Wieder, *The Judaean Scrolls and Karaism*, p. 3.
22) E. Lohmeyer, *Galiläa und Jerusalem*(Göttingen, 1936), pp. 54ff ; 또한, H. J. Schoeps, *Theologie and Geschichte des Judenchristentums*(Tübingen, 1949), pp. 270 이하. 기독교가 생성 초기 3년에서 5년 사이에 어떻게 확장되었는가를 더 세련되게 그리고 더 잘 검토한 자료에 대해서는 M. Hengel의 "Zwischen Jesus und Paulus" *ZIK* 72(1975), pp. 172~206을 보라.
23) 그러나 누가는 바울이 다메섹에서 받은 세례는(행 9 : 18 ; 22 : 16) 비록 예루살렘에서 행해진 것이 아니긴 하지만 결코 그보다 덜 확실한 것은 아님을 시사한다.

았을까 하는 것이다. 가장 중요하게 생각해 볼 점은 바울이 그가 처음으로 기독교적인 친교를 가졌던 이 새로운 친구들에게서 얼마나 많은 사상적인 도움을 받았느냐 하는 점이다. 쿰란 텍스트들과 바울 서신서들이 하나님의 공의에 대한 두 가지 사상을 공유하고 있다는 사실은 이미 지적하였다. 즉, 하나님의 인격적인 공의와 하나님이 자기를 믿는 자들에게 자유롭게 부여하는 의로운 상태라는 두 개념의 공의를 공유하고 있다.[24] 그러나 앞으로 보게 되겠지만 우리는 여기서 양자의 병행적인 발전을 인식하여야 할 것이다. 말하자면, 바울의 교리는 그 자신이 율법과 은혜에 대해 예외적으로 하게 된 독특한 경험에 따라 형성되었다. 한편, 육신과 영혼의 모순적 정립도 바울과 쿰란에 공통되어 있다. 그러나 이것 또한 바울에 있어서는 그 자신에 의해 독특하게 발전된 것이다.[25]

바울이 그의 신학의 기본적인 요소들을 형성함에 있어서 힘입었던 사람은 다메섹의 제자들도 아니고 사실상 그 어느 곳의 제자들도 아니었다. 이 점에 있어서, 그가 전파하는 복음에 대해 그가 내세운 주장만큼은 안심하고 인정할 수 있을 것이다. "이는 내가 사람에게서 받은 것도 아니요 배운 것도 아니요 오직 예수 그리스도로 말미암은 것이라"(갈 1 : 12). 물론, 그 모든 내용이 일시에 완전하게 계시된 것은 아니었다. 그러나 바울이 말하는 바와 같이 그 복음은 다메섹 도상의 계시에 모두 다 함축되어 있었다. 이 다메섹 도상의 계시는 그가 이전에 지니고 있던 모든 경험과 교육에 새로운 관점을 부여한 사건이었다. 이전에는 그의 삶과 사상을 구성하고 있는 모든 요소들이 율법을 중심으로 구성되었다. 예수 그리스도의 계시가 단번에 율법의 파멸을 중시함으로써, 이제 더 이상 율법은 모든 요소들을 잘 정돈된 형태로 끌어들이는 자석 역할을 하지 못했다. 자석이 제거되고나자 그 자석을 중심으로 모여 있던 것들이 분산되고 해체되려고 할 쯤에 부활하신 주님이 그 자석 역할을 하였다. 그리하여 바울의 삶과 사상은 그를 중심으로 하여 새로운 형태로 재구성되었던 것이다. 물론, 이같이 재구성된 요소들을 바울이 다시 포착하여 파악하는 데에는 시간이 필요했던 것은 불가피했다. 사실, 그의 가사적인 삶의 여생은 그가 "가장 고상한 예수 그리스도를 아는 지식"(빌 3 : 8)을 충분히 파악하기에 그 기간이 짧았다. 그러나 적어도 그는 "예수는 부활하신 주님이시다"라든가 혹은 "예수는 하나님의 아들이시다"는 확증 가운데 그의 신앙을 새롭게 선언할 수는 있었다. 실제로, 누가는 바울이 그러한 사실을 즉시 선포했다고 말하고 있다. 즉, 바울은 그가 전혀 다른 목적으로 대제사장에게서 신임을 받아 파견되었던 다

---

24) Cf. H. Braun, *Qumran und das Neue Testament*, ii(Tübingen, 1966), pp. 170ff ; W. Grundmann, "The Teacher of Righteousness et Qumran and the question of justification by faith in the theology of Paul" *in Paul and Qumran*, ed. J. Murphy-O'Connor(London, 1968), pp. 85~114).

25) Cf. W. D. Davies, "Paul and the Dead Sea Scrolls : Flesch and Spirit", *in The Scrolls and the New Testament*, ed. K. Stendahl(London, 1958), pp. 157~182.

메섹의 회당에서 그러한 사실을 즉시 선포했던 것이다.[26] 바울 자신은 계시받은 것에 대해서 "혈육과 의논하지 아니하고" "아라비아로 갔다가 다시 다메섹으로 돌아갔노라"고 말한다(갈 1 : 16 이하). 그러므로, 그가 다메섹의 회당에서 전파한 것은 그가 아라비아 여행에서 돌아온 때라고 추정될 수 있다(이에 대해 누가는 아무것도 말하지 않고 있다).

왜 바울은 아라비아로 갔을까? 상식적으로는 그가 사막으로 가 그의 새로운 상황을 반성하고 모세와 엘리야가 이전에 하나님과 만났던[27] "호렙 산, 즉 하나님의 산"에 가까이 가 자신도 하나님과 교제하고자 한 것이 아니었을까 하는 대답이 가능할 것이다. 사실 이러한 것이 아라비아로 간 목적의 일부가 될 수도 있다. 그러나 그가 다메섹에서 사흘 동안 눈먼 상태로 있었던 것이 그의 마음을 재정립하는 데에 충분했을 것이다. 그 자신의 해설을 감안해 볼 때, 그가 아라비아를 찾았던 것은 오히려 이방에 그리스도를 전하기 위하여 그가 부르심을 입은 것과 밀접하게 연관된다 하겠다. 그가 갈라디아의 개종자들에게 서신을 쓰면서 이러한 사실을 거론하는 요점은 그가 사도들을 보기 위하여 예루살렘으로 올라가기 전에 이미 이러한 소명을 받았고, 따라서 어느 누구도 그가 이방인의 사도로 명령을 받은 것이 그 사도들이거나 땅 위의 어떠한 다른 권위에 의한 것이 아니라는 사실을 강조하고자 하는 것이다.

우리는 이 문맥에서 "아라비아"라고 말한 곳이 나바티아 왕국임을 자연스럽게 이해한다. 이곳은 다메섹에서 가기 쉬운 곳이다. 당시 이곳은 아레타스 4세(BC 9년~AD 40년)에 의해 통치되었다. 만약에 바울이 아레타스의 신하들에게 복음을 전파하였다면 과연 그가 그들로 하여금 십자가에 못박혀 죽은 예수가 하나님에 의해 우주적인 주님으로 인정받고 영광스러워졌다는 그의 메시지를 경청할 수 있는 접촉점을 어디에서 찾았는가 하고서 의아해 할 수 있다. 그러나 우리는 바울의 풍부한 지략과 다재다능함을 과소평가해서는 안된다. 바울이 아라비아에서 하고자 한 것이 단순히 조용한 은거가 아니라는 사실은 그 외의 다른 곳에서 나타나는 몇 몇의 증거에 의해 확실히 지적된다. 바울은 나중에 그가 처음 그리스도인이 되었던 시절을 통하여 치욕적으로 경험했던 것을 회상한다. "다메섹에서 아레다 왕의 방백이 나를 잡으려고 다메섹 성을 지킬새 내가 광주리를 타고 들창문으로 성벽을 내려가 그 손에서 벗어났노라"(고후 11 : 32 이하). "아레다 왕의 방백"은 아마도 다메섹에 상주하고 있던 그 왕의 신하들 중의 대표자였을 것이다. 이는 알렉산드리아에 거주하는 유대인 거류민들이 거기에 있는 제국의 권력자들에 대해 그들의 대표자이자 대변인으로서의 방백 한 사람을 임명한 것과 똑같다.[28] 그러나 만약 바

---

26) 행 9 : 20. pp. 117 이하를 보라.
27) 출 3 : 1 ; 참고, 왕상 19 : 8.
28) Strabo, 요세푸스에 의해 인용됨. *Ant.* xiv. 117 ; 에드날케스($\varepsilon\theta\nu\acute{\alpha}\rho\chi\eta\varsigma$)라는 용어는 여기서

울이 아라비아에서 조명한 명상으로 시간을 보냈다고 한다면, 왜 그 나바티아 방백이 바울에 대해 이같은 적의를 품었을까? 한편, 만약 그가 그곳에서 복음을 전파하는 데에 그의 대부분의 시간을 보냈다고 한다면, 그는 스스로 분란을 일으킨 셈이며, 권력자들의 우호적이지 못한 경계심을 자극한 셈이 되는 것이다. 나바티아 왕국의 영토가 거의 다메섹의 성벽에까지 확장되어 있었기 때문에 그 방백은 그를 도울 수 있는 국경수비대와 함께 만약에 바울이 그 다메섹을 빠져나올 경우 그를 체포하기 위하여 성 바깥에서 그 성문을 지켰을 것이다. 그러나 바울은 그의 친구들의 도움으로 앞에서 기술한 방법으로 그 방백의 감시를 벗어나 달아날 수 있었던 것이다.[29]

이제 그가 반그리스도적인 임무를 띠고서 다메섹을 향하여 출발한 후 3년이 되는 해에 그가 개종한 이후 처음으로 예루살렘을 방문한 것이 대략 밝혀진 셈이다.

아마도 Philo, Flaccus 74에 나타나는 게날케스($γενάρχης$)와 동일한 의미인 것 같다.
29) 누가는 바울을 다메섹에 있는 유대인들의 적의 때문에 어쩔 수 없이 탈출한 것으로 표현하고 있다(행 9 : 23~25).

제10장

바울과 예루살렘 전승

1. 예루살렘에 올라간 바울

　바울이 회개하였다는 소식은 그 자신이 예루살렘에 도착하기 훨씬 이전에 이미 그곳에 알려졌음이 틀림없다. 그러나 그 사실은 거의 믿을 수 없는 사실이었다. 차라리 이디오피아인이 그 피부색을 바꾸고 표범이 그 반점을 없애는 것이 이 극렬한 박해자가 신자가 되었다는 것보다 더 쉬울 것이다. 혹시 그와 같이 예루살렘에 늦게 나타난 것이 기독교적인 친분관계 내에서 확고한 위치를 점하고자 교묘하게 계획한 것은 아니었을까? 그리하여 자신의 사건을 더욱 효과적이고 획기적인 것으로 받아들이게 하려는 것은 아니었을까? 마음이 단순하고 온화한 다메섹의 제자들은 그들 자신들의 일원으로 전격적으로 환영할 수 있었다. 그러나 만약에 그가 애초 예루살렘으로 갔다면, 그의 소위 "좋은 신앙"(bona fides)이 한치의 의심이라도 사지 않을 정도로 확증되기까지 기껏해야 그를 경원시 하며 관찰하는 정도였을 것이다.
　누가에 의하면, 바울과 예루살렘의 지도자들을 융합시킨 일을 한 사람은 바나바였다. 바울 자신은 이에 대해 전혀 언급하고 있지 않지만, 누군가가 중재자로 나섰던 것은 미루어 짐작할 수 있다. 그리고 우리가 바나바에 대해 알고 있는 모든 사실을 감안해 보면, 그야말로 이러한 중재역할을 할 수 있는 적임자임을 알 수 있다. 바나바가 누가의 해설 중에 처음 등장한 것은 원시 예루살렘 교회에 설립된 일반기금 창구에 특별히 관대하게 기부한 자로서이다. 또한 그는 그의 격려하는 성품 때문에 원래의 그의 이름인 요셉에다가 이 별명, 즉 바나바라는 이름을 사도들로부터 받은 것으로 되어 있다.[1] 그리고 사도에 관한 기록 전체를 통해서 바나바는 그러한 평판에 어울리는 삶을 영위했다. 그가 격려받아야 할 사람이나 사건을 발견할 때면 어디에서든지, 그는 그가 할 수 있는 모든 힘을 다하여 격려했다. 그가 바울의 회심이 진정한 것임을 어떻게 그 스스로 확신할 수 있었는가에 대해서는 기록이 없다. 그러나 아마도 그는 다메섹에서 피난처를 찾고 있던 헬라주의를 내세우는 신자들과 접촉하였으리라. 그는 그들과 얼마 동안의 기간을 함께 하였을 것이다. 어쨌든 예루살렘에서 그가 바울의 편에 서서 중재역할을 한 것은 순전히 그의 성품에 따른 것이었다. 바울이 다메섹에서 애타게 한 친구를 필요로 하고 있을 때, 이 역할을 톡톡히 해낸 사람이 아니니아였다. 그리고 마찬가지로 이제 바나바가 예루살렘에서 그와 비슷한 처지의 바울에게 친구가 되어준 것이다. 그의 옛 친구들은 이제 그를 배반자로서 비난할 것이며, 새 친구들은 한때 그가 그토록 혹독하게 유린한 공동체에 속한 자들로서 그저 난처한 입장을 취할 수 있을 뿐이었다. 여기에서 누가가 바나바를 등장시키는 것이 너무나 독특한 나머지 바울이 예루살렘을 방문한 것을 그가 개괄적으로 요약하는 서술의 단순한 일부분으로 간주하기에는 쉽지 않을 정도이다. 그는 "바나바가 그를 사도들에게 데리고 가서"(행 9:27)라는 식으로 간단명료하게 그 사건을 전하고 있다.

사실은 모든 사도들에게 그를 데려간 것은 아니었다. 누가가 아주 간단하게 일반화시켜 말하는 대목에 대해 바울은 특수하게 그가 단지 두 사람의 사도들과 만났을 뿐임을 명백하게 언급한다. "내가 게바를 심방하려고 예루살렘에 올라가서 저와 함께 십 오일을 유할 때 주의 형제 야고보 외에 다른 사도들을 보지 못하였노라"(갈 1:18 이하). 그리고서 그는 그의 진술이 어김없는 진실임을 엄격하게 서언(誓言)한다. "내가 너희에게 쓰는 것은 하나님 앞에서 거짓말이 아니로라"(갈 1:20). 이 당시 바울의 동정과 다른 사람들과의 접촉에 대한 엇갈리는 견해들이 그의 갈라디아의 친구들 사이에 회자하였음이 틀림없다.[2] 그리하여 그는 그 자신의 말이 틀림없는 것임을 맹서하고 있는 것이다.

2. 바울이 베드로와 야고보를 만나다.

게바(Cephas) — 아람어로는 게바(Kēpha), 즉 "바위" 또는 "돌" — 는 헬라어 접미사 —s가 붙은 것인데, 이는 바울이 우리에게 베드로(즉, 페트로스⟨Petros⟩인데 이

---

1) 행 4:36 이하.
2) O. Linton은 "The Third Aspect: A Neglected Point of View.", *Studia Theologica* 3(1949), pp. 79 이하에서 이러한 다양한 설명은 누가가 행 9:1~30에서 의존하고 있는 것이라고 주장한다.

는 아람어 명칭인 게바와 같은 뜻)로서 더 잘 알려져 있는 그 사도에 대해 통상 지칭하는 이름이다. 바울이 예루살렘에 들린 목적은 지도적인 사도와 면식(面識)을 트는 것이었다. 이것은 그저 단순히 면식을 트는 것이 아니라 그를 아는 것이었다. 왜냐하면 그가 사용하고 있는 동사인 히스토레사이(historēsai, 질문하다, 알다, 방문하다)의 원뜻이 그러하기 때문이다.[3] 왜냐하면, 베드로는 바울이 알고자 하는 것 중에 가장 중요한 일, 즉 예수의 사역의 모든 것과 그에게서 유래한 모든 가르침의 "전승"에 대해 알려줄 수 있는 일차적인 인물이었기 때문이다. 어떤 진영에서는 바울이 이러한 정보를 획득하는데 관심이 있었다는 생각에 상당히 저항을 보이기도 한다. 그러나 심지어 바울이 그러한 관심이 전혀 없었다 할지라도(믿기 어렵긴 하지만), 도대체 베드로가 15일 동안 이야기한 것은 무엇이었을까? 베드로는 바울에게 그가 찾는 지식을 상당히 나누어줄 수 있었다. 그리고 이는 야고보가 바울에게 이야기해 줄 수 있는 것보다 사실상 더 많았다. 그러나 바울은 베드로나 야고보가 그에게 전해줄 수 없는 것이 한 가지 있으며, 그것이 자신이 사도로 소명된 근거이며, 그 사도적 소명은 이미 다메섹 도상에서 부활하신 주님으로부터 받은 것이라는 사실을 주장한다. 그가 예루살렘으로 올라간 목적은 모교회의 지도자들과 우의를 돈독히 확립하고, 그들로부터 다른 어떤 곳에서도 얻을 수 없는 지식을 얻은 것이었다.

그가 지식을 들어 얻는 방식으로 그 어떤 다른 것들을 얻었는지는 알 수 없으나 그 자신은 그가 배운 바 있는 적어도 두 가지 사실을 지적한다. 바울이 그의 고린도 독자들에게 상기시키고 있는 예수의 부활하신 모습으로 나타나사 사건들에 대한 목록은 이미 인용된 바 있다.[4] 그 목록에 부활하신 그리스도를 본 두 사람의 이름이 개인적으로 언급된다. 단지 두 사람이었다. "그가 게바에게 나타나셨다"와 "그가 야고보에게 나타나셨다"(고전 15:5,7). 여기에서 언급된 두 사도가 바울이 그가 회심한 후 예루살렘을 처음으로 방문하여 만났다고 주장하는, 단지 그 두 사도라는 사실은 결코 단순한 우연적인 일치가 아니다.

베드로에게 주어진 부활의 현현은 누가복음 24:34에서 독자적으로 입증되고 있다. 야고보에게 부활하신 그리스도가 나타난 것은 아마도 전설적으로 윤색된 가운데 히브리인에 관한 복음에서 다시 언급된다.[5] 그러나, 이와 같이 윤색된 전통

---

3) 이 동사에 관한 다른 논의들 중에는 G.D. Kilpatrick, "Galatians 1:18 ἱστορῆσαι Κηφᾶν" in *New Testament Essays······ in Memory of T.W. Manson*, ed. A.J.B. Higgins (Manchester, 1959) pp. 144 이하와 W.D. Davies, *The Setting of the Sermon on the Mount* (Cambridge, 1964) pp. 453 이하가 있다.
4) pp. 57 이하를 보라.
5) 제롬에 의하면 (*De uiris illustribus* 2), 히브리인들에 관한 복음서는 다음과 같이 기록하고 있다. "이제 주께서 제사장의 종에게 그의 아마포 옷을 주셨을 때, 그는 야고보에게 가서 그에게 나타나셨다. 왜냐하면, 야고보는 그가 주님의 잔을 마셨을 때부터 죽음에서 부활하신 주를 볼 때까지 아무런 빵도 먹지 않을 것을 맹서했기 때문이다.(그리고 약간 뒷 부분에서 다시)

은 아마도 바울에게서 유래된 것은 아니라는 것은 거의 확실하다.

야고보는 예수의 가족인 다른 사람들과 마찬가지로 예수가 죽기 전에 그를 따르는 자로서 등장하지는 않는다. 사실 그 가족 전체는 예수의 공적인 활동을 결코 적대적으로 본 것은 아니지만 경시한 것 같다. 그러나 예수가 부활한 후에는 그의 어머니와 형제들이 사도들 및 다른 제자들과 연합한 것으로 나타난다. 그 형제들은 교회 내에서 광범하게 주목되는 인물로 부상되었다. 특히 야고보는 예루살렘 교회에서 점차적으로 영향력을 더 많이 행사하는 위치를 차지했다. 그들이 예수에 대한 태도를 갑자기 변경하는 사실에 대해 설명하는 것을 고찰하고자 한다면, 예수가 부활하여 야고보에게 나타난 사건에 대한 진술을 보면 가능하다.

베드로와 야고보는 초대 예루살렘 교회 내에 양쪽으로 구분되는 두 그룹의 존경받는 지도자 역할을 했던 것 같다. 베드로가 이끄는 모임은 마가 요한의 어머니인 마리아의 집에서 회합했다. 이러한 교회가 형성된 뒤 몇 년 후에 베드로가 예기치 않게 헤롯 아그립바의 감옥에서 탈출하여 찾아간 곳도 바로 이 모임이었다. 그리고 그가 그 집단을 떠나면서 "이 사실을 야고보와 그의 형제들에게 전하라"(행 12 : 17)고 말했는데, 이는 그 형제들이 야고보와 더 가까이 연합되어 있음을 잠정적으로 의미한다.

그러므로 바울이 예루살렘에서 베드로와 함께 지낸 15일 동안 그가 야고보를 방문하여 그의 입장에서의 이야기를 들었던 것으로 결론을 내릴 수 있다. 베드로는 바울에게 부활하신 주님이 그 자신에게 뿐만 아니라 "열 두 사도에게" 그리고 또 다시 "한번에 오백 명 이상의 형제들에게" 어떻게 나타났는가를 말했는가 하면, 야고보는 바울에게 부활하신 주님이 그에게 뿐만 아니라 "모든 사도들에게" 어떻게 나타나셨는가를 말했다. 바울에게는 "사도들"이라 할 때 그 말이 "열 두 제자"에게 한정된 것이 아니었다. 갈라디아서 1 : 19의 가장 근사한 의미에 의하면 그는 야고보를 한 사람의 사도로 여기고 있음을 알 수 있다. "나는 주님의 형제 야고보 외에는 다른 어떠한 사도도(게바를 제외하고) 보지 않았다."[6] 만약에 사도의 자격이 부활하신 그리스도에 의해 소명된다는 것이라면, 야고보는 바울 자신이 그러한 것처럼 명백히 사도로서 지명되었다고 주장할 수 있다.

이러한 일련의 부활의 현현에 대해, 바울은 "그리스도께서 우리 죄를 위하여 죽으시고 장사지낸 바 되었다가 성경대로 사흘 만에 다시 살아나사"(고전 15 : 3)라는

'탁자와 빵을 가져오라'고 주께서 말씀하셨다. (그리고 그 즉시로 계속되는데) 주께서는 빵을 취하사 축사하시고 그것을 나누어 의로운 자인 야고보에게 주시고서 그에게 말씀하셨다. '나의 형제여 이 빵을 먹을지어다 이제 인자가 잠자던 자들로부터 살아났느니라.'"

6) L.P. Truolinger, "A Note on Galatians i. 19", *Novum Testamentum* 17(1975), pp. 200ff. 여기서 ἕτερον δε τῶν ἀποστόλων κτλ 를 "내가 주님의 형제인 야고보 외에는 아무런 사도도 보지 않았다"고 번역하고 있다. 그러나 이것은 헬라어 텍스트를 구성하는데 있어서 의심스러운 방식이다.

진술을 하기 전에 그가 전승에 의한 방식으로 "받았다"고 말하며, 이제 그 사실을 그의 개종자들에게 알게 한다고 말하고 있다.[7] 전승은 1세기의 교회에서 생동하고 풍부해졌다. 바울이 전했던 전승은 그가 받았던 것보다 더 풍부했다. 왜냐하면, 그는 부활하신 주님이 나타나심에 대한 기록을 그 자신이 개인적인 증거로써 확대시킬 수 있었기 때문이다. "맨나중에 만삭되지 못하여 난 자 같은 내게도 보이셨느니라"(고전 15:8).[8] 바울이 전승에 의해 받았다고 주장하는 것은 이것으로 다 열거된 것이 아니다 ― 전승은 역사적인 예수의 말씀과 행동에 관한 설명을 포함했으며 (특히 주님의 만찬을 나누는데 있어서의 말씀과 행동), 몇몇 기독교적 행위 원리와 지침사항을 포함했다.[9] 그러나 전승은 초기 기독교 가르침의 핵심으로서, 현대의 신학적인 전문용어를 사용한다면 케리그마적(Kerygmatic)인 핵심으로서 특별한 중요성을 지닌다. 바울의 복음과 예루살렘 지도자들의 복음 간에 여하한 상이점들이 발견되었다 할지라도 그들은 이 점, 즉 "그러므로 내나 저희나 이같이 전파하매 너희도 이같이 믿었느니라"(고전 15:11)에서 보듯이 예수의 부활사건에 대해서는 서로가 완전히 일치했다.

3. 계시와 전승

바울이 이러한 핵심적인 내용을 전해 받았던 것은 분명히 예루살렘에서의 15일 기간이었다. 그러나 이러한 해석은 그가 갈라디아서 1:12에서 주장하고 있는 바 그가 복음을 사람에게서 "받지" 않았으며, "그것은 예수 그리스도의 계시를 통한 것이었다"는 말과 고린도전서 15:3(그리고 다른 곳)에서 그가 그것을 "받았다"고 말한 것 간의 관계에 대한 문제를 야기시킨다. "받는다"라고 번역된 헬라어 동사는 파랄람바노(paralambanō)이다. 이 동사는 전승에 의해 받는 것을 의미하는데 이와 상관된 동사인 파라디도미[10](paradidōmi, 전승에 의해 받은 것을 넘겨주는 것을 의미함)와 함께 쓰일 때는 특히 그러한 뜻을 갖는다. 바울이 그가 전승에 의해 복음을 받지 않았다는 의미와 전승에 의해 복음을 받았다는 의미를 잘 알고 있었던 것은 분명하다. 그렇다면, 그는 계시로서의 복음과 전승으로서의 복음 간의 관계를 어

---

7) F.F. Bruce, *Tradition Old and New*(Exeter, 1970), pp. 29 이하를 보라.
8) 자기 자신을 이같이 "만삭되지 않은 자"로서 ― 조산아로서($εκτρωμα$) ― 말하면서, 바울은 그가 받았다고 주장하는 부활의 현현과 사도적인 소명의 "기이함" 때문에 그를 비난하는 것을 역으로 비난하고 있다. A. Fridrichsen, "Paulus abortivus", in *Symbolae philologicae O. A. Danielsson dicatae*(Uppsala, 1932), pp. 79 이하를 보라. 그리고, G. Björck, "Nochmals Paulus abortivus.", *Coniectanea Neotestamentica 3*(1938), pp. 3ff 와 J. Munck, "Paulus tamquam abortivus" in *New Testament Essays······ in Memory of T. W. Manson*, ed. A. J. B. Higgins, pp. 180 이하를 보라.
9) pp. 105 이하를 보라.
10) 이는 고전 11:23에서 마찬가지이다.

떻게 생각했는가?

　계시로서의 복음은 그의 회심을 완성시켰던 것이다. 한편, 다른 사람들은 부활하신 주로서의 예수를 그보다 앞서 고백했다. 그러나 그로 하여금 그러한 고백을 하도록 한 것은 그들의 증거가 아니었다. 그들의 증거는 오히려 전력을 다하여 그들에게 반대하도록 했다. 그의 귀에는 그들의 증거가 독신적(瀆神的)인 것으로 들렸다. 바울로 하여금 예수가 진실로 다시 사신 주라는 사실을 확신하도록 한 한 가지 사건은 다메섹 도상의 계시였다. 부활한 주님은 그에게 인격적인 모습으로 나타났으며, 그 자신이 예수라고 소개했다. 그 이후로 이것은 그의 복음의 핵심이 되었다. 그는 그의 복음을 어떠한 지상의 증거에 힘입고 있는 것이 아니라 "예수 그리스도의 계시에 힘입고 있었다."[11]

　바울이 그 계시를 받고서 그것을 풀려고 할 때, 그 계시에는 그가 이해하고 전파하게 되었던 독특한 복음의 내용들이 많이 포장되어 있었다. 예를 들면, 그리스도의 몸으로서의 교회와 그 몸의 지체로서의 개개의 기독교인들이라는 그의 사상은 부활하신 주님의 하소연, 즉 "왜 너는 나를 핍박하느냐?"하는 말이 함축하는 바에 거슬러 올라간다고 할 수 있다. 이에 "그리스도 안에" 존재하는 기독교인의 존재방식에 대한 그의 이해가 결부되어 있다―이러한 존재방식에서는 인간가족 내의 사회적이며 종족적인 혹은 다른 류의 장벽들이 해소된다. 바울이 보기에는 그러한 어떠한 장벽들도 유대인과 이방인 간의 장벽보다 중요하지 않았다. 그가 회심하기 전에는 어떠한 댓가를 치루더라도 그러한 유대인과 이방인 간의 장벽이 지켜져야 한다고 보았다고 한다면, 그가 회심한 이후에는 십자가에 달리신 그리스도의 원리에 따라 그러한 장벽을 파괴하는데 혼신의 힘을 기울였다 하겠다.[12] 이러한 통찰은 그를 이방인에게 그리스도를 전하는 자로 부르신 데에 이미 함축된 것이었다. 이러한 부르심은 그의 회심과 동시에 일어났다. 바울 자신이 날 때부터 유대인으로서 율법의 역사와는 상관없이 믿음을 통하여 그리스도 안에서 새로운 생명을 얻은 것과 마찬가지로, 그들도 태어날 때부터 이방인으로서 율법의 역사와는 상관없이 믿음을 통하여 그리스도 안에서 새로운 생명을 똑같이 얻을 수 있으며, 그리하여 바울 자신과 다른 믿음의 유대인들이 함께하는 구속받은 공동체에서 동일한 상태를 누릴 수 있는 일이었다. 바울의 사역을 통하여 특별히 이루어진 것은 "수 세대와 여러 시대에 걸쳐 은폐되어 있던 신비"가 그 전모를 드러냈다는 사실이다―이 신비는 그가 골로새인들에게 말하는 메시지, 즉 "이 비밀은 너희 안에(너희들 이방인들과 유대인 사자들 안에) 계신 그리스도시니 곧 영광의 소망이니라"(골 1 : 26 이하)는 구절에 압축되어 있다. 바꾸어 말하면, 그는 자기 자신을 모든 세상이 있

---

11) "예수 그리스도의"라는 소유격은 목적격이다. 그 지시체는 그가 말했던 것처럼 하나님께서 "자신의 아들을 나에게 드러내는 것을 즐겨 하셨던"(갈 1 : 16) 회심의 경험이다.

12) 참고, 엡 2 : 14~16.

기 전에 그리스도 안에서 계획되어진 하나님의 구속의 목적이 바울 자신의 사역을 통하여 그리스도 안에서 효과적으로 나타나게 하고, 우주 만물이 그리스도 안에서 화해하고 하나가 되는 때에 그 목적이 합당한 과정을 통하여 절정을 이룰 수 있도록 하기 위하여, 하나님의 은총에 의해 선택된 자라고 여겼다.

이제 일반적으로 다음과 같이 말할 수 있다. 즉, 특별히 그의 것인 바울의 사역에서의 그러한 양상들은 계시로서의 복음에 속하며, 반면에 그가 예수를 하나님의 아들로서 파악한 직접적인 앎과 상관없이 다른 사람들과 함께한 요소들은 전승으로서의 복음에 속하되, 우선적으로 그가 회심한 후 삼 년 만에 예루살렘에 올라가 베드로에게 물어보아 알게 된 지식에 속한다는 것이다.

우리는 이미 바울 자신이 받았다고 하는 분명한 그 사건에서, 즉 예루살렘에서의 대화에서 받았다고 말하는 부활한 그리스도의 나타나심에 대한 설명을 고찰했다. 그러나 그러한 일련의 부활의 현현을 언급하는 데에는 그가 받았고 그의 개종자들에게 전하는 내용 속에 포함되어 있는 우선적으로 중요한 세 구절을 먼저 내세우고 있다. 첫째로 "그리스도가 성경대로 우리의 죄를 위하여 죽으셨다"는 것, 둘째로 "그가 장사지낸 바 되었다"는 것, 셋째로 "그가 성경대로 사흘 만에 부활하였다"는 것들이다. 이 세 가지 구절 각각이 그 뒤에 따라오는 구절("그리고 그는 나타나셨다")과 마찬가지로 "~이라는 것"(that)이라는 접속사로 연결되어 있다는 사실은 바울이 그 구절들을 그가 알고 있는 원천적 지식에서부터 순서대로 인용하고 있다는 것을 나타낸다.

(1) 성경대로 그리스도께서 우리 죄를 위하여 죽으셨다.

이 구절 전체는 전승에 속하는가, 아니면 어느 부분이 바울이 전승을 해석한 것을 나타내고 있는가? "성경대로"라는 어구는 분명히 복음 이야기에서 원초적으로 강조하는 바에 상응한다. 이러한 강조는 신약성경의 전 영역에서 파악될 수 있는 것으로서 바울 서신서와 마찬가지로 바울 서신서에서 그리고 사도행전의 연설들과 사복음서의 자료를 산출하는 데에 서로 얽혀 있는 모든 어조에서 분명하게 드러난다. 예를 들면, 최초의 복음서는 선지자들의 말을 인용하는 것으로 시작되고, 예수를 "성경을 이루려 함이니라"라는 말과 함께 그를 잡으러 온 자들에게 자신을 내어준 자로 표현하고 있다(막 1:2 하반절 ; 14:49). 그리스도가 "성경대로" 죽으셨다는 사실은 초기 사도들의 증거의 한 부분이었다. 베드로가 예루살렘의 사원 법정에서 예수에 대한 비난을 지적하면서, "하나님이 모든 선지자의 입을 의탁하사 자기의 그리스도의 해 받으실 일을 미리 알게 하신 것을 이와 같이 이루셨느니라"고 말할 때, 그의 말은 누가의 어투로 압축되어 있는 것이긴 하지만 초기의 신앙을 표현한다(행 3:18). 누군가가 그리스도가 고난받을 것이라고 예언된 선지자의 신탁이 어디에 나타나 있는가 하고서 묻는다면, 그 대답은 바로 이 연설에서 제시된다. 이 연설은 "우리 조상들의 하나님이(그의 백성에 의해 거절된) 그의 종 예수를 영화롭게 하셨도다"라는 알림으로 시작하는데, 이러한 알림은 네번째 이사야의 종의 노래의 반향이다. 이사야의 그 종의 노래에서는 "사람들에 의해 경멸당하고 거절된" 종이 하나님에 의하여 "받들어 높이 들린다"고 기록되어 있다(사 52 : 13 ; 53 : 3 ; 참고, 행 3 : 13).[13]

그러나 그리스도가 "우리 죄를 위하여" 죽었다는 진술은 어떠한가? 과연 그것은 바울이 받았다는 전승에, 특히 예루살렘 전승에 속할 수 있는 것인가? 만약에 사도행전에 나타나는 초기 연설들이 예루살렘 전승을 반영한다면 그리스도의 죽음이 지니는 속죄의 의미는 그 연설들의 탁월한 특징은 아니라는 사실은 지적되고 있다. 사실, 그리스도의 죽음이 지니는 속죄의 의미가 표현되고 있는 사도행전에서의 연설은 에베소 교회의 장로들에게 행한 바울의 연설이다. 그들에게 그는 "하나님이 자기 피로 사신 교회를 치게 하셨느니라"고 권고하고 있다(행 20 : 28).[14]

고린도인들에게 보내는 글에서 보면, 이제 바울이 그가 받았던 것을 그 자신의 말과 그 자신의 강조점을 살려 재생할 수 있었던 것은 명백하다. 그러나 그의 것이 그리스도의 죽음에 속죄적인 의미를 부가하고 있는 유일한 신약성경의 전승은 아니다. 히브리서 기자는 그리스도를 제사장과 희생물로 묘사하고 있다. 그는 그 자신을 제물로 드림으로써 "죄를 정결케 하신" 자라는 것이다(히 1 : 3). 베드로전서의 독자들은 그들이 "그리스도의 값진 피로… 사함을 받았다"는 사실을 기억한다(벧전 1 : 18 이하). 요한一서의 독자들은 "예수의 피가 우리를 모든 죄에서 깨끗하게 하실 것"[9]이라는 사실을 확신한다(요一 1 : 7). 그리고 밧모 섬의 예언가는 그리스도를 "우리를 사랑하사 그의 피로 우리를 해방하신" 자로 말하고 있다[15](계 1 : 5). 무엇보다도 최초의 복음서는 예수가 그의 제자들에게 "인자의 온 것은…자기 목숨을 많은 사람의 대속물로 주려 함이니라"고 말하고 있는 것으로 보고한다(막 10 : 45). 당시의 유대의 상황에서 볼 때 그들의 죄를 속하는 것을 의미하는 이러한 형식의 말을 하고 있는데, 그것이 "자기 자신을 죄의 대속물로 하고," 그리하여 "많은 사람들을 의로운 자로 여기게" 하는(사 53 : 10 이하) 그 종에 관한 선지자의 말을 반향한 것이든, 혹은 아니든지간에 이는 특이한 것이다.[16]

---

13) Cf. T.W. Manson, *The Servant-Messiah*(Cambridge, 1953), pp. 72ff 와 J. Jeremias in W. Zimmerli and J. Jeremias, *The Servant of God*, E.T.(London, 1957), pp. 79ff. 이러한 견해의 비판에 대해서는 M. D. Hooker, *Jesus and the Servant*(London, 1959)를 보라.
14) p. 362를 보라.
15) 마 26 : 28에서 성만찬의 제도에 대해 설명하는데 있어서, "이는 많은 사람들을 위하여 흘리는 바 나의 피니라"(참고, 막 14 : 24)는 말은 "죄 사함을 얻게 하려고"라는 설명적인 구절에 의해 윤이 나듯 돋보인다.
16) 막 10 : 45에 대한 다른 가능한 배경에 대해서는 C.K. Barrett, "The Background of Mark 10 : 45", in *New Testament Essays.... in Memory of T.W. Manson*, ed. A.J.B. Higgins. pp. 1 이하를 보라. pp. 60 이하도 보라.

그리하여 심지어 누가가 십자가 신학(theologia crucis)보다는 오히려 영광의 신학(theologia gloriae)을 제시한다고 주장하는 사람들이 옳다 할지라도, 신약성경에서 십자가 신학이 넓게 퍼져 있는 것은 단지 바울에게만 특별하게 적용되는 것이 아니라 사실에 있어서는 예수 자신이 자신의 죽음에 대해 갖고 있던 이해에까지 거슬러 올라가는 소위 바울 이전에 더욱 더 적용된다.

그러나 사도행전의 초기 연설 가운데는 죄의 용서가 그리스도 안의 믿음과 결부되어 있다. 베드로는 고넬료의 집에서 말하기를, "저에 대하여 모든 선지자도 증거하되 저를 믿는 사람들이 다 그 이름을 힘입어 죄사함을 받는다 하였느니라"(행 10 : 43)라고 했다. 만약에 그의 죽음이 지니는 죄사함의 능력이 그와 같이 분명하게 언급되지 않았다면, 죄사함이 일반적인 회개에 의존하지 않고 특별히 십자가에 못 박히고 높이 올려진 예수를 믿는 믿음에 의존하는 것으로 여긴 사람들의 사상에서 어떻게 예수의 죽음의 죄사함의 능력이라는 요소가 결핍될 수 있었는가를 파악하기가 어렵다. 그리고 예수가 명백하게 이사야가 말하는 여호와의 종과 동일시되는 것을 발견할 때, 이와 같이 동일시 하는 사람들이 여호와의 종이 "그의 영혼을 버려 사망에 이르게 함"으로써[17] "많은 사람들의 죄"를 짊어진다는 사실에서 예수가 내렸던 자신의 죽음에 대한 결론과 같은 자연스러운 결론을 도출하지 않는 것 같다(사 53 : 12).

이렇게 볼 때, 우리는 "우리의 죄를 위하여"라는 어구가 "그리스도께서 죽으셨다"는 말에 바울이 보조적으로 덧붙인 과장이라거나 그가 받았던 전승에 속했던 것이 아니라고 너무 쉽게 단정할 수 없다.

어떤 학자들은 "그리스도께서 성경대로 우리의 죄를 위하여 죽으셨다"는 구절의 헬라어 본문 배후에 숨어 있는 셈어(Semitic, 더 특수하게는 아람어)의 근거를 조사하기도 했다.[18] 한편 다른 학자들은 "성경대로"라는 헬라어 구절이 그것에 상응하는 아람어가 전혀 없다는 그야말로 터무니없는 근거 하에 이러한 조사를 의심한다. 그러한 문제들은 근거없을 뿐만 아니라 중요하지도 않다. 바울이 그 전승을 어떠한 언어로 전해받았든지간에, 그는 그것을 헬라어로 그의 개종자들에게 전달했으며, 그가 그렇게 전달했을 때 아람어적인 문체나 혹은 다른 어떠한 류의 문체로 재생하여야 한다는 강박감을 전혀 지니고 있지 않았다.

셈어적인 근거에 관해 논의할 만한 한 가지 요소는 "그리스도"라는 말 앞에 헬라

---

17) 이 히브리어로 된 절구는 빌 2 : 7 이하에 있는 헬라어로 번역되었다. 그런데 여기서는 그리스도가 "자신을 비워… 죽음에 이르는" 것으로 언급되고 있다. 이 구절이 바울 이전의 것이든 혹은 아니든지간에, 바울은 이것을 그 자신의 사상을 표현하는 데에 사용하고 있다.

18) cf. J. Jeremias, *The Encharistic Words of Jesus*, E. T. (Oxford, 1955), pp. 129ff ; B. Klappert, "Zur Frage des Urtextes von I. Kor. xv. 3~5", *NTS 13*(1966~67), pp. 168ff. 그리고 이와 반대되는 논의들에 대해서는, H. Conzelmann, "Zur Analyse der Bekenntnisformel 1. Kor. 15, 3~5", *Ev. Th.* 25(1965), pp. 1 이하를 참조하라.

어의 정관사가 없다는 사실이다.[19] 그러나 이것은 사실 아무것도 증명해 주는 바가 없다. 훨씬 더 중요한 것은 그 앞에 정관사가 있건 없건간에 "그리스도"라는 명칭을 사용했다는 사실이다. 이는 복음이 처음부터 예수를 메시야로 선포했음을 상기시킨다. 만약에 어떤 이교도가 "그리스도가 죽었다"라고 말한다면－예를 들어 타키투스가 "그리스도가 사형되었다"[20]라고 말하고 있는 것처럼－그는 신학적인 주장으로서가 아니라 사실에 대해 단순하게 진술하고 있을 뿐이리라. 왜냐하면, 그에게는 "그리스도"라는 명칭이 예수라는 이름에 대한 별명 이외의 아무것도 아닐 것이기 때문이다. 그러나 1세기의 유대인들에게는 "그리스도가 죽으셨다"는 말은 죽은 자의 인격을 평가하는 것으로서 예수가 하나님의 기름부음을 받았다는 인식을 포함한다. 그럴 때에, 전승에서 이 첫 3절은 세 가지의 신학적인 입장을 지닌다. 즉, 예수가 메시야라는 것, 그가 그의 백성들의 죄를 위하여 죽었다는 것, 그리고 이러한 그의 죽음은 선지자의 글을 성취하는 가운데 이루어졌다는 것 등이다.

(2) 그리스도는 … 장사지낸 바 되었다.

이 두번째 구절은 첫번째의 구절("그리스도는 죽으셨다")에 대한 부록이다. 이는 네번째 구절("그는…나타나셨다")이 세번째의 구절("그가 부활하셨다")에 부가된 것과 같다.[21] 그렇지만, 장사된 것에 대해 독자적으로 하나의 구절이 주어졌다는 사실은 그것이 전승에 있어서 독립된 형태를 지니고 있었음을 시사한다. 이것이 왜 그렇게 독립적인 형태로 전승되어야만 했을까? 때때로 장사지낸 바 된 사실은 죽음의 실재성과 최종성을 강조하기 위하여 특별히 언급된다. 베드로는 오순절날에 "다윗이 죽어 장사되어 그 묘가 오늘까지 우리 중에 있도다"고 말한다(행 2 : 29). 그러나 이 예수에 대한 문맥에서는 다윗에 대한 장사보다 더 많은 것을 함축한다. 장사는 죽음에 대한 마무리로서 봉인하는 것이다. 그러나 이 장사가 한편으로 부활에 대한 근거를 제공한다는 것은 전혀 의심할 바 없다. 부활은 죽음과 장사지냄의 반전(反轉)이다. 그러므로 바울이 장사지낸 것에 대해 구분된 언급을 따로 하는 것은 빈 무덤에 대한 동기(動機)를 나타내준다. 혹크(S. H. Hooke)는, "그가 고린도전서 15장에서 예수의 부활에 관하여 말하고 있는 것은 그가 주님의 육체가 무덤에 남아 있었다는 것을 믿지 않았음을 명백하게 보여준다. 그러나 무덤이 비

---

19) Cf. T. Jeremias, "Artikelloses *Χριστός*", *ZNW* 57(1966), pp. 211ff ; "Nochmals : Artikelloses *Χριστός*", *ZNW* 60(1969), pp. 215ff. 그 반대에 대해서는, P. Vielhauer, "Ein Weg zur ntl. Christologie ;" *Ev. Th.* 25(1965), pp. 24이하와 특히 pp. 57 이하를 참조하라.
20) Tacitus, Annals xv. 44. 4.
21) Cf. E. Schweizer, "Two New Testament Creeds Compared", in *Current Issues in New Testament Interpretation : Essays in honor of O. A. Piper*, ed. W. Klassen and G. F. Snyder(London, 1962), pp. 166ff ; R. H. Fuller, *The Formation of the Resurrection Narratives*(London, 1972), pp. 9ff.

어 있었다는 사실에 대한 언급이 없는 것은 그가 그것을 부활의 증거로 여기지 않았다는 것을 나타낸다"고 쓰고 있다.[22] 무덤이 비어 있었다는 것 자체는 그저 시신이 옮겨졌다는 것을 의미할 수 있다. 그러나 만약에 시신이 무덤에 그대로 있었다고 한다면, 제자들이 부활하신 주님이 그들에게 나타나셨다고 아무리 자신있게 주장한다 하더라도 그것이 부활을 주장하는 것에 대한 비판을 구성하는 요소가 된다. 그리하여 구분된 구절, 즉 "그가 장사지낸 바 되었다"는 구절이 의미가 있는 것이다.

(3) 그리스도는 성경대로 사흘만에 부활하셨다.

이 세번째 구절은 그리스도의 부활에 관하여 뚜렷하게 구분되는 두 가지 진술을 하고 있다. 첫째, 그것은 "사흘 만에" 일어났다는 것이며, 둘째로 그것은 "성경대로" 일어났다는 것이다.[23] 만약 그렇다면 우리는 특별히 사흘 만의 부활을 지칭할 수 있는 구약성경의 구절을 찾아야 할 의무는 없다. 그러한 구절은 사실상 이제까지 인용되어 왔다. 그러나 그 전거(典據)의 인출(引出)이 불확실하다. 종종 인용되는 구절은 호세아 6:2에 "여호와께서 이틀 후에 우리를 살리시며 제 삼일에 우리를 일으키시리니 우리가 그 앞에서 살리라"이다. 그러나 이것은 메시야의 부활에 대한 당연한 전거(testimonium)라고 할 수 없다. 이보다 더 어색한 인용구는 이사야가 히스기야 왕에게 확신한 내용, 즉 "네가 삼일 만에 여호와의 전에 올라가겠고"(왕하 20:5)라는 것이다. 요나에 관해서도 그러한 측면이 있다. 비록 요나가 "사흘 밤낮을" 물고기의 배 속에 있었다는 것이 다른, 말하자면 비바울적인 문맥에서 부활의 증거로서 나타나긴 하지만(마 12:40), 그가 "사흘째 되던 날"에 그 고기의 배 속에서 나왔다는 이야기는 없다. 하나님 앞에서 추수한 첫 열매를 "안식일 이튿날"에 흔드는 것은(계 23:9~21) 바울이 같은 장에서 "그리스도께서 죽은 자 가운데서 다시 살아 잠자는 자들의 첫 열매가 되었도다"(고전 15:20)라고 말하는 것에 영향을 미쳤을 수도 있다.[24] 그러나 이것은 부활에 대한 바울 자신이 행한 해명의 일부분에 지나지 않는다. 그리고 "안식일 이튿날"이 필연적으로 유월절 후 "제 삼일"인 것은 아니었다(비록 예수가 죽고 부활한 해에 절기가 그렇게 되었다 하더라도).

---

22) S.H. Hooke, The Resurrection of Christ(London, 1967), p. 114.
23) cf. B.M. Metzger, "A Suggestion concerning the Meaning of 1 Cor. xv. 4b", *JTS*, n. s. 8 (1957), pp. 118ff.
24) Cf. B.W. Bacon, *The Apostolic Message*(New York, 1925), pp. 134f. "안식일 이튿날"에서 "안식일"은 성전력(the temple calendar)을 규정했던 대제사장의 해석에 따른 매주의 안식일로 이해되었다. 그러나, AD 70년 이후로 규범화된 바리새인적 해석에서는 이 안식일은 누룩이 들지 않은 빵을 먹는 축제일이다. 그리하여 오늘날의 정통 유대력에서 성령강림절은 성전력에서와 같이 일요일에 맞아 떨어질 필요는 없다. Mishnah *Menahôt* 10:3과 Tosefta *Menahôt* 10:23 (528)과 TB *Menahôt* 65a 를 보라.

만약에 사흘되는 날이 "성경대로"라는 것과 별개의 것이라고 한다면, 우리가 그 전승이 의존하고 있는 구약성경의 구절들을 확인하고자 하는 일에 그렇게 얽매일 필요는 없는 일이다. 네번째 종의 노래가 그리스도의 죽음에 대한 전거(典據)를 제공하는 것이라면, 그것은 그리스도의 부활에 대한 전거도 마찬가지로 제공할 수 있어야 했을 것이다(그것이 그리스도의 높이 오르심에 대해 명확히 전거를 제공하듯이). "산 자의 땅에서 끊어진" 그 종은 그가 "긴 날을 얻을" 것이며, "자기 영혼의 수고한 후에 빛을 보리라"[25] (한글 개역판에는 "자기 영혼의 수고한 것을 보고 만족히 여길 것이라"고 되어 있음―역자주)는 것을 약속받고 있다. 그런데 사도행전의 연설들에는 다른 전거가 첨가되어 있다. 예를 들면, "내 영혼을 음부에 버리지 아니하시며 주의 거룩한 자로 썩지 않게 하실 것임이니라"(시 16:10, 행 2:27; 13:35에서 인용됨). 다윗에 부가된 이러한 자신에 찬 표현은 다윗의 자손인 메시야에서 그것이 성취된다고 설교하는 사도들의 진술에서 나타난다. 그런데 이 메시야의 부활에 의해 하나님은 그의 백성에게 "다윗의 거룩하고 미쁜 은사를" 선히 주신다는 것이다[26] (행 13:34, 사 53:3을 인용하고 있음). 예수를 다윗의 자손과 동일시 하는 것에 연관되어 있는 그러한 전거들은 예루살렘 전승에서 형성된 것으로 여길 수 있다.

그리스도가 다시 산 것이 "사흘 만"이었다는 진술은 구약성경의 글에 근거한 것이 아니라 역사적 사실에 근거한 것이다. "사흘 밤낮"이라는 말은 물론, "사흘 후에"와 같은 표현은 그 사건이 있기 전에 그것에 대한 예언에서 사용되고 있는데(예를 들면, 막 8:31에서), 이는 "조만간에"라는 일반적인 의미로 사용되는 것일 수가 있다. 그러나 실제적인 부활사건이 일어난 후에는 그 표현이 "사흘 만에"라는 구체적인 일자로 정규화된 것이다. 왜냐하면, 무덤이 비어 있는 것이 발견되고 예수가 베드로와 다른 사람들에게 부활하여 처음으로 나타난 것이 실제로 사흘 만이었기 때문이다. 그가 살아난 것은 바로 이러한 부활 후의 현현을 통하여 확증되었다. "초기 기독교인들은 그들이 그리스도의 시신을 발견할 수 없었기 때문에 그의 부활을 믿었던 것이 아니라 그들은 그들이 살아 있는 그리스도를 발견했기 때문에 믿었던 것이다."[27]

예루살렘은 스스로를 바울이 말하는 바 그가 받은 전승의 원천으로 자랑스럽게 여겼다. 그가 다메섹이나 여타 다른 곳에서 들을 수 있었던 그 어떠한 것도 베드로와 야고보가 제공하는 것과 그 권위에 있어서 비교가 되지 않았다. 자기와 예루살

---

25) "빛"이라는 명사는 어떤 단계에 오면 마소라 텍스트에서 누락된다. 그러나 70인경에서는 유지되고 쿰란 동굴에서 발견된 기독교 이전의 두 히브리 수고에서(1QIs^{a}와 1QIs^b) 확인된다.
26) 바울은 그의 서신들에서 다윗 언약을 증거로서 거의 첨가하지 않는다(예를 들면, 사 11:10에서의 "이새의 뿌리"에 관한 예언이 이방 선교에 연관하여 인용되고 있는 롬 15:12이 그러하다). 그리고 이 다윗의 언약을 부활에 결코 연관시키고 있지 않다.
27) C.T. Craig, *The Beginning of Christianity* (New York, 1943), p. 135.

렘의 지도자들 간에 발전된 긴장이 어느 정도이든지간에, 그의 생명이 다할 무렵까지 그가 보기에 예루살렘은 신앙의 사령탑으로 남아 있었다. 그 도시의 교회는 모교회였고, 그러한 교회로서 존중되어야 했다. 그리스도의 영이 그가 승천한 후에 처음으로 주어졌던 곳은 예루살렘이었으며, 그곳의 제자들에게였다. 그리고 만약에 바울이 다메섹에서 그와 동일한 영을 받았다고 한다면, 그것은 원본적(原本的)으로 성령세례를 받은 그 공동체에 더욱 밀접하게 결합시켰을 것이다. 그가 성령을 받은 것은 다메섹 도상에서 그리고 그 직후의 몇 날 동안 그에게 밝혀진 계시의 한 측면이었다. 그러나 그는 성령의 교제를 통하여 예루살렘에서 그 이전에 사도가 된 자들이 그에게 전해 준 전승에 기꺼이 동화되었다.

어쨌든, 이같이 계시로서의 복음과 전승으로서의 복음에 관하여 이야기될 때 첨가되어야 할 것은 바울에게 있어서 복음은 주장이나 실제적인 자료의 묶음 이상의 것이었다는 사실이다. 또한 그에게 있어서 복음은 이미 말해진 바와 같이 "거기에 '존재하거나', '서 있는' 현재진행 중인 실재"(참고, 고전 15 : 1)였으며, 믿는 자들을 구원하기 위한 하나님의 강력한 기관이었다(참고, 롬 1 : 16). 복음은 "인간의 생활을 간섭하는 하나님의 활동의 영역"이었다.[28] 복음은 "모든 피조물의 구원을 위한 하나님의 포괄적인 계획"이었다(참고, 롬 8 : 19~23). 복음은 완전히 펼쳐진 그리스도의 사건이었다. 바울은 이러한 복음이라는 능력의 영역 내에 서 있었다. 그는 그 복음을 위하여 봉사하기 위해 자기 자신이 부르심을 받아 봉헌하게 되었음을 알았다.[29] 그는 복음의 구속적인 역동성에 가담하였으며, 이러한 참여는 그 자체로서 이미 상을 받은 것이었다(참고, 고전 9 : 16~23).

4. 바울이 수리아와 길리기아로 떠나다.

바울은 예루살렘에 올라온 지가 보름이 되었을 때 그곳을 떠나 그가 말하는 대로 "수리아와 길리기아의 지방"으로 갔다(갈 1 : 21). 즉, 그의 고향땅 (수리아와 길리기아가 합병된 지역)으로 갔던 것이다. 이에 대해 누가는 더욱 세밀하게 기술하고 있다. 그곳에의 바울의 방문은 짧았다. 왜냐하면 바울은 그곳에서 헬라주의자들에 의해 생명의 위협을 받았기 때문이다. 추측컨데, 그들은 이전에 스데반과 다른 사람들을 공격할 때 선봉에 섰던, 그리고 이제 그들의 잃어버린 지도자를 반역자로 간주하고 있는 그의 옛 동료들이었을 것이다. 바울은 그가 예루살렘을 방문하는 동안에 베드로의 집에 숨어 있었던 것은 아니다. 사도행전 22 : 17~21을 보면 그가 성전을 방문하여 기도하는 동안 부활한 주께서 그에게 다시 나타나시어

---

28) J.H. Schütz, *Paul and the Anatomy of Apostolic Authority*(Cambridge, 1975), pp. 43ff. 53.
29) 그는 그의 복음 사역을 "제사장적인 봉사"에 비교한다(롬 15 : 16).

그의 부름이 예루살렘에 있는 그의 유대인 친구들에게 복음을 전하게 하려는 것이다. 이방인에게 복음을 전하게 하려는 것임을 재차 확인시키는 것이 나타나는데,[30] 그러한 구절은 이러한 문맥에서 볼 때 당연히 중요시 되어야 할 것이다. 아마도 그가 기독교인으로서 예루살렘에 되돌아왔을 때에 그의 가슴은 그의 이전의 동료들에게 복음을 증거하려는 불타오르는 바램으로 가득차 있었을 것이다. 그러나 그는 그들이 그의 증거를 결코 들으려 하지 않을 것임을 확인하게 되었다. 그리하여 그는 자신의 안전을 위하여 그의 새로운 친구들이 그를 가이사랴로 데리고 가 다소로 향하는 배로 그를 보내었다(행 9:29 이하).

이같이 세밀한 언급은 누가의 일반적으로 요약하는 기술에서 나타나지 않는다. 그것은 바나바에 대한 경우와 마찬가지이다. 어쨌든, 바울의 새로운 친구들이 그를 태운 배가 수평선 아래로 사라지는 것을 볼 때, 그들은 아마도 안도의 한숨을 쉬고 홀가분한 기분으로 예루살렘에 되돌아왔을 것이다. 바울이 그들을 박해하던 시절에 그는 그들의 살 속에 박힌 가시였다. 그런데 그들은 기독교인인 바울도 성가신 존재일 수 있음을 알게 되었다. 그리하여 그가 예루살렘을 방문하고 있는 동안 늘 분란이 생겨나곤 했던 것이다. 그러나 누가의 말처럼 이제 "교회가 평안하여졌다"(행 9:31).[31]

---

30) p. 148를 보라.
31) "온 유대와 갈릴리와 사마리아 교회가 평안하여"(행 9:31)라는 진술은 바울의 회심에 관한 이야기로부터 팔레스틴의 지중해 연안의 복음화에 관한 설명으로 넘어가는 수단에 불과할 수 있다. 그러나 이것은 갈릴리 교회에 대해 언급하고 있는 유일한 신약 정경구절이라는 점이 주목할 만하다(p. 76를 보라).

제11장

바울과 역사적 예수

　다메섹 도상에서 자기 자신을 "네가 핍박하는 예수"라고 소개했던 그 화자(話者)는 바울에 의해 높이 올려진 하나님의 아들로 인식되었으며, 그럼에도 불구하고 삼 년 전에 십자가에 못 박혀 죽었던 나사렛의 예수와 동일한 인물로 확인되었다. 그 이전에 예수가 부활하여 나타나는 것을 본 자들은 수 년 전부터 그를 잘 알고 있었다. 말하자면 그들은 그 이후로 그 분을 갈릴리 선생님으로서 그들과 함께 하면서 알고 지냈던 부활한 주요 구세주로서 인식하게 되었던 것이다. 바울은 예수가 십자가에 못 박히기 전에 그를 접한 적이 없었다. 그는 처음부터 예수를 부활하신 주로 알게 되었다. 그가 보는 "역사적 예수"(historical Jesus)는 원래의 제자들이 보는 것과 다를 수밖에 없었다. "역사적 예수"라는 말을 하면서, 오늘날 어떤 학자들이 그러하듯이 실제적인 예수와 역사학적인 방법에 의해 예수에 관하여 알려진 것을 구분하려고[1] 애쓸 필요가 없다. 그러나 가능한 한 바울이 나사렛 예수의 생애와 교훈에 대해 어느 정도 알고 있었으며, 관심을 가졌는가를 발굴하는 것은 흥미있는 일이다.

1. 역사적인 암시들

　바울의 사도권에 대한 주장이 어떤 사람들에 의해 그가 예루살렘의 사도들과는

---

[1] Cf. J.M. Robinson, *A New Quest of the Historical Jesus*(London, 1959), pp. 26f.

달리 예수의 팔레스틴 사역 중에 그를 따르지 않았다는 사실을 근거로 무시되기도 했지만, 그럼에도 불구하고 바울은 우리에게 역사적 예수에 대한 문헌에 있어서는 가장 초기의 권위자이다. 그는 복음서들에서 배울 수 있는 것에 비교해 볼 때 역사적 예수에 대해 많은 말을 하지 않는다. 그러나 그는 예수가 태어나서 살다가 죽었다는 식의 당연한 사실보다는 다소 많은 것을 말한다. 즉, 예수는 아브라함과 다윗의 후손으로서(갈 3 : 16, 롬 1 : 3) 유대 율법 하에서 살았다(갈 4 : 4). 예수 그리스도는 배반당했으며, 배반당하는 날밤에 빵과 포도주로써 기념식사를 했다(고전 11 : 23~25). 그는 죽을 때에 그의 죽음에 대해 유대의 권위자들이 어느 정도 책임을 지고 있는 데도 불구하고 로마의 사형법인 십자가에 못 박혀 죽음을 당했다(살전 2 : 15, 갈 1 : 3). 그는 장사지낸 바 되었다가 사흘 만에 다시 살아났으며, 그 후에 여러 형태로 경우에 따라 다양한 수의 목격자들에게 생생하게 보이셨다. 때로는 그 자신에게서처럼 한 사람에게, 때로는 오백 명에게 일시에 나타나기도 했는데, 그 목격자들의 태반이 25년이 지난 지금에도 살아 증거하고 있다(고전 15 : 4~8).

바울은 예수의 사도들을 알고 있었는데, 그 중에 게바(베드로)와 요한은 예수가 죽은 후 15~20년에 걸쳐 예루살렘 교회의 "기둥"이라고 언급되고 있다. 그리고 예수의 형제들에 대해서도 알고 있었는데, 그 중 야고보는 위 인물과 마찬가지로 "기둥"이라 명명되고 있다(갈 2 : 9 ; 참고, 1 : 19). 그는 그러한 사도들과 형제들 중의 다수가 결혼하였다는 것을 알고 있다. 특히 게바(베드로)는 이러한 측면에서 호명되고 있다(고전 9 : 5). 그리고 이러한 사실은 예수가 베드로의 장모를 고쳤다는 복음서의 이야기와(막 1 : 30 이하) 우연히 일치하고 있다. 때때로 그는 예수의 말을 인용하고 있는데, 이에 대해서는 그 몇 가지를 더욱 세밀하게 살피게 될 것이다.

심지어 예수의 말을 그대로 인용하지 않는 곳에서도 그는 많은 예수의 말을 핵심적으로 잘 알고 있는 자신을 드러낸다. 이 바울 사도가 얼마나 철저히 그의 스승의 가르침에 젖어 있는가를 알기 위하여 단지 바울이 신자들의 생활에 복음의 실제적인 함축들을 심어주고자 하는 로마서의 윤리적인 부분(12 : 1~15 : 7)과 산상설교를 비교해 보기만 하면 된다. 더우기, 여기 뿐만 아니라 다른 곳에서도 바울이 윤리적인 가르침을 주는 중요 논점들은 곧 예수 자신의 범례이다. 그리고 바울이 이해했던 예수의 성격은 복음서에서 묘사되고 있는 예수의 성격과 일관된다. 바울이 "그리스도의 온유와 관용"이라 말할 때(고후 10 : 1), 우리는 마태가 묘사하는 예수 그리스도가 "온유하고 겸손하다"고 주장한 것을 되새기게 된다(마 11 : 29). 복음서에서 자기를 부정하는 예수는 바울이 "그리스도께서 자기를 기쁘게 하지 아니하셨나니"(롬 15 : 3)라고 말한 바로 그 분이다. 그리고 복음서의 예수가 그를 따르는 자들에게 그들 자신을 부인하라고 요구한 것처럼, 이 사도는 "강한 자가 마땅히 연약한 자의 약점을 담당하고 자기를 기쁘게 하지 아니하는" 것을 그리스도를 따르는 자들의 임무라고 주장한다(롬 15 : 1). 바울이 "종의 형상"을 취한 "그리스도 예수" 안에 있는 마음을 그들 간에 재연하기 위하여 빌립보의 친구들을 초대할 때, 우리는 누가에 따르면 최후의 만찬에 그의 제자들에게 "나는 종으로서 너희들 가운데 있노라" 하신 분이며, 요한에 의하면 같은 사건에서 그 제자들의 발을 씻김으로써 겸손한 봉사를 행하신 자인 바로 그 분을 생각할 수 있다(빌 2 : 5~7, 눅 22 : 27, 요 13 : 3 이하).

간단히 말해서, 바울이 역사적인 예수의 생애와 교훈에 대해 말해야 하는 것은 다른 신약성경에서 보존되고 있는 요점들, 특히 사복음서에서 언급되는 것과 최대한으로 일치한다. 바울은 자신이 전파하는 복음이 다른 사도들이 전파하는 복음과 동일한 사실적인 기반을 가졌다는 점을 힘주어 주장하고 있다(고전 15 : 11). 이 주장이 더욱 주목할 만한 것은 그가 지상에서의 예수나 원 제자들의 동료가 아니었으며, 특히 후자로부터 자신이 독립되어 있다는 사실을 열심히 천명하고 있기 때문이다(갈 1 : 11 이하 ; 2 : 6).

동시에 우리가 바울 서신서에서는 결코 알 수 없는 예수에 관한 가장 친숙한 몇 가지의 사실들이 있다. 그것들은 그가 습관적으로 비유로 가르쳤다는 것과 그가 병자를 치료하고 다른 "표적들"을 행했다는 것 등이다. 바울 서신서들을 통해서는 그의 세례와 유혹에 관해서, 그의 갈릴리에서의 사역에 대해서, 가이사랴 빌립보에서의 전환점에 대해서, 변화에 대해서 그리고 예루살렘에로의 마지막 여행에 대해서 아무것도 알 수가 없다. 우리가 그의 서신서에서 예수의 십자가 사건에 관해서는 명백하게 그리고 반복적으로 언급하는 것을 발견하는 반면, 그 서신서에서 십자가 사건에 이르기까지의 일에 대해서는 아무것도 알 수가 없다.

2. 새로운 전망

그리스도 사건이 구속사에서 한 시대를 획한다는(marked an epoch) 것은 바울과 복음서 기자들에게 공통된 기반이다. 마가에 의하면, 예수는 "때가 찼고 하나님의 나라가 가까왔으니"(막 1 : 15)라는 통지와 함께 그의 갈릴리 사역을 시작하셨다. 바울에 의하면, "때가 차매 하나님이 그 아들을 보내사…우리로 아들의 명분을 얻게 하려 하심이라"(갈 4 : 4 하반절)이다. 두 통지는 그 본질에서 모두 같다. 그러나 전망의 변화가 존재한다. 성 금요일과 부활절이 개입되어 있고 원래의 전교자(original preacher)가 전교되는 자가 되었다.[2] 이러한 전망의 변화는 예

---

2) cf. A. Schweitzer, *The Mysticism of Paul the Apostle*, E. T. (London, 1931), p. 113. 예수와 바울에 있어서, 우리는(마틴 부버〈Martin Buber〉가 그의 어느 저작에서 제목으로 삼고 있는 것처럼) 신앙의 두 형태(*Two Types of Faith*, E. T. London, 1951)를 구별할 것이 아니라 신앙의 두 시대를 구별하여야 한다.

수 자신의 가르침에서 예견되었다. 그의 사역 동안에 하나님의 나라가 가까운 상태였기는 하나 성취된 것으로 해결된 것은 아니었다. 예수는 그의 수난의 "세례"를 행하기까지 답답함을 느끼고 있었다(눅 12:50). 그러나 인자의 수난과 승리로써 그러한 답답함은 제거될 것이었으며, 그가 한때 청중들에게 말한 것처럼 그 청중들 중의 어떤 자들은 살아서 "하나님의 나라가 권능으로 임하는 것"을 볼 것이었다(막 9:1).

바울에게 이같이 능력으로 도래하는 일이 이미 성취된 사실이었다. 예수는 "성결의 영으로는 죽은 가운데서 부활하여 하나님의 아들로 인정되셨다"(롬 1:4). 예수를 죽은 자 가운데서 살리신 하나님의 능력은 이제 그의 제자들 가운데서 역사하고 있으며, 그들에게 내주하는 그의 영을 전달해 준다. 바로 그러한 내주하는 영은, 새롭게 하는 일이 그처럼 잘 시작되어 이제 성공적으로 완결될 것이라는 확신을 준다. 그리고 이미 무력해진 미워하는 영의 세력들은 멸망되어야만 한다. 이는 사망의 폐기와 그러한 세력이 최후를 맞이하고 다가올 부활의 영광된 시대가 도래할 것이다(고전 15:25 하반절). 그러나 그 다가올 시대의 축복은 지금 여기에서 그리스도와 신앙으로 하나가 된 것을 체험하는 자들에게 성령을 통하여 주어져 만끽된다(고후 5:5). 바울은 말한다. "그러므로 누구든지 그리스도 안에 있으면 새로운 피조물이라 이전 것은 지나갔으니 보라 새 것이 되었도다"(고후 5:17).

이러한 전망의 변화는 두 가지 방식으로 볼 수 있다. 절대적으로는, AD 30년경을 세계사의 분기점을 이루는 시기로 볼 수 있고, 경험적으로는 누구든지 "그리스도 안에" 들어가게 되는 그때를, 그때가 언제이든지간에 전망의 변화가 일어나는 때로 볼 수가 있다. 그리고 이같은 변화가 경험적으로 일어날 때 인간의 전체 시각은 혁명을 일으킨다. "그러므로 우리가 이제부터는 아무 사람도 육체대로 알지 아니하노라 비록 우리가 그리스도도 육체대로 알았으나 이제부터는 이같이 알지 아니하노라"(고후 5:16).

이러한 말들은 바울이 예수에 대해 지닌 관계와 태도에 관한 많은 논의에서 핵심적인 역할을 해왔다. 이제 바울과 그의 동료 기독교인들에게 과거의 일인 그리스도를 "육체대로" 알고 있다는 것은 무슨 의미인가?

오늘날 금세기 초에 요하네스 바이스(Johannes Weiss)의 견해를 따르는 자가 있다손 치더라도 거의 없는 상태이다. 그는 바울의 언어가 "개인적으로 직접 받은 인상을" 반영하며, 바울이 성 주간(Holy Week)에 예루살렘에서 예수를 보고 그의 이야기를 들었던 것은 거의 확실하며, 그때의 예수에 대한 지식이 이제 바울이 "성령에 따라" 받은 지식과 대비시켜 그 가치를 하락시켜 보는 그 지식이라고 생각했다.[3]

---

3) J. Weiss, *Paul and Jesus*, E.T.(London, 1909), pp. 47f.

바울이 십자가 사건 이전에 예수를 보고 그의 말을 들은 적이 있는가 없는가 하는 것은 주된 문제가 아니다.[4] 주된 문제는 고린도후서 5 : 16에서의 그의 언어가 그러한 보고 듣는 일에 대한 어떠한 지시체를 지닐 수 있는가 없는가이다. 그것은 루돌프 불트만(Rudolf Bultmann)의 "그가 심지어 예수를 보았고 그에 의해 감명을 받았다는 사실은… 고린도후서 5 : 16로부터 단지 환상적으로 읽어낼 수 있다"[5] 는 말에서 가장 잘 대답된다. 그러나 그 본문에 대한 불트만 교수 자신의 해석은 단지 그 본문을 처음으로 읽어들어갈 때에만 그 본문으로부터 성립될 수 있다. 불트만 교수에게 있어서, 바울이 경시하고 있는 "육체대로"의 그리스도에 대한 지식은 역사적 예수에 대한 관심과 동일한 정도의 것이다. "예수의 '메시야적인 의식'으로서 '역사적 예수'를 재구성하기 위하여 케리그마를 '원천'으로 사용하면서 케리그마의 배후로 들어가는 것은 불법적이다 …그것은 단지 더 이상 존재하지 않는 '육체대로의 그리스도'가 될 뿐이다."[6]

이러한 관점의 견해는 아주 널리 유포되어(특히, 아마도 불트만의 영향으로 독일에서) 오늘날 "바울은 역사적 예수에 전혀 관심이 없었다"(고후 5 : 16)는 것과 같은 진술에 익숙해 있을 정도이다. 이같이 고린도후서 5 : 16을 지시함으로써 형성된 그리고 특별히 느낌표까지 첨가하여 보강되고 있는 입장은 그것이 아무리 그 자체로 명백하다 할지라도 바울이 여기에서 취하고 있는 입장은 아니다. 오히려 여기서는, 바울이 높이 올려진 주님에 대한 자기 자신의 지식에 비교하여 그가 사역하는 동안 열 두 제자들과 동행하면서 알게 된 그들이 지니고 있는 예수에 대한 지식을 더 중요한 것으로 평가절하하는 일에 적지 않게 관심이 있는 것이다.[7] 바울 자신과 열 두 제자들 간에 어떠한 차이가 있다 하더라도, 그들은 이제 그와 마찬가지로 "그리스도 안에" 있었다. 그리고 그들은 그와 마찬가지로 그가 동의하지 않을 수 없는 영을 소유하고 있었다. 그가 행하고 있는 대조는 그리스도에 대한 그의 이전의 태도(그리고 일반적으로 세계에 대한 태도)와 이제 그가 "그리스도 안에" 있는 상태에서 그리스도에 대해 지니고 있는 현재의 태도(그리고 일반적으로 세계에 대한 태도)와의 것이다. 이러한 관점은 『새 영어성경』(New English Bible)에 탁월하게 나타나 있다. "그러므로 우리에게 세상적인 표준들은 어떤 사람에 대한 우리의 평가에 있어서 그 역할을 그쳤으니, 한때 그 표준들이 우리가 그리스도

---

4) 그가 그렇게 한 것은, 우리가 W. C. van Unnik 가 *Tarsus or Jerusalem*, E. T.(London, 1962)에서 제시한 명제를 받아들인다면, 예루살렘이 바울이 어린 시절과 성장기간을 보낸 도시라는 사실을 더욱 그럴 듯하게 한다 하겠다. p. 43을 보라.
5) R. Bultmann, "Paul," E. T. in *Existence and Faith*(London, 1964), p. 133.
6) R. Bultmann, "The Significance of the Historical Jesus for the Theology of Paul," E. T. in *Faith and Understanding*, i(London, 1966), p. 241. Cf. H. J. Schoeps, *Paul*, E. T. (London, 1961), pp. 57, 72, 79.
7) Cf. S. G. F. Brandon, *Jesus and the Zealots*(Manchester, 1967), p. 183.

를 이해하는 데에 역할을 하였다 할지라도 이제는 더 이상 그러하지 않노라."

그러나 문제는 계속 야기된다. 바울이 "육체대로" 알고 있던 그리스도에 대한 이전의 자기의 지식을 말할 때, 그가 이제 근본적으로 변함으로써 그가 예수 안에서 메시야를 알게 되었는데 그렇게 되기 전에 그가 알고 있던 메시야라는 개념을 지시하는 것인가, 아니면 나사렛 예수와 그 추종자들에 대해 자신이 지니고 있던 적개심, 즉 이제 사랑으로 대치가 된 그 적개심을 지시하는 것인가?

그가 이전에 메시야에 대해 지니고 있던 개념을 의미한다는 것이 더욱 가능성이 높을 것이다. 말하자면, 그 이전에 그가 지니고 있던 메시야 사상은 "세상적"이며 잘못된 것이라는 의미일 것이다. 이제 그가 십자가에 못 박히시고 다시 살아난 예수를 메시야와 동일시 하게 됨으로써 그의 메시야관은 이미 혁신된 것이다. 이제 메시야에 대한 개념은 예수라는 인격에서 곧바로 그 특성을 얻는다.

이러한 견해는 윌리암 부레데(William Wrede)의 견해와 대립된다. 그에 의하면, 바울은 그가 회심한 이후에도 지니고 있던 "초세속적인 신성한 존재"로서의 메시야라는 이전부터 전해 오는 사상을 지니고 있었다는 것이다. 바울은 역사적인 예수와 그의 진정한 메시지에 대해서는 아무런 지식도 관심도 없었으며, 다메섹 도상의 경험에 의해 감동받아 그때까지 그의 이상적인 메시야에 속해 있던 모든 자질들을 그가 본 예수에게 옮겼다는 것이다.[8] 그러나 그 반대로 바울이 다메섹 도상의 경험에 의해 예수가 주요, 메시야라는 사실을 알게 되었을 때, 그는 그 이후로 그가 이전에 "육체대로" 알고 있던 "그리스도"로부터 떠났다. 물론, 바로 그 징조에 의해 역사적 예수에 대한 그의 생각은 혁신되었는데, 이는 그것이 고린도후서 5:16에서 그의 마음에 최고로 떠오른 생각이 아니라 할지라도 그렇다.

그의 예수와의 첫 대면은 그 이후 계속되는 예수에 대한 경험과 마찬가지로 예수가 부활하신 주님이라는 사실이 인상깊게 그에게 심어졌기 때문에, 이러한 양상은 그의 의식 속에 일차적으로 남아 있었다. 그러나 그가 직접적으로 대면했던 부활하신 주님은 그에게 있어서 그가 그러한 대면을 하지 못했던 역사적 예수와 동일했다. 아마도 그렇기 때문에 그만의 특징적인 어순을 가진 "그리스도—예수"라는 말—즉 동시에 십자가에 못 박히고 동시에 보좌에 앉으신 그리스도—이 성립된 것이 아니겠는가!

3. 복음 전승

---

[8] W. Wrede, *Paul*, E.T.(London, 1907), pp. 147ff. 브레드는 여기서 웰하우젠(J. Wellhausen)과 하르낙(A. Harnack) 및 그의 동시대인 다른 사람들이 바울이 예수의 메시지의 핵심을 가장 진실되게 이해했던 사람이었다고 주장한 것에 대해 날카로운 문제를 제기한다.

바울이 갈라디아서 1:12에서 표현하고 있는 바 그의 직접적인 계시로서의 복음의 기반을 형성하는 것은 그의 회심 이후에 영향을 미치는 부활한 주님과의 직접적인 대면이었다. 한편, 그가 다른 곳에서 그보다 앞서 "그리스도 안에" 있었던 자들에게서 "받았던" 전승으로서의 복음을 말할 때, 그는 역사적 예수와 함께 시작하는 메시지를 말한다. "전승"(tradition)의 중심에 놓여 있는 십자가에 못 박힌 그리스도를 전파하는데 있어서 어떠한 다른 차원이 개입되든지간에 예수의 십자가 사건은 그를 역사 속에 확고하게 뿌리내리게 한다.

이 "전승"에 대한 표본은 "예수가 배반당하던 날밤에" 성찬을 제정하시는 예수의 모습을 기술하고 있는 고린도전서 11:23~25의 해설이다. 여기서 바울은 고린도의 기독교인들에게 오 년 전에 그 자신이 그들의 교회를 설립할 때 그들에게 "전했던" 것을 상기시킨다.

그의 설화는 결국 비록 서로 분리된 전달 통로를 따라 전승되어 내려오긴 하지만 동일한 원천인 마가복음 14:22~25의 설화로 소급된다. 바울의 설화는 그 기록된 형식에 있어서는 마가의 것보다 약 십 년 앞선다. 그럼에도 불구하고, 마가의 것은 더 원형적인 형태를 보존하고 있다고 할 수 있다. 마가복음 14:25에서 예수의 말인 "진실로 너희에게 이르노니 내가 포도나무에서 난 것을 하나님 나라에서 새 것으로 마시는 날까지 다시 마시지 아니하리라"는 고린도전서 11:26에서 바울 자신의 "그가 오시기까지"라는 말로 변조 혹은 압축된다. 또한, "이것을 행하여 마실 때마다 나를 기념하라 하셨으니"라는 명령과 같은 바울 설화의 특징은 누가복음 22:17~20의 긴 이야기와 닮았다. 이는 성찬의 기원에 관한 재미있는 텍스트적 문제이긴 하나 현재 우리의 관심의 핵심은 되지 못한다. 바울의 번역은 아마도 그가 최초로 기독교적인 친교를 나누었던 공동체들에서 유행하던 것이리라. 그것은 "주 예수"께서 행하고 말씀하신 것에 연관되어 있기 때문에, 그것은 궁극적으로 "주로부터 받은" 것이며, 그래서 바울이 그의 개종자들에게 전한 것이었다.

설화의 핵심은 약간의 변화는 있었겠지만 보존되었을 것이다. 왜냐하면, 그것은 기독교인들이 "이 떡을 먹고 이 잔을 마실 때마다," "주의 죽으심을 전하라"는 식으로 교회의 회합이 있을 땐 종종 수난의 설화와 함께 계속 반복되었기 때문이다(26절).[9]

수난의 설화는 일찍이 주의 만찬을 기념하는 가운데 계속 반복되면서 그 확고한 윤곽을 획득했을 뿐만 아니라 복음을 전파하는 가운데서도 계속 반복됨으로써 그 형식이 정식화되었다. 바울은 고백하기를 "예수 그리스도께서 십자가에 못 박히신 것이 밝히 보인다"(갈 3:1)라고 했으며, 복음이 전파될 때마다 그리스도는 "죽은

---

9) pp. 266 이하를 보라. 그러면 바울이 주님의 만찬을 어떻게 이해했는가를 더 세밀히 고찰하게 될 것이다.

자 가운데서 다시 살아나셨다 전파되었거늘"(고전 15：12)이라고 선포했다.

  십자가에 못 박히시고 부활하신 그리스도를 이렇게 전파하는 것이 바울과 앞선 사도들이 함께했던 전승에 속해 있었다는 사실을 명백하게 보여준다. 이는 이미 말했던 바와 같이 고린도전서 15：3~11에서 부활하신 그리스도의 나타나심을 요약한 것에서 알 수 있다.[10] 그 외에 빈 무덤과 부활의 현현은 역사적 예수에서 고양된 그리스도로의 이행을 나타낸다.

  전승으로서의 바울의 복음은 전자와 후자 간의 분리의 계곡이 아무리 심하다 할지라도 그 사이를 다리놓는다. 왜냐하면, 그의 그러한 복음은 그 외면에 있어서 양자를 포함하며 그 연속성과 동일성을 확정한다.

4. 예수의 가르침

  바울이 예수의 가르침에 의존하고 있는 것을 나타내는 한 양상은 예수의 비유를 통한 메시지와 이신득의(以信得義)라는 바울의 교리 간의 관계이다.

  예수 그리스도에게서 구원이 발견되어야 한다는 것은 바울과 유대적인 그의 적대자들이 마찬가지로 의존했던 전제였다. 그들은 심지어 구원은 오로지 예수 그리스도에게서만 발견되어야 한다는 사실에도 동의했을 것이다. 그러나 어떠한 조건 하에서 구원이 그리스도에게서만 발견되어야 한다는 사실이 확정될 수 있는가? 이것이 문제 중의 문제였다. 예수가 조상들의 전통들에 아주 느슨한 입장을 취했다는 것은 의심할 바 없는 사실이다.[11] 그러나 이방인들을 예수의 제자들의 동료로 허락할 것인가 하는 문제가 생겼을 때, 바울이나 그 외 다른 사람들이 할례는 없어도 된다라는 것을 암시하는 단 한 마디의 말이라도 첨가할 수 있었던가？(사실 우리가 초대교회의 발전과정에서 할례문제가 차지했던 중요성을 고찰할 때, 우리는 복음 전승에 있어서 어느 쪽에서건 그들이 의존하여 주장할 수 있는 예수의 판결을 찾고자 하지 않은 사실에 의아해 한다). 바울은 예수의 가르침의 정신이나 혹은(그가 행한 것처럼) 복음의 논리적인 함의에 호소할 수도 있었을 것이다.[12]

  그러나 그의 적대자들은 문자 그대로의 장 절(章節)의 권위 이외에 어떠한 것에도 만족하지 않았다. 그런데 이러한 것은 나타나지 않고 있었다.

  비록 우리가 그 당시 주장을 내세우는 자들에게 잘 알려져 있던 당시 상황적인 요소들에 상당히 무지하긴 하지만, 그때로부터 19세기가 동떨어진 오늘날의 관점에서 볼 때에 바울이 전파하는 메시지가 그리스도의 참된 복음이라는 그의 주장을 옹호하는 객관적인 논의를 제시할 수 있을 것이다. 그것은 이러할 것이다. 바울이

---

10) pp. 57, 86 이하를 보라.
11) 참고, 막 7：1~23.
12) 참고, 갈 3：2~5 ； 4：4~7 등.

탁월하게 주장하고 있는 두 가지 사실은—즉 구원은 하나님의 은혜에 의해 제공된다는 것과 믿음이 바로 인간들이 하나님의 은혜에 의한 구원을 아는 수단이라는 것—호소력이 강한 복음 전승의 층을 무시한다 하더라도 예수의 사역에서 반복해서 강조된 것이며, 특히 그의 비유에서 드러나는 것이다. 우리가 바울 서신서에서 그가 예수의 비유들을 알고 있었다는 사실에 대한 증거를 거의 완전하게 찾을 수 없다는 사실을 감안할 때[13] 바울이 어떻게 그의 스승의 메시지의 핵심을 그같이 틀림없이 분별했는가는 놀라운 일이다. 우리는 이러한 분별이 바울에 의하면 그의 회심의 경험에서 핵심인 "예수 그리스도의 계시"에서 암시되었던 것이라 생각할 수도 있다.

믿음은 항상 예수의 인정이라는 응답을 얻었다. 때때로 믿음이 이방인들로부터 나올 때에는 놀라운 인정이 따르기도 했다.[14] 또한 믿음은 예수의 도움과 축복을 확보하는 확실한 수단이었다. 한편, 믿지 않는 자들에게는 자비와 능력의 일을 행하지 않았다.[15] 그가 보고자 원했던 것은 겨자씨 만한 믿음이었다.[16] 그러나 그는 그것마저도 찾지 못했는데, 심지어는 그의 제자들에게서 조차 얻지를 못했다.

비유적인 가르침에 대해 우리가 서술할 수 있는 핵심은 아주 다른 두 전승의 노선에 속해 있는 누가의 특별한 자료와 마태의 특별한 자료에서부터 추출해낼 수가 있다.

누가가 기술하고 있는 탕자의 비유에서(눅 15:11~32), 아버지는 그의 어린 아들을 다시 맞아들이는데 있어서 예수가 기술한 것과 다른 방식을 당연히 채택할 수가 있었을 것이다. 가족의 말썽꾸러기가 수치스러운 모습으로 집에 왔을 때, 그 아버지가 아버지의 마음을 지녔다고 한다면 그에게 두번째의 기회를 주는 것에 당연히 찬성했을 것이다. 그 아버지의 조심스럽게 연습한 말을 들어볼 것 같으면, 아마도 그는 이렇게 말했을 것이다. "애야, 아주 잘됐구나, 우리가 전에도 그럴 듯한 말을 들은 적이 있지. 네가 말한 것이 진정이라면, 너는 이전과는 달리 허리를 졸라매고 열심히 일할 수 있겠구나, 그리고 만약에 네가 그렇게 열심히 일한다면, 우리는 네가 말한 대로 삯군으로 말할 수 있게 해주마. 그러나 우선 너의 모습을 증명해야만 한다. 우리는 아무 일이 없었던 것처럼 눈감아 줄 수는 없단다."

심지어 이 정도라 하더라도 그것은 그 아들에게 관용을 베푼 것이며, 좋은 대접을 해준 것일 것이다. 그리고 큰 아들은 그 탕자를 일단 시험대에 올려놓은 것으로 만족하였을 것이다. 그러나 예수나 바울에게 있어서 하나님의 은혜는 그와 같은

---

13) 전 세계를 통하여 복음이 "열매를 맺고 성장해 간다"는 골 1:6에서의 복음에 대한 기술은 네 가지 토양에 관한 비유(참고. 막 4:8)에 대한 반영인 것으로 생각되어 왔다.
14) 참고, 마 8:10, 눅 7:9.
15) 참고, 막 6:5, 마 13:58.
16) 마 17:20, 눅 17:6.

방식으로 작동하지 않는다. 하나님은 회개한 죄인들에 대해 그들이 앞으로 어떻게 본색을 드러내는가를 알기 위하여 그들을 시험하지 않으신다. 그는 그들을 아낌없이 환영하고 진정으로 태어난 아들들로서 옷입혀 준다. 예수와 바울에게는 그 시발점이 항상 하나님의 은혜로 되어 있다. 하나님은 화해와 구원을 제시하고, 인간은 그것을 받는다는 것이다. 탕자는 그의 아버지에게 말한다. "나를 당신의 품군의 한 사람으로 써주소서." 그러나 아버지는 그에게 "이 나의 아들"이라고 말한다. 바울은 말한다. "그러므로 네가 이후로는 종이 아니요 아들이니 아들이면 하나님으로 말미암아 유업을 이을 자니라"(갈 4:7).

마태가 기술하고 있는 포도원의 일군들에 대한 비유에서 마지막으로 고용된 일군들은 고용주와 계약할 때 일삯을 헐값으로 하지 않는다. 만약에 하루 일삯이 한 데나리온이라면 마지막에 와서 겨우 한 시간 일한 자들은 그것의 일부분 만을 기대할 수 있을 뿐이다. 그러나 그들은 그들의 고용주의 재량에 의해 하루종일 일한 자들과 마찬가지로 결국 한 데나리온을 받았다. 하나님의 은혜는 꾸러미로 분류되어 있지 않으며, 개개인의 업적의 다양성에 따라 적합하게 나누어지는 것이 아니다. 맨슨(T.W. Manson)이 지적했던 것처럼 한 데나리온의 십이분의 일의 가치를 지닌 동전이 있었다. "그것은 폰디온(pondion)이라 일컬었다. 그러나 하나님의 사랑은 십이분의 일과 같은 부분을 결코 지니지 않는다."[17]

이는 바울이 복음을 이해한 것과 전적으로 같은 방향이다. 만약 율법이 하나님이 인간을 받으시는 기초가 된다면, 인간의 잘한 점, 못한 점에 대한 세밀한 상황이 최고의 관건이 될 것이다. 그러나 복음의 위대한 축복이 바울의 이방 개종자들에게 주어졌을 때, 그것은 그들이 잘 알았던 것처럼 율법적인 행위에 의해서가 아니라 사랑에 의해 이루어지는 믿음에[18] 대한 응답으로였다. 그리고 우리가 사랑을 중심으로 말할 때, 이미 우리는 율법이 제 구실을 못하는 영역에 들어서 있는 것이다.

바울의 칭의사상과 예수의 하나님의 나라에 대한 선포를 비교하는 것은 에버하르드 윤겔(Eberhard Jüngel)이 그의 저서 『바울과 예수』(*Paulus und Jesus*)에서 다루어졌다.[19] 그는 주장한다. 하나님의 나라가 표현된 것은 특별히 예수의 비유였으며, 그 비유를 듣는 자들의 응답은 하나님의 나라에 대한 응답이었다. 예수의 비

---

17) T.W. Manson, The Sayings of Jesus(London, ²1949), p. 220. 마태복음의 또다른 부분에서 전혀 다른 강조 사항이 발견되는 것을 간과해서는 안된다. 그러한 곳에서는 반바울적인 해석을 바로할 수 있는 여지를 주석가들에게 제공하고 있다. 말하자면, "사람들에게 그렇게 가르치고 이러한 계명 중 지극히 작은 것 하나라도 버리는" 자에 대한 비판을 하고 있는 마 5:19이 그러한 예이다(이에 대해서도 역시 T.W. Manson, *The Sayings of Jesus*, pp. 25, 154 를 보라).

18) 갈 3:2,5 ; 5:6.

19) E. Jüngel, *Paulus und Jesus*(Tübingen, 1962).

유적인 가르침은 단순한 가르침이 아니다. 그것은 "언어사건"(Sprachereignis)이다 ─ 이 말은 융겔의 스승인 에른스트 푸크스(Ernst Fuchs)의 용어이다.[20] 말하자면, 비유적인 가르침은 그 자체로 청자(hearer)에게 대면되어 그에게 하나님의 나라에 대한 요구에 긍정적으로 답변하는 것을 부추기는 사건이라는 것이다. 푸크스와 함께 융겔은 예수의 비유들에서 비록 감춰진 형태이기는 하나 예수 자신에 대한 기독론적인 증거를 본다. 예수는 자신의 사역 기간 동안 그의 행동과 태도를 통하여 믿음으로 응답하는 자들에게 그 비유들의 의미를 전달하기에 충분한 살아 있는 해석을 제공했다.

나중에 교회는 그 비유에 대해 자신의 해석을 하는 것이 필요하다고 느꼈다. 비유들에서 나타나는 종말론적인 색채는 이신득의에 관한 바울의 가르침에서도 보인다. "이같이 율법이 우리를 그리스도에게로 인도하는 몽학선생이 되어 우리로 하여금 믿음으로 말미암아 의롭다 함을 얻게 하려 함이니라 믿음이 온 후로는 우리가 몽학선생 아래 있지 아니하도다 너희가 다 믿음으로 말미암아 그리스도 예수 안에서 하나님의 아들이 되었으니"(갈 3:24~26). 그는 로마인에게 보내는 서신에서 이처럼 다르게 말한다. "그리스도는 모든 믿는 자에게 의를 이루기 위하여 율법의 마침이 되시니라"(롬 10:4).[21] 융겔은 "율법의 마침"(목적, telos)을 그리스도 안에서 에스카톤(eschaton, 마지막 때)이 도래했다는 사실에 연관시킨다. 그는 예수의 설교와 바울의 가르침에서 종말론과 역사 간의 동일한 관계, 즉 율법의 마침에 대한 동일한 강조 및 믿음에 대한 동일한 요구를 발견한다. 그 차이는 예수에게는 근접한 미래로 놓여 있던 에스카톤이 바울에게 현재적이었다는 사실이다.

오히려 이렇게 이야기하는 것이 더 정확할 것이다. 말하자면, 바울에게는 그가 살고 있던 시대가 아직 절대적인 에스카톤이나 텔로스(telos : 목적, 마침)가 아니라(참고, 고전 15:24) 그 문지방에 불구하며 그리스도의 사람들에게 성령이 임재하여 그들 자신의 상태와 하나님의 아들로서의 유업을 확증해 주는 "시기에 놓인" 시대였던 것이다. "우리가 성령으로 믿음을 좇아 의의 소망을 기다리노니"(갈 5:5). 그러나 이미 그리스도의 오심과 그의 구속적인 사역의 완성과 더불어 율법의 시대가 하나님의 백성을 위하여 끝났던 것이다.

바울이 그리스도를 "율법의 마침"이라 했을 때, 그는 신학적인 통찰을 표현하고 있다. 그러나 이러한 통찰은 건전한 역사적인 사실에 기초해 있다. 예수의 사역 기간 중에 예수와 토론했던 많은 바울의 동료 바리새인들은 실제적인 상황에서 예수의 행동과 가르침이 "율법의 마침"이 되되 그가 그들의 구전적인 전통을 거부했기

---

20) Cf. E. Fuchs, *Studies of the Historical Jesus*, E. T. (London, 1964), pp. 125f ; cf. G. Ebeling의 비슷한 형태 *Wortgeschehen*("말─사건"), *The Nature of Faith*, E. T. (London, 1966), pp. 182ff.
21) pp. 190 이하를 보라.

때문만이 아니라 그가 안식일 제도와 식사 규칙과 같은 기술된 율법의 요소들을 다룰 때 나타내었던 주권(主權) 때문에 그러하다는 사실을 느꼈음에 틀림없다.

우리가 살펴본 바와 같이, 예수는 할례문제에 대하여 어떠한 태도도 표명하지 않은 것 같은 것은 사실이다. 그러나 어떻게 그가 율법 전체를 하나님에 대한 사랑과 이웃에 대한 사랑의 기본적인 요구에 연관시켰으며, 전심을 다하는 것과 "내적인 진리"와 공의와 자비[22] 및 믿음의 우월성을 주장했는가를 고찰할 때, 그가 율법의 더욱 중요한 사항에 할례를 포함시키지 않았으리라는 결론은 불가피하다. 그 문제에 대한 그의 말이 전혀 남아 있지 않지만(요 7:22 이하에서 안식일에 관한 토론 과정에서 우연히 그 사람에게 논의한 것을 제외하고), 그것은 단지 그 논쟁이 그의 사역의 상황에서 문제화되어 야기되지 않았기 때문이다. 나중에 그 문제가 이방 선교의 상황에서 야기되었을 때, 바울의 입장이 그것은 신앙의 형식에 불과한 것이라는 예수의 태도에 보조를 맞추었으리라는 것은 부정하기 어렵다.

바울은 예수와 마찬가지로 율법을 그 자체 목적으로 여기지 않고 목적을 위한 한 수단으로서만 취급함으로써 율법을 보호하려는 자들에게 충격을 주었다. 또한 그는 경건한 사람들이 그들 자신의 경건함 안에서 하나님 면전의 안전을 찾으려는 것을 거부하고 "불경건한 자를 의롭다 하시는"(롬 4:5) 하나님의 이름으로 장벽들을 무너뜨리고 국외자들을 위한 복음의 메시지를 선포함으로써 그들에게 충격을 주었다. 이 모든 일을 통해서 볼 때, 바울은 당시의 어떠한 기독교인들보다 예수의 가르침의 참뜻을 더 명확히 보았던 것이다.

5. 우연적인 접촉들

바울 서신서를 살펴보면 복음서의 여기 저기에 기록되어 있는 예수의 말과 연결되는 많은 우연적인 구절들이 있다.

1904년에 아놀드 레쉬(Arnold Resch)는 그가 925개의 예수의 말에 대한 암시를 에베소서에서 133개, 그리고 목회서신서에서 100개 등을 위시하여 바울의 아홉 서신서에서 조사할 수 있었다고 생각했다.[23] 이와 완전히 다르게 루돌프 불트만은 "역사적인 예수의 가르침은 바울에게서 아무런 역할을 하지 않는다. 또는 실제로 어떠한 가르침도 그러했다"("그리고 요한에게도"라고 그는 덧붙이고 있다).[24] 그는

---

22) 마 23:23; 참고, 눅 11:42.
23) A. Resch, *Der Paulinismus und die Logia Jesu = Texte und Untersuchungen* 27(Leipzig, 1904). 또한 그는 예수의 64개의 말을 사도행전의 바울의 연설에서 찾아내어 일치시킨다. 그러나 그 신빙성은 그가 바울 서신서들에서 만약 그렇지 않으면 기록되지 않았을 예수의 12개의 말에 대한 은유를 발견했다고 주장함으로써 극단적으로 의심받는다. 우리 모두는 고전 13:2의 "산을 옮기는 믿음"을 막 11:23이나 마 17:20에 연관시킨다. 그러나 그처럼 분명한 주님의 말에 대한 우연적인 표현은 드물다.

약간의 예수의 말이 바울의 권고 부분에서 반영되고 있다는 사실을 인정한다.[25] 그리고 그는 교회생활의 규칙에서 그러한 예수의 말의 두 가지를 밝힌다(고전 7 : 10 이하, 9 : 14). 더우기 그는 이렇게 말한다.

> 비록 바울이 데살로니가전서 4 : 15~17에서 전승적으로 매개되어 오던 말을 인용하고 있는지, 아니면 영광받으신 주께서 그에게 준 계시에 호소하고 있는지는 불분명하지만, 예루살렘 교회의 전승이 적어도 본질상 여기에서의 파루시아와 부활에 관한 "주님의 말"을 배경으로 한 것이다.[26]

여기서 우리는 불트만 교수가 주저하고 있는 사실에 함께 할 수밖에 없다. 그러나 교회생활에 대한 바울의 규칙에서 예수의 가르침이 두번 인용되고 있음은 계속 주의를 기울여야 할 것이다.

(1) 이혼과 결혼

바울은 결혼에 관한 고린도인들의 질문에 답하면서 예수가 그의 제자들에게 이혼에 관하여 판정을 내린 것을 인용한다. "혼인한 자에게 내가 명하노니(명하는 자는 내가 아니요 주시라) 여자는 남편에게서 갈리지 말고(만일 갈릴지라도 그냥 지내든지 다시 그 남편과 화합하든지 하라) 남편도 아내를 버리지 말라"(고전 7 : 10 이하).

이것이 문자 그대로의 인용은 아니지만 마가복음 10 : 2 이하에 연관되어 있다는 것은 명백하다. 한 남자가 어떠한 이유에서건 자기의 처와 이혼할 수 있는가라는 질문을 받았을 때, 예수는 신명기 24 : 1~4에 암시되어 있는 이혼의 허락에서 인간의 창조와 결혼제도를 기록하고 있는 창세기에로 소급하여 그것에 호소한다(창 1 : 27 ; 2 : 24). 그리하여 그는 그러므로, 하나님이 짝지어 주신 것을 사람이 나누지 못할지니라"[27]는 결론을 내린다. 그러나 바울이 반영하고 있는 것은 예수가 앞선 사건 이후에 제자들이 그에게 더 충분한 설명을 요청하여 제시한 더욱 명백한 답변, 즉 "이르시되 누구든지 그 아내를 내어버리고 다른데 장가드는 자는 본처에게 간음을 행함이요 또 아내가 남편을 버리고 다른 데로 시집가면 간음을 행함이니라"(막 10 : 11 이하)에 대한 것이었다.

아내가 먼저 이혼을 제안하는 것에 관한 말이 이방 선교의 상황에 비추어 나중

---

24) R. Bultmann, *Theology of the New Testament*, E. T. i(London, 1952), p. 35.
25) 예를 들면, 롬 12 : 14(마 5 : 44) ; 13 : 9f(막 12 : 31) ; 16 : 19(마 10 : 16) ; 고전 13 : 2(막 11 : 23) (*Theology of the New Testament*, i. p. 188).
26) *Theology of the New Testament*, i. pp. 188f.
27) 헬라어 $\chi\omega\rho\acute{\iota}\zeta\epsilon\iota\nu$, 고전 7 : 10의 "그녀는 헤어져서는 안된다"($\chi\omega\rho\iota\sigma\theta\tilde{\eta}\nu\alpha\iota$)에서 수동태로 쓰여진 동사와 동일한 동사.

에 첨가된 것인지 아니면 (필자가 생각하는 것처럼) 예수가 갈릴리에서 사역하던 때에 엄청난 스캔들이었던 헤로디아의 사건을 나타내기 위한 것인지는[28] 여기서 고찰할 필요는 없겠다.

바울이 (주님의 이름으로) 남편을 아내와 이혼하지 말라고 명하기 전에 아내에게 남편과 별거해서는 안된다는 것을 명한 것은 주목할 만하다. 아마도 이러한 순서는 고린도인들이 질문을 할 때 작성한 순서에 따라 행해진 것일 것이다. "기독교인인 아내가 그녀의 남편과 헤어져도 됩니까?" 아니다. 그렇게 해서는 안된다. 그녀는 남편의 아내로서 그녀는 남편과 계속 살아야 한다. "그러나 이미 남편과 헤어진 상태라면 어떻게 해야 합니까?" 그때에는 그녀가 독신생활을 하도록 하든가 아니면 그녀의 남편과 화해하도록 하라. 아마도 그녀는 자신이 결혼생활 자체에 권태를 느꼈기 때문에 그녀의 남편과 헤어졌을 것이다. 아니면 적어도 그녀의 남편과의 결혼생활에 권태를 느꼈기 때문일 것이다. 그러나 만약에 그녀가 절제에 한계를 느낄 정도가 된다 하더라도 그녀가 다른 사람과 결혼하는 것은 전혀 불가능하다. 그녀의 남편에게 돌아가도록 하라. 바울은 그가 상대하는 자들의 마음 속에 가장 문제가 되는 것을 다룰 때에 예수의 견고한 명령을 되풀이한다. 남편은 그의 아내와 이혼해서는 안된다.[29]

(2) 일군이 그 삯을 얻는 것이 마땅하다.

고린도의 기독교인들은 바울이 그들이 알기로는 다른 교회들로부터는 재정적인 지원을 받으면서 왜 자기들의 재정적 지원은 받기를 거절하는가를 이해하지 못했다. 그 이유가 될 만한 한 가지는 바울이 만약에 그가 고린도 교회로부터 돈을 받으면 그곳의 적대자들이 금전적인 동기를 가지고 일한다는 식으로 자신을 비난할 기회를 제공한다고 의심하고 있었다는 것이다. 그러나 그는 지지를 얻지 못했다. 왜냐하면, 그는 그들에게 그러한 기회를 결코 주지 않을 것을 결심했고, 바울이 기어코 돈을 받지 않으려는 것은 그가 자신의 사도적 신분에 자신이 없고 자기 자신을 베드로와 그의 동료들이 예수의 형제들과 더불어 자신들이 영적인 복지를 보살피는 자들의 비용으로 살면서 누리고 있는 그러한 자격에 어울리지 않는다고 생각하고 있음을 증명하는 것이라고 주장했기 때문이다. 바울은 자신이야말로 완전한 의미에서의 사도라는 사실과 ― 고린도 교회의 존재가 그것에 대한 충분한 증거이다 ― 자신이 그의 개종자들의 비용으로 생계를 영위할 권리가 있음이 분명하긴 하지만, 그러한 권리를 이용하지 않는 자유를 행사하고자 할 뿐이라고 답변한다. 이러한 권리가 사실상 자연법과 하나님의 율법에 근거한 권리이긴 하나, 다름아닌 "주께서도 복음 전하는 자들이 복음으로 말미암아 살리라 명하셨느

---

28) Cf. F. F. Bruce, *New Testament History* (London, ²1971), pp. 26f.
29) pp. 282 이하를 보라.

니라"(고전 9 : 14)는 것에 특별히 기반한 것이다. 이러한 "명령"은 마태가 기록하고 있는 복음 전승에서 열 두 제자에게 소임을 줄 때 "일군이 저 먹을 것을 받는 것이 마땅함이니라"(마 10 : 10)는 말에 나타난다. 이는 또한 누가의 복음 전승에서 70인에게 소임을 줄 때 "일군이 그 삯을 얻는 것이 마땅하니라"(눅 10 : 7)는 말에서 나타난다.[30] 이 두 가지 중에서 바울이 언급하고 있는 "명령"이라는 의미에 더 가까운 것은 후자이다. 바울이 그의 고린도 친구들의 집에서 음식 먹는 것을 거절하려고 했다는 사실은 아무 곳에서도 나타나지 않는다. 그가 문제삼은 것은 음식이 아니라 **임금, 즉 금전적인 지불**이었다.

최근에 값진 연구가 하나 나왔다. 이는 데이비드 덩건(David Dungan) 박사의 것인데, 여기에서 그는 왜 바울이 주님의 이러한 "명령"을 인용하면서도 그것을 고의적으로 불순종했는가를 다소 지면을 할애하여 논의한다. 그는 결론짓기를, 바울이 그가 "이러한 규칙에 대해 허락할 수도, 하지 않을 수도 있는 자유가 있는 상태에서 먼저 이를 허락하거나," 아니면 "단순히 이같이 허락하지 않는 것을 기성의 것으로 타고났던" 것이라고 한다.

어쨌든지간에, "이러한 결정과 규칙은 모든 경우에 있어서 이제 더 이상 적절하지 못하다는 인식을 바탕으로 하고 있다."[31] 이보다도 오히려 그 "규칙"은 처음부터 "허락"의 성격을 지닌 것이라고 말하는 것이 옳을 것이다. 바울은 토라(Torah)를 가르치는 것이 생계의 수단이나 개인적인 증대를 위한 수단이 되어서는 안된다는 신념을 갖도록 양육되었다. 힐렐(Hillel)은, "토라의 왕관을 세속적인 이용물로 여기는 자는 반드시 망하리라"고 했다.[32] 그리하여 바울은 그가 힐렐을 따르는 자인가 아닌가에 상관없이 장막을 만드는 수공업을 하였다. 그러나 그는 다른 사람들을 위하여서는 그러한 권리를 주장했다. "가르침을 받는 자는 말씀을 가르치는 자와 모든 좋은 것을 함께하라"(갈 6 : 6).

또한 힐렐의 경구가 예수가 그의 열 두 제자들에게 소임을 주어 보낼 때 포함되어 있는 명령과 아주 흡사하다는 사실을 기억하여야 한다. 마태의 진술에 의하면, "너희가 거저 받았으니 거저 주어라"(마 10 : 8)고 말했던 것이다.[33] 만약에 바울이 이 명령을 알았다면, 그는 그것을 인용하여 자신의 개인적인 정책을 정당화했을 것이다.

---

30) 마태의 "음식"은 τροφή이고, 반면에 누가의 "임금"은 μισθός, 눅 10 : 7의 명령은 딤전 5 : 18의 이와 유사한 문맥에서 문자 그대로 인용되어 있다.
31) D.L. Dungan, *The Sayings of Jesus in the Churches of Paul*(Oxford, 1971), p. 32.
32) *Pirgê Abôt* 1 : 13 ; 4 : 7(나중의 3절은 또한 R. Zadok 의 비슷한 경구를 인용하고 있다. "토라의 왕관으로써 너 자신을 확대시키려 하거나 땅파는 삽으로 삼지 말라." 이 두 가지 말에서 "토라의 말씀에서 자기를 위한 이익을 얻으려는 자는 누구든지 그 자신의 파멸을 자초하는 것이다"는 것을 추론할 수 있다.
33) 이는 마 10 : 10의 τροφή 가 "음식"을 의미하며, 그 의미에서 "돈"을 배제하고 있다는 사실을 아주 명백히 한다.

바울은 다른 교회들을 대할 때에도 개인적으로 돈받는 것을 용납하고 인정하는 것을 놀라웁게 여겼다.

(3) 네 앞에 놓여 있는 것을 먹으라.

고린도인들이 바울에게 보낸 편지에서 제기되었던 문제 중의 하나는 이방신에게 드려진 동물의 살을 먹는 것에 관한 것이었다. 그러한 음식에 관해 분별력이 있는 기독교인은 그러한 음식을 자기 집에 결코 들이지 않을 수 있었다. 그러나 어떤 기독교인이 그것을 먹어버렸다면 어떻게 해야 하는가? 물론 이러한 문제에 대해 예수의 가르침에서 그 직접적인 대답을 기대할 수 없다. 그것은 이방의 상황에서만 야기될 수 있는 문제였다. 바울의 대답은 이러하다. "불신자 중 누가 너희를 청하매 너희가 가고자 하거든 너희 앞에 무엇이든지 차려놓은 것은 양심을 위하여 묻지 말고 먹으라"(고전 10:27).

여기서 우리는 예수의 말씀에 대한 반영을 본다. 예수는 누가복음 10:8에서 70인 제자들에게 훈시할 때에 다음과 같이 말한다. "어느 동네에 들어가든지 너희를 영접하거든 너희 앞에 **차려놓은 것을 먹으라.**"[34] 예수가 열 두 제자에게 소임을 주어 보낼 때에는 그러한 명령이 전혀 나타나지 않는다. 반면에 70인의 제자에게 소임을 주어 보낼 때에는 그러한 명령이 두번 나타난다. 그 다른 한번은 누가복음 10:7에서인데, 말투는 다르나 그 내용은 비슷하다. "그 집에 유하여 주는 것을 먹고 마시라." 열 두 제자에게 선교의 명령을 내린 것은 이스라엘에 한정되었다. 이는 마태복음 10:5 이하에서는 명백히 나타나고, 마태복음 6:7~11과 누가복음 9:1~5에서는 암시적으로 나타난다. 그러나 70인의 선교는 특별히 누가에 의해 기록된 것인데 그가 사도행전에서 기록하고 있는 더 확대된 이방 선교를 예시한 것으로 여겨져왔다. 12는 이스라엘 족속의 숫자인 반면, 70은 유대의 전통에 있어서 세계 모든 나라의 숫자이다.[35]

만약 바울이 여기에서 예수가 70인에게 준 훈시에서 인용하고 있다면, 그는 특수한 한 경우에 한정하여 말하고 있는 것이 아니라 반복되는 상황에 대해 일반화시켜 말하는 것이다. 그리고 그가 실제로 그러한 훈시에서 인용하고 있다는 것은, 혹은 적어도 예수가 그의 제자들에게 소임을 주어 보내는 사건에 대한 전승에서 인용하고 있다는 것―그가 우리가 이미 고찰한 바와 같이 복음을 전하는 자가 복음에 의해 생활을 유지할 권리가 있다는 원리를 옹호할 때 동일한 전승에 호소하고

---

34) 헬라어 ἐσθίετε τὰ παρατιθέμενα ὑμῖν, 이것은 고전 10:27의 πᾶν τὸ παρατιθέμενον ὑμῖν ἐσθίετε 와 밀접하게 닮아 있다.

35) Cf. A.R.C. Leaney, *A Commentary on the Gospel according to St. Luke*(London, 1958), p. 176. 물론, 우리가 "72"라는 식으로 다르게 읽는 것을 채택한다면, 또다른 상징이 지적될 것이다. Cf. B.M. Metzger, "Seventy or Seventy-two Disciples?" in *Historical and Literary Studies, Pagan, Jewish and Christian*(Leiden / Grand Rapids, 1968), pp. 67ff.

(4) 공세를 받을 자에게 공세를 바치라.

우리가 이미 살펴본 이혼문제에 대한 예수의 명령은 "그를 시험하기 위하여" 제기된 문제에 대한 답변이었다(막 10:2). 이 복음서 기자는 비슷한 동기로서 나중에 예수에게 제기된 또다른 문제를 기록하고 있다. "저희가 예수의 말씀을 책잡으려 하여 바리새인과 헤롯당 중에서 사람을 보내매…'선생님이여…가이사에게 세를 바치는 것이 가하니이까 불가하니이까'"(막 12:13 이하).

바울은 로마서 13:1~7의 논쟁적인 단락에서 세금의 납부에 대한 문제를 다룬다. 그러나 여기서 그는 이혼이나 전도자들에 대한 지원 등의 문제를 다룰 때와는 달리 주님의 권위를 들먹이지 않는다. 그 외에 세금에 관한 예수의 답변은 가이사의 것은 가이사에게 하나님의 것은 하나님에게라는 식으로 양자를 구분하고 있는 반면, 바울은 가이사에게 가이사의 합당한 것을 지불하는 것에서 하나님에게 합당한 것을 하나님에게 바치는 것의 한 형태를 본다. 왜냐하면 세속적인 권위자들은 하나님의 종이며 그들에게 저항하는 것은 하나님에게 저항하는 것을 함축하기 때문이다. 그러므로 그는 말한다. "모든 자에게 줄 것을 주되 공세를 받을 자에게 공세를 바치고…"(롬 13:7).

비록 여기에서 바울이 예수의 말을 전혀 지시하고 있진 않지만, 그가 그 예수의 말을 마음 뒷켠에 지니고 있었던 것이 아닐까? 그의 "모든 자에게 줄 것을 주되"라는 말이 마가복음 12:17에서의 예수의 대답인 "가이사의 것은 가이사에게 하나님의 것은 하나님께 바치라"는[36] 말을 일반화한 것으로 이해하는 것은 가능한 일이다. 그러나 만약에 바울의 말이 예수의 답변을 일반화한 것이라면, 그 일반화는 본장에서 여러 가지로 주의를 기울였던 다른 예수의 말의 일반화에 비추어 볼 때 훨씬 심하게 이루어진 것이다. 로마서 13:1~7의 배후에 은폐되어 있는 질문과 대답을 구성하면 다음과 같다. "로마와 그 제국 내에 사는 가이사의 백성들인 기독교인들이 그와 그의 관원들에게 복종하고 세금을 바쳐야 합니까?" "그러하다. 가이사와 그의 관원들은 하나님이 정하신 권위를 행사하고 있으며, 그들이 법과 질서를 유지할 때 법의 존속을 보호하고 범법자들은 심판함으로써 하나님께 봉사하고 있기 때문이다."

그러나 이러한 바울의 답변과 AD 6세기에 갈릴리인인 유다가 부각되고 그의 이상을 영구히 하고자 하는 모반이 진행되고 있는 예루살렘의 상황에서 예수에게 주어진 질문에 답변하는 것은 서로 다른 문제이다. 유다와 그의 추종자들은 여호와의 땅에 사는 여호와의 백성이 이교도 지배자에게 공세를 바침으로써 그의 통치권

---

[36] 막 12:17과 롬 13:7에서는 "바치라"는 말은 똑같이 ἀπόδοτε("되돌리다")이다.

을 인정하는 것은 이스라엘의 하나님에 대한 대역죄라고 주장했다. 예수에게 질문한 자들은 그가 딜렘마의 가시에 찔리기를 바랬다. 그러한 딜렘마는 바울에게는 전혀 존재하지 않았다. 바울에게는 제기된 문제가 명백했다. 그리고 그는 사도 생활의 경험을 통하여 로마의 지배가 주는 이로운 점들을 여러 번 반복하여 평가할 수 있는 기회를 가졌다. 바울은 제국의 권위자들이 결코 하나님의 법에 상치되는 경우가 없다거나, 비록 그가 여기서 제기하지는 않고 있지만 기독교인들이 결코 추종할 수 없는 법령을 공포하지 않는다고 생각할 정도로 생각이 단순한 사람이 아니었다.

그러나 여기서도 그는 세속적인 권력에 복종해야 하는 의무는 단지 현재의 "밤"이 끝날 때까지 유효한 일시적인 것이라는 점을 명백히 하고 있다. "낮"이 "가까왔으니" 새로운 질서가 도래하여 "성도들이 세상을 판단할 것이다"(롬 13:12, 고전 6:2).

6. 그리스도의 법

바울은 가말리엘 문하에서 온 율법이 이 에 대한 사랑의 율법 안에서 이해되어야 한다는 사실을 배울 수 있었을 것이다. 그보다 앞선 세대에 살던 사람인 힐렐은 온 율법을 "너 자신에게 해로운 일을 남에게 행하지 말라"는 명령으로 압축하고 있었다.[37] 그러나 바울이 다른 사람들의 짐을 짊어짐으로써 "그리스도의 법"을 성취하라고 말할 때(갈 6:2), 우리는 그가 그리스도가 레위기 19:18의 "네 이웃을 네 몸과 같이 사랑하라"는 계명을 원용하였음을 알고 있었다고 추론할 수 있다. 더우기 "다른 사람들의 짐을 짊어지라"는 명령은 그 앞에 직접 연결되어 있는, "형제들아 사람이 만일 무슨 범죄한 일이 드러나거든 신령한 너희는 온유한 심령으로 그러한 자를 바로잡아라"(갈 6:1)는 말을 확장시켜 일반화한 것 같다. 이는 최초의 복음서 기자만이 보존하고 있는 일련의 공동체 규칙에 나타나 있는, "네 형제가 죄를 범하거든[38] 가서 너와 그 사람과만 상대하여 권고하라 만일 들으면 네가 네 형제를 얻은 것이요"(마 18:15)라는 예수의 말씀을 분명하게 상기시킨다.

"예수의 법"에 대한 새로운 특징은 로마서 12:9~21에서 확실시 된다. 여기서는 (이미 이야기된 바와 같이) 그 정신에 있어서 산상설교와 밀접한 신실하고 실천적인 사랑에 대한 명령을 담고 있다. 신자들인 형제들 상호 간의 사랑과 동정 및 존경이 기대되어야 한다. 그러나 이러한 권 내의 요소들은 권 외의 사람들에게, 심지어 그들의 원수들과 박해자들에게 대한 사랑과 용서까지도 포함한다. "너희를 핍박하

---
37) TB. *Shabbat* 31a. p. 49를 보라.
38) "너에 대하여"(εἰς σέ)라는 말은 NEB에서처럼 아마도 "죄짓다"(ἁμαρτήσῃ) 뒤에서 생략되었음에 틀림없다.

는 자를 축복하라 축복하고 저주하지 말라"(롬 12 : 14)라는 구절은 누가복음 6 : 28 의 "너희를 저주하는 자를 위하여 축복하며 너희를 모욕하는 자를 위하여 기도하라"는 구절을 반영하고 있다. 그리하여 바울은 다른 곳에서 자기 자신의 실천을 언급하면서, "또 수고하여 친히 손으로 일을 하며 후욕을 당한즉 축복하고 핍박을 당한즉 참고 비방을 당한즉 권면하니"(고전 4 : 12 이하)라고 말할 수 있는 것이다.

"악으로 악을 갚지 말라"(롬 12 : 17)는 말은 마태복음 5 : 44과 누가복음 6 : 27의 "너희 원수를 사랑하며 너희를 미워하는 자를 선대하라"는 말과 동일한 정신을 호흡하고 있다. 그리하여 바울이 로마서 12 : 20에서 잠언 25 : 21 이하의 내용을 인용하되 원래 구절의 마지막 부분을 빠뜨리고 있음은 아마도 중요할 것이다. "네 원수가 주리거든 먹이고 목마르거든 마시우라 그리함으로 네가 숯불을 그 머리에 쌓아 놓으리라"고 말하고서는 "그러면 주께서 너에게 상주시리라"는 구절은 첨가하지 않고 있다. 아마 "숯불"은 원래 강력한 보상을 나타내는 것이었으리라. 그러나 이 새로운 문맥에서는 더욱 고상한 의미를 지니고 있다. 너희 원수에게 친절하게 대하라. 왜냐하면, 이것이 그로 하여금 그의 적대적인 행위에 대해 부끄러움을 느끼게 하고 그를 회개하게끔 하기 때문이다. 바꾸어 말하면, 원수를 없이 하는 최선의 방법은 그를 친구로 만들어 "선으로써 악을 이기는 것"이다(롬 12 : 21).

이러한 주제는 바울이 시민의 권위자들에 대한 기독교인의 의무를 말한 후인 로마서 13 : 8~10에서 계속된다. 그는 "두려워할 자를 두려워하고 존경할 자를 존경하라"(롬 13 : 7)고 말한 뒤에 더욱 일반적으로 "피차 사랑의 빚 외에는 아무에게든지 아무 빚도 지지 말라 남을 사랑하는 자는 율법을 다 이루었느니라"(롬 13 : 8)고 계속 말한다. 이는 레위기 19 : 18 "너희 이웃을 너희 몸과 같이 사랑하라"를 모든 계명들의 총합으로 인용함으로써 자신의 뜻을 내세운 예수의 말에 의해 지지된다. 그리하여 바울은 예수의 전통 안에 굳건히 위치한다. 왜냐하면, 예수는 이 계명을 신명기 6 : 5 "너희는 너희 주 여호와를 사랑하라"의 계명 다음에 놓으면서, "이 두 계명이 온 율법과 선지자의 강령이니라"고 말했기 때문이다(마 22 : 37~40 ; 참고, 막 12 : 28~34). 바울은 여기서 두번째 계명을 인용하고 첫번째 계명은 인용하지 않고 있는데, 그것은 제기된 문제가 이웃에 대한 기독교인의 의무에 대한 것이기 때문이다.

로마서 13 : 9에서 대부분 인용되고 있는 십계명의 두번째 판의 계명들은 어떠한 방식으로든지 이웃을 해하는 일은 금하고 있다. 왜냐하면, 사랑은 결코 다른 사람에게 해를 끼치지 않으며, "사랑은 율법의 완성이기 때문이다"(롬 13 : 10).

그 다음 단락에서(롬 13 : 11~14) 바울은 위태한 시대에 살고 있는 기독교인의 생활에 대해 말하면서 다시 한번 예수의 가르침을 반영한다. 예수는 그의 제자들에게 인자가 오기 전에 일어날 위기적인 사건들을 말할 때, "이런 일이 되기를 시작하거든 일어나 머리를 들라 너희 구속이 가까왔느니라"고 말했다(눅 21 : 28). 그러므로 "인자 앞에 서기를" 원하는 자들은 깨어 있어야 한다(눅 21 : 36). 바울은 말한다. "너희가 이 시기를 알거니와 자다가 깰 때가 벌써 되었으니 이는 우리의 구원이 처음 믿을 때보다 가까왔음이니라"(롬 13 : 11).

AD 57년의 벽두에 처해 있는 바울에게 다음 십 년 혹은 그 어간의 시기에 일어날 격정적인 사건들이 미리 그 그림자를 어떻게 드리우고 있는가는 명백했다. 그 사건들의 경과나 결과를 구체적으로 세밀하게 예견할 수는 없었다. 그러나 "나중까지 견디는 자는 구원을 얻으리라"(막 13 : 13)는 예수의 말은 이러한 위기를 경험하고 넘긴 사람들에게서 증명되었다. 시련과 함께 구원의 길이 나타난다(고전 10 : 13). 그러는 동안, 빛의 아들들은 모든 "어두움의 일들을" 부인하면서 다가올 날을 준비하면서 생활해야 한다(롬 13 : 12).

다른 곳에서도 바울은 동일한 주제를 다루고 있다. 거기에서 그는 그의 독자들에게 그들은 빛의 아들들이기 때문에 "밤중의 도적같이" 도래할 주의 날들이 그들을 놀라게 하지 않을 것이라고 말한다(살전 5 : 2~5). 이것 역시 예수의 가르침을 채택하고 있다. "너희도 아는 바니 집 주인이 만일 도적이 어느 때에 이를 줄 알았더면 그 집을 뚫지 못하게 하였으리라 이러므로 너희도 예비하고 있으라 생각지 않은 때에 인자가 오시리라"(눅 22 : 39 이하).[39]

로마서 13장에서의 바울의 권고는 14절의 "주 예수 그리스도로 옷입으라"는 명령으로 결론짓고 있다. 이러한 표현은 다른 곳에서 "새 사람"을 옷입으라고 말하고 있는 것보다(골 3 : 10, 엡 4 : 24) 더 직접적이다.[40] 그리스도인의 품위는—그가 자신과 함께하고 있는 형제들에게 말하고 있는 바 정욕을 위하여 육신의 일을 도모하지 말고 "빛의 갑옷"을 입고 있는—주 예수의 온전함에 조화를 이루는 품위를 일컫는다. 바울이 현재 우리가 지니고 있는 기록된 복음서들을 몰랐음에도 불구하고 그의 전승은 복음서에서 묘사되고 있는 예수와 동일한 내용의 윤리적인 함축을 지니고 있다.[41] 그리고 그는 그러한 윤리적인 내용들을 그의 개종자들과 다른 사람들이 따를 수 있는 예로서 하나하나 혹은 포괄적으로 명령하고 있다.

---

39) 참고, 마 24 : 43 이하, 계 3 : 3 ; 16 : 15(또한 벧후 3 : 10).

40) "옷 입으라"는 원시 세례에 관한 교리서의 항목들을 압축하는 제목 중의 하나이다. 참고, 갈 3 : 27("누구든지 그리스도와 합하여 세례를 받은 자는 그리스도로 옷 입었느니라"), 그리고 골 3 : 12.

41) R. Bultmann에 의하면 (*Theology of New Testament*, i. p. 188), "그가 그리스도를 한 사람의 모범자로서 지시할 때, 그는 역사적 예수가 아니라 선재(先在)하시는 예수를 생각하고 있다." 이러한 그의 주장은 그가 자신의 주장을 위하여 인용하고 있는 바울의 텍스트 중에서 그리스도가 자신을 부정하고 인간이 된 것을 주제로 삼은 두 텍스트(빌 2 : 5 이하, 고후 8 : 9)에 적합하다. 그러나 세번째 텍스트(롬 15 : 3)에는 적합치 않다. 여기서는 하나님을 위하여 그리스도께서 지상에서 생애를 보내는 동안 비난을 참은 것이 문제가 되고 있다. 그리고 불트만 교수의 이러한 주장은 위에서 언급한 다른 텍스트들에 대해서도 적합치 않은데, 그러한 텍스트에서 기독교인들에게 권고하고 많은 덕목들이 선재하시는 그리스도와 연관되어 있지 않다.

제12장

바울과 높이 들린 그리스도

만약에 앞에서 말한 것처럼 "빈 무덤과 부활의 현현이 역사적인 예수로부터 높이 들린 그리스도에로의 이행을 나타낸다면,"[1] 높이 들린 그리스도는 역사적 예수와 인격적으로 동일하여 그 계속이라는 사실이 드러난다. 이러한 연속성과 인격적인 동일성이 바울에 의해 주장되었다. 그러나 역사적 예수는 그에게 단지 소문과 전승에 의해서만 알려졌다는 반면에, 높이 들린 그리스도에 대해서는 그가 직접적이며 심오한 개인적인 만남이 있었다고 주장한다.

1. 그 빛의 영광

바울은 높이 들린 그리스도가 다메섹 도상에서 그에게 나타났던 형상을 거의 기술하려고 하지 않는다. 왜냐하면, 말로써는 그러한 소기의 목적을 충족시킬 수가 없었기 때문이다. 눈부시게 빛나는 빛이 바울이 그 상황을 회상하는 바 두드러진 현현의 특징이다. 예를 들면, 바울이 그가 위임받은 새 언약의 사역에 대해 말하면서 그것을 모세에게 위임된 더 낮은 사역에 비교하는데, 이때 그는 모세의 얼굴에 비췬 점점 사라지는 영광과 복음에 연관된 결코 사라지지 않는 영광을 대립시키고 있다.[2] 그는 신앙의 새벽을 "하나님의 형상(eikōn)이신 그리스도의 영광의 복음의 광채를 보는 것"으로 기술하고서, 계속해서 "어두운 데서 빛이 비취리라 하시던 그

---
1) p. 100을 보라.
2) 고후 3:7~16, p. 209 이하, 그리고 p. 291을 보라.

하나님께서 예수 그리스도의 얼굴에 있는 하나님의 영광을 아는 빛을 우리 마음에 비춰셨느니라"(고후 4 : 4, 6)고 말하고 있다. 옛 창조가 "깊음의 표면에" 놓여 있는 흑암을 쫓아버리는 빛이 비춰는 것으로 시작했던 것처럼(창 1 : 2 이하), 새로운 창조도 믿지 않는 자의 흑암을 쫓아내는 빛이 비춰는 것으로 시작되었다. 바울이 이 같은 비유를 쓴 것은 아마도 자기 자신의 경험에 따른 것이었으리라. 우리는 사도행전 9 : 3에서 언급되고 있는 다메섹 도상에서 "그를 둘러 비추는 하늘에서의 빛"을 상기한다. 이와 비슷한 설명이 사도행전 22 : 11에 나온다. 여기서 바울은 그가 "그 빛의 영광 때문에" 볼 수가 없었다고 스스로 말하고 있다. 그리고 사도행전에서 이 사건에 관해 세 군데에서 기록하고 있는데, 이 모두를 볼 때 그 빛 속에 부활하신 그리스도가 그에게 나타났다는 것은 아주 확실하다(행 9 : 17 ; 11 : 14 ; 26 : 16).

바울이 지상의 예수(the earthy Jesus)와 천상의 예수(the heavenly Jesus)가 인격으로 동일한 존재라는 사실에 대해서는 전혀 의심하지 않았다. 또한 그는 마찬가지로 천상의 그리스도의 존재양식이 지상의 예수의 존재양식과 다르다는 것에 대해서도 전혀 의심하지 않았다. 그가 "혈육으로는 하나님의 나라를 유업으로 받을 수 없다"(고전 15 : 50)는 것─즉 부활의 질서─을 확언할 때, 그는 이것이 주님의 백성 뿐만 아니라 주님 자신에게도 적용되는 진리임을 명백히 하고 있는 것이다. 지상의 예수는 실제로 죽음을 당했던 여자에게서 난 자였다. 그러나 부활하신 그리스도는 여전히 사람이긴 하나 이제 이승의 생활에서 지니는 인간성과는 다른 질서의 인간성, 즉 천상적인 인간성을 지닌 자였다. "첫 사람은 땅에서 났으니 흙에 속한 자이거니와 둘째 사람은 하늘에서 나셨느니라"(고전 15 : 47). 창세기 2 : 7의 창조설화는 "첫 사람 아담"이 어떻게 "산 영이 되었는가"를 말해 주는 반면, 새로운 창조의 성격은 "마지막 아담이 살려주는 영이 되었던 것"(고전 15 : 45)을 확인하는 데서 밝혀진다. 바울에게 부활한 그리스도는 더 이상 피와 살을 지닌 몸으로 존재하지 않고 "신령한 몸"으로 존재한다(고전 15 : 44).

비록 가사적(可死的)인 몸으로 땅 위에 살고 있다 하더라도 믿음에 의해 부활하신 그리스도와 연합한 자들은 그들에게 전달되는 새로운 존재질서의 무엇을 가진다. 이러한 방식의 삶에 가장 근접한 인간 간의 연합은 창조설화에서 "한 몸"을 이룬다는 것으로 기술되어 있는(창 2 : 24) 남녀 간의 연합이다. 바울은 말하기를, "그러나 주와 연합하는 자는 그 안에서 한 영이니라"(고전 6 : 17) 했다. 이러한 의미의 "한 영"(one spirit)을 모든 그리스도인들이 그 안에서 한 몸을 이루면서 연합하는 "한 영"을 구별하는 것은 예수가 부활하여 된 "살려주는 영"(life-giving spirit)을 그의 백성들에게 내주(內住)하는 성령과 구별하는 것만큼 어렵다. 이를 다시 검토해 보자.

비록 그리스도 안의 신자가 가사적인 몸으로 그와 함께 "한 영"이 되긴 하지만,

이러한 연합은 부활하였을 때 더욱 완전히 경험하게 된다. 왜냐하면, 부활하신 주께서 입고 있는 "신령한 몸"은 그의 백성들의 원형(prototype)이며, 이들은 그의 부활을 함께 나눌 자들이며, 그들이 현재 지니고 있는 비천한 몸을 주의 영광된 몸의 형상으로 바꾸어 지닐 자들이기 때문이다(빌 3 : 21). 바울은 말한다. "우리가 흙에 속한 자의 형상을 입은 것같이 또한 하늘에 속한 자의 형상을 입으리라"(고전 15 : 49). 예수가 다메섹 도상에서 바울에게 나타났던 것은 "하늘에 속한 자"로서였다. 우리도 함께 그의 영광스런 몸으로 옷입을 것이다. 그러나 바울이 그가 본 것을 기술하고자 할 때, 그가 사용할 수 있는 유일한 어휘는 광채였던 것이다.

바울은 그리스도의 파루시아, 즉 그의 영광 중의 강림을 내다 보았다. 그런데 그리스도가 파루시아 때에 나타낼 모습은 다메섹 도상에서의 모습과 동일한 성격의 것이리라. 단지 후자와는 달리 순간적인 광휘가 아니고 더욱 지속적이라는 것과 거기에 그의 백성들이 동시에 영화롭게 되는 일을 수반하는 것이 다를 뿐이다. 물론 이때의 백성들의 영광스러워짐은 죽은 자들의 부활일 수도 있고, 아직 살아 있는 자들의 변형일 수도 있다. 하나님의 아들의 계시는 "하나님의 아들들의 계시"를 동시에 수반하고(롬 8 : 19) 또한 썩어짐과 허망한 데서 그들이 해방되는 것과 하나님의 아들들로서 양자됨과 그들의 몸의 구원을 수반한 것이다(롬 8 : 20~23). 이는 그들의 구원의 절정이며, 하나님의 은총으로써 그들에게 대하는 영원한 목적의 완성이다.

바울은 말한다. "우리가 소망으로 구원을 얻었으매 보이는 소망이 소망이 아니니 … 만일 우리가 보지 못하는 것을 바라면 참으로 기다릴지니라"(롬 8 : 24 이하). 본장의 주제는 현재 소망하는 시기, 즉 그리스도는 죽음과 부활이라는 과거적 사건과 그의 파루시아라는 미래적 사건 사이의 간격에 연관되어 있다.

2. 높이 들린 주님

바울은 메시야의 시대를 이 시대와 다가올 시대, 즉 부활의 시대 사이에 놓인 시대라고 생각하는 것이 분명하다.[3] 그가 그러한 간시대(間時代)에 대한 신념을 회심 전 혹은 그 후에 가졌는지에 관계없이, 이제 그리스도 사건의 논리가 그에게 그러한 신념을 강요한 것이다. 단지, 메시야의 시대는 그의 조상 다윗의 왕좌와 같은 지상의 왕좌에서 통치되는 것이 아니라 하나님의 우편에서 통치하는 것이 그 특징이다. 시편 110 : 1의 신탁, "네 원수로 네 발등상 되게 하기까지 너는 내 우편에 앉으라"는 것은 그리스도에 대한 예표 중 가장 시원적인 것이다. 널리 주장되었듯이 이 신탁이 메시야에 대한 것이라면,[4] 예수의 제자들이 보기에는 그가 메시야

---

3) pp. 66, 191 을 보라.
4) 참고, 막 12 : 35~37.

였기 때문에 이 신탁은 그에게서 성취된 것이다.

바울은 하나님 우편에 관한 표현을 거의 사용하지 않는다. 그가 이 표현을 사용할 때, 그 이유는 이것이 기독교인들이 "죽으시고… 죽은 자 가운데서 살아나시고 하나님 우편에 오르신 그리스도"에 대한 그들의 신앙을 고백할 때처럼 이미 그들에게 친숙한 것이기 때문이다. 바울은 로마서 8 : 34에서 이러한 표현을 쓰고 있는데, 그것은 그러한 신앙고백에서 인용한 것이 틀림없다(이 문맥은 바울이 그의 "주된" 서신서에서 이러한 표현을 쓰고 있는 유일한 곳이다. 또한 이 표현은 골로새서 3 : 1과 에베소서 1 : 20에서도 나타난다). 그는 자신의 유대인 동료들과 마찬가지로 "하나님의 우편"이 지고(至高)의 권위를 나타내는 은유임을 알고 있었다. 그러나 그는 자신의 이방 청중들이나 독자들이 그것을 물리적이거나 장소적인 의미로 생각하지 않도록 하기 위하여 그것을 조심스럽게 간혹 사용하기를 좋아했던 것이다. 물론 공간적인 이미지를 사용하지 않고 높이 들림이나 지고함을 생각하거나 말하는 것은 어렵다. 역사적인 신조를 암송하는 천체물리학자들은 3차원적인 우주에 대한 용어를 사용하는데 대한 비일관성에 구애되지 않는다. 이러한 용어의 사용은 초월성이나 하나님과 인간 양쪽 방향에서의 의사소통을 표현하는 보조적인 은유일 뿐이다. 겨우 1세기에 불과한 시대에서도 많은 사려깊은 사람들은 그러한 용어사용법을 은유적인 것으로 여겼으며, 그러한 사람들 중에 바울이 당당하게 포함된다.

바울은 그리스도를 하나님의 우편에 앉은 자로 말하지 않고 "모든 이름 위에 뛰어난 이름을 받은," "지극히 높혀진"[5] 자로 말하고 있다(빌 2 : 9).[6] "모든 이름 위에 뛰어난 이름"은 "주님"이라는 명칭이다. 바울(혹은 그가 인용하고 있는 원전)은 "모든 입으로 예수 그리스도를 주라 시인하는"(빌 2 : 11) 것이 하나님의 목적이라 말한다. 그가 사용하고 있는 헬라어는 큐리오스(kùpcos)인데, 이 말은 70인역이 용법 때문에 그 자체로 이러한 높이 들려진 상태를 지시하는데 쉽게 전용(轉用)되었다. 70인역에서 이 큐리오스는 아돈(주님)이라는 히브리어를 번역할 뿐만 아니라 이스라엘의 하나님이라는 형언할 수 없는 이름을 번역하는데 사용되었다—이 이스라엘의 하나님은 우리가 통상 야웨로서 바꾸어 일컫는다. 그리하여 70인역의 시편 110 : 1에서는 큐리오스가 두번 사용된다. 즉, "주께서(kyrios) 나의 주께(to my kyrios) 말씀하셨다"는 것이 그것인데, 대부분의 영어성경에서는 "주"(Lord)라 번역하여 "주께서 나의 주께 말씀하셨다"(The Lord said to my lord)라 되어 있다. 그러나 이는 히브리어 텍스트에서는 "나의 주께(아돈) 주어진 야웨의

---

5) 아마 합성동사 *ὑπερύψωσεν* 은 사 52 : 13을 헬라어로 번역한 데서 야웨의 종을 나타내는데 쓰인 *ὑψωθήσεται* ("높임을 받으리라")를 반영하는 것이니라.

6) 빌 2 : 6~11의 3절은 바로 이전의 것이리라. 그러나 바울은 이 3절을 자신의 것으로 만든다. n.25와 함께 p.131을 보라.

신탁"을 의미한다. 시편 기자가 "나의 주"라고 말하고 있는 자는 아마 다윗의 왕이 었을 것이다. 그러므로 나중에 메시야적인 의미로 해석한 것이 부적절한 것은 아니었다.[7] 그러나 70인역에서 그 신탁에 표현된 존재자는 야웨 자신이라는 동일한 이름으로 지칭된다. 그러한 의미에 있어서, 그 인물은 "모든 이름 위에 뛰어난 이름"을 함께하는 것이다.

빌립보서 2:10 이하의 어법은 이사야 45:23에 근거한다. 이 이사야 45:23에서는 야웨가 스스로 맹서한다. "모든 자가 나에게 무릎을 꿇을 것이며, 모든 입들이 맹서하리라."[8] 그러나 여기서는 모든 자들이 무릎을 꿇게 될 대상은 예수의 이름이며, 모든 입들이 고백할 대상은 바로 예수의 주님되심이다. 빌립보서 2:10 이하가 큐리오스를 야웨와 같은 의미로 포함하고 있는 구약의 구절이 예수에게 적용되고 있는 유일한 신약성경의 구절이 결코 아니다.[9] 어쨌든, 지고한 의미의 주님이라는 명칭은 배타적으로 부활하여 높이 들린 예수에게 속한 것이다. 이는 바울의 경우에만 해당되는 것이 아니다. 누가의 증거에서는 동일한 양상으로 나타난다. 그는 베드로가 첫 기독교적인 성령강림절에 시편 110:1과 그것에 기초한 장황한 이야기를 하면서 하나님께서 십자가에 못 박히신 예수를 "주님과 그리스도"로 삼았다는 사실을 모든 이스라엘의 족속들에게 확신케 하는 것으로 끝맺는 대목에서 그러한 양상을 보인다(행 2:34~36).

그러나 바울과 다른 초기 기독교인들에게, 예수를 지고한 의미의 주님으로 인식하는 것은 언어적인 우연의 결과와는 전혀 동떨어진 것이었다. 그것은 또한 메시야에 대한 직권(職權)적인 명칭과는 전혀 관계없는 것이었다. 그것은 바울과 그의 동료 신자들이 예수의 인격과 성취 그리고 현재 예수가 우주를 축복하고자 하는 하나님의 목적을 실현하는 그의 결정적인 역할을 이해하고 평가하는 데에 가장 적절한 용어였다.[10]

이같이 "주님"이라는 명칭을 사용하는 것이 교회생활에 있어서 아람어로써 말하던 최초의 단계에까지 소급되는 것이 아닌가 할 때, 그 대답은 긍정적이다. 헬라어 큐리오스와 동일한 의미의 아람어는 마르(mar)이다. 이 말은 마라나-타("우리 주여 오시옵소서")라는 호격에서도 나타난다. 이 말은 헬라어를 쓰는 기독교인들의

---

7) Cf. A.R. Johnson, *Sacral Kingship in Anciant Israel*(Cardiff, 1955) pp.120 이하. H. Ringgren, *The Messiah in Old Testament* (London, 1956), pp. 13 이하.
8) 바울이 롬 14:11에서 부록 주, 즉 "우리가 다 하나님의 심판대 앞에 서리라"는 것과 함께 인용됨.
9) 다른 예로서는 벧전 3:15이 있다. 여기서는 사 8:13, "만군의 여호와(LXX에는 kúpcov aútóv) 그를 너희가 거룩하다 하고"가 "너희 마음에 그리스도를 주로 삼아 거룩하게 하고"라는 형식으로 적용되어 있다.
10) Cf. F.F. Bruce, "Jesus is Lord," in *Soli Deo Gloria: New Testament Studies in Honor of William Childs Robinson*, ed, J. McD. Richards(Richmond, Va., 1968), pp.23~26, 그리고 *Paul and Jesus* (Grand Rapids, 19~114), pp. 81~91.

어휘로서 번역되지 않고 그대로 전용(轉用)되기도 하고(고전 16：22) 더욱 특별하게는 성찬식의 기도문 안에 그대로 나타나기도 한다(디다케 10：6).[11] 이 말이 이스라엘의 하나님을 지칭하는데 쓰일 수 있었다는 사실(큐리오스로서)은 쿰란의 11동굴에서 나온 욥에 대한 탈굼(targum, 아람어로 번역된 구약성경)에서 나타난다. 여기서는 마레(mārē)라는 형태가 (샤다이)와 동일한 의미로 쓰인다. 한편, 이같은 사실은 4동굴에서 나온 에녹 1서의 아람어 단편들에서도 나타나는데, 여기서는 마라나(maranā；9：4)와 강조형인 마리야(maryā；10：9)가 하나님을 지칭하는데 쓰이고 있다.[12]

"하나님의 아들"이라는 명칭 역시도 독특한 의미로 부활한 예수에게 주어진다. 그는 "성결의 영으로는 죽은 가운데서 부활하여 능력으로 하나님의 아들로 인정되셨으니"(롬 1：4). 물론 바울이 생각할 때 예수가 부활하면서 비로소 하나님의 아들됨을 시작한 것은 아니었다. 그는 예수가 세상에 오심을 말하면서, "하나님이 그 아들을 보내사 여자에게서 나게 하시고"(갈 4：4)라 한다. 그러나 예수가 지상에 있을 때에는 비교적으로 말해서 "연약한"[13] 하나님의 아들이었다면, 부활한 주로서의 그는 "능력의"[14] 하나님의 아들인 것이다.

"주님"이라는 명칭과 마찬가지로 "하나님의 아들"도 신탁적인 예표로써 확언된 것이었다. 말하자면, 시편 2：7에 나타나 있는데, 거기에서 야웨는 그의 기름부은 자에게, "너는 내 아들이라 오늘날 내가 너를 낳았도다"라고 말하고 있다.[15] 그러나 주님이라는 명칭과 마찬가지로 "하나님의 아들"은 바울에게 예수가 메시야로서 그 직권상 지니는 명칭 이상의 것이다.[16] 그것은 예수 자신이 그랬던 것처럼[17] 예

---

11) Cf. H. Lietzmann, *Mass and Lord's Supper*, E.T.(Leiden, 1953ff), p. 193； C. F. D. Moule, "A Reconsideration of the Context of *Maranatha*," NTS6(1959~60), 307 이하, pp. 66 이하를 보라.
12) Cf. M. Black, "The Christological Use of the Old Testament in the New Testament," NTS18(1971~2), 10； "The Maranatha Invocation," in *Christ and Spirit in the New Testament: Studies in Honour of C. F. D. Moule*, ed. B. Lindars and S. S. Smalley (Cambridge, 1973), pp. 189 이하； 그리고 아주 최근의 것인 *The Books of Enoch: Aramaic Fragments of Qumran Cave4*, ed. J. T. Milik(Oxford, 1976) pp. 171, 175를 보라. maryā 라는 형식은 에녹전서 10：9의 ὁ κύριος 에 상응한다.
13) 참고, 고후 13：4 상반절.
14) "능력으로 하나님의 아들로 인정되었다는" 것과 막 9：1의 "능력으로" 도래하는 하나님의 나라와는 밀접한 관련이 있다. 예수가 지상에서 사역하는 동안에는 하나님의 나라는 한계를 지닌다(참고, 눅 12：50). p. 141을 보라.
15) 시 110：1의 신탁처럼, 이 또한 아마도 다윗 왕의 등극에 그 기원이 있을 것이다. "너는 나의 아들이다"는 어구는 막 1：11에서 예수가 세례받을 때에 하늘에서 들린 음성의 일부분이다 (참고, 요 1：34, "내가 보고 그가 하나님의 아들이심을 증거하였노라"). 눅 3：22에 병행되어 나타나는 서방역본에는 하늘에서의 음성이 전체 어구를 반복하여, "너는 나의 아들이라 내가 너를 낳았도다"라고 기록되어 있다.
16) Cf. A. D. Nock, "Son of God' in Pauline and Hellenistic Thought" in his *Essays on Religion and Ancient World*, ed. Z. Stewart, ii(Oxford, 1972), pp. 928~939； M. Hengel,

수가 하나님에 대해 지녔던 유일한 인격적 관계를 나타낸다.

누가는 하나님의 아들이라는 예수의 명칭이 바울의 사역에서 지니는 특별한 위치를 인식했던 것 같다. 왜냐하면, 초기 사도적인 메시지를 전하는 다른 설교자들에 대해서는 그들이 예수를 주 혹은 메시야로 선포한 것으로 하고 있는 반면, 바울은 예수에 대한 최초의 공적인 증거를 "그는 하나님의 아들이시다"(행 9 : 20)로 압축하고 있기 때문이다. 아마도 바울 자신이 자기의 소명과 소임에 대해, "하나님께서 … 그 아들을 이방에 전하기 위하여 그를 내 속에 나타내시기를 기뻐하실 때 …"(갈 1 : 15 이하)라고 표현한 것은 예수를 하나님의 아들로 여기는 것이 자신의 회심의 경험에 내재되어 있었다는 것을 함축하는 것이리라.

비록 바울이 "하나님의 우편"이라는 은유를 거의 사용하지 않는 정도이지만 그는 시편 110 : 1의 신탁을 메시야에 대한 예증(豫證)으로서 제시한다. 그리고 사실상 고린도전서 15 : 24~28에서 그는 다른 어떤 신약성경 기자들보다 더 충분하게 그것을 해설하고 있다. 그 신탁은 "내가 네 원수로 네 발등상 되게 하기까지 너는 내 우편에 앉으라"고 되어 있는데, 바울은 이 원수들을 밝히고자 한다. 그들은 살과 피를 가진 원수들이 아니라, 하나님의 목적과 인간의 복지를 방해하는 일을 하는 우주 안의 "권력자들과 권능자"들이라는 것이다. 바울이 고린도전서에서 하나님께서 그의 백성의 영광을 위하여 만세 전부터 감취어져 온 하나님의 지혜를 몰라 "영광의 주를 못 박았던," "이 시대의 지배자들"이라고 말한 것이 곧 이러한 질서의 권세자들이다(고전 2 : 6~8). 본디오 빌라도와 다른 자들이 이러한 일에서 역사적인 역할을 수행하였다 할 수 있다. 그러나 그들은 그 의미를 미처 깨닫지 못한 채 영적 세계에 있는 그러한 적개심에 불타는 권세자들의 대리인 역할을 한 것이다. 이제 십자가의 승리와 부활하신 주의 통치에 힘입어 그러한 권세자들은 점차적으로 파멸되고 있는 중이다. 그러한 세력들이 지니고 있는 최후의 그리고 최상의 무기는 사망이다. 그러나 이 사망은 그리스도의 부활이 그 첫 열매인 최후의 부활에 파멸될 것이다.

신탁은, "내가 네 원수들 네 발등상되게 하기까지 너는 내 우편에 앉으라"고 말했다. 그래서 바울은, "그리스도께서 모든 원수를 발 아래 둘 때까지 불가불 왕노릇하리라"(고전 15 : 25)고 말한다. 그러한 모든 원수들이 사망 자체를 포함하여 굴복되면, 그리스도의 통치는 영원한 하나님의 통치로 바뀐다. 그러므로 그리스도의 통치, 즉 "메시야의 시대"는 현재의 시대와 다가올 시대의 중간이다. 혹은 다른 관점에서 보면, 그 양자의 겹친 부분, 즉 현재의 시대가 아직 완전히 끝나지 않았고 올 시대가 아직 완전히 확립되지 않은 단계로 볼 수도 있다.

여기서 그러한 권세자들과 권능자들에 관하여 더욱 설명되어야겠다. 바울이 그러한 자들에 대해 말할 수밖에 없었던 내용을 잘 살펴보면, 그의 사유방식으로 보아 그들은 인간의 마음을 지배하며, 인간들이 그들을 믿고 그들에게 연합하는 한 능력있는 아주 기본적인 세력들임이 드러난다. 그러나 인간의 마음이 십자가에 못 박히고 부활한 그리스도를 믿는 믿음으로 해방되면, 그들 세력들이 채워놓은 족쇄가 깨뜨려지고 그들의 힘이 와해되며 그들 자신은 "연약하고 갈 곳 없는," 하잘 것 없는 존재에 불과함이 드러난다. 최상의 두 능력, 즉 죄의 힘과 사망의 공포가 인간들의 삶을 쇠사슬로 묶을 수는 있다. 그러나 그리스도께서 주시는 해방을 누리는 자들은 죄가 그들을 더 이상 지배할 수 없고, 심지어 사망도 다가올 부활을 바라볼 때 순전히 부가적인 것에 불과하다는 것을 안다. 그 권세자들과 권능자들의 멸망은 비유적인 언어로 표현될 수도 있다. 그러나 그 실제 사태는 신자가 경험하는 내적인 해방감과 자유의 만끽이다.[18]

바울이 "죽으실 뿐 아니라 다시 살아나신 이는 그리스도 예수시니, 그는 하나님의 우편에 계신 자요"라는 말로써 원시 신앙고백을 반영하고 있는 것으로 보이는 로마서 8:34에서, "그리스도는 우리를 위하여 간구하시는 자시니라"는 말을 덧붙이고 있다. 말하자면, 통치하는 그리스도는 수동적으로 아버지께서 그의 원수들을 그의 발등상되게 하리라는 약속을 성취하기를 기다리는 것이 아니라, 적극적으로 그의 백성의 편에 서서 일한다는 것이다. 바울은 고백적인 말을 법정진술의 형태로 구약성경의 모티브를 반복하듯이 모방한다.[19] 그는 도전적으로, "누가 능히 하나님의 택하신 자들을 송사하리요?"라고 시작하여, 어느 누구도 감히 구약성경의 사단의 역할[20]을 맡아 천국의 법정에서 그 택자들을 박해하고자 시도할 수 없는데, 그 이유는 하나님 자신이 그들의 심판자이시며 죽었다가 다시 살아나신 그리스도가 조언자로서 그들의 변화를 담당하시기 때문이라는 사실을 확언한다.

하늘에 오른 그리스도에게 중보하는 사역을 돌리는 것은 이사야 53:12에 근거하였을 것이다. 거기서 비천하게 되고 그 정당성을 인정받은 하나님의 종은 "범죄자를 위하여 기도하는 자"로 되어 있다.[21] 이러한 그리스도에 대한 인식은 신약성경의 신학자들 중에서 바울에게만 특별히 해당되는 것은 아니다. 왜냐하면, 요한一서 2

The Son of God : The Origin of Christology and the History of Jewish-Hellenistic Religion, E. T. (London, 1976).

17) 참고, the Q-logion 마 11:27, 눅 10:22, 그러나 예수가 아바(Abba)를 사용한 것은 충분한 증거가 된다. pp. 208 이하를 보라.
18) pp. 182 이하, 412 이하를 보라. 또한 F.F. Bruce, "Galatian Problems, 3. The 'Other' Gospel, *BJRL* 53(1970-1), pp. 266~70을 참고하라. 그러한 "약하고 비천한" 기본적인 능력들의 특징에 대해서는 갈 4:9를 보라.
19) 사 50:8 이하의 야웨의 종의 도전을 참고하라.
20) 슥 3:1~5에 나타나 있는 하늘의 법정에서 대제사장 여호수아를 부질없이 박해하고자 하는 것을 참고하라.
21) 이러한 중보는 70인역에서는 불투명하게 나타난다. 그러나 요나단의 아람어 구약성경(Targum of Jonathan)에서는 제4의 종의 노래, 가령 사 53:4, 11("그들의 죄악을 친히 담당하리라"), 12("그가 많은 사람의 죄를 지며") 등 곳곳에서 이 주제를 도입하고 있다. p. 66을 보라.

: 1에는 "누가 죄를 범하면 아버지 앞에서 우리에게 대언자가 있으니 곧 의로우신 예수 그리스도시라"고 되어 있다. 한편 그 주제는 히브리서 기자에 의해 예수를 하늘보다 높이되신 대제사장으로 묘사하는 문맥에서 예수는 "자기를 힘입어 하나님께 나아가는 자들을 온전히 구원하실 수 있으니 이는 그가 항상 살아서 저희를 위하여 간구하심이라"고 정교해진다(히 7 : 25).[22]

바꾸어 말하면, 그리스도가 그의 백성에 대해 가지는 적극적인 관심을 그들의 편에 서서 당한 그의 죽음으로 끝난 것이 아닌 것이다. 그는 새로운 질서의 존재를 지니고서 아직도 그들의 친구와 조력자가 되어 그들의 다양한 소원에 적합한 영적인 자양분을 제공하는 것이다.

3. 주님과 성령

그러나 바울이 이처럼 그리스도께서 그의 백성들에게 필요한 영적인 자양분을 공급하는 것을 서술할 때, 그는 대부분의 경우 성령의 활동의 관점에서 기술한다. 그가 성령의 사역에 관해 말하고 있는 것은 승천하신 그리스도의 사역에 관해 말하고 있는 많은 내용에 필적한다. 예를 들면, 성령이 신자들의 마음에 부은 바 된 사랑은(롬 5 : 5) 결코 추상적인 것이 아니다. 그리고 이러한 사랑은 고린도전서 13장에서는 마치 그리스도의 품성이 초상되고 있는 것처럼 인격적인 용어들로 기술되고 있다. 마찬가지로, 고린도후서 3 : 18에서는 신자들의 생활에 작용하는 성령의 기능이 그들을 점진적으로 그리스도의 형상으로 변형시키는 것으로 나타나 있다. "영광으로 영광에 이르니 곧 주의 영으로 말미암음이니라."

이 "주의 영"(The Lord who is Spirit)이라는 말은 바울이 출애굽기 34 : 29~35의 설화에 대해 이 말을 하기 직전에 해석한 것에 기초한다. 하나님의 영광을 대함으로써 그 얼굴이 빛나게 된 모세는 그 빛을 그의 동료인 이스라엘 백성에게 보여 주지 않기 위하여 수건으로 가렸다. 그러나 그가 "여호와 앞에 갔을" 때에는 그것을 벗었다. 바울이 이 이야기로써 의미하고자 하는 바는, 모세가 하나님의 면전에 나아갈 때마다 하나님의 영광을 "다시 받았으며," 그가 이스라엘 백성에게 갔을 때는 그 영광이 자기의 얼굴에서 사라지는 것을 이스라엘 백성들이 보지 못하도록 수건으로 가렸다는 것이다. 모세의 얼굴에 나타난 사라질 수밖에 없는 영광은 이미 우리가 아는 대로 "그리스도의 얼굴에 나타난" 사라지지 않는 "하나님의 영광"과 대립된다(고후 4 : 6). 이는 곧 한정된 시기에 주어져서 사라져 없어지는 율법의 낮은 영광과 "영의 법"인 복음의 탁월한 영광(고후 3 : 8)의 대립을 나타낸다.

그러나 바울은 출애굽기의 설화에서 복음 시대가 예시되어 있음을 본다. 모세가

---

[22] 참고, E.C. Rupp, "The Finished Work of Christ in Word and Sacrament," in The Finality of Christ, ed. D. Kilpatrick(Nashville / New York, 1966), pp. 175 이하.

"여호와 앞에 갔을" 때(출 34 : 34) 그는 그의 얼굴에서 수건을 벗었다. 그와 같이 "사람이 언제든지 주께로 돌아가면 그 수건이 벗어지리라 주는 영이시니 주의 영이 계신 곳에는 자유함이 있느니라"(고후 3 : 16 이하).[23] 즉, 출애굽기 설화에서의 "여호와"는 이 새로운 질서의 성령에 상응하며, 주님의 영이 계신 곳에는 "수건을 가리지 않은 얼굴로"[24] 하나님의 면전으로 나아갈 자유가 있다는 것이다. 바울이 시사하는 바는 율법의 직분 안에서 하나님께 나아가는 것은 어렵고 여러 제한과 금지조치로 인하여 방해받고 있으며, 성령의 직분 안에서 하나님께 나아가는 것은 자유롭고 제한이 없다는 것이다.

"주님은 영이시다"라는 진술은 주로서의 그리스도와 하나님의 영이 동일함을 언명하는 것으로 여겨져 오고 있는데, 이것이 바울의 의도는 아닌 것 같다. 오히려, 이 진술은 바울이 모세가 하나님의 면전에 나아가는 것을 해석한 것이거나 신자가 새 언약에 들어가는 것을 모세의 경험에 비추어 설명하는 것이다. 여호와가 모세에게 의미하는 바와 영이 신자에게 의미하는 바는 같다. 그러나 "주는 영이시다"는 말과 나중의 "영이신 주"(한글 개역판에는 "주의 영"―역자주)라는 언급―문자 그대로는 "주 곧 영"(The Lord the Spirit)―에서, 바울은 승천하신 그리스도와 신자에게 있어서의 성령 간의 동일성이 아니라 실상은 양자의 밀접한 연관성을 나타내고 있음이 분명하다. 19세기 스코틀랜드의 신학자인 죠지 스미튼(George Smeaton)은 신중하게, "그의 언어는 그가 그들의 연합 선교를 어떻게 이해했는가, 그리고 그가 그리스도는 성령과 분리하여 결코 생각될 수 없으며, 마찬가지로 성령도 그리스도와 분리하여 생각될 수 없다는 사실을 얼마나 강력하게 주장하는가를 보여준다"고 말했다.[25] 우리 시대의 에른스트 케제만(Ernst Käsemann)은 스미튼보다 덜 신중하긴 하지만 더욱 직설적으로 성령을 "높이 들린 주님의 지상적인 현출(現出, praesentia)"이라 기술한다.[26]

그러나 이러한 케제만 교수의 설명은 "영이신 주"에 대한 것이 아니라 우리가 이미 암시했던 바 부활하신 예수가 "살려주는 영"이 되었다는 진술(고전 15 : 45)에 대한 것이다. 그리고 "주는 영이시다"라는 말을 어떻게 해석하든지간에, 부활하신 그리스도와 성령 간의 동일성은 우선적으로 "마지막 아담이 살려주는 영이 되었다"

---

23) 참고, J.D.G. Dunn, "2 Corinthians iii. 17 'the Lord is the Spirit,'" *JTS* n. s. 21(1970), 309 이하 ; C.F.D. Moule, "2 Cor. 3 : 18b, *Kathaper apo Kuriou pneumtos*," in *Neues Testament und Geschichte, Oscar Cullmann zum 70. Geburtstag*, ed. H. Baltensweiler and B. Reicke(Zürich / Tübingen, 1972), pp. 231 이하.

24) 참고, Paul's use of παρρησία in 2 Corinthians 3 : 12. W.C. van Unnik, "The Christian's Freedom of Speech," *BJRL* 44(1961~2), pp. 466 이하와 "With Unveiled Face," *Novum Testamentum* 6(1963), pp. 153 이하를 보라.

25) G. Smeaton, *The Doctrine of the Holy Spirit*(Edinburgh, 1882), p. 57.

26) E. Käsemann, *Raligion in Geschichte und Gegenwart*, ii(Tübingen, 1958), col. 1274(*s. v.* "Geist")

는 구절에서 확언되는 것처럼 보인다. 다른 여러 곳에서, 바울이 유일하게 살려주는 영에 대해 알고 있음이 나타난다. 그는 그 살리시는 영이 "그리스도 예수 안의 성령의 영"이라는 사실(롬 8:2)과, 그 영의 내주하는 능력이 가사적인 몸들을 살리신다는 사실(롬 8:11)과, 그 영의 살리시는 속성이 율법의 죽이는 것과 대조되어 나타난다는 사실(고후 3:6)과, 겉사람은 후패하더라도 신자의 속사람이 성령을 통하여 날로 새로와진다는 사실(고후 4:16), 그리고 이 성령이 신자 속에 나타나는 것이 곧 신자가 하늘의 영원불멸한 몸을 입는 것을 보증한다는 사실(고후 5:5) 등을 알고 있었던 것이다.

바울은 마지막 아담의 "살려주시는 영"이라는 어구를 사용하면서 창세기 2:7의 처음의 아담에서 예시된 "살아 있는 영"이라는 어구와 적절하게 조화를 이루고자 한 것은 사실이다. 그러나 마지막 아담을 기술하기 위하여 취택된 어구는 바울이 반복해서 강조해 마지 않는 신앙의 핵심적인 다음의 두 요소에 비추어 볼 때 특히 적절하다. ① 그리스도는 죽음에서 부활하심으로써 그의 모든 백성이 함께할 부활의 추수의 첫 열매라는 것과, ② 그의 백성들이 그들의 스승이 생명과 영광 중에 부활한 것에 영원히 동참할 것에 대한 언약과 첫 보증으로서 성령이 그들에게 지금 여기에 주어졌다는 것 등이다. 지금 여기에서 "주와 합하는 자는 한 영이다"(고전 6:17)라는 이 구절은 바울이 남자와 여자가 결혼으로 연합하여 "한 몸"이 된다는 것(창 2:24)에 비교적으로 대립시키기 위해 택한 또다른 댓구적 구절이다. 그러나 이것이 그저 문체상의 이유로만 취택된 것은 아니다. 이것은 바울의 사상에서 반복되는 주제, 즉 신앙으로 "주와 합한 자"는 이제 영생과 다가올 영광된 소망을 얻되 그러한 생명과 소망을 매개하는 성령을 통하여 얻는다는 사실과 "주와 합한 자는 한 영"이므로 그 안에 함께 연합한 모든 자들과 같이 그렇게 된다는 사실을 표현한다.

4. 하나님의 형상

우리가 이미 살펴본 바와 같이, 바울은 "그리스도의 영광에 대한 복음의 빛"을 그리스도가 "하나님의 형상"이라는 사실과 연관시킨다. 만약 전자가 그의 다메섹 도상의 경험을 회상하는 것이라면, 후자는 무엇을 나타내는 것일까? 그로 하여금 부활하신 그리스도가 하나님의 형상이라고 느끼게끔 한 그 무엇이 있었을까? 예를 들면, 그는 에스겔이 "여호와의 영광의 형상"을 보았을 때(겔 1:26,28)처럼 "사람의 모양 같은" 것을 보았고 그것이 예수라는 사실을 예수의 말에 의해 인식하였는가 우리는 확실히 말할 수 없다. "하나님의 형상"이라는 표현의 의미가 바울에게 어떠한 것이었는지를 안다는 것은 어렵다. 그러나 그가 "그리스도의 얼굴에서 하나님의 영광을 알리는 빛"을 보았다고 말할 때, 그는 그리스도 안에서 하나님의

형상을 보았다는 사실에 실제적으로 상당하는 언어를 사용하고 있는 셈이다.[27]

바울이 그리스도를 이러한 말로 표현한 유일한 신약성경 기자는 아니다. 제 4복음서 기자는 성육신하신 말씀이 십자가상에서 그 절정을 이루기까지 그의 사역을 통하여 점진적으로 나타나는 하나님의 계시를 기록하고 있으며, 히브리서 기자는 하나님의 아들을 "하나님의 영광의 광채시요 그 본체의 형상"이라 말하고 있다(히 1:3). 그러나 바울은 그리스도를 하나님의 형상으로 표현할 때 이를 그리스도의 백성이 하늘의 사람의 형상을 입어 지상의 형상을 전혀 가지지 않을 때까지 내주하는 성령[28]에 의해 그리스도의 모습과 동일한 모습을 띠게 된다는 사실을[29] 철저히 일관성있게 기술하고 있다.

구약성경에 의하면, 사람은 하나님의 형상대로 만들어졌으며(창 1:26 이하), 그의 영광을 위하여 지어졌다(사 43:7). 바울이 말하는 것처럼, 사람은 "하나님의 형상이며 영광이다"(고전 11:7).[30] 바울이 부활하신 그리스도를 제2의 사람, 즉 마지막 아담으로 초상한(portrayal) 것을 그리스도를 하나님의 형상이자 하나님의 영광을 드러내는 자라고 보는 그의 견해와 따로 떼어 생각한다는 것은 무리이다. 처음 인간이 옛 창조에서 불완전했던 것과는 달리 그리스도는 새 창조, 즉 부활의 질서 가운데 완전했다는 것은 다르나 둘 다 창조와 연관되어 있다는 것은 동일하다.

이제 계속하여 다른 양상을 띠고 있는 바울의 기독론을 그리스도를 하나님의 형상으로 보는 이러한 견해와 연관시키는 일은 매혹적인 일이다.

바울이 그 내용은 알고 있었음이 틀림없는 『알렉산드리아 지혜서』(The Alexandrian Book of Wisdom)에서, 지혜란 인격화된 것일 뿐만 아니라 하나님의 신성에 대한 "형상"이다.[31]

한 가지 사실은 확실하다. 바울은 그의 동료 신학자들인 신약성경 기자들의 몇몇과 마찬가지로 그리스도를 하나님의 지혜와 동일시 했으며, 그리스도에게 구약의 지혜 문학의 인격화된 지혜에서 예시되는 어떤 활동들을 부속시켰던 것이다. 예를 들면, 바울이 "한 주 예수 그리스도께서 계시니 만물이 그로 말미암고 우리도

---

27) 바울의 회심 체험에 있어서 그가 그리스도를 하나님의 형상으로 평가하는 기초의 문제는 나의 연구 학생들 중의 한 사람에게 각별한 관심거리이다. 그는 김세윤이라는 학생이다. 다메섹 도상에서 그리스도가 다시 나타난 것이 그의 복음에서 증거되고 있음에 대한 그의 연구들은 이 문제와 연관된 주제들에 대한 나의 생각에 상당한 자극을 주고 있다.
28) 고후 3:18(p. 210을 보라), 참고, 갈 4:19.
29) 고전 15:49.
30) 창 1:26 이하에서는 $ἄνθρωπος$, 인간에 대해 언급되고 있지만, 바울은 $ἀνήρ$, 남자를 말하고 있다. 그러나 그는 창 1:26 이하를 2:18 이하에 비추어 읽고 인간이 하나님의 형상으로 창조된 것은 처음에는 남자의 형태였다고 결론짓는다. "사람을 창조하시되 남자와 여자를 창조하시고"를 "처음에는 남자를 나중에 여자를"을 의미하는 것으로 받아들였던 것이다.
31) 지혜서 7:26, 여기서는 지혜가 "반성"($ἀπαύγασμα$)으로 기술되고 있다. 참고, 히 1:3. 여기서는 아들이 하나님의 영광의 $ἀπαύγασμα$, 즉 영원한 빛의 $ἔσοπτρον$, 말하자면 역사하시는 하나님의 홈없는 거울이다.

그로 말미암았느니라"(고전 8：6)고 말하거나 그리스도를 "만물이 다 그로 말미암고 그를 위하여 창조되었다"(골 1：15 이하)고 기술할 때, 이러한 그리스도와 하나님의 지혜를 동일시 하는 것은 요한복음 1：4의 "만물이 그로 말미암아 지은 바 되었으니"(즉, 성육신한 말씀에 의하여)와 히브리서 1：2의 하나님의 아들에 대해 "저로 말미암아 모든 세계를 지으셨느니라"[32]고 말하고 있는 진술들을 기초해 주고 있다. 그러나 여기서 문제가 되는 것은 (부활하신) 그리스도가 아니다. 오히려 문제가 되는 것은 인간의 세상에 비자발적으로 들어온 것이 아니라 숙고한 끝에 (겸손하게) 들어온 영원한 그리스도이다. "그는 근본 하나님의 본체시나… 자기를 비어 종의 형체를 가져…"(빌 2：6 이하)[33], "부요하신 자로서 너희를 위하여 가난하게 되셨다"(고후 8：9).

만약 이러한 바울의 기독론의 양상이 그가 그리스도를 하나님의 형상으로 본 것과 관련이 없다고 한다면, 바울의 기독론을 그가 그 뒤에 그리스도를 개인적으로 경험한 것과 연관시키는 것은 어렵다. 바울은 그가 회심하기 전에 하나님의 지혜를 토라의 "바람직한 도구,"[34] 즉 하나님이 세계를 창조하는 수단과 동일시 했다(토라에서 이 "바람직한 도구"는 창조의 목적은 아니다[35]. 바울이 회심한 후에 그의 사상에서 중심을 차지하고 있던 토라의 위치에 그리스도를 대체시켰다. 그리고 이는 이전에 토라에 주어져 있던 속성과 활동을 그리스도에게 전이시켰음을 의미한다. 그러나 꼭 그러한 것은 아니다. 바울의 사태를 보는 체계에서 토라를 대신한 그리스도는 토라와 동등하다기 보다는 그것을 넘어서서 "율법의 마침"(롬 10：4)이었다.[36] 그러나 그리스도가 하나님의 지혜의 마침은 아니었다. 그는 바로 그 지혜의 현신이었다.

그러나 바울에게 있어서 선재하는 그리스도가 부활하신 그리스도인 성령과 연관이 되지 않는다는 사실은 중요한 것 같다. 바울에게 있어서 성령은 새로운 시대를 알리는 전달자이자 징표임이 뚜렷이 드러난다. 그리고 이러한 새 시대는 무엇보다도 "성결의 영으로는 죽은 가운데서 부활하여 능력으로 하나님의 아들로 인정된"(롬 1：4) 그리스도의 존재에 대한 그의 견해와 연관되어 있다. 왜 여기서 바울이 더 자주 사용하는 "성령"이라는 어구 대신에 "성결의 영"이라는 어구가 사용되었는가는 생각해 볼 만한 일이다. 그러나 이것은 "성령"에 대한 히브리어적인 구성[37]을

---

32) 참고, 계 3：14. 여기서는 그리스도가 "아멘… 하나님의 창조의 시작"으로서 말한다. 이는 잠 8：22, 30의 반영인 바, 여기서는 지혜가 "그의 길의 시작," 즉 창조 시 그의 아몬("장인"〈匠人〉)으로서 말한다.
33) 이 철자는 사 52：13~53의 철자를 반영한다. 그러나 70인역과는 다르게 번역된 헬라어역에서는 "그가 그의 혼을 죽음에 부었다"는 것을 반영하는 구절로 되어 있다.
34) Cf. Rabbi Aqiba in *Pirqê Abôt* iii. 19.
35) Cf. Rabbi Banna'ah in *Genesis Rabba* 1：4(창 1：1에서).
36) pp. 104, 190 이하를 보라.
37) Heb. *rûah haqqódeš*.

문자 그대로 번역한 것이며, 그 의미에 있어서 "죽은 자 가운데서 예수를 살린 자의 영," 말하자면 그리스도의 백성의 생활 속에 거주하여 그들의 부활을 마찬가지로 약속하고 있는 영(롬 8 : 11)과 구별될 수가 없다. 알버트 쉬바이쳐가 말한 것처럼, 그리스도의 영은 "그의 메시야적인 인격의 생명 원리"이다.[38] 또한 그것은 그리스도의 백성들의 영광의 소망이신 살아 있는 그리스도 자신이다. 이때 그 소망이 실현되는 것도 그 영 안에서이다. "우리 생명이신 그리스도께서 나타나실 그때에 너희도 그와 함께 영광 중에 나타나리라"(골 3 : 4). 그리스도께 속한 부활한 백성들이 높이 들린 주님의 형상에 완전히 함께할 때, 성령의 현재의 사역은 완성된다. 그러나 이러한 현재의 사역을 완성하는 성령은 예수의 제자들에게 오기 전에 예수 자신에게 먼저 온 성령이다. 바꾸어 말하면, 바울에게 있어서 그리스도는 자신의 부활한 생명과 능력을 내주하는 성령에 의해 그의 백성들에게 나누어주는 분이시며, 높이 들린 주님은 종이로서, 십자가에 달려 못 박히신 자이시며, 또 역사적 예수로서 사람들 사이에서 생활한 연속된 인격을 가진 존재이시다.

---

38) A. Schweitzer, *The Mysticism of Paul the Apostle*, E. T. (London, 1931), p. 165.

| 제13장 |

바울과 헬라에의 선교

1. 바울이 헬라 세계에 돌아가다.

바울은 "시리아와 길리기아 지방"으로 되돌아감으로써 결정적으로 헬라 세계에 전념하게 되었다. 바울은 젊은 시절에 헬라 세계의 악영향을 받지 않도록 하고자 하는 그의 부모의 뜻에 따라 예루살렘에 보내졌다. 그 당시 그들에게 있어서 헬라 세계는 "사악한 조류의 장소"(현명한 압탈리온〈Abtalyon〉은 바울이 태어나기 한 세대 혹은 그 이상의 시기 전에 이 땅을 그렇게 불렀다)로써 그 조류에 취한 자들을 죽음으로 몰아넣고 하나님의 이름을 부패한 것으로 만들던 땅이었다.[1] 이제 그는 그러한 지역과 그 지역에 사는 자들에게 그의 새로운 스승을 전파하기 위하여 이러한 흉조의 영토에 되돌아 왔던 것이다.

유대와 심지어 예루살렘까지도 헬라 세계의 일부를 형성했다.[2] 이 거룩한 성 바로 그곳에서 아람어와 히브리어 외에 헬라어가 통용되었고,[3] 우리가 살펴보았듯이 헬라화된 유대인들은 헬라에 그들의 회당을 지어 그곳에서 성경을 읽고, 헬라어로 예배를 드렸다. 이교적인 헬레니즘의 영향은 바울이 교육받았던 학파에서는 철저

---
1) *pirqê Abôt* 1 : 11.
2) Cf. I. H. Marshall, "Palestinian and Hellenistic Christianity : Some Critical Comments," *NTS* 19(1972~73), pp. 271~287.
3) Cf. J. N. Sevenster, *Do you know Greek?*(Leiden, 1968). 히브리어가 발화되었을 가능성에 대해서는 M. H. Segal, *A Grammar of Mishnaic Hebrew*(Oxford, 1927), pp. 14~19와 T. W. Manson, *The Teaching of Jesus*(Cambridge, ²1935), pp. 46 이하를 참조하라.

히 배제되었다. 그러나 현자들마저도 헬라어를 알고 있었으며, 그들의 학생들에게 헬라어와 헬라 문화를 바탕으로 예방법을 가르칠 수 있었다. 가말리엘의 아들인 시메온(Simeon)은 토라를 연구하는 많은 학생들 외에 "헬라인들의 지혜"를 연구하는 학생들을 많이 두고 있었던 것으로 전해진다.[4] 그리고 더 연장자인 가말리엘도 그러한 학생을 두고 있었다는 것은 애써 의심할 필요가 없는 사실이다. 바울이 가말리엘의 문하에서 기초적인 헬라어 학습을 받았다는 것은 거의 확실하다. 그러나 그는 다소로 되돌아온 후 그의 활동기의 태반을 거치는 동안 여러 도시를 여행하면서 헬라적인 생활방식에 익숙해졌다. 왜냐하면, 그는 이제 더 이상 수도사적인 존재를 유지할 필요가 없었으며, 복음으로써 이방인들을 정복하기 위해서 대부분의 생활을 이방인들 중의 한 이방인으로서 영위했기 때문이다.[5] 그의 편지들이 보여주는 헬라 문학과 사상에 대한 지식은 그 당시 헬라 세계에서는 교육받은 자들이 상식적으로 지니고 있는 것이었다. 그 정도의 지식을 획득하는 데에는 헬라 교사들로부터 정규적인 가르침을 받을 필요가 없었다. 그 당시 그의 신앙과 생활의 방향은 너무나 확고하게 고정되어 있었다. 첫째는 그의 유대적인 양육에 의해 그리고 주님이신 예수에의 굴복에 의해 고정되어 있었다. 그리하여 헬레니즘은 그의 정신에 결정적인 영향력을 행사할 수 없었던 것이다. 그의 저작들에서, 그 당시 유포되어 있던 대중적인 스토아 사상에서 특별히 빌어온 개념들이나 표현들이 기독교적인 문맥으로 자유롭게 원용되어 그 일익을 담당하고 있음을 볼 수 있다.[6] 그러나 그가 헬레니즘 지역인들에게 복음을 전파할 때에 그것은 결코 헬레니즘화된 것은 아니었다. 십자가에 못 박힌 그리스도를 통하여 해방과 생명을 얻는다는 그의 전파는 그의 복음이 그 당시 널리 받아들여지고 있던 헬레니즘적인 가치 기준들과 기본적인 갈등을 일으키게 했다. 그리고 그의 복음은 바울 자신이 "세상의 지혜"(고전 1:20 하반절)라고 일컫는 것의 시각으로 접근하는, 그러한 청중들이 보기에는 "우둔하다"는 평을 얻게 되었다.

바울이 다소에 돌아간 후 약 10년 간의 그의 행적과 경험에 관해서는 지극히 적은 지식 밖에 남아 있지 않다. 그는 그 세월을 복음을 전하는 데에 힘썼다고 확실히 말하고 있다. 이 기간 동안 유대에 있는 교회들은 이전에 그들을 박해하던 자가 "이제 한때 그가 멸하고자 했던 신앙을 전파하고 있다"(갈 1:23)는 소식을 들

---

4) *TB Sotah* 49b. 가말리엘 1세와 가말리엘 2세는 시메온이라 불리는 아들을 두고 있었다. 가말리엘이라 불리는 랍비는 항상 명확하게 그 정체가 드러나지는 않는다. 그리고 여기서 언급되는 것은 가말리엘 2세(약 AD 140년 경)의 아들일 것이다. 그러나 이 사실이 가말리엘 1세의 가능적인 활동에 영향을 주지는 않을 것이다.
5) 고전 9:19~23의 사건에 대한 그 자신의 설명을 참조하라.
6) Cf. M. Pohlenz, *Paulus und die Stoa*(Darmstadt, 1964). 바울이 더 이전의 철학적 방법에 도움을 받았을 가능성에 대해서는(특히, 고후 10~13장에서) H. D. Betz, *Der Apostel Paulus und die sokratische Tradition*(Tübingen, 1972)에서 논의되고 있다.

었다.[7] 바울 자신의 설명에 따라(갈 1 : 22) 비록 그가 그러한 교회들을 개인적으로 알지 못했다 한다면—이러한 교회에서 예루살렘 교회는 제외된다—그것은 그가 교회를 박해할 때 특별히 헬라에 있던 제자들을 겨냥하고 있었기 때문이다. 이제 그 제자들 중에서 유대에 남아 있는 자는 거의 없었다.

그가 고린도후서 11 : 22~27에서 나중에 기록하고 있는 바 자신의 사도적인 사명을 입증하기 위한 역경을 견디어냈던 기간이 바로 이 기간이다. 예를 들면, 그가 "유대인들에게 사십에 하나 감한 매를 다섯 번 맞았다"[8]고 말할 때—이 다섯 번 중 어느 한번도 다른 곳에서 언급되고 있지 않다—그 사건들은 그의 기독교인으로서의 경력에 삽입됨이 틀림없다. 사실 그때까지만 해도 회당의 금율에 익숙해 있던 그로서는 그러한 기독교인으로서의 경력이 절실했다 하겠다. 아마 그는 자신의 로마 시민권을 근거로 이러한 회당의 금율에 얽매이지 않아도 된다고 주장할 수도 있었을 것이다. 그러나 그것은 결과적으로 그의 유대인으로서의 자격을 거부하는 것이며, 회당을 그의 기본적인 활동 근거로 사용하고자 하는 그의 정책을 포기하는 것이다. 그가 다른 도시를 방문할 때마다 한 사람의 견실한 유대인으로서 회당을 찾아갔다는 것은 그러한 회당의 계율을 할 수 없이 받아들이고 있음을 보여준다. 그가 서른 아홉 번에 걸쳐 매를 맞은 것 중 다수는 그가 길리기아에서 생활하는 동안에 있었음이 틀림없다. 그러나 같은 문맥에서 나타나는 "수도 없이 맞은"[9] 것이나, 또다른 험한 대접을 받았다는 것도 이 길리기아에서 생활하는 동안에 일어났는지에 대해서는 확실히 말할 도리가 없다.

2. 유대교의 선교 사업

AD 1세기 초엽 이방인들에게 유대교로의 개종을 독려하는 상당한 활동이 행해졌다는 증거가 있다.[10] 힐렐은 "여러분의 동료 피조자들을 사랑하라. 그리고 그들을 토라 가까이에 데려오라"고 말했다.[11] 이 시대에서 우리에게 잘 알려져 있는 유대교로의 개종으로서 가장 분명한 것은 AD 40년 경 티그리스 동쪽에 위치하고 있

---

7) p. 65를 보라.
8) 기록된 율법에서 열거되고 있는 태형의 최고 횟수는 40번이다(신 25 : 3). 이 율법을 우연히 범하는 일을 막기 위하여 "율법에 안전책을 둔다"는 원리에 따라 전통적으로 39번에 한정했다(Mishnah Makkôt 3 : 10~15).
9) 이것은 언급된 바 다섯 번의 경우를 포함하고 막대기로 세 번 두들겨 맞은 것을 포함한다. 그런데 아마도 빌립보에서와 같이(행 16 : 22 이하) 로마 관원들에 의한 형벌이었을 것이다. p. 232를 보라.
10) 이 점에 대해서는 J. Munck 가 그의 *Paul and the Salvation of Mankind*, E. T. (London, 1959) pp. 264 이하에서 주의를 환기시키고 있다. Cf. A. D. Nock, *Essays on Religion and the Ancient World*, ii(Oxford, 1972), p. 929.
11) *Pirqê Abôt* 1 : 12.

는 아디아베네(Adiabene)의 지배층이 유대교로 개종한 것이다. 이것은 유대교인들의 선교활동이 외국에서 시시때때로 옮겨가면서 이루졌음을 나타낸다.[12] AD 30년 오순절 축제를 위해 예루살렘에 있던 사람들에 대해 누가는 "로마로부터 온 나그네 곧 유대인과 유대교에 들어 온 사람들"이라고 기록하고 있다(행 2:10). 초기 예루살렘 교회의 헬라파의 일곱 지도자들 중의 한 사람은 "유대교에 입교한 안디옥 사람 니골라"(행 6:5)였다.[13] 다른 헬라파 지도자인 빌립은 예루살렘에 왔다가 집으로 돌아가는 이디오피아인 유대 개종자(혹은 하나님을 경외하는 자라 부르기도 함)에게 세례를 주어 "그를 즐겁게 돌아가도록" 했다(행 8:27~39). 한편, 베드로는 빌립이 그같이 세례를 주고 할 즈음에 가이사랴의 백부장인 경건한 자 고넬료에게 그의 식솔들과 함께 세례를 주었다.[14] 하나님을 경외하는 자들(God-fearers)이란 여러 가지로 유대교의 예배와 생활방식을 수용하고는 있으나 아직 완전히 유대교로 개종하지 않는 이방인들이다. 완전한 개종자가 되어 회심을 통하여 유대교 공동체의 일원이 되기 위해서 남자 이방인은 원래 의식적인 목욕("개종자 세례"〈proselyte baptism〉)을 하고 제사를 지내고 모세의 율법을 지키고자 서원하는 것 외에 할례를 행해야 했다.[15] 이러한 이유 때문에 이방인 여인들이 먼저 유대교 개종자가 되었다. 물론, 할례 외에 의식적인 목욕을 하고 제사를 지내고 모세의 율법을 지키겠다고 서원하는 것은 그 여자들에게도 해당되는 것이었다. 그러나 유대교 개종자들과 하나님을 경외하는 자들은 로마 제국의 지방에 많은 수가 퍼져 있어 바울이 도시를 순회하면서 교회를 설립하고자 할 때 토대를 제공했다. 특히 하나님을 경외하는 자들이 더욱 그러했다.

각 지방에 그같은 유대교 개종자들과 하나님을 경외하는 자들이 있었던 것은 유대인들이 이방인들 사이에서 그들의 신앙을 증거하고 선교하는 활동에 의한 것이었다. 이러한 활동에 함께했던 유대인들은, 세상에서 야웨의 증인이 되며, 그를 만방에 알려 찬양하라는 위로의 선지자가 공포한 이스라엘의 선교를 심각하게 받아들였다(사 45:10~12, 21). 바울 자신이 회심하기 전에 이러한 활동에 지도적인 역할을 맡아 이방인들을 율법에 복종케 하고자 했다는 의견을 몇몇 사람이 제시했다.[16] 이 의견은 증명될 수는 없다. 그러나 이러한 의견이 다소 옳다면, 이 사실

---

12) Josephus, *Ant*. XX. 17 이하.
13) p. 63을 보라.
14) 행 10:47 이하.
15) Cf. H. H. Rowley, "Jewish Proselyte Baptism and the Baptism of John," in *From Moses to Qumran*(London, 1963), pp. 211~235와 T. F. Torrance, "Proselyte Baptism", *NTS* 1(1954~55), pp. 150~154.
16) "우리는 바울이 기독교인이 되기 전에 유대교 선교에 헌신하였다는 사실의 가능성에 심각한 주의를 기울여야 한다"(M. Hengel, "Die Ursprünge der christlichen Mission", *NTS* 18 〈1971~72〉, p. 23). Cf. H. T. Schoeps, *Paul*(London, 1961), pp. 219 이하. 이는 아마도 갈 5:11, "만약에 내가…… 아직 할례를 전파한다면"이라는 바울의 언사에 대한 배경이 될

이 그가 그리스도를 이방에 전파하도록 새롭게 소명을 받은 사실의 토대가 되었을 것이다. 말하자면, 그의 이방인에 대한 선교의 계획에서 이제 율법 대신에 십자가에 못박히시고 높이 들리신 예수가 그 중심으로 들어서기만 하면 된다는 것이다.

3. 복음이 시리아의 안디옥에 다다르다.

바울이 다소에 돌아가 있는 동안, 시리아와 길리기아에서 복음을 전한 선교사는 바울 자신만은 결코 아니었다. 발에서 예루살렘과 유대의 먼지를 털어버린 헬라파 제자들은 스데반의 죽음 이후에 그들이 받았던 혹독한 박해에 대해 결코 어찌할 수 없는 하나님의 징벌이 있을 것을 생각하면서 외곽 지역에 정착하여 거기서 그들의 신앙을 전파하였다.[17] 만약에 그들이 예루살렘의 신성을 아주 높게 생각하여 원래의 자기 고향을 떠나 예루살렘에서 정착하고자 했다면, 그 거룩한 성 예루살렘이 그들을 쫓아내었을 때 그 실망과 환멸이 엄청났을 것이다. 그리고 그들이 이제 발견한 것처럼 이교적인 혹은 반(反)이교적인 환경이 오히려 하나님을 섬기고 그리스도 안에서 이루어지는 그의 구원의 행위를 계속 증거할 수 있는 더 큰 자유를 제공한다면, 그들은 그러한 환경의 장소가 하나님의 계획에 있어 재평가됨에 틀림없다고 생각하였을 것이다. 예루살렘 교회 내에서 스데반의 동역자였던 빌립은 스데반의 죽음 후에 헬라파의 지도를 맡은 것으로 보이는데, 그는 사마리아 성에서 괄목할 정도로 기독교 선교를 성공시키는 선두주자가 되었고, 가이사랴 마르티나라는 이방 도시에 거주했다.[18] 다른 헬라파 도망자들은 더 멀리 여행하기도 했다. 어떤 이들은 알렉산드리아와 구레네에 갔으며, 거기에서 그들 중의 상당수는 누군가가 특별히 우리에게 알려주고 있는 다른 사람들과 함께 안디옥 만큼이나 북쪽으로 멀리 떨어져 있는 페니키아와 시리아로 왔다.

오론테스에 있는 안디옥(오늘날의 터어키 지방인 하테리의 안타키아)은 실피우스 산기슭에 위치해 있으며, 18마일 쯤 내려가면 그 관문인 셀레시아 피리아 항구가 있다. 이 안디옥은 BC 300년 경에 셀레우스 니카토르라는 셀레우키아 왕조의 첫 통치자에 의해 건설되었으며, 그의 아버지인 안티오쿠스라는 이름에 따라 그렇게 명명되었다. 안디옥은 셀레우키아 왕조의 수도로서 급격하게 중요한 성이 되었으며, 시리아가 BC 64년에 로마의 속주가 되었을 때, 안디옥은 지방 총독이 거주하면서 행정을 수행하는 곳이 되었다.[19] 안디옥은 BC 25년 동 길리기아가 시리아

수 있을 것이다.
17) Cf. M. Hengel, "Zwischen Jesus and Paulus," *ZTK* 72(1975), pp. 196 이하.
18) 행 8:5~4.
19) Cf. B. M. Metzger, "Antioch-on-the-Orontes", *Biblical Archaeologist* 11(1948), pp. 70~88 ; G. W. Elderkin, R. Stillwell, F. O. Waage, D. B. Waage, *Antioch-on-the-Orontes*, I~IV/2(Princeton and Oxford, 1934~52) ; G. Downey, *A History of Antioch in Syria from*

와 합병되었을 때에는 속주의 수도로 남아 있었다. 안디옥은 바둑판 양식으로 계획된 도시로서 인구에 있어서 로마와 알렉산드리아 다음으로 많은 로마 세계에서 세번째로 큰 도시였다. 쥴리어스 시이저와 아우구스투스 및 티베리우스가 이 도시를 확장시키고 장식했다. 한편 헤롯 대제는 주요 도로 양쪽에 열주(列柱)를 선사했으며, 그 거리를 광택이 나는 돌로 치장했다.[20] 안디옥은 정치적인 수도일 뿐만 아니라 상업적인 수도이기도 했다. 시리아에서 생산되는 것들은 이 도시를 거쳐 지중해 연안에 있는 다른 곳으로 수송되었다. 안디옥은 정착된 그리이스 로마 세계와 동방세계의 경계선에 가까이 있었기 때문에, 그 외의 대부분의 헬라풍의 도시들보다 더욱 코스모폴리탄적이었다.

유대인들은 안디옥이 건설되던 때부터 그곳에 주거를 형성해 살았다. 말하자면, 유대 자체가 안디옥에 의해 통치되기 전부터(이 통치는 BC 2세기 초반 동안 이루어졌다) 그러했던 것이다. BC 145년이 되자 유대인들은 그 도시에서 정착자들이나 상인들과는 다른 역할을 했다. 이는 디메트리우스 2세가 셀레우키아 왕권을 놓고서 그 경쟁자와 내전에 돌입한 사건에서 비롯되었다. 당시 그 경쟁자는 안디옥의 대부분을 장악하고 있었다. 그리하여 디메트리우스 2세는 시가전에서 그 기량을 발휘한 적이 있는 하스모니아 가의 요나단의 군대 3천을 지원병으로 요청했다. 그리하여 요나단 휘하의 유대인 군인들이 그 왕을 돕기 위하여 안디옥의 평정에 나섰던 것이다.[21] 기독교 시대가 개진될 즈음 유대교로 개종한 자들이 특별히 안디옥에 많았다고 한다.[22] 그 중의 한 사람인 니골라는 또다시 예수를 믿는 신앙으로 개종했고, 위에서 언급한 것처럼 예루살렘 교회에서 헬라파의 지도자로 입적되었다.[23]

이때, 이 안디옥이라는 도시에 예루살렘으로부터 상당수의 헬라파 이주자들이 찾아들었다. 그 중에는 (누가가 말한 바에 의하면) 사이프러스와 구레네에 고향을 둔 사람들이 있었다.[24] 그 이주자들은 그들의 신앙을 적극적으로 선전했다. 그러나 그들의 선전은 주로 헬라어를 쓰는 유대인, 즉 동료 헬라파에 한정되어 있었다. 그런데 원래 사이프러스와 구레네에서 온 사람들은 그들 자신이 이교도들이었음에도 불구하고 지방 헬라인들에게 그들이 믿는 복음을 함께 믿도록 해야 한다고 생각했다. 그리고 많은 수의 헬라인들은 그 좋은 소식을 마치 그들이 애써 찾던 그 무엇인 양 즐겨 환영했다. 헬라인들의 큰 도시에는, 악의 세력 혹은 외지에서의 격리감으로부터 구원을 약속하는 여러 경쟁적인 종파나 신비한 신앙들이 있었을 것

Seleucus to the Arab Conquest(Princeton, 1961) 그리고 *Ancient Antioch*(Princeton, 1963).
20) Cf. Josephus, *Ant*. xvi. 148.
21) 마카비 1서 11:41~51.
22) Jesephus, BJ vii. 45.
23) 행 6:5(p. 130을 보라).
24) 행 11:20.

이다. 그들을 찾아온 방문자들이 그리스도를 통한 구원의 좋은 소식을 말할 때, 그 방문자들이 말하는 것이 그들에게 완전히 이질적인 것은 아니었을 것이다. 그러나 그 방문자들이 구세주로서 전파하는 그리스도에게 특별히 매력적인 그 무엇이 있었을 것이다. 그리고 그러한 매력적인 그 무엇은 다른 종파들에서 기념되는 여타의 "주님"들이나 구세주들과는 비교가 안되는 것이었으리라. 아마도 방문자들은 그리스도를 세상에 인간으로 오기 전에 하나님의 형상으로 존재했던 자, 인간으로서 겸손하게 죽음을 수납한 자 그리고 하나님에 의해 모든 창조물 위에 높이 들리시고 가장 지고한 의미의 "주"(큐리오스)라는 칭호를 받은 자 등으로 말했을 것이다. 이러한 일들이 있었으리라고 생각할 수 있는 것은 바울이 빌립보서 2:5~11에서 구체화하고 있는 그리스도의 명예를 찬양하는 찬송이(이는 바울 이전의 것으로 널리 믿고 있음)[25] 시리아 안디옥에서 헬라파 선교가 시작된 만큼이나 일찍 유포되었다는 점에 있다. 어떠한 경우의 찬송이든지간에 이미 언급된 바와 같이[26] 초기 예루살렘 교회에서 중요한 기독론적 사고유형을 낳게 한 네번째 종의 노래를 반영했다.

"기독교인"이라는 명칭이 이방인들에 의해 안디옥에 있는 예수의 추종자들에게 처음으로 주어졌던 것은 분명하다. 복음서에서 헤롯당원들이 헤롯을 따르는 무리를 일컫는 것처럼[27] 기독교인들(christianoi)은 그리스도를 따르는 자들이었다(이러한 명칭의 구성은 추앙을 받는 한 개인의 이름에 본래 라틴어 접미사인 -ianus 를 붙여 만들어졌다). 그 당시 헬라어를 쓰는 유대인들은 예수를 그리스도라 칭하지 않았다. 왜냐하면, 그리스도는 그 당시 아직까지 셈어의 메시야에 해당하는 "기름부음 받은 자"였기 때문이다.[28] 예수를 그와 같이 일컫는 것은 곧바로 그를 메시야로 인정하는 것이 되었다. 그러나 이방인들에게 그리스도라는 명칭은 단순히 예수를 다르게 부르는 것이었다. 크리스토스(Cristos)는 아주 일상적인 노예 이름인 크레스토스(Chrèstos, 라틴어로는 Chrestus)와 거의 같은 것으로 들렸다. 그리하여 헬라인들과 로마인들 사이에는 이 두 가지 철자법 간에 상당한 혼동이 있었다. 그것은 크리스티아노이(Christianoi)와 크레스티아노이(Chréstianoi) 사이에도 마찬가지였다.[29] 심지어 사도행전 11:26에 "안디옥에서 처음으로 제자들은 기독교인들이라 불리웠다"는 내용에 대해 이 텍스트에 대한 몇몇 헬라 증인들은(맨 먼저 Codex Sinaiticus에 포함됨) 크리스티아누스(christianus)라 하지 않고 크레스티아누스(chréstianus, 목적격 복수)라 표기하고 있다. 전자는 분명히 누가가 쓴 철자이나,

---

25) Cf. E. Lohmeyer, *Kyrios Jesus: Eine Untersuchung zu Phil.* 2, 5~11(Heidelberg, 1928, ²1961).
26) pp. 60 이하, 92를 보라.
27) 참고, 막 3:6; 12:13.
28) 히브리어 māšiaḥ, 아람어(강세형) m'šîḥâ, māšah 의 동사적 형용사 m'šaḥ ("기름붓다").
29) Cf. Suetonius, *Life of Claudius* 25. 4(*impulsore Chresto*) 그리고 p. 381을 보라.

후자는 안디옥 사람들 중의 누군가가 그렇게 쓰는 것으로 생각한 것임을 잘 나타내 준다.

　이 단계에 이르러 예루살렘 교회의 지도자들은 변방에서 전파하는 복음을 개괄적으로 감독 혹은 사실상 통제를 가했다. 예를 들면, 당시 사마리아 성에서 빌립이 복음을 전하여 거기에서 상당히 많은 개종자들을 얻었을 때,[30] 베드로와 요한이 예루살렘에서 와 이 새로운 개종자들을 메시야를 믿는 공동체에 가입시켰다.[31] 안디옥의 이방인들 사이에 복음이 폭발적으로 확장되고 있다는 전갈이 예루살렘에 도착되었을 때에도 이와 유사한 상황이 생겼다. 만약에 적절한 방향지도가 주어지지 않는다면 안디옥과 같은 도시의 체질에 맞는 조야한 혼합주의가 발전하지 않는다고 누가 감히 장담할 수 있겠는가? 따라서, 안디옥에서의 상황을 점검하기 위하여 사절이 안디옥에 파견되었다. 그런데 만약에 잘못된 사절이 선택되었다고 한다면 그 결과가 얼마나 비참했겠는가. 그러나 다행히도 사절로 선택되어 파견된 사람은 "용기를 주는 자"인 바나바였다.[32] 그 이후 안디옥에서의 움직임은 예루살렘 교회의 약간의 사람들이 아주 성가시게 여길 양상들을 드러낸 것은 분명한 사실이다. 그러나 바나바는 만족할 만한 많은 일들을 발견했다. "그가 와서 하나님의 은총을 보았을 때 그는 기뻐했다"고 누가는 말한다(행 11 : 23). 그리하여 그는 안디옥에 정착했고 헬라파 선교사들과 그 개종자들에게 그들이 필요로 하던 동정적인 위로와 현명한 지도를 해 주었다. 얼마 못되어 안디옥에서 크고 계속 성장해 가는 교회가 설립되었다. 이 교회는 헬라인들에게 급속히 파고 드는 복음과 함께 유대인보다는 오히려 이방인들을 많이 가지게 된 교회였다.

　이러한 상황에서, 바나바는 이 새로운 교회의 생활과 활동을 감독하는 책임을 함께 할 동역자가 필요하다고 느끼기 시작했다. 그리하여 그의 마음은 바울에게로 향했다. 그는 이방인을 복음화한다는 바울의 소명을 알고 있었으며, 아마도 시시때때로 바울이 자신의 소명에 관하여 길리기아에서 어떤 일을 하고 있는지를 들었을 것이다. 그가 바울에 대하여 알고 있는 모든 사실들은 그로 하여금 안디옥에서 자신의 일에 함께할 적임자로서 바울 만한 인물은 없다고 확신케 했다. 그래서 그는 바울을 찾기 위해 다소로 가 바울에게 자기와 함께 안디옥으로 가자고 설득했다. 만약에 우리가 바울은 그리하여(약 AD 45년 경에) 기독교 활동의 주류에 가담하게 되었다고 말한다면, 바울은 이 말에 반드시 동의하지는 않을 것이다. 그가 생각할 때는 그가 어디에 있든지간에 바로 그곳이 주류가 되겠기에 하는 말이다. 어쨋든 그는 기록되어 있는(적어도 현존하는 기록에 의하면) 기독교 활동의 주류

---

30) p. 132를 보라.
31) 두 사도는 그들의 손을 사마리아 개종자들에게 얹는다. 그리하여 그들은 성령을 받았다(행 8 : 17).
32) p. 80을 보라.

에 가담하게 되었다. 왜냐하면, 그가 예루살렘에서 잠깐 동안 베드로를 방문하고서 다소로 떠나간 뒤 누가의 기록에 나타나는 것은 이때가 처음이기 때문이다. 안디옥의 복음화와 그 도시로부터 기독교가 전진해 나가는 도정은 누가에게 특별한 관심거리가 되었다. 전승에 의하면, 누가는 안디옥 태생이라는 이야기가 있다.[33] 하지만 그는 그러한 도정에 특별히 관심을 가졌던 것이다.

---

33) 누가가 시리아의 안디옥에서 출생하였다는 사실에 대한 최초의 언급은 누가복음에 대한 반말시온 서문의 초두에 나타난다. 이에 대해서는, 유세비우스(*Hist. Eccl.* iii. 4)와 제롬(*De uiris illustribus*, 7)이 반복하여 증거한다. 이 전승은 서방역본의 한 형태를 나타난다. 여기서는 행 11:28이 "우리" 구절로 나타난다. 안디옥 교회에 대한 아가보의 예언은 "그리고 우리가 함께 모였을 때, 그들 중 한 사람 아가보라는 자가 …라 말했다"는 말로 시작된다(p. 154를 보라). 스미드(J. Smith)는 이러한 전승에 비추어 예루살렘 교회에서 지정된 7인의 헬라의 관리 중 단지 한 사람만이 언급된 원래의 지위를 차지했으니 그는 "안디옥의 유대 개종자 니골라"였다는 사실의 중요성을 파악한다(행 6:5). 그는 비유적인 방식으로 다음과 같이 지적한다. 1812년의 나폴레옹의 러시아 출정에 대해 세 사람의 프랑스인과 세 사람의 영국인 그리고 두 사람의 스코틀랜드인 등 여덟 명의 해설가 중에서 단지 두 사람의 스코틀랜드 저술가만이 러시아의 장군 Barclay de Tolly가 스코틀랜드 후손이었음을 언급한다(*The Voyage and Shipwreck of St. Paul*⟨London, ⁴1880⟩. p. 4).

제14장

야망인과 행동인

1. 이상한 체험

바울은 그가 다소로 내려가 다시 안디옥으로 초빙될 때까지의 불투명한 시기가 끝나갈 무렵 그의 나머지 생애에 획을 긋는 이상한 체험을 가졌다. 그는 이에 대해 고린도후서 12 : 2~10에서 설명하고 있다. 여기에서 그는 이 글을 쓰기 14년 전에 일어났던 일이라고 말한다. 그 글을 쓴 때가 AD 50년 경이기 때문에 그 체험의 시기는 AD 42년 혹은 43년이 될 것이다. 그 체험은 통상 환상이라고 불리우는 범주에 속한다. 그러나 바울 자신이 그 체험을 애매한 용어로 기술하고 있기 때문에 그 체험의 진수에 관하여 결론을 내린다는 것은 어려운 일이다. 그는 "몸 안에 있었는지 몸 밖에 있었는지 모르거니와"—이에 대해서는 그 자신도 대답할 수가 없었다—라고 말하면서, 그 자신이 "낙원"과 "세째 하늘"[1] 이라는 등 다양하게 불리우는 우주적인 영역으로 끌려가 말로 표현할 수 없는 일들을 들었다고 한다.

이러한 류의 어법으로 기술되는 형태의 체험은 바울 세계만의 독특한 것은 아

---

1) "낙원"($παράδεισος$)은 페르시아에 기원을 두고 있는 말로서 원초의 에덴에 대하여 70인역에서 사용되고(창 2 : 8 이하), 하늘의 에덴에 대해서는 후기 유대의 용법에서 사용된다. 바울이 "삼천층"을 최상의 하늘로 생각하였는지의 여부는 차치하고, 일곱 하늘에 대한 사상은 그 당시 널리 퍼져 있었다(참고, *Testament of Levi* 2 : 7 이하 ; *Ascension of Isaiah* 6 : 13, 7 : 13 이하 ; TB *Hagigah* 12 하반절). 그가 낙원을 거닐었는데 그곳이 하늘이었음은 명백하다. 눅 23 : 43에 의하면, 낙원은 죽은 후의 행복에 거하는 것이었다. 계 2 : 7에서 낙원은 종말론적인 에덴이다.

니다. 우리는 에녹의 몸이 천상으로 갔다가 다시 지상으로 되돌아 온 것에서 말로는 바울의 체험과 동류(同類)의 것으로 알고 있다(에녹 1서 12:1 이하; 참고, 71:1 이하). 그러나 우리가 에녹이 거기에서 보고 들었던 것이 무엇인가를 아주 특별하게 알고 있는 반면, 바울은 구체적인 내용을 전혀 말하지 않고 있다. 그가 들은 것은 전달될 수가 없었다. 그는 자신의 체험 자체를 설명함에 있어서 그 체험의 바깥에 서서 마치 제 3 자가 보는 것처럼 그것에 관여하고 있다. 말하자면, 그가 한 때 받았던 "그리스도 인에 있는 한 사람"이라고 하거나 심지어 "이런 사람"이라는 표현을 쓰고 있는 것이다. 정상적인 존재양식을 회복하여 그 귀추를 기술할 때에 비로소 그는 1인칭의 화법을 계속한다.

묵시문학이라기 보다는 실제생활인 것처럼 보이는 바울의 체험과 유사한 것들을 네 명의 랍비—벤 아자이(Ben Azzai), 벤 조마(Ben Zoma), 엘리사 벤 아비야(Elisha ben Abuyah), 아키바(Aqiba) 이들 모두는 AD 2세기 초엽에 살았던 사람들로서 바울보다 두 세대 정도 후대의 사람들이다—에 관한 이야기에서 찾을 수가 있다. 이들은 모두 다 낙원에 들어갔다는 자들이다. 벤 아자이는 그곳을 보고서 죽었으며, 벤 조마는 그곳을 보고서 미쳐버렸으며, 엘리사 벤 아비야는 배교자가 되었다. 단지 아키바만 아무런 상처를 입지 않고 그 체험을 간직할 수가 있었다.[2] 그들이 낙원에 들어갔다는 것이 과연 무엇을 의미하는가는 논란거리이다. 그러나 그들의 신비적인 체험은 바울의 것과 유사하다. 이야기의 핵심은, 그러한 체험은 위험하며 지울 수 없는 표시를 남기기가 쉽다는 것이다.

바울은 그를 상처받게 하지 않은 이러한 경험으로부터 도피하지 않았다. 오히려 그가 그 경험의 유쾌하지 못한 결과들을 받아들이도록 한 성령 때문에 그 결과들은 저주가 아니라 축복이 되었다(7~10절).

> 여러 계시를 받은 것이 지극히 크므로 너무 자고하지 않게 하시려고 내 육체에 가시 곧 사단의 사자를 주셨으니 이는 나를 쳐서 너무 자고하지 않게 하려 하심이니라 이것이 내게서 떠나기 위하여 내가 세 번 주께 간구하였더니 내게 이르시기를 내 은혜가 네게 족하도다 이는 네 능력이 약한 데서 온전하여짐이라 하신지라 이러므로 도리어 크게 기뻐함으로 나의 여러 약한 것들에 대하여 자랑하리니 이는 그리스도의 능력으로 내게 머물게 하려 함이라 그러므로 내가 그리스도를 위하여 약한 것들과 능욕과 궁핍과 핍박과 곤란을 기뻐하노니 이는 내가 약할 그 때에 곧

---

2) TB. *Hagigah* 14 하반절~15하반절. 이 경험은 merkābah("전차") 신비주의의 초기 경우였던 것으로 보인다. 여기서는 겔 1:10에 기술되어 있는 하나님의 호화로운 보좌에 대한 환상을 가진다는 관점에서 명상적 기술들이 사용되고 있다. G. Scholem, *Jewish Gnosticism, Merkabah Mysticism and Talmucdic Tradition*(New York, ²1965), pp. 14~19와 J.W. Bowker, "Merkabah' Visions and the Visions of Paul," *Journal of Semitic Studies* 16 (1971), pp. 157~173을 보라.

강함이니라.

　바울의 신비적인 경험의 결과는 곤혹스럽고 사실상 비천한 육체적인 병이었다. 이에 대해, 그가 처음에는 능률적인 선교에 장애가 되지 않을까 두려워했으나 그의 자고함에 일격을 가하여 그를 계속적으로 하나님의 능력에 의존케 함으로써 실제로는 장애가 아니라 도움인 것으로 드러났다. 이 "육체의 가시"의 정체에 대하여 많은 추측들이 나왔었다. 그 추측들이 많다는 사실은 어떤 진단의 불가능성을 보여준다. 그 중 특별히 그럴 듯한 것으로 자주 거론되는 추측은 간질병이라는 것이다 ― 이는 비록 가정적이긴 하지만 그렇다고 한다면 바울을 줄리어스 시이저와 나폴레옹과 같은 행동파적인 인물계열에 편입시킨다. 그러나 이는 추측 이상의 아무것도 아니다.[3] 어쨌든 그것은 그가 갈라디아인들을 처음 방문했을 때 그를 괴롭혔던 "육체적인 병"인 것만은 사실인 것 같다. 이 병은 그 자신에는 물론 그들에게도 일종의 "시련"이었다. 그리고 이 병은 그들에게 있어서 폐기되어야 하거나 비천한 것으로 여겨졌다. 반면 그들은 바울을 "하나님의 천사"로서 환영했다(갈 4 : 13 이하). 이 병을 낫게 해달라고 세번 반복하여 드린 그의 간구는 응답되었다. 그러나 그 병으로부터의 해방이 아니라 그것을 견딜 수 있는 은혜를 주는 것이었다. 그나마 그 병을 지니고서 그저 살아가는 것이 아니라 그 병을 오히려 감사하며 살도록 해주신 하나님의 은혜였다. 만약에 그의 사역이 이러한 신체적인 약함에도 불구하고 그처럼 능력적인 것이었다면, 그 초인적인 능력은 자기 자신의 것이 아니라 바로 하나님의 것이다.[4] 이같은 연약함이나 그 외에 사도직분을 수행하는데 있어서의 어려움도 그것들이 부활하신 그리스도께서 바울 자신을 통하여 활동하시는데 필요한 조건이 된다면 기꺼이 받아들여졌다. 이러한 여러 어려움들은 바울 자신의 부족함은 물론 그리스도의 전적인 온전함을 항상 기억케 했다. 이 그리스도 안에서, 그는 자신이 인간적으로 가장 연약할 때 곧 가장 강한 자임을 알았다.

2. 바울의 "신비주의"

---

[3] 참고, W. Wrede, *Paul*, E.T. (London, 1907), pp. 22 이하. 다른 추측들은 이러하다. 눈병이었다는 것(예를 들면, J.T. Brown, "St. Paul's Thorn in the Flesh," in *Horae Subsecivae*, ed. J. Brown(Edinburgh, 1858), 몰타 열병이었다는 것(예를 들면, W.M. Alexander, "St. Paul's Infirmity," *Expository Times* 15⟨1903~4⟩, pp. 469 이하, 545 이하), 말라리아였다는 것(예를 들면, W.M. Ramsay, *St. Paul the Traveller and the Roman Citizen*⟨London, ¹⁴1920⟩, pp. 94 이하), 신경쇠약증이었다는 것(예를 들면, H. Lietzmann, *The Beginnings of the Christian Church*, E.T. ⟨London, ²1949⟩, p. 113), 언어장애였다는 것(참고, 고후 10 : 10). 이러한 여러 추측들은 그 가능성 정도의 차이는 있겠지만 추측이란 점에서는 동일하다.

[4] 고후 4 : 7.

바울에 대한 이러한 기록은 아주 자연스럽게 바울을 신비적이라 할 수 있는가 혹은 없는가 하는 질문을 야기시킨다. 그를 그렇게 신비적이라고 할 수 있다고 확신하고 확언하는 부류가 있다. 그 부류는 신학계에서 대단한 비중을 차지하는 저작들을 남긴 어떤 한 사람과 그의 제자들이다. 우리는 알버트 슈바이쳐의 『사도 바울의 신비주의』[5](The Mysticism of Paul the Apostle)이나 요하네스 쉬나이더(Johannes Schneider)의 『바울의 정열적 신비주의』(Die Passionsmystik des Paulus)[6]와 같은 제목을 생각하기만 할 뿐이다. 그런데 쉬나이더의 제목은 아돌프 다이스만(Adolf Deissmann)에게 빌어온 것이다. 다이스만은 이 명칭을 그리스도와 함께 죽고 산다는 기독교인의 인생론에 대한 바울의 해석에 적용했다. 다이스만에게 있어서 신비주의(Mystik, "mysticism")라는 용어는 "신에게로의 길을 합리적인 사유의 매개없이 내적인 체험을 통하여 찾으려는 모든 종교적인 경향"[7]에 적용되는 것이었다.

이에 대해, 에블린 언더힐(Evelyn Underhill)은 더욱 더 적극적인 규정을 제시했다. 그는 신비주의를 "하나님의 사랑의 절정을 완전하게 포함하는 유기체적인 과정, 그리고 인간의 불사적(不死的)인 유업을 지금 여기서 성취하는 것"이라 했다.[8] 만약에 우리가 바울에게 하나님의 사랑이 "우리 주 그리스도 예수 안에서" 매개되고 실제로 구현되었다(롬 8 : 39)는 사실을 염두에 둔다면, 이러한 언더힐의 규정은 바울의 종교적인 체험에도 적용될 수 있을 것이다.[9]

알버트 슈바이쳐는 바울의 신비주의가 독특하다고 한다. 그는 그것은 고도의 지적인 수준에도 불구하고 하나님과의 직접적인 연합을 형성하지 않고 그리스도와의 연합을 형성하기 때문에 그러하다고 한다. 그는 말하기를 "바울에게는 전혀 신적 신비주의(God-mysticism)가 없다. 단지 인간이 하나님과의 관계에로 나아가는 통로가 되는 그리스도적 신비주의(Christ-mysticism)가 있을 뿐이다 … 이 '그리스도 안에 존재함'(being-in-Christ)은 바울의 가르침에 있어서 제일의 수수께끼이다. 이것은 한번 파악되기만 하면 전체에 대한 실마리를 제공한다"고 한다.[10]

---

5) *Die Mystik des Apostels Paulus*(Tübingen, 1930)을 몽고메리(W. Montgomery)가 영어로 번역한 것(London, 1931).
6) Leipzig, 1929.
7) A. Deissmann, *Paul A Study in Social and Religious History*, E.T.(London, 1926), p. 149.
8) E. Underhill, *Mysticism*(London, [12]1930), p. 81(그녀는 여기서 신비주의를 다르게 정의하여, "절대자와의 의식적인 관계를 …확립하는 방식"이라 표현한다). 존즈(Rufus M. Jones)는 "정상적인 양상의 신비주의"를 "신성한 존재와의 개인적인 관계를 직접 의식하는 것으로 특징지워지는 일종의 신앙의 형태"로 기술하였다(*Studies in Mystical Religion* ⟨London, 1909⟩, p. xviii). 또한 R.C. Zaehner, *Mysticism, Sacred and Profane*(Oxford, 1957)과 D. Knowles, *What is Mysticism?*(London, 1967), 그리고 G. Parrinder, *Mysticism in the World's Religions*(London, 1976)를 참조하라.
9) 나중에 인용된(p. 147) R.C. Tannehill의 정의를 보라.

제14장 야망인과 행동인

슈바이쳐가 바울에게 전혀 "신적 신비주의"가 없다고 말할 때, 그는 바울이 사도행전 17:28에서 아테네의 아레오바고에서 연설하면서 "우리가 그를 힘입어 살며 기동하며 존재하느니라"는 에피메니데스(Epimenides)에게서의 인용을 실제 하고 있는 데도 불구하고 이는 불가능한 것이라고 결론짓고 있는 것이다. 이에 대해서는 두 가지 사항이 이야기되어야 한다. 첫째, 소위 바울 서신의 신비주의는 새 창조, 즉 구속의 질서에 속한다. 아레오바고에서 행한 바울의 연설에서 문제가 되는 것은 옛 창조의 질서 안에서 이루어지는 인간과 하나님의 관계이다. 둘째, 에피메니데스가 "힘입어"라는 말로써 무엇을 강조하려고 했든지간에, 누가는 바울이 이 말을 인용한 것은 하나님은 모든 인간의 창조주라는 사실과 따라서 인간은 하나님의 자손이라는 사실을 증명하기 위한 것임을 표명하고 있다. 이것은 사실 "신적 신비주의"의 형태가 아니며, 어떠한 경우에 있어서도 바울의 진술, 즉 구속의 질서 안에서 혹은 그가 제시하는 바 "그리스도 예수 안에서" 신자들은 "모두 다 믿음을 통한 하나님의 아들들"이라는 것(갈 3:26)과 상충하지 않는다. 더군다나, "하나님 안에서"라는 표현은 바울의 어법에 있어 낯선 것이 아니다. 우리는 이중적인 표현, 즉 "하나님 아버지와 주 예수 그리스도 안에 있는"(살전 1:1, 살후 1:1)과 에베소서 3:9의 "영원부터 만물을 창조하신 하나님 속에 감춰었던 비밀"이라는 언급을 상기한다. 물론, 후자의 내용이 "신적 신비주의"라는 관점에서 이해될 수는 없다. 오히려 그것은 "하나님의 마음(혹은 목적) 안에서"와 같은 무엇을 의미한다.[12]

그러나 (위에서 인용되었던) "그리스도 예수 안에서," 혹은 "그리스도 안에서," 혹은 "주 안에서"와 같은 구절은 바울의 특징적인 표현이다. 그리고 이것은 사람들이 "바울의 신비주의"에 대해 말할 때 그들이 품고 있는(슈바이쳐와 같은 경우) 내용이며 개념이다.

만약 이러한 표현들이 신비적인 의미를 지니고 있다면, 그것은 공동체적이거나 집단적인 신비주의를 의미한다. 바울의 저작에는 "단독자에게로 향한 단독자의 비행(飛行)"[13]과 같은 느낌을 주는 대목은 거의 없다. 심지어 그가 고린도후서 12:2~10에서 이상한 개인적인 경험을 소개할 때도 그것이 "그리스도 안에 있는 한 사람"에게 일어났다는 말을 함으로써 다른 모든 기독교인들에게도 적용될 수 있고, 그리하여 자신을 그들과 함께 결합시키는 방식의 서술을 하고 있다.

"그리스도 안에서"와 이와 유사한 구절들의 "집단적"인 의미는 NEB 성경(New English Bible)에 잘 나타나 있다. 이 성경은 그러한 의미를 표현하기 위하여 "조

---

10) *The Mysticism of Paul the Apostle*, p. 3.
11) p. 260을 보라.
12) 롬 5:11의 "우리가 하나님 안에서 즐거워하느니라"도 신비적인 의미로 이해될 수 없는 것은 아니다.
13) Plotinus, *Ennead* vi. 9. 11 ($\varphi\upsilon\gamma\grave{\eta}\ \mu\acute{o}\nu o\upsilon\ \pi\rho\grave{o}\varsigma\ \mu\acute{o}\nu o\nu$).

적적인"(incorporate)것과 "공동적인"(concorporate)이라는 용어를 쓴다. 바꾸어 말하면, "그리스도 안에서"와 이와 유사한 표현들은 바울이 다른 곳에서 기독교인들을 가리켜 그리스도의 몸의 지체들—이는 바울이 신선하고 충격적으로 표현하는 자기 자신의 서술방법에 따라 개발된 사유양식이다. 물론 어떤 이는 그리스도의 "신비적인" 몸이라는 용어로써 "그리스도 안에서"를 기술하는 의도를 의심할 수 있다라고 말함으로써 전달하고자 하는 것과 동일한 사상이다.

그리스도의 몸(전체적인 신앙 공동체)은 개개인을 구성원으로 이루어져 있는 바 부활한 그리스도의 생명에 의해 활력을 얻고 그의 영에 의해 에너지를 공급받는다. 이 몸 안에 하나가 되어 연합하는 것은 그리스도에 대한 개인적인 믿음에 의해 이루어지고 의식적(儀式的)으로는 세례에 의해 인침을 받고 성찬에 의해 유지된다.[14] 바울에게, 세례는 신자가 그리스도와 함께 죽고 되살아나는 것을 상징한다. "우리 옛 사람"(롬 6:6)이 예수의 죽음 안에서 죽고 그리스도의 형상을 입은 "새 사람"이 예수의 부활 안에서 살게 된다. 외면적으로 물로써 씻는 것은 내면적이며 영적인 상대자를 갖는다. "우리가 유대인이나 헬라인이나 종이나 자유자나 다 한 성령으로 세례를 받아 한 몸이 되었고"(고전 12:13).[15]

그러나 바울에게 있어서 그리스도와 함께 죽고 사는 것이 단지 성례 신학이나 교회 교리의 일이 아니라 개인적인 경험의 일임은 분명하다. 그는 자신이 기독교 생활에 들어서게 된 것을 다음과 같은 말로써 표현했다. "내가 그리스도와 함께 십자가에 못 박혔나니 그런즉 이제는 내가 산 것이 아니요 오직 내 안에 그리스도께서 사신 것이라 이제 내가 육체 가운데 사는 것은 나를 사랑하사 나를 위하여 자기 몸을 버리신 하나님의 아들을 믿는 믿음 안에서 사는 것이라"(갈 2:20). 바울이 이처럼 그리스도의 자기 희생 안에서 인간에 대한 사랑이 확정된 것을 개인적으로 소유하는 것은 그가 그리스도와 개인적으로 신앙적인 결합을 이루었다는 확신과 그 신앙적인 결합이 그의 기독교 생활의 원동력이 된다는 확신만큼이나 실제적이다. 또한 바울은 훨씬 더 강력한 표현으로써 자신의 사도로서의 봉사를 이렇게 표현한다. "우리가 항상 예수 죽인 것을 몸에 짊어짐은 예수의 생명도 우리 몸에 나타나게 하려 함이라 우리 산 자가 항상 예수를 위하여 죽음에 넘기움은 예수의 생명이 또한 우리 죽을 육체에 나타나게 하려 함이니라"(고후 4:10 이하).

3. 메시야적인 고통에 참예함

바울은 자기 자신을 특별하게 "그리스도 안에 있는 사람" 즉 그리스도의 몸의

---

14) 고전 10:16 이하 ; 11:20~34a. pp. 280 이하를 보라.
15) p. 225를 보라.

지체로 여겼을 때, 그것은 동일한 몸의 다른 지체들에 대해 그가 지니고 있는 특별한 책임을 심각하게 인수하는 것과 자주 연관된다. 바울이 보기에 메시야의 고통은 메시야가 떠맡은 고통이었다. 그래서 예수가 땅 위에서 고통당하고 그의 백성을 영적인 억압에서 해방시키기 위하여 십자가에 못 박혀 죽음을 당했다는 것이다. 물론 당시 높이 들린 상태의 예수는 그가 땅 위에서 당했던 고통으로부터 해방되어 있었다. 그러나(바울이 다메섹 도상에서 배운 것처럼)[16] 그는 자신을 위해 그의 백성들이 당하는 고통을 곧 자신의 고통으로 여겼다. 누가의 기록에 의하면, 부활하신 주님은 최근에 개종한 바울에게, "그가 내 이름을 위하여 해를 얼마나 받아야 할 것을 내가 그에게 보이리라"(행 9 : 16)고 말씀하셨다. 그리고 바울이 사도로서의 사역을 수행하는 과정에서 경험한 엄청나고 다양한 난관들을 설명하는데 이는 그러한 사실을 확증한다. 바울은 이러한 일들을 분개하지 않았다. 그는, "우리가 환난 중에도 즐거워한다"(롬 5 : 3)고 말했다. 그리고 그것은 그 환난이 인격을 도야하는 일환일 뿐만 아니라 그리스도의 고통을 함께 나누리라는 이상이 "그의 죽으심을 본받아 어찌하든지 죽은 자 가운데서 부활에 이르려 하는 것"(빌 3 : 11)을 실현하는 것이기 때문이라는 것이다.

이처럼 그리스도의 고통에 참여하기를 기쁘게 받아들이는 바울의 동기가 순전히 이기적인 것은 아니었다. 그는 자기가 개인적으로 더 많은 고통에 처하게 되면 그만큼 동료 기독교인들을 위한 고통이 더 적게 남으리라고 생각했던 것 같다. 나는 골로새인들에게, "내가 이제 너희를 위하여 받는 괴로움을 기뻐하고 그리스도의 남은 고난을 그의 몸된 교회를 위하여 내 육체에 채우노라"(골 1 : 24)고 쓰고 있다.[17] 마찬가지의 생각으로, 그는 고린도의 친구들에게, "우리가 환난받는 것도 너희의 위로와 구원을 위함이라"(고후 1 : 6)고 말한다. 예수가 "만인을 위한" 속죄물로서 하나님께 드려졌을 때 고통이 그를 엄습하여 타격을 가한 것처럼, 바울은 그의 개종자들과 동료 사도들이 자신의 고통받음에 의해 덜 고통받을 것이라는 소망으로 자신에게 주어진 고통과 시련을 훨씬 더 쉽게 받아들였다. 그는 말한다. "그런즉 사망은 우리 안에서 역사하고 생명은 너희 안에서 하느니라"(고후 4 : 12).

4. 성령 안에서의 생활

신약에 있어서 하나님의 영 혹은 성령의 보내심은, 이러한 보내심을 변혁의 새

---

16) "너가 왜 나를 핍박하느냐?"라는 말의 함축은 누가의 저작들 중 다른 곳과 쉽게 병치시킬 수가 없다. 그러나 이것은 바울 신학과 완전히 조화를 이룬다.
17) 이 구절에 관한 최근의 연구로는 R. Yates, "A Note On Colossians 1 : 24", *EQ* 42(1970), pp. 88 이하와 L.P. Trudinger, "A Further Brief Notice on Colossians 1 : 24" EQ 45 (1973), pp. 36 이하, 그리고 R.J. Bauckham, "Colossians 1 : 24 Again : The Apocalyptic Motif," *EQ* 47(1975). pp. 167 이하 등을 보라.

로운 시대와 연관시키는 구약의 언약이 성취되는 것으로서 주어졌다는 의미에서 우선 종말론적인 현상이다. 예를 들면, 에스겔은 유대 중에 있으면서 하나님이 그의 백성의 행복을 복구하실 때 그들에게 새로운 영, 즉 그 자신의 영을 주시어 그들의 도덕적이거나 종교적인 부패를 청결케 하심으로 그들이 진심으로 그의 뜻을 행할 것이라고 선언한다(겔 11∶16~20 ; 36∶24~27). 후기 유대의 신탁은 회복의 날에 하나님이 "모든 육체"에게 그의 영을 부어주실 것을 말한다(욜 2∶28 이하). 문맥으로 보아 이때의 "모든 육체"는 궁극적으로는 그 범위가 더 넓을는지 몰라도 첫째로는 이스라엘에 대한 지칭이다. 나아가 이 문맥은 이같이 야웨의 영을 부어주는 주된 효력은 자유자는 말할 것도 없고 매인 자들에게 있어서 전례없는 예언의 은사를 시행하는 것임을 시사한다.

기독교 시대의 여명이 밝아오기 얼마 전에 이러한 기대가 쿰란 공동체 내에 있었음을 알 수 있다. 그 공동체가 새로운 시대를 준비하는 것 중에 성결의 영(혹은 성령)에 대한 "기초"를 마련한다는 것이 들어 있었다. 그 공동체는 살아 있는 성전으로 묘사되고 있다. 그리고 그 안에서 상주하는 사람들이 외적인 구역, 즉 거룩한 장소를 구성하고, 반면 제사장직의 사람들은 내적인 신역(神域), 즉 거룩한 장소 중의 더욱 거룩한 장소를 구성한다. 이 살아 있는 성전은 성결의 영이 머무는 장소로 여겨졌던 것 같다. 여기에서 복종하는 생명과 찬양하는 입술을 드리는 것이 옛 질서 하에 동물로 제사드리는 대신으로 받아들여진다.[18]

그러할 뿐만 아니라, 성결의 영은 공동체 내에서 지식의 샘이다. 이전에 하나님이 그의 백성을 가르치는 매개자였던 선지자, 즉 하나님의 "기름부음 받은 자들"[19]의 입을 통하여 말했던 하나님의 영은 이제 전체 공동체 내에 거주할 뿐만 아니라 개개의 구성원들 내에 거주하면서 그들에게, 특히 그들의 지도자들에게, 하나님의 은폐된 목적이 임박한 마지막 때에 곧 성취되는 길과 그것에 대한 선지자들의 말을 해석할 수 있도록 한다. 어느 한 추수감사절 노래를 "훈계자인 나는"을 앞세우고 계속해서 "오, 하나님 당신을 알게 되었나이다. 당신에 대하여 당신이 내 속에 두신 영, 성령이 말해 주었나이다. 나는 충실하게 당신의 놀라운 비밀의 권고에 귀를 기울였나이다"라고 연이어 노래하고 있다.[20]

복음서의 기사를 보면, 예수는 그가 세례를 받을 때에[21] 성령을 받되 다른 자들에게 이와 동일한 영으로 세례주는 것을 포함하고 있는 그의 메시야적 사역을 위해 필요불가결한 것으로서 받는다.[22] 공관복음서의 전승에는 예수가 자신이 팔레스틴

---

18) 1QS col. 9, 11. 4f. 호 14∶2에 대한 암시(참고, 히 13∶14).
19) 쿰란 텍스트의 몇 곳에서(가령, 1QM col. 11, 11. 7f ; CD 2, 1.12∶6, 1.1) 선지자들이 시 105∶15와 같은 앞선 표현에 맞추어 하나님의 "기름부음 받은 자들"로 불리고 있다.
20) 1QH col. 12, 11. 11ff.
21) 막 1∶9 이하. 참고, 요 1∶32.

에서 사역하는 동안²³⁾ 한계를 지니고 있음을 알고 있었다는 사실에 대한 암시가 나타난다. 그리고 이러한 한계에 대한 암시는 제 사복음서의 다락방 강론에 더욱 명시적으로 된다. 여기에서, 예수의 떠남은 성령의 도래와 그의 제자들에게 그가 행한 것보다 훨씬 큰 일을 행할 수 있는 능력을 주는 일이 있을 것을 의미한다.²⁴⁾ 그리하여 첫 기독교 성령강림절에 예수의 사역 기간에 보였던 것보다 훨씬 큰 규모의 새 시대에 대한 징표와 함께 성령이 강림하는 것을 설명하는 누가의 말이 있을 수 있는 것이다.²⁵⁾

이같은 성령의 임재와 능력에 대한 일반적인 이해가 바울에게 전제되어 있었다. 그에게 있어서는, 성령은 이미 왔으며 성령의 임재는 그리스도의 백성에 의해 집단적으로 혹은 개인적으로 경험되었으며, 교회와 신자들 개개인은 동일하게 성령의 성전으로 말할 수 있었다.²⁶⁾ 그리고 이러한 사상은 결코 단순한 신학적 발상이 아니다. 이것은 심오하게 경험되고 엄청나게 다른 존재 상태를 조성하는 그 무엇이다. 성령은 신자들의 마음 속에 하나님의 사랑을 부어주며,²⁷⁾ 그들로 하여금 점차적으로 그리스도의 성품과 일치해 가도록 한다. 바울은 말한다. "주는 영이시니 주의 영이 계신 곳에는 자유함이 있느니라 우리가 다 수건을 벗은 얼굴로 거울을 보는 것같이 주의 영광을 보매 저와 같은 형상으로 화하여 영광으로 영광에 이르니 곧 주의 영으로 말미암음이니라"(고후 3:17~18). 실제적인 경험에서 이 "형상"에 합당한 것은 갈라디아서 5:22 이하의 "사랑, 희락, 화평, 오래 참음, 자비, 양선, 충성, 온유, 절제"라는 아홉 가지의 "성령의 열매"로 풍겨 나온다. 이러한 열매는 역사적 예수를 특징짓는 자질들이며, 바울은 그것들이 그의 개종자들—자기 자신은 물론이며—에게서 재생됨을 보고자 원했다. 바울은 기독교적인 생활을 분투적인 실행—달려야 할 경주, 싸워야 할(특히 자기 자신에 대항하여)²⁸⁾ 전투—으로 묘사하는 것을 좋아했다. 그리하여 그는 우리로 하여금 승리가 "급작스럽게 단번에" 그에게 주어질 것으로 여기게끔 한다.²⁹⁾

---

22) 오실 이가 "성령으로써" 세례를 주리라는 세례 요한의 예언에서 마 3:11, 눅 3:16에는 "불로써"라는 말이 첨가되어 있다. 마 3:12, 눅 3:17의 은유 가운데의 바람과 불의 활동을 참조하라.
23) 참고, 눅 12:50. 여기서는 예수가 그가 그의 "세례"를 완성하기까지 긴장해 있으리라는 사실을 말한다.
24) 참고, 요 14:12 ; 16:7.
25) 막 9:1에 대해 우선적으로 어떻게 언급할 수 있든지간에, 최초의 기독교의 성령강림절은 "하나님의 나라가 능력으로 온다"는 것을 알았다고 말할 수 있다. 바로 그 하루 동안, 예수는 그가 지상의 사역 중에 얻은 제자보다 더 많은 제자들을 얻었다. 초기 사도 시대의 "표적들"에 관해서는 행 2:43 ; 5:12, 갈 3:5, 히 2:4 등을 참조하라.
26) 고전 3:16 이하 ; 6:19.
27) 롬 5:5.
28) 고전 9:24~27.
29) F.W. Myers, *Saint Paul*(London, 1867), stanza 15. 참고, 빌 3:12~14.

그러한 긴장은 그가 현재의 시대와(시간적으로) 다가올 시대를(영적으로) 동시에 사는 한, 즉 그가 죽을 수밖에 없는 몸으로 땅 위에 사는 한 완전히 해소될 수가 없었다. 그러나 그는 자유롭게 하는 "그리스도 예수 안의 생명의 성령의 법"에서 승리의 비결을 발견했다(롬 8:2). 이러한 "성령의 법"의 중심원리는 그리스도 안에서의 하나님의 사랑이다. 이 하나님의 사랑은 처음에 수직적으로 내려와 성령에 의해 심령 속에 뿌리를 내리고, 그 후 또다른 자들의 생활 속으로 흘러 들어간다. 고린도전서 13장의 사랑의 소곡(小曲)은 이러한 진리를 웅변적으로 찬양하는 것이다.

5. 친교와 "비밀"

바울의 사상에서 엿보이는 "집단적 신비주의"에 관한 언급에도 불구하고, 일반적으로 생각하기에 신비가 바울의 종교생활에 있어 자기만족의 경향을 띠거나 적어도 사정이 요구할 때에 자기만족의 형태를 더 잘 띠는 것은 사실인 것 같다. 그는 집단적인 사교성을 지니거나 다정다감할 수 있으며, 사회적인 생활에 고도의 중요성을 부여할 수도 있을 것이다. 그러나 그는 자신의 신앙을 유지하는 데에 그것만을 의존하지 않는다. 바울은 그 속에서 지체들이 상호관계하고, 상호의존하며, 각각 다른 사람들과 전체의 선을[30] 위하여 개인적으로 공헌하는 그리스도 몸 안에서의 공동생활을 주장했다. 그러나 그는 필요한 경우에 물질적이건 인간적이건 외부적인 도움을 떠나 자신의 영적인 존재를 유지할 수 있었다. 그는 말한다. "어떠한 형편에든지 내가 자족하기를 배웠노니"(빌 4:11). 그러나 여기서의 자족은 스토아적인 자족이 아니다. 이것은 비교적으로 볼 때 여타의 모든 것을 희생시킬 수 없을 정도로 자신 속에 살아 있는 그리스도에게 완벽하게 의존하는 것이다. 그는 계속하여 첨언한다. "내게 능력 주시는 자 안에서 내가 모든 것을 할 수 있느니라"(빌 4:13). 동시에 그는 자신의 친구들의 행복이 자신의 개인적인 행복감에 대해 많은 의미를 지닌다는 사실을 명백히 강조한다. 그가 자신의 데살로니가 개종자들이 "주 안에서 굳게 서는"것(살전 3:8)을 안다는 것은 바로 그의 생명 자체였다. 바울은 고린도 기독교인들에 말한다. "너희로 우리 마음에 있어 함께 죽고 함께 살게 하고자 함이라"(고후 7:3). 그는 그를 처음의 믿음을 버리게 한 명백한 증거로서 내세워 소명을 준 주님 앞에 자신의 개종자들을 보일 것을 소망했기 때문에 특별한 기쁨으로 그리스도의 말을 고대했다. "우리의 소망이나 기쁨이나 자랑의 면류관이 무엇이냐 그의 강림하실 때 우리 주 예수 앞에 너희가 아니냐"(살전 2:19).[31]

---

30) 고전 12:14 이하, 롬 12:4 이하.
31) 참고, 빌 2:14~16.

바울이 그의 서신서들 중의 하나에서 특별히 언급하고 있는 방언과 같은 현상은 반드시 신비주의와 결합되어 있는 것은 아니다. 전자는 후자없이도 있을 수 있다. 바울이 혀로써 말하는 자가 "그 영으로 비밀을 말한다"고 했을 때, 그가 의미하는 바는 그가 특별한 계시들을 소통하고 있다는 것은 아니다. 사실, 그는 어떠한 것도 소통하고 있지 않다. "왜냐하면, 아무도 그를 이해하지 않기 때문이다"(고전 14 : 2). 실제로 바로 이 구절은 그가 "비밀을 말한다"는 사실에 대한 다른 언표 방식에 불과하다. 바울 자신은 방언을 할 수 있다. 그러나 만약에 그가 고린도 교회에서의 방언과 이와 유사한 다른 현상들을 취급함에 있어서 그러한 사실, 즉 그가 방언을 할 수 있다는 것을 밝히지 않았다면, 우리는 결코 그가 그러할 수 있다고 추측해서는 안될 것이다. 그는 방언이 중요하지 않은 것임을 보이기 위하여 자신의 그와 같은 능력을 밝혔다.[32] 그는 분명히 그것을 거의 가치가 없거나 중요하지 않은 것으로 취급했다. 그의 사유방식에 있어서 중요한 것은 말하는 내용과 그 원천이지 단순히 "신들려" 말한다는 사실이 아니다. 그는 그러한 현상이 이교에서도 있을 수 있음을 알고 있었다. 따라서 말하고 있는 것을 이해하는 것이 요구되는 것이다.[33]

반면에 그 자신이 "비밀"을 나누어 줄 때에는 알아 들을 수 있는 언어로 한다. 어떻게 그가 그러한 비밀을 받았는지는 명확하지 않다. 그것은 그저 기독교적인 신앙과 생활의 문제를 단순히 반성함으로써 받았던 것은 아니다. 그가 그와 같이 반성하여 얻은 결과를 말할 때에는 비밀을 나누어 주는 것이라 주장하지 않는다. 그리하여 가르칠 때에 "보라, 내가 너희에게 비밀을 말하노니"(고전 15 : 51)라고 말할 수 있었다. 이때의 "비밀"은 부활 시에 죽은 자가 불사의 존재로 되살아날 뿐만 아니라 살아 있는 자는 새로운 질서의 환경에 대처하기 위하여 썩어 없어질 몸을 결코 썩어 없어지지 않는 몸으로 변화된다는 사실이다. 그러나 그가 계속해서 죽음과 부활 사이의 각자의(더욱 특별히 자기 자신의) 상태에 대해 생각할 때에는 그 자신의 확신—이때에는 "우리가 알거니와"(고후 5 : 1, 6)라는 표현을 쓴다—즉 어떤 임박한 죽음이 있을 것 같은 상황에 직면하여 떠오른 확신을 표현할 뿐 결코 어떠한 계시나 "비밀"을 나누어 준다고 하지 않는다.[34]

그가 성령을 통하여 부활한 주님으로부터 직접 소통한 것으로 여기는 그 자신의 "비밀들"은 환상적이거나 황홀경에 빠져 행한 경험의 과정에서 그에게 주어졌을 수도 있다. 그러나 그가 그렇다고 말하지 않기 때문에 확신할 수는 없다. 그가 어느 정도 세밀하게 관계하고 있는 이러한 류의 체험에서 그가 들었던 말들은 이미 우리가 아는 것처럼 알아들을 수 없는 것이었다. 그가 받았던 "비밀들"은 그 자신

---

[32] 고전 14 : 18.
[33] 참고, 고전 12 : 2 이하.
[34] p. 330을 보라.

의 영적인 풍요를 위한 사적(私的)인 체험들은 아니었다. 그것들은 전체 기독교의 교제를 성숙시키고 건전하게 기능하도록 하기 위해 나누어져야 할 하나님의 목적과 그 성취에 대한 계시들이었다.

6. 사도행전의 증거들

바울의 서신서들로부터 사도행전의 증거들로 시각을 올리면 대체로 서신서들에서 주어지는 인상들이 확인된다. "주의 환상과 계시"(고후 12:1에 있는 바울의 말을 인용)는 바울의 경력에 대해 누가가 설명하는 데서도 빠지지 않고 있다. 바울은 그의 서신서에서 그 중심적인 주제가 부활하신 주의 현현인 자신의 회심의 체험을 반복하여 말한다. 그러나, 그는 설화의 세세한 내용 중 최소한의 것만을 말한다. 사도행전의 설화는 그의 체험을 더욱 충분하고 생생한 세 가지의 설명으로 말한다.[35] 이것들은 세세한 면에 있어서 다소 다르긴 하지만, 바울이 부활한 주를 본 것을 확실히 언급하면서도 바울이 주님의 증인이자 전령으로 소명받은 사실에 역점을 둔다는 점에 있어서 본질적으로 일치한다.

사도행전의 회심 이야기에 대해서 생리학적으로 설명하고자 하는 시도들이 있어 왔다. 그러나 그것들은 바울이 황홀경에 사로잡혀 삼층천에 올라가고 연이어 "몸이 나누어진 것"을 설명하는 것보다 훨씬 더 못했다. 그 사건에 대한 누가의 세 가지 설명이 우리가 신비주의에 대해 정의한 것과 조화될 수 있다면, 그리고 그러한 누가의 기술이 바울이 보았다는 환상과 들었다는 목소리에 대해 과연 객관적으로 이루어지고 있는가 하는 질문의 요청이 없다면, 바울의 회심은 신비적인 체험이라 부를 수 있을 것이다.

바울이 회심한 후에 예루살렘을 재차 방문했을 때, 이방인에게 복음을 전한다는 그의 소명은 부활하신 주님의 또다른 환상에 의해 재확인되었다. 그는 말한다. "내가 성전에서 기도할 때에 비몽사몽간에 보매 주께서 내게 말씀하시되 속히 예루살렘에서 나가라 저희는 네가 내게 대하여 증거하는 말을 듣지 아니하리라 하시거늘 내가 말하기를 주여 내가 주 믿는 사람을 가두고 또 각 회당에서 때리고 또 주의 종인 스데반의 피를 흘릴 적에 내가 옆에 서서 찬성하고 그 죽이는 사람들의 옷을 지킨 줄 저희도 아나이다[36] 나더러 또 이르시되 떠나가라 내가 너를 멀리 이방인에게 보내리라 하셨느니라"(행 22:17 이하).[37] 또한, 여기에서 사도행전의 바울이

---

35) 행 9:1~19 ; 22:3~16 ; 26:4~18(이 세 가지 구절들 중 첫째 것은 바울 자신의 입으로 3인칭적으로 말하고 있으며, 둘째 것과 세째 것은 1인칭적으로 말하고 있다).
36) 그는 다음을 의미하는 것 같다. 그들은 내가 너희와 너희 백성들에게 얼마나 적대적이었는가를 안다. 그러므로 그들은 내 마음의 변화가 가장 확실한 증거의 결과임에 틀림없음을 이해할 것이다. 그리하여 그들은 나의 증거를 심각하게 취할 것이다.
37) p. 93을 보라. 행 9:15에 의하면, 그의 사명은 원래 이방인 뿐만 아니라 유대인에 대한 것이

기술하고 있는 체험의 종류는 그의 서신서에서 받는 인상과 결코 양립할 수 없는 것이 아니다. 본다는 것과 듣는다는 것 모두가 나타나 있는데, 이는 "주께서 밤에 환상 가운데 바울에게 말씀하시되 두려워하지 말며 잠잠하지 말고 말하라 내가 너와 함께 있으매 아무 사람도 너를 대적하여 해롭게 할 자가 없을 것이니 이는 이 성중에 내 백성이 많음이라"한(행 18:9 이하) 고린도에서의 사역 중에 일어난 위기 때의 사건과 같다.

이와 비슷하게, 그가 마지막으로 예루살렘을 방문하여 가장 큰 위기에 처하여 영문(營門)에 들어가 있을 때, "주께서 바울 곁에 서서" 말했다. "담대하라 네가 예루살렘에서 나의 일을 증거한 것같이 로마에서도 증거하여야 하리라"(행 23:11). 바울이 아시아에서 말타로 모험적인 여행을 떠나기 전 마지막 전날 밤에 그의 곁에 서서 "바울아 두려워 말라 네가 가이사 앞에 서야 하겠고 또 하나님께서 너와 함께 행선하는 자를 다 네게 주셨다"(행 27:24)라고 말한 자는 주님 자신이 아니라(바울이 말하는 것처럼) "나의 속한 바 곧 나의 섬기는 하나님의 사자"(행 27:23)였다.

사도행전의 관점은 바울의 서신서들이 그의 영적 생활의 보다 깊은 내적인 원천을 보이고자 하는 것과는 달리 바울과는 신앙경험의 양식이 다른 그의 동력자이자 그를 흠모하는 자인 누가의 관점에서 그의 그러한 원천에 대한 암시를 제공하고자 하는 것이다—두 사람의 신앙경험의 양식이 다르다는 것은 뉴우만(F. W Newman)과 윌리엄 제임스(William James)가 사용하고 있는 특별한 의미에서 본 "일 회 출생" 양식과 "이 회 출생" 양식의 차이이다.[38] 그러나 누가의 관점은 바울이 스스로 자기 자신을 초상하는 것과 양립할 수 없는 것은 아니다.

7. 환상과 사도직

바울의 기독교 생활은 부활한 그리스도가 나타나고 자기에게 말을 하는 체험으로 시작되었다. 그리고 그 이후의 과정은 그 자신과 누가가 입증하는 바와 같이 그와 비슷한 경험을 제공하는 것으로 특정지워진다.

다른 사람들에게는 바울의 기독교적 경력의 환산으로 시작된 것이 그의 사도권 주장의 타당성을 의심스럽게 하는 요소가 될지 몰라도 그 자신에게는 오히려 바로

었다(참고, 행 26:17,20). 사도행전의 기록과 갈 1:16의 바울의 증거와의 관계에 대해서는, O. Betz, "Die Vision des Paulus im Tempel von Jerusalem" in *Verborum Veritas, Festschrift für G. Stählin*, ed. O. Böcher and K. Haacker(Wuppertal, 1970), pp. 113~123을 보라. 그는 누가의 진술이 이사야의 성전의 환상과 같은 양식(사 6:1 이하)으로 구성되었다고 결론지었다.

38) F. W. Newman, *The Soul its Sorrows and its Aspirations*(London, 1852), pp. 89 이하, W. James, *The Varieties of Religious Experience*(London, 1902), pp. 80 이하, 166 이하.

그 사실이 그의 사도권 주장의 근거였다. 그가 보기에는, 부활하신 주께서 그에게 나타난 것과 원래의 사도들에게 먼저 나타난 것은 시간적 경과에 상관없이 전혀 차이가 없었다. 그는 자신의 사도권 주장에 있어서 그리스도가 그를 통하여 성취한 이방선교의 괄목할 만한 성과를 내세워 호소할 수도 있었으며, 사실 그렇게 하기도 했다.[39] 그러나 그것은 어디까지나 인간적인 주장이었다. 바울 자신의 의식으로 볼 때, 그를 사도로 만든 것은 부활한 그리스도로부터의 개인적인 부름이었다.[40] 물론, 우리는 만약에 그가 선교에 있어서 그렇게 성공하지 못했다고 한다면, 이러한 그의 생각에 의심들 수가 없을 것이다. 그러나 그것은 전혀 가정적인 질문에 불과하다. 바울은 자신이 "속았을"지도 모른다는 의심을 결코 하지 않은 것 같다. 이는 예레미야가 자신의 메시지가 그의 백성들에게 전혀 받아들여지지 않을 때 그렇게 생각한 것과는 사뭇 다르다. 물론, 바울의 소명은 예레미야가 그의 선지자적 사역에 소명을 받은 것을 상기시키는 말로 기록되기도 한다.[41] 바울이 하나님께서 자신을 일상생활에서 분리해내어 "내가 태어나기 전부터"(갈 1:15) 만국에 그리스도를 전파하게 했다고 말할 때, 이미 우리가 살펴본 바 대로 그는 예레미야에게 주어진 첫 신탁을 반영한다. 그리고 그의 사도적 신임이 도전을 받을 때, 예레미야가 비슷한 상황에서 "여호와께서 진실로 나를 보내사 이 모든 말을 너희 귀에 이르게 하였음이라"(렘 26:15)고 말했던 것처럼 그도 당연히 그렇게 말할 수 있었을 것이다.

훨씬 더 인상적인 것은 이사야 49:1~6의 말과 비교되는 것이다. 여기에는 야웨의 종이 다음과 같이 선포하면서 여러 연안지역과 멀리 떨어진 백성들에게 그의 말을 들을 것을 요구한다.

> 여호와께서 내가 태에서 나옴으로부터 나를 부르셨고 내가 어미 복중에서 나옴으로부터 내 이름을 말씀하셨으며 … 나를 태에서 나옴으로부터 자기 종을 삼으신 여호와께서 말씀하시니라 그가 가라사대 네가 나의 종이 되어 야곱의 지파들을 일으키며 이스라엘 종에 보전된 자를 돌아오게 할 것은 오히려 경한 일이라 내가 또 너로 이방의 빛을 삼아 나의 구원을 베풀어서 땅 끝까지 이르게 하리라.

사도행전 13:47에서 바울과 바나바가 비시디아 안디옥의 회당에서 복음으로써 이방을 변화시키는 그들의 권위를 말하기 위하여 위의 마지막 대구적인 연귀(連句)를 인용한 것[42]이 결코 우연이 아니다. 바울과 마찬가지로, 다른 자들도 이스라엘과 관계되는 위의 종의 소명을 노래의 일부를 택하여 인증할 수 있을 것이다. 바

---

39) 롬 15:18; 참고, 고전 15:10.
40) 고전 9:1; 15:8 이하.
41) p. 72를 보라.
42) p. 175를 보라.

울 자신은 하나님의 구원의 빛을 멀고 가까운 이방에 전한다는 내용을 포함하고 있는 위 노래의 일부를 성취하기 위하여 자기 자신을 불렀다는 것을 알고 있었다.

이렇게 볼 때, 바울이 자신의 계획을 세워 중앙 소아시아에서 에게 해 세계로, 그리고 일리리키움과 로마에로, 급기야는 스페인에까지 단계적으로 수행했던 것은 이같은 자신의 신성한 소명에 대한 확신으로써였다. 다른 많은 사람들도 이방 복음화에 가담했다. 그러나 어느 누구도 바울의 마음 속에 품어진 전면적인 전략적 계획과 바울이 지닌 역동적인 힘으로 광범하게 복음을 전하지는 않았다. 이같은 바울의 힘은, 자신이 종말론적인 의미를 지닌 인물이며, 이방을 믿음에 복종시켜 모든 이스라엘의 궁극적인 구원과 세상에 대한 하나님의 구원의 목적을 완성시키기 위하여 주님의 손으로 직접 선택된 자라는 자신의 확신의 열매였다. 만약에 이러한 확신과 그 확신을 낳게 한 체험이 신비주의라고 불릴 수 있다면, 그것은 그야말로 예외적인 질서 하의 신비주의이다.

아마 탄느힐(R.C. Tannehill)은 대답할 말이 있을 것이다. 그는 신비주의를 "개인이 일상적인 경험과는 본질적으로 다른 주관적인 경험을 통하여 하나님과의 직접적인 접촉을 할 수 있다는 교의"라고 정의하면서 "이러한 정의에 의하면, 바울은 여타의 조건 하에서 '신비적'이라 할 수 있다(고후 2:1~4). 그러나 그가 신비주의적 신학을 지닌 것은 아니다."[43] 마지막 지적은 당연히 받아들일 수 있다. 바울 신학은 신비적이라고 할 수 있는 체험에 근거하지는 않았다. 오히려 그는 예수, 즉 구원에 대한 하나님의 언약과 목적을 성취하는 자, 십자가에 못 박히고 높이 들리신 주님, 하나님이 존재하는 모든 것을 창조하시고 유지하시고 완성시키시는데 쓰시는 하나님의 지혜, 그리고 그의 영으로써 그의 백성 안에 지금 여기서 살아계시는 자로서의 예수에 근거하여 신학을 세웠다. 이러한 바울 신학을 해명하는 데에는 선지자들의 예언 뿐만 아니라 랍비들의 주해와 원시 기독교의 전승이 필요할 것이다. 그러나 그 신학의 전체는 "가장 고상한 내 주 그리스도를 아는 지식"(빌 3:8)을 열정적으로 받아들이는 바울의 정련된 사고 안에 있는 새로운 복합에 용해되어 있다. 그리고 이러한 지식은 명상적인 정적주의(靜寂主義)를 부추기지 않는다. 오히려 계속적으로 일생을 통한 행동으로 나아가게끔 하는 것이다.

---

43) R.C. Tannehill, *Dying and Rising with Christ*(Berlin, 1967), p. 4, n. 7.

| 제15장 |

예루살렘 회의

1. 안디옥의 지도자들

수리아의 안디옥에 있는 교회는 그 규모가 급속히 성장하여 예루살렘 교회와 맞먹는 대교회가 되었다. 예루살렘 교회를 전체적으로 보아 그리스도인들의 모교회라고 한다면 안디옥 교회는 특별히 이방 그리스도인들의 모교회라고 할 수 있었다.

안디옥 교회의 지도자들에 대해서 별로 알려진 것이 없다는 사실은 그들이 흥미로운 경력과 인간관계를 지닌 사람들이었으리라는 생각을 불러일으키며, 그들에 대하여 좀더 아는 바가 있었으면 하는 소망을 갖게 한다. 이러한 입장에서 우리가 할 수 있는 최선의 일이라고는 모든 지식을 동원하여 추정해 보는 것 뿐이다. 누가는 바나바와 사울 이외에 다른 세 사람을 안디옥의 지도자들로 명기하고 있으며, 모두 합하여 다섯 명의 이름이 "선지자들과 교사들"로서 열거되고 있다(행 13:1). 그 세 사람이란 니게르라는 성으로 불려진 시므온과 구레네 사람 루기오, 그리고 한때 분봉왕 헤롯과 함께 키워진 바 있는 마나엔이다.

시므온에 대하여 말하자면 그의 라틴식 이름 니게르("검다"는 뜻)로 미루어 볼 때, 그가 동료 루기오와 마찬가지로 아프리카 출신이라고 추정할 수 있다. 신약성경에는 이와 똑같은 이름을 가진 한 아프리카인에 대한 기록이 있다. 즉, 구레네 사람 시몬(시므온의 헬라식 이름)이다. 그는 예수의 십자가를 형집행장까지 운반하라는 명령을 받고 수행했었다. 마가가 복음기자로서 이 사건을 기록하게 되었을 때 그는 다음 세대의 사람들, 특히 로마인들의 이해를 돕기 위하여 구레네 사람 시몬을 "알렉산더와 루포의 아비"로 설명하였다(막 15:21). 우리는 AD 57년 경에 로마의 그리스도인 공동체에 속하였던 한명의 루포(Rufus)에 대해 알고 있다. 곧 "주 안에서 택하심을 입은 루포"라는 말로 바울이 로마서 16:13에서 문안을 전하고 있는 그 사람이다. 이것은 로마서 16장의 문안인사들이 로마인들에게 전해진 것이며, 에베소인들(많은 사람들이 주장하는 것처럼)을 위한 것이 아니라는 사실을 반드시 전제로 한다. 그렇지만 만일 바울의 친구 루포가 로마에서 살았았다면, 구레네 사람 시몬의 아들들 가운데 한 명의 이름과 우연히 일치하는 그의 이름은 (단순한) 우연의 일치가 아닐 수도 있다. 바울이 단지 루포에게 뿐만 아니라 "그 어머니"에게도 문안인사를 전하며, "그 어머니는 곧 내 어머니니라"고 말한 사실에는 어떠한 의미가 담겨있는 것인가? 거기에는 루포의 어머니가 한때 바울에게 어머니처럼 자상하게 행동한 적이 있었다는 사실이 함축되어 있다. 역사소설을 쓰는 사람이라면 바울이 안디옥에서 체류할 당시 구레네 사람 시몬, 일명 니게르라고 불려진 시므온의 집에서 머물렀으며, 그 집 주인의 아내가 어머니와 같이 보살펴 주었다고 묘사할 것임에 틀림없다.[1] 그렇지만 소설을 쓰는 사람이 아닐진데, 그 사실을 단순한 가능성으로 돌리는데 만족하여야 하며, 현재의 상태로는 증거가 부족함에 안타깝지만 명확한 근거없이 추정하지 않도록 주의하여야 한다.

니게르라는 이름으로 불려진 시므온이 어디 출신이든지간에 구레네 사람 누기오에 대해서는 분명하게 명시되어 있다. 그가 안디옥에서 이방인에 대한 복음증거를 시작하였던 구브로와 구레네 사람들 가운데 한 명이었다고 생각하는 것은 절대로 근거없는 일이 아니다. 누기오라는 이름은 여기 이외에 신약성경을 통하여 다시 한번 나타난다. 즉, 로마서 16:21에서이다. 거기에서 바울은 자기가 편지하는 사람들에게 "누기오"의 문안인사를 전해주고 있다. 바울은 "나의 친척"이라는 말을 누기오라는 이름 앞에 덧붙이고 있는데 이것은 같은 유대인 출신, 그리스도인 동역자라는 의미일 수도 있다. 이 누기오는 여기 사도행전에 나타나는 구레네 사람 누기오와 동일인물일 수 있다. 이에 대한 확실한 증거는 없다. 그는 십중팔구 바울의 동역자, 바울이 골로새서 4:14에서 "사랑을 받는 의원"이라고 말하고 있으며, 누가복음서와 사도행전의 기자인 누가(Luke, Lucas)와 동일인물은 아니었다. 누가는 아마도 안디옥 교인이었을 것이다. 물론 그는 누기오(Lucius)라는 다른 이름으로 불려질 수도 있다. 그렇지만 그의 이름이 언급되어 있는 골로새서 4:14의 문맥을 볼 때 그는 유대인 그리스도인이 아니라 이방인 그리스도인으로 제시되고

---

[1] 이 사실의 진실성 여부에 대하여 관심을 가지고 있는 사람은 검은 피부를 가진 사람이 붉은 머리의 아들을 갖는 일이 가능한지 물어볼 수도 있겠다(왜냐하면 루포라는 이름은 의심할 여지없이 니게르라는 이름만큼이나 적절히 붙여진 것이기 때문이다). 그렇지만 소설가라면 어려움없이 루포의 어머니가 적갈색 머리를 지녔다고 설명할 수 있겠다.

있다.[2] 그럼에도 불구하고 복음주의자들이 상당히 초기 때부터 제시해 온, 구레네 사람 누기오와 누가가 동일인물이라는 생각은 일부 학자들에 의해 최근까지도 옹호되고 있다.

안디옥 교회의 지도자들 가운데 한 사람이 BC 4년부터 AD 39년까지 갈릴리와 베뢰아 지방의 분봉왕이었던 헤롯 안디바의 친구였다는 사실은 우리로 하여금 몇 가지를 생각나게 한다. 누가가 헤롯 안디바(syntrophos)에 대한 마나엔의 관계를 설명하면서 사용한 단어는 "절친한 친구" 내지 "신하"라는 의미로 나타낼 수 있는 것이다. 그러나 흠정영역본은 그를 "분봉왕 헤롯의 젖동생"으로 말하고 있는데, 이것이 맞는 표현일 것이다. 안디바는 헤롯 대왕의 막내 아들이었다. 그리고 마나엔은 왕과 친분이 있는 한 집안의 아들로서 왕궁에 들어오도록 뽑힌 놀이 친구와 공부 친구로서 왕자와 함께 자라나고 때때로 어쩌면 대신하여 매를 맞아주는 친구 역할을 하였던 것일 수 있다. 만일 우리가 마나엔이 어떤 집안출신인지 밝혀내고 싶다면, 니게르라고 불려진 시므온의 경우와 마찬가지로, 명확한 증거가 아닌 추정으로 대신할 수밖에 없다. 마나엔은 히브리 이름 메나헴을 헬라어로 표기한 것이다. 하나의 추정이 이제까지 제기되어진 하나의 가정은 그가 메나헴이라는 이름을 가진 엣센파 사람의 손자였다는 것이다. 그는 헤롯이 왕위에 오를 것을 예언하여 헤롯 왕에 의해 명예로운 자리에 오르게 된 사람이었다. 그러나 아뭏든지간에 만일 누가복음과 사도행전을 기록한 기자가 그 당시 안디옥 교회에 속해 있었다면, 이전에 헤롯 안디바의 측근이었던 사람이 이제는 그 교회에서 영향력있는 자리에 있게 되었다는 사실은 그가 헤롯 왕가와 그 주변에 대한 어떤 특별한 정보를 얻어낼 수 있었던 원천이 되어왔음을 시사하는 것일 수 있다.

2. 유대 지방의 기근

예루살렘 교회와 안디옥 교회 간의 여러 가지 상이점에도 불구하고 그들은 서로의 공통적인 유대관계를 인식하였고, 두 교회 사이에는 상당히 왕래가 있었다. 그 한 예가 예루살렘 교회에서 파견한 선지자들의 대표단이 안디옥 교회를 방문한 것이었다. 그 선지자들 중 한 사람인 아가보라 하는 이가 예언의 영에 사로잡혀 전 로마세계를 통하여 큰 기근이 있으리라고 예고하였다. 성경기자인 누가는 "글라우디오 때에 그렇게 되니라"고 덧붙여 설명하고 있다(행 11 : 28). 그리고 사실에 있어서 글라우디오(클라우디우스) 황제(AD 41~54)의 치세 때에 가뭄과 흉작이 계

---

[2] 골 4 : 10 이하. 바울은 세 사람의 동역자들의 문안인사를 전하면서 "저희는 할례당이라. 이들만 하나님 나라를 위하여 함께 역사하는 자들"이라고 그들에 대하여 말하고 있다. 여기에서 인사를 전하고 있는 세 사람의 동역자가, 바울이 바로 뒤에서 언급하고 있는 에바브라와 누가와 데마이라고 자연스럽게 추측할 수 있다. 그들은 유대인 출신이 아니었다.

속되었다고 수에토니우스(Suetonius)는 그의 저술에서 증언하고 있다. 그 결과 발생한 기근은 특히 유대 지방에서 혹심하였다. 유대교로 개종하였던 아디아벤(Adiabene)의 황후, 헬레나(Helena)가 유대 지방에 있던 유대교 신자들을 원조하기 위하여 이집트에서 밀을, 그리고 구브로 지방에서 무화과 열매를 들여온 것도 바로 이때였다. 즉, 카스피어스 파더스(Cuspius Fadus)와 그 뒤를 이어 티베리우스 알렉산더(Tiberius Julius Alexander, AD 46년)가 행정관으로 있던 때이다. 그리고 그때 헬레나 황후의 아들 이제이트(Izates) 왕은 극빈자들에게 나누어 주도록 예루살렘에 있는 유대인 관원들에게 돈을 보냈었다.[3] 안디옥 교회가 아가보의 예언을 들은 이후로 계속하여 모아왔던 부조를 모두 예루살렘 교회의 지도자들에게 보낸 것도 거의 같은 무렵이었던 듯하다. 그들은 예루살렘에 있는 저희 형제들이 그같은 그리스도인의 도움없이는 기근에 처하여 값비싼 음식물의 비용을 지불할 수 없으리라는 사실을 익히 알고 있었다. 이 부조를 전해주는 일을 책임맡은 이들이 바로 바나바와 바울이었다.[4]

그 후에 이방 그리스도인들의 예루살렘 교회에 대한 재정원조를 계획, 조성하는 일은 바울의 주요 관심사가 되었다. 그는 십중팔구 안디옥에서 이 원조계획을 구성하는데 있어 지도적인 역할을 하였을 터이었다. 이 일은 바울이 예루살렘 교회의 지도자들이 바나바와 자신에게 했던 어떤 특별한 청구를 보고하였을 때 그가 밝힌 소견의 요지가 되었을 것이었다.

3. 예루살렘 지도자들과의 회견

이 내용에 대한 기록은 바울과 바나바가 안디옥에서 예루살렘으로 올라갔을 때의 일에 대하여 바울이 갈라디아서 2:1~10에서 하고 있는 말의 끝부분에 나온다. 이 사건은 누가가 언급하고 있는 기근 부조 방문과 동일한 것일 수도 있지만 이에 대한 확증은 없다. 바울의 언급에는 이번으로 그가 회심한 후에 예루살렘을 두번째 방문하게 되었다는 사실이 함축되어 있다. 첫번째 방문은 그가 회심 "후 삼년 만에" 베드로를 만나려고 올라가서 함께 십오 일을 지낸 것이었다(갈 1:18). 그리고 이번 방문은 "십 사년 후에" 이루어졌다(갈 2:1). 첫번째 방문 후 십 사년 만인지 회심 후 십 사년 만인지 이에 대해서도 역시 확증해 줄 만한 언급은 없다. "십 사년 후에"라는 구절을 분석해 보면 그 구분의 구조가 "그 후 삼년 만에"라는 구절을 분석한 구조와는 다르다. 그렇지만 그것이 어떤 의미를 나타내는가 하는 것은 분명치 않다. 만일 거기에 어떤 의미의 차이가 있다면 그것은 그 구문의 구조

---

3) 헬레나 황후가 나실인의 서약을 한 것은 기근에 대한 원조와 관련하여 예루살렘을 방문했을 때의 일일 수도 있다.
4) 행 11:27~30.

의 차이에서 찾아볼 수 있을 것이다.⁵⁾ 한 가지 사실만은 바울의 말에서 명확하게 나타난다. 즉, 그는 예루살렘 교회의 지도자들과 자신의 관계에 있어 실질적인 측면에 대해서는 일체 생각지 않았다는 점이다. 그리고 갈라디아인들에게 보낸 이 편지에 명확하게 기술되어 있으며, 그 시기가 밝혀져 있는 두번의 방문 사이에 달리 예루살렘을 방문한 일이 있을 것 같지 않다는 점이다. 그는 부활하신 그리스도로부터 직접적으로 위임받았던 까닭에 이전에 지니지 못하였던 어떤 권위를 회심한 후 이 편지를 쓴 그 기간 사이에 예루살렘의 지도자들이 그에게 수여하였다는 것에 대해서는 전혀 이야기할 관심조차 가지지 않았다. 만일 그가 갈리디아인들에게 여러 가지 일을 회고하는 편지를 보내면서 그 사이에 있었던 방문을 혹 빠뜨리고 적지 않은 것이라면 누군가가 그 생략을 틀림없이 발견해냈을 것이며, 그것으로부터 별로 바람직하지 못한 결론을 이끌어냈을 법하다. 십 사년 후에 바울은 이렇게 말하고 있다(갈 2 : 1).

> 내가 바나바와 함께 디도를 데리고 다시 예루살렘에 올라갔노니 계시를 인하여 올라가 내가 이방 가운데서 전파하는 복음을 저희에게 제출하되 유명한 자들에게 사사로이 한 것은 내가 달음질하는 것이나 달음질한 것이 헛되지 않게 하려 함이라.

바울이 "계시를 인하여" 예루살렘에 올라갔다고 말할 때 그가 아가보의 예언을 암시한 것이라고는 생각되지 않는다. 사도행전에서 바울은 다른 사람의 계시에 대하여 감응하긴 하였으되 지나친 반응을 보이진 않았다.⁶⁾ 그리고 갈라디아인들에게 보낸 이 편지들에서 바울은 자신이 어떤 중재를 거치지 않고 그리스도로부터 직접 위임받았다는 사실을 계속하여 의식하고 있으며, 그러므로 그가 계시로 말미암아 무슨 일인가를 했다고 할 때 그 계시를 개인적으로 받았으리라고 결론짓는 것은 자연스럽다. 이 방문이 단순히 예루살렘 교회의 지도자들을 만나기 위한 것이었는지 그 외의 어떤 다른 목적을 지닌 것이었는지에 대해서는 그는 말하고 있지 않다. 그는 자기와 바나바가 그 지도자들, 그 "유명한 자들"⁷⁾과 사적인 회합을 가졌다고

---

5) 갈 1 : 18에서의 바울의 말은 "삼 년 후에"(after ⟨ μετά ⟩ three years)라는 뜻이며, 2 : 1에서의 말은 "그 십 사년 동안에"(in the course of ⟨ διά ⟩ fourteen years)라는 의미이다.
6) 아가보가 계시의 매개역할을 하였을 때는 예외로 한다(참고, 행 21 : 10~14).
7) οἱ δοκοῦντες 바울은 이 문맥에서, 예루살렘 교회의 지도자들을 언급하는데 있어서 이 용어를 세 번 사용하고 있다. 이 구절에서든, 9절 "기둥같이 여기는" 유명한 이들에서든 이 용어를 사용함에 있어 어떤 경시 내지 조소의 뜻은 없다. 그렇지만 6절에서는 그들에 대하여 "유명하다는 이들"이라고 말한 후에 "(하나님은 사람의 외모를 취치 아니하시나니) 저 유명한 이들은 내게 더하여 준 것이 없다"고 덧붙이고 있다. 이것은 적어도 예루살렘 교회의 지도자들의 권위와 비교하여 자신의 사도로서의 권위를 의심스러운 것으로 간주하는 자들에 대한 강력한 반박으로 보여진다(그렇게 된 것은 아마도 예루살렘의 지도자들이 갖고 있는 역사적 예수와의 유대관계 때문일 것이다).

말하고 있을 뿐이다. 그가 "유명한 자들"이라고 지칭한 이들은 주의 형제 야고보, 그리고 베드로와 요한임이 밝혀지고 있다. 이 회합에서 바울은 그가 이방인들에게 전파해 온 복음을 그들에게 제시하였다. 그가 그렇게 한 까닭에 대해서 우리는 잠시 생각해 보지 않을 수 없다. 그는 그 이유에 대해서 "내가 달음질 하는 것이나 달음질한 것이 헛되지 않게 하려 함이라"고 말하고 있다. 그가 경기자의 비유를 든 것은 결코 놀랄 만한 일이 아니다. 바울이 그의 사도의 직무를, 달려야 할 경주로 표현한 것은 여기에서 뿐만이 아니다.[8] 그렇지만 자신이 전파한 복음의 정당성을 예루살렘으로부터 인정받는데 실패하면 자신이 이제까지 하여온, 그리고 앞으로 계속하여 할 사도의 직임이 무익하게 되리라는 의미를 함축하고 있는 그의 진술은 확실히 놀라움을 주기에 충분하다. 그 말은 만일 그의 복음이 정당성을 인정받지 못한다면 바울은 그때까지 전파한 복음에 대하여 자신의 마음을 바꾸거나 그 복음을 제시하는 방법을 바꾸겠다는 뜻은 분명코 아니다. 직접적인 계시를 통하여 받은 복음이 어떤 인간적인 권위를 좇아서 수정되어질 수는 없다. 여기에서의 바울의 관심사는 자신의 복음이 합당한 것인가 하는 타당성 여부가 아니라 실용성 여부였다. 그는 예루살렘으로부터 위임받은 것이 아니었다. 그렇지만 예루살렘과의 교류없이는 효과적으로 임무를 수행하기가 곤란하였다. 그의 이방인에 대한 선교와 예루살렘의 모교회가 결렬관계에 있다면 복음의 진전을 위해서는 불행한 일일 터이었다. 그렇게 된다면 그리스도의 대의는 분열될 것이었다. 그리고 이제까지 이방인들에게 사도로서 수행해낸 모든 헌신, 그리고 앞으로 계속하여 수행하고자 하였던 모든 일은 허사가 될 것이었다.

4. 선교지역의 구분

하지만 사실에 있어서 그 회의는 바람직한 결론에 이르른 것으로 보여진다. 예루살렘 교회의 지도자들은 바울이 전하는 복음의 정통성을 인정했으며, 뿐만 아니라 그의 소임은 자기들의 소명과는 달리 이방인들에게 복음을 전하는 일임을 깨닫게 되었다. 바울은 다음과 같이 말하고 있다(갈 2:6~9).

> 유명하다는 이들 중에(본래 어떤 이들이든지 내개 상관이 없으며 하나님은 사람의 외모를 취지 아니하시나니) 저 유명한 이들은 내게 더하여 준 것이 없고 도리어 내가 무할례자에게 복음전함을 맡기를 베드로가 할례자에게 맡음과 같이 한 것을 보고 베드로에게 역사하사 그를 할례자의 사도로 삼으신 이가 또한 내게 역사하사 나를 이방인에게 사도로 삼으셨느니라 또 내게 주신 은혜를 알므로 기둥같이 여기는 야고보와 게바와 요한도 나와 바나바에게 교제의 악수를 하였으니 이는 우리는

---

8) 빌 2:16, 고전 9:24~27, 딤전 6:12, 딤후 4:7 이하.

이방인에게로 저희는 할례자에게로 가게 하려 함이라.

　여기서 예루살렘 교회의 지도자들은 "기둥"과 같은 자들로 간주되고 있다. 이는 아마도 예수께서 그 초석에 대해 언급하신 바 있는 교회, 곧 생명이 있는 돌들로 지어진 새 성전에서의 기둥들을 말한다고 할 수 있다. 그들을 기둥으로 간주한 것은 예루살렘 교회에서의 그들의 위치를 감안한 것이 아니었다. 오히려 그것은 그리스도의 이름이 표명된 곳에서마다 특별히 승인되어져야만 하는 어떤 권한을 나타내는 것이라고 할 수 있다.[9] 바울이 여기에서 이름을 열거하고 있는 그 순서는 적어도 예루살렘 내에서는 야고보가 제일 수위에 있음을 시사하고 있다. 그는 그들 예수의 열 두 사도들 앞에 가장 선두주자로 나서게 되었다. 거의 항상 그랬었던 것처럼 그의 이름이 베드로와 나란히 언급되는 일은 이제 없게 되었다. 이 사실은 자신의 첫번째 예루살렘 방문에 대한 바울의 언급에서도 나타난다.[10]

　바울은 그들의 위치가 "기둥"과 같다는 사실에 얽매이거나 하여 그것을 있는 그대로 승인하지 않았다. 그가 확언하고 있는 바는 그들이 그에게 아무것도 "더하여 준 것이 없다"는 점이다. 즉, 바울의 복음의 내용 문제에 대해서나, 복음을 전하는 그의 권위에 대해서나 아무것도 더하여 준 바가 없었다. 바울의 말에 따르면 그 회의에서 결정된 사실은 선교의 두 영역에 대한 우호적인 경계설정이었다. 그런데 이 결정에 대한 그의 언급에서 한 가지 예외적인 사항을 찾아볼 수 있다. 그것은 그가 사도들의 제 일인자를 정식으로 언급할 때 아람어 이름으로 게바라고 말하곤 했었는데, 여기에서는 헬라식 이름인 베드로(Petros)가 두 번 나타나며, 이어서 다시 "게바"라고 일컬어지고 있다는 점이다. 이에 대한 가장 개연성있는 해석(확증적인 해석은 불가능하겠지만)은 "베드로"라는 이름으로 표기되어 있는 구절이 그 회의에 대한 보다 공식적인 기록에서 뽑아내진 것이라는 해석이다. 그리고 거기에서 인용부분을 그 문맥의 구성에 알맞게 하기 위하여 일인칭 단수 대명사를 사용하여 바울을 지칭하였다는 것이다.[11] 만일 이 해석이 타당성있는 것으로 받아들여진다면 이것은 바울의 말을 문맥에 맞게 고쳐서 인용한 최초의 문구가 되는 셈이다.

　　〔그들은〕 도리어 내가 무할례자에게 복음 전함을 맡기를 베드로가 할례자에게 맡음과 같이 한 것을 〔보았다〕 베드로에게 역사하사 그를 할례자의 사도로 삼으신 이가 또한 내게 역사하사 나를 이방인에게 사도로 삼으셨느니라.

---

9) 아마도 본래 네 "기둥"이 인정되었던 듯하다. 그렇지만 그 중 하나(세베대의 아들 야고보)가 순교를 당함으로 말미암아 셋이 되었다(행 12:2).
10) 갈 1:18.
11) 참고, O. Cullmann, Peter : Disciple-Apostle-Martyr, E.T. (London, 1953), 9.18.

그리고 이어서 바울 그 자신의 말로 동일한 사항에 대한 설명이 반복되어 계속되고 있다.

> 또 내게 주신 은혜를 알므로 기둥같이 여기는 야고보와 게바와 요한도 나와 바나바에게 교제의 악수를 하였으니 이는 우리는 이방인에게로, 저희는 할례자에게로 가게 하려 함이라.

베드로의 이름에서 보여지는 이 차이가 두 구절 간에 나타나는 유일한 차이는 아니다. 앞 구절에서는 바울과 베드로의 이름이 상호 교대로 언급되고 있다. 반면에 뒷 구절에서는 바울의 이름만이 아니라 바울과 바나바의 이름이 동시에 나타난다. 이방인들에게 복음을 전하는 그들의 소명이 함께 인지되고 있는 것이다. 아울러서 베드로 측에 대해서도 그의 이름만 나타나는 것이 아니라 야고보와 게바와 요한 세 사람의 이름이 언급되고 있다. 즉, 그들 세 사람의 소임이 유대인들에게 사도의 직임을 수행하는 것임이 나타나고 있다. 여기에서 가능한 한 가지 추정은 다음과 같다. 그것은, 그 공식기록에서 인용된 부분은 회의석상 당시의 상황을 반영하고 있으며, 반면에 그 뒤에 이어진 바울의 언급 그리고 저 "유명한 이들"에 대한 바울의 개괄적인 말은 회의가 있은 후 이 편지가 쓰여지기까지의 사이에 진전된 상황을 반영하고 있다는 것이다. 그 당시에 유대인들에 대한 선교를 지휘하고 수행하는 책임을 베드로 혼자서 전적으로 맡았던 것이 아니었다. 세 사람이 일체가 되어 책임을 맡고 있었으며, 그 가운데서 야고보는 점점 더 동료들 중에서 탁월한 자가(primus inter pares)되어 베드로 조차 그 마음으로 복종케 할 정도의 지휘권을 갖기에 이르렀다.[12]

그런데 선교의 두 영역의 구분에 대한 협의는 한 두가지의 애매모호한 사항을 내포하고 있었으며, 그 사항은 바울과 예루살렘 사이에 어떤 긴장이 야기되었던 얼마 후에야 비로소 확연하게 나타났다.

우선적으로 선교의 영역을 용어상 명백하고 정확하게 구분지었는가 하는 문제가 대두된다. 지리적으로, 아니면 각 지방별로 구획지어서 그 영역이 구분지어졌는가 하는 것이다. 어느 방법으로 경계를 설정했든지 선교 대상지역을 둘로 명확하게 나눈다는 것은 어려운 일이었을 것임에 틀림이 없다. 유대인들과 이방인들은 사실상 지중해 동쪽에 연접한 여러 도시들에서 함께 거주하고 있었다. 예루살렘 교회의 지도자들이, 예를 들자면 에베소나 고린도 혹은 로마에 거주하고 있던 유대인들에게 복음 전하는 일에서 손을 뗐을 것이라고는 생각하기 힘들다. 실제에 있어 여러 교회들이 유대인과 이방인 개심자들이 함께 살고 있던 도시들에 차례로 세워졌으므로 선교의 두 영역이 긴밀한 연결관계에 있거나 서로 중복된다는 것은 당연

---

12) 갈 2 : 12.

하고도 불가피한 일이었다. 달리 말해서 바울이 이방인들의 도시에 있는 회당을 방문하는 일을 굳이 피했으리라고 생각되지 않는다는 것이다. 사도행전의 기록에 의하면 바울이 그의 교회들의 초석을 찾아내곤 하였던 곳은 회당, 즉 주로 그곳의 예배의식에 매번 참석하던 하나님을 두려워하는 이방인들 가운데서였다. 그렇지만 이 사실은 만일 상호간의 전적인 신뢰가 베드로와 바울을 중심으로 하는 두 집단 사이에 유지되지 않았다면 오해의 소지가 되기에 충분한 것이었다.

그 다음으로, 그 회의에 대한 바울의 언급 자체에도 오해의 소지가 있다. 예루살렘에서의 그 회의에 대해 들을 때, 혹간 이와 같이 그에게 말하는 사람이 있을 법도 하다. "그래, 당신은 예루살렘 지도자들에게서 인정을 받았단 말이지!" 이같은 말에 대한 그의 응답은 아마도 다음과 같은 것이 되지 않을까 싶다. "나의 위임받은 것이 비록 그들의 인정이 없다고 해서 이전에 어떤 결함을 지니고 있었다고 할지라도 나는 그들의 인정을 받지 않았다. 그들은 내가 이미 이 선교의 소명을 받았음을 인정했다. 하지만 어떠한 의미로든 그들이 내게 그것을 행사할 권한을 수여하지는 않았다." 바울과 바나바는 이방인에게 복음전하는 일을 여러 해 동안 열성적으로 행해왔었다. 그렇지만 바나바가 예루살렘 교회가 위임한 자로서 이 일을 안디옥에서 수행하고 있었던 반면, 바울은 바나바가 그를 함께 일할 동역자로서 안디옥으로 데려가기 오래 전부터 이미 그 일을 감당해 오고 있었다. 바울이 예루살렘 회의에서 받았던 인정은 성격상, 인정의 여러 다양한 양상들을 구별할 수 없는, 혹은 구분하려고 하지 않는 사람들에게 쉽게 오해를 살 만한 것이었으며, 또한 잘못 설명될 수 있을 만한 것이었다. 아마도 예루살렘의 지도자들은 그 일에 대해 바울이 한 것과 똑같이 말하려고 하지 않을 것이다. 보다 복잡미묘해진 견강부회(牽强附會)식의 논리가 도처에서 보여주는 오늘날에는 많은 다른 사항들에서와 마찬가지로 교회적인 일에서도 일종의 계산된, 의도적인 모호성이 낯설지 않게 되었다. 그렇지만 여기에 나타나는 예루살렘 회의에서의 모호성은 아마도 그같은 고의적인 성격의 것은 아닌듯 싶으며, 오히려 부주의에 의한 우연적인 것으로 보여진다. 그러할지라도 우리는 여기에 서술된 사항을 오해의 소지가 이끄는 대로 잘못 해석할 수도 있는 것이다.

바울이 바나바의 위임받은 것과 자신의 위임받은 것을 구별지으려고 했었다는 의견이 제시될 수도 있다. 그렇지만 바울이 자신의 것과 나란히 있는 바나바의 직권에 대해 어떤 불찬성 내지 경시를 담은 말을 한 적은 전혀 없다. 바울의 관심사는 자신의 사도직이 지니는 정통성, 그리고 누구를 통하지 않고 직접 사도로 위임받았다는 사실을 확증하는 것이었다. 그는 상당히 넓은 의미에서, 분명히 누가가 사용하는 것보다 포괄적인 의미에서 사람들은 "사도들"이라는 칭호로 부르고 있다. 그는 분명하게 바나바를 사도라고 지칭하지는 않았다. 하지만 다른 편에 "다른 사도들과 주의 형제들과 게바"(고전 9:5)를 두고, 한편에 바나바와 자기 자신을 두면서 자신의 사도직을 단호하게 옹호하는 구절에서 함축적으로 그렇게 말하고 있다. 그에 비하여 누가는 "사도"라는 칭호를 열 두 사도들에게만 거의 독점적으로 사용하는 경우가 있다. 그가 바울을 사도로 지칭한 경우가 있는데, 이는 예외가 있음은 통칙이 있는 증거라는 속담을 예증해 주는 것이었다. 왜냐하면 그가 "두 사도 바나바와 바울"(행 14:4)이라고 말했을 때 그것은 문맥상 그들이 안디옥 교회에서 위임받은 자들이라는 의미에서 사도로 간주한다는 것을 시사하기 때문이다. 그리고 그 일에 대해 참조할 수 있는 내용을 실제로 언급하고 있다(행 13:3). 바울이 그의 여러 편지에서 자신이 행한 일을 들면서 자신의 사도됨의 타당성을 논증하였을 때, 사도행전의 기록은 바울의 논증에 대해 독자적으로 다양한 확증을 주고 있다.[13] 그럼에도 불구하고 누가는 바울이 스스로에 대해 주장하는 바로 그 의미에서의 "사도"라는 칭호를 그에게 어느 곳에서도 주고 있지 않다. 이 사실이 우리에게 상기시켜 주는 바는 어떤 단어를 사용하는가 하는 선택문제는 단어에 담긴 의미 자체보다는 중요하지 않다는 것이다.

5. "가난한 자들을 생각하라."

예루살렘 회의로 되돌아가 보자. 바울은 세 명의 "유명한 이들"이 바나바와 자기에게 강조한 한 가지 사항을 언급하면서 자신의 말을 끝맺고 있다(갈 2:10).

> 다만 우리에게 가난한 자들 생각하는 것을 부탁하였으니 이것을 나도 본래 힘써 행하노라.

이 문장에는 두 개의 동사가 나온다. 먼저, "생각하다"는 동사인데, 이것은 헬라어로 가정법 현재형이며, 계속되는 행동을 뜻하는 것이 된다. 뒤에 나오는 동사는 "힘써 행한다"로 이것은 직설법 부정(不定) 과거형이며, 그에 합당한 문맥에서는 (아마도 이 문장이 그 한 예가 되겠다) 영어의 과거완료 시제로 해석될 수 있는 것이다.

> "다만" 하고 그들은 말했다. "가난한 자들을 계속 생각하시오." 그리고 사실상 나는 바로 이 문제에 대해 특별한 관심을 기울여온 터이다.

---

13) 터툴리안(Tertullian)은 말시온파(Marcionite)들이 바울을 예수 그리스도의 유일한 참된 사도로 인정하는 동시에 그의 사도됨을 확증해 주는 한 가지 독자적인 증거를 인정하지 않는 사실에 대해 비웃고 있다. "사도행전(사도들의 행전, The Acts of the Apostles)을 거부하는 자들에게 한 마디 하고자 한다. '당신들은 이 바울이 어떠한 인물이었는지, 그가 사도 되기 전에 무슨 일을 하였었는지, 그리고 어떻게 하여 사도가 되었는지를 우리에게 우선적으로 보여주어야 한다.' 다른 문제들과 연관하여 그들이 그에 대해 생각하는 그 방법은 대단히 탁월하다."

만일 이것이 강조해야 할 부분을 올바르게 강조하는 해석이라면, 예루살렘 지도자들이 바울과 바나바에게 "가난한 자들"을 계속하여 생각해 달라고 요구한 것은 누가의 언급에 의해 충분히 설명될 수 있다. 즉, 이들 두 사람은 안디옥 교회가 기근의 때에 예루살렘에 있는 저희 형제들을 위해 제공한 기근 부조금을 가져왔다는 것이다. "가난한 자들"이라는 말은 예루살렘 교회의 보다 가난한 교인들을 의미하는 것일 수 있다. 또한 그 말은 다른 한편으로 예루살렘 교회 전체를 지칭하는 것일 수도 있다. 훗날 뿔뿔이 흩어져서 예루살렘 교회를 나타낸다고 주장한 일단의 유대인 그리스도인들이 있었다. 그들은 에비오나이트(The Ebionites)라고 불리웠는데, 이 말은 히브리어 하에비오님에서 온 말로 "가난한 자"라는 뜻이었다. 이것이 갈라디아서 2:10에서 쓰여진 헬라어의 기초가 되었을 수도 있다. 만일 그렇다면, 가능한 일로 여겨지거니와 바울은 예루살렘 지도자들의 말을 반복하고 있는 것으로 볼 수 있다.[14] 바울이 얼마 만한 열의로 "가난한 자들 생각하는 것"을 계속하였는지는 후에 언급될 것이다. 그러나 이 부분에서조차도 어떤 오해의 여지가 있다. 그것은 바울이 그리스도인의 자비와 우애의 자발적인 표시로서 고려하였던 일을 어쩌면 모교회(mother-church)는 이방인들 사이에 있는 자녀교회(daughter-churches)들이 보내오는 당연한 공물로 간주하였을지도 모른다는 것이다.

6. 할례문제

그 회의에서 언급될 것으로 기대할 수 있을 법한 한 가지 문제가 아직 표면상 나타나지 않고 있다. 그것은 이방인 개심자들의 할례문제이다. 이 문제는 이방인의 개심 이후 이내 열띤 논쟁의 주제가 되었었다. 할례문제가 그 회의에서 제기되었었는가? 이 질문에 대해서 명확하게 대답할 수가 없다. 바울은 할례에 대해 언급하고 있다. 그러나 그의 언급의 배경 및 상황에 대하여 무엇인가 아는 바가 있었던 갈라디아 교인들은 틀림없이 바울의 의도를 명확히 파악할 수 있었을 것이지만 오늘날에 이 편지를 읽는 사람들에게는 그것이 다소 힘든 일이 아닐 수 없다. 그 원인은 부분적으로는 오늘날의 우리가 바울의 편지를 읽었던 최초의 사람들보다 그 배경에 대해 아는 바가 적기 때문이겠지만 또한 부분적으로는 바울이 여기에 쓴 내용이 약간의 언급에 그치고 있다는 점 때문이기도 하다. 또다른 이유로는 "아니하였다"(not)는 부분을 생략함으로써 그 말을 다른 의미로 읽는 상이한 해석이 있기 때문이다.[15]

---

14) 초기에 쿰란(Qumran) 지방의 사람들은 자기 자신을 "가난한 자"로 불렀었다. 그리고 맛소라 사본에는 에비오님이라고 되어 있지 않지만, 상당히 후기에 이르러서는 스스로를 "가련한 양들"(가난한 양떼)라는 말로 일컫는 분리주의자 그리스도인들의 무리가 있다(참고, 슥 11:7, 11).

그가 "달음질하는 것이나 달음질한 것이 헛되지 않게 하려" 예루살렘 교회의 지도자들 앞에서 자신이 전한 복음을 어떻게 제출하였는지 이야기한 후 바로 이어서 바울은 다음과 같이 말하고 있다(갈 2：3~5).

> 그러나 나와 함께 있는 헬라인 디도라도 억지로 할례를 받게 아니하였으니 이는 가만히 들어온 거짓 형제 까닭이라 저희가 가만히 들어온 것은 그리스도 예수 안에서 우리의 가진 자유를 엿보고 우리를 종으로 삼고자 함이로되 우리가 일시라도 복종치 아니하였으니 이는 복음의 진리로 너희 가운데 항상 있게 하려 함이라.

그리고나서 그는 저 "유명한 이들"에 대해 언급하고 있으며, 그들이 자기에게 "더하여 준 것이 없음"을 확언하고 있다.

이때에 안디옥에서 예루살렘까지 그를 수행한 헬라인이며 그리스도인, 디도는 "억지로 할례를 받지" 아니한 자이었다. 바울의 이 편지를 최초로 받아보았던 사람들(디도가 할례를 받았는지 받지 않았는지 알고 있었던)에게는 그렇지 않았겠지만 오늘날의 우리에게는 이 말은 상당히 애매모호하다. 그 말은 다음과 같은 다른 의미로 해석될 수 있다. ① 디도는 할례를 받지 아니하였다. 그렇지 않으면 ② 디도는 할례를 받았다. 그러나 억지로 받은 것이 아니다. 자의적으로, 혹은 어쩌면 바울에 대한 일시적인 양보로 소위 "2보 전진을 위한 1보 후퇴"(ruculer pour mieux sauter)의 원리에 따라 할례를 받았다. 바울 서신서의 서방역본은 그 구절을 후자의 의미로 해석한 것으로 보여진다. 왜냐하면 그들은 바울이 다음과 같이 말한 것으로 적고 있기 때문이다. "그들에게(거짓 형제들에게) 우리는 일시적으로 복종하였으니 이는 복음의 진리가 너희 가운데 항상 있게 하려 함이라." 이방인 개심자의 할례가 다른 이방인 개심자들을 위하여 값없는 은혜의 복음을 보전하는데 도움이 된다고 그 누가, 특히 바울 같은 사람이 어떻게 상상이나 할 수 있었겠는가. 이것은 도저히 이해할 수 없는 해설이다. 버키트(F.C. Burkitt)는 이같이 묻는다. "갈라디아서 2：3~5의 문장을 조각으로 자른 것이 바로 디도에게 실제로 할례를 행했던 그 칼이었다는 것을 누가 의심할 수 있겠는가?" 그렇지만 "~을 누가 의심할 수 있겠는가?"라는 말로 끝나는 많은 수로 다른 수사의문문들에 대해서 그렇게 답할 수 있거니와 이 질문에 대해서도 명확하게 답변할 수 있다. 즉, "내가 할 수 있다"는 것이다. 그리고 또한 명백한 사실이거니와 이 구절에 대해 다루고 있는 많은 주석들이 그렇게 할 수 있다. 맨슨은 버키트의 주장에 대해, 할례를 받았다면 그 사실은 바울의 반대세력들에 의해 갈라디아에 널리 알려지게 되었을 것이다. 그리고 그렇다면 여기에 쓸데없이 포함된, 이 어리석은 군말은 헛되이 저 혐오스러운

---

15) 갈 2：5의 서방역본은 πρὸς ὥραν 앞에 οὐδέ 를 생략하고 있다. 그리고 이렇게 함으로써 바울의 말을 그가 의도하였음직한 것과 정반대의 의미를 만들고 있다.

사실을 숨기려 하는 것보다도 더 나빴을 것이다.

　이 마지막 해석은 바울이 거짓 형제들에 대하여 갑작스럽게 언급한 것에 대한 보다 만족할 만한 해석을 가능하게 한다. 즉, 이 언급은 하나의 부연설명으로서, 보다 훗날에 진전된 상황을 언급하는 것이며, 여기에서 이같은 내용이 나오게 된 것은 바울이 디도의 이름을 편지에 쓸 때 이 일을 상기하게 되었기 때문이라는 것이다. 그는 예루살렘 회의 때에는 할례문제가 어떤 곤란을 야기시키지 아니했으며, 바나바와 바울 자신과 함께 예루살렘에 있었던 헬라인 디도조차도 억지로 할례를 받아야 되는 그런 종류의 강요 아래 있지 않았다고 말한다. 바울은 주절이 없는 부연설명으로 다음과 같이 덧붙이고 있다. 즉, 할례문제는 "거짓 형제"들로 인하여 훗날 심각한 논쟁거리가 되었는데, 그들은 이방인 교회들에 침투, 잠입한 자들로서 이방 교회들이 향유해 온 그리스도인의 자유 대신에 어떤 법적인 속박의 멍에를 부과하려고 시도하였다는 것이다. 이 훗날 발생된 상황은 사도행전 15 : 1의 누가의 진술과 연관지어질 수 있다. 거기에서 "어떤 사람들이 유대로부터(안디옥으로) 내려와서 형제들을 가르치되 너희가 모세의 법대로 할례를 받지 아니하면 능히 구원을 받지 못하리라"고 하였다고 기록되고 있다. 바울은 그같은 침입자들에게 일체 동조하기를 거부하였으며, 그렇게 함으로써 그의 교회에 있는 개심자들의 복음의 자유가 손상되지 않게 하였다. 이 일에 대한 그의 부연설명을 맺으면서 바울은 그가 시작하였던 이야기의 초점에로 되돌아가서 계속하여 예루살렘 회의에서 있었던 일에 대해 말하고 있다.

　디도나 다른 이방인 개심자에게 할례를 주는 문제는 이 방문기간 중에는 제기되지 않았었다고 생각하는 것이 사도행전의 증거에 비추어보아 보다 적절하다. 안디옥에서 이방인 선교가 행해진 것은 유대로부터 온 몇몇 방문자들이 개심자들에게 할례받는 것을 주장하기 여러 해 전이었다. 비슷한 시기에 가이사랴 지방의 로마 군대의 백부장인 고넬료와 그의 전 가족이 복음을 믿고 성령을 받게 되었는데, 저희는 세례를 받고서도 그들이 할례를 받아야 한다고 제안한 사람은 아무도 없었던 것으로 보여진다. 베드로도 예루살렘으로 돌아와서 고넬료 일가를 방문한 일에 대하여 자기 변호를 하여야만 했으나 그의 동료 사도들은 그의 변호를 받아들였을 때 다음과 같이 말하지는 않았었다. "그들이 할례를 받은 것이 올바른 일이다." 갈라디아서에서와 마찬가지로 사도행전에서도 이방인 개심자들에게 할례를 행하는 문제가 제기된 것은 보다 훗날에 이르러서 였다. 그 문제가 제기되었을 때 그 문제를 일으킨 자들은 바울과 또한 그와 의견을 같이 하는 다른 사람들의 완강한 저항을 받았으며, 복음의 진리에 어떤 율법주의가 개입, 융합되는 일은 허용되지 않았다. 하지만 갈라디아서 2 : 1～10에 묘사된 상황이 그 회의에서 일어난 일이 아니라고 할 때, 그 회의는 사도행전 15 : 6～29에 나오는 예루살렘 회의와 일치되지 않을 수가 있다. 왜냐하면 사도행전에서의 예루살렘 회의 때에는 할례가 중요한 의

제로 토의되었기 때문이다. 비록 명확하게 확증할 수는 없지만 갈라디아서 2：1~10에서의 회의는 사도행전 11：30에서 나오는 바 기근 부조를 위한 방문과 같이 한 것으로 볼 수 있다. 할례가 열띤 논쟁거리가 되기 전에 이방인 선교는 기록을 남길 정도로 상당한 진전을 보았다.

제16장

구브로와 소아시아에서의 교회확장

1. 구브로에서의 바나바와 바울

바나바와 바울의 안디옥에서의 선교활동은 안디옥 성읍과 교회에 국한되지 않았다. 안디옥 부근에는 방대한 오지가 있었으며, 그 지역들은 안디옥이 그러하였듯이 복음을 전파하기에 알맞게 기회가 무르익었을 터이었다. 안디옥에 처음으로 복음을 전파하였던 이들은 안디옥으로 가는 도중에 먼저 수리아와 베니게에서 복음을 전하였다. 곧 바울은 바나바가 그를 안디옥으로 데려가기 이전에 이미 길리기아에서 그 일을 행하였다. 그런데 길리기아 너머에는 소아시아의 중심지에 해당하는 방대한 땅이 있었으며, 그 지역은 에베소와 서방으로 가는 길목이기도 하였다. 그리고 안디옥의 서남서쪽, 지중해에 가장 연접한 지역에서 약 90마일(150킬로미터)쯤 떨어진 곳에 구브로 섬이 있었다. 안디옥에서 복음을 전하는 일에 참예하였던 구브로 사람들은 자기들의 고향 땅을 잊지 않았다. 그리고 보다 조직적으로 구브로 섬을 복음화하는 일에 착수한 그곳 출신 사람이 안디옥에 있었는데, 그가 바로 바나바였다. 바울은 나름대로 소아시아에서 보여지는 복음의 침투와 확장의 가능성을 마음에 새겨두고 있었을 법하다. 그리고 그들이 마음에 다짐하고 있던 그 일은 바울과 바나바가 동역자로서 일하게 되었을 때 실현되었다. 바나바는 자기 고향인 구브로를 위해 헌신하고자 하였으며, 바울은 소아시아와 멀리 서방 지역에 복음을 전하고자 하였다.

이와 같이 시작하여 그들은 서로 합력하여 선교의 계획을 세우는 일에 착수하였다. 누가는 안디옥 교회의 지도자들이 바나바와 바울을 저희가 부르심 받은 또다른 선교지로 내보냄에 있어 어떻게 성령의 인도하심을 받았는지(추측컨데 예언의 말씀을 통하여서) 말하고 있다. 이 두 사람, 바나바와 바울은 교회와 그 지도자들의 축복을 받고 실루기아의 항구로 간 후, 그곳에서 구브로로 가는 배를 탔다.[1] 교회는 그들을 자신들의 대표단 내지 저희의 위임을 받은 자로 간주하였다. 즉, 교회는 그들의 본루(home base)였고, 그에 따라 그들은 멀지 않아 "하나님이 함께 행하신 모든 일"을 보고하기 위하여 다시 돌아왔다(행 14 : 27).

그들은 길을 떠나면서 바나바의 나이어린 사촌, 예루살렘의 마가라 하는 요한을 수행자로 삼았다. 마가라 하는 요한의 어머니인 마리아의 집은 예루살렘 교회에 있는 일단의 무리들, 즉 베드로를 지도자로 하는 그룹이 만나는 모임 장소였다.[2] 바나바와 바울은 마가라 하는 요한을 예루살렘의 기근 부조 방문이 끝날 무렵에 안디옥으로 데리고 갔다. 특별히 바나바는 요한에게서 기독교 선교에 적합한, 발전성있는 자질이 있음을 알아보았다.

구브로는 베니게인들과 헬라인들이 고대에 정착한 곳이었다. 베니게인들의 정착지 가운데 하나인, 그 섬 동남쪽 해안에 있는 키티온(Kition, 현재는 라나가〈Larnaka〉)으로부터 깃딤이라는 이름이 나왔으며, 히브리인들에게는 그 이름으로 알려져 있었다. BC 6세기 이래로 그곳은 주로 페르시아인들과 프톨레미 왕가의 지배를 받았었다. 로마는 그 섬을 BC 58년에 합병하였고, 그로부터 2년 후에 그곳을 길리기아 지방에 부속시켰다. 갖가지 변천이 있은 후에 그곳은 독립된 황제령이 되었으며, BC 27년에 집정관(*a legatus pro praetore*의 통치 하에 있었다. 그러나 5년 후에 아우구스투스는 그 땅을 로마 원로원이 관할하도록 넘겨주었으며, 그때부터 그곳은 다른 원로원 소속의 땅들과 마찬가지로 지방장관의 행정권 아래 있게 되었다. 바나바와 바울이 그 섬을 방문했을 당시의 지방장관은 세르기우스 파울러스(서기오 바울, Sergius Paullus이었다. 그는 여러 세대에 걸쳐 공직에 있었던 것으로 기록된 로마 귀족 집안 출신이었다. 그 예를 들자면 우리가 알거니와 글라우디오 치세 때에 티베르의 관리인이었던 루시우스 세르기우스 파울러스(Lucius Sergius Paullus)가 있다. 또한 우리는 그로부터 한 세대 후에 갈라디아에서 요직(아마도 그 지방의 장관)을 맡고 있었던 동명이인(필시 그의 아들이었던 듯하다)도 알고 있다. 그 이외에도 같은 이름을 지닌 또다른 사람이 AD 150년 경과 168년에 로마에서 집정관으로 있었다. 그리고 구브로의 총독이 이들 중 첫번째 인물과 동일인이었을 수도 있다는 추정이 있다. 그렇지만 그는 아마도 퀸투스 세르기우스 파울러스(Quintus Sergius Paullus)와 동일인물이리라는 의견이 보다 개연성이 있다. 그의 이름은 구브로 북부에 있는 키트라이아(Kythraia)에서 나온 헬라어로

---

1) 행 13 : 1 이하.
2) 참고, 행 12 : 12.

된 비문에서 단편적인 형태로 판독되었다.[3]

선교단은 해안 동쪽에 위치한 헬라인 정착지, 살라미에 이르러 하선하였다. 그곳은 BC 6세기에 건설된 이래로 오랫 동안 구브로의 주요도시였다. 구브로 섬에 있는 대부분의 다른 도시들과 마찬가지로 그곳에도 역시 유대인 사회가 형성되어 있었다. 바나바와 바울은 살라미에 있는 회당들을 방문하였으며, 그들에게 복음을 전하였다. 그 결과가 어떠했는가 하는 것은 기록되어 있지 않다. 회당에서의 복음 전파는 대체로 성경의 가르침들을 그리스도께서 성취하신 일의 측면에서 해석하는 것이었던 듯하다.

살라미에서부터 시작하여 그들은 섬의 남쪽 해안을 따라 나아가 마침내 지방행정관이 있는 신 바보(New Paphos)에 이르렀다(신 바보는 헬라인 정착지였다. 반면에 구 바보는 본래 베니게인의 정착지였으며, 동남쪽으로 7내지 12킬로미터 떨어진 곳에 위치하고 있었다. 구 바보는 전통적으로 이후 파피안(the paphian)이라고 일컬어지는 아프로디테 숭배의 중심지이었다).[4] 여기에서 그들은 서기오 바울의 소환을 받게 된다. 추측컨대 그는 그들의 행동이 공공질서에 어떤 종류의 위협을 가하는 것이 아니라는 사실을 스스로 확인하고 싶어했던 듯하다. 그 무렵 제국 내의 곳곳에서 떠돌아다니는 선동자들이 유대 사회를 쉴 새없이 동요시켜 놓고 있던 것이다.[5] 분명코 그 총독은 이 점에 있어 바나바와 바울에게 만족하였다. 사실에 있어 그는 그들 선교단 일행과 그들의 메시지에 아주 호감을 가질 정도로 깊은 인상을 받았었다. 그의 측근 가운데 한 사람인 어떤 유대인이 그가 그들에게 지나친 관심을 갖지 않게 하려고 모진 애를 썼음에도 불구하고 그러하였다[6](누가는 이 유대인을 "거짓 선지자"라고 적고 있다. 이것은 단지 이 유대인의 말을 복음에 견주어 볼 때 그러하다는 뜻으로 볼 수 있다. 그러나 누가가 곧이어서 그를 마고스〈magos〉라고 지칭하였다는 사실은 그가 어떤 비교(秘敎)에 속하는 지혜를 인하여 명성을 얻고 있었음을 시사해 준다).[7]

---

3) 그의 관직명은 발견되지 않았다. 그러나 그는 글라우디오 황제 치세 하에 관직에 있었던 것으로 나와 있다. 구브로 북부 해안에 있는 솔리(Soil)에서 나온 또다른 비문은 파울러스라는 이름의 총독을 언급하고 있는데 그것은 아마도 글라우디오 황제 즉위 10년 이내인 것으로 보여진다.

4) 주로 시인들에 의해, 그리고 또한 상당수에 달하는 비문들에 그렇게 기록되어졌다. 아프로디테는 또한 키프리스(Kypris, "the Cyprian")라고 불리워진다. 바보에서의 아프로디테 숭배는 아마도 베니게인들에서 비롯된 것인 듯싶다. 헤로도토스는 그 유래를 아스칼론(Ascalon)에서, 그리고 파우사니아스는 그 유래를 앗시리아에서 찾고 있다.

5) 참고, 행 17 : 6 이하.

6) "이에 총독이…믿으며 주의 가르치심을 기이히 여기더라"고 누가는 말하고 있다(행 13 : 12).

7) 아마도 누가의 의도는 호 마고스($\delta\ \mu\acute{\alpha}\gamma o\varsigma$)를 그 거짓 선지자의 이름인 엘루마와 동일시 하는 것이었던 듯하다. 이것은 아랍어 'alīm(지혜로운, 박식한)과 같은 어원을 가진 셈계의 언어일 수도 있다.

2. 브루기아에 전해진 복음

구브로로부터 선교단 일행은 소아시아 본토를 향하여 북북서쪽으로 항해하였다. 그들이 도착한 곳은 아마도 시드(Side) 항 내지 보다 서쪽의 아탈레이아(현재의 안탈랴〈Antalya〉)였을 것이며, 거기에서 그들은 버가 성으로 갔다. 그 성은 에베소에서 다소로 가는 해안길에 약 6마일 내부 쪽에 위치하고 있었다. 버가는 밤빌리아의 중심적인 도시였고(다우루스 땅과 지중해 사이에 있는 지역), 그 무렵에는 그 서쪽 변경지역이 루시아와 연결되어 연합된 로마 영토를 형성하고 있었다. 그러므로 버가에서의 복음활동이 그 지역에 대한 누가의 언급에 포함되어 있으리라고 기대할 수도 있다. 그러나 누가가 기록하고 있는 유일한 사건은 이곳에서 마가라 하는 요한이 그의 두 선배 동역자를 떠나 예루살렘으로 되돌아 갔다는 사실이다. 그가 바울과 바나바를 떠나 귀향하게 되는 이유가 무엇인지는 언급되지 않고 있다. 그렇지만 아마도 그는 바울과 바나바가 곧 출항하고자 하였던 갈라디아 지방의 고지대로 계속되는 여행을 미리 준비치 않았었던 듯하다.

갈라디아의 로마 제국령은 소아시아의 중심부에 해당하는 넓은 지역이었다. 갈라디아라는 이름은 전에 그곳에 있었던 갈라디아 왕국에서 비롯된 것으로, 그것은 BC 3세기에 그 반도를 침략하여 그 이전에 브리기아에 속했던 영토에 정착했던 갈라디아인들 혹은 고올(Gaul)인들이 세운 나라였다. 갈라디아의 왕들은 차례차례로 로마 제국의 동맹자가 되었다. BC 25년에 이들 중에 마지막 왕인 아민타스(Amyntas)가 북쪽 다우루스(Taurus)에서 온 침입자들에 대항하여 싸우다가 전사하였으며, 그리하여 아우구스투스는 그 왕국을 제국의 영토로 다시 편입시켰다. 그렇게 하면서 그는 상당부분의 영토를 이전에 인종적으로 결코 갈라디아에 속하지 않았던 남쪽 지방, 즉 동 브루기아, 비시디아, 이사우리카와 서 루가오니아 지역과 합병시켰다. 이전의 갈라디아 왕국에서의 주요 도시들은 로마 제국령의 북부에 위치하게 되었다. 즉, 서쪽에 페시누스(Pessinus), 동쪽에 타비움(Tavium)이, 그리고 그 사이에는 그 후 제국령의 수도가 된, 또한 오늘날에 있어서는 터키 공화국의 수도인 앙키라(Ancyra, 현재의 앙카라)가 자리잡는 형세가 되었다. 바울이 이전에 이들 북부지역의 도시들에 와본 적이 있었는지에 대해서는 확실하게 알 길이 없다. 우리는 단지 남부 갈라디아에 있는 도시들에 관해, 즉 아우구스투스가 양도받고 아민타스 왕의 영토에 복속시켰던 바로 그 로마령의 땅에 관해 바울이 관심을 가졌었다는 상당한 증거를 갖고 있을 뿐이다.

바울과 바나바가 버가로부터 북부지역을 100마일 내지 그 이상 여행한 후 도착한 곳은 이들 도시들 중에 하나인 비시디아 안디옥이었다. 비시디아 안디옥을 스트라보(Strabo)는 비시디아 부근의 안디옥이라고 보다 엄밀하게 말하고 있다. 그곳은 실제로 비시디아 변경의 브리기아 지방에 위치하고 있다. 브리기아의 옛 왕국은 아시아의 로마 영토와 갈라디아의 로마령 사이에 양분되어 있었다. 그리고 비시디아 안디옥이 위치한 곳은 갈라디아령 브리기아(우리가 아시아령 브리기아와 구분하여 이렇게 부르자면)였다. 그곳은 오늘날의 얄바크(Yalvac)부근, 고도 3,600피트 정도의 평원에 해당한다. 윌리엄 람제이(William Ramsay) 경은 바울이 밤빌리아에서 말라리아에 걸렸으며, 회복을 위해 이 고지대를 찾았다고 추정하였다. 그는 갈라디아 교회의 회심자들에게 바울이 상기시켜 준 것과 이 추정을 연관시키고 있다. 즉, 바울이 처음 복음을 가지고 그들에게 왔던 것은 "육체의 약함을 인하여" 서였다(갈 4:13). 이것은 결코 입증되어질 수도, 그렇다고 반증을 들어 논박되어질 수도 없는 사항이다.

비시디아 안디옥은 비록 이 지역에 실루시드 시대 오래 전부터 사람들이 거주하였을지라도, 그 이름이 가리켜주듯 실루시드가 세운 곳 가운데 하나였다(BC 3세기 초). 그곳은 위치상 실루시드들이 변경의 요새지로서 합당하다고 여겨 선택했을 만한 곳이었다. 그리고 같은 전략적 장점으로 인하여 아우구스투스로 하여금 그 도시를 식민지 가이사랴라는 새로운 이름 하에 로마의 식민지 상태로 만들게 했을 법하였다. 로마의 정예부대가 그 지역 주민들 사이에 거주하였으며, 그 도시는 그 둘레의 영토를 지키기 위한 군사적 중심지가 되었다. 그 지역을 보다 효과적으로 로마 영토에 복속시키기 위하여 새로운 도로들이 비시디아 깊숙이까지 건설되었다. 비시디아 안디옥이라는 그 이름은 로마 제국의 정책이 그 도시에 부여한 역할을 반영해 주는 것이었다.

로마의 식민지역에는 로마 시민들이 거주하였다. 이는 비로마 주민들(incolae)이 거하는 환경 속에서 로마의 이익을 보호하고 증진시키기 위한 의도적인 것이었다. 로마 식민지의 행정은 로마의 행정방식을 모방하여 해마다 그 지도자로서 두 사람을 공동관리로 임명하였다. 비시디아 안디옥과 그 부근에서 나온 비문은 식민지에 거하던 주요한 로마인 집안 중의 한 사람이 카리스타니우스 프론토(Caristanius Fronto)라는 이름을 지녔음을 알려주고 있다. 이 집안 가운데 한 사람은 우리가 지금 여기에서 다루고 있는 시대의 약 4반세기 후쯤에 세르기아 파울라(Sergia Paulla)라고 불리우는 한 로마 처녀와 결혼하였다. 이 여자는 아마도 이 지역 행정의 책임있는 자리에 있었던 루시우스 세르기우스 파울러스의 딸이었으리라.

다른 브리기아의 도시들과 마찬가지로 비시디아 안디옥에도 안티오쿠스 3세의 통치 때(BC 223~187)부터 상당수의 유대인 집단이 거주하였다.[8] 유대인 집단들이 있었던 여러 도시들에서처럼 바나바와 바울은 그 도시에 도착한 후 첫번째 맞은 안식일에 비시디아 안디옥의 회당을 방문하였다. 그리고 회당의 지도적인 인물의

---

8) 비시디아 안디옥은 아마도 유대인들이 안티오쿠스 3세에 의해 정착한 브리기아 지역의 요새이자 가장 중요한 곳 가운데 하나이었을 것이다.

청으로 첫번과 둘째번 교훈의 말씀이 낭독된 뒤 예배자들에게 "권면의 말" 내지 설교를 하게 되었다.[9] 여기에서 누가는 바울이 설교한 개요를 적고 있다. 이것은 아마도 복음이 유대인들과 하나님을 경외하는 이방인들을 망라하여 회당에 모인 회중들에게 제시되었던 방법을 대변해 주는 것이라고 하겠다. 그것은 이스라엘 역사라는 친숙한 배경을 들어 가르친 설교였다. 바울은 어쩌면 그 날을 위해 암암리에 성경 교훈의 내용을 빗대어 말함으로써, 회중들에게 출애굽에서 시작하여 다윗의 통치에 이르기까지의 구약의 사건 속에서 나타나는 하나님의 능력있으신 사역을 성취시켜 주려고 했었던 듯하다. 바울은 계속하여 이렇게 말하고 있다. "하나님이 약속하신 대로 이 사람의 씨에서 이스라엘을 위하여 구주를 세우셨으니 곧 예수라"(행 13 : 23). 이 내용을 다시 살펴보면 비록 그 설교가 모세와 출애굽 사건에서 시작했을지라도 율법에 대한 언급은 전혀 없음을 알 수 있다. 이 설교에서 강조된 것은 약속의 성취이다. 비록 그것이 여기에서는 아브라함에게 주어진 약속(갈 3 : 6~18에서처럼)이 아니라 다윗에게 주어진 약속으로 나타나 있을지라도 그러하다. 바울은 로마인들에게 보낸 편지의 서문에서 다윗과 예수 사이의 연관관계를 언급하고 있다. 기기에서 예수는 "육신으로는 다윗의 혈통에서 나셨다"(롬 1 : 3)고 말해진다.[10] 바울은 이 설교에서 다윗에서부터 예수까지 곧장 말한 후에 구원사의 정점에 대해 길게 언급하고 있다. 즉, 시편과 선지서의 성취인 세례 요한의 예비적 증언, 그리스도에게서 보여진 하나님의 능력있는 사역, 그리고 그의 부활하심과 영광과 존귀로 관씌움을 받으심이다.

바울이 비시디아 안디옥에서 말한 것과 베드로가 그리스도인들의 첫번째 오순절 날 예루살렘에서 말한 것 사이에 별다른 차이가 없다고 말할 수도 있겠다. 사실이 그러하다. 그렇지만 아마도 실제에 있어 베드로와 바울이 유대인 회중들에게 복음을 전한 그 내용은 본질적으로 거의 차이가 없었을 것이다. 만일 바울이 회당에 모인 회중들을 대면하여 전파하였을 때 누가가 여기에 그가 비시디아 안디옥에서 말한 것으로 적고 있는 것처럼 그렇게 말하지 않았다면 어떻게 말했었겠는가. 사실, 바울이 유대인들에게 설교하였든, 이방인들에게 설교하였든 그 말씀에는 예수의 죽음에 대한 언급에서 바울에게 마땅히 기대할 수 있는 것보다 "십자가의 신학"이 더 적게 나타난다. 그리고 사도행전의 바울은 부활하신 그리스도께서 "갈릴리로부터 예루살렘에 함께 올라간 사람들에게 여러 날 보이셨으니 저희가 이제 백성 앞에 그의 증인이라"(행 13 : 31)고 말하고 있지만, 역사적인 바울은 분명코 좀더 말하였을 법하다. 그리고 (우리가 확신할 수 있거니와) 다음과 같이 덧붙였을 것

---

9) "권면의 말"(λόγος παρακλήσεως)은 바울 자신이 그의 "서신", 즉 기록한 설교를 지칭하여 히브리인들에게 사용한 표현이다(히 13 : 22). 첫번째 말씀은 율법서에서 택하여졌으며, 두번째 말씀은 예언서에서 택하여졌다.
10) 이 말씀은 당시 널리 행해지던 신앙고백으로부터 바울이 인용했던 것으로 대체로 생각된다.

이다. "맨 나중에 … 내게도 보이셨느니라"(참고, 고전 15 : 8). 그렇지만 여기에서 바울 자신의 경우는 설교의 끝부분에 소개되고 있다. 사도행전에서의 다른 설교자들이 "죄사함"(행 2 : 38 ; 10 : 43)은 예수를 통하여 가능하나고 선언하는 반면 비시디아 안디옥에서 바울은 "이 사람을 힘입어 죄사함을 너희에게 전한다"고 말할 뿐만 아니라 "또 모세의 율법으로 너희가 의롭다 하심을 얻지 못하던 모든 일에도 이 사람을 힘입어 믿는 자마다 의롭다 하심을 얻는다"고 덧붙이고 있다(행 13 : 39 이하). 실로 믿음으로 말미암아 의롭다 하심을 얻음에 대한 온전한 바울의 교훈은 그들이 굳게 서 있는 이 말씀에서 조금도 삭제될 것이 없다.[11] 그런데 이 말씀은 로마서 3 : 20~26에서의 바울의 가르침과 일치한다. 거기에서 바울은 "율법의 행위로 그의 앞에서 의롭다 하심을 얻을 육체가 없는" 반면에 "예수 그리스도를 믿음으로 말미암아 모든 믿는 자에게 … 하나님의 의"가 미친다고 말하고 있다. 사도행전 13 : 39이 모세의 율법은 할 수 있는 모든 일을 다 했으며, 더 이상 아무것도 할 수 없는 반면 그리스도를 믿는 믿음은 인간의 구원을 책임지게 되었다는 의미임을 깨닫기 위해 굳이 그 말씀을 분석할 필요는 없을 것이다.

회중 가운데 있던 경건한 이방인들이 특히 바울의 메시지에 감화를 받았다. 그리고 저희 동료 이방인들에게 그 소식을 널리 알렸다. 그 결과 일주일 후에는 회당 예배에 유대인들보다도 이방인들이 더 많이 출석하게 되었다. 유대인 집단의 지도자들은 이를 언짢게 여겼으며, 이들 두 명의 전도자들에게 저희의 불쾌감을 드러내었다. 그렇지만 많은 이방인들이 이들 전도자들이 선포한 바 그리스도를 믿는 믿음으로 말미암은 구원을 받아들였으며, 회당과 분리하여 그리스도인의 그룹을 형성하였다. 이것이 곧 갈라디아 교회들의 시초가 되었다.

비시디아 안디옥을 떠나 전도자들은 이고니온(현재의 코냐, Konya)으로 갔는데, 그곳은 동남동쪽으로 약 90마일(대략 150킬로미터) 가량 떨어진 곳이었으며, 현재에는 중요한 교통로가 연결되어 있는 요지이다. 크세노폰(Xenophon), BC 약 400년은 그곳을 "브리기아의 마지막 도시"로 알고 있었다. 그리고 AD 2~3세기 무렵에는 그곳 거민들은 자신들을 브리기아인들로 여기게 되었다.[12] 그렇지만 그곳은 루가오니아 평야의 서쪽 끝에 위치하고 있었으며, 이 시대의 여러 헬라 로마 저술가들이 그곳을 루가오니아의 도시로 (잘못) 부를 정도로 브리기아와 루가오니아 지방의 경계 부근에 가까왔다. 당시는 글라우디오 황제가 그 도시로 하여금 자기

---

11) RSV 와 NEB 에는 "의롭다 여기심을 얻는다"(justified)가 아니라 "자유함을 얻다"(freed)라고 되어 있다. 그렇지만 누가는 아마도 이 단어가 바울적인 의미로 이해되어지기를 바랬던 듯하다.

12) 2세기 때에 그곳 그리스도인들 중의 하나가 히에락스(Hierax)라는 이름의 노예인 순교자 져스틴(Justin)과 함께 로마에서 기소되었다. 져스틴 행전(Acts of Justin, 제 4 장)은 그가 "브리기아의 이고니온에서부터 끌려 왔다"고 적고 있다.

자신의 이름을 의를 나타내는 접두어로 사용하도록 허용한 지 얼마 후였다. 그래서 그곳은 한때 클라우디코니움(일부 영어식 지명에서 "왕의"라는 접두어 혹은 "Regis"라는 접미어가 사용된 것과 비교해 볼 수 있다)이라고 불리워진 바 있다.

이고니온에서 전도자들이 경험한 일은 비시디아 안디옥에서의 일과 거의 유사했던 듯하다. 단지 그들이 이고니온에서는 다른 도시들에서보다 오래 머무를 수 있었던 것이 달랐다. 그리고 적어도 그들이 이고니온을 떠나 지역경계선을 넘어 루가오니아로 가지 않을 수 없을 정도로 그들에게 대항하는 소동이 일어났었다. 그곳에 비시디아 안디옥에서와 마찬가지로 일찌기 확산한 하나의 그리스도인 모임이 형성된 것은 그 후의 일이었다. 이고니온은 그로부터 한 세기 후에 바울과 테클라의 행전(Acts of Paul and Thekla)에 언급되어 있는 꾸며진 거짓 모험이야기의 중심지이다.[13]

3. 이방인 복음화의 제문제들

바나바와 바울이 예루살렘 교회 지도자들과 함께 참석했던 회의에서 아마도 이방인들에 대한 이들 전도자가 앞으로 가는 도시들에서 회당을 방문하는 일을 삼가야 한다고 하는 의견은 없었던 듯하다. 그렇지만 그들이 비시디아 안디옥과 이고니온에서 한 것과 같은 일들이 발생할 것을 예기치 못했을 수도 있다. 그리하여 하나님을 섬기는 이방인들을 그들이 이제까지 출석해 온 회당에서 분리하여 별도로 회중으로 모이게 하는 일이 필수불가결했을 것이다.

유대인들보다도 이방인들이 훨씬 많이 바울의 설교를 듣고 기독교로 개심했음은 분명한 사실이다. 그러나 만일 매번 그가 도시들에서마다 회당을 자신의 첫번째 활동지로 삼았다면 시초부터 이방인들보다도 유대인들이 더 많이 그로부터 복음을 들었을 터이었다. 그는 복음이 "첫째는 유대인에게" 제시되어짐(롬 1 : 16)을 용인하기 위해 직접 그 일을 하였다. 혹 어떤 회당에서 전체 회중이 그의 설교를 듣고 긍정적인 반응을 보일 가능성은 없었는가? 예루살렘 지도자들은 최소한 생각으로나마 이 일을 협약에 대한 파기로 간주하지 않았을 것인가? (그로부터 2, 3년 후에 마게도냐의 베뢰아에 있는 회당 회중은 그에게 은혜로운 반응을 보였다. 그렇지만 거기에는 이 일이 예외적인 경우이었다는 사실이 함축되어 있다). 바울은 만일 유대인들이 복음을 스스로 받아들이기만 하면 그들이 이웃의 이방인들을 복음화시킬 수 있으리라고 말했을 법도 하다. 그렇지만 실제에 있어서 그는 이방인들을 직접 복음화하는 것이 자신의 우선적인 소임임을 알고 있었다. 누가에 의하면 바울과 바나바는 이 점에 있어 그들이 야웨께서 자기 종에게 위임하신 사명을 실행하고

---

13) 2세기에 나온 바울행전에 기록된 가장 잘 알려진 에피소드.

있는 것이라고 비시디아 안디옥에서 말한 바 있다(사 49：6).

　　　　내가 또 너로 이방의 빛을 삼아 나의 구원을 베풀어서 땅 끝까지 이르게 하리라.

　비시디아 안디옥에서와 이고니온에서의 유대인 지도자들의 절대적인 반응에 대한 누가의 기록은 그 유대인들에 대한 바울 자신의 언급과 일치한다. 그는 그들 "유대인은…우리를 쫓아내고 하나님을 기쁘시게 아니하고 모든 사람에게 대적이 되었다"고 말하고 있다(살전 2：15).[14]

　이방인의 사도라는 자신의 소명을 의식하면서 바울은 회당의 예배에 매번 참석하던 경건한 자들을 보다 넓은 이방세계에 교두보 역할을 할 자들로 섭리에 의해 예비된 것으로 간주하였다. 봉독되는 성경말씀과 그 해석을 들음으로써 이방인들은 "살아계신 참 하나님"을 예배하는 것을 배웠다. 그리고 어떤 의미에 있어 이스라엘의 소망과 친숙하게 되었다. 그렇지만 그들은 자신들이 유대주의로 개종하기로 예비되지 않는 한 이 소망에 참예할 수 없으며, 하나님의 백성의 특권을 나눌 수 없다고 들어왔다. 이것은 의심할 여지없이 그들의 유대인 친구들이 자신있게 예기한 사항이었다. 그러나 이제 이들 이방인들은 이스라엘의 소망이 예수에 의해 이미 성취되었다는 것, 그를 믿는 믿음을 통하여 자신들도 유대인 신자들과 똑같은 조건으로 하나님의 구원의 은혜를 받을 수 있다는 것, 그리고 유대인과 이방인 사이의 종교적 구분이 없어져서 하나님의 백성의 새로운 메시야적 교제의 일원들이 되었다는 것을 바울로 말미암아 확증받게 되었다. 경건한 이방인들이 일찍이 유대인들이 자기들을 제외시켰던 바로 이들 조건들에 대해서 복음의 축복을 포용한 것은 아주 당연한 일이었다. 오로지 회당을 방문함으로써만 바울은 이들 경건한 유대인들과 접촉할 수 있었다. 그렇지만 그의 이같은 방법이 초래하는 거의 피할 수 없는 결과는 회당과의 결렬이었다. 이방인 복음화에 관심을 집중하고 있는 사람이 동시에 유대인들에 대해서도 바람직한 전도자가 되는 일은 아마도 불가능하였을 것이다. 그런 까닭에 예루살렘 회의에서 협의되었던 선교영역의 구분은 현명한 결정이었다.

　바울은 이러한 상황을 용인하고자 하였다. 그렇지만 그는 이 일을 수월하게 해낼 수가 없었다. 그는 자신을 이방인들에 대한 사도로 하나님의 부르심을 받은 자로 인지할 때 자기 자신의 친척지기들의 구원문제는 특별히 더욱 그의 마음에 부딪치게 되었다. 그가 후에 로마인들에게 보낸 서신서에 적고 있는 것처럼 만일 그들의 구원이 자신을 희생함으로써 가능한 일이라면 기꺼이 그 값을 치루어 그렇게 하고자 하였다. 그는 그들을 위해서라면 자신이 "저주를 받아 그리스도에게서 끊

---

14) 살전 2：13~16의 구절은 어떤 반 유대주의자가 써넣은 삽입구라는 주장이 있다. 그러한 주장을 본문에 뒷받침해 줄만한 증거가 없기 때문에 확립되기 어렵다.

어지고자" 하였다(롬 9 : 3). 그렇지만 그는 자신이 이방인을 복음화하는 바로 그 행동이 간접적으로 자신의 동료 유대인들의 구원을 촉진시키는 일을 할 수 있다는 희망으로 조만간 다시금 확증을 갖게 되었다. 그는 모세의 노래에 나오는 한 구절을 생각하게 되었다. 그것은 하나님께서 그의 배역하는 백성에게 말씀하신 것이었다. "나도 백성이 되지 아니한 자로 그들의 시기가 나게 하리라"(신 32 : 21). 그리고 그는 새로운 복음의 상황에 비추어 그 말씀을 해석하였다. "백성이 아닌"[15]자들은 이방인들이었다. 바울 자신의 선교를 통하여 이방인들이 이스라엘의 메시야로 말미암은 축복, 이스라엘의 조상들에게 주어진 약속들의 성취인 그 축복에 계속하여 더욱 더 많이 참예하여 그 약속을 스스로 적용시키고 효용성있게 만들었을 때에 이 모습은 당연한 결과로 그 약속에 대하여 첫째인 유대인들을 시기나게 만들 것이었다. 자신들이야말로 이방인들이 그토록 열심으로 향유하고 있는 그 축복들에 대해 우선권을 가진 자들이라는 사실을 그들은 별안간 깨닫게 될 것이며, 그 축복들을 공유하기 위하여 자신들의 권한을 주장하게 될 터이었다. 이방인들을 거두어들이는 일은 이처럼 하나님의 목적하심이 이루어짐에 따라 이스라엘의 구원으로 이끌어질 것이었다. 그리고 바울은 "그 직분을 영광스럽게 여겼다." 이는 보다 먼 결과 내지 귀착점을 바라보기 때문이며, 그리고 다른 민족들을 "믿어 순종케" 함으로써 비롯될 간접적인 효과를 믿기 때문이었다(롬 10 : 19 ; 11 : 13~27 ; 16 : 26).

4. 루가오니아의 성읍들

바나바와 바울이 찾아간 루가오니아의 첫번째 성은 루스드라, 곧 현재의 조르둘라(Zordula)의 구릉이었다. 그곳은 하툰사라이(Hatunsarai) 부근이었으며, 이고니온에서 남남서쪽으로 약 18마일(30킬로미터) 떨어진 곳이었다. 비시디아 안디옥과 마찬가지로 루스드라는 아우구스투스에 의해 로마 식민지가 되었다. 이들 두 식민지는 이고니온을 통과하지 않는 군사도로로 연결되어 있었으며, 비록 서로 100마일 가량 떨어져 있기는 하나 상호간에 친밀한 관계를 유지하고 있었던 듯하다.

루스드라에는 유대인 거주자들이 다소 있었으며, 이들 전도자들은 그들과 관계를 갖게 되었다. 예를 들자면 유대인 어머니와 헬라인 아버지를 가진 디모데는 이 방문기간 동안에 회심한 사람들 가운데 하나였던 것 같다.[16] 그렇지만 누가가 기록한 바에 의하면 바나바와 바울은 이교도인 루가오니아인들과 직접 접촉하였으며, 식민지에 있던 로마 시민들이 아니라 비로마 시민인(incolae) 원래의 거주민들과

---

15) 히브리어 로얌. 이것은 바울 같은 성경해석자의 마음에 호 1 : 9의 로암미("내 백성이 아닌 자") 와 쉽게 연관지어졌다(롬 9 : 25 이하 참조).
16) 참조, 행 16 : 1 이하.

접촉하였다. 이 사람들은 바울이 본래부터 불구자인 사람을 고쳐주는 것을 보고 감화받았으며, 저희 성읍에 신(神) 둘이 인간형상을 하고 방문한 은혜를 입었다고 단정지었다. "바나바는 쓰스라 하고 바울은 그 중에 말하는 자이므로 허메라 하더라"(행 14 : 12). 이들 두 신들 혹은 아나톨리아의 한 쌍의 신을 함께 숭배하는 일은 설화에서와 소아시아의 그 부근에서 나오는 비문에서 널리 입증되고 있다.[17] 제우스 신당의 제사장은—신당은 성문을 마주보고 세워져 있었다—두 방문자들에게 경의를 표하여 합당한 제사예물을 차려놓았다. 잠시 동안 바나바와 바울은 무슨 일이 일어나고 있는지를 깨닫지 못하였다. 왜냐하면 모든 사람들이 루가오니아 말로 말하고 있었으며, 그들은 그 방언을 알지 못했었기 때문이었다(비록 그들이 전에 거쳐온 이고니온에서 사용하던 브리기아말과 다른 언어라는 사실은 알 수 있었겠지만). 그러나 어떤 상황이 벌어지고 있는지 그들이 점점 깨닫게 되었을 때 그들은 크게 놀랐으며, (헬라어로 사람들에게 말하여) 저희에게 중지하도록 간절히 촉구하였다(행 14 : 14~17).

> 두 사도 바나바와 바울이 … 소리질러 가로되 여러분이여 어찌하여 이러한 일을 하느냐 우리도 너희와 같은 성정을 가진 사람이라 너희에게 복음을 전하는 것은 이 헛된 일을 버리고 천지와 바다와 그 가운데 만유를 지으시고 살아 계신 하나님께로 돌아오라 함이라 하나님이 지나간 세대에는 모든 족속으로 자기의 길들을 다 니게 묵인하셨으나 그러나 자기를 증거하지 아니하신 것이 아니니 곧 너희에게 하늘로서 비를 내리시며 결실기를 주시는 선한 일을 하사 음식과 기쁨으로 너희 마음에 만족케 하셨느니라.

만일 누가가 비시디아 안디옥에서의 회당예배에 대해 언급하면서 유대인과 경건한 자들에 대한 복음제시 방법의 대표적인 표본을 보여줬다면 여기에서는 보다 요약적인 형태로 교육받지 않은 소박한 이교도들에 대한 접근방법의 예를 보여준 셈이다(후에 그는 바울이 아테네에서 행한 일을 기록하면서 "교육받은" 이교도들에 대한 접근방법의 한 예를 보여준다).[18]

루스드라 사람들에게 바나바와 바울이 항변할 때에 그들은 루스드라 사람들의 종교적인 행사가 벌어지는 중심부에 있게 되었으며, 저희에게 보다 가치있는 예배에 대해 가르쳐줄 기회를 얻게 되었다. 그것은 곧 우주를 지으시고 인간이 필요로

---

17) 설화에서 가장 잘 알려진 증거는 필레몬(Philemon)과 바우시스(Baucis)의 이야기이다. 그들은 이들 두 신들이 익명으로 찾아온 방문을 받았다(오비드, 변성 8장). 루스드라 브근, 예를 들어 세다사(Sedasa)에서는 이들 두 신을 함께 숭배한 비문의 증거가 있다. AD 250년 경 해시계와 함께 세워진 제우스(쓰스)와 헤르메스(허메)의 조상에 헌정된 몇명의 루가오니아 남자들 이름도 나타난다.

18) 행 17 : 22 이하.

하는 것들을 예비해 주신 살아계신 하나님께 대한 예배이다. 여기에서 하나님이 창조주로서 소개되고 있는 것은 여러 세대에 걸쳐 유대인들이 이교도들에게 증거할 때 사용되었던 방법이었다. "나는 히브리 사람이요, 바다와 육지를 지으신 하늘의 하나님 여호와를 경외하는 자로라"고 선지자 요나는 폭풍을 만난 뱃사람들에게 말하였다(욘 1 : 9). 또한 시편 기자는 "모든 육체에게 식물을 주신 이에게 감사하라 그 인자하심이 영원함이로다"라고 말하였다(시 136 : 25).

바울은 후에 아테네에서 창조주를 제우스와 동일시 하고자 시도하지만 여기에서는 그와 같은 어떠한 시도도 행하지 않았다. 왜냐하면 루스드라에서 숭배된 제우스는 너무도 인격화된 신이어서 스토아파의 시인들이나 철학자들이 제시한 일신론적인 신 제우스와 연관시킬 수 없었기 때문이다. 이제까지 제우스와 헤르메스가 차지했던 자리에 천지를 지으시며 해마다 때맞은 비와 결실을 주시는 신, 곧 하나님이 들어서야만 되었다.

누가가 적고 있는 개요에는 어떠한 명백한 기독교적인 언급도 나타나지 않는다. 그렇지만 "하나님이 지나간 세대에" 모든 족속으로 저희 자신의 길들, 즉 그들 자신의 종교적인 방식대로 행하도록 허용하셨었다는 진술은 복음에 대한 예비적인 설명이라고 하겠다. 여기에는 변화가 있다는 사실이 암시되고 있다. 그것은 곧 그리스도의 구원하시는 사역으로 말미암은 변화를 가리킨다. 이 대략적인 개요에는 단지 암시되어 있을 뿐인 사항이 이후에 있을 아테네에서의 바울의 설교에서는 명확하게 기술되고 있다. 그리고 그것은 또한 그가 로마인들에게 보낸 편지에 명백한 말로, 그리고 보다 긴 설명으로 기록되어 있다. 거기에서 하나님은 이방세계들에게 그들의 우상숭배의 결말을 나타내 보여주셨으며,[19] 그리스도께서 친히 자신의 생명을 내놓으심으로써 하나님께 나아가는 새로운 길이 마련되었다는 것, 그리고 그로 인하여 예수를 믿는 모든 자들은 의롭게 인정받게 되었고 유대인들 뿐만 아니라 이방인들도 하나님의 찾으시는 때에 이전에 지은 죄들을 사함받는 은혜를 누릴 수 있게 되었다고 쓰여져 있다.[20]

만일 바나바와 바울로 인해 루스드라에서 회심한 자들 가운데 이들 두 전도자들에게 신적인 명예를 부여하려고 시도한 자들이 있었다면 그들은 후에 바울이 데살로니가에서 회심시킨 이방인들이 그러했듯이 "우상을 버리고 하나님께로 돌아와서 사시고 참되신 하나님을 섬겼다"고 말해질 수 있을 것이다(살전 1 : 9).

처음에 열렬히 환영받았음에도 불구하고, 바나바와 바울은 루스드라의 여론이 자기들을 적대하는 방향으로 나아가는 것을 알게 되었다. 그들이 제시한 복음을 믿는 자들과는 달리, 그들에게 제사를 바치고자 하였던 사람들은 자기들의 제사가 거절당한 것을 분히 여겼음에 틀림이 없다. 그런 까닭에 비시디아 안디옥에서와

---

19) 롬 1 : 18 이하.
20) 롬 3 : 21~26.

이고니온에서 이들의 선교에 맞서 문제를 일으켰던 사람들 가운데 일단의 무리가 루스드라를 방문하였을 때 그들은 분개의 감정을 쉽게 드러내게 되었다. 그 결과 발생한 소동에서 특히 바울은 심하게 얻어맞았다. 몇 년 후 그는 고린도에 있는 친구들에게 "한번 돌로 맞은" 적이 있다고 말하고 있다(고후 11 : 25). 이 일은 그가 잊지 않고 마음에 새겨둔 사건이었다. 그는 의식을 잃고 혼절하였음에 틀림이 없다. 왜냐하면 그를 돌로 쳤던 사람들이 그가 "죽은 줄로 알고 성 밖에 끌어 내쳤기" 때문이다(행 14 : 19). 그렇지만 새로운 개심자들이 바울을 위해 무엇인가 하고자 모여들어 그를 둘러쌌을 때 그는 의식을 되찾고 그들과 함께 성 안으로 다시 들어갔다. 신체적으로 어떤 결함을 지니고 있었든지간에·바울은 대단히 강인하고 이내 원기를 회복하는 체질을 지니고 있었으며 놀랄만큼 잘 견뎌내는 능력이 있었다. 그리하여 그는 "거꾸러 뜨림을 당하여도 망하지 아니"하였다(고후 4 : 9에 나오는 그의 말을 빌리자면). 그는 자기 몸에 있는 어떤 자국에 대해 말하면서 "예수의 흔적"이라는 표현을 사용하고 있다(갈 6 : 17). 여기에서 사용된 *stigmata*라는 표현은 노예들이 때때로 신체에 자기 소유주의 이름을 낙인찍듯이 자신의 주인이 누구인가를 나타내는 것이다. 그리고 여기에는 아마도 십중팔구 바울이 루스드라에서 당한 사건으로 인해 생겨난 지워지지 않는 흉터들도 포함되었을 것이다.

다음날 바나바와 바울은 더베로 떠난다. 더베는 루스드라에서 약 60마일 가량 떨어진 케르티 히윅(Kerti Hüyük)의 구릉지대에, 혹은 (혹자의 의견에 의하면) 케르티 히윅에서 남동쪽으로 약 2.5마일 가량 되는 데브리 세리(Devri Sehri)에 위치하고 있었다. 비잔틴의 사전 편찬자인 스테파누스(Stephanus)의 주장에 따르면 더베라는 이름은 쥬니퍼(노간주나무)의 루가오니아 방언에서 나온 것이다. 이고니온과 마찬가지로 더베는 글라우디오 황제의 이름을 경칭하는 접두어로 사용하였다. 그래서 최소한 2세기 무렵에 그곳은 글라우디오더베라는 이름으로 알려졌었다. 그곳은 갈라디아의 로마령과 코마진(Commagene)의 복속국(AD 41년에서 71년까지 로마의 동맹자 안티오쿠스 4세가 다스렸던) 사이의 변경부근, 다시 말하여 루가오니아의 옛 영토를 둘로 가르는 변경부근—아마도 바로 뒤에—에 있었다. 이곳은 바나바와 바울이 이번 여행에서 가장 멀리까지 나아간 곳이었다. 더베에서 설교함으로써 일단의 사람들을 회심케 한 후 그들은 다시 발걸음을 되돌리게 된다. 그리하여 그들은 루스드라와 이고니온, 그리고 비시디아 안디옥에 새로 개척한 교회들의 교인들을 방문하고 격려하였다. 누가는 그들이 이 교회에서 "장로들을 택하였다"고 적고 있는데(행 14 : 23), 이 말은 목회서신서들의 특징인 교회행정의 시기를 미리 예상한 것이 아닌가 하고 의문시 되어왔다. 누가가 목회서신서에 나오는 용어를 사용한 것일 수도 있다. 그렇지만 만일 바울이 그로부터 수년 후에 데살로니가 교회에게 저희를 "다스리며 권하는 자들"을 존중히 여기라고 말할 수 있었다면(살전 5 : 12), 그리고 고린도 교회에게 그곳 일원들의 "성도 섬김"이 주목, 인정받을 만하다고 지적할 수 있었다면 바나바와 바울이 남부 갈라디아에 새로 세워진 각 교회들에서 이미 지도자의 자질을 보이기 시작한 사람들에 대하여 보다 이른 시기에 적절한 조처를 취하지 말아야 할 이유는 없는 것이다. 또한 그뿐 아니라 이 점에 있어서 필요한 도움을 그들에게 주면서 바나바와 바울은 그들에게 저희가 마음을 굳게 하여 새로 된 믿음에 거할 것을, 그리고 고난과 핍박으로 인하여 낙담하지 말 것을 권고했다. 왜냐하면 이러한 환난들은 이 시대의 그리스도인들에게 있어 피할 수 없는 것들이었기 때문이다. "우리가 하나님 나라에 들어가려면 많은 환난을 겪어야 할 것이다"(행 4 : 22).

그리고나서 그들은 해안을 따라 여행을 계속하였다. 버가를 지나서 앗달리아로 내려갔는데 그곳에서 그들은 오론테스(Orontes)강 어귀에서 배를 타고 수리아 안디옥으로 되돌아왔다. 그들이 떠난 이후에 성취한 일의 덕택으로 수리아 안디옥의 교회는 이제 자기네와 같이 주로 이방인들로 구성된 융성하는 자녀교회들을 여럿 거느린 명실상부한 모교회가 되었다.

제17장

이방인 문제

1. 예루살렘 교회의 반응

이방인들 가운데 기독교 세력이 확대되었다는 소식은 당연히 안디옥 교회에 기쁨을 가져다 주었으나, 예루살렘에서는 복합적인 감정으로 그것을 받아들였다. 그토록 많은 이방인들이 예수를 주로 인정하게 되었다는 것은 분명코 좋은 일이었다. 그렇지만 예루살렘 교회의 지도자들이 바나바와 바울과 손을 잡았었을 때 그들은 그렇게 빨리 이방인 신자들이 기독교에 귀의하게 되리라고는 거의 예상치 못하였다. 여기에서 그들은 확대일로에 있는 기독교 선교를 감독하기 위한 어떤 방법을 모색하게 되었다. 그렇지만 이 일은 갈수록 어려워진다는 사실이 입증되었다. 바나바와 바울의 구브로와 남부 갈라디아에서의 최근의 선교는 그들과 사전에 구체적으로 협의되거나 하지 않았던 것으로 보여진다. 그들이 이 일에 대하여 가진 어떤 관심을 단순히 그들 자신이 주도권을 쥐고자 하는 바램 탓으로 해석해서는 아니된다. 그들이 볼 때에 위기에 놓인 중요한 원칙적인 문제가 있었다. 이방인 그리스도인들의 수가 그처럼 증가될 때, 그들은 유대인 그리스도인들보다 이내 숫적으로 우세할 것임이 틀림없었다(이미 그렇게 되지 않았다면). 그렇다면 교회의 윤리적인 규범들이 어떻게 안전하게 유지될 수 있겠는가? 유대인들은 대체로 이방인들의 도덕성에 대해 별다른 의견을 갖고 있지 않았었다.[1] 그리고 교회의

---

1) 로마서 1 : 18 이하에서의 이교 사상에 대한 바울의 기소는 그 시대의 유대 문헌에서 흔히 보여지는 내용이었다.

윤리적인 규범들은 특히 예수께서 요구하신 것들에 토대를 두고 있었다. 예수께서는 유대 전통사회의 여러 가지 비윤리적인 법규 내지 규범들의 요구를 느슨하게 하셨다고 볼 수도 있다. 가령 음식물에 관한 제한이나 안식일 준수에 관한 사항들에 있어 그러하다. 그렇지만 그는 겉으로 드러나는 말과 행동들 너머에 있는 숨겨진 마음의 동기와 감정들을 지적하심으로써, 그리고 "율법의 더 중한 바 의와 인과 신"이라고 주장하심으로써(마 23 : 23) 윤리적 규범들을 오히려 더욱 뚜렷하게 제기하셨다.[2] 그의 제자들은 "서기관과 바리새인보다" 더 나은 의를 행하라고 가르침 받았다(마 5 : 20). 이것은 결코 쉬운 일이 아니었다. 그렇지만 이방인들이 이런 것들을 실행하기란 특히 성문제에 있어서, 그리고 서기관들과 바리새인들의 규범은 제쳐두고라도 보통의 평범한 유대인들 수준의 규범에 이르기까지 매우 어려운 일이었을 것이다. 그러니 무엇으로 그리스도인의 규범을 고수할 수 있겠는가?

바나바와 바울이 이방인 복음화에 앞장 선 것은 대단히 잘한 일이었다. 그렇지만 그러는 동안에 예루살렘 교회의 지도자들은 저희 동료 유대인들에게 복음을 권하는 그들 나름의 책임을 수행해야만 했다. 이 책임을 수행하는 일이 일단의 기록들로 말미암아 쉬운 일이었으리라고 생각해서는 안된다. 즉, 수많은 이방인들이 새로운 교제에 참예하게 되었다는, 매우 쉬운 일처럼 여겨지게 할 것임에 틀림이 없는 기록들이다. 이방인들에 대한 접근에서 제기되는 전반적인 문제는 예루살렘 교회가 처한 상황에서 볼 때 미묘한 것이었다. 헤롯 아그립바가 유대의 왕으로 지배한 짧은 기간 동안에 적어도 예루살렘 교회의 한 분파에 대한 일시적이지만 격렬한 군사적 행동이 있었다. 그리고 그같은 조처로 인하여 스데반의 죽음을 가져온 초기의 박해에서 저희가 누렸던 평온함은 더 이상 도저히 누릴 수 없게 되었고, 사도들은 이제 중요한 공격목표가 되었다. 세베대의 아들 야고보는 사형을 당하였으며, 베드로 역시 같은 운명에 놓이게 되었음에도 그는 감옥을 피하여 도망하지도 숨지도 아니했다.[3] 사도들에 대한 공격은 가이사랴의 고넬료에 대한 베드로의 방문과 같은 이방인 복음화의 착수와 결코 무관한 일이 아니었으며,[4] 그 시작에 있어 그들이 비록 주의깊고 신중했다고 할지라도 그런 일은 명백히 사도들이 전에 예루살렘에서 받을 수 있었던 우호적인 반응을 잃게 하였던 것이다.

헤롯 아그립바의 공격은 AD 44년에 있은 그의 갑작스러운 죽음으로 인하여 끝을 맺었다. 그러나 교회의 새로운 난점은 다른 데에서부터 제기되고 있었다. 로마 집정관의 지배에 대해 유대가 반발한 것이다. 유대는 헤롯의 죽음 이후 8년 동안 로마 집정관의 지배 아래 있으면서 일련의 계속적인 군사적 행동을 취하였다. 그같은 행동을 주도한 사람들은 비록 모두가 그렇게 불리기에 적합한 것은 아니지만

---

2) 참고, 마 5 : 21 이하.
3) 행 12 : 1 이하.
4) 행 10 : 1~11 : 18.

일반적으로 열심당이라고 일컬어지는 자들이라고 할 수 있었다. 요세푸스는 보다 직선적인 말로 그들을 도적 내지 협잡군으로 불렀다.[5] 이 폭도들의 지도자들 중 가장 중요한 인물은 갈릴리 사람인 유다의 두 아들로 그 이름이 야고보와 시몬이었다. 두 사람 모두 티베리우스 쥴리어스 알렉산더(집정관, A D 46~48) 에게 사로잡혀 십자가 형을 받았다. 그같은 모반자들은 단순히 반로마주의자들만은 아니었다. 그들은 또한 로마인들과 협력하고 있는 것으로 의심되는 유대인들에 대해서도 적대감을 나타내었다. 이 점에 있어서 주로 죄과가 있는 자들은 대제사장단에 속한 일원들이었다. 그렇지만 예루살렘 교회와 같은 변변찮은 신분을 지닌 유대인들의 경건한 집단일지라도 만일 그들이, 혹은 그들과 관련이 있는 다른 자들이 이방인 세계에 대해 다리를 놓는 역할을 했다고 생각되어지면 저들의 적의를 야기시키게 될 것이었다.

그러므로 종교적인 면에 있어서나 정치적인 면에 있어서나 이방인 선교는 예루살렘 교회와 그 지도자들을 궁지에 빠지게 만드는 어려운 문제들이었다. 일부 교인들은 하나의 단순한 해결책을 제시하였다. 즉, 기독교로 회심한 이방인들에게도 유대교로 개종한 이방인들에게 그러했던 것과 마찬가지로 똑같은 요구사항을 부과하자는 것이다. 이 요구사항이란 할례를 받아야 한다는 것(남자일 경우에)과 모세의 율법을 지켜야 한다는 것이었다. 이것은 이방인들이 교회로 들어오는 것을 제한할 뿐만이 아니라 이미 들어온 자들로 하여금 용인될 만한 윤리적 규범을 준수하지 않을 수 없게 만든 것이었다. 그렇게 되면 아무리 열심당원들이라고 할지라도 그같은 조건으로 이방인들의 유입을 허용하는 것에 대해 어떤 타당한 반박거리를 제기할 수 없을 터이었다. 그렇지만 만일 이 제안이 채택된다면 전혀 그러한 요구조건이 없이 그리스도인의 사귐을 갖도록 이미 허용된 수많은 이방인들을 좌절시키는 결과를 유발할 것이다. 그러한 이방인들은 가이사랴, 안디옥, 그리고 여타의 다른 곳들에도 이미 있었다. 그럼에도 불구하고 그 제안은 많은 사람들의 지지를 얻었으며, 또한 일부 사람들은 그 제안을 고집하고자 하였다. 특히 바리새인들과 연관이 있는 사람들이 그러하였다. 어떻게 그들이 예루살렘 교회의 지도층의 지지를 기대할 수 있었는지, 그것은 확실치 않다. 사도들은 이미 그같은 엄격주의자들의 눈에 스스로 체면이 손상되는 일을 하였었다. 그러나 그들은 공의의 인물 야고보의 찬성을 기대한 것일 수도 있다. 그는 경건한 신앙심과 자기 부인의 생활로 모든 사람의 존경을 받고 있었던 것이다.

---

5) 열심당이 그같이 불리워진 것은 AD 66~67년 겨울, 예루살렘의 폭도들 사이에 있었던 극단주의자를 요세푸스가 그렇게 명명한 것이 처음이었다. 요세푸스는 그들이 자기가 AD 6년 이후의 유대의 부흥기부터 "도적"($λησταί$)이라고 경멸적으로 일컬은 그 갈릴리인들과 같은 사람들임을 분명히 밝히고 있다.

2. 안디옥에서의 대결

이들 가운데 어떤 이들이 안디옥을 방문하였으며 그곳에 있는 이방 그리스도인들에게 자신들의 의견을 강요하고자 하였다. "너희가 모세의 법대로 할례를 받지 아니하면 능히 구원을 얻지 못하리라"(행 15:1). 이것이 아마도 바울이 "거짓 형제들"에 대하여 말하였을 때 가리켰던 그 상황인 듯하다. 즉, 바울은 거짓 형제들이 이방 그리스도인들의 사귐 가운데 잠입하여 "그리스도 예수 안에서 우리의 가진 자유를 엿보고 우리를 종으로 삼고자" 하였다고 말하였다(갈 2:4). 이것은 또한 바울이 갈라디아서 2:11~14에서 다시금 언급하고 있는 그 사건을 어느 곳에 두는 것이 적합한지 알려준다.

> 게바가 안디옥에 이르렀을 때에 책망할 일이 있기로 내가 저를 면책하였노라 야고보에게서 온 어떤 이들이 이르기 전에 게바가 이방인과 함께 먹다가 저희가 오매 그가 할례자들을 두려워하여 떠나 물러가매 남은 유대인들도 저와 같이 외식하므로 바나바도 저희의 외식에 유혹되었느니라 그러므로 나는 저희가 복음의 진리를 따라 바로 행하지 아니함을 보고 모든 자 앞에서 게바에게 이르되 네가 유대인으로서 이방을 좇고 유대인답게 살지 아니하면서 어찌하여 억지로 이방인을 유대인답게 살게 하려느냐 하였노라.

바울이 여기에서 베드로의 습성적인 행동에 대해 지적하고 있는 바는 누가가 사도행전에서 적고 있는 바와 일치한다. 욥바에 있는 피장, 시몬의 집 지붕에서 환상을 보았을 때나 가이사랴에 사는 고넬료와 그의 가족들을 만났을 때나 베드로는 "아무도 속되다 하거나 깨끗지 않다 하지 말라"고 가르침받았었다(행 10:28). 가이사랴에서 이전의 습관과 분명하게 결별하고 이방인들과 더불어 먹었던 까닭에 베드로는 그 후 기회가 있을 때마다 이방인들과 함께 먹는 일을 계속하였다. 그래서 그가 수리아의 안디옥을 방문하였을 때, 아마도 그것은 바나바와 바울이 소아시아에서 되돌아온 후이었을텐데, 그는 그곳에 있는 이방 그리스도인들과 함께 식탁에서 교제를 나누기를 거리껴하지 않았다. 그리스도인들이 저희 주를 기념하여, 그리고 주 안에서 함께 참예한다는 징표로써 나누었던 빵과 포도주의 의식은 특별한 만찬에서나 보통의 사교적인 만찬에서 모두 해당되었다. 사실상 주를 기념하는 빵과 포도주를 일반적으로 사교적인 만찬과 관련해서 취하였던 까닭에 이들 사이에 어떤 실제적인 구분이 있을 수 없었다. 베드로가 이방인 그리스도인들과 더불어 식탁에 앉아 있다가 물러가 유대인 그리스도인들과만 식사를 하였을 때 바울이 그를 "외식"하였다고 비난한 점은 바로 베드로의 이제까지의 습성적인 행동에 대해서였다. 바울이 이방인 회심자들에게 할례를 행할 것을 주장하는 자, 유대화 할 것을 확언하는 자와 부딪히면 그는 그 사람에 대해서도 마찬가지로 비난할 것이다. 그러나 물론 다른 말로 질책할 것이다. 즉, 바울은 그를 "외식"한다고 비난하지 않을 것이다. 왜냐하면 그러한 사람은 비록 그 행위가 "그리스도의 복음을 변하게"하려 하는 것일지라도(갈 1 : 7) 자신의 참된 확신에 따라 행동하는 것이기 때문이다. 그렇지만 베드로는 유대화할 것을 주장하는 자가 아니었다. 이방인 그리스도인들의 동역자로 그는 이방인처럼 사는 것을 아주 즐겨했다. 그렇다면 그는 어찌된 이유로 갑자기 자신의 노선을 바꾸었는가?

이 질문은 만일 그 사건에 대한 베드로 자신의 언급이 바울의 말과 나란히 제시되어졌더라면 보다 충분한 답변을 얻을 수 있었을 것이다. 그리고 또한 만일 우리가 "야고보에게서 온 어떤 이들"이 행한 그 일을 정확히 안다면 보다 상세한 답변을 얻을 수 있었을 것이다. 바울은 이 사람들을 그가 개탄했던 바, 살며시 잠입한 그 "거짓 형제들"과 동일한 인물로 말하지 않았다. 이들은 오히려 베드로에게 개인적인 전갈을 보내기 위해 야고보가 위임한 자들로 보여진다. 이에 대한 다른 번역본은 실제로 "야고보에게서 온 어떤 이"라고 단수로 말하고 있기도 하다. 베드로에게 전해진 그 전갈은 베드로가 안디옥에서 이방인들과 자유롭고 격의없이 교제를 나누고 있다는 소식이 예루살렘에 알려졌으며, 그 결과 그곳에 있는 많은 선한 형제들 사이에 물의를 일으키고 있다는 내용이었을 수 있다. 그리고 덧붙여 야고보와 다른 사람들의 저희 유대인 이웃들에 대한 전도가 그로 인해 곤란을 받고 있다는 전갈이었을 수도 있다. 사도들의 종주라고 할 수 있는 베드로의 행동에 대한 보고를 비동조적인 서기관들과 바리새인들이 유대에서의 그리스도인들의 대의에 해를 가하기 위해 이용한 것이었다. 그리고 그것은 비유대인들과 형제로 친하게 사귀는 것을 반역적인 죄로 간주하는 저 호전적인 투사들의 격심한 보복을 야기시켰을 수도 있었다.

베드로의 딜레마를 짐작하기란, 혹은 그가 자신의 노선을 변경한 것에 대하여 어떻게 변호할 수 있었는지 알기란 어렵지 않다. 비록 그가 바울의 다재다능과 견주어질 수는 없지만 그 역시 복음을 위하여 "여러 사람에게 여러 모양이" 되고자 애써왔다.[6] 바울에게 있어서와 마찬가지로 베드로에게 있어서 복음의 증진은 최고의 관심사였다. 그리고 만일 안디옥에서의 자신의 생활태도로 말미암아 유대에서의 복음의 증진이 방해를 받게 된다면 그는 기꺼이 자신의 생활방식을 바꿀 자세가 되어 있었다. 바울의 눈에나 마찬가지로, 그가 보기에도 음식물과 같이 윤리

---

[6] 고전 9 : 22 이하. 터툴리안은 말한다. "바울이 여러 사람들에게 여러 모양으로 나타나 그들 모두를 구원하고자 하였던 것처럼 베드로 역시 자신이 가르침받은 것과는 달리 행동함에 있어 이 일을 마음에 두었을 수도 있다."

의 영역이 아닌 것에는 본래부터 "깨끗지 않다"고 할 만한 것이 없었다. 그렇지만 그는 바울이 훗날에 그러하였던 것처럼 "고기도 먹지 아니하고 포도주도 마시지 아니하고 무엇이든지 … 형제로 거리끼게 하는 일을 아니"하기로 마음먹었음직 하다(롬 14 : 13~21). 이방인들과 더불어 먹는 일에 대한 유대인들의 주요한 반대는 그렇게 함에 있어서 음식에 관한 유대의 율법이 거의 틀림없이 위배되어지리라는 것이었다.[7] 그렇다면 안디옥에서의 베드로의 행위가 만일 양심이 극히 꼼꼼하고 관습에 구애받으며 자유롭지 못한 예루살렘 교회의 일원들에게 걸림돌이 되었다면 그는 그들을 위하여 자기 행동을 중지하는 것이 옳다고 생각하였을 법하다.

바울에 대하여 말하자면 그는 이 경우에 있어서 복음의 이익을 고수하는 것에 대해서나 자기 동료 그리스도인들의 발 앞에 걸림돌을 놓는 일을 피하는 것에 대해서나 똑같이 관심을 가졌다. 그에게 있어서 대체로 의미를 지니는 복음의 측면은 이방선교였다. 그리고 그가 주로 심중에 관심을 두고 있는 동료 그리스도인들은 이방 그리스도인들이었다. 베드로의 동기가 무엇이었든지 바울은 그것들을 이방선교의 진전,. 그리고 이방 그리스도인들의 행복과 비교해 볼 때 무시해도 좋을 만한 사소한 것으로 간주하였을 법하다. 어쩌면 베드로의 행동 그 자체보다도 더 나쁜 것은 다른 유대인 그리스도인들에게 그의 표본적인 행동이 미치는 영향이었다. 그리고 바나바조차도—그렇게 하리라고 기대할 수 있는 마지막 사람인—이방인들과 식탁에서 교제를 나누기를 같이 피하도록 설득되었으니 이방 그리스도인들이 무슨 생각을 하였겠는가? 오로지 한 가지 결론만이 이끌어내질 수 있을 것이다. 그것은, 즉 저희가 할례받지 않은 채로 남아 있는 한 저희는 새로 속한 사회에서 기껏해야 제 2 계층의 구성원들에 불과하리라는 것이다. 그 경우에 있어서 그들은 다음 두 가지 중 하나를 택할 것이다. 즉, (바울의 말에도 불구하고) 저희의 유대인 출신 동료 신자들과 비교하여 저희를 제 2 계층에 속하게 한 그 메시지를 거부하든가, 아니면 (바울의 말에도 불구하고) 저희의 최상의 정책은 유대교로 개종한 자들이 밟는 모든 절차를 따르고 할례를 받는 것이라고 결정하는 것이다. 오로지 그렇게 함으로써 그들이 제 2 계층의 구성원들이 될 수 있다면 말이다. 만일 그들이 후자의 방법을 택하였다면 그들은 바울이 베드로가 "억지로 이방인을 유대인답게 살게" 하려 하였다고 말하였을 때 의미한 그 상태가 되었을 것이다. 어느 편을 택하든 예루살렘 회의에서 분명히 이루었던 아름다운 결과는 성취되지 않을 터이다. 복음의 진리는 어찌할 도리가 없이 타협, 절충되어질 것이다. 그리스도 안에는 "유대인이나 헬라인이나 …" 구분이 없다는 사실을 바울은 믿었고 또한

---

[7] 또한 나쁜 것은 이교의 신들에게 제사드려진 음식물을 먹을 위험이 있다는 점이었다.

단언한 바 있다(갈 3 : 28). 그러나 유대인이나 헬라인이나 세상에서는 일반적으로 그 구분이 계속 지속되었을 것이다. 그들 사이에 가로놓여진 벽은 그리스도의 사역으로 인하여 허물어졌다. 바울은 무익하게 곁에 서 있지만은 않았으며, 종교적인 장벽이든 사회적인 장벽이든 그 벽이 다시 세워지는 것을 가만히 보고 있지 않았다. 사회적인 장벽으로서 그 벽을 보전하려는 유일한 논리적인 이유는 또한 종교적인 이유로써도 계속 타당성을 지닌 것이었다. 그리고 그 지속적인 타당성을 인식하는 것은 비록 그것이 단지 외적인 행동에 국한될지라도 하나님의 은혜를 무가치하게 만든 것이었다. 만일 하나님의 구속하시는 은혜를, 모세의 율법을 행함으로써가 아니라 믿음으로 말미암아 받을 수 있다면, 그렇다면 그 은혜는 유대인에게나 이방인에게나 똑같은 조건으로 유효할 것이다. 그리고 유대인 신자와 이방인 신자 사이에 베드로와 다른 사람들이 행했던 것처럼 실제적인 어떤 구분을 만든다면 그것은 실제에 있어 복음을 부인하는 것이 된다.

바울과 베드로 사이에 있었던 이 맞섬의 직접적인 결과는 확실하게 알려진 바 없다. 아마도 바울로부터 이 사건에 대해 들은 갈라디아의 그리스도인들은 그 귀추를 익히 알고 있었을 것이다. 어쩌면 바울이 편지를 썼을 당시에 상황은 여전히 유동적이었을지도 모른다. 이 일이 있은 후의 베드로에 대하여 우리가 수집할 수 있는 정보는 그가 이방인들과 별도로 식사하는 이 태도를 오랫 동안 고수하였음을 시사하지 않고 있다. 베드로는 의심할 여지없이 바울보다 더 보수적이었다. 그렇지만 바울과 근본적으로 마음으로 일치하고 있었기 때문에 그는 아마도 안디옥에서 있었던 미성숙으로 말미암은 상황이 말 그대로 과거지사가 되었을 때 보다 자유로운 경로를 다시 좇았을 것이다. 여하튼간에 바울은 베드로가 자신의 비난에 대하여 어떠한 반응을 보였는지 여기에서 이야기하지 않고 있다. 왜냐하면 그 비난에 대한 바울의 언급은 자신의 편지를 읽을 갈라디아 교인들의 유익을 위하여 거기에 내포된 여러 원리들에 대한 보다 일반적인 설명에로 점차 옮겨가고 있기 때문이다.

3. 갈라디아인들에게 보내는 편지

신약성경에서 갈라디아서보다도 더 의심의 여지없이 바울이 직접 쓴 글임이 분명한 문서는 없는 까닭에 그 편지가 쓰여진 날짜가 일치되지 않고 그 받는 이가 "갈라디아 여러 교회들"이라고 똑같이 밝혀져 있지 않다는 것은 이상한 일이 아닐 수 없다. 만일 이러한 것들이 일치되지 않는다면 이 이유는 증거가 명확하지 않은 까닭임에 틀림없다. 그 편지는 갈라디아 교회의 회심자들에게 저희를 "요란케" 하며 "어지럽게 하는" 어떤 자들에 대해 경고해 주기 위하여 바울이 쓴 것임이 자명하다.[8]

바울이 그 자들의 상황을 직시해 볼 때, 그들은 자신이 갈라디아인들에게 전해 주고 또한 그들이 받아들인 복음을 몰래 손상시키는 위협적인 행동을 하는, 그리고 그같은 교훈을 저희에게 주장하는 사람 들이었다. 그렇지만, 이 "어지럽게 하는 자들"의 성격과 정책에 대해서조차도 서로 일치되지 않는 내용이 적혀 있다. 여기에서 채택된 견해는—독단적으로가 아니라 잠정적인 견해로—이 편지가 쓰여진 것은 안디옥에서의 대결이 있은 직후라는 것, 이 편지는 바나바와 바울이 남부 갈라디아의 여러 성들에 개척한 지 얼마되지 않은 교회들에게 보내졌다는 것, 그리고 그 "어지럽게 하는 자들"이란 안디옥에서 같은 사고방식을 가졌던 어떤 이들이 행했던 것과 마찬가지로 이방인 회심자들이 할례를 받아야 한다고 주장하며 이들 교회들을 방문한 자들이라는 것이다. 할례가 그들의 종교적 강령에 있어 주요한 항목이었다는 것은 이 편지를 대충 훑어보기만 할지라도 자명하게 나타난다. 할례와 더불어, 갈라디아의 그리스도인들은 여러 절기들을 준수하는 등 다른 유대의 관습들도 채택하기에 이르렀다. 그렇다면 그 "어지럽게 하는 자들"이 유대주의화할 것을 주장하는 사람들이었다고 결론짓는 일은 자연스럽다. 그리고 실제로 이것이 이제까지의 일반적인 견해이었다. 보다 최근에 이르러서는 "어지럽게 하는 자들"은 영지주의의 한 형태의 가르침을 받았다고 주장하는 일부 학자들의 의견이 나오고 있다. 이것은 포괄적인 의미를 지닐 수 있는 말이다. 엄밀한 의미에서 그 말은 기독교의 가르침의 한쪽으로 편중된, 지나친 사유로 말미암은 발전을 함축하고 있다. 이는 2세기에 이르러 잘 입증되고 있지만 그러나 그 전조는 1세기에로까지 자취를 추적해 볼 수 있다. 그것은 초기 영지주의로 일컬어질 수 있겠다. 그같은 초기 영지주의는 고린도전서와 골로새서에서 미리 예상되고 있으며(아울러 비난의 대상이 되고 있다). 갈라디아에 있었던 "어지럽게 하는 자들"은 저희의 청중들에게 자신들이 하나님에 대한 참된 지식(gnósis)을 그들에게 가르쳐 주었다고 말했을 수도 있다. 이것이 바로 갈라디아서 4:9에서의 바울의 언급의 초점일 수 있다. "이제는 너희가 하나님을 알 뿐더러 하나님의 아신 바 되었거늘." 그렇지만 이 편지에서 초기 영지주의가 식별되고 있는 것은 현대의 성경해석자들의 생각으로는 "어지럽게 하는 자들"의 선전에서보다도 바울의 주장의 어떤 부분에 대한 오해에서부터 비롯된 것으로 여겨진다.

만일 "어지럽게 하는 자들"이 유대화를 주장하는 사람들이었다면, 혹은 그들이 영지주의자들이었다고 해도, 그들의 가르침에 대한 첫번째 반응은 "이것은 우리가 가르침받은 것이 아니다!"이었을 것이다. 그리고 그러한 반응은 다음과 같은 질문을 야기시켰을 터이다.

"누가 당신들을 가르쳤는가?" 만일 그들이 "바나바와 바울"이라고 답변했다면,

---

8) 갈 1:7; 5:12.

그들은 예루살렘의 권위가 바나바와 바울보다 더 우월하다는 말을 듣게 되었을 것이다. 사실에 있어서 바나바와 바울은 예루살렘 교회의 지도자들이 저희에게 수여한 것과 별도로 다른 권위를 가지고 있지 않았다.

누가는 바울이 루스드라 사람들에 의해 주로 "말하는 자"로 인지되었다고 적고 있다(행 14 : 12). 그리고 루스드라 사람들은 아마도 남부 갈라디아에 있는 다른 성들에 사는 사람들과 자신들의 생각을 나누었을 것이다. 그 "어지럽게 하는 자들"은 어쩌면 갈라디아의 그리스도인들에게 있어서 감소되어져야 할 것은 특히 바울의 권위라고 생각하였을 법하다. 만일 그렇다면 그들은 수리아 안디옥에서의 바나바의 최근의 행동에 대해서는 알지 못했을지라도 지혜롭게 깨달은 것이었다. 어떠했든지간에, 바울이 자신의 편지에서 옹호하고 있는 것은 바울 자신의 권위이다. 왜냐하면, 바나바의 권위의 근원에 대하여 무엇이라고 말할 수 있든지간에 바울은 인간의 중재없이 부활하신 그리스도로부터 자신의 권위를 직접 받았음을 주장하고 있는 것이다.

바울은 그 편지의 상당한 부분을 자전적 이야기에 할애하고 있다. 거기에서 바울의 주된 논지는 자신의 회심으로부터 이 편지를 쓴 그 당시까지 어느 때에도 자신에게 어떤 권위를 수행할 기회를 예루살렘 교회의 지도자들에게 준 적이 없음을 입증하는 것으로 보여진다. 오히려 그들은 바울이 이미 지니고 있는 권위를 인정하였으며, 그 권위의 힘으로 말미암아 그는 여러 해 동안 열성적으로 사도의 직분을 수행해 왔던 것이다. 이 편지 내용은 그 "어지럽게 하는 자들"이 바울의 권위가 예루살렘으로부터 나온 것이라고, 그러므로 그의 권위는 예루살렘에 의존하고 있다고 주장했음을 추측케 한다. 그런데 만일 그들이 유대화를 주장하는 자들이었다면 바울이 저의 복음을 예루살렘에서부터 가져왔다고 주장할 수가 있었다. 그리고 그렇다면 그렇게 가져와진 복음에서 무슨 결함을 찾아볼 수 있었겠는가? 그들이 주장한 대로 바울이 예루살렘 교회의 지도자들로부터 받았다면 그 복음에 대한 그들의 비평은 예루살렘 교회 지도자들의 권위를 저희가 거부한다는 사실을 함축하고 있지 않은가? 그렇게 볼 때 결과적으로 그들은 유대화를 주장하는 자들이 아니라 영지주의자일 법하지 않은가?

꼭 그렇다는 것은 아니지만 그들의 주장은 다음과 같은 견해와 잘 맞아떨어질 듯싶다. "바울은 예루살렘으로부터 그가 받은 것과 별도로 자기 자신의 권위를 가지지 않았으며, 그 자신의 복음도 가지지 않았다. 그러나 그는 당신들에게 온전한 예루살렘의 복음도 전해 주지 않았다. 예루살렘의 신자들은 저희 지도자들과 함께 모세의 율법을 존중하고 있다. 그들 모두가 할례를 받은 자들이다. 물론 그들은 예수를 메시야로 영접할 때 할례받은 것이 아니다. 그들은 그 이전에 이미 할례받았기 때문이다. 그렇지만 당신들은 복음을 믿을 때 할례를 받지 않았다. 만일 당신들이 예루살렘의 그리스도인들과 같은 토대 위에 있다면, 그리고 그들에 의해 구원의 같은 계승자들, 하나님의 백성의 동료 구성원들로 인정되어지고자 한다면 당신들은 마땅히 마찬가지로 할례를 받아야만 한다. 만일 바울이 당신들에게 달리 말한다면 그는 그렇게 할 권위를 가지고 있지 않다. 그의 복음은 그것이 복음이므로 모두 옳다. 그렇지만 결함을 지니고 있다. 우리의 지시를 받으라. 그리고 그 결함들을 즉시 보충하라."

  할례문제에 대한 바울의 태도는 그가 그것에 대하여 이미 철저히 생각한 바 있었기 때문에 아주 명확하였다. 예루살렘 교회의 지도자들은 아직 그것에 대하여 철저하게 생각해 볼 어떤 상황에 부딪혀보지 않았다. 그런 까닭에 그들의 태도는 그렇게 명료하지 못하였다.

  고넬료의 회심과 안디옥에서의 이방인 신자들의 유입조차도 그들은 하나의 일반적인 규범을 근거로 하여 다루었다. 그 무렵에 당면한 동요의 결과로 그들이 할례문제에 대해 철저하게 생각하지 않을 수 없게 되었을 때 그들은 바울과 같은 결론에 도달하였다. 즉, 그들은 할례가 이방 그리스도인들에게 강요되어져서는 안 된다는 의견의 일치를 보았다. 바울이 그리스도의 임재로 말미암아 비롯된 새로운 상황을 깨달았을 때 할례는 더 이상 어떠한 값어치를 지니지 못했다. 한 사람이 할례를 받을 수도 있고 받지 않을 수도 있다. 그 일은 하나님과 그 사람의 관계에 있어 아무런 차이도 주지 않는다.[9] 바울이 반대한 것은 다음과 같은 견해에 대해서이었다. 즉, 할례는 종교적인 의무이며 할례를 받는 것에 복종함으로써 사람이 하나님의 목전에서 어떤 미쁨을 얻을 수 있다는 생각이다. 마찬가지로 어떤 날들을 준수하는 것이나 여러 가지 음식물의 제한 규정들을 고수하는 것 역시 그러한 것들을 지키는 일이 하나님의 승인을 얻는데 필요하지 않는 한 지속할 것이 없었다. 이러한 것들은 율법의 옛 질서의 특성이었으며 이제 은혜의 새 질서에 의해 대체되어졌다. 한때 바울 자신도 하나님 앞에서 의롭다 여기심을 받기 위하여 율법적인 복종의 이러저러한 형태들을 의존하였다. 이제 그는 보다 탁월한 길을 발견하였다. 그렇지만 만일 저 사람들이 주장하는 대로 "의롭게 되는 것이 율법으로 말미암으면 그리스도께서 헛되이 죽으신"(갈 2:21) 것이 된다. 사실에 있어, 만일 율법이 칭의의 방법으로써 여전히 힘을 지니고 있다면, 그렇다면 메시야의 시대는 아직 오지 않은 것이었다. 그리고 예수도 메시야일 수 없었다. 바울이 그같은 결론으로 이끄는 메시지를 전하는 자들에 대하여 저주를 선언한 것은 결코 놀랄 만한 일이 아니다. 그러한 메시지는 무엇이라고 불리워지든지간에 복음이 아니었다. 그것은 참된 복음을 서투르게 흉내내어 망쳐놓는 것이었다.

  더군다나 만일 칭의가 율법을 통하여 온다면, 그렇다면 전 율법을 통하여 와야

---

9) 참고, 갈 5:6; 6:15, 고전 7:19.

만 했다. 율법의 요구가 할례와 같은 하나의 징표적인 수행으로써 충족되어질 수 있다고는 생각할 수 없는 일이다. 만일 어떤 사람이 종교적인 의무로써 스스로 할례를 행한다면 그가 수행하는 그 의무는 그것으로 말미암아 그 완전한 전체 안에서 율법을 준수하는 일에 그를 꼼짝못하게 연루시키고야 만다. 바울은 자기 자신의 경험으로부터 그것이 의미하는 바를 알고 있었다. 갈라디아의 그리스도인들은 아직 그것을 깨닫기 시작하지조차 못하고 있었다. 그리고 저희에게 할례를 강요하고 있던 그 방문자들조차도 신중한 의미에서 볼 때 전체 율법을 지키는 것과는 거리가 멀었다. 율법의 법령들 가운데서 한 가지를 뽑거나 선택할 수는 없다. 전체이든지 아니면 모두가 아니든지 둘 중의 하나이어야 한다. 율법은 그 온전한 전체 안에서 그것을 지키는데 실패한 모든 사람들에게 명백한 저주를 선포하였다.[10]

복음은 어떻게 사람들이 그리스도를 믿는 신앙으로 그 저주로부터 구원받을 수 있는지를 보여주었다. 그리스도께서 죽음의 방법을 통하여 그 저주를 자신의 몸으로 흡수하신 것이다.[11]

또한 율법이 먼저 있었다는 권한을 내세워, 복음과 같은 새로운 메시지보다 더 존중되어져야 한다고 주장하는 견해로 말미암아 그 누구도 잘못 이끌려져서는 아니된다. 복음은 아브라함에 대한 하나님의 약속의 성취이었다. 그것은 율법보다 여러 세기 앞서 이루어진 일이었다. 하나님에 대한 믿음이 저를 의로 정함받게 하였던 아브라함은 믿음으로 말미암아 의롭다 여김받는 모든 사람들의 전형이었다.[12] 율법은 일시적인 목적을 위해 소개된, 하나의 삽입된 섭리이다. 그러나 이제 아브라함의 진정한 후손, 그리스도의 임재로 말미암아 완전히 대체되게 되었으며, 그 분 안에서 그 약속들과 성취가 실현되었다.

갈라디아인들은 자기들이 취하도록 권고받고 있는 것이 뒤로 퇴보하는 길임을 깨닫지 못하였다. 즉, 그것은 자유로부터 속박으로, 성숙으로부터 미숙으로, 아들의 신분으로부터 종의 상태로 역행하는 길이었다. 그들은 그리스도 안에 있는 세대에 난 자들이었다. 그런데 어찌해서 그들이 어머니의 치마자락 안에 있는 상태로 되돌아가기를 원해야 한단 말인가? 그들의 그리스도인으로서의 생활의 시작은 성령의 임재와 능력의 표명에 수반되어진 것이었다. 그런데 그들이 이제 성령과 관련된 것이 아니라 육신과 연관된 옛 제도의 규례에 따라, 그리스도인 생활의 완전성을 추구해야 하는가?

그렇지만 갈라디아의 그리스도인들의 대부분은 이교로부터 회심한 자들이었다. 그들은 결코 유대의 율법 아래 산 적이 없었다. 그들이 율법의 멍에에 복종하는 일이 어떻게 그들의 이전의 상태로의 복귀라고 말해질 수 있겠는가? 이 질문에

---

10) 갈 3 : 10에서 인용된 신 27 : 26.
11) "나무에 달린 자마다 저주 아래 있는 자라"(갈 3 : 13에서 인용된 신 21 : 23)
12) 갈 3 : 6에서 인용된 창 15 : 6.

대한 답변은 아마도 다른 무엇보다도 한때 바울의 헌신의 중심이었던 율법에 대해 그의 새로운 순응이 얼마나 급격하였는가 하는 것에 나타난다고 볼 수 있다. 스스로를 율법 아래 둠으로써 갈라디아인들은 자신들을 같은 "초등학문"(stoicheia)에, 혹은 그들이 이전에 이교도로 살았던 그 요소들 아래 복속시키게 되었을 것이다. 그래서 바울은 자신을 이교로부터 돌아선 그의 회심자들과 한 무리에 넣어 생각하며 이같이 말하고 있다. "이와 같이 우리도 어렸을 때에(즉, 우리가 그리스도를 믿는 신앙을 통하여 영적으로 성숙한 나이에 이르기 전에), 이 세상 초등학문 아래 있어서 종노릇하였더니." 그리고 그는 묻고 있다. (이제 그들이 영적으로 성숙한 나이에 다다른 지금) "어찌하여 다시 약하고 천한 초등학문으로 돌아가서 다시 저희에게 종노릇하려 하느냐?"(갈 4:3,9). 그리고나서 바울은 즉시 자신이 의미하는 바가 무엇인지 한 예를 제시하고 있다.

"너희가 날과 달과 절기와 해를 삼가 지키니"(갈 4:10). 만일 그러한 특별한 때들을 종교적인 의무로써 지키는 것이 "초등학문"에 종노릇하는 것이라면, 결국 "초등학문"이란 그에 따라 달력의 날짜들이 규정되는 혹성의 운행 등과 동일시 되어질 수가 있다. 창조설화에 따르면 하늘의 광명체들은 지상에 빛을 비추기 위해 제정되었을 뿐 아니라 또한 "그 광명으로 하여 징조와 사시와 일자와 연한이 이루"도록 명해졌다(창 1:14). 이교의 신앙들은 대체로 하늘의 광명체들을 신격화하였다. 반면에 유대교는 그것들을 저희 창조주의 뜻에 복종하는 도구들로 간주하였다. 그러나 저 광명체들에 의해 규정되는 달력에 특별한 경의를 표해야만 한다고 스스로 생각하는 자들은 그 광명체들이 자연적인 능력을 지닌 것으로 취급함으로써 결과적으로 자신들을 이교도들이 했던 것과 똑같은 상태로 만드는 것이다. 자연력은 그것이 인간의 마음을 지배하는 한, 실제로 자연적인 능력이 있는 것이 된다. 그것은 오랫 동안 되풀이된 전통의 무게나 널리 주창되는 의견의 압박과 마찬가지로 다른 힘들처럼 똑같은 효력을 지닌다. 그러나 복음으로 말미암아 그러한 힘의 지배로부터 벗어난 마음을 가진 자들은 그같은 모든 영향력들이 저희 자신 안에서 "약하고 천하게" 됨을, 그같은 힘들은 저희의 지배력이 허용되지 않는 곳에서는 발휘될 수 없음을 알고 있다. 그런데 어찌하여 복음의 자유롭게 해방시키는 은혜를 경험한 사람들이 다시 그 모든 자연력에 복종해야 하는가? 그러한 속박에 다시금 동조한다는 것은 은혜로부터 떨어져 나가는 행위이며, 스스로를 그리스도와 그의 자유롭게 하는 복음으로부터 잘라내는 행위였다. 왜냐하면, "그리스도께서 우리로 자유케 하려고 자유를 주셨으니 그러므로 굳세게 서서 다시는 종의 멍에를 메지 말"아야 하기 때문이다(갈 5:1).

이방 선교지역에서는 이교로부터 회심한 자들이 복음의 자유를 자신들이 택한 일은 무엇이나 할 수 있고 저희의 타고난 오랜 습성들에 저지받지 않고 마음껏 빠질 수 있는 권한을 받은 것인 양 잘못 오해하는 것을 정규적으로 다루어주어야 할 필요가 있었다. 이 편지에도 역시 그들을 위한 시기적절한 권고의 말이 나오고 있다. 그렇지만 그것은 조금 다른 성격을 지니고 있다.

"형제들아 너희가 자유를 위하여 부르심을 입었으나 그러나 그 자유로 육체의 기회를 삼지 말고 오직 사랑으로 서로 종노릇하라"(갈 5 : 13). 그런데 이 편지의 주된 내용은 그리스도인의 자유를 법적인 속박과 맞바꾸는 것에 대한 경고이다. 그것은 그 무렵 갈라디아에 있는 교회들이 처한 주요한 위험이었다. 바울은 신앙 안에서 낳은 그의 새로운 자녀들에 대해 절박하고도 애정넘치는 관심을 토로하고 있으며, 그들을 뒤엎고 잘못된 길로 이끌려고 하는 자들에 대한 열렬한 분개를 쏟아 놓고 있다. 그리고 그 당시 그 자녀들이 스스로 쉽사리 현혹되도록 허용하는 것에 대한 그의 당황이 잘 드러나 있다. 바울은 다른 사람들은 어찌해서 자신들이 스스로 깨달을 수 있는 만큼 그렇게 명료하게 논리적인 논증을 깨달을 수 없는 것인가 하는 의구심을 가졌던 탁월한 지성을 지닌 사람들 중의 한 사람이었다. 특히 다른 사람들 역시 자신과 같은 전제를 가지고 있다고 추정할 수 있을 때 그러하였다. 그 같은 전제란 이 경우에 있어서 갈라디아인들이 바울로부터 직접 배운 바 있는 그 전제였다. "누가 너희를 꾀더냐"라고 바울은 당혹감에 차서 물어보고 있다(갈 3 : 1).

4. 사도의 규례

이 편지가 갈라디아의 여러 교회들에 미친 직접적인 효과를 우리는 알지 못한다. 그렇지만 할례를 주장함으로써 수리아 안디옥의 교회에서 야기되었던 동요는 부분적으로 그 교회로 하여금 문제를 해결하기 위하여 예루살렘에 대표단을 파견했다. 가능하다면 이런 일은 단지 이번 한번 뿐일 것이었다. 예루살렘 교회의 야고보와 그의 동료 장로들과 함께 그 성에 있었던 사도들은 의문점을 고찰해 보고 결정을 내리기 위해 회의를 개최하였다. 이것이 보통 예루살렘 회의라고 일컬어지는 회합이다. 누가가 사도행전 15 : 6~29에서 묘사하고 있는 대로 예루살렘 회의는 안디옥에서 온 대표단들이 참석하였음에도 불구하고 교회 상호 간의 회합은 아니었다. 그것은 예루살렘 교회의 지도자들의 회합이었다. 그 회의의 결과에 대해서는 그 누구도 자신있게 예견할 수 없었다. 이방인 회심자들에게 할례를 행해야 한다는 것이 교회의 일부 구성원들의 열렬한 주장이었다. 그렇지만 고넬료의 집을 방문했던 것에 대해 질문받았을 때 스스로를 옹호하였던 베드로의 변론과 야고보의 사려분별있는 적절한 요약 덕분에 예루살렘 교회의 지도자들은 저희가 이전에 행하였던 바에 대해 확증하게 되었고, 그 확증을 문서로 작성하여 공적으로 안디옥 교회와 수리아와 길리기아에 있는 자녀 교회들에게 보내게 되었다. 이것은 흔히 사도의 규례(apostolic decree)라고 일컬어진다. 즉, 할례는 이방인 회심자들에게 요구되지 않는다는 것이다.

> 성령과 우리는 이 요긴한 것들 외에 아무 짐도 너희에게 지우지 아니하는 것이 가한 줄 알았노니 우상의 제물과 피와 목매어 죽인 것과 음행을 멀리 할지니라 이에 스스로 삼가면 잘되리라 평안함을 원하노라 하였더라.[13]

이방인 회심자들에게 할례를 행해야 한다는 주장에 반대되는 결정이 내려진 것은 안디옥 교회에게, 그리고 바울에게 크게 만족스러운 일이었음에 틀림없다. 그는 그 판결이 무엇이 되었든간에 그 자신의 행동이나 정책을 바뀌었을 성싶지 않다. 그러나 만일 예루살렘이 할례를 고집하는 방향으로 나갔더라면 그의 사역은 말할 수 없이 어렵게 되었을 터이었다. 이제 "어지럽게 하는 자들"이 바울이 개척한 교회들을 방문하여 이방인 신자들이 할례를 받아야 하는 것이 예루살렘 교회의 공식적인 정책이라고 주장하는 일은 더 이상 불가능한 것이었다.[14] 그 문제는 이제 마무리지어졌다. 사실에 있어서 여기에 제기되어진 바 갈라디아인들에게 바울이 보낸 보다 이른 날짜의 편지에 대한 한 주장에 의하면, 만일 예루살렘 회의가 누가의 기록대로 이미 열렸다면 바울은 편지의 주된 관심사가 되는 문제에 대해 어떤 결정이 내려졌는지 언급하는 일에 제한받지 않았을 것이 사실이다. 진정 바울은 예루살렘 교회의 권위에 호소할 마음을 갖지 않았다. 그러나 역사적 사실에 대한 빈약한 진술은 그가 옹호했던 대의에 대한 효과적인 주장을 말해 주고 있다고 할 수 있다.

비록 사도의 포고가 할례를 부과하지 않을지라도 그것은 이방인 회심자들이 준수해야 할 어떤 요구사항들을 제시하고 있었다. 이 요구사항들은 유대인 그리스도인들과 이방 그리스도인들 사이의 사회적인 교류를 용이하게 하기 위하여 의도된 것일 수도 있다. 어떤 이방인의 행위들은 특별히 유대인들에게는 불쾌하며 모욕적인 것이었다. 그리고 만일 이러한 행위들이 삼가지게 된다면 유대인 그리스도인들은 이제까지 식탁에서의 교제에 있어서, 그리고 이방 형제들과 교제를 나누는 여타의 일에 있어서 거리낌이 되었던 장애물이 사라지게 되리라고 느꼈을 수 있다. 그 요구사항들 가운데 세 가지가 음식물에 대한 제한규정을 말하고 있다.[15] 네번째

---

13) 행 15 : 28 이하.
14) 빌 3 : 2에서의 "손할례당"에 대한 바울의 경고와 참된 할례의 내적이고 영적인 성격에 대한 골 2 : 11에서의 그의 주장은 예루살렘 교회의 교인들의 이방 그리스도인들에 대한 압제를 의미하지 않고 있다.
15) ① 우상에게 제사지낸 것 ② 목매어 죽인 짐승들의 고기 ③ 피가 포함되어 있는 고기를 먹는 것에 대한 금지이다. 이 가운데 두번째 것은 세번째 사항에 대한 한 예이다. 행 15 : 20, 29(참고, 21 : 25)의 서방역본에는 이 세 가지 사항이 두 가지로 줄어들고 있다. 즉, 우상숭배와 피(아마도 살육을 의미하는 듯싶다)이다. 그리고 이것은 음행에 대한 금지와 함께 세 가지 윤리적인 금지를 구성하고 있다.

―음행의 금지―는 명백히 윤리적인 사항이다. 윤리적인 요구사항과 비윤리적인 요구사항의 배열은 우리에게 이상하게 여겨질 수 있지만 유대인 그리스도인들에게는 반드시 그렇지만도 않았을 것이다. 그들은 율법에서 그렇게 근본적으로 다른 요구사항들(우리가 보기에)이 병행하여 배치된 것에 익숙하였다.

그렇지만 아마도 이 포고에서 음행이라고 한 것은 일반적인 성적인 간음을 뜻하는 것이 아니라 보다 전문적인 의미를 지니고 있는 듯하다. 이교로부터 회심한 자들에게 주어진 가장 기본적인 가르침은 거의 확실히, 음행과 또한 그와 유사한 행위들은 그리스도인의 길에 있어 함께 존립될 수 없다는 사실을 명백히 하는 것이었다. 그러할지라도 예루살렘 지도자들은 그 포고문에서 이 사항을 강조한다고 해서 해가 되지는 않으리라고 느꼈을 수도 있다. 그렇지만 음행이라 함은 히브리의 거룩한 법도에 규정된 바 혈연관계 내지 인척관계에 대한 금지된 법령에도 불구하고 혼인관계를 맺는 것에 대한 보다 전문적인 의미를 지닌 것일 수 있다(레 18:6~18).[16] 음행이라는 단어가 이러한 전문적인 의미를 가진 것으로 생각되는 부분이 신약성경에 한 두 군데 있다. 예를 들면 예수께서 자신을 좇는 무리들에게 하신 이혼을 금하는 말씀을 마태가 기록한 것을 보면, "음행한 연고"는 예외로 한다는 용인이 덧붙여지고 있다(마 5:32 ; 19:9). 이방인의 관습에서는 비웃음거리가 아닌 어떤 결합이 유대인의 눈으로 보기에는 수치스러운 일일 수가 있다.

음식물 제한규정에 관해 말하자면, 이 규정은 그 자체에 있어 둘로 구분되어진다. 이방 그리스도인들은 이교의 신들에게 제사드려진 짐승의 고기, 그리고 피가 완전히 추출되어지지 않은 고기를 먹는 것을 삼가해야 했다. 피흘리는 고기를 먹는 것은 유대인들에게 있어 절대적으로 금기시 되어왔다. 그것은 레위기 17:10~14에서 명백하게 금지되고 있으며, 그 금지는 그 이전에조차 노아와 그의 가족들에게 부과된 명령에서 나타난다(창 9:4).[17] 유대식 생활양식 안에서 자라난 사람들에게 이방인의 식탁에서 그러한 음식을 용납할 것을 기대할 수는 없었다. 이교의 신당에서 제사드려진 짐승의 고기를 먹는 일은 우상숭배에 (간접적으로나마) 동참한 것으로 간주되었다. 이 일 역시 마찬가지로 회피되었음에 틀림 없다. 만일 유대인 그리스도인이 이방인의 집에서 자기 앞에 놓인 음식, 혹은 교제를 나누는 식사 내지 애찬모임에서 이방 그리스도인과 나눈 음식을 그러한 더럽혀진 곳에서 가져온 것이 아닐까 의심한다면 저와 함께 같은 식탁에 앉아 있는 것 자체가 불가능할 일이리라. 많은 이방 그리스도인들이 이와 같은 사항들을 온전하게 기꺼이 실

---

16) 이에 상응하는 히브리어는 z'nût이다.
17) 창 9:1~7의 명령은 랍비의 가르침에서 노아의 모든 후손들, 유대인들 뿐만 아니라 이방인들에게도 미치는 것으로 계속 고수되고 있다. 그러나 이 가르침의 가장 오래된 형태에 따르자면 이 일곱 가지 "노아의 법령" 가운데 여섯은 이미 아담에게 부과된 것이었다. 오직 일곱번째의 고기를 그 생명되는 피채 먹지 말라는 금지사항(창 9:4)만이 처음으로 노아에게 주어졌다.

행하고자 하였다. 실제로 기독교 세계의 광범위한 영역에 걸쳐서 사도의 규례문의 항목들은 많은 세기에 걸쳐서 그리스도인 생활방식에 근본적인 것으로서 준수되어 졌다.[18]

바울은 어떠했는가? 복음의 여러 원리들이 위태로운 지경에 있지 않는 한 그는 사람들과 대단히 타협적인 태도를 취하였다. 그는 그리스도인들에게 건전한 양심으로, 저희 자신들보다 자유롭지 못한 양심을 지니고 있는 동료 그리스도인들을 특별히 배려하기를, 그리고 그리스도인의 사랑으로서 이익이 된다면 그들의 개인적인 자유를 굽히는 정도로까지 상대방을 고려할 것을 거듭 촉구하였다. 또한 그 자신이 이 점에 있어서 주의깊게 저희에게 좋은 모범을 보였다.

그는 자신의 이방인 회심자들이 때때로 제기하는 한 논증에 익숙하였다. 즉, 성적인 행위는 전체적으로 몸의 영역에 속하는 까닭에 진정한 "영적인" 사람들에게 있어서 그것은 음식물과 마찬가지로 도덕적으로나 종교적으로나 불편부당하니 중립적이라는 것이었다.[19] 그러나 그는 이에 전혀 동의하지 않았다. 인간적인 연관성이 있는 어떤 것도, 특히 성적인 연합과 같은 깊은 수준의 것은 극히 도덕적인, 그리고 종교적인 중요성을 지니고 있으며, 음식물과는 완전히 다른 질서의 것이라는 견해였다. 음행에 관해서는, 바울 자신의 가르침은 사도의 규례와 일치하였다. 음행이 흔히 있는 창부와의 거래에 의한 관계로 해석되었든지, 보다 전문적인 의미로 이해되었든지간에, 이러한 것을 행하는 사람들은 교회에서 관대히 묵인되지 않았음에 틀림이 없다. 몇년 후에 자기 아버지의 아내와 공공연히 동거하였던 고린도 교회의 한 교인의 경우도 그러하였는데, 그것은 이교의 관습에서조차 비웃음거리가 된, 인척 간의 관계의 제한을 파기한 행위였다(고전 5 : 1).

음식물에 대한 법칙에 관해서는, 바울의 양심은 완전히 자유로왔다. 그는 예수의 가르침으로부터 어떠한 종류의 음식물도 그 자체로서는 종교적으로 부정하거나 더럽지 않다는 사실을 알고 있었다.[20] 음식물에 따르는 그러한 부정함이나 속됨은 음식물 자체 내에서 비롯된 것이 아니라 인간의 마음에서 나온 것이었다. 그러나 그는 이 점에 있어서 자기 자신보다 더 양심적으로 예민한 사람들의 마음을 상하게 만들려는 생각은 없었다. 그는 만일 사도의 규례에 명시된 음식물 제한규정이 저희의 교제를 용이하게 한다면 기꺼이 그 규정을 받아들이고자 하였으며, 또한 동일한 근거로 다른 사람들에게도 그것을 받아들일 것을 권면하였다. 그렇지만 그같은 용인은 자의적이어야 하지, 결코 강제적이어서는 아니되었다. 그리고 그것은

---

18) 그러한 것들은 아시아의 일곱 교회에 보내진 편지들에서 의무적인 것으로서 간주되어졌다(계 2 : 14, 20). 그리고 AD 177년에는 론 계곡 (Rhone Valley)의 여러 교회들에, 그리고 터툴리안에 의해서 10년 내지 그 후에 카르타고에 있는 교회들에도 마찬가지로 마땅히 지켜야 할 의무로써 부과되었다. 9세기 말엽 알프레드 대왕은 그 사항들을 영국 법조항에 삽입시켰다.
19) 고전 6 : 13.
20) 롬 14 : 14.

그리스도의 사랑의 명령에 토대를 둔 지적인 것이어야만 하며, 어떤 종류의 음식물에는 도저히 허용될 수 없는 그릇된 무엇이 있다는 견해를 근거로 해서는 아니되었다. 여러 해 뒤에 그가 이 문제에 대하여 판결을 내려주기를 요구받았을 때 그는 이 원리들에 우선적으로 입각하여 말하였으며, 결코 사도의 규례에 근거를 두지 않았다는 점은 주목할 만하다.

바울이 그의 판결의 근거를 두고 있는 그리스도의 사랑의 명령은 그 자신에 의해서 "그리스도의 법"으로 요약되어진다. 그 법을 성취함에 있어서 그리스도의 백성들은 다른 것들 가운데 특히 "짐을 서로 져야" 한다고(갈 6:2) 했다. 바울이 갈라디아에 있는 여러 교회들의 일부 교인들에게 저희 그리스도인의 자유를 "육체의 기회"로 삼지 말라고 경고하였을 때, 그가 그러한 방종에 대하여 호소한 것은 이와 같은 개선안이다. "오직 사랑으로 서로 종노릇하라"(갈 5:13). "그리스도의 법"은 레위기 19:18의 "네 이웃 사랑하기를 네 몸과 같이 하라"는 명령을 다시 선포한 것이다.[21] 그러나 사랑의 법은 외적인 권위에 의해 부과되거나 강요될 수가 없다. 오히려 그것은 그리스도의 영에 의해 다스려지는 생활 안에서의 사고와 행동의 자발적인 원리이다. 그 법은 자의에 의해 받아들여지며 실행되어진다. 바울은 성령의 자유가 세상에 있는 모든 조례나 법령보다도 선한 생활을 훨씬 능력있게 유발한다고 확신했다.

---

21) 참고, 막 21:31.

제18장

"율법이 할 수 없는 것"

1. 율법에 대한 바울의 체험

　바울의 사도적 메시지의 전체적 내용은 어떤 의미에 있어서 그의 다메섹 도상에서의 체험을 이야기한 것이다. 그러나 그 전체적 내용이 그 당시의 바울에게 상세히 납득되어지지 않은 것은 당연하다. 더우기 "주의 계시"는 그에게 하나님께서 그의 아들을 기꺼이 드러내 보이셨을 때의, 그 첫번째 사건이 가지는 풍부한 의미를 깊이 느끼게 해주었다. 그리스도에 대한 지식이 점점 늘어남에 따라 바울은 "비밀한 가운데 있는 하나님의 지혜"를 더욱 올바르게 인식할 수 있게 되었으며, 이것은 그의 백성의 영광을 위하여 만세 전에 미리 정하신 것으로 복음 속에 상세히 드러나 있었다(고전 2 : 7). 다메섹 도상에서의 계시는 이방인들 사이에서 그리스도를 전하는 그의 소명과 부합되고 있다. 그러나 바울은 이방인에게 복음을 전하는 사도로서의 그의 생애를 완전히 시작할 때까지 이 소명이 무엇을 수반해야 하는가를 이해할 수 없었다. 안디옥에서 베드로와 바나바를 만났을 때와 갈라디아 지방에서의 논쟁에 그가 개입되었던 일은 다른 방법으로는 배울 수 없었던 많은 것들을 그에게 일깨워주었다. 바울이 전하는 복음의 본질이 이 경험으로 인해 영향을 받은 것은 아니지만, 복음에 대한 그의 이해력이 풍부해져서 그가 인식하는 방법으로 복음을 효과적으로 전달하고 답변할 수 있게 하였던 것이다. 믿음으로 말미암아 의롭게 된다는 것은, 그 자신의 회심의 사건에서도 나타나 있다. 이제 그는 교리를 위해 싸우게 되었다. 즉, 그 교리는 그가 싸우는 원리가 되었고, 또한 무기가 된 바울 이전의 위치와는 대조적으로, 그의 기독교적 명망에 대해 말하자면 그는 자신을 가리켜 "내가 가진 의는 율법에서 난 것이 아니요 오직 그리스도를 믿음으로 말미암은 것이니 곧 믿음으로 하나님께로서 난 의라"(빌 3:9)고 서술하고 있다. 율법을 지킴으로써 하나님 앞에서 의롭게 되기를 추구하였던 그의 이전의 태도가 복음에서 요구하는 방법으로 바뀌어지게 된 것은 그의 이전의 방법이 부적합하였다는 것을 스스로 깨달았다는 증거이다. 그러나 그 부적절함은 그가 순간적인 빛 속에서 깨달은 것이지 커져가는 환상의 과정 속에서가 아니었다.

율법 전체를 지킨다는 것은 쉬운 일은 아니나 불가능한 일도 아니었다. 한 부자 청년이 그의 어린 시절[1]부터 십계명을 모두 지켰다고 예수께 확신을 가지고 말하는 것은 위선이 아니다. 더우기 바울이 20세의 전도망망할 때부터 30세의 기독교적 경험에 이르기까지 그는 자신을 "율법의 의로서는 흠이 없는 자"라고 고백했다(빌 3:6).

율법은 하나님의 법으로서, 하나님의 뜻을 나타내는 것이었으며, 율법을 지키는 것은 하나님의 뜻을 행하는 것이었다. 율법 아래 태어나게 된다는 것은 커다란 특권이었다. 이 특권을 결한 이방인과는 달리 "율법의 교훈을 받았던" 유대인들은 하나님의 뜻을 알고 "지극히 선한 것을 좋게 여기며," "소경의 길을 인도하고 어두움에 있는 자의 빛이 되며 어리석은 자의 훈도가 되며 어린 아이의 선생이 될 자질을 가지고 있었다"(롬 2:18~20). 바울은 이 말들을 그의 경험으로부터 말하고 있는데, 그러나 그가 기록할 때에 그는 또다른 방법을 제시하고 있다. 그는 더 이상 율법과 유대인으로 태어난 사람으로서 하나님과의 관계를 자랑하는 것만으로는 더 이상 하나님 앞에서 의에 다다르고자 하는 자신의 목표를 이룰 수 없었다. 그는 그리스도를 믿음으로 말미암은 새로운 의의 방식을 찾아내었다(빌 3:9). 한 인격에 대한 충성이 법조문에 대한 충성을 대신하였다. 그런데 그 법조문은 그에게 있어서 단순한 법조문이 아니라 더 나아가 생활방식이었던 것이다.

초대교회의 많은 예수의 제자들은 그리스도 안에서의 믿음과 율법을 지킴으로 말미암아 의를 추구하는 것을 결합시키는 것이 정말로 가능한 일이며, 실제로 바람직한 것이라고 생각하였다. 그러나 바울은 이러한 태도를 불가능한 타협으로 간주하였다. 바울만큼이나 충성스럽게 율법을 지켰던 자는 없었으나, 그 율법은 하나님 앞에서 그의 의를 견고하게 하기는 커녕 실제로는 그것이 그를 죄 속으로 이끌었다. 그가 교회를 열심히 박해하게 된 것은 율법에 충성스러웠기 때문이다. 그의 박해는 단지 율법에 대한 열심의 한 부분에 불과하다. 그는 선한 뜻으로 교회를 박해했으며, 부활하신 그리스도를 대하는 바로 그 순간까지 하나님께 기쁨을 가

---

1) 마 10:20과 그 비유.

져다 주기 위한 그의 행위 중에 어떠한 의심의 그림자도 마음 속에 들어오지 않았다. 그러나 다메섹 도상에서의 계시는 예수가 메시야라는 것과 십자가에 못 박힌 예수가 부활하신 주님이시라는 것을 깨닫게 되었다. 그때에 바울은 예수의 추종자들이 결국 옳았으며, 자신은 크게 잘못되었다는 것을 깨달았다. 그가 생각한 바 대로 의를 추구하는 대신에 그는 부지 중에 한 것일지라도 계속적으로 죄를 범했으며, 메시야의 증거자들을 공격하고 그들을 통하여 메시야 자신을 공격해 왔던 것이다. 그러나 그는 율법을 충성스럽게 따르고 있었던 것이다. 기록된 율법과 그 율법을 지키고자 하는 바울의 강한 결심이 그로 하여금 그 이외는 아무것도 따를 수 없게 하였다. 율법에 대한 그의 헌신이 어디로 그를 이끌었는가를 깨달았을 때에 율법에 대한 그의 환멸은 그의 말 속에 잘 나타나 있다. "내가 율법으로 말미암아 율법을 향하여 죽었나니 이는 하나님을 향하여 살려함이니라"(갈 2:19).[2] 율법에 대한 바울의 태도는 일반 랍비적 태도와는 달리 너무나 동떨어진 것이어서 독특하다는 것을 인정하지 않을 수밖에 없다. 그러나 그의 체험 또한 독특한 것이었다.

2. 율법의 마침이 되신 그리스도

어떤 중요한 의미에 있어서는 바울이 그리스도로 말미암아 폐기하게 되었던 율법을 믿고 가르쳤다는 것은 명백하다. 그는 "그리스도는 모든 믿는 자에게 의를 이루기 위하여 율법의 마침이 되시니라" 하고 기록하고 있다(롬 10:4). 율법의 시대는 하나님께서 인간을 다루시는데 하나의 과도기적 상태의 의미 밖에는 없다고 볼 수 있는 새로운 시대로 인해 대치되었다(갈 3:19, 롬 5:20). 새로운 시대란 그리스도께서 하나님의 우편에서 통치하시는 "그리스도의 시대"(고전 15:25, 시 110:1)을 부활의 생명 안에서 영원한 기업에 대한 보증으로서 이 땅 위에 있는 그리스도의 백성들에게 내리시는 성령의 임재를 일컫는 "성령의 시대"(롬 8:10)를 말한다. 다메섹 도상에서의 경험으로 인한 영향이 단순하게 그로 하여금 이런 결론에 이르게 하였는가 아니면, 그가 이전의 훈련 속에서 이를 어느 정도까지 준비하고 있었는가?

그러한 준비과정에 대해 논쟁을 벌이는 학자들이 있다. 랍비 레오 백(Leo Back)은 그의 영향력있는 글에서 바울은 세계 역사에 있어 3시대에 걸친 교리를 받아들이도록 가르쳐 왔으며, 그것은 율법의 통치가 메시야 시대의 시작으로 끝이 나게 된다는 것을 함축한다고 주장했다.

3시대의 교리는 엘리야 학교의 가르침이라고 알려져 있는데, 바커(W. Bacher)에 의하면 이 표현은 *halakhah*에 대한 "시내 산으로부터의 모세의 계명"과 같은

---

2) 여기서 바울의 개인적 경험을 반영한 것이라고 생각한다면 잘못이 될 수 있다.

*haggadah*와 관련되는 유사한 의미를 가지고 있다. 두 가지 낱말은 옛 고대어를 나타내고 있다. 이런 점으로 보아 그 교리는 바울의 시대 오래 전에 일반화되었다는 것을 알 수 있다.

그러나 사실 우리는 바울이 이 교리를 받아들이도록 가르쳤는지는 확신할 수가 없다. 만일 바울이 그렇게 하였다면 그 상황의 논리성은 명백하다. 메시야의 시대가 도래하고 율법의 시대가 지나갔다. 그렇지 않다 하더라도 바울의 개인적인 상황은 그 자신만의 논리성을 가진다. 바울은 예수를 메시야로 생각했으며, 그는 바울을 위하여, 바울 안에서 율법이 이룰 수 있는 것 이상의 것을 완성하셨다. 율법이 바울로 하여금 무의식적으로 하나님의 뜻에 역행하도록 한 반면에 메시야와 주이신 예수 안에서 얻게 된 바울의 새로운 믿음은 의식적으로 그가 하나님 앞에서 의로운 상태가 되어 하나님과 평화를 갖도록 이끌었다. 하나님을 위한 그의 이전의 열심은 지식이 없는 열심이었다. 그가 "하나님으로부터 오는 의를 모르고 자기의 의를 세우려 힘썼기"에 그는 하나님께서 인간들을 자기의 올바른 관계로 맺고자 하는 하나님의 방법에 복종할 수 없었다. 그러나 그는 이제 자신이 배운 바 대로 "그리스도는 모든 믿는 자에게 의를 이루기 위하여 율법의 마침이 되시니라"(롬 10:2~4)고 기록하고 있다.

"그리스도가 율법의 마침"이라는 확언은 여러 가지로 이해되어져 왔다. "마침"(telos)이라는 의미로 사용할 수 있는데, 여기서는 두 가지 의미가 가능하다. 바울에게 있어 그리스도는 어떤 의미에서는 율법의 목적이었다. 그 율법은 아브라함에게 하신 그 약속이 완료되는 때인 아브라함의 자손이 올 그때까지 하나님이 가르쳐 주신 일시적인 준비였다. 다시 말해서, 율법은 "우리로 하여금 믿음으로 말미암아 의롭게 하시려는 그리스도가 오실 때까지 우리를 보호"하는 것이었다(갈 3:19, 24). 또한 어떤 이유에서 그리스도는 율법의 종착이었다. 바울이 말한 바와 같이 율법이 일시적인 준비였다면, 그리스도가 오심은 이제 율법의 유효시기가 지났다는 것을 의미하는 것이다.

바울을 해석하는 사람들은 이 말이 가지는 의미를 수정하려고 시도해 왔다. 어떤 사람은 이 말을 신랄하게 비판하려고 했으며, 아니면 적어도 이 말이 가지는 의미의 범위를 확장시키려 해왔다. 확신하건대, 만일 유대 그리스도인들이 그들의 전통적인 생활방식의 일부로서 율법에 명시된 바 대로 다양한 관습을 계속 가졌다면, 바울은 어떤 반대도 하지 않았을 것이다. 그는 자신이 적당한 행위라고 판단이 될 때면 그러한 관습을 따랐다(고전 9:20, 행 16:3; 21:20~26). 그러나 그가 "그리스도는 율법의 마침"이라는 속에 내포하고 있는 것은 하나님께 나아가려는 인간에게 있어 율법이 차지하고 있는 위치였다. 이 말의 중요한(prima facie) 의미는 그리스도가 오심은 하나님께 나아가려는 인간에게 더 이상 율법이 나설 여지가 없다는 것이다. 사실 이것은 이해하기 어려운 부분이지만 많은 사람들로부터 반율법주의자로 몰리게 되는 것은, 바울 당시에 그 자신이 경험하고 논박했던 비난이었다.

정통 루터교에서는 율법을 세 가지 의미로 사용하는데, 첫째는 보존의 의미로, 둘째는 회개에 이르는 길로, 세째는 교회[3]의 안내자로서 주시한다. 첫째로 율법의 의미는 관원에 의한 법의 행정력을 가지며, 이렇게 함으로써 악을 억제하고 선한 일을 행하도록 하는 것이다. 이것은 복음의 일부는 아니며, 바울은 이것을 로마서 13 : 1~7에서 말한다. 둘째로 율법의 의미는 바울이 경험한 사실로 깨닫게 되는데, "율법을 통하여 죄를 깨닫는"(롬 3 : 20) 것이며 단지 복음을 설교하기 위해 사용하는 것이 아니다. 이는 목회신학의 원리로서 율법을 대하게 되는 죄인으로 하여금 자신의 무능함을 알고 하나님의 자비에 자신을 맡기도록 이끄는 유익한 수단이라고 볼 수 있다. 그러나 바울이 이런 방법으로 그의 사도적 메시지에 율법을 사용하였는지의 증거는 없다.

유대인이든 이방인이든 그의 청중들은 그가 본 바 대로 노예로 있었기에 그의 메시지는 해방을 의미했다. 사실 바울이 갈라디아 교회에 있는 그의 이방인 회심자들에게 "다시는 종의 멍에를 메지 말라고"(갈 5 : 1) 촉구할 때, 이것은 그들 스스로 율법의 멍에 아래 놓임으로써 그들이 과거의 이방종교 아래서 당했던 것과 마찬가지로 같은 종류의 굴레 속으로 되돌아가게 된다는 것을 의미한다. 사실 여기에서는 천사들을 통해서 정해진 율법(갈 3 : 19)이 "세상의 초등학문"(갈 4 : 3)과 동일시 되고 있는데 이것은 유대인, 이방인을 막론하고 그리스도 밖에 있는 자들의 마음에 지워진 멍에이다(골 2 : 8, 20).

율법의 세번째 의미에 대해 교회의 안내자로서의 율법을 말하는 바울의 개념은 "법"이라는 용어로 표현된다. 그러나 그가 "성령의 법," "그리스도의 법"이라고 말할 때, 그는 "법"을 법률적인 의미로 사용하는 것이 아니다.

제네바로부터 유래한 개혁자들의 전통에 의하면, 그리스도 안에 있는 사람은 구원에 이르는 수단으로써 율법 아래 있는 것이 아니라 생활규칙으로써 율법 아래 남아 있어야 한다고 빈번히 말해지고 있다. 이러한 차이는 기독교 신학과 윤리의 원리로써 설득력있게 언급 되어질 수 있을지 모르나, 그것이 바울의 주장이라고 생각해서는 안된다. 바울에 의하면 믿는 자는 율법과는 전혀 다르며, 의문에 복종함으로써가 아니라 내적인 능력으로 인한 표출로 완성되어지는 사랑의 법을 생각하지 않는다면, 생활의 규칙으로서 율법 아래 있는 것이 아니라는 것이다. 바울이 "죄가 너희를 주관치 못하리니 이는 너희가 법 아래 있지 아니하고 은혜 아래 있음이니라"(롬 6 : 14)고 말했을 때, 이것은 처음 믿음으로써 얻게 되는 의를 가리키는 말이 아니라 그리스도인의 계속되는 생활까지를 포함하는 것이다. 이것은 바울이

---

[3] 루터 자신은 그의 추종자들과는 대조적으로 율법의 두 가지 사용에 대해 가르쳤다.

즉시 "그런즉 어찌하리요 우리가 법 아래 있지 아니하고 은혜 아래 있으니 죄를 지으리요"(롬 6:15)라고 한 반율법주의자를 반박하는 말에서 명백히 나타난다.*⁾

다시 한번, 그리스도는 단지 도덕율법이 아니라 의식상의 율법의 마침(희생제물로서 뿐 아니라 할례와 교회 연중행사의 준수를 포함해서)이라고 선포한다. 사실 이러한 개념은 타당성이 있으며, 어느 정도까지는 명백하고 신학적이며 윤리적인 차이를 나타내고 있다. 그러나 바울 식의 주석에는 어떠한 여지도 없다. 그것은 바울 식으로 해석되어져야 한다. 왜냐하면 그것은 바울이 스스로 만든 차이가 아니기 때문이다.

그리스도가 율법의 마침이라는 바울의 주장을 신랄하게 비판하자면, 우리는 칼 바르트(Karl Barth)⁴⁾의 주장을 생각해 볼 수 있다. 그는 그리스도는 신앙의 마침 (the end of religion)이라고 (이는 정형이 없는 단어 "신앙"에 대해 우리의 이해에 따라 받아들여질 수도 거절될 수도 있다) 주장한다. 또 에른스트 푸크스(Ernst Fuchs)의 경우를 보면, 그는 "그리스도는 역사의 마침"(the end of history)이라고 주장한다. 그리스도는—사람에게는 종말로서—역사의 정지(특히, 구속사를 포함해서)와 실생활의 시작을 믿음으로 말미암아 이루신 분이라는 것이다. 그러나 이것이 그 근거가 충분하다 할지라도 바울이 의미하는 것을 넘어선 실존주의자들의 해석의 표현에 불과하다.

3. 율법 아래 있는 인간

우리는 로마서 6:14의 "죄가 너희를 주관치 못하리니 이는 너희가 법 아래 있지 아니하고 은혜 아래 있음이니라"고 하는 구절을 인용했다. 이 구절이 함축하고 있는 것 제 1 세기에서와 같이 오늘날에도 전통적인 신학 윤리학에 있어 놀랄 만한 것이다. 모세의 율법 뿐만이 아니라 하나님의 율법이기도 한, 율법 아래에 있게 된다는 것은 죄의 지배 아래 있게 됨을 의미한다. 그리스도에게서 나타나는 하나님의 은혜 아래 있게 된다는 것은 죄의 지배와 율법의 통치로부터 동시에 해방되는 것을 의미한다. 바울은 그의 삶을 통하여 이를 증명해 주고 있다.

바울의 마음 속에 밀접한 연관을 맺고 있는 죄와 율법은 노예시장(롬 6:12~23)과 결혼의 구속의 비유(롬 7:1~6)로 말미암아 예시되고 있다. 전자의 비유에서

---

4) 바르트는 "하나님으로부터 벗어나 움직인다는 개념은 신앙의 교만이 없어져버릴 때까지 자유롭지 못하다. 그러나 신앙은 죽었다. 우리는 하나님 안에서 신앙을 제거했다. 모든 신앙은 종국으로 향한다. 그리고 그 끝은 그리스도이시다"라고 했다.

*) 이 견해는 율법의 제3용도를 강조하는 개혁파의 견해와는 차이가 있다. 십계명과 같은 도덕법은 신자의 생활규범으로 상존하는 것이다 —역자주.

종은 그의 주인에게 복종해야 할 의무가 있는데, 만일 그 종이 죽거나 다른 주인이 매입하여 소유권이 양도되면 이전 주인의 말은 더 이상 그를 구속할 수 없게 된다. 후자의 비유에 있어 여자는 율법에 따라 남편이 살아 있는 한 그에게 매이게 되는데 남편이 죽었을 때 그녀는 더 이상 매이지 않으며, 합법적으로 다른 남자와 결혼할 수 있다. 후자의 비유에서 새로운 남편과 마찬가지로 전자의 비유에서 두번째 주인은 그리스도이시다. 그러나 전자의 비유에서 이전의 주인은 죄(의인화된)이며, 반면에 후자의 비유에서 전 남편을 율법(의인화된)인 것이다. 똑같은 식으로, 죄의 종에서 율법의 멍에로부터 영혼을 해방시키게 된다. 바울이 어떤 반대자가 "율법이 곧 죄"(롬 7 : 7)라고 묻지 않을는지 상상한다는 것은 놀라운 일이 아니다. 바울은 이에 대해 동의하지 않는데 이는 율법이 하나님의 율법이며, 그 모든 계명은 "거룩하고 의로우며 선한 것"(롬 7 : 12)이기 때문이다. 그러나 우리는 그 반대자가 어떻게 바울의 주장을 논리적인 귀결로 이끌려 하는지를 알아낼 수 있다. 바울에 따르면 율법은 죄를 깨닫게 해주며, 죄를 금하게 하며, 실제로 죄가 금하는 바로 그것을 조장하기도 한다. 사실상, 바울은 "죄의 권능은 율법이라"고 말하고 있다(고전 15 : 56).

로마서 7 : 1~6에서 결혼의 구속에 대한 비유는 바울의 편지에서 가장 논란이 되는 해석상의 문제들 중의 하나로 대두되고 있다. 로마서 7 : 7~25에서 바울은 일반적으로 인간의 삶에 있어 율법의 관계를 나타내고 있으며, 일인칭 단수를 전체적으로 사용하고 있다. 이러한 일인칭 단수의 사용은 표면상으로는 이를 자서전적인 문장으로 만들고 있으나 그것이 정말로 자서전적인 것인가? 바울이 사랑의 경험을 더욱 실감나게 묘사하기 위하여 "나"(I)라는 일인칭 단수를 사용하고 있는가? 아니면 그 자신의 경험에 비추어 인간의 경험을 나타내기 위해 "나"를 대표적으로 사용하고 있는가? 후자의 관점이 맨슨에 의해 지지되고 있는 바, "우리가 그렇게 하고 싶다면 우리는 그것을 자서전이라 부를 수 있다. 그러나 여기서 바울의 자서전은 모든 사람의 전기이다"라고 말하고 있다.

이 인용절은 두 부분으로 나뉘는데, ① 7~13절에서 일인칭 경험은 과거시제와 연결되어 있으며, ② 14~25절은 현재시제와 관련이 있다.

이러한 두 부분에서 전자의 부분은 바울의 자서전이 모든 이의 전기라는 것이 더 특별하게 드러나고 있다. 어떤 의미에서 "모든 이"란 구약성경의 "아담"과도 같은 것이며, 바울은 사실상 창세기의 타락설화를 일인칭 단수로 다시 말하고 있는 것이다. 그는 "전에 법을 깨닫지 못한 때에는 내가 살았더니 계명이 이르매 죄는 살아나고 나는 죽었다"라고 말한다(롬 7 : 9, 11). 아담과 하와는 그들이 선악과를 금지하는 계명으로 말미암아 죄를 지어 시험되기까지 걱정없는 삶을 살았다. 유혹자로 인해 그들에게 상기된 바로 그 계명은 그들의 관심을 금단의 열매에 이끌어 억제할 수 없을 정도로 탐스러운 열매를 보게 되었고 그들은 그것을 먹게 되었다.

바울의 설명에서 의인화된 죄는 창세기 설화에서 뱀이라는 구체적인 형태로 나타난다. 하와가 "뱀이 나를 속였다"(창 3:13)라고 호소하는 것같이 바울은 "죄가 나를 속였다"라고 말한다. 금단의 열매를 따먹는 것에 대해 미리 언명된 선고는 사망이었다. "네가 먹는 날에는 정녕 죽으리라"(창 2:17). 그리고 바울은 죄가 살아났을 때 그가 "죽었다." 즉, "죄가 나를 죽였다"라고 말한다. 다시 말해서, 바울이 이 부분에서 분류해낸 특별한 죄의 형태는 탐욕이며, 바울은 "죄가 기회를 타서 계명으로 말미암아 내 속에서 각양 탐심을 이루었나니 이는 법이 없으면 죄가 죽은 것임이니라"(롬 7:8)고 쓰고 있다. 이에 해당되는 계명은 십계명의 마지막 계명으로 "너희는 탐내지 말지니라"(출 20:17, 신 5:21)이다. 금기하는 것이 모세의 율법의 부분이 아닐지라도, 그것이 탐욕에 대한 계명을 예언하는 예로서 여겨질 수 있다. 그리고 탐욕이란 매우 본질적인 죄라고 볼 수 있다.

더우기 바울은 로마서 5:12~21에서의 경험을 설명하듯이 그의 시각에 비친 타락설화는 모세의 율법 선포 전후에 따른 인류의 경험을 집약된 형태로 나타내주고 있다. 율법이 선포되기 이전에 사람들이 본래 죄를 짓고 있었다 할지라도 바울이 말하기를, 죄란 율법이 존재하지 않았을 때에는 그들에게 설명이 되지 않았으며, 이는 다음 문장에서 나타나고 있다. " nulla poena sine lege, "즉 명시된 율법없이 처벌은 없다. 다시 말하자면, 사람은 명시된 율법을 어겼을 때만 처벌받을 수 있다는 말이다. 율법의 시작은 죄에 대한 인식과 함께 죄를 짓게끔 하도록 했을 뿐만 아니라, 죄에 대한 책임과 사망의 처벌에 대한 필연적인 의무가 죄에 부과되었다. "계명이 이르매 죄는 살아나고 나는 죽었도다"(롬 7:9). 율법을 별문제로 하더라도 죄인은 하나님의 은혜를 필요로 했으며, 율법은 그에게 그 필요를 깨닫도록 했다.

로마서 7:7~13에서, 바울은 개인적인 경험의 견지에서 타락설화와 율법 이전과 율법 아래에 있는 일반적인 인류의 역사를 반복해서 말하고 있다. 그를 이해하기 위해서 우리는 출애굽기 이전의 고대 근동지방에 있었던 법전에 대해 알고 있는 모든 것을 잊어야 한다. 바울과 연관있는 모세 이전의 모든 역사는 창세기와 출애굽기 전반부에 포함되었던 것이었다. 모세의 시대 전에는 성경에 기록되지 않은 의미에서 율법이란 없었다(우리가 유대인들과 마찬가지로 이방인들에게 구속력이 있었던 창세기 9:1~7의 노아의 법규로 인해 랍비식의 생각으로 가득찬 마음을 품는다면, 우리는 바울의 계획 속에 있는 어떤 부분에서 그들이 어떻게 역할하고 있는지를 물어야 할 것이다. 현존하는 그의 저서 가운데 실제로 노아 자신에 대한 것은 하나도 없는 바와 같이 그들에 대해 어떠한 언급도 없다는 사실로 보아 우리는 그들이 아무런 역할도 하지 않았다고 결론지을 수 있는 것이다).[5]

그러나 바울의 회고 중 개인적인 어떠한 요소가 로마서 7:7~13에서의 바울의 사상의 근거를 이루고 있는가? 그가 어린 시절에 율법을 지켜야 하는 개인적인 의무를 인식하게 되었을 때 일어났던 일들을 회상하는 것인가? 그의 주장을 나타내기 위해 인용하는 십계명 중 하나의 계명이 밖으로 드러나는 행동이나 말을 금하는 것이 아니라 내적인 태도나 욕망인 탐욕을 금지하는 것이라는 사실 속에 개인적으로 어떤 중요성이 있는가? 이 질문들에 대해 어떠한 긍정적 대답이 주어진다 하더라도 우리에게 확실한 것을 나타내 주는 바울의 초기 성장에 대해서는 어떤 기록도 가지고 있지 않다. 그가 기독교인이 되기 전에 율법이[6] 요구하는 의의 기준을 어기는 일이 없었다고 주장하는 그의 경력을 통해 자신이 강조하고 있는 주장은, 그의 첫번째 반응이 모든 율법을 지키려는 그의 의무를 실현하는 것이 되어왔을지 몰라도 우리는 바울이 재빨리 그 의무와 함께 사는 것을 배웠고 하나님 앞에서 죄없는 양심을 보전하는 것을 배웠다는 결론으로 이끌게 된다.

　이 마지막 생각은 바울이 과거시제에서 현재시제로 전환하는 로마서 7:14~15에 대한 일반적인 해석과 일치되지 않는다. 그 해석은 과거에 행해졌던 바울의 박해 행위로 인해 그의 양심이 끊임없이 불편함을 겪고 있다는 것이다. 이 부분은 세계 문학 속에서 분열된 마음[7]이라는 고전적인 묘사 중의 하나로 자주 인용되는데, 그 마음이란 자신의 것보다 더 큰 힘에 의해 강요되는 자신을 발견하게 되는 사람의 마음인 것이다. 바울이 말하는 그 힘이란 내재적인 죄로서 자기가 인정하고 원하는 선을 행하는 것이 아니라, 자기가 싫어하고 원하지 않는 악을 행하는 것을 말한다. 이것은 실제로 율법 아래에 있는 인간의 모습으로, 율법이 요구하는 바는 선한 것이라는 것을 인정하지만 그 요구가 행동으로 옮겨지는 것을 보장하지 못하는 율법에 대해 무기력함을 애통해 하는 것이다. 그러나 그것은 바울 자신이 율법 아래 살고 있으면서 자신의 의식적인 마음을 그려낸 것은 아니다. 바울이 회심하기 전에 그가 여기에서 묘사한 것과 같은 내적인 갈등의 희생자였다는 암시는 없다. 오히려 모든 증거는 그것과 반대이다. 어거스틴과 루터가 연구한 바에 의하면 그들이[8] 회심하기 이전에 겪었던 것과 마찬가지로 바울이 회심하기 전에 같은 종류의 정신적인 혼란을 겪었을 것이라는 추측을 하게끔 바울이 직접적으로 말했으며, 크리스터 스탠달(Krister Stendanl)교수가 부연하듯이 "서구인들의 내향적 양심"으로 바울을 생각한다고 말하고 있다. 바울의 회심이 잠재의식이 잠복하고 있던 시기에 먼저 일어났었다면, 이는 우리가 가지고 있는 잔존하는 자료에서는 찾아볼

---

　5) 바울의 견지에서, 이교도들의 경건치 않음은 만물의 법령(롬 1:18)에 대해 복종하지 않는 것이다.
　6) 빌 3:6, 행 23:1.
　7) 이 비유는 그리스도와 라틴 문학으로부터 나온 것이다. 그러나 그 단어는 유사할지라도, 바울이 의미하는 것을 정확히 표현하지는 못한다.
　8) 루터의 내적인 갈등은 영적인 것인 반면에 어거스틴의 갈등은 도덕적이다. 그러나 바울은 그의 회심 이전에 어떤 쪽으로도 갈등을 일으키지 않은 것처럼 보인다.

수가 없다. 그가 다메섹 도상에서 들었듯이 가시채를 뒷발질하는 것은 소용없다(행 26:14)는 것에 반하여, 그 자극은 그가 박해하는 행위에 대해 불편한 양심을 찌르는 것이 아니라 그때까지 그가 **추종했던 반대 방향으로** 그를 이끄는 것이었다. 바울에 대한 리(E.K. Lee)의 말을 빌려보면, "죄의 진정한 의미는 가말리엘의 발에 있는 것이 아니라, 십자가 아래서 발견할 수 있었던 것이었다."

마음 속 깊은 곳으로부터 바울은 말하기를(개인적으로 또는 상징적이건간에), 나는 하나님의 율법에 찬성하며, 마치 "오 내가 주의 법을 어찌 그리 사랑하는지요 "(시 119:9)라고 노래한 시인과도 같이 그 안에서 즐거워한다. "그러나," "내 지체 속에서 한 다른 법이 내 마음의 법과 싸워 내 지체 속에 있는 죄의 법 아래로 나를 사로잡아 오는 것을 보는도다"(롬 7:12)라고 덧붙여 말한다. 이 문장에서 "법"이란 말이 세번 사용되는데 처음 두번은 유대인들의 악과 선의 성향에 견주어 볼 만한, 말하자면 바울 안에서 투쟁을 일으키는 반대되는 두 원리들을 나타낸다. 그러면 그를 사로잡는 전자의 원리에 대한 "죄의 법"은 무엇인가? 그것은 이미 앞에서 말한 바와 같이 종의 주인으로 의인화했던 죄의 통치나 지시인 것이다. 이것은 바울이 로마서 7:14 이하의 내용을 요약한 문체로 보아 더욱 그럴 듯 하게 여겨진다. 그것은 "그런즉 내 자신이 마음으로는 하나님의 법을 육신으로는 죄의 법을 섬기노라"(25절)고 쓰고 있다. 여기에서 죄의 법과 하나님의 법이 날카롭게 대조되고 있다.

그러나 "죄의 법"이 하나님의 법의 부분이 될 수 있다는 의미는 없는지 질문하게 될지도 모른다. 앞서 7장에서 바울은 율법으로부터의 해방의 방법에 대해 이야기 했으며, 8:2에서 "그리스도 예수 안에 있는 생명의 성령의 법이 죄와 사망의 법에서 너를 해방하였음이라" 하는 구절로 돌아오게 된다. 정의상으로 거룩한 하나님의 법이 죄와 사망의 법으로 묘사될 수 있는가? 그것이 죄를 조장하거나, 죄인에 대한 사망의 선고를 한다면 가능하다. 바울은 초기 서신에서 "의문은 죽이는 것이요 영은 살리는 것이다"(고후 3:6)라고 말한다. 로마서 8:2에서 기록된 반론을 제외하고는 "그리스도 예수 안에 있는 생명의 성령과 죄와 사망의 율법"과의 관계는 무엇인가? 바울이 "그리스도 예수 안에 있는 생명의 성령의 법"에 대해 말한다면, 그는 다른 어떤 것 보다도 "죄와 사망의 법"에 대해 언어상으로 반대하기 위하여 말하는 것이다. 성령의 법은 성령이 생명을 불어넣어 주는 원리이며 능력이다.

바울의 묘사가 정말로 자서전적이라는 한도 내에서, 로마서 7:7~25에서 바울이 행하는 것은 그가 과거시제를 사용한 전반 부분과 현재시제를 사용한 후반 부분에서 율법 아래 있는 그의 존재에 대한 그리스도인의 관점을 표현하는 것이다. 모리스 고겔(Maurice Goguel)은 아마도 후반 부분에서 "오호라 나는 곤고한 사람이로다"(롬 7:24)라는 절규를 인정하는 것이 어떤 추상적인 주장이 아니라 괴로와 하는 영혼의 개인적인 경험을 반영하는 것이라고 하는 것은 옳으며, 또 이 부분의 경험이 바울의 회심 후에 바로 뒤이어 오는 시기로 정하는 것이 옳다고 본다. 우리는, 이 오만한 열심을 가진 인간 바울이 불쾌한 말과 조급한 판단, 그리고 그가 행해야 하는 영역에 있어 다른 사람의 개입이 있을 때에 분개하는 것을 극복하는 것이 쉽지 않다는 것을 알 수 있다. 이러한 일들은 율법에 의해 특별히 금지되어진 것은 아니었다. 바울이 그들이 범죄하였다고 보는 것은 그리스도의 기준에 의한 판단에 의해서였다. 그는 그의 형제들에게 "그리스도의 온유와 관용으로"(고후 10 : 1) 권할 수 있었다. 그러나 이러한 특질들은 그에게 자연스럽게 온 것이 아니었다. "남에게 전파한 후에 자기가 도리어 버림이 될까 두려워"(고전 9 : 27)하여 자기 훈련의 중요성을 아는 사람은, 또한 "그리스도 예수 안에서 하나님이 위에서 부르신 부름의 상을"(빌 3 : 14) 얻기 위하여 좇아가는 사람은 썩지 않을 면류관을 얻기 위하여 땀흘려야 한다는 것을 안다. 그러나 율법 아래에서나 그 자신의 힘으로 그것을 추구하는 사람들에게는 승리는 피해가며, 오직 그가 성령의 도움에 의지하는 것을 배우게 되었을 때만 쉽게 얻어지는 것이다.

로마서 7 : 14∼25의 표현에서 발견되는 긴장 상태는 사람이 "시간 속에," 즉 동시에 무한히 긴 두 시간 속에 살 때에 필수적으로 취해지는 긴장이다. 어떻게 "현재의 악한 시대"에 일시적으로 사는 인간이, 그럼에도 불구하고 그곳에서 구원받으며, 여기에 살면서 미래의 생명을 어떻게 누릴 수 있는가? 그것은 그리스도 고난의 구원하는 은혜가 믿는 자들 안에 영향을 미리 그에게 보장해 주는 성령이 임하심으로 가능하다.

4. 율법으로부터의 해방

"죄와 사망의 법"으로부터 사람을 해방시키는 것은 "그리스도 예수 안에 있는 생명의 성령의 법"이다(롬 8 : 2). "왜냐하면" 바울은 계속해서 말하기를, 하나님께서는 율법이 이룰 수 없었던 것을 이루셨으며, 이는 인간 본성이 약하기 때문에 인간이 이룰 수 없었기 때문이라고 지적한다. 하나님은 "육신을 좇지 않고 그 영을 좇아 행하는 우리에게 율법의 요구를 이루게 하시려"(롬 8 : 3)고 인간을 위해 그의 아들을 보내시어 인간으로서 역사하게 하셨다. 율법은 인간의 영적인 무력함(바울의 "육"이라는 특이한 명사를 사용함으로 표현된)의 시대, 옛 시대에 속하는 것이다. 성령은 새 시대의 징조이며, 그 안에서 인간은 옛 시대 아래에서 불가피했던 구속으로부터 해방되며, "마음으로 하나님의 뜻을 행할" 수 있다(엡 6 : 6).[9] 또한 바울이 다른 곳에서도 말하듯이 "성령의 열매"(갈 5 : 22)를 낳을 수 있다.

---

9) 바울에게 있어 "육신을 좇아 산다"는 것은 "율법 아래에" 산다는 것이며, "영에 따라" 산다는 말은 "은혜 아래" 산다는 것을 의미한다.

옛 시대에서 새 시대로, "육신"의 약함으로부터 성령의 힘으로의 전환은 그리스도의 도래로 말미암아 나타난다. 율법의 헛됨은 약한 인간의 본성으로 인해 그것을 지키는 "육신"의 부적당함에 있었다. 그러나 "죄 있는 육신의 모양"(롬 8 : 3)과 같은 인간의 본성에 하나님의 아들이 들어오셨다. 그는 여자에게서 난 진정한 인간의 모습으로 오셨으며, "율법 아래"(갈 4 : 4) 사셨지만, 다른 사람들이 실패한 곳에서 승리하셨다. 뿐만 아니라 마음으로부터 하나님의 뜻에 따라 친히 이행하셨으며(새로운 계약을 구체화 시키며), 다른 이들을 위하여 율법파기자들의 율법에 의해 선고된 저주를 견디어 내셨으며(율법에 따라 성스러운 저주를 자초하는 죽음의 형태를 받아들이면서),[10] 그 저주로부터 율법 아래 있는 사람들을 구원하셔서 그들이 신앙을 통해 약속된 성령과 하나님의 자녀가 되는 자격을 받게끔 하셨다(갈 3 : 10~14 ; 4 : 4~6).

그러므로 그리스도의 성육신과 다른 사람의 죄를 위해 희생하심으로써 하나님은 "육신에 죄를 정하사"(롬 8 : 3) 전체적으로 인간 본성 안에 죄를 정하시고 영적인 자유의 새 시대와 새 계약의 시대를 열으셨다고 바울은 말한다.

로마서 8 : 1~14에서 똑같은 말로는 아니더라도 바울은 예레미야 31 : 31~34의 새로운 계약의 말씀에서 그 의미를 되풀이 하고 있다. 그 말씀에는 이스라엘이 옛 계약 아래 지키는 것을 저버린 율법과 하나님이 장차 "그들의 마음에 쓰여져" 그의 백성들 안에 위치하도록 약속하신 율법과의 내용상에는 본질적으로 차이는 없다. 그 차이점은 그들이 한때 율법을 표면적인 법전으로 알고 있었던 것과 이제 내적인 원리로서 알고 있는 것 사이에 있다. 바울에게는 "육신에 따라" 사는 사람들에 의해 지켜질 수 없는 "율법의 공정한 요구"와 "성령에 따라" 사는 사람들에게 채워진 공정한 요구 사이의 문맥에서 본질적으로 차이는 없는 것이다. 사실상, 그 차이는 새로운 내적인 힘이 알려져서 이전까지 충족시킬 수 없었던 것을 믿는 자가 충족시킬 수 있게 하는 것이다. 하나님의 뜻은 변함이 없었다. 그러나 이전에는 율법이 돌판에 새겨졌던 반면에 지금은 인간의 마음 속에 새겨졌으며, 외적인 강요가 할 수 없었던 것을 내적인 원동력이 성취해내는 것이다. 율법에서 기록된 요구들이 관계하는 한, 그리스도인이 되기 전의 바울은 그 요구들을 세심하게 지켰다. 그러나 그것들을 모두 지키는 것은 마음으로부터 하나님의 뜻을 행하는데 아무런 도움을 주지 못했다. 왜냐하면 계명 전체는 사랑이며, 이 계명은 하나님의 사랑이 성령으로 말미암아 그의 마음에 부어졌을 때에만 그에게 가능한 것이었기 때문이었다(롬 5 : 5). 성령에 대한 언급은 우리에게 여기서 바울의 가르침이 예레미야서의 "새 계약"의 말씀 뿐 아니라 하나님께서 새로운 마음과 새 영혼을 당신의 백성 안에 심기를 약속한 에스겔 11 : 19과 36 : 25~27에 나오는 지침의 말씀이 충만함을

---

10) 신 21 : 23.

나타내고 있다는 것을 생각하게 된다.

　바울이 새 시대의 메시지를 말할 때 언급하는 "육신의 마음"(겔 11 : 19 ; 36 : 26)은 "살아계신 하나님의 영으로 한 것이며 돌비에 쓴 것이 아니요 오직 육신의 심비에 한 것이다"(고후 3 : 3)라고 기록하고 있다. 기록된 율법 법전은 하나님의 뜻을 전달하기에는 적절치 못한 수단이었으며, 일시적인 의도로 형성되는 하나님의 뜻은 육신에 의지하기 쉬운, 즉 인간으로서의 허약함인 무능함과 사악함을 분명히 하기 위한 것이었다. 하나님의 뜻을 행하는 것은 외적인 규율에 순응하는 문제가 아니라, 성령이 임하시는 것과 같은 내적인 사랑을 표현하는 문제인 것이다. 그래서 바울은 "의문은 죽이는 것이요 영은 살리는 것이라"(고후 3 : 6)고 말한다. 기록된 의문은 죽이는 것으로 이는 율법을 행하는데 있어서 전하는 힘이 없이 하나님의 뜻을 주장하며, 율법을 지키지 않는 사람에게는 죽음의 선고를 하기 때문이다. 성령은 생명을 주며, 그 생명을 가지고 그는 하나님의 뜻을 행하려는 열망 뿐 아니라 내적인 힘도 알리는 것이다.

　하나님의 뜻을 선포하는 율법은 "거룩하며 의로우며 선하다"(롬 7 : 12). 사람에게 미치는 율법의 효과로 인해 그것은 "죄와 사망의 법"으로 묘사되기도 했다(롬 8 : 2). 그러나 성령은 하나님의 영이 되는 것으로, 그리고 사람 안에서 성스러움을 만들어내는 두 가지 면에서 거룩한 것이다. 성령은 하나님의 백성들의 마음을 새롭게 하여 그들이 "선하시고 기뻐하시고 온전하신"(롬 12 : 2) 하나님의 뜻을 행할 뿐 아니라 증거하게 한다. 성령이 만들어내는 거룩함은 하나님의 형상을 한 그리스도의 완전한 변형과 같으며, 이는 "주의 영이 계신 곳에서는 자유함이 있느니라"(고후 3 : 17)고 표현되듯이 외적인 제약으로 말미암아 영향받을 수 없는 것이다. 율법의 목적은 하나님이 거룩하신 것같이 인간을 거룩하게 하는 것으로 복음 안에서 깨닫게 된다고 바울은 말한다.

　이것은 바울이 로마서 3 : 31에서 의미하는 것으로 유대인, 이방인들이나 차별없이 죄인을 의롭게 하시는 하나님의 방법을 보여준 후에 믿음의 같은 원칙으로 그는 "그런즉 우리가 믿음으로 말미암아 율법을 폐하느뇨?"라고 질문하며, 그의 물음에 대해 스스로 "그럴 수 없느니라 도리어 율법을 굳게 세우느니라"고 대답하고 있다. 이어지는 문맥에서 계속적으로 바울은 그에게 의라고 생각되었던 아브라함의 믿음의 이야기를 상세히 말하고 있으며, 이는 믿음으로 말미암는 칭의의 복음으로 지지되어지는 법이 곧 넓은 의미의 율법(모세 오경)이며 더욱 특별히 말한다면 아브라함에 대한 설명인 창세기를 나타낸다. 그러나 바울은 더욱 엄격한 의미에서 하나님의 뜻의 구체화로서의 율법은 "믿음이 오기 전"의 율법이 하나님의 백성들을 "매이게"(갈 3 : 23) 하였을 때 가능했던 것 보다 믿음의 시대에 더욱 지지되고 충족될 수 있다고 말한다. 영적인 해방상태에서만 하나님의 뜻에 정확히 순종하며 그의 율법이 지지되는 것이다.

5. 사랑의 율법

성령의 법이 사랑의 법이라 한다면, "너희가 서로 짐을 지라 그리하여 그리스도의 법을 성취하라"(갈 6:2) 하는 바울이 말한 "그리스도의 율법"과도 동일한 것이다. 그가 온 율법과 선지자들이 하나님을 사랑하고 이웃을 사랑하라(마 22:40)는 두 계명에 의존한다고 말할 때, "그리스도의 율법"으로써 그가 의미하는 것은 "그리스도께서 예시하신 율법" 또는 "그리스도께서 제정하신 율법"을 말하는 것이다. 율법의 재설명은 바울에 의해 되풀이되는데 그는 "온 율법은 네 이웃 사랑하기를 네 몸같이 하라 하신 한 말씀에 이루었나니"(갈 5:14), "사랑은 이웃에게 악을 행치 아니하나니 그러므로 사랑은 율법의 완성이니라"(롬 13:10)고 말하고 있다.

그러나 사랑의 법은 바울이 노예의 멍에로 묘사한 것과는 전혀 다른 종류의 율법이다. 사랑은 내적인 자연스러움에 의해 생성되는 것이며, 형벌의 제재로 강요될 수가 없다. 교회를 지도하는데 사용되는 루터교 전통에 율법의 "세번째 용도"에 대해서는 먼저 언급한 바와 같다. 바울에 관한 한 교회를 지도하는 것은 "의문에 속한 계명의 율법"에 의해서가 아니라 사랑의 율법에 의해 행해진다. 그의 서신서에서 바울은 자신과 다른 이들의 회심을 위한 지침을 제정하며, 가끔은 명령적인 분위기로 표현하지만, 이는 대개가 개인적 관계를 가지는 것들이다. 예를 들어, 우상에 바쳐진 제물은 윤리적으로나, 종교적으로 무관한데 이 점에 있어서나 다른 행동에 있어 문제가 되는 것은 다른 사람에 대한 행위와 본보기의 결과인 것이다. 만일 내가 그들의 진정한 관심들에 무지하다면 그는 "내가 더 이상 사랑으로 행치 아니함이니라"(롬 14:15)고 말한다. 똑같은 원리가 성생활과 교회에서의 행동 등 다른 종류의 문제에 대해 그의 교훈이 판단할 수 있게 된다.

세심한 규칙과 규정 대신에 사랑의 법에 대한 이러한 주장에 대해 바울 동시대의 그리스도인들은 비현실적인 도덕적 무관심을 조장하는 것이라고 생각하였으며, 그때 이래로 많은 그리스도인들이 그들과 같은 생각을 하게 되었다. 그러나 그 당시의 바울의 비평과는 달리 바울 시대 이후의 그리스도인 도덕주의자들은 세심한 규칙과 규정을 주장하면서 그의 가르침이 의미하는 것을 따를 것을 고수하려 하였다. 그러나 우리는 바울이 AD 50년 경의 경건한 사람들의 관습을 따랐으면 따랐지, 오늘날 경건한 자들의 관습을 따르지 않았다는 것을 알아야 한다. 즉, 바울로 바울되게 하는 것이 최상인 것이다. 우리가 그렇게 할 때에 우리는 최고의 해방자이며 그리스도인의 자유의 위대한 전달자로서 그를 깨달을 수 있다. 그리스도 안에 있는 사람은 그의 영적인 성년에 도달했음을 주장하고 더 이상 유아의 속박에 제한되어서는 안되며 자유로이 태어난 하나님의 자녀로서의 생득권을 즐겨야 한다. 여기서 루터는 바울을 이해하게 되는데 그는 "그리스도인은 모든 이의 가장 자유스러운 주인이며, 누구에게도 지배받지 않는다. 그리스도인은 만물의 가장 충실한 종이며 모든 이에게 복종한다." "누구에게도 지배받지 않음"은 해방을 말하며, "모든 이에게 복종함"은 자비를 말한다. 바울에게 있어 이것은 그리스도의 길이었기 때문에 그리스도의 율법이다. 그리고 이런 식으로 바울은 모세의 율법 위에 놓여 있던 신성한 목적을 증거하였으며 성취시켰다.

제19장

육과 영

1. 육

바울에게 있어서, "율법 아래" 있는 것은 "육신 안에" 존재하는 하나의 방법이다. 세심한 조사를 요구하는 바울의 신학에서 "육"(sarx)이란 용어는 중점적인 역할을 하고 있다. 그의 어법은 구약성경을 배경으로 하고 있지만, 그는 이것을 독특한 방식으로 발전시켜 나가고 있다.

구약성경에서 "육"이란, 인간과 동물의 생명에 근본이 되는 물질이다. 일반적으로 동물이 가지게 되는 생명의 의미로(창 6 : 19) [1] 또는 먹을 수 있든지 없든지간에 동물의 고기로 자주 쓰이는 것은 별문제로 하고, 인간은 "육체가 함께 거하지 아니하는 신들"(단 2 : 11)과 대조가 되는 "육"으로 분류되는 것이다. 하나님께서 인간의 생명기간에 제한을 두셨을 때, 그는 "나의 신이 영원히 사람과 함께 하지 아니하리니 이는 그들이 육체가 됨이라"(창 6 : 3)[2]고 말한다. 사실상 인간은 생명이 불어넣어진 육이다. 즉, "모든 육"은 "모든 인류"를 의미한다(보다 광범위하게 "동물적 생명"을 나타내는 몇 군데를 제외하고). "육"은 연약함과 죽을 운명을 가진 인성을 나타내는 점이다. 즉, "저희는 육체 뿐이라 가고 다시 오지 못하는 바람임을 기억하셨음이로다"(시 78 : 39)라고 했듯이 인간은 "몸을 물에 씻을 것이라"

---

1) "육으로 이루어진 살아 있는 모든 것들"의 수컷과 암컷은 노아의 방주에 받아들여졌다. 참고, 창 7 : 15. 이것과는 달리 "모든 육신은 죽는다"라고 창 7 : 21에 기록되어 있다.
2) 이 생각은 가능한 것으로 NEB를 참조하면 "그의 일부는 죽을 육신이기에"라고 나와 있다.

(레 14 : 9)고 지시를 받았을 때처럼 육은 인간의 몸으로 사용될 수 있다. 그리고 시편 63 : 1에 나오는 "내가 간절히 주를 찾되 물이 없어 마르고"라는 구절과 "내 육체가 주를 앙모하나이다"라고 하는 구절이 서로 동의적인 유사성을 보이고 있다. 둘 다 "나"(Ⅰ)를 표현하는 내 마음(nefeš)과 "내 육체"(baśar)는 일반적으로 인간 자체를 뜻한다.

이러한 구약성경의 어법과 대조해서 바울의 용례를 살펴보도록 하자.

첫째로, 로마서 2 : 28에서 "영적인 할례," 즉 마음의 할례와[3] 대조해서 실제적 할례(창 17 : 11)를 설명하고 있는데, 이때의 의미는 일반적인 의미의 육체라는 뜻으로, "육"이라는 단어를 사용하고 있다. 또한, 그는 고린도후서 12 : 7에서 "몸 속에 가시"(갈 4 : 13) 같은 육체적 고통의 의미로 "육"을 사용하고 있다. 더우기 갈라디아서 2 : 20에서 "이제 내가 육체 가운데 사는 것은"이라고 말할 때 그는 "죽은 몸 안에서"라는 의미로 사용하고 있다.

다음으로, 그리스도가 "육신으로는"(롬 1 : 3 ; 9 : 5) 다윗의 자손으로, 또는 이스라엘의 족속으로 말하여질 때, 아브라함이 "육신으로는 우리의 조상"(롬 4 : 11)으로 이야기될 때, 그의 생물학상의 자손들이 "약속으로 말미암아 낳은 자녀"와 대조가 되는 "육신의 자녀"로 이야기될 때 또는 유대인이 바울의 "골육의 친척"(롬 9 : 3) 또는 단순히 그의 "골육"(롬 11 : 4)[4]을 말할 때와 같이 자연적인 인간의 혈통 또는 친척관계의 "육"을 사용하고 있다.

세번째로, 갈라디아서 2 : 16과 로마서 3 : 20에서 "율법의 행위로서는 의롭다 함을 얻을 육체가 없다"라고 한 것과, 또는 고린도전서 1 : 29의 "이는 아무 육체라도 하나님 앞에서 자랑하지 못하게 하려 하심이라"고 말한 바와 같이 "인간"이라는 의미로 바울은 "육"이라는 단어를 사용한다. 때때로 바울은 갈라디아서 1 : 16에서 "내가 곧 혈육과 의논하지 아니하고"(즉, 어떤 사람과도)라고 말한 바와 같이 "혈육"의 의미를 사용한다.

그러나 특별히 바울은 "육"이라는 단어를 "인성"을 의미하는 말로 사용하고 있다.

(1) **연약한 인성.** 로마서 6 : 19에서 바울은 일상생활을 예로 들어 설명하기를 "너희 육신(자연적 이해력)이 연약함으로"라고 설명하고 있다. 로마서 8 : 3에서 그는 율법이란 "육신으로 말미암아(즉, 율법을 행해야 할 연약한 인성으로 말미암아) 연약하여진 것"이기 때문에, 의를 생성시킬 수 없는 것이라고 말한다. 그는 고린도에서 그의 동료들에 대한 근심으로 "육체(sarx)가 편치 못하고"(고후 7 : 15)라고 말하며, 같은 체험을 설명하는 고린도후서 2 : 13에서 "내 심령(pneuma)이 편치 못

---

3) 참고, 신 10 : 16 ; 30 : 6, 렘 4 : 4, 빌 3 : 3.
4) 참고, 삼하 5 : 1.

하여"라고 말함으로써 그의 저술에서 대체적으로 반대되는 두 명사를 실제로는 동의어로 사용하는 특별한 예를 보여주고 있다. 즉, 바울의 편지에서 뿐 아니라 마가복음 14 : 38의 "마음에는 원이로되 육신이 약하도다"라는 구절에서도 이와 비슷한 어법이 나타나고 있다.

(2) 그리스도의 인성. 그리스도의 인성은 모든 인간이 지니고 있는 인성과 같다. 그러나 죄는 인간의 상황을 지배하는 수단으로써 우리의 생애에 발판을 이룰 수 있었기에, 우리의 인성은 "죄있는 육신"이다. 그리스도는 진정한 육신을 입으셨다. 즉, 그는 "육체로"(골 1 : 22)[5] 사셨고 죽으셨다. 그러나 죄가 그의 생애를 통해 아무런 발판도 얻지 못했기에 그는 "죄있는 육신"으로 오신 것이 아니었다. 그러기에 그는 "죄있는 육신의 모양"[6]으로 오신 것으로 말해지며, 그가 그의 생애를 죄에 대한 제물로 바쳤을 때에 하나님은 "육신에 죄를 정하시고"(롬 8 : 3) 그리스도의 죄없는 인성에 대해 사망의 선고를 내리신 것이다.

(3) 중생하지 않은 인간. 바울은 한때 "아담 안에서" 물려받은 자신의 유산인 죄의 기질을 "나의 육신"이라는 말로 표현하였다. 이런 의미의 "나의 육신"에는 선한 것이 아무것도 거하지 않으며, 그는 육신으로(아마 상징적으로 말하는) "죄의 법을 섬긴다"(롬 7 : 18, 25)라고 말한다. 그 지속적인 영향은 중생한 자들 속에서도 찾아볼 수 있는데, 예를 들어 고린도 교인들은 "육신에 속한 자"라고 일컬어진다. 그들은 성령을 받았음에도 불구하고 여전히 시기하고 분쟁하며, 세속적인 지혜(고전 3 : 1~4)의 기준에 따라 사람들을 판단하는 경향이 있었다. "성령의 열매"와 대조되는 갈라디아 5 : 19~21의 "육체의 일"은 간음과 술취함 같은 호색 뿐만이 아니라, 시기와 분냄과 당 짓는 것과 같은 정신적 일면을 포함하고 있다. "그리스도 예수의 사람들은 육체와 함께 그 정과 욕심을 십자가에 못 박았으며"(갈 5 : 24)라는 문구는 로마서 6 : 6의 "우리 옛 사람(NEB, "예전의 우리는")이 예수와 함께 십자가에 못 박힌 것은 죄의 몸이 (아담 안에 있는 우리의 것인 죄가 지배하는 본성) 멸하여"[7]라는 문구와 유사함을 보이고 있다. "육신"이 그리스도와 함께 십자가에 못 박히며, 믿는 자에게 위협이 될 수 있다는 것은 바울 서신서에서 계속적으로 반복되는 역설적인 면이다. 믿는 자들이 "옛 사람과 그 행위를 벗어버리고 새 사람을 입었으니"(골 3 : 9)라고 말해지는 동시에 그들은 "옛 사람을 잊어버리고" "새 사람을 입어" 의롭게 행하기를 권고받는다(엡 4 : 22, 24). "옛 사람"이란 전에 그들이 한때 "아담 안에" 있었던 것을 말하며, 중생하지 않은 인간성이 구체화된 것을 말한다.

---

5) 참고, 골 2 : 11, 합 9 : 1, 2.
6) 문자상으로는 "죄의 육신의 모습으로."
7) 참고, 건드리(R.H. Gundry)는 "육"은 "죄 또는 육이 지배하는 몸"이라는 것으로부터 "죄의 몸"을 구별하고 있다. 그는 말하기를 육의 멸망은 "내세의 소멸"이며, 부활의 몸으로 말미암아 대치되어지는 것이다.

반면에 "새 사람"은 이제 그들이 "그리스도 안에" 있는 것을 말하며, 새로운 인간성을 나타내는 것이다. 그러므로 "새 사람을 입는 것은" 곧 "그리스도를 입는 것"을 의미한다. 만일 바울이 세례를 받은 모든 사람들이 "그리스도로 옷 입었다"(갈 3:27)라고 말할 수 있다면, 그는 또한 그러한 사람들에게 "주 예수 그리스도로 옷 입으라"(롬 13:4)고 촉구할 수 있으며, 실제에 있어서 그들은 하나님의 부름으로 말미암아 이미 그렇게 된 것이다.

바울이 표현하는 대로의 "나의 육신"이 믿는 자들에게는 여전히 실체로 남아 있을지라도 그에게 있어서는 더 이상 이런 의미의 "육신 안에" 있는 것이 아니다. 이런 의미의 "육신 안에" 있다는 것은 중생하지 않았다는 것이며, 여전히 "아담 안에" 있는 것이며, "하나님을 기쁘시게 해드리지 못하는"(롬 8:8) 상태에 있는 것이다. 믿는 자들은 이전에 "육신 안에"(롬 7:5) 있었지만, 이제 하나님의 영이 그들 안에 진실로 자리잡고 있다면 "육신 안에 있는 것이 아니라, 성령 안에 있는 것"이다. 그러나 하나님의 영이 그들 안에 자리잡고 있지 않다면, (바울에 의하면) 그들은 그리스도의 사람이라 불리울 아무런 자격도 없는 것이다(롬 8:9).

그러므로 믿는 자들은 더 이상 "육신 속에" 있는 것이 아니라, "성령 속에" 있으므로 그들은 더 이상 "육신을 좇지 않고 영을 좇아" 살아야 한다(롬 8:4,12). 그들은 죄 많은 망투인 "육신의 마음"을 하나님의 자녀에 적합한 "영의 마음"으로 바꾸었으며, 이제부터 그들의 의무는 "정욕을 위하여 육신의 일을 도모하지 않는 것"(롬 8:5~7,13,14)이 되었다.

"육"은 죄와 사망의 법에 복종하며 사망의 선고 아래 있다. "너희가 육신대로 살면 반드시 죽을 것이다"(롬 8:13). "자기의 육체를 위하여 심는 자는 육체로부터 썩어진 것을 거둔다"(갈 6:8)는 구절에서 볼 수 있듯이, 어떠한 종류의 죄라도 그것은 "육신의 일"이고 결과는 사망으로 끝나는 것이다.

때때로 "몸"(body)이란 단어는 "육신"(flesh)과 대치되어 사용된다. 갈라디아서 5:19에서 "육체의 일"이라 불리는 것은 로마서 8:13[8]에서 "몸의 행실"로 일컬어진다. 그래서 "죄의 몸"(롬 6:6) 또한 로마서 8:3의 "죄의 육신"(문자 그대로 "죄의 육신")과 유사한 동의어로 쓰인다. 우리는 로마서 7:24의 "이 사망의 몸"이라는 말과 비교해 볼 수 있게 됨으로써 그 진술을 더욱 명백히 할 수 있다.[9] 반면에 로마서 8:10의 "죄 때문에 죽은"-"몸"은 죽을 육신의 몸이기에 부활에 "신령한 몸"(고전 15:44)으로 대치되는 것이다. 바울에게 있어 "몸"이란 "육신"보다도

---

[8] 건드리는 다음과 같이 주장한다. "몸(body)의 행위는 몸뚱이(sōma)에 그 근원을 가지나 그 최종적인 근원은 육체(sarx, 쌀크스)에 있다. 육체(쌀크스)는 몸(sōma)을 지배하며, 그러기에 떨어질 수 없는 관계이다."

[9] 그러나 여기서 사망의 몸은 죄 그 자체의 의미에 있어서의 "육"이 아니다. 그것은 죽을 운명의 물리적인 몸이다. 왜냐하면 그 구성요소 안에 죄와 사망의 법이 머물기 때문이다.

더욱 고상한 말로 사용된다. 그가 "몸은… 주를 위하며, 주는 몸을 위하는"이라고 말하고, 믿는 자의 몸을 "성령의 전"이라 부르며, 고린도 교회의 개심자들에게 그들의 "몸"(고전 6:13, 19, 20)으로 "하나님께 영광 돌리라"고 설득할 때에, "몸"이라는 말이 "육신"이라는 말로 대치되어지는 것은 그의 어법과 일치되지 않는다. 마치 몸의 구속(롬 8:23)에 대해 그가 말할 때에 그것이 육신의 부활을 말하는 것이 아닌 것과 같다. 바울이 구별지어 말하는 의미로 보아 육신은 죽게 되어 있으며, 몸은 불멸의 것으로 남게 된다.

2. 영

신약에서와 마찬가지로, 구약성경에서 "영"이란 "육"의 반대 개념이다. "애굽은 사람이요 신이 아니며 그 말들은 육체요 영이 아니다"(사 31:3). 여기에 함축된 의미로 보아 하나님은 영이시다(요 4:24). 뿐만 아니라 하나님의 영은 인간에게 활기를 불어넣어 주며, 그들이 달리 가지지 못하는 물리적인 힘이나 지력과 영적인 통찰력(예언적인 말로써 탁월하게 표현된)을 부여한다. 그러기에 바울에게 "육"의 반대개념인 "영"은 하나님의 영인 만큼 인간의 영은 아니다.[10]

구약성경의 선지자들은 하나님의 성령의 활동으로 말미암아 특별한 방법으로 나타나게 될 도래할 시대를 예언했다. 이 예언에서 나타나는 두 가지 특질은 특별히 중요한 것으로 그 중 한 가지로서, 성령의 활동은 앞으로 나타날 인물과 연관이 있었는데, 그 인물은 다윗 계보의 이상적 통치자로서 겸손하고 자기 희생적인 여호와의 종(사 42:1)으로서 이스라엘과 열방들에게 심판과 자비를 수행하기 위해 성령으로 기름부어질 인물이었다. 또 한 가지로는, 다가올 그 날에 같은 성령이 "모든 육신"에게 부어지게 됨으로써 예언의 선물이 더 이상 선택된 소수에 제한되어 있지 않으며, 널리 퍼지게 될 것이라는 것이다(욜 2:20).

이 두 가지 예언은 예수의 공생애의 시작과 함께 신약성경에 나타나고 있다. 성령은 그가 세례를 받을 때에 능력으로 그에게 임하셨으며, 그가 이사야 61:1의 예언된 자임을 알 수 있었다. 거기에는 "주님의 성령이 내게 임하셨으니 이는 가난한 자에게 복음을 전하게 하시려고"(눅 4:18) 예언되어 있다. 동시에 세례 요한은 성령으로 세례를 주시는 오실 분으로 그를 지적하였다(막 1:8, 요 1:32~34). 그때에 예수께서는 하나님의 성령의 특별한 은혜를 받으시고, 이 성령을 다른 이들에게 되돌려 나누어 주신다.

언제, 어떻게 다른 사람에게 성령을 나누어 주는가의 문제는 논의를 일으키겠지

---

10) 고후 7:1의 "육과 영의 온갖 더러운 것에서 자신을 깨끗케 하자"—이것이 의미하는 바는 인간의 영이다.

만, 두 명의 복음서 기자들은 분명히 그것은 예수의 고난과 승리에 의한 것으로 전망하고 있다. 네번째 복음서 기자는 예수의 예루살렘에서의 사역에 대해 언급하면서, "예수께서 영광을 받지 못하신 고로 성령이 아직 저희에게 와 계시지 아니하시더라"(요 7 : 39)[11]고 말하고 있다. 반면에 누가복음과 사도행전의 저자는 가장 괄목할 만한 신약성경의 "계획되지 않은 일치성"(undesigned coincidences) 중 하나를 말하고 있는데, 요한복음 14~16장[12]의 다락방 설교에서 예수께서 주신 성령의 약속에 대해 열거한 예언의 성취를 실제적으로 입증하는 것으로, 최초의 그리스도인의 오순절날에 승귀하신 예수께서 성령을 부어주셨다고 말하고 있으며, 그 결과로 성령이 임하게 되었다고 말한다.

성령의 존재와 활동에 대해서 사도행전에 나타나는 묘사는 초대교회의 일반적 경험에 비추어 사실일 것이며, 적어도 그러한 체험의 주된 부분은 신도들의 최초의 공동체와 밀접한 관계가 있었을 것이다. 성령은 제자들로 하여금 증인이 되게 하고, 설득력있게 복음을 선포하게 하며, 예수의 이름으로[13] 표적과 기적을 가능케 하신다. 성령은 교회의[14] 선지자를 통해 말하고 사도와 그의 동료들이 평민들을 상대할 때, 복음을 선포하는데 있어서 (영혼을)[15] 불러내는 중요한 권능을 가졌다. 그는 선교활동의 방향을[16] 지시해 주는 자인것이다.

이것은 바울 서신서들을 통해 알 수 있는데, 우리는 여기에 더 깊고 명백한 강조점들을 첨가시켜야 한다. 네번째 복음서에 있는 다락방 설교에서는 성령이 제자들의 마음에 예수의 가르침을 상기시켜 주며 그들에게 그 의미를 명백하게 해주고, 그들을 진리에로 이끌고 다가올 일을[17] 보여주기로 되어 있다면, 바울에게 있어서는 그것은 그의 백성들에게 부활하신 그리스도의 생명과 힘을 전하는 것이었다. 누가와 요한과 마찬가지로 바울에게 있어서도 이 땅으로부터 예수님께서 눈에 보이는 형태로 떠나가신 시대를 뒤이어 오는 시대는 성령의 시대이다. 바울에게는 성령의 시대가 율법의 시대를 대체하는 것이었다. "의문은 죽이는 것이요 영은 살리는 것이다"(고후 3 : 6)라고 말한 것처럼 성령이 자유를 가져오는 반면 율법은 구속을 뜻한다.

성령이 오심으로 인해 율법의 속박에 의해 제약을 받았던 유아기에 있던 하나님의 백성은 이제 성년이 되었다. 바울은 "너희가 만일 성령의 인도하시는 바가 되면

---

11) 문자상으로 "성령이 아직 오시지 않았다." 요 16 : 7 참고(예수의 다락방에서의 보혜사에 대한 약속 중의 하나인). '내가 떠나가면 내가 그를 너희에게로 보내리니.'
12) 참고, 행 2 : 1.
13) 행 2 : 43 ; 4 : 8, 31 ; 5 : 32 ; 참고, 요 15 : 26.
14) 행 11 : 28 ; 13 : 1 이하 ; 20 : 23 ; 21 : 4, 10 이하.
15) 행 15 : 28.
16) 행 13 : 4 ; 16 : 6~10.
17) 요 14 : 26 ; 16 : 12~15.

율법 아래 있지 아니하리라"(갈 5 : 18)고 말하고 있다. 왜냐하면 성령의 이끄심은 속박에 있는 것이 아니라, 해방이며 힘이기 때문이다. 즉, "영으로 인도함을 받는 그들은 곧 하나님의 아들인 것이다"(롬 8 : 14). 그러므로 그는 "양자의 영"(롬 8 : 15)이라 불리우며, 성령은 모든 피조물들이 간절히 기다리는 "하나님의 아들들의 나타내시는" 부활의 날에 "양자가 되었음"이 확실히 드러날 것을 기대케 하는 가운데에, 그들이 하나님의 성숙한 자녀로서의 위치를 주장하고 즐기게 한다. 바울은 그 날에 피조물들이 "썩어짐의 종노릇 한 데서 해방되어 하나님의 자녀들이 영광의 자유에 이르게" 된다고 말한다(롬 8 : 21). 그러나 하나님의 자녀들은 지금 이 곳에서 그들 안에 있는 성령의 힘으로 인해, 그 자유 안에서 매우 기뻐하며 같은 성령의 힘으로 그들이 하나님께 대한 확신을 가지고 자연적으로 아버지라고 부를 수 있는 것이다. "우리가 아바 아버지라 부르짖을 때 성령이 친히 우리 영으로 더불어 우리가 하나님의 자녀인 것을 증거하시나니"(롬 8 : 15). 사실상 믿는 자들이 하나님을 "아버지"라 부르고, 예수를 "주님"(고전 12 : 3)이라 부를 수 있게 하는 성령은 하나이시고 같은 성령이시다. 그러나 "아바"는 예수께서 사용하셨던(막 14 : 36), "아버지"와는 구별되어지는 말이다. 그리스도인—헬라어를 사용하는 그리스도인이라도—들이 셈족 언어의 형태를 받아들여 기도에 사용했을 "아바"는 하나님께서 그들의 마음에 보내신 성령이 "양자의 영" 뿐만이 아니라, 예수 자신에 내재하고 있으며, 권한이 부여된 성령인 "하나님의 아들의 성령"(갈 4 : 6)이기도 하다는 뜻이다.

바울에게 있어 "성령 안에" 있다는 것은 "육신 안에" 있는 것과 반대되는 개념이다. 그에 따르면, 모든 믿는 자들은 "성령 안에" 있는 것이다. 그는 헬라 로마인들에게 "너는 육신 안에 있는 것이 아니라 성령 안에 있다," "만일 너희 속에 하나님의 영이 거하시면 너희가 육신에 있지 아니하고 그 영에 있나니 누구든지 그리스도의 영이 없으면 그리스도의 사람이 아니라"(롬 8 : 9)고 말한다. 뒤이어 오는 문장에서는 "만일 너희 속에 하나님이 …"(롬 8 : 10), 또는 "예수를 죽은 자 가운데서 살리신 이의 영이 너희 안에 거하시면"(롬 8 : 11)이라는 조건절로 시작된다. 그렇다면 그것은 믿는 자들의 경험이 관계하는 한 바울이 부활하신 그리스도와 성령을 완전히 동일시 했다는 것을 의미하지는 않더라도, 성령의 내재와 부활하신 그리스도의 내재 사이에 차이점이 없다는 것이 된다. 그들 사이에 역동적인 동등함이 있음에도 불구하고 이것들은 구분되어져야만 한다.[18] 성령은 그리스도의 부활의 생명을 믿는 자들에게 전달하며(성령이 그리스도의 성령으로 불리우는 더 나은 이유가 될 수 있다), 그렇게 함으로써 믿는 자들에게 그들도 예수 그리스도의 부활

---

18) 참고, 고전 15 : 45, "마지막 아담은 살려주는 영이 되었나니."

과 같은 식으로 다시 살아날 것이라는 보증을 주며, "예수를 죽은 자 가운데서 살리신 이가 너희 안에 거하시는 그의 영으로 말미암아 너희 죽을 몸도 살리시니라"(롬 8 : 11)고 전하는 것이다. 이것이 성령을 중요시 하는 바울의 매우 특징적인 통찰력 중 하나이다. 이것으로써 바울은 성령을 부활의 생명의 "첫 열매"로서, 그들이 인도될 영광의 기업의 "인침"과 "보증"— arrhabōn 또는 선금으로서—묘사하고 있다(고후 1 : 22 ; 5 : 5, 엡 1 : 13). 성령은 그들에게 그리스도의 구원의 사역의 은혜를 효과있게 할 뿐만 아니라, 더 한층 도래할 은혜의 시대를 미리 즐기고 전유(專有)하게 해주는 것이다.

그러기에 현재 그들은 소망 안에 살며, 그들의 소망은 그들의 개인적인 "영광의 소망"(골 1 : 27)으로 그들 안에 살아 있는 그리스도 안에서 안식하기 때문에 그들의 것은 생명력 있고, 분명한 소망인 것이다. 또한 이것은 성령의 능력에 의해 지속된다. 성령은 동시에 그들의 그 기도를 들어주고, 그들의 심오하면서도 말로써 나타내지 못하는 소원을 해석해 주면서 중보자[19]의 역할로 하나님께 그들을 드리도록 도와준다. 하나님을 사랑하는 자들[20]에게 모든 것이 협력하여 선을 이루게 해주시는 성령은 하나님의 자녀답게 살도록 하면서, 또 "이 시대"[21]의 자녀들을 지배하는 죄와 사망의 법으로부터 그들을 해방시킨다.

성령은 믿는 자들의 삶에 있어 신성한 대리자이다. 성령은 육신에 대항해서 끊임없이 투쟁을 한다. 그러나 성령은 육신보다 더욱 강하며, 자제를 잃는 그들의 삶 속에서 육신을 점차적으로 못쓰게 만들 수도 있다. 믿는 자들이 "수건을 벗은 얼굴로 주의 영광을 보매 저와 같은 형상으로 화하여 영광으로 영광에 이르니 곧 주의 영으로 말미암음이라"(고후 3 : 17). 그의 백성의 생명 안에 그리스도의 형상을 재생시킴은 성령의 주된 임무이며, 그들의 참 생명이신 그리스도가 나타날 때 "하늘에 속한 자의 형상"(고전 15 : 49)으로 완전함을 입게 되어 그들도 "그와 함께 영광 중에 나타나게 되는 그 날을 준비하게 한다."

또한, 성령의 임무는 믿는 자의 개인적인 삶에 한정되지 않고, 그들을 그리스도 예수께 연합시킬 뿐만 아니라, 서로 하나가 되도록 연합시킨다. 바울이 말하는 그리스도의 몸으로서의 교회의 개념은 성령에 대한 그의 교훈과 떨어질 수 없는 밀접한 관계를 가진다. 즉, "우리가 유대인이나 헬라인이나 종이나 자유자나 다 한 성령으로 세례를 받아 한 몸이 되었고 또 한 성령을 마시게 하셨"던 것이다(고전 12 : 13). 사도행전에서 성령으로 세례를 주실 분이 오신다는 세례 요한의 약속은 오순절날에 이루어졌다. 실제로 부활하신 그리스도의 권위는 사도행전 1 : 15 ; 11 :

---

19) 참고, 롬 8 : 26.
20) 롬 8 : 28.
21) 롬 8 : 2.

16에서 인용되고 있다. 유월절 이후로 교회의 "일치"는 바울의 가르침의 길을 연 것으로 생각되어지며, 사도행전 2：44 ; 4：32에서 강조되고 있다. 모든 믿는 자들에게는 종족이나 사회적 신분에 관계없이 그들은 모두 한 몸의 지체로서 생명의 연합을 가지며, 성령이 그 결합된 존재의 원리가 되어질 뿐만 아니라 연합의 피가 되고 있다. 각 지체는 전체의 유익을 위하여 책임을 맡고 있을 뿐만 아니라, 성령께서 부여해 주시는 힘에 의하여 기능을 수행하고 있다고 바울은 독특한 사상을 설명해 주고 있다. "각 사람에게 성령의 나타남을 주심은 유익하게 하려 하심이라" (고전 12：7).[22] 그러나 믿는 자 각 사람에게서와 마찬가지로 바울에게 있어서 공동체에 내재하시는 성령의 우선적 역할을 전체 공동체가 "그리스도의 장성한 분량의 충만함"(엡 4：13)에 이르러 결국 그리스도를 닮게 하는 것이다.

---

[22] 참고, 롬 12：4~8. 때때로 바울은 이 결합을 몸으로서가 아닌 성전으로서 표현한다. 고전 3：16을 참고하면 "너희가 하나님의 성전인 것과 하나님의 성령이 너희 안에 거하시는 것을 알지 못하느뇨"라고 기록되어 있다. 바울은 또한 고전 6：19에 "너희 몸은 너희가 하나님께로부터 받은 바 너희 가운데 계신 성령의 전이다"라고 기록되어 있듯이 믿는 자 개인들에게도 성전의 이미지를 사용하고 있다.

제20장

안디옥에서 빌립보로

1. 소아시아로 떠나는 바울과 실라

두번째로 바울이 안디옥에서 소아시아로 간 것은 바나바가 아닌 다른 동역자와 함께였다. 누가의 기록에 의하면 바울과 바나바는 이전에 선교여행을 통해 함께 개척한 여러 교회들을 다시 한번 같이 방문할 것을 의논하였다. 그러나 이 계획은 이번의 방문에 마가라는 요한을 동행할 것인가 아닌가에 대해 의견의 일치를 보지 못함으로 말미암아 무산되고 말았다. 바울은 지난번 여행 때 마가가 버가에서 그들을 떠나 집으로 되돌아감으로써 그들을 실망시켜 힘이 빠지게 하였다고 생각하였다. 반면에 바나바는 마가에게 다시 한번 기회를 주어야 한다고 생각했다. 그들은 의견일치를 볼 수 없게 되자 제각기 다른 동반자를 찾았다. 바나바는 마가를 동반자로 삼아서 다시 구브로로 갔다.[1] 이 해결은 가능하였던 최선의 방안이었던 듯싶다. 마가는 그의 친척의 격려를 받으며 기대해 볼 만한 성격상의 장점들과 유익한 자질을 개발할 수 있게 되었다. 그리고 바울 자신은 후에 이르러 마가의 인물됨과 도움을 진정으로 인정하고 있다.[2]

그러나 만일 이같은 불일치가 발생하지 않았다고 하더라도 바울과 바나바가 지난번에 그러했던 것처럼 그렇게 서로 협조하여 일할 수 있었는지는 의심스럽다.

---

1) 행 15 : 36~39.
2) 골 4 : 10, 참고, 빌 24 : 2, 딤후 4 : 11.

예전에 서로 간에 가졌던 신뢰는 바울이 "바나바"도 베드로의 행동을 좇아 안디옥에 있는 이방 그리스도인들의 무리에서 떠나 물러갔다고 말했을 때 이미 손상되어졌을 것임에 틀림없다.[3] 이후로 두 사람의 관계는 예전과 같을 수가 없었을 것이다. "즐거운 신뢰의 아침은 결코 다시 오지 않았다" 함과 같았다. 바울은 이후에 바나바에 대해 말할 기회가 있을 때 예전의 따사로운 애정을 가지고 말하고 있다.[4] 그럼에도 불구하고 그들의 관계에 있어 달라진 것은 없었다.

바울은 바나바 대신에 새로운 여행 동반자를 선택하였다. 그가 곧 실라(Silas), 혹은 실루아노(Siluanus)로 예루살렘 교회의 일원이었다. 그가 처음 등장하는 것은 예루살렘 교회의 지도자들이 안디옥에 사도의 규례를 적은 편지를 전하도록 보낸 두 사절 중의 한 사람으로서이다.[5] 이 일에서 암시될 수 있는 바는 그가 이방 그리스도인들의 호감을 사는 사절이었으리라는 것이다. 바울은 그를 자세히 살펴보고 그가 같은 정신의 소유자임을 입증하리라고 판단내릴 만한 기회를 가졌다. 예루살렘 출신의 그리스도인을 동역자로 삼는 것은 외교적인 면에서 실로 여러 가지로 유익할 것이었다. 만일 누군가가 바울에게 예루살렘에서 무엇을 말하고 무슨 일을 행했는지를 물어봄으로써 그의 목숨을 노리고자 하였다면 여기에 예루살렘에서 온, 그것을 직접 보고 들은 대로 대답해 줄 사람이 있게 된 셈이었다. 더군다나 만일 실라가 사도행전의 기록이 암시하고 있는 대로 바울과 같은 로마 시민이었다면[6] 바울은 자신의 동역자들이 함께 나눌 수 없는 바 시민으로의 특혜를 주장할 만한 곳에서 이제는 전과 같이 당황하지 않아도 좋을 것이다. 실라는 두 가지 이름으로 불리워졌는데 곧 실라와 실루아노이다. 이 두 이름은 사울이 바울이라는 이름을 가졌던 것과 같은 이치로 해석할 수 있다. 즉, 전자는 유대식 성(性)이고 후자는 로마식 성이다.[7]

그 후 이 두 사람은 안디옥 교회의 축복을 받고 첫번째 행선지를 향하여 북쪽으로 떠났다. 그들은 수리아의 알렉산드리아(현재의 이스칸데룬, Iskanderun)를 거친 듯하며, 그 후 몹수에스티아(Mopsuestia)와 아다나(Adana)와 다소(Tarsus)를 관통하는 길을 따라 서쪽으로 방향을 돌려 길리기아로 내려갔다. 이번 여행 동안 그들이 거친 성들이 얼마나 많이 복음화되었는지는 밝혀져 있지 않다. 그러나 그들이 찾아간 그리스도인 공동체들은 예루살렘 교회의 편지의 사본들이 전해진 교회들이었다. 그 편지는 안디옥 뿐만이 아니라 수리아와 길리기아 전역에 걸쳐 있는 이방형제들에게도 해당되는 것이었다. 그리고 실라는 그 편지를 전하는 임무를

---

[3] 갈 2 : 13.
[4] 참고, 고전 9 : 6.
[5] 행 15 : 22, 32 이하.
[6] 참고, 행 16 : 37.
[7] 살전 1 : 1, 살후 1 : 1 ;   참고, 고후 1 : 19.

맡은 사절 가운데 한 사람으로 거기에 이름이 나온 적이 있다.[8] 그가 바울과 함께 길리기아를 떠날 때까지 이 책임을 계속 수행하였음은 분명한 사실이다.[9] 다소에서 그들은 북쪽으로 나아갔으며, 길리기아의 관문들을 거쳐 다소 지역을 관통하였다.

이 관문들을 통하여 지나자 그들은 길리기아에서 벗어나 갑바도기아로 들어가게 되었다. 서쪽으로 방향을 바꾸어 그들은 로마가 낸 도로를 따라 로마와 동맹을 맺은 안티오쿠스 왕의 영토에 이르게 되었으며 그렇게 하여 더베까지 나아가게 되었다. 더베는 바울과 바나바가 지난번 남부 갈라디아를 정반대 방향에서부터 시작하여 관통하였을 때 이르렀던 동쪽 맨 끝지점이었다.

2. 전도단에 합류한 디모데

더베와 루스드라에서 바울은 여러 친구들과 회심자들을 만날 수가 있었다. 그리고 루스드라에서는 한 젊은이와 다시금 친분이 맺어지게 되었는데, 그 젊은이의 생애는 이후로 바울의 생애와 긴밀한 유대관계를 갖게 되었다. 이 젊은이가 바로 태생이 다른 부모 사이에서 난 디모데이다. 그의 어머니는 유대 여자였으며, 그를 유대적 신앙으로 양육하였다.[10] 반면에 그의 아버지는 헬라 사람이었으며, 그런 까닭에 또한 디모데는 할례를 받지 않았다. 디모데는 아마도 바나바와 바울이 루스드라를 방문했던 때 그리스도인이 된듯 싶으며, 이제 루스드라 뿐만 아니라 이고니온에 있는 연배가 많은 그리스도인들도 그의 영적인 진전과 가능성에 대해 이구동성으로 칭찬할 정도가 되었다. 그와 같은 자질과 능력을 가진 젊은이는 이제까지 가져온 다른 열망들을 모두 포기하고 바울의 사도 사역에 함께 참여하고자 마음만 먹는다면 바울에게 참으로 훌륭한 제자가 될 것이다. 디모데는 그와 같은 사람을 전속 부관으로서 동반하기 위해서라면 온 세상이라도 기꺼이 내놓을 것을 고려하는 바울에게 매료되었음이 분명하다. 이러한 일을 디모데를 위한 하나님의 뜻으로 분명히 나타낸 예언의 말이 있었음이 목회서신서에 암시되어 있다. 그리고 동시에 그것은 그가 받은 특별한 영적인 은혜로 말미암아 확증되었다.[11]

디모데가 바울의 남은 여생 동안에 사심없이 헌신적으로 자신을 보살펴주고 섬긴 것에 대해 바울이 충심으로 고마와했다는 충분한 증거가 있다. 몇 년 후 바울이 디모데를 자기를 대신하여 빌립보 교회에 보내고자 했을 때 어떻게 말하고 있는지

---

8) 행 15:17.
9) 행 16:4에 그 사실이 암시되어 있다. 그 편지의 내용들은 또한 남부 갈라디아 교회들에도 전해졌다.
10) 그녀의 이름은 딤후 1:15에 유니스로 나와 있다.
11) 딤전 4:14 ; 참고, 딤후 1:6.

보도록 하자(빌 2 : 20~22).

> 뜻을 같이 하여 너희 사정을 진실히 생각할 자가 이밖에 내게 없음이라 저희가 다 자기 일을 구하고 그리스도 예수의 일을 구하지 아니하되 디모데의 연단을 너희가 아나니 자식이 아비에게 함같이 나와 함께 복음을 위하여 수고하였느니라.

바울은 디모데가 천성적으로 내성적이라는 것을 알고 있었다. 예를 들면, 그는 다소 소란스러운 고린도 교회에 디모데를 대리로 보내면서 자신의 벗들에게 디모데를 과소평가하지 말고 그가 두려움없이 편안히 저희 가운데 거할 수 있게 하라고 말해야 했다(고전 16 : 10 이하). 그러나 바울은 책임있는 복잡한 임무를 맡김에 있어서는 디모데를 최대한으로 신뢰하였다. 그는 디모데가 자신을 잘못 전달하지 않으리라는 것을 알고 있었다.

그렇지만 바울은 디모데가 이러한 점들에 있어 자기를 위해 아주 효과적으로 일할 수 있기 위해서는 할례를 받아야만 한다고 마음의 결정을 내렸다.

바울이 루스드라와 그 이웃에 있는 "유대인을 인하여 그를 데려다가 할례를 행하니 이는 그 사람들이 그의 부친은 헬라인인 줄 다 앎이러라"는 누가의 진술은 상당히 난감한 면이 있지만 그러나 혹간 의심되어지는 것처럼 그렇게 믿을 수 없을 정도는 아니다.[12] 갈라디아인들에게 편지를 보낸 바로 그 사람이 이같은 행동을 하였다는 것은 실로 놀라운 일이다(그 편지가 씌여진 시기에 대해 어떤 견해를 취하든지간에). 어떠한 점에 있어서도 바울이 일관성 있게 행동한 것으로는 볼 수 없다. 그가 익히 잘 알고 있는 바와 그의 행동은 전혀 맞지가 않았다. 디모데는 디도와 같은 그러한 입장의 이방 그리스도인이 아니었다. 그는 유대인 어머니의 아들로 태어났다. 종교적으로도 모든 점에 있어서 유대인으로서 양육되었으며, 일반적으로 할례를 받기에 합당한 자로 인정되었다.

주변의 이방인들에게 있어서는 그는 아마도 유대인으로 간주되었을 것이다. 그러나 그가 할례를 받지 않는 한 유대인들의 눈에는 그렇게 보여질 수 없었다. 그 무렵 그 지역의 사회적인 환경으로 볼 때 그는 유대인이 아니었으며, 그렇다고 이방인도 아니었다. 그리고 바울은 그에게 할례를 행함으로써 그를 확실한 위치에 있게 하고자 그같은 결정을 내린 것이었다. 그는 이렇게 함으로써 이제 유대인들이 보기에 합법적이 되었으며, 유대인 출신 그리스도인으로서의 바울 자신의 신분을 나누게 되었다. 바울이 현명하게 행동한 것인지 아닌지는 단지 할례에 대한 여기에서 보다도 더욱 상세한 지식에 의해서만 판정지어질 수 있다. 그렇지만 아뭏

---

12) 디모데의 할례에 대한 누가의 진술은 행 15 : 22~29의 예루살렘 교회의 규례에 대한 그의 언급 이후에 나오기 때문에 참으로 놀라움을 준다. 실로 대단한 명분 외에는 바울이 그렇게 행하지 않았을 성싶다.

든 그 행동은 바울 자신의 원칙과는 일치되지 않는 것이었다. 갈라디아인들에게 편지를 쓸 때에도 그는 할례나 무할례가 그 자체로서는 문제가 되지 않는다고 두번이나 강조하고 있다(5:6 ; 6:15).[13] 사람이 "율법 전체를 행할 의무를 가지는"것은 오로지 할례가 법적인 의무로써 행해진 때 뿐이다(5:3). 이 편지에는 또한 바울이 할례문제에 있어서 갈라디아인들에게 취했던 그 엄격한 태도를 항상 고수하지 않았다는 이유로 비난받았다는 사실이 암시되어 있다. 다음의 수사학적인 질문에서 그가 의미하는 바는 무엇이겠는가? "형제들아 내가 지금까지 할례를 전하면 어찌하여 지금까지 핍박을 받으리요"(5:11). 이것은 어떤 사람들이 갈라디아인들에게, 바울은 저들에게 했던 것처럼 그렇게 할례에 대해 언제나 반대하지만은 않는다고 말했다는 것이 아닌가?[14]

바울의 행동과 동기에 대해 면밀히 검토해 볼 때 아울러서 바울이 어느 정도의 수준으로 일관성을 유지해왔는지 그 정도를 구분해 보는 것도 필요하다. 바울은 율법으로부터 자유롭게 된 복음을 옹호하고 증진시키는 일에 있어서는 상당한 강도로 일관성 있는 태도를 취하였다. 이 일을 위해서는 보다 비중이 낮은, 많은 다른 사항들에 있어서는 그 일관성 있는 태도를 중시하지 않을 수도 있을 정도이었다. 바울과 같이 율법주의에서 완전히 벗어난 사람은 어떤 타당성 있는 목적 때문에 그 자체로서는 윤리적으로 별로 중요치 않은 한 의식을 수행하고자 할 때, 마땅히 그렇게 행할 것이다. 그러나 강제로 어쩔 수 없이 하는 것이 아니라 자유로운 뜻대로 그렇게 할 것이다. 만일 할례만 제외하고 모든 다른 면에 있어서 유대인인 어떤 사람이 (추측컨대 그의 헬라인 아버지가 그의 유아 시절에 할례를 허락하지 않은 까닭에) 복음에 있어서의 커다란 유익을 위하여 편의상 할례를 받을 필요가 있다면, 바울은 그에게 할례를 행하였을 것이다. 그러한 상황에 있어서 할례는 단지 어떤 실제적인 목적을 이루기 위한 단순한 외과수술에 지나지 않을 뿐이다. 바울의 시대에 살았던 많은 사람들이 그러한 일들을 자발적으로 하는 것과 종교적인 의무로써 행하는 것의 차이를 깨닫지 못했다는 것, 그리고 그로 인하여 바울을 언행에 있어 일관성 없는 자로 보았던 것은 당연한 일이다. 그러나 이것은 바울 자신의 표현을 빌리자면 "여러 사람에게 … 여러 모양이 되는"것이 그릇된 방법으로 또한 동시에 올바른 방법으로 해석되기도 하는 것과 마찬가지의 상황이다(고전 9:22).

---

13) 참고, 고전 7:19, "할례받는 것은 아무것도 아니요 할례받지 아니하는 것도 아무것도 아니로되 오직 하나님의 계명을 지킬 따름이니라." 여기에서 드레인(J. W. Drane)은 (그럴싸 하게 수긍시키는 의심스러운 이론으로) "아니로되 오직"이라는 문구를 바울이 갈라디아서에서 보다 고린도전서에서 율법의 원리에 대해 보다 긍정적인 태도를 보였다는 증거로 간주한다. 하지만 바울이 이 구절에서 의미한 바는 할례를 받았는가 받지 아니하였는가 하는 것이 하나님의 뜻을 행하는 데는 아무런 상관이 없다는 것이다.

14) 이에 대해서는 바울이 이교로부터 개종한 자들에게 할례를 당연히 주장하였을 법한 그의 초기 시절의 선교활동을 참조해 볼 수 있을 것이다.

만일 우리가 갈라디아인들에게 보낸 그 편지의 날짜와 취지를 올바르게 파악했다면, 디모데에게 특별한 관심을 가지고 있던 루스드라와 이고니온의 교회들은 겨우 몇 달 전에야 그 편지를 받았을 것이다. 그렇다면 그들은 바울이 그 문제에 대해 어떠한 태도를 취했는지를 자신들에게 편지로 써보낸 후에 그토록 빠른 시일내에 디모데에게 할례를 행한 것에 대하여 어떻게 생각하였겠는가? 그들 몰래 그 할례를 행하였으리라고는 모든 점으로 따져보아 믿을 수가 없다. 아마도 바울의 행동은 누가가 말하고 있는 대로 "그 지경에 있는 유대인을 인하여" 행하여진 것일 뿐만 아니라 또한 그 지역에 있던 이방 그리스도인들에게 다음과 같은 실제적인 교훈이 되었을 것이다. 즉, 그들과 같이 그렇게 해야 할 의무가 없는 사람들이 율법에 복종하는 행위로 행하는 할례와 아주 예외적인 경우에 있어서 행해지는 실제적이면서도 종교적으로 어느 한편에 편중되지 않는 편의상의 할례의 차이에 대한 좋은 실례로써이다. 만일 그렇다면 그들은 그 교훈을 마음에 새긴 바 되었겠는가?

3. 마게도냐에로의 부름

바울의 계획은 남부 갈라디아에 있는 여러 회심자들을 방문한 후에 서쪽 길을 따라 에베소로 가는 것이었다. 아마도 그는 아시아의 방대한 지역을 복음화하는 기반으로서 에베소를 이미 점찍어 두었던 듯싶다. 그러나 이 계획은 실현되지 못했다. 누가에 의하면, 바울과 그의 두 동역자들(실라와 디모데)이 "브루기아와 갈라디아 땅으로 다녀"갔을 그때 이미 그들에게 "성령이 아시아에서 말씀을 전하지 못하게" 하셨다(행 16 : 6). 이 문구는 어떤 예언의 말씀—아마도 루스드라에서 그들이 들었던 예언 가운데 하나—이 그들이 어느 곳으로 가야 할지 명확하게 지시하지는 않았지만 어느 곳으로 가서는 아니된다는 것에 대해서 밝혀주었음을 암시하고 있다. 여기에서 소아시아로 가는 것이 가능한 한 방법은 북쪽으로 돌아서 소아시아의 북서쪽에 위치한 지방인 비두니아로 가는 것이었다. 그곳에는 니케아(Nicaea)와 니코메디아(Nicomedia)의 여러 성들이 있었다.

만일 루스드라에서 이같이 어느 곳으로 가서는 아니된다는 식의 인도하심을 받았었다면 그들은 어떠한 경우에도 이고니온으로 갈 수밖에 없었다. 만일 이때 그들이 비두니아로 갈 것을 생각했다면 그들은 비시디아 안디옥의 도중에서 브루기아 파로레이오스(Phrygia Paroreios, 설탄 데그 산악지대의 남쪽과 북쪽에 위치한 지역)의 북부로 가는 길로 접어들거나, 아니면 비시디아 안디옥으로 계속 나아가(그곳에서 최근에 새로 개척된 교회를 위하여 그들은 아마도 이 방법을 택했을 것이다), 거기에서부터 설탄 데그를 횡단하여 북부 브루기아 파로레이오스에 이를 수 있을 뿐이었다. 어느 방법을 택하든지간에 그들은 빌로메리움(현재의 아크세이르, Akşehir)에 도착했을 것이다.

그러나 "브루기아와 갈라디아 땅"—이 구절은 "브루기아 땅이면서 동시에 갈라디아 땅이기도 한 지역"이라는 의미로 보여진다—이라는 말로 누가가 의미하는 바는 무엇인가? 그가 의미하는 바는 "로마령 갈라디아에 속하는 브루기아 지역"임이 거의 확실하다. 곧 이고니온과 비시디아 안디옥이 위치한 그 지역으로서 굳이 지칭하자면 브루기아 갈라디아라고 할 수 있겠다(비록 이것이 공식적인 명칭이었다는 명확한 증거는 없을지라도). 이 구절에 대한 또다른 해석은 여러 가지 난점을 내포하고 있다. 특히 이때의 방문에 그 지역 북부에 있는 이교를 믿는 갈라디아의 한 성 혹은 여러 성들이 포함되었다고 생각하는 해석이 그러하다(페시누스, 앙카라와 타비움).

필로메디움을 떠나 북서쪽으로 나아갔을 때 그들은 이내 브루기아의 아시아 지방을 지났을 것이며 정해진 노선을 따라 도릴래움(Dorylaeum)의 중요한 도로가 연결되는 곳에 이르렀을 터이다. 그곳은 북쪽으로는 비두니아 지방의 변경지역이 있고 서쪽으로는 미시아(Mysia), 즉 아시아의 북서지역에 해당되는 부분이 위치한 곳이었다. 그러나 그들이 비두니아로 가로지르고자 하였을 때 "예수의 영이 허락지 아니하셨다"(행 16:7). 이 구절은 다른 예언의 말씀을 가리키는 말일 수도 있다. 그렇지만 이 전번에 나온 예언의 말씀과 어조에 있어 보여지는 미묘한 차이는 일종의 경고를 나타내는 것일 수도 있다. 이 경고란 아마도 저지의 의미를 담고 있을 것이다. 이렇게 하여 이제 갈 수 있는 길은 오로지 한 길밖에 없게 되었다. 그들은 북쪽 길로 하여 비두니아로 들어갈 수 없게 되었기 때문에 이제 서쪽으로 하여 미시아 지방의 주변을 지나 알렉산드리아 드로아(Alexandria Troas, 현재의 케스탐불) 항이 위치한 에게해 연안에 도착하게 되었다.

알렉산드리아 드로아는 일찌기 헬라의 도시 시게이아(Sigeia)가 자리잡고 있었던 곳에 있었다. 그 도시는 안티고니아 드로아(Antigonia Troas)라는 이름으로 알렉산더 대왕의 후계자 안티고누스(Antigonus)에 의해서, 그리고 그 후에는 (알렉산드리아 드로아라는 이름으로) 트레이스(Thrace)의 왕인 리시마커스(Lysimachus)에 의해서 건설되었다. 그리고 그 무렵에는 자유시로서 독립된 상태이었다. 신약성경에서는 이 도시를 간략하게 드로아라고 부르고 있다. 이것은 또한 트로드(Troad)의 주변지역(고대의 트로이 성에 해당되는 지역)을 일컫는 이름이기도 했다. 전하는 바에 의하면 줄리어스 시이저는 그곳을 자신의 제국의 수도로 삼으려는 생각을 하면서 혼자 흡족해 하곤 했었다는 것이다. 이같은 생각은 또한 약 350년 후에 콘스탄티누스 황제도 한 바 있다. 그러나 콘스탄티누스는 아시아로부터 유럽이 구분되어지는 곳, 좁은 해협의 유럽편에 위치한 한 도시를 선택하였다. 아우구스투스 황제는 그곳에 하나의 로마 식민지역을 세움으로써 드로아의 중요성을 익히 인식하고 있었다는 사실을 나타내 보여주었다.

몇 년이 지난 후 드로아에는 교회 하나가 형성되었다.[15] 그 교회의 형성이 이번의 방문으로 인한 것이었는지 아니면 그 후의 결과이었는지는 확실치 않다. 그렇지만 바울과 그의 두 친구가 여기에 당도했을 때 두 가지 일이 일어났다. 즉, 그들은 네번째 동역자를 맞게 되었으며, 그리고 그들의 다음 행선지에 대해 명확한 안내를 받게 되었다.

그 네번째 동역자는 사도행전의 기자이었거나 아니면 명확하게 구분해서 말할 필요가 있다면, 사도행전의 기록에 통합되어진 여행일지를 쓴 사람이었다.[16] 다른 전도자들과의 그의 결합은 표나지 않는, 아주 조심스러운 방법으로 나타나고 있다. 즉, 사도행전의 기록이 3인칭에서 1인칭 복수로, 다시 말해서 "그들"에서 "우리"로 갑자기 바뀌어지게 된다. 사도행전에서 일인칭 복수로 이야기가 진행되는 부분은 세 부문으로 나누어진다. 이는 아주 흥미로운 사실인데 세 부문은 모두 대체로 항해여행과 관련되고 있다.[17]

예언의 말씀에 의한 명확한 인도하심은 바울에게 밤에 환상으로 나타난다. "마게도냐 사람 하나가 서서 그에게 청하여 가로되 마게도냐로 건너와서 우리를 도우라 하거늘"(행 16:9). 일부 저술가들이 해온 것처럼 어떻게 바울이 그 사람이 마게도냐인인 것을 알았는지에 대해 고찰해 볼 필요는 없다. "마게도냐로 건너"오라는 그의 초청만으로 충분하다. 바울은 그가 본 환상을 다른 사람들에게 이야기하였다. 그리고 사도행전의 기자는 "우리가 곧 마게도냐로 떠나기를 힘쓰니 이는 하나님이 저 사람들에게 복음을 전하라고 우리를 부르신 줄로 인정함이러라"(행 16:10)고 말하고 있다.

4. 빌립보에 전해진 복음

그들은 마게도냐를 향하여 떠난 지 이틀 만에 빌립보의 항구인 네압볼리(현재의 카발라)에 당도하였다. 그들이 탄 배는 산이 많은 섬인 사모드라게(Samothrace)에서 하룻밤을 정박하였다. 그들은 순풍을 타고 당도하였음이 분명하다. 그들 중의 어떤 이들은 그로부터 칠, 팔 년 후 반대방향으로 항해하였을 때도 이같이 여행하였다. 그때의 여행은 닷새가 걸렸었다.[18]

---

15) 참고, 행 20:15~12.
16) 이 둘은 동일한 한 사람이라는 것이 나의 견해이다. 이 견해는 바레트의 생각과 대조된다. 그는 이렇게 말하고 있다. "어떤 점에서 보면 누가 이를 완수된 저술의 저자로 보건데)가 바울을 개인적으로 알고 있었던 것 같지 않다"(Acts and the Pauline Corpus, Expository Times 88).
17) 행 16:10~17; 20:5~21; 27:1~28, 이 세 부분은 모두 바울이 성경 기자와 그의 나머지 동역자들과 구별되어지는 진술로 끝을 맺고 있다.
18) 행 20:6.

아드리아해와 에게해, 그리고 보스포러스(Bosporus)를 연결하는 로마의 군사 대로인 비아 에그나티아(Via Egnatia)는 네압볼리에서 바다에 접하게 된다. 이 길을 따라 약 10마일(16킬로미터) 정도를 북서쪽으로 나아가 그들은 빌립보(Philippi)에 당도하였다. 빌립보는 BC 356년에 일찌기 크레니데스인들이 정착했던 자리에 그 성을 건설한 마케도니아의 필립 2세(Philip-II, 알렉산더 대왕의 부친)의 이름을 딴 성이었다.

누가는 이 도시를 "마게도냐 첫 지경의 한 성"(마게도냐 지경 첫 성)[19]으로 적고 있다(이는 마게도냐의 영토가 로마 정복자 루시우스 에밀리우스 파울러스에 의해 BC 167년에 네 지역으로 나뉘어졌음을 가리키고 있다). 그리고 그는 그 성이 로마 식민지였음을 보충설명하고 있다(행 16:12). 비록 신약성경에서 언급된 여러 성들이 사실상 로마 식민지들이긴 하였으나 빌립보는 신약성경 기지에 의해 식민지라고 명료하게 일컬어진 유일한 곳이다. 누가는 빌립보에 대해 특별한 관심을 갖고 있었음이 분명하다.[20] 이 성은 BC 42년에 로마 식민지가 되었다. 즉, 쥴리어스 시이저의 정치 후계자들인 안토니와 옥타비안(후에 아우구스투스)이 시이저를 암살한 핵심인물이었던 부루터스와 카시우스가 이끈 당에게 대한 필립 전투 이후의 일이었다. 승리자들은 이 성에 그들의 군대 중 많은 노련한 군사들을 주둔시켰고, 이 식민지를 승리의 식민지 필리펜시움(Colonia Victrix Philippensium)이라는 이름으로 불렀다. 그로부터 12년 후에 옥타비안(이때에 그는 이전에 동맹자이었고 그 후 경쟁자가 된 안토니를 제거했었다)은 빌립보에 많은 안토니의 추종자들을 정착시키고 자기 이름을 따서 그 식민지의 이름을 식민지 이울리아 필리펜시스(Colonia Iulia Philippensis)(아우구스타라는 호칭은 그가 BC 27년에 아우구스투스로 명명되었을 때 삽입되었다).

빌립보에 회당이 있었던 것으로 생각되지는 않는다. 추측컨대 그곳에는 유대인 사회라고 일컬어질 만한 것이 없었다. 회당이 완전한 구성체를 이루기 위해서는 한 Minyān 혹은 열 명의 유대인 남자라는 정족수를 채워야 했다. 그러나 성문 밖 갠지츠(Gangites) 강가에는 많은 수의 여자들―하나님을 공경하는, 그들 중의 일부는 유대 여자이었을 것이다―이 모이는 비공식적인 예배처소가 있었다. 그들은

---

19) 이 말은 단지 몇몇 라틴어판 사본과 그 라틴어판을 토대로 한 두 권의 중세 유럽 역본에서만 나타난다. 거기에는 대개 πρώτη("도시", "성"이라는 πόλις와 동일한 의미)라고 읽혀지는 곳에 πρώτης("지경", "구획"을 뜻하는 μερίδος와 동일한 의미)를 자명한 것으로서 주장하고 있다.

20) 사도행전에서 처음으로 "우리"라는 일인칭 복수가 나오는 부분은 빌립보에 대한 언급으로 끝난다(16:17). 그리고 두번째 부분 역시 빌립보에서부터 시작하고 있다(20:6). 여기에서 가능한 하나의 단순한 추정은 이 사도행전 기자가 그 사이의 기간을 빌립보에서 보냈다는 것일 수 있다. 그리고 이 추정은 예루살렘 교회를 위한 빌립보 그리스도인들의 부조로 보아 상당한 타당성을 지닌다.

정해진 회당의 기도문들과 감사기도를 암송하기 위하여[21] 안식일과 거룩한 날들마다 모이고 있었다. 네 전도자들은 이 모임장소를 그들이 빌립보에 도착한 바로 그 주 안식일 아침에 찾았다. 그리고 그곳에 앉아 여자들에게 이야기하며 자신들이 가져온 복음을 전하였다. 이 여자들의 지도자는 아시아 지역에 있는 두아디라 성에서 온 루디아였으며, 그녀는 하나님을 공경하는 여자로서 조개과에 속하는 연체동물인 뿔고둥에서 추출한 자주색 염료를 파는 일을 생업으로 하였다. 그녀의 고향은 일찌기 호머가 살았던 시대부터 이 염료로써 유명한 곳이었다.[22]

두아디라에는 유대인 집단이 있었으므로 그녀가 하나님을 공경하게 된 것은 아마도 그곳에서였을 것이다. 그녀는 복음을 듣고는 그것이 참됨을 확신하였고, 자기 가족과 함께 세례를 받았다.[23] 그리고 그때 그녀는 그 전도단 일행에게 빌립보에서의 남은 체류기간 동안에 자기 집에 머무르기를 강권하였다.

이 사건에 대해 혹자는 그 선교단 일행이 루디아에서와 같이 환대받지 않을 때에는 보통 어떻게 생활을 유지하였는지 묻고자 할 것이다. 바울에 관한 그에 대한 답변은 아주 명확하다. 그는 천막을 만드는 일을 생업으로 하여 필요할 때마다 자기 자신과 다른 동역자들의 생활비를 해결하였다. 많은 랍비들은 그들의 교훈을 수업료 없이 무료로 가르치기 위하여 하나의 직업을 가지고 있었다. 바울은 기독교의 목회자로서 이 전통을 면밀히 유지하였다. 한편으로는 원칙론적인 문제로서 그러하였고 부분적으로는 회심자들에게 모범을 보이기 위하여, 또다른 면으로는 그를 비판하는 사람들에게 그가 돈을 바라고 그같은 일을 한다고 말할 기회를 주지 않기 위함이다. 그러나 루디아에 의한 이번 경우와 같이, 자의적인 환대가 베풀어졌을 때는 그는 기꺼이 그 환대를 받아들였다. 그런 것을 거절하는 일은 은혜스럽지 못한 일일 것이었다.

빌립보에서의 그들의 체류에 대한 누가의 언급은 헬라 세계에 있는 한 로마 식민지역의 생활에서 보여지는 어떤 국면에 대해 예증해 준다. 그곳 시민들은 로마인들이라는 것에 대해 커다란 긍지를 느끼고 있었으며 그들을 공동으로 관할하는 두 명의 행정관리들은 "집정관"(Praetor)이라는 명예로운 칭호를 즐기고 있었다.[24]

---

21) 비잔틴역본의 ἐνομίζετο προσευχὴ εἶναι과 견주어질 만한 원문일 수도 있다.
   이 기도문들은 본연적인 타락을 수정하기 위한 방편으로 취해진 것임에 틀림없다.
22) 호머는 일리어드(Iliad)에서 "메오니아의 (루디아의, Lydian), 혹은 카리아의 여인이 상아빛을 자주색으로 물들일 때처럼"이라고 읊고 있다. "루디아"(Lydia)는 "루디아의 여자"라는 의미이다. 그러므로 그것은 그녀의 본명이 아닐 수도 있다.
23) 이는 아마도 단순히 그녀의 가족만을 의미하지 않으며(그녀의 결혼여부는 알려져 있지 않다), 친척은 물론 노예와 딸린 다른 식구들까지 포함한 온 집안을 가리키는 듯하다.
24) 그들의 공식적인 호칭은 duo uiri ("2인 연대 관리 중의한 사람," 혹은 "두 사람")이다. 그러나 식민지 카푸아(Capua)의 두 명의 연대 관리들처럼 그들도 집정관이라는 칭호로 불리우기를 소망하였다.

그리고 로마에 있는 두 명의 집정관(Consul)들과 마찬가지로 릭토르(집정관 등을 따라 다니며 죄인을 잡던 관리)들이 그들을 수행하였다. 릭토르(lictor)들은 직분의 징표로써 자신들이 수행하는 행정관들의 권위를 나타내는 매다발(Fasces)과 도끼 꾸러미를 지니고 있었다.[25] 두 명의 빌립보 집정관들과 그들의 릭토르들은 점을 치는 여종의 사건에서 나타나고 있다. 이 여종은 "신탁의 영"(pythonic spirit)의 도움으로 앞일을 말해 주고 있었다. 추측해 볼 수 있건대 이것은 이 무렵 아폴로의 대언자이었던, 델피의 신탁하는 예언자를 사로잡고 있던 그 영의 어설픈 모방으로 보여진다.[26] 그 빌립보 성의 여종으로 하여금 미래를 예견할 수 있게 한 그 영은 그녀가 바울과 그의 동역자들의 뒤를 성의 거리거리마다에서 쫓아다니며 청하지도 않은 증언들을 소리쳐 해댔을 때 바울에 의해 쫓겨나게 되었다. 그 여종의 주인은 당연히 이 소유권의 침해에 대하여 격분하였으며, 바울과 실라를 결코 환영받지 못하는, 실로 불법적인 선전으로 그 로마의 도시에서 물의를 일으키며 떠돌아다니는 유대인들로 몰아서 집정관들에게 기소하였다.[27] 바울과 실라는 그 전도단의 지도자들이었을 뿐만 아니라 또한 순전한 유대인이었고, 아마도 그 사실이 조사되었던 듯하다(누가는 이방인이었고, 디모데 역시 절반은 이방인이었다). 그들은 이렇게 하여 반셈족 감정의 자연스러운 표적물이 되었다. 그 기소의 근거에 대해 조사해 보기 위해 기다려보지도 않고 집정관들은 그 두 사람을 몹시 쳐서(릭토르의 매로써) 밤새도록 옥에 가둘 것을 명하였다. 다음날이면 그들은 빌립보에서 추방될 것이다. 그러나 릭토르들은 다음날 아침에 그들의 감금을 풀어 추방하기 위하여 그곳 감옥에 당도하였을 때 항의를 받게 되었다. 그 항의는 어쩌면 그 전날에 행해진 것일 수도 있다. 그러나 공중의 흥분으로 인하여 제대로 들어지지도, 주의가 기울여지지도 않은 것일 수 있다. 즉, "로마 사람인 우리를 죄도 정치 아니하고 공중 앞에서 때렸다"고 바울과 실라는 말하였다.[28] 보통의 지방민들은 약식으로 취급될 수도 있었다. 그러나 로마 시민들은 법적인 권한을 지니고 있었으며, 만일 그 권한이 침해되었을 때는 상소를 청구할 수 있었다. 그 집정관들은 그러므로 몸소 그들에게 찾아와서 사과해야 마땅했다. 그리고 바로 그대로, 그들은 그 상관들에게 자신들을 직접 데리고 나갈 것을 요구하였다. 이 두 인기없는 로마 시민들을 보호하는 책임은 그들이 품을 수 있었던 생각보다 우선적인 것이었다.

바울과 실라는 디모데와 함께 성을 떠났다. 그러나 그렇게 하기 전에 그들은 빌

---

[25] 헬라어로 릭토르들은 $ραβδοῦχοι$, 즉 매를 가진 자들이라고 불리웠다(참고, 행 16:35).
[26] 그 여종의 위안을 주는 말은 복화술의 한 형태였던 것으로 보여진다. 다만 복화술사($ἐγγασ$-$τρίμυθος$)가 보통 의식적으로 자신의 말을 제어하는 반면에 이 빌립보의 여종은 그렇지 않았다는 점이 다르다.
[27] 로마 시민들을 개종시키는 일은 비록 형식상으로 금지되지는 아니하였을지라도 공식적으로 저지되었다. 그럼에도 불구하고 그 일은 널리 행해지고 있었다.
[28] 행 16:36.

립보에 장래성있는 새로운 교회 하나를 개척하였다. 그들이 그 성을 떠나기 전에 돌이킨 마지막 회심자들은 그 감옥 간수와 그의 가속들이었다. 누가는 빌립보에 남아 있었던 것으로 생각된다. 그는 이때부터 사도행전의 기록에서 잠시 등장하지 않게 되며 다시 나오는 것은 수 년 후 빌립보에서부터이다.[29] 만일 빌립보인들에게 보내진 편지(혹은 어느 정도건 그에 관련된 부분)가 이 기간 사이에 쓰여진 것이라면, 누가는 바울이 유오디아와 순두게를 "주 안에서 같은 마음을 품도록" 도와주라고 부탁하고 있는 바 이름이 밝혀져 있지 않은 사람, 곧 "참으로 나와 멍에를 같이한 자"인 듯하다. 바울은 "복음에 나와 함께 힘쓰던 저 부녀들을 돕고 또한 글레멘드와 그 외에 나의 동역자들을 도우라"고 말하고 있다(빌 4:2 이하). 유오디아와 순두게와 글레멘드는 단지 이름만 나와 있을 뿐이다. 그러나 바울이 빌립보에 있는 많은 그의 회심자들의 우애와 활동을 높이 평가하고 있었음은 자명하다.

   그들은 나름대로 저희의 사도에 대해 따뜻한 애정을 유지하고 있었고, 시시때때로 그들에게 개인적인 선물들을 보냄으로써 그 애정을 표시하였다. 바울은 자신의 회심자들로부터 그러한 선물을 받고 행복에 겨워한 것이 아니었다. 자신의 빌립보 친구들이 너무도 한마음 한뜻으로 자의적으로 관용함을 보여주었기 때문에 그는 그들이 선물을 준 마음으로 역시 선물을 받을 수밖에 없었으며, 그 선물들을 그들의 믿음과 사랑의 외적인 표현으로 간주하였다. 그리고 이렇게 하여 그 선물들은 단지 그에게 주어진 것일 뿐만 아니라 하나님께는 받으실 만한 향기로운 제물이라고 할 수 있었다.[30]

---

29) 다시 말해서, 만일 누가가 "우리"라는 주어로 되어 있는 부문의 기록자라면 그렇다.
30) 참고, 빌 4:10 이하.

제21장

데살로니가 교회

1. 빌립보에서 데살로니가로

빌립보를 떠난 바울과 실라, 디모데는 비아 에그나티아를 따라 서남서쪽으로 여행을 계속하였다. 그들은 스트리몬(Strymon)에 있는 암비볼리(Amphipolis, 마게도냐의 첫번째 지경의 수도)와 아볼로니아(Apollonia)를 거쳐서, 빌립보에서 약 90마일(150킬로미터) 가량 떨어진 데살로니가(Thessalonica)에 당도하였다.

데살로니가 성과 항구는 보다 연륜이 깊은 도시, 테르메(Therme) 성 가까이에 위치하고 있었다. 이 테르메 성의 이름은 캘시디스 반도(the Chalcidice Peninsula)의 서쪽 편에 있는 테르마 만(현재의 테살로니키 만 〈the Gulf of Thessaloniki〉)이라고 불리웠다. 데살로니가 성은 BC 315년 경에 마케도니아의 왕 카산더(Cassander)에 의해 세워졌는데 그는 필립 2세의 딸이자 알렉산더 대왕의 배다른 누이인 자기 아내 데살로니카의 이름을 따서 그 성을 명명하였다. 그 성의 원래의 거주민들은 전에 테르메 성과 그 주변에 있는 약 25개의 읍과 부락에 살고 있던 사람들이었다. 카산더는 그 사람들을 강제로 새로 세운 성에 이주시켰던 것이다. 로마 제국이 마케도니아를 BC 167년에 네 지경으로 나누었을 때 데살로니가는 둘째 지경의 수도가 되었다. 그리고 다시 마게도냐가 BC 146년에 하나의 지방으로서 관할되었을 때 데살로니가는 지방 행정부의 중심지 역할을 하였다. BC 42년부터 데살로니가는 자유 시가 되었으며 그 성의 읍장들(Politarchs)이 통치하였다. 이 호칭은 마게도냐 성들의 주요 관리에게만 특별히 사용되었던 것으로 보여진다. 사도행전 17:6에 나오는 것은 별개로 하고 이 호칭은 헬라 문헌에서는 전혀 발견되지 않는다. 사도행전에서는 데살로니가의 주요 관리에 대한 칭호로 사용되었다. 그러나 이것은 현대에 발견된 데살로니가와 다른 마게도냐의 성들에 대한 비문들에서 충분히 입증되고 있다. 비아 에그나티아는 그 성을 가로질러 북서쪽에서 남동쪽으로 뻗어 있었고, 오늘날에도 같은 이름으로 그 자리에 나 있는 도로의 부분이었다. 마게도냐의 가장 큰 성에는 당연히 유대인 집단과 회당이 있었다. 그래서 바울과 그의 두 동역자들은 회당에 갔으며, 계속하여 세번의 안식일 동안 바울은 예수 안에서 그들이 찾은 성취를 논증하면서 회중들에게 성경말씀을 강론하였다. 그 회중 가운데 다소의 사람들이 그의 강론을 믿었다. 그리고 그 세 사람의 전도자가 데살로니가에 체류하는 동안 그들을 자기 집에 머무르게 한 야손(Jason)은 아마도 이 사람들 가운데 하나이었던 것 같다(야손은 물론 더 말할 나위 없이 헬라식 이름이었다. 그렇지만 헬레니즘 시대에 그 이름은 여호수아(Joshua)나 예수아(Jeshua)라는 히브리 이름을 가진 유대인들에 의해 흔히 사용되었다).[1] 아리스다고(Aristarchus)는 또다른 회심자이었음이 분명하고,[2] 세군도(Secundus) 역시 그러했던 듯싶다.[3] 바울을 따르는 자 중에는 그 외에도 하나님을 경외하는 경건한 자들이 여럿 있었다. 이들 가운데는 데살로니가의 주요 인물들 중 몇 사람의 아내들도 포함되었다.[4]

더 이상 회당에서 그들을 달갑게 여기지 않자, 전도단 일행은 데살로니가의 이교도들 가운데서 복음활동을 계속하였다. 그리하여 그들이 그 성을 떠날 때 쯤에는 그들이 형성한 그리스도인 집단은 주로 이전에 이교도이었던 자들로 구성되었던 것으로 나타난다. 이 사실은 후에 그들에게 주어진 데살로니가전서 1:9의 길지 않은 말씀에서 쉽사리 추정된다. 즉, "너희가 우상을 버리고 하나님께로 돌아와서 사시고 참되신 하나님을 섬기며 …"라는 말씀이다.

그러나 수 주일 후에 그들 전도자들은 난문제에 부딪힌 것을 깨닫게 되었다. 그 성의 주요인물들은 저희 아내들이 회당에 출석하는 것을 말리지 않았음이 분명하다. 사실상 그같은 일은 그 무렵에 로마 제국에 속한 많은 성들에 있는 좋은 집안의 귀부인들 사이에서는 유행과 같은 일이었다. 로마에서만도 그런 일이 적지 않았다. 하지만 그들은 저희 아내가 이 낯선 사람들에 의해 최면이 걸린(그들이 보기에는) 열광주의자들의 아주 기이한 모임에 참석하는 것에 대해서는 아주 달리

---

1) 보다 이른 시기에는 시몬 2세의 아들이자 사독 계열의 마지막 대제사장이었던 야손이 있었다.
2) 행 19:29; 20:4; 27:2; 참고, 골 4:10(여기에서 그가 유대인 그리스도인이었음이 자명해진다).
3) 참고, 행 20:4.
4) 행 17:4의 서방역본은 그 회심자들 가운데 "지도적인 인물들의 아내들이 적지 않게" 포함되어 있었다고 명시하고 있다.

생각했을 것이다. 이 낯선 사람들이 어디로부터 저희 성에까지 왔는지 아무도 모를 일이었으며, 또한 (그들이 확신하건대) 아무런 유익할 것이 없는 자들이었다. 그 사람들이 노리는 것은 저희의 재물일 터이다. 만일 그보다 더 스스로의 평판을 그르치게 하는 무엇인가를 목적하고 있지 않다면 말이다. 그같은 얘기가 오고 갔다는 것은 데살로니가전서 2：3~12에서 주어진 바울의 해명으로 보아 자명하다. 거기에서 바울은 그의 회심자들에게 그 자신과 그의 동역자들에 대한 저희의 개인적인 기억에 호소하여 그들의 가르침이 "간사에서나 부정에서 난 것도 아니요" 또한 교묘하게 "탐심의 탈을 쓰지 아니"하였음을 증언하고 있다. 오히려 정반대로 "너희 아무에게도 누를 끼치지 아니하려고 밤과 낮으로 일하면서 너희에게 하나님의 복음을 전파하였노라"고 바울은 말하고 있다. 그리고 그는 저희가 그들 사이에서 한 행동이 "거룩하고 옳고 흠없"었던 사실에 대해 증언해 주기를 간청한다. 그들의 행동은 진정 저희에게 그리스도인의 생활방식의 모범을 보여주기 위한 것이었다.

2. 소요의 죄

회당을 이끌어가던 사람들은 그들 나름대로 유명한 사람들이 저희 예배에 출석지 않게 된 것에 대해 분개하였을 것이다. 그리고 그들의 분개는 어렵지 않게 그 낯선 방문객들에 대한 그 성읍장들의 의혹을 불러일으키는 행동으로 발전되었다. 그 성의 시장터 혹은 아고라(agora) 주변을 어슬렁거리는 일단의 한량들의 힘을 빌어서 그들은 소동을 조장하였다. 그 폭도들은 낯선 방문객들을 붙들어서 법정에 끌고 가고자 하였다. 하지만 그들은 그 사람들을 발견할 수가 없었다. 그래서 그들은 그 방문자들을 대접하고 있는 집 주인인 야손과 몇몇 다른 회심자들에게 그같이 하는 것으로 분풀이하였다. 그들이 이 사람들에게 부과한 죄과는 극히 엄중한 것이었다. 그것은 그 부분에 대한 흠정영역본의 전통적인 해석에 의해 시사되는 것보다 실제에 있어 훨씬 더 엄준하다. 곧 흠정영역본에서는 "천하를 어지럽게 하던 이 사람들이 여기도 이르렀다"고 말하고 있다(행 17：6). 이 말씀은 빈번히 되풀이하여 사용됨으로 말미암아 오늘날 그 의미가 아주 약해지게 되었다. 이 문구는 이 말을 자기 자신들에게 적용시키는 설교자들(특히, 아마도 젊은 설교자들)에 의해 본문말씀으로 많이 채택되고 있다. 그렇지만 이 말씀은 전복 내지 선동적인 행위를 암시하고 있다. 즉, 다음과 같은 의미를 지니고 있다. "문명화된 세계를 전복시켜 온 이 사람들이 이제 이곳에도 이르렀다. 그리고 야손이 이들에게 은신처를 제공해 주었다. 이들의 소행은 명백히 가이사의 법령을 거역하는 것이다. 이들은 예수라는 이를 가이사와 겨루는 다른 황제[5]로 선포하고 있다."

---

[5] 이에 해당하는 헬라어, $\beta\alpha\sigma\iota\lambda\varepsilon\acute{\nu}\varsigma$ 는 왕(King, 라틴어 rex)과 황제(emperor, 라틴어

이 죄목은 로마 제국을 통하여 계속된 유대인 집단의 널리 만연된 불온성과 관련하여 언도되었음이 틀림없다. 유대인 자유의 투사들[6]은 글라우디오의 치세 동안에 유대 내에서 현저하게 활약하였다. 그리고 그들의 활동은 저희의 본고장의 경계 이내로 제한되어질 수 없었다. 군사적인 메시야주의는 그 세대의 유대인들 사이에서 큰 소란을 야기시켰다. 그리고 제국의 여러 지역들과 도시들에서 법과 명령을 관장하는 자들은 그들의 메시야주의, 그리고 바울과 그의 동역자들의 "메시야주의"를 구분하였던 듯싶지 않다. 로마 내에서도 그 무렵 이같은 문제들이 일어났으며 그런 연유로 글라우디오 황제는 유대인 집단을 수도에서 추방하였다.[7] 글라우디오는 집정 초기에 알렉산드리아의 시민들에게 엄중한 포고문을 내린 바 있었다. 그곳에서 헬라인 집단과 유대인 집단 간에 격렬하고도 처참한 소동이 있은 직후이었다. 이 포고문 가운데 한 구절은 특별히 유대인 집단에게 한 말로 그는 이렇게 권고하였다.

> 수리아에서 혹은 나일 강을 타고 이집트의 다른 지방들로부터 알렉산드리아로 오는 유대인들은 받아들이지도 말고 초대하지도 말라. 만일 그렇게 할진대, 그러한 자는 나의 의심을 사게 될 것이며 나는 그러한 자들을 천하에 보편적인 재앙을 뿌리는 자로 엄중히 처단할 것이다.[8]

그가 언급한 바, 이주해 오는 유대인이란 아마도 알렉산드리아의 유대인들에 의해 초청되어 오는 자들이었던 듯하며, 이는 장차 있을 이웃 헬라인들의 공격 때에 그들의 힘을 빌어 저희의 세력을 증진시키기 위한 것이었던 듯하다. 그러나 "수리아"는 유대에 연합하였을 것이며, 불법 이주자들 중 다수는 다른 지역에서 제국의 평화를 훼방한 군사적 메시야주의들이었을 수도 있다. 이것이 바로 글라우디오의 "천하에 보편적인 재앙"이라는 말이 뜻하는 바일 것이다.

그리고 황제의 포고문의 사본에 나오는 "천하"란 말의 헬라어는 사도행전 17 : 6에서 바울과 그의 친구들에게 부과된 죄목에서 사용된 oikoumené와 같다는 점에서 그렇게 해석된다.

바울 자신은 주의깊게 제국의 법과 명령을 존중하도록 가르쳤다. 그러나 그것

---

imperator) 두 가지 모두에 사용된다. 여기서 예수는 가이사와 겨루는 존재로 말해졌기 때문에 "적수가 되는 황제"라는 의미이다. 요 19 : 15에서도 마찬가지이다. 거기에서 "내가 너희 $βασιλεύς$ 를 십자가에 못 박으랴"는 빌라도의 빈정대는 물음에 대답하여 대제사장은 "가이사 외에는 우리에게 $βασιλεύς$ 가 없나이다"라고 말하고 있다.
6) 이 용어는 보다 직선적으로 "테러리스트들"이라고 부를 수 있는 사람들에 대한 완곡한 표현으로 요즈음에 용인되어질 만하다.
7) 행 18 : 2.
8) H. I. Bell(ed), 『이집트의 유대인들과 그리스도인들』 *Jews and Christians in Egypt*, London, 1924.

보다 더 우선되는 부인할 수 없는 사실이 있었다. 그것은 곧 그가 어떤 도시로 가는 일은 소동의 전주곡이었다는 것, 그리고 특히 그가 주권적인 주로 선포하고 있는 예수가 유대의 왕임을 주장한다는 죄로 로마 법정의 언도를 받고 사형당한 자라는 것이었다. 데살로니가의 읍장들 앞으로 그에 대하여 부과된 죄목은 교묘하게 고안된 것이었다.

가이사의 법령을 바울과 그의 동료들이 경시하였다고 주장됨에 있어서, 이는 일반적이고 포괄적인 의미에서의 법령을 가리키는 것일 수도 있고 또 (보다 신빙성 있거니와) 어떤 구체적인 법령을 뜻하는 것일 수도 있다. 바울과 그와 관련된 자들을 끌어내고자 한 소동자들 앞에 있던 데살로니가의 서민들(démos)은 그 소동자들의 불평에 귀기울이고 있는 읍장들과 함께 한 가지 서약을 하였을 것이다. 그러한 서약은 제국 내의 여러 곳에 있는 다른 도시들에서도 하였던 것으로 알려진 바 저희 스스로 제국에 복종하겠다고 맹세하는 것이었다. 그같은 서약은 그들에게 권한을 부여할 것이며, 그들에게 지금 한 것과 같은 그러한 일을 하도록 요구하기도 할 것이다. 더구나 데살로니가에서의 바울의 설교에는 주목할 만한 예언적인 요소가 분명히 있었다. 그의 데살로니가 회심자들은 돌이켜서 살아계신 참 하나님을 섬기게 되었을 뿐만 아니라 또한 다음과 같은 사실을 가르침받았다. 그 가르침이란 곧 바울이 말하고 있거니와 "그의 아들이 하늘로부터 강림하심을 기다"릴진대 "이는 장래 노하심에서 우리를 건지시는 예수"이시라는 것이다(살전 1 : 10). 그리고 이에 덧붙여 바울은 그들에게 세상사가 예수의 재림에 이르기까지 진행되는 것에 대해 무엇인가 가르쳤던 것으로 보여진다. 이제 예언은 한 임금 후에 나타난 다른 임금이 인가하지 않는 하나의 실현과제라고 할 수 있었다. 이렇게 할 때 예언은 너무도 쉽게 하나의 정치적 무기로써 사용되어질 수 있었다. AD 11년에 아우구스투스는 예언을 금하는 법령을 발포하였다. 이 법령은 AD 16년에 티베리우스에 의해 죽음의 형벌을 가하도록 강화되었다. 바울의 예언은 그가 로마 황제의 적수로서 제시한 인물, 그로 인하여 바울 자신이 후에 기소되었던 그 인물에 중점을 둔 것이었다.

3. 급히 떠난 바울

그 읍장들은 온건한 자들이었기 때문에 이 엄중한 죄목에 대해 들었을 때 당황하지 않았다고 말할 수 있다. 그들은 만일 야손과 그의 동료들로 하여금 그 전도자 일행의 바른 행실에 대해 보증케 하면, 특히 바울을 보석시켜 주는 보증인으로 삼으면(그리고 이 보증은 바울이 데살로니가에서 즉시 떠난다는 활약을 포함하였다) 과열된 상황이 해결될 수 있으리라고 단정하였다. 바울은 내키지 않아도 떠나지 않을 수 없었고 그의 친구들이 하는 대로 따를 수밖에 없었다. 이 사건에 있어서는 선택의 여지가 없었던 것이다. 그의 동역자들과 함께 그가 이제 겨우 터만 잡아놓은 교회는 굳건해지기까지 많은 지도와 가르침을 필요로 하고 있었다. 그는 그 교회가 저 소동의 여파 속에서 그리고 자신이 강제로 떠나게 된 상황 가운데 어떻게 잘 견디어낼 수 있을는지 생각하며 우려하였다. 교회의 몇몇 구성원들은 어떤 종류의 핍박을 받게 될 것이 자명하였다. 그 도시의 주요 인물들이 이 새로운 집단에 열심을 보이는 자기 아내들에게 이렇게 말하였으리라고 상상하기란 어렵지 않다. "이 유대인 선동가들은 대단한 양반들이군. 그들은 이곳에 와서 당신이 회당을 그만두고 자신들을 따르도록 홀렸지. 하지만 문제가 일어나니 자기들은 떠나버리고 자신들에게 속아넘어간 친구들이 자청해서 어려운 일을 떠맡게끔 남겨두었군!" 바울은 그 회심자들이 이같은 종류의 조롱을 받게 되리라는 것을, 그리고 어떤 경우에는 조롱보다 더 나쁜 일을 당하리라는 것을 아주 잘 알고 있었다. 그래서 그는 데살로니가로 되돌아와 그들을 굳건케 하고자 한, 두 차례 시도하게 된다. 그렇지만 이 시도는 단지 시도로만 끝나고 말았다. "사단이 우리를 막았도다"라고 그는 말하고 있다(살전 2:18).

그 전도단 일행이 드로아로 가는 도중에 받았던 저지는 하나님의 인도하심의 징표이었고, 이번에 부딪힌 저지는 사단의 방해의 증거인 것을 어떻게 알 수 있었는가 하고 만일 우리가 묻는다면, 사도의 대답은 아마도 다음과 같을 것이다. 즉, 복음의 증진과 교회의 안녕을 추구하는 일은 전자의 범주에 속하는 것으로 증명되고, 위와 같은 것들에 손해를 입히는 쪽으로 작용한 일은 후자에 속하는 것으로 나타나기 마련이라는 것이다. 실제에 있어 때때로 사단의 도래가 하나님의 대의의 진전을 위해 사용된, 혹은 제어된 한 수단으로써 인식되어질 수도 있다(적어도, 앞에서의 사건들을 돌이켜 보기만 해도 그렇다). 바울이 무아지경의 상태에서 낙원에 갔다 온 뒤에 생겨난, 그의 "육체에 가시"가 그러했다.[9] 그렇다면 이 경우에 있어서 사단의 방해가 질병이었든, 혹은 바울을 데살로니가에서 떠나지 않을 수 없게 했던 그 정치적 상황의 연속이었든, 바울은 여기에 하나님의 어떤 제어하심이 있는 것으로 생각하고 있지 않는 것 같다 ― 적어도 이에 대해 언급한 그 편지, 곧 우리에게 데살로니가전서로 전해진 그 편지를 쓴 그때에는 그러하다.

4. 데살로니가 교회의 반응

신약성경에는 "하나님 아버지와 주 예수 그리스도 안에 있는 데살로니가인의 교회"에 쓰여진 두 편지가 있다. 이 두 편지의 관계를 단정짓기란 쉽지 않다. 이 편지들은 그 주된 내용에 있어 상당한 유사성을 보여주고 있다. 그렇지만 공통적으

---

9) 참고, 고후 12:7.

로 나타나는 주제들은 대체로 보아 데살로니가전서에 보다 충분히 드러나고 있다. 계시라고 할 만한 구절들(살후 2:1~12)은 별개로 하고, 데살로니가후서는 많은 독자들이 보기에 데살로니가전서를 보다 약한 어조로 되풀이하고 있는 것같이 여겨진다. 그런 까닭에 데살로니가후서를 비정통적인 것으로 간주하는 경향이 특별히 독일 학자들을 중심으로 있어왔다. 하지만 누군가가 그것을 씀으로써 무슨 목적을 이루고자 하였는지 알기란 어려운 일이다. 이에 대한 다른 의견이 있는데, 그것은 데살로니가전서는 데살로니가에 있는 이방 그리스도인들에게 쓰여진 것이며, 데살로니가후서는 유대인 그리스도인들에게 쓰여졌다는 것이다. 그리고 또다른 의견은 공저자로 나와 있는 "바울과 실루아노와 디모데"의 이름, 즉 이 두 서신서의 서두의 서명은 이들 중의 적어도 한 사람 이상이 이 서신 교신에 직접 관계했음을 가리켜 준다는 것이다. 그러나 실제에 있어서는 이 두 편지가 서로 취지 내지 수신자가 다름을 시사해 주는 어떠한 사항도 이 서신서에서 찾아볼 수 없으며, 바울이 개척한 교회가 유대인 집단과 이방인 집단으로 나뉘어서 구성되었다는 견해도 다른 선례들로 미루어보건대 가능성이 없다. "내가 주를 힘입어 너희를 명하노니 모든 형제에게 이 편지를 읽어 들리라"고 데살로니가전서를 쓴 기자는 말하고 있다(5:27). 그렇다면 분명코 이 서신서는 전 교회가 읽도록 의도된 것이다. 그리고 여기에서 문법적으로 주어가 되는 "내가"는 데살로니가전서 2:18에 "나 바울"과 간단하게 구분되어질 수 없다. "나 바울은 친필로 문안하노라"는 데살로니가후서 3:7의 확증 또한 고려해 볼 필요가 있다. 이에 대한 자연스러운 결론은 누가 썼든지 간에 바울은 이 두 서신서의 내용에 대하여 개인적으로 책임이 있다는 것이다.

또다른 가능성은 두 서신서 중에서 데살로니가후서가 먼저 쓰여졌다는 것이다. 전통적으로 앞, 뒤로 배치된 이 두 서신서에는 쓰여진 날짜에 대한 아무런 언급도 없다. 바울 서신서들에서 편지들의 배열은 대개 길이가 짧아지는 순서를 근본원칙으로 하고 있다. 데살로니가후서가 더 일찍 쓰여진 것으로 간주하는 우리의 논거는 이 편지를 받는 사람들이 저희 신앙으로 인해 현재 핍박을 받고 있는 것으로 기술되고 있기 때문이다(1:4 이하). 반면에 데살로니가전서 1:6과 2:14에서는 그러한 핍박이 과거의 일로 말해지고 있다.

바울의 데살로니가 형제들은 그를 밤에 베뢰아로 안전하게 보냈다. 베뢰아는 데살로니가에서 서남서쪽으로 약 60마일 정도 떨어진 성이었다. 바울은 거기에서 아덴(아테네, Athens)까지 호위를 받았다. 아덴에서 그는 실라, 디모데와 다시 만나게 되었으며, 곧바로 이들을 마게도냐로 되돌려 보냈다(디모데는 데살로니가로, 실라는 아마도 빌립보로). 그들이 바울에게로 되돌아간 것은 그가 아덴에서 고린도로 간 후였다.[10] 만일 디모데가 데살로니가후서를 데살로니가에 있는 교회에 전하기 위해 가지고 갔다면, 데살로니가전서는 그가 고린도에 있는 바울에게 재차

---

10) 살전 3:1~6 ; 참고, 행 17:14 이하, 18:5.

가지고 간 소식들에 대한 응답으로 쓰여진 것이라고 할 수 있다. 즉, 디모데의 방문기간 동안에 데살로니가인들이 제기한 의문점에 대한 답변이며, 여기에는 아마도 그들이 디모데에게서 건네받은 먼저번의 서신으로 인해 야기된 질문들도 포함되었을 것이다.

디모데가 데살로니가에서 가져온 여러 소식은 바울에게 큰 위안을 주었으며, 그를 매우 기쁘게 하였다. 최근에 일어난 일련의 사건들로 인하여 낙담하거나 환멸을 느끼거나 하기는 커녕 데살로니가에 있는 새 신자들은 자발적인 동기에서 복음을 전하기 시작했던 것이다. 디모데의 보고를 듣고 고린도에서 쓴 서신에서 바울은 이와 같이 말한다. "그러므로 너희가 마게도냐와 아가야 모든 믿는 자의 본이 되었는지라"(살전 1 : 7). 그들은 여러 종류의 핍박 — 사소한 혹은 가혹한 — 을 잘 견디어냈으며, 그같은 핍박은 저희의 열정을 꺾지 못하였다. "주의 말씀이 너희에게로부터 마게도냐와 아가야에만 들릴 뿐 아니라 하나님을 향하는 너희 믿음의 소문이 각처에 퍼진 고로 우리는 아무 말도 할 것이 없노라"(살전 1 : 8).

비록 그러할지라도 디모데의 보고는 바울이 황급히 그들을 떠나기 이전에 저희에게 전해 줄 수 있었던 것보다 더 명확한 가르침을 필요로 하는 어떤 문제들이 그곳에 있다는 사실을 가르쳐 주었다. 그들은 성적인 순결의 중요성과 결혼의 신성함에 대해 깊게 상기해야 할 필요가 있었다. 이것은 헬라의 이교로부터 회심한 자들이 새로이 배운 가르침 가운데서도 이내 어려움을 느끼곤 하는 교훈이었다.[11] 이방인 신자들까지도 감염시킨 자극적인 종말론은 그들의 일상생활을 팽개치게 만들 정도로 저희를 지나친 극단으로 몰고 가고 있었다. 현재의 모든 일들이 결말을 향하여 치닫고 있다면 그러한 일상적인 일들로 인해 고생할 필요가 무엇이겠는가 하는 생각에서였다. 바울은 그들에게 자기 자신을 예로 들어 말하지 않을 수 없었으며, 그들에게 각자 자신의 일을 하고 생활비를 벌도록 촉구하였다. 그렇지 않으면 그들은 기식자 내지 식객이 될 것이며, 다른 사람들의 존경을 잃게 될 것이었다.[12]

재림에 대해 바울이 지난 번에 가르쳐 준 완결짓지 않은 교훈은 다른 관심을 불러일으켰다. 즉, 그들 가운데 어떤 이들은 이미 사망하였다. 그렇다면 그들은 주의 재림 때에 아직 살아 있는 사람들이 누리는 축복들에 참여할 수 없는가? 바울은 아니라고 말한다. 그들은 불리하기는 커녕 우선적으로 참예하게 될 것이다. 왜냐하면 주의 강림을 알리는 나팔에 "그리스도 안에서 죽은 자들이 먼저 일어날" 것이기 때문이다(살전 4 : 16). 주의 강림에 대한 기대가 게으름에 대한 구실이 되어서는 아니된다. 오히려 깨어 경계하며 근신해야만 한다. 이는 "주의 날이 밤에 도적같이 이를" 것이기 때문이라고 그는 (예수의 말씀을 반복 사용하여) 말하고 있다

---

11) 참고, 살전 4 : 3~8.
12) 살전 4 : 9~12 ; 참고, 살후 3 : 6~12.

(살전 5 : 2).[13]

5. 주의 날과 불법의 사람

데살로니가후서 2 : 1~12에는 계시에 가까운 내용이 나타나 있다. 이에 대해서 이미 언급된 바 있거니와 다른 한편으로 이 구절은 주의 날이 어떤 표징으로써 고지되어지리라는 사실에 대해 말하고 있다. 이 내용은 두 구절 모두 한 사람이 썼다는 가능성을 고려해 보기에는 너무도 상반된 모순점을 포함하고 있는 것으로 이제까지 생각되어 왔다. 그렇지만 인자의 강림에 대한 예수의 가르침을 기록한 복음서에서도 똑같은 명백한 모순이 발견된다는 점을 주목할 필요가 있다. 누가복음 17 : 22~37[14]에는 주의 날은 번개와 같이, 노아의 날에 이른 홍수와 같이, 혹은 소돔과 그 부근의 성들이 뒤덮은 불과 유황의 비와 같이 갑작스럽게 임하리라고 기록된 반면에 마가복음 13 : 5~32에는 주의 강림이 있기 전에 먼저 전 세계에 복음이 선포되며 이제까지 없던 예기치 못한 대환난의 시기가 있으리라고 기록되어 있다. 그렇지만 후자의 경우에는 "그때가 언제인자 알지 못하기" 때문에 주의하여 깨어 있어야 한다는 경고의 말씀이 계속하여 주어지고 있다(막 13 : 33~37). 그리고 전자의 경우에는 다음과 같은 경구의 말로 끝맺고 있다. "주검 있는 곳에는 독수리가 모이느니라"(눅 17 : 37).[15] 이 경구는 어떤 상황이 무르익어 판결을 요하고 있음을 나타낼 때, 그리고 판결이 곧 그곳에 내려지리라는 것을 나타낼 때 많이 쓰이는 말이다. 추측컨대 영적인 눈과 귀가 열린 자들은 현재 자신들이 처한 상황이 바로 그러한 상황이며, 이제 그 결과에 따른 판결이 이어지리라는 것을 인지하였을 것이다. 복음의 교훈으로부터 확인할 수 있는 가장 이른 형태에서 보여지는 바 이들 두 가지 요소 — 항상 경계를 요하는 그 사건의 돌연성과 그 사건에 앞선 징조들의 의미 — 는 서로 뒤섞여져 나타나며, 그런 까닭에 만일 이 요소들이 바울의 가르침에서 유사하게 섞여져 있을지라도 놀랄 이유가 없다.

만일 데살로니가후서가 데살로니가전서보다 앞서 쓰여졌다면, 주의 날이 어떤 사건들이 일어나기 전에는 이르지 아니하리라는 진술은 그 날이 이르기 전에 죽은 많은 무리들에 대한 데살로니가 교회 그리스도인들의 관심을 돋구었을 것이다. 다

---

13) 여기에서 바울이 상기시키고 있는 "주의 말씀이" 이 역사적 예수의 말씀인지, 아니면 예수의 이름으로 주어진 예언인지는 불확실하다.
14) 마 24 : 4~44에 나오는 내용과 그에 상응하는 마가복음의 말씀(막 13 : 5~37)이 하나로 정리된 것으로써, 아마도 "Q"사본의 말씀인 듯하다.
15) 참고, 마 24 : 28. 만일 이 경구가 속담에 있는 말이라면 탐욕스러운 무리를 뜻하는 단어인 "독수리떼"(Vultures)를 참조할 필요가 있다. 본래 이러한 뜻을 나타내는 단어가 여기에서는 로마의 군대를 상징하는 기장(aquilae)을 빗대어 독수리(eagles)로 말해진 것일 수 있다. 예루살렘의 성전이 있는 성역은 AD 70년에 강습당하였고 승리를 거둔 로마군은 동문 반대편의 성역에 저희의 기장을 세워두었으며, 거기에 제물을 바쳤다(요세푸스. BJ vi, 316).

른 한편으로 만일 데살로니가전서가 먼저 쓰여졌다면 다가올 날이 너무도 임박하였으므로 그 날이 오기까지 그 좁은 기간에 무슨 일을 계획하거나 일할 것이 없다고 주장했던 자들에게 생각지 않게 결정적인 지원을 제공한 셈이 되었을 것이다. 그리고 이와 같은 건전치 못한 주장을 꺾기 위하여 바울은 다음과 같이 말했을 것이다. "주의 재림은 실로 임박하였다. 그러나 저 모든 사람이 말하는 것처럼 그렇게 임박하지는 않았다. 어떤 일들이 반드시 그 전에 먼저 일어나야만 한다"(살후 2 : 3~8).

> 먼저 배도하는 일이 있고 저 불법의 사람 곧 멸망의 아들이 나타나기 전에는 이르지 아니하리니 저는 대적하는 자라 범사에 일컫는 하나님이나 숭배함을 받는 자 위에 뛰어나 자존하여 하나님 성전에 앉아 자기를 보여 하나님이라 하느니라 내가 너희와 함께 있을 때에 이 일을 너희에게 말한 것을 기억하지 못하느냐 저로 하여금 저의 때에 나타나게 하려 하여 막는 것을 지금도 너희가 아나니 불법의 비밀이 이미 활동하였으나 지금 막는 자가 있어 그 중에서 옮길 때까지 하리라 그때에 불법한 자가 나타나리니 주 예수께서 그 입의 기운으로 저를 죽이시고 강림하여 나타나심으로 폐하시리라.

신약성경에서 이 부분과 같이 여러 가지 다양한 해석이 제각기 타당할 가능성이 있는 구절들은 거의 없다. 그렇지만 역사적인 문맥에 있어서 그 일반적인 의미는 아주 분명하다. 문자 그대로의 의미는 예기되는 적그리스도에 대한 비유적 표현이다.[16] 적그리스도, 곧 마지막 시대에 하나님과 그의 백성을 대적하는 자의 이면에는 태고의 혼돈의 용이 있다.[17] 그러나 헬레니즘 시대에 있어 이 비유는 안티오쿠스 에피파네스(Aantiochus Epiphanes)의 시도와 보다 개인적으로 연관되는 것으로 추정되었다. 안티오쿠스의 시도란 참 하나님에 대한 경배를 훼파하고 대신 이교신에 대한 숭배로 대치하려는 것이었는데 그 자신을 곧 이 이교신의 지상적 존재로 포고하였다. 다니엘의 환상에서는 안티오쿠스를 "스스로 높여 모든 신보다 크다" 하는 왕으로 나타내고 있다(단 11 : 36). 그리고 그가 성전에 앉힌 이교의 기구는 조롱의 어조로 "멸망케 하는 미운 물건"이라고 일컬어지고 있다(단 11 : 31 등).[18] 예루살렘 성전은 3년 동안 더럽혀진 후에 깨끗하게 되었으며 본래의 기능을

---

16) ἀντίχριστος 란 단어는 신약성경에서는 오직 요한서신서에서만 나타난다(요一 2 : 18 ; 22 : 4 ; 3장, 요二 7절). 그러나 그 개념은 서로 아주 유사하다(참고, F.F. Bruce, *The Epistles of John*, London, 1970, pp. 64 이하).

17) 계시된 일곱 개의 머리를 한 용(계 12 : 3 이하)과 그 용의 대행자인 머리 일곱을 가진 짐승, 즉 로마 제국(계 11 : 7 ; 13 : 1 이하 ; 17 : 3 이하)과 비교해 보라.

18) 참고, 마카비 1서(1 Maccabees) 1 : 55. BC 167년말에 예루살렘 성전자리에 그 제단이 세워진 올림푸스의 제우스는 수리아의 신 Báal Shamen ("하늘의 신," 히브리 어조는 Báal Shamaim)과 같은 것으로 생각되었다. 이 신의 이름은 유대인들에 의해 Siqqûs Mšomēm("멸망시키는 가증한 것"로 풍자되었다.

회복하였다. 그러나 안티오쿠스의 특성과 행동은 예기되어진 바 장차 있을 적그리스도의 전형으로 일컬어지게 되었다.

AD 40년에 흡사 이 예기된 적그리스도가 그 모습을 잠시 동안 나타낸 것으로 여겨졌다. 가이우스 황제는 자신의 신성함을 대단히 엄중하게 강조하였는데 잠니아(Jamnia, 서 팔레스틴에 있는)의 유대인들을 편들어 그들의 헬라인 친구들이 자신의 영예를 나타내는 제단에 모욕적인 행동을 가했다고 생각하여 격노했다. 그리하여 자신의 동상을 예루살렘 성전에 세워야 한다는 명령을 내렸다. 수리아의 총독은 그 일을 행하였는지 살펴보라는, 그리고 이를 거스릴시에는 예루살렘에 로마군 두 군단을 주둔시키라는 지시를 받았다. 유대 지방과 전반적으로 유대인들이 거하던 여타의 세계는 크게 당황하게 되었다. 이것은 곧 종말을 뜻했다. 그리고 유대인들은 죽음에 이르게 하는 이 격분에 찬 명령에 항거하기 위하여 강력히 대비하였다.

유대인 그리스도인들은 그들의 모든 유대인 형제들에게 깊은 관심을 가지고 있었다. 그들 중의 어떤 이들은 저희가 생각하기에 이 위기에 대한 간접적인 언급으로 여겨지는 예수의 어떤 말씀들을 상기하였다. 성전의 파괴와 예루살렘의 황폐화로 고지될 다가올 날의 환난에 대해 말씀하시면서 예수께서는 유대에 있는 자신을 좇는 자들에게 미리 "멸망의 가증한 것이 서지 못할 곳에 선 것을 보거든 그때에 유대에 있는 자들은 산으로 도망"하라고 경고하셨다(막 13:14)[19] 이 "가증한 것"이라는 단어는 비록 헬라어 중성명사로 표현되었을지라도 그 성을 한정하는 분사가 변칙적인 남성형이라는 점으로 미루어 보건대 인격적인 것으로 해석된다).[20] 이 당시 예수의 이 말씀은 유사한 중요성을 지닌 다른 말씀들과 함께 믿음있는 자들 사이에서 임박한 재난에 대비케 하고자 벽보와 같은 것으로 널리 유포되었을 것이다. 만일 그렇다면 이 내용이 후에 마가복음서에 섞여진 것이라고 할 수 있다.

이 사건에서 가이우스 황제로 말미암아 도래했던 위기는 예수의 예언의 성취로 입증되지는 않았다. 그 칙령은 마지막 순간에 번복되었기 때문이다. 예루살렘과 성전을 휩쓴 황폐화에 이르기까지 그 후 30년 이상의 기간이 있었다. 그러나 그 위기는 초대교회의 사고에 깊은 영향력을 끼쳤다. 그리고 예수의 예언은 이후 십년 동안 기독교 문헌들에서 인지되어지는 어떤 한 유형의 말씀들을 있게 하였는데 그 가운데 하나가 데살로니가후서로부터 위에서 인용한 그 구절이다. 가이우스 치하에서의 그 위기는 유대인들이나 그리스도인들이나 할 것없이 그들 사이에 종말

---

19) 이 경고가 AD 66년 전쟁이 터지기 전에 예루살렘 교회의 교인들이 받은 바 유세비우스의 예언과 연관이 있는 것인지는 불확실하다. 그 예언에서 그들은 운이 다한 수도를 떠나 펠라(Pella)의 페라칸 성에 정착하도록 명해졌다. 펠라로 떠난다는 것은 "산으로 도망"하는 것과 거의 다름이 없었다. 유세비우스의 이 예언이 전해진 것은 2세기 무렵의 저술가였던 펠라의 아리스톤(Ariston) 덕분이라고 할 수 있다.
20) $\beta\delta\acute{\epsilon}\lambda\upsilon\gamma\mu\alpha$(중성)은 $\acute{\epsilon}\sigma\tau\eta\kappa\acute{o}\tau\alpha$(남성)에 의해 한정지어진다.

론적인 기대를 고양시켰으며, 지중해 연변의 많은 유대인 사회에서 그 무렵 표명된 군사적 메시야주의에 영향을 미쳤다.

바울은, 가이우스가 계획했던 그 일을 다른 권력가가 실제로 행하게 되는 그때에 그 날은 이를 것이라고 말하고 있다. 그 권력가는 단지 자신의 형상을 세울 뿐 아니라 스스로 성전의 보좌에 앉아서 자신을 지극히 높이신 하나님이라고 주장하며, 어떠한 다른 신에게 주어졌던 것보다 더 높은 신적인 영예를 강요하게 될 것이다. 수많은 무리들이 그가 요구하는 경배를 그에게 드리는 일에 매료될 것이었다. 그러나 그가 권세의 정점에 이르렀을 때 그는 꺾여질 것이며, 그리스도의 재림으로 인해 폐해지게 될 것이다. 그리고 이때에 메시야에 대한 옛 예언이 성취되어질 것이다. 즉, "입술의 기운으로 악인을 죽일 것이며"(사 11:4)라는 말씀이다.

6. 제어하는 세력

다른 성경기자들에 의해서 적그리스도라고 불리워진 이 사악한 존재를 바울은 "불법의 사람"이라고 일컫고 있다. 왜냐하면 그는 불법과 무질서의 "비밀" 내지 숨겨진 세력은 아직 그 완전한 적의를 드러내고 나타나지 않았다. 그러나 이미 시시때때로 그 힘을 표출해내며, 표면 바로 아래에서 활동하여 왔다. 복음의 증진을 방해하기 위하여 규합되었던 (그러나 그 일이 드러남으로 말미암아 무익하게 되었지만) 데살로니가에 있던 저 세력들의 경우에서도 그러했다. 하지만 현재에는 그 세력은 한 막는 사람에 의해 제어되고 있다. 그런데 언젠가 이 제어력은 해제될 것이며, 그때 "불법의 사람"은 모습을 나타나게 될 것이다.

바울은 자신의 서신을 읽는 자들이 그의 의중을 헤아릴 것을 기대하면서 썼던 듯하다. 그는 데살로니가인들과 함께 있었을 당시에 이미 이 일에 대하여 그들에게 이야기한 바 있었다. 그러나 훗날의 독자들에게 있어서 그의 말은 수수께끼와 같은 셈이다. 오늘날에 있어서조차 이 말씀이 의미에 대해서 의견일치를 보지 못하고 있다. 특히 그 제어하는 힘이 무엇인가에 대해서 그러하다. 무엇보다도 오스카 쿨만(Oscar Cullmann)에 의해 제기된 영향력있는 견해는 다음과 같다. 즉, 그 제어력은 바로 바울 자신의 사도의 직분이고 그것(exhypothesi)은 예수의 재림과 그에 수반되는 부수적인 사건들이 있기 전에 완수되어져야 했다는 것이다.[21] 그러나 만일 그러할진대 어찌해서 바울은 명확하게 말하지 않고 그처럼 비유적으로 말

---

21) O. Cullmann, "Le caractère eschatologique du devoir missionnaire et de la conscience apostolique de saint Paul," RHPR 16(1936), pp. 210 이하. 참고, J. Munck, *Paul and the Salvation of Mankind*, E. T. London, 1959, pp. 36 이하. Munck는 이 해석을 롬 11:13~17에 대한 자신의 주석과 연관짓는다. 곧 바울의 선교활동이 중지될 때 적그리스도가 등장하리라는 것이다. 그리고 이 적그리스도의 주권은 "시온에서 나온 구원자"로서 그리스도께서 나타나심으로 끝나게 되리라는 것이다.

해야 했는가. 이 견해보다는, 그 제어력은 황제 — "지금 막는 자" — 로 표현되는 제국의 법과 질서로 말미암아 발휘된다고 보는 편이 더 개연성이 있다. 바울은 로마 제국의 제도와 행정이 적의를 지닌 무질서 내지 무정부세력들을 꺾음으로써 복음에 제공해 주는 보호를 이미 인지하고 있었다. 만일 이것이 바울의 말에 대한 올바른 해석이라면 그의 비유를 쉽게 이해할 수 있다. 만일 그가 제국의 힘이 장차 소실될 것을, 혹은 황제가 더 이상 존재하지 않게 될 것을 명확하게 밝혔더라면, 그리고 이 편지가 반대측의 수중으로 넘어가게 되었다면 바울에게나 그의 친구들에게나 참으로 심각한 결과를 초래했을 것이다. 그러한 말은 데살로니가의 읍장들 앞에서 그 자신에게 부과되었던 바 가이사의 칙령을 위배하고 그에 대적하여 다른 황제를 선포한다는 죄목을 확증해 주는 것으로 간주되어졌을 것이다.

바울이 데살로니가인들에게 회답한 편지에 나오는 이 구절과 다른 구절들의 계시적인 비유가 그가 쓴 전체 내용의 요지는 아니다. 이후의 편지들에서 바울은 때때로 같은 주제, 즉 부활이라든가 장차의 영광 그리고 그리스도의 주권 아래로의 모든 다른 권위들의 복종 등에 대해 다루고 있지만 그러나 그 주제들을 다른 용어로 다루고 있다.[22] 데살로니가인들에게 보낸 편지는 아주 초기에 속하는 것인 까닭에(만일 현존하는 그의 문서들 가운데 가장 먼저 쓰여진 것이 아니라면),[23] 이로 미루어 보건대 바울은 계시에 대한 비유가 그리스도의 소망을 표현하는데 있어 대단히 적절한 수단은 아니라는 사실을 점차 깨닫기에 이르렀다고 생각된다.

제국의 질서의 제어적 기능을 복음의 대의에 유익을 끼쳤다. 십년 전에 있었던 가이우스의 한동안의 광기는 황제 하나가 자신의 신성을 지나치게 중시할 때 무슨 일이 일어날 수 있는지를 보여주었다. 이미 일어난 바 있는 그 일은 다시 발생할 수 있었다. 그리고 실제에 있어 다시 발생하게 된 것이었다. 그것도 가이우스 치세 하에서 보다 결정적으로 더 큰 영향력으로 말이다. 바울이 특별히 여기에서 글라우디오를 지목했다고 생각할 것은 없다. 비록 그 황제의 이름과 제어한다는 개념의 낱말에 어떤 숨겨진 포석이 있으리라고(claudere 라는 라틴어 동사는 "막는 것," claudicare 는 "절뚝거리는 것"이라는 뜻을 지니고 있다는 해석으로) 혹간 생각하는 사람들이 있을지라도 그러하다.[24] 하물며 막는 힘이 옮기운다는 내용을 글라우디오의 의붓아들이자 그 후의 계승자인 네로(이때에 겨우 열 서너 살에 불과했다)와 연관지을 필요는 더 더욱 없다. 오히려 바울은 로마의 정의에 대한 그 자신의 경험을 더 염두에 두고 있었다. 그가 수 년 후에 네로가 이미 황제의 위에 오른 지 2년 이

---

22) 특히, 고전 15 : 24~28 ; 참고, 롬 8 : 17~25.
23) 갈라디아인들에게 보낸 서신이 더 먼저 쓰여졌을 수도 있다.
24) F. W. Farrar 는 주의가 허락하는 한도 내에서 자신의 견해를 피력하고 있다. κατέχω (제어하다)라는 단어에 그(글라우디오)의 이름에 대한 어떤 비유가 있는지의 여부에 대해서는 나는 말할 생각이 없다. *Life and Work of St. Paul*, ii, London, 1879, p. 584.

상 되었을 때, 제국의 권세자들을 "하나님의 일군"으로 서술할 수 있었던 것(롬 13 : 6)은 바로 이 경험을 토대로 한 것이다. 그리고 그로부터 2,3년 후에 그가 자신의 소송을 유대 총독의 관할에서 로마에 있는 황제의 재판소 관할도 옮겨줄 것을 신청했던 것 역시 같은 경험을 근거로 한 것이었다.[25]

---

25) 행 25 : 11.

제22장

바울과 아덴인들

1. 베뢰아로 간 바울

바울은 빌립보에서 데살로니가까지 비아 에그나티아를 따라 나아갔다. 그리고 그는 데살로니가에서부터 서쪽으로 계속 길을 따라 나아갈 수가 있었다. 그가 가도록 부름받은 것은 마게도냐였으며, 비아 에그나티아는 마게도냐를 관통하여 아드리아 해 연변의 종착점인 디르히키움(Dyrruachium)까지 뻗어 있었다. 그러나 바울은 그렇게 하는 대신에 대로를 이탈하여 베뢰아로 향하였다. 베뢰아는 그 군사대로에서 남쪽으로 약간 떨어진 곳에 위치하고 있었다. 베뢰아가 비아 에그나티아에서 거리상으로 약간 떨어진 곳에 있다는 사실은 키케로가 베뢰아를 *oppidum deuium*, 즉 "본로에서 벗어나 있는 작은 성"으로 기술한 것으로부터 추정한 듯하다.[1]

아마도 바울은 이 일에 있어 거의 선택의 권한이 없었던 듯하다. 다시 말하여 그의 데살로니가 친구들이 그와 실라를 베뢰아로 보냈다. 하지만 그 결과에 대한 흥미로운 견해가 있는데 그것은 바울이 자기 동료들과 비아 에그나티아를 따라 동쪽에서 서쪽으로 여행을 떠났을 당시에, 그는 그 길을 따라 디르하키움에까지 갈 계획을 갖고 있었다는 것이다. 그리고나서 아드리아 해를 건너 이탈리아로, 그리고 그 후 로마로 갈 생각을 하고 있었다.[2] 우리는 이 일이 있은 지 6, 7년 후에 그가

---

[1] Cicero, In Pisonem 89, 베뢰아는 BC 168년의 피드나(Pydna)에서의 승리 이후에 로마군이 정복한 첫번째 성이었다.

로마의 그리스도인들에게 보낸 서신에서 바울이 원래 그들을 방문하고자 했었음을, 그러나 그 계획이 계속하여 실현되지 못했다는 것을 알게 된다(롬 1：13； 15：22 이하). 만일 이번의 일도 거기에 포함이 된다면 그를 가지 못하게 막은 것은 무엇인가? 아마도 그는 데살로니가에서 얻은, 로마 제국의 전복을 기도했다는 죄명이 벗어지기까지는 로마에 갈 생각을 하지 않았을 것이다. 그러나 만일 이 무렵 글라우디오가 로마에서 유대인 집단을 추방하라는 칙령을 내렸다는(AD 49) 소식을 바울이 들었다면 그것은 그의 계획이 변경된 보다 결정적인 이유가 되었을 것이다. 만일 그렇다면 로마에서 바울이 활동할 수 있는 기반이 없어졌을 것이기 때문이다. 다른 한편으로 글라우디오의 칙령은 바울에게 개인적으로 이익이 되었음이 한두 달 후에 간접적으로 입증되었다. 바울이 고린도로 갔을 때 그는 거기에서 로마에서 막 추방되어 나온 자들 가운데 두 사람을 만나게 되었으며, 그들은 곧 일생을 통해 그의 굳은 친구가 되었기 때문이다.[3]

바울은 베뢰아에 체류하게 되었으며, 그는 여기에서 제공되어진 증거의 기회를 놓치지 않았다. 베뢰아에는 유대인 회당이 있었다. 그래서 그와 실라는 회당을 방문하였으며, 데살로니가에서와 마찬가지로 회중들에게 복음을 전하였다. 베뢰아의 유대인들은 그들에게 예의있게 행하였으며, 편견을 갖지 않고 경청하였다. "베뢰아 사람은 … 간절한 마음으로 말씀을 듣고 이것이 그러한가 하여 날마다 성경을 상고하므로"라고 누가는 말하고 있다(행 17：11). 그 결과 베뢰아에서 여러 회심자들을 얻게 되었으며 여기에서도 역시 데살로니가에서와 마찬가지로 "헬라의 귀부인 … 이 적지 아니"하였다고 특별히 언급되어 있다(행 17：12). 베뢰아의 회심자들 가운데 적어도 한 사람의 이름이 우리에게 알려져 있다. 즉, 부로(Pyrrhus)의 아들인 소바더(Sopater)로 그는 칠 년 후에 베뢰아 교회의 대표로서 바울을 비롯한 다른 일행들과 함께 동행한 것으로 나타난다(행 20：4). 만일 그가 로마서 16：21에 나오는 소시바더(Sosipater)와 동일인물이라면(상당히 가능성이 있음) 그는 유대인 회심자이었음이 분명하다. 왜냐하면 바울은 거기에서 그를 자기 "친척"이라고 말하고 있기 때문이다.

그러나 데살로니가에서 바울에게 문제를 일으켰던 자들은 그가 베뢰아에 있다는 말을 듣고 그곳에 와서 또다시 비슷한 소동을 일으켰다. 그리하여 바울이 그 지방의 소요가 잠잠해질 때까지 마게도냐를 떠나 있는 것이 최상의 방책임이 분명해졌다. 그래서 베뢰아에 있던 그의 친구들은 그를 데리고 해안으로 내려와 추측컨

---

2) 참고, A.Harnack, *The Mission and Expansion of Christianity*, E. T., i(London, 1908), PP. 74 이하. H. J. Cadbury, *The Book of Acts in History*(New York, 1955), pp. 60 이하. G. Bornkamm, *Paul*, E. T.(London, 1971), pp. 51 이하. E.A. Judge and G.S.R. Thomas, "The Origin of the Church at Rome," *Reformed Theological Review* 225(1966), p. 20.
3) 행 18：2.

대 바다를 건너 아덴(Athens, 아테네)으로 갔다. 아덴은 아가야(Āchaia, 아케이아) 지방에 위치해 있었다. 베뢰아와 아덴 사이에는 데살리(Thessaly) 지방도 있었지만 베뢰아의 그리스도인들의 생각에 데살리는 바울이 거하기에 안전치 못하다고 판단하였으며(행 17:5의 서방역본에는 이 사실이 자명하게 명시되어 있다), 바울을 아덴에 데려다 주기까지 그를 떠나지 않았다.[4] 그리고나서 그들은 바울에게서 실라와 디모데를 다시 그에게 보내라는 명령을 받고 되돌아갔다.

2. 아덴에서의 바울

바울의 아덴에서의 체류에 대한 누가의 명확한 언급은 그 지방에 대한 눈에 보이는 듯한 정확한 묘사에도 불구하고 여러 가지 이유로 해서 누가의 기록을 연구하는 사람들에게 회의적으로 받아들여졌다. 다행스럽게도 우리는 바울의 확증을 가지고 있다. 즉, 그는 아덴에서 체류한 적이 있으며, 그 체류 중 얼마 간의 기간은 자신의 의사에 따른 것이었다는 확증이다. 그는 데살로니가의 그리스도인들에게 어떻게 그가 디모데로 하여금 그들을 방문하여 돕도록 보내었으며, 자신을 "아덴에 머물기를 좋게 여겼"는지를 말하고 있다(살전 3:1). 바울에 대하여 알고 있는 모든 사실로부터 우리는 다음과 같은 사항을 확신할 수 있다. 즉, 그는 다른 곳에서와 마찬가지로 아덴에서 사도로서 증거할 기회를 놓치지 않았다는 것이다. 누가는 바울이 포착한 기회들에 대해 기술하고 있으며, 그 기회들 가운데 하나에 대해서는 상당히 세밀하게 상술하고 있다.

헬레니즘 세계에 있는 어떠한 도시도 여러 양상들에 있어 헬라인들이 가장 영광스럽게 생각하였던 아덴과 견주어질 수 없었다. 민주주의의 요람인 아덴은 페르시아의 침략에 저항하는 일에 지도적인 역할을 한 까닭에 BC 5세기 초의 헬라 성들 가운데서 선두주자의 위치에 있었다. 그 다음의 반세기 동안에 걸쳐 아덴은 세력 있고 부유한 해상제국을 지배하였다. 그러나 펠로폰네소스 반도전쟁(BC 431~404)에서 스파르타의 동맹국에 패배함으로써 초기의 영향력을 더 이상 발휘할 수 없게 되었다. 4세기에는 마게도냐의 침략을 저지하는데 다시 주도적인 역할을 하였다. 그리고 케로니아(Chaerouea)에서 필립 왕이 승리한(BC 338) 후에도 관대한 대우를 받아 예전의 자유를 상당히 누릴 수 있게 되었는데, 이러한 상태는 BC 146년에 로마가 헬라를 정복할 때까지 지속되었다. 로마 제국 역시 이 도시의 과거의 영향을 고려하여 제국에 속한 자유로운 동맹 시로서 아덴 나름대로 여러 제도와 기관을 유지할 수 있도록 허용하였다. BC 4세기와 5세기 무렵의 아덴의 조각과 문학, 웅변, 수사학 등은 지금까지도 가장 탁월한 것으로 평가되고 있으며, 철학에

---

[4] "그는 데살리를 지나쳤다 이는 그들에게 말씀을 전하는 일이 금해졌기 때문이었다"(행 16:6~8 참조). 데살리는 마게도냐 지방에 해당되었다.

있어서도 아덴은 주도적인 역할을 담당하였다. 소크라테스와 플라톤의 고향이었으며, 아리스토텔레스와 에피큐로스와 제논에게는 제 2의 고향이기도 하였다.

> 아덴 - 헬라의 눈 - 예술과 웅변의 어머니
> 이름높은 지혜의 고향이여
> 호의로 맞아들이는
> 달콤한 휴식을 취하고 있는
> 성과 그 외곽
> 면학가의 산책로들과 나무 그늘들이여
> 저기 플라톤의 은거처인
> 아카데미, 감람나무들이 우거진 작은 숲을 보라
> 그곳에서 아덴의 새는 여름 내내
> 떨리는 굵은 음조로 지저귄다
> 저기, 부지런한 벌떼들의 붕붕거리는 소리 가득한
> 꽃피는 언덕 히메투스를
> 종종 묵상에 잠긴 면학가들은 찾아온다
> 저기, 일리수스는
> 휘파람 불며 졸졸 흘러간다
> 그리고 성벽 안으로 보이는 것은
> 옛적의 현인들의 학교들
> 세계를 정복한 위대한 알렉산더를 키워내고
> 아리스토텔레스의 뤼케움을 키워내고
> 그리고 허식적인 스토아 학파를 키워낸……
> 하늘로부터 지붕 낮은 집에까지 미치는 지혜로운 철학에 그대의 귀를 기울여보라
> 소크라테스가 생각나거든 저기 그의 초라한 집을 보라
> 영감받은 예언을 선포했고
> 현자 중의 현자 그의 입으로부터
> 소요학파와 에피큐로스 학파
> 또한 엄격한 스토아 학파들
> 그리고 옛적과 새로운 학자들의
> 모든 학문들을 약하게 만드는
> 꿀같이 달콤한 물결이 유창하게 흘러나온다.[5]

헬레니즘 시대에 있어서의 아덴의 문화적인 영향은 사실상 헬라어의 아덴식 방언에서 계속 지속되었던 것으로 보여진다. 아덴 방언은 이오니아나 도리아의 방언

---

[5] John Milton, *Paradise Regained*, iv, 240행 이하.

에 비하여 처음에는 매우 제한된 영역에서만 사용되었지만 헬라 공통어(코이네, Koine)의 형성에 있어 주요한 토대가 되었다.

누가는 바울이 유대의 일신론, 그리고 십계명 중 두번째 계명의 반형상주의의 원리 가운데서 자라난 사람의 눈으로 아덴의 여러 사당들과 제단들, 그리고 조상들을 본 것으로 묘사하고 있다. "대저 이방인이 제사하는 것은 귀신에게 하는 것이요 하나님께 제사하는 것이 아니니"라고 바울은 주장하였다(고전 10:20). 그리고 "썩어지지 아니하는 하나님의 영광을 썩어질 사람과 … 바꾸었으며" "저희가 하나님의 진리를 거짓 것으로 바꾸어 피조물을 조물주보다 더 경배하고 섬겼다"고 말하였다(롬 1:23, 25). 아크로폴리스의 아래에 있는 아고라에서 아덴의 시민들은 최근의 소식들을 나누기 위해 만나곤 하였었다. 그곳에 모인 사람들은 모두 신의 존재에 대하여 바울과 곧바로 토론할 수 있을 정도의 지식수준이 있는 사람들이었으며, 그들 중의 일부는 스토아 학파나 에피큐로스 학파에 속하는 자들이었다. 그러나 그들 중의 어느 누구도, 이 낯선 방문자와 의견상 타협에 이를 수가 없었다. 바울이 "죽은 자 가운데서 부활하여 능력으로 하나님의 아들로 인정"되신 (바울이 로마서 1:4에서 말하고 있는 대로) 예수에 대해 너무도 열정적으로 진지하게 이야기한 까닭이었다. 어떤 사람들에게는 바울은 전해 들은 지식에 대하여 쟁론하는 말장이(아덴의 속어를 사용하여 그들이 말한 대로, spermologos)로 보여졌다.[6] 또한 다른 사람들에게는 그는 이방신들을 전하는 자로 생각되었다. 그래서 그는 그들에게 붙들리기를 자청하여 아레오바고(Areopagus) 재판소로 가기에 이르렀다.

이제 고대 신화의 흐릿한 안개 속으로 뒷걸음치고 있는, 아덴의 기관들 가운데서 가장 유서깊고 존중할 만한 이 재판소는 한때 의회의 기능을 수행하기도 하였다. 아덴에서의 민주주의의 성장으로 그 초기의 권한은 크게 감소되었지만 여전히 명성을 보유하고 있었으며, 종교와 도덕의 영역에서, 그리고 살인행위에 대하여 관할권을 행사하고 있었다. 이 재판소의 이름은 본래의 모임장소가 아크로폴리스 광장의 서쪽에 위치한 아레오바고 언덕이었던 데서 비롯되었다. 그러나 로마시대에는 그 재판의 대부분이 아고라에 있는 로얄 포르티코(Royal Portico, the stoa basileios)에서 열렸다.

3. 아레오바고에서의 연설

바울은 이 법정 앞으로 인도되었으며, 그의 가르침을 설명해 보라는 청을 받

---

[6] 이는 에스키네스(Aeschines)에 대하여 사용된 단어로 데모스테네스(Demosthenes)가 오용한 데에서 비롯되었다(De Corona 127). NEB 는 이것을 "아는 체하는 사람, 떠벌리는 사람"(Charlatan)으로 번역하였는데 이는 전통적인 번역인 "말장이"(babbler)보다 더 정확한 표현이다.

앉다. 그가 연설을 한 것이 로열 포르티코에서인지, 아니면 아레오바고 언덕 위에 서였는지는 불확실하다. 후자의 견해가 전통적인 해석이다. 오늘날 아덴을 방문한 사람들은 언덕에 오르는 계단 발치에 동판으로 새겨져 있는, 바울이 법정에서 한 연설의 기록을 볼 수 있다.

> 아덴 사람들아 너희를 보니 범사에 종교성이 많도다 내가 두루 다니며 너희의 위하는 것들을 보다가 알지 못하는 신에게라고 새긴 단도 보았으니 그런즉 너희가 알지 못하고 위하는 그것을 내가 너희에게 알게 하리라
> 우주와 그 가운데 있는 만유를 지으신 신께서는 천지의 주재시니 손으로 지은 전에 계시지 아니하시고 또 무엇이 부족한 것처럼 사람의 손으로 섬김을 받으시는 것이 아니니 이는 만민에게 생명과 호흡과 만물을 친히 주시는 자이심이라 인류의 모든 족속을 한 혈통으로 만드사 온 땅에 거하게 하시고 저희의 연대를 정하시며 거주의 경계를 한하셨으니 이는 사람으로 하나님을 혹 더듬어 찾아 발견케 하려 하심이로되 그는 우리 각 사람에게서 멀리 떠나 계시지 아니하도다 우리가 그를 힘입어 살며 기동하며 있느니라 너희 시인 중에도 어떤 사람들의 말과 같이 우리가 그의 소생이라 하니 이와 같이 신의 소생이 되었은즉 신을 금이나 은이나 돌에다 사람의 기술과 고안으로 새긴 것들과 같이 여길 것이 아니니라
> 알지 못하던 시대에는 하나님이 허물치 아니하셨거니와 이제는 어디든지 사람을 다 명하사 회개하라 하셨으니 이는 정하신 사람으로 하여금 천하를 공의로 심판할 날을 작정하시고 이에 저를 죽은 자 가운데서 다시 살리신 것으로 모든 사람에게 믿을 만한 증거를 주셨음이니라.[7]

이 연설의 주된 내용 중 일부는 일찍기 바나바와 바울이 자기들에게 신적인 영예를 주고자 하였던 루스드라 사람들에게 했던 바, 항변의 개요에서 찾아볼 수 있다.[8] 그러나 아레오파기티카(Areopagitica)는 그때의 것보다 더 내용이 완전하며 보다 상세하고 아덴의 지적인 수준에 맞게끔 수정된 것이라고 할 수 있다. 이전에 루스드라에서 그러했던 것처럼 사도행전의 바울은 아덴에서 자신의 말을 경청하고 있는 사람들은 전혀 알지 못할 구약의 예언들을 두드러지게 인용하고 있지 않다. 오히려 그의 연설에 포함된 직접적인 인용문은 헬라 시인들에게서 빌린 것이었다. 그러나 그는 헬라 철학의 여러 학파들의 근거가 되는, 그러한 종류의 기본 원리들에서부터 시작하여 쟁론하지는 않았다. 그의 설명과 그의 메시지의 내용은 성경적인 계시를 토대로 한 것이었다. 그리고 구약성경에 기술된 바로 그 사상들을, 때로는 그 말을 그대로 반영한 것이었다. 성경의 계시와 마찬가지로, 그의 연설도 만물의 창조주이신 하나님에서부터 시작되었으며 만물을 유지시키는 하나님

---

[7] 행 17 : 22~31.
[8] 행 14 : 15~17.

으로 이어지고, 만유의 심판자이신 하나님으로 끝맺었다.

4. "알지 못하는 신"에 대한 가르침

바울은 아덴인들의 강한 종교성을 나타내주고 있는 제단(고대에 그 도시를 찾은 많은 다른 방문자들에게 깊은 인상을 주었던)에 새겨진 헌정의 말에서 그의 연설의 소재 곧 그들과의 접촉점을 찾았다. 그 헌정의 말은 이와 같았다. Agnóstó Theō(어떤 "알지 못하는 신에게"). 여러 알지 못하는 신들에게 드려진 제단들이 아덴에 있었음은 다른 저술가들의 글에서도 찾아볼 수 있다.9) 만일 "알지 못하는 (한) 신에게"(단수로) 드려진 제단에 대해서는 말한 사람이 아무도 없다고 누군가가 지적한다면, 어떤 "알지 못하는 (한) 신에게" 헌정된 두세 개 혹은 그 이상의 제단을 "알지 못하는 신들에게 헌정된 제단들"(복수로)이라고 간략하게 표현될 수 있음에 틀림없다고 충분히 대답할 수 있다.

그러한 이름이 알려지지 않은 헌정이 있게 된 것에 대해서는 여러 가지 속설이 있었다. 한 속설에 따르면, 그 헌정들은 크레타의 현자인 에피메니데스(Epimenides)의 지시에 의한 것이라고 한다. 이 사람은 바울이 그의 연설문 중에 인용한 시인들 중의 한 사람이었다.10) 바울이 연설의 소재로 삼은 이 제단이 본래 어떤 상황에서, 혹은 어떤 취지로 세워진 것이든 그는 그 헌정의 말을 신의 존재에 대한 무지를 나타내는 하나의 증거로 해석하였으며, 자신이 온 목적이 그 무지를 깨우쳐 주는 것이라고 선포했다.

바울은 곧이어 하나님에 대한 교의로 그들을 가르치고 있다. 첫째로, 하나님은 우주와 그 안에 있는 만물을 창조하셨다. 곧 그는 천지의 주재이시다. 이것은 성경의 계시를 딴 말이다. 다시 말하여 지극히 높으신 하나님은 "천지의 주재"이시며 (창 14:19,22), "땅과 거기 충만한 것과 세계와 그 중에 거하는 자가 다 여호와의 것"이다(시 24:1). 이 점에 있어서 어떠한 양보도 헬레니즘의 이교신앙에 허용되지 않았다. 지고(the supreme Being)의 존재와 세상을 만들었다는 헬라의 "조물주" 내지 명인(a master-workman) 사이를 어떠한 특징으로 구분할 수 없다. 왜냐하면 지고의 존재는 너무도 순진한 까닭에 물질적인 질서의 세계와 결합하여 오염될 수 없기 때문이다.

둘째로, 하나님께서는 인간의 손으로 세운 신전에 거하시지 않는다. 스데반은 살아계신 하나님을 경배하기 위하여 세워진 예루살렘 성전에서 이 점을 참조해 볼 것을 산헤드린에게 항변하였었다. 하물며 바울이 신들이 아닌 신들에게 바쳐진 아크로폴리스를 둘러싼 웅장한 신전들을 바라보면서 아레오바고에서 그 사항을 강변

---

9) Pausanias, *Description of Greece* i, 1.4, Philostretus, *Life of Apollonius*, vi, 3.5.
10) Diogenes Laertius, *Lives of Philosophers*, 110.

하는 것은 한층 합당한 일이었다. 실제로 보다 높은 수준의 이교 사상은 어떠한 물질적인 구조물이 신의 속성을 담을 수 없음을 익히 인지하였다. "건축가가 세운 그 어떤 건물이 사방으로 둘러싼 벽 안에 신의 형상을 가둘 수 있겠는가?"라고 유리피데스는 반문한 바 있다.[11] 그렇지만 바울의 말은 성경적인 것이었으며, 고전에 따른 것이 아니었다.

셋째로, 하나님께서는 자신이 창조하지 않은 것들로부터 아무것도 요구하지 않으신다. 여기에서도 마찬가지로 바울의 논증과 필적하는 말을 헬라의 고전문헌에서 찾아볼 수 있다. 가령, 플라톤의 *Euthyphro*가 그렇다. 그렇지만 바울은 예언서의 교훈에 그의 논증의 근거를 두고 있다. 선지자들과 시편 기자들은 각기 그들이 살았던 시대에, 이스라엘의 하나님께서는 그의 백성과 그들의 재능을 어느 정도 의지하고 계신다는 생각을 힘써 부인하였다. 즉, 그의 백성들이 전적으로 그를 의지하고 있음을 변론하였다. 이는 시편 50:9~12에서도 나타나는데 거기에서 하나님께서는 다음과 같은 말로 그의 백성들의 제사를 거절하신다.

> 내가 네 집에서 수소나 네 우리에서 수염소를 취치 아니하리니 이는 삼림의 짐승들과 천산의 생축이 다 내 것이며 산의 새들도 나의 아는 것이며 들의 짐승도 내 것임이로다 내가 가령 주려도 네게 이르지 않을 것은 세계와 거기 충만한 것이 내 것임이로다.

이 말씀은 만일 하나님께서 사람들로부터 예배를 받으신다면 그것은 그가 그 예배없이는 일하실 수 없는 까닭에서가 아니라고 바울이 단언했을 때, 그가 강조하는 그 점을 그대로 드러내준다.[12] 하나님의 어떤 필요를 그들이 공급해 주기는 커녕 하나님께서 그들의 모든 필요를 공급해 주고 계신다.

5. 인간에 대한 교의

전반적인 만유의 창조주는 특히 인간의 창조주인 까닭에, 바울은 하나님에 대한 교의에서 인간에 대한 교의로 그의 논증의 방향을 돌린다.

첫째로, 인간은 모두 하나이다. 헬라인들은 자신들이 다른 이방인들에 비하여 본질적으로 우수하다는 자부심을 가지고 있었음에 틀림없다. 그리고 아덴인들은 자신들이 다른 헬라인들과는 달리 아덴의 땅에서 출생한 본토박이라는 사실을 자랑하였을 것이다. 그러나 바울은, 인류는 본래 하나이며, 모두 하나님께서 창조하셨고, 모두가 동일한 같은 조상의 후손들이라고 단언한다. 즉, 하나님 앞에서 모든

---

11) Euripides, *Fragment*, 1968.
12) 행 17:25에 대한 NEB의 번역은 그 말씀의 상세한 의미를 훌륭하게 전달하고 있다. "또 무엇이 부족한 것처럼 사람의 손으로 섬김을 받으시는 것이 아니라."

인간은 동등한 수준으로 만난다.

둘째로, 인간의 땅에서의 거주 그리고 그들의 연대의 경과 내지 인생행로는 하나님을 위하여 정해졌다. 이 사항 역시 성경적인 것이다. 창세기 1장에 따르면 땅은 인간이 그것을 소유하도록 지시되기 이전에 먼저 인간의 거처로서 형성되었으며 제공되었다. 더군다나 땅에 인간이 거처를 정하고 집을 짓는 일은 첫째로, 인간이 살아갈 수 있게끔 생활 공간으로써 거주에 적당한 지대가 제공되었기에, 그리고 둘째로 "시기의 분배"(allotted periods)의 조절이 있기에 가능하다. 전자의 경우는 신명기 32 : 8에 시사되어 있다.

> 지극히 높으신 자가 열국의 기업을 주실 때, 인종을 분리하실 때에 이스라엘 자손의 수효대로 민족들의 경계를 정하셨도다.

그리고 "시기의 분배"는 씨뿌리는 시기와 추수기가 연속하여 이어지는 것(루스드라에서 한 강론에서처럼), 혹은 인류사의 여러 시대들의 구분(다니엘의 환상에서 보여진 대로)을 말한다.

세째로, 이러한 것들을 정하심에 있어서 하나님의 의도는 인간이 그 분을 찾고 발견하게 되는데 있었다. 이는 당연한 소망이셨다. 왜냐하면 모든 인간은 하나님의 소산이며 그 분은 저희에게 가까이 계셔서 그들을 도우심으로써 그 분이 바라시는 바를 이루고자 하시기 때문이다. 여기에서 바울의 연설은 헬레니즘과의 강한 유사성을 보여준다. 그런데 이 점에 있어서 바울은 다른 청중들에게, 인간은 하나님께서 그의 형성대로 지으신 피조물이라고 말함으로써 동일한 생각을 표현할 수도 있을 터이었다. 하지만 그는 여기 아덴 사람들에게는 지고한 존재에 대한 인간의 관계를 제시하고 있는 헬라 시인들의 말을 두번 인용하여 자신의 요점을 확고히 한다.

첫번째 인용은 그레데인인 에피메니데스의 것으로 추정되는 4행 시의 네번째 행에서 따온 것이다. 이 시에서 에피메니데스는 제우스의 무덤을 그레데에서 볼 수 있게 되리라고 말하는 자기 고향 섬사람들을 비난하고 있다.

> 오, 거룩하고 높으신 이여, 그들이 당신의 무덤을 만들었읍니다.
> 항상 거짓말장이이며, 악한 짐승이며, 배만 위하는 게으름장이인 그레데인들이!
> 그러나 당신은 죽지 않았읍니다.
> 당신은 살아계시며 영원히 거하십니다.
> 이는 당신을 힘입어 우리가 살고 기동하며, 당신 안에서 우리가 존재하는 까닭입니다.[13]

---

13) Merv 의 Isho'dad 의 시리아어 번역본으로 보전됨. 이 4행시의 두번째 행은 딛 1 : 12에서 인

두번째 인용은 바울과 같은 길리기아인이며 스토아 철학에 깊이 영향을 받은 시인인 아라투스(Aratus)의 시, "자연현상"(Natural Phnomena)에서 딴 것이다. 이 시는 제우스에 대한 찬양으로 시작되고 있다. 여기에서의 제우스는 헬라 신화에 등장하는 모든 신들의 아버지로서의 제우스라기 보다는 스토아 철학에 있어서의 지고한 존재인 제우스(Zeus the Supreme Being)라고 할 수 있다.

> 제우스에 대해 먼저 말할진데
> 오, 사람들아! 그에 대하여 말하는 것을 잊지 말자
> 사람의 모든 행로와 처처마다 제우스로 충만하고
> 바다와 항구도 그로 가득하다.
> 우리 모든 인간은 모든 일에 있어서 마땅히 제우스와 함께 행해야 하니,
> 이는 우리가 그의 소생인 까닭이라.[14]

사도행전의 바울(우리가 편지를 통해 아는 그 바울로만 생각하자면)이 스토아 학파의 범신론이 제우스를 보는 그 관점으로 하나님을 보았다고 생각되지는 않는다. 그러나 만일 바울의 말을 경청한 아덴 사람들이 권위자로 인정하는 시인들이 바울의 논증에 부합될 수 있는 말을 하였다면, 바울은 그가 한 그대로 성경적인 의미를 부여하면서 그들의 말을 인용하였을 것이다. 바울의 관심은 그 경청자들에게 하나님의 피조물로서의 모든 인간의 책임을 강조하는데 있었다. 즉, 하나님께서는 자신의 피조물들에게 생명의 호흡을 불어넣어 주셨으며, 따라서 그들은 하나님께 마땅한 영광을 돌려야 할 책임이 있었다. 그리고 이 영광과 존귀는 하나님의 거룩한 속성을 물리적인 형태로 묘사함으로 돌려질 수가 없다. 다시 한번 여기에서 이교의 우상숭배에 대해 언급하고 있는 히브리의 예언 내지 시편의 말씀을 상기하게 된다(시 115 : 4).

> 저희 우상은 은과 금이요, 사람의 수공물이라.

끝으로, 회개에 대한 촉구가 나온다. 하나님의 존재에 대한 그들의 무지는 질책받아야 할 것이었다. 그러나 하나님께서는 그것을 자비롭게 간과해 주셨다. 루스드라 사람들에게 하나님께서 지금까지는 "모든 족속으로 자기의 길들을 다니게 묵인하셨"으나 이제는 새로운 일이 시작되었다는 암시가 주어졌던 것과 마찬가지로 아레오바고의 사람들은 그리스도의 부활을 다음과 같은 사실로 증거됨을 듣게 되었다. 즉, 하나님은 그리스도를 통하여 "천하를 공의로 심판"하신다는 것이다. 이것은 하나님께서 "의로 세계를 판단하시며 공평으로 그 백성을 판단하시"(시 98 :

용되고 있다.
14) Aratus, *Phainomena*, 1~5; 참고, Cleanthes, *Hymn to Zeus*, 4.

9)리라고 선포한 히브리의 시편 기자의 말을 반복한 것이었다. 이 심판을 집행하기로 "정하신 사람"은 "인자 같은 이"라고 곧바로 말할 수 있다. 곧 그는 다니엘 7:13 이하에서, 옛적부터 전 세계의 권의를 받은 것으로 나타나는 자이다. 그리고 요한복음 5:27에 의하면 성부께서 그에게 "인자됨을 인하여 심판하는 권세를 주셨다."

6. 아레오바고 연설에 나타난 바울사상

이 연설에는 이것을 비바울적인 성격의 것으로 아주 확실하게 규정지을 수 있게 하는 많은 특질들이 있다. 캐드버리(H. J. Cadbury)는 아레오바고 연설을 포함한 모든 사건에 대하여, "아덴에서의 바울의 활동의 역사적 사실성에 대하여 따져보고자 하는 경향이 고전주의자들 간에 두드러진다"고 언급한 바 있다. 그같은 고전주의자들 가운데 특히 주목되는 사람이 에드워드 메이어(Eduard Meyer)이다. 그는 "어떻게 이 사건의 기록을 어떤 사람들은 하나의 꾸며낸 이야기라고 생각이나 할 수 있는 것인지"[15] 자신의 능력으로는 도저히 이해할 수조차 없다고 말하였다. 그리고 뿐만 아니라 에드워드 노던(Eduard Norden)을 설득하여, 최소한 누가가 바울의 연설의 원내용을 다시 작성하였을 가능성을 수긍하게 하였다. 노던은 그 이전에 그의 저술 *Agnostos Theos*(1913)에서 바울의 연설의 정통성에 대하여 반박하는 주장을 한 바 있었는데, 그의 논증은 그 연설에 대한 철저한 분석을 토대로 하였다. 거기에서 그는 바울의 연설문의 구절이 아덴적인 풍취를 보여주고 있으며, 그 연설의 구성이 외적인 모델을 힘입어 작성된 것이라고 하였다. 그리고 노던이나 메이어보다 더 예증적인 고전주의자로는 윌러모비츠(Wilamowitz)를 들 수 있는데, 그는 아레오바기티카의 종교적인 색채는 직접적으로 헬라 교육의 원리를 접한 바 없는(이 연설의 작성자는 그렇지 않지만) 바울 그 자신의 것이 아니라고 결론지었다.

그러나 여러 서신서들을 쓴 그 바울과 아레오바기티카와의 어떠한 연관성을 단호히 부인하여 온 사람들은 고전주의자들이라기 보다는 오히려 신학자들이다. 혹자는 지적하기를, 일반적인 바울의 가르침의 특성은 은혜로 말미암아 "그리스도 안에" 존재하는 것을 강조해 온 반면에 여기에서는 본래부터 인간은 "신 안에" 존재한다는 사실에 대한 강조로 대체되고 있다고 하였다.[16] 또 어떤 사람은 말하기를 이 연설문은 바울 나름의 복음을 제시하는 대신에 헬라의 시인들과 사상가들의 말을 빌어서 하나님에 대한 참된 지식을 정립하고자 시도함으로써 2세기의 활약한 변증론자들의 합리주의를 예기해 주고 있다고 하였다.[17] 또다른 사람은 이 메시지

---

15) E. Meyer, *Ursprung und Anfánge des Christentums*, ⅲ, (Stuttgart/Berlin, 1923), p. 105.
16) A. Schweitzer, *The Mysticism of Paul the Apostle*, E. T.(London, 1931), pp. 6 이하.

는 구원사의 맥락에서 주어졌을 뿐만 아니라 세계사의 맥락에서 행해진 것이라고 말하였다. 즉, 이것은 이 메시지가 한층 비바울적인 속성을 지니고 있음을 지적하는 말이다.[18] 그리고 또다른 사람의 의견에 따르면, 이 연설문에서 "십자가에 대한 말"이 교묘하게 빠뜨려져 있는데 이는 그것이 "이방인들에게는 미련한 것"으로 보여지기 때문이라고 지적했다[19](참고, 고전 1 : 23).

그렇지만 "로마인들에게 보낸 바울 서신"의 처음 세 장을 쓴 바로 그 저자가 아레오바기티카의 중심이 되는 여러 논지들을 말한 그 사람이라고 생각하는 것은 그리 어려운 일이 아니다.[20] 그리고 만일 그 연설이 이교도들에게 행해진 반면에, 그 편지가 그리스도인들에게 주어졌음을 기억해 본다면, 각각 강조점의 차이를 이해할 수가 있다. 그 서신에서 바울은 하나님을 아는 지식과, "그의 영원하신 능력과 신성"을 그가 창조하신 것들로부터 깨달아 알 수 있다고 주장하며 이 점에 대해서 사람들은 "핑계치 못할지니 … 하나님을 알되 하나님으로 영화롭게도 아니하며 감사치도 아니하고 오히려 그 생각이 허망하여지며 미련한 마음이 어두워졌다"고 주장한다(롬 1 : 9~21). 그럼에도 불구하고 하나님께서는 길이 참으시는 중에 이같은 일들과 이전에 지은 다른 죄들을 간과하였다. 그러나 이제 그는 "예수 그리스도를 믿음으로 말미암아 모든 믿는 자에게 미치는" 의의 길을 나타내셨으며, 따라서 복음이 이른 자들에게는 새로운 책임이 있게 되었다(롬 3 : 21~26). 만일 그 연설에서, 스스로를 사람들에게 알리심에 있어서 하나님의 목적이 사람들로 하여금 "하나님을 혹 더듬어 찾아 발견케 하려"는데 있었다면, 로마서 2 : 4에서의 그의 오래 참으심과 인자하심은 그들을 인도하여 회개케 하기 위한 것이다. 사람들은 예수 그리스도를 믿음으로 말미암아 하나님의 용서와 의의 선물을 얻을 수 있게 되었으며, 바울의 복음에 따르면 아울러서 그를 통하여 하나님께서는 다가올 날에 "사람들의 은밀한 것을 심판"하실 것이다(롬 2 : 16).

이같은 말을 한 그 저자를 아덴에서의 사건에 적용시켜 보라. 이 서신을 쓴 저자로 하여금 그의 동료 신자들에게가 아니라 문명화된 이교도들에게 그의 가르침을 설명하게 하라. 그리고 그는 지난 몇 년 동안 이방세계에서 성공적인 복음지도자였다는 사실을 기억해 보라. 한 가지 예를 들면, 고린도전서 2 : 2~5에서 겸손하게 부인하고 있기는 하지만 바울은 이교도들에게 접근하고 말하며, 그들을 설득하는데 있어, 또한 자기 말을 현재 듣고 있는 사람들과의 공통적인 소재를 모색하

---

17) M. Dibelius, *Studies in the Acts of the Apostles*, E.T(London, 1956), pp. 26 이하.
18) H. Conzelmann, "Ther Address of Paul on the Areopagus", in *Studies in Luke/Acts*, ed. L.E. Keck and J.L. Martyn(Nashvelle/New York, 1966), pp. 217 이하.
19) P. Vielhauer, "On the 'Paulinism' of Acts," in *Studies in Luke/Acts*, ed. Keck and Martyn, pp. 36 이하.
20) 보다 긍정적으로 어림짐작 하건대 그러하다. 참고 B. Gártner, *The Areopgus Speech and Natural Revelation* (Uppsala, 1955)

고 발견해내는데 있어서 탁월한 능력을 보여주었다. 그리고 대화를 갖기 위한 이같은 어떠한 시도도 헛되이 끝나지 않았을 것이다. 그가 그러한 청중에게 처음에 어떻게 말을 걸겠는가? 확실히 처음 한두 마디에서 그들과의 사이에 거리감을 조성하려고 하지는 않을 것이다. 바울이 로마서 1~3장에 주어진 말씀의 진수를 사도행전 17：22~31에서 처럼 이교도들에게 제시할 수 없다고 생각하는 것은 바울의 다재다능함, 즉 "여러 사람에게 여러 모양"이 되는 그의 능력을 과소평가하는 것이 된다. 사실에 있어 누가는 바울이 아레오바고의 법정에서 연설하는 것을 듣지 않았다. 그렇지만 그는 바울이 저와 같은 청중들에게 그의 복음의 준비단계(praeparatio evangelica)를 어떻게 제시하는지 익히 알고 있었다. 그리고 그는 투키티데스의 예를 따라서, "실제로 말해진 것의 전반적인 의미를 전달하고자"[21] 노력하였다.

혹간 성경에 기록된 이 말씀이 연설의 내용을 누가가 요약한 것이라는, 그리고 그 내용은 복음(evangelium)보다는 복음을 받기 위한 준비(praeparatio)라는 생각을 할 수 있지만 이 말씀의 실제적인 정통성에 대한 여러 반론이 반박되어질 수 없는 것은 아니다. 이미 언급했듯이 "우리가 그를 힘입어 살며 기동하며 있느니라"는 인용구는 "신(神)—신비주의"(God-mysticism)를 뜻하지는 않는다. 그 인용구는 단순히 하나님께서 우리 인생을 지으신 분이시자 지탱시켜 주시는 분임을 확증하기 위해 빌어온 것이다. 은혜로 말미암아 "그리스도 안에" 있게 되었다는 생각은 오히려 이교도들에게는 아무런 의미도 지니지 못할 수 있었다. 에피메니데스와 아라투스는 그들 자신의 권위를 나타내주기 위해 삽입된 것이 아니었다. 그들이 한 말들이 하나님에 대한 지식에 이르는데 있어 어떤 지시를 줄 수 있었다. 하지만 연설에서 제시된 바 하나님에 대한 지식은 합리적으로 고안되거나 정립된 것이 아니다. 그것은 히브리의 선지자들과 현자들이 가르쳤던 것이었다. 그 가르침은 하나님에 대한 경외심을 근본으로 하고 있다. 이는 진리, 선 그리고 약속된 사랑과 같은 질서에 속하는 것들이다. 이것이 결여될 때, 사람들은 멸망에 이르게 된다. 하나님의 다가올 날에 그것은 "물이 바다를 덮음같이"(사 11：9) 세상에 충만하게 될 것이다. 연설문에서 분간해낼 수 있는, 스토아 학파와 에피큐로스 학파의 교의들에 대한 미묘한 암시는 이교의 시인들의 글에 대한 인용과 마찬가지로 청중들과의 접촉점을 모색하기 위한 방법이었다. 그러나 연설자는 그것을 본래 그 말이 속하는 개념 그대로 받아들여 사용한 것이 아니었다. 후기의 기독교 변증가들과는 달리, 사도행전의 바울은 헬라인들에게 접근함에 있어서 근본적으로 성경적인 태도를 포기하지 않았다. 비록 성경적인 것에 강조를 둠으로 말미암아 성공의 기회가 감소되는듯 여겨질지라도 그 방법을 채택했다.

---

21) Thucydides, *History* I, 22. 1.

아레오바기티카에서 보여지는 구원사는 바울의 서신서들의 구원사가 그러하듯이 그리스도에서 그 정점에 이른다.[22] 서신서에 나타나는 구원사는 당연하지만 보다 세밀하며 포괄적이다. 인간의 죄에 대한 하나님의 보응하심의 점진적인 작업에 대한 로마서 1 : 18 이하의 개요는 복음에서 하나님의 은혜가 펼쳐지는 배경막이 된다. 복음은 이미 앞서 아브라함에게 선포되었으며, 선지자들에 의해 예고되었고 그리스도 안에서 성취되었다. 연설문에 있는 "이제" 하나님께서 "명하사"라는 말은 고린도후서 6 : 2의 "지금은 은혜받을 만한 때요"라는 말과 상응한다. 세계사적인 맥락으로 말하자면 그것은 바울 서신서들에서보다 이 연설문에서 더 큰 역할을 한 것이 아니었다. 그리고 서신서나 연설문에서 인류의 삶을 창조와 심판이라는 양 끝 사이에서 전진하고 있다. "태초에 하나님께서"라는 말은 "종말에, 하나님께서"라는 말에 필적한다.

실제로 "십자가라는 말"은 연설문에 나와 있지 않다. 이는 누가의 영광의 신학(theologia gloriae)이 바울의 십자가의 신학(theologia crucis) 보다 우선하였기 때문인 동시에, 또한 그 연설문이 복음보다는 복음을 받기 위한 준비 때문일 수도 있다. 후자의 가능성은 바울의 다음과 같은 고백과 연관되어지곤 하였다. 즉, 그가 아덴에서 고린도로 갔을 때 고린도인들 중에서 한 바 있는, "예수 그리스도와 그의 십자가에 못 박히신 것 외에는 아무것도 알지 아니하기로 작정하였다"는 고백이다 (고전 2 : 2). 비록 그가 아덴에서의 자신의 방법이 현명치 못하였음을 깨알았을지라도 그러했다. 그러나 바울은 이때에 이방인 복음화에 있어 초심자가 아니었다. 그는 보다 효과적인 접근법을 발견해낼 만큼 여러 방법들을 경험하였던 터였다. 아마도 고린도에서의 바울의 "작정"은 그곳의 상황에 대한 그 나름의 판단에 근거하였던 듯하다.

7. 죽은 자의 부활

그렇지만 "십자가라는 말"이 이방인들에게 미련한 것으로 보이는 까닭에 아레오바기티카에서 교묘하게 빠뜨려졌다는 제안을 지지해 주는 사항은 어느 곳에서도 찾아볼 수 없다. 십자가에 대한 어떠한 언급은 이 특별한 이방인들에게 있어 이 연설의 결론부분에 등장한 말보다는 덜 미련한 것으로 간주되어질 수도 있었다. 다시 말해서 바울은 죽은 자의 부활을 언급하며 이 연설을 끝맺었다. 하나님께서는 심판을 행하게 될 그 사람을 죽은 자 가운데서 다시 살리심으로써 다가올 심판날

---

22) 바울의 구원사(Salvation/history, Heilsgeschichte)에 대해서는 다음을 보라. J. Munck, *Paul and the Salvation of Mankind*, E. T(London, 1959); O. Cullmann, Salvation in History, E. T(London, 1967), pp. 248이하; E. Käsemann, Perspectives on Paul, E. T (London 1971), pp. 60, 이하.

에 대한 확증을 주셨다고 여기에서 진술되고 있다.

　만일 이 연설이 보다 실감있게 기록되었다면 그 연설의 경청자 가운데 몇몇 사람이 이 부활한 자에 대해 좀더 듣기를 원하는 것으로 묘사될 수 있었을 것이다. 특히 그 사람을 죽은 자로부터 일어나게 하는 그것이 무엇인지를 그들은 듣고자 했을 법하다. 만일 그것이 방법론적으로 고려되었다면, 적절한 결론으로 끝을 맺는 듯 여겨질 것이다. 그러나 이 연설문의 결론의 내용은 듣고 있던 경청자들 대다수의 마음에 전혀 맞지 않는 것이었다. 만일 바울이 영혼의 영원불멸성에 대해 강론했더라면 그는 에피큐로스 학파를 제외한 다른 대부분의 사람들로부터 동조를 얻게 되었을지도 모른다. 그러나 부활의 개념은 그들에게 있어 터무니없이 불합리한 것이었다. 아덴의 비극작가 에스킬루스가 아덴의 아레오바고의 바로 그 법정에 대해 그 도시의 수호신의 입을 빌어 묘사했을 때 그는 아폴로 신으로 하여금 이렇게 말하도록 했다.

　　　티끌이 인간의 피를 흡수한다.
　　　사람이 한번 죽으면 부활이란 없다.[23]

　그리고 여기에서 사용된 부활이란 단어(anastasis)는 바울이 사용한 바로 그 단어이다. 모든 아덴인들이 말할 나위 없이 훌륭한 근거를 가지고 부활이란 것은 있을 수 없다고 단정하고 있던 그때에, 바울은 무슨 목적으로 아덴으로 가서 부활에 증거했는가?

　바울이 하나님에 대해서 가르쳤을 때의 주된 반응은 직설적인 조롱, 그리고 잠잠한 음울함이었다. 아레오바고 법정의 한 관원은 그의 메시지를 믿었다고 말해지고 있다. 즉, 디오누시오(Dionysius)라는 사람으로 그는 오늘날 아덴에서 거리의 이름이 그의 이름을 따서 명명되는 명예를 사도 바울과 함께 누리게 되었으며 아울러서 AD 500년 경에는 신플라톤주의와 신비주의 신학의 문헌들을 집대성한 저자에게 필명을 제공해 주는 영예도 갖게 되었다. 아덴에서 바울에게 합류한 소수의 몇몇 사람들 가운데서 특별히 다마리(Damaris)라고 하는 여자에 대한 언급이 나오고 있는데, 그에 대해서는 이름 이상의 다른 아무것도 나타나 있지 않다. 아레오바고 연설에서 단호하게 적극적으로 행동하도록 설득된 자들에 대해서는 데살로니가의 회심자들에 대해서 언급된 그대로 말할 수 있을 것이다. "너희가 … 우상을 버리고 하나님께로 돌아와서 사시고 참된 하나님을 섬기며 또 죽은 자들 가운데서 살리신 그의 아들이 하늘로부터 강림하심을 기다린다 …이는 장래 노하심에서 우리를 건지시는 예수시니라"(살전 1:9~10). 아레오바고 연설에서와 마찬가지로 바울의 이 말씀에서도 역시 십자가의 신학에 대한 명백한 언급을 찾아볼 수 없다. 그

---

23) Aeschylus, Eumenides 647행.

렇다고 해서 바울이 데살로니가에서 십자가에 대해 침묵을 지켰다고 추정하는 것은 위험스러운 일이다. 하지만 사도 시대에 아덴에 어떤 교회가 있었다는 말을 우리는 들은 바 없으며, 바울이 "아가야에 첫 열매"라고 말하였을 때 그는 고린도에 있는 한 가족을 가리켰다(고전 16 : 15).[24]

---

24) 아테네에서의 사건 전반에 대한 진지한 연구가 T.D. Barnes에 의해 출판되었다. "An Apostle on Trial," JTS N.S. 20(1969), pp. 407~419.

제23장

고린도에 세워진 하나님의 교회

1. 고린도에 간 바울

바울은 낙담한 채 아덴을 떠나 고린도로 갔다. 이 고린도 여행은 바다 건너 마게도냐로 가서 남부지방을 두루 거쳐 아가야로 들어가려던 그의 전도 여행 일정에 포함되어 있지 않았던 것 같다. 그는 마게도냐에서 여러 도시로 쫓겨다녔다. 이것으로 미루어보건대 하나님께서 그를 부르사 마게도냐 지역에 복음을 전파하게 하셨음을 이미 굳게 확신하고 있었음에도 불구하고 그는 당분간 거기에서 복음을 순조롭게 전파할 수 없었던 것 같다. 사실 마게도냐에서의 그의 전도사역은 결실이 있었다. 그가 그 지방을 떠날 때 빌립과 데살로니가 그리고 베뢰아 지방에는 개심한 자들이 이미 많이 있었다. 그러나 그의 마음은 그들이 과연 신앙을 잘 보존할 것인지에 대한 염려로 가득차 있었다. 아덴에서는 그에게 아무런 폭행이 가해지지 않았다. 그러나 그의 증거를 정중하게 환대하며 오락거리로 삼는 것은 폭행보다 더 난처한 일이었다. 적어도 폭행을 가하는 것은 하나님의 증거를 듣고 어떤 영향을 받았음을 나타내는 것이기 때문이다. 그의 전도사역에 대한 적극적인 반응에 관한 한 아덴은 마게도냐의 다른 어떤 도시들보다 고무적이지 못하였다. 그래서 그는 자신이 말한 바와 같이 "약하며 두려워하며 심히 떨면서"(고전 2 : 3) 고린도에 도착했다. 그렇다고 해서 고린도가 복음을 전파하는데 있어서 마게도냐의 다른 도시들보다 어려움이 덜 했었다는 의미는 아니다. 그 당시의 에게해 연안 지역을 여행하는 사람은 누구든지 고린도의 명성에 대하여 잘 알고 있었을 것이다. 이 도시는 복음의 씨가 자라기에는 좋은 토양이 되지 못하였다. 결국 바울은 고린도에서 18개월을 체류했다(그는 바나바 일행과 수리아의 안디옥에서 헤어진 이후로 다른 도시에 머물렀던 것보다 더 오랜 기간을 이 도시에 머물렀다). 그리고 그가 떠날 무렵 고린도에는 경박한 면이 없지는 않았지만 크고 강한 교회가 세워져 있었다. 누가는 바울이 고린도에 도착한 직후 어느 날밤 주님께서 환상 가운데 바울에게 "두려워하지 말며 잠잠하지 말고 말하라 내가 너와 함께 있으매 아무 사람도 너를 대적하여 해롭게 할 자가 없을 것이니 이는 이 성 중에 내 백성이 많음이라"(행 18:9,10)고 말씀하시는 것을 들었다고 기록하고 있다. 그 말씀을 듣고 바울은 다시금 확신을 굳히게 되었다. 그리고 그 약속은 성취되었다. 고린도는 바울의 계획을 전혀 이해하지 못하고 있었지만, 바울은 고린도가 바울 자신을 위한 주님의 계획 가운데에서 중대한 위치를 차지하고 있음을 인식하게 되었다. 고린도에서 보낸 시간과 그곳을 떠난 후 수년 간 고린도인들과 나눈 체험을 통하여 그는 인간에 대하여 훨씬 더 깊이 이해하게 되었으며 목회자로서 더욱 성숙하게 되었다.

2. 고린도

고린도는 헬라의 고대 도시였다. 그 명칭으로 미루어보아 우리는 BC 1000년 초엽에 도리아계 헬라인이 그곳에 들어와 거주했었음을 추측할 수 있다.[1] 그 도시는 고린도의 이스머스 지협에 위치해 있었으며, 따라서 헬라 본토와 펠로폰네소스를 연결하는 육로를 장악하고 있었다. 이스머스 지협 서편에 위치한 레가온과 동편에 위치한 겐그레아의 항구들 덕택에 고린도는 일찍부터 지중해 지방의 상업무역의 중심지가 되었다. 그 도시는 평야로부터 1,900피트(약 600미터) 가량 융기해 있어 고린도인들에게 천연의 성채가 되어주었던 아그로 고린도의 북쪽에 설립되었다. 그 성채는 피레네 상단의 수원으로부터 고갈되지 않는 물을 공급받았으며, 그 하단의 수원에서 흘러나오는 물은 고린도가 필요로 하는 물을 충분하게 공급해 주었다.[2]

상업적인 유리한 조건 덕택에 고린도는 고대 헬라 시대에 큰 번영을 누렸다. 따라서 사치가 극도로 성행하였으며, 고린도라는 이름은 성적 방종의 대명사가 되었다.[3] 그곳은 아브로디데 숭배의 중심지였으며, 아그로 고린도 꼭대기에는 그 전

---

1) –nth– 소리군은 일반적으로 헬라 시대 이전에 형성된 것으로 인정되고 있다. 고린도의 역사와 고고학에 관해서는 J.G. O'Neill의 Ancient Corinth(Oxford, 1930)와 O. Bruneer의 "Corinth: Center of St. Paul's Missionary Work in Greece"(1951), p.78~96을 보라.
2) 고린도는 호머의 헬라 문학작품에 최초로 등장한다(일리어드, 2장 570, 13장 663에 나오며, 6장 152에는 에피레〈Ephyre〉라는 이름으로 등장한다). 고린도라는 명칭에 대해서는 필로로부터 인용한 미케네 역본에 잘 규명되어 있다.

각이 우뚝 솟아 있었다. 아프로디테 신상은 전쟁의 신 아레스의 갑옷으로 치장되어 있으며, 발 밑에는 투구가 있고 손에는 거울 대신 방패를 들고 있다. 아그로 고린도 성채의 기슭에는 항해자들의 수호신인 멜리세르데의 전각이 서 있었다(멜리세르데는 두로의 제일 신인 멜가르트〈Melkart〉의 헬라식 표현이다). 고린도가 주관하며 헬라의 모든 도시국가들이 참여하는 이스미아의 경기가 매 2년마다 개최되었는데[4] 특히 이 경기에서는 해신인 포세이돈이 찬양의 대상이 되었다. 바울의 말에 의하면 고린도는 "많은 '신'과 많은 '주'를 섬겼다"(고전 8 : 5).

3. 브리스길라와 아굴라

평소에 늘 그러했듯이 바울은 고린도에서도 손수 노동을 하여 생계를 유지하였다. 그런데 거기에서 그는 본래 본도 출신인 아굴라라는 유대인과 그의 아내 브리스길라가 경영하는 장막 만드는 회사에 고용되었다. 이 부부는 얼마 전까지만 해도 브리스길라의 출생지로 추측되는[5] 로마에 거주하고 있었으나 유대인 거류민들은 로마로부터 추방하라는 글라우디오의 칙령에 따라 로마에서 강제로 추방당하였다. 그들은 매우 유복한 부부였던 것으로 보이며, 여러 주요 도시에 장막 만드는 회사의 지부를 두고 그들이 실제로 거주하지 않는 도시의 지부들을 관리할 책임자를 고용했었던 것 같다. 따라서 그들은 일찍부터 로마와 고린도 및 에베소 사이를 이리저리 왕래할 수 있었다. 바울이 고린도에서 그들을 처음 만난 이후로 그는 브리스길라와 아굴라보다 더 충실한 친구이자 조력자되는 사람을 발견하지 못했다. "나 뿐 아니라 이방인의 모든 교회도 저희에게 감사하느니라"(롬 16 : 4)고 쓴 것이 그것을 잘 입증해 준다. 뿐만 아니라 그들의 고린도인들에게 행한 봉사는 바울 개인에게 바친 봉사를 훨씬 능가하는 것이었다. 그들은 항상 나란히 언급되고 있으며, 남편 아굴라보다는 아내인 브리스길라의 이름이 더 자주 나타나고 있다.[6] 이것은 그녀가 보다 더 강한 개성을 지녔던 사람임을 암시해 준다. 바울이 그들에 대하여 언급한 것들을 살펴보면 그들이 바울에 의하여 개심한 자들이라는 암시를 전

---

[3] 동사 κορινθιάζεσθαι 는 글자 그대로는 "고린도인을 희롱하다"는 뜻으로서 간음을 행하다는 의미를 나타내는 BC 5세기 경에 통용되던 용어이다.
[4] 전승에 따르면 이스미아의 경기는 멜리세르데를 기념하기 위하여 제정되었다(알렉산드리아의 클레멘트는 Stromateis, 1장 p.137에서 드라실루스〈Thrasyllus〉를 기념하기 위한 것이라고 기록하고 있다).
[5] 그녀는 어떤 식으로든 브리스가 일족과 관련되어 있었던 것 같다. 누가는 그녀를 보다 친밀한 관계를 엿보게 해주는 브리스길라라는 이름으로 명명하고 있는 반면 바울은 보다 더 형식적인 면을 엿보게 해주는 브리스가라는 이름으로 언급하고 있다(예컨대 고전 16 : 19).
[6] 누가의 기록(행 18 : 18, 26)에서도 그러하며 바울의 기록(롬 16 : 3 ; 참고, 딤후 4 : 19)에서도 그러하다. 서방역본 사도행전 18 : 26에서는 그 순서를 바꾸어 위치시키고 있다. 그리고 이것은 그가 여자를 경시한 것이라고 판단하게 하는 근거를 제공해 주는 것으로서 이것이 그 유일한 예는 아니다.

허 발견할 수 없다. 이 모든 것을 고려해 볼 때 그들은 바울이 만나기 전부터 그리스도인이었음이 분명하며 따라서 로마에 거주하던 때에도 그리스도인이었다고 추측할 수 있다. 그런데 이 사실은 유대인들이 "그리스도의 선동으로" 끊임없이 폭동을 일으켰다는 이유로 글라우디오에 의하여 추방당했다고 보는 수에토니우스의 주장을 뒷바침해 준다.

4. 고린도의 최초의 회심자들

바울은 이전에 다른 도시들을 방문했을 때와 마찬가지로 고린도에서도 여러 주일 동안 회당에서의 안식일 예배에 참석하여 그것을 그의 사역의 최초의 토대로 삼았다. 그는 평소에 하던 대로 예수는 히브리 예언을 성취시키는 분이시라고 변론하였다. 그리고 성경을 봉독하는 도중 적절한 곳에(서방역본 사도행전 18:4에 따르면), "주 예수의 이름을 도입시켰다."[7] 수많은 유대인들과 하나님을 경외하는 이방인들이 그의 설교를 듣고 믿게 되었다. 그 예로 유대인으로서는 그리스보[8]라 하는 회당장을, 이방인으로서는 누가가 디도 유스도[9]라 부르고 있는 회당 곁에 집을 가진 자를 들 수 있다. 그가 바울이 "나와 온 교회 식주인 가이오"(롬 16:23)라 명명한 자와 동일인이라면(그럴 가능성이 크다), 그의 정식 이름은 가이오 디도 유스도가 되며, 그것은 그가 로마 시민임을 암시해 준다. 바울은 스데반이라는 사람과 및 그의 가족과 더불어 그리스보와 가이오를 "아가야의 첫 열매"로 뽑았는데, 그들은 고린도의 회심자들 중 바울이 친히 세례를 준 유일한 사람들이다.[10] 이것은 그들이 고린도에서의 첫 회심자들이었음을 입증해 준다. 몇 주일 후 실라와 디모데가 바울과 만나 마게도냐에서의 그들의 임무를 완수하였다. 그리고 그들은 바울에게서 회심자들의 세례를 비롯하여 그의 무거운 임무를 일부 덜어줄 수 있게 되었다. 그들은 마게도냐의 교우들이 보낸 선물을 바울에게 가져왔으며, 그 선물 덕택에 바울은 당분간 장막 만드는 일을 중지하고 복음을 전파하고 가르치는 일에만 전념할 수 있었다.[11]

그러나 다른 지역에서와 마찬가지로 고린도에서도 유대 당국자들이 급기야는 바울을 지긋지긋하게 여기고, 그로 하여금 더 이상 회당을 사용하지 못하도록 결정

---

7) 바울이 그렇게 한 의도는 그때까지 미해결로 남아 있던 성경들이 주 예수를 가리키는 것임을 명백하게 하기 위해서였다. 이사야의 종의 노래에서(사 42:1; 52:13), 그리고 요나단의 탈굼(아람어역 성경)의 선지자들에 관한 그 밖의 다른 곳에서(43:10) 적절한 위치에 "메시야"를 도입시키고 있는 것과 비교해 보라.
8) 행 18:8, 고전 1:15.
9) 행 18:7.
10) 참고, 고전 1:15, 16; 16:15.
11) 행 18:5; 참고, 고후 11:9.

을 내리게 된 때가 닥쳐왔다. 회당 곁에 집을 가진 바울의 친구요 회심자인 디도 유스도가 자기의 집을 마음대로 사용하도록 내놓아서 바울은 회당에서 시작했던 일들을 편리하게 계속하여 수행할 수 있었다. 이 집은 바울의 활동본부가 되었을 뿐만 아니라 고린도 교회의 최초의 집회가 되었다. 여기에서 바울은 십자가에 못 박히신 그리스도로 말미암는 구원을 계속하여 선포하였고, 그리하여 회심자들은 급속하게 증가해 갔다. 거기에는 유대인들과 하나님을 경외하는 자들이 포함되어 있었을 뿐만 아니라 이교도들도 그 수효가 점차 증가해 갔다.

이교로부터 회심한 개종자들 가운데에는 고린도의 에라스도가 포함되어 있다. 에라스도라는 이름은 바울의 친구요 조력자들의 일단을 언급하는 데에서, 예컨대 사도행전에 한번(19 : 22), 바울 서신서에 두번(롬 16 : 23, 딤후 4 : 20) 등장한다. 그러나 이 세번에 걸쳐 등장하는 인물이 모두 동일인인지는 전혀 확실하지 않다. 그러나 고린도인 에라스도는 로마서 16 : 23에서 바울의 식주인 가이오(디도 유스도)와 더불어 편지에 함께 문안을 보내는 자들로 언급되어 있으며, 거기에서의 그는 "이 성의 재무" 헬라어로(oikonomos), 라틴어로(arcarius)라고 기술되어 있다. 1929년 4월 15일, 아덴의 미국학파에 토대를 두고 있는 고고학자들은 라틴어로 "조영관(造營官)으로 재직했던 에라스도가 사비로 이 도로를 포장하였음"이라고 새겨진 돌비문을 고대 고린도에서 발견하였다. AD 150년 경 그 도로가 보수되었을 때 그 글이 새겨진 비문은 원래 있던 자리로 옮겨졌다. 이 도로는 아마 1세기 후반기에 포장되었던 것으로 추측된다. 이 추측을 연장시켜서 그 비문에 새겨진 에라스도는 바울의 고린도인 친구인 에라스도와 동일하다고 볼 수도 있다(혹자는 확실히 그런 것은 아니고 그런 가능성이 있을 뿐이라고 생각한다). 만일 그렇다면, 그는 그 도시의 재무로서의 직책을 충실하게 이행하였기 때문에 20여년 후에 조영관으로 승진되었으며 그 글이 새겨진 돌비문이 발견되었던 도로를 포장하여 그 도시에 기증함으로써 자신의 승진을 기념하였던 것으로 보인다.

바울이 고린도인들 중에서 "예수 그리스도와 그의 십자가에 못 박히신 것 외에는 아무것도 알지 아니하기로 작정하였다"는 말(고전 2 : 2)은 그가 고린도의 지적인 풍토를 염두에 두었음을 시사해 준다. 고린도인들이 최신의 지혜만을 존중한다는 사실을 알게 되었을 때 바울은 최신의 지혜로서는 도저히 이해할 수 없는 복음의 특징을 강조하였다. 즉, 그는 십자가에못 박힌 사람의 모습보다 더 어리석고 무력한 광경이 어디에 또 있겠는가라는 점에 주의를 환기시켰다. 유대인들에게 있어서 십자가에 못 박히신 메시야는 수치스러운 신성모독을 범한 자였던 것처럼, 헬라인들에게 있어서의 십자가에 못박히신 구세주는 그 말이 뜻하고 있는 바와 같이 터무니없는 모순으로 비쳤다. 그러나 바울이 예수를 십자가에 못 박히실 구세주요 우리 죄를 지신 분이라고 계속하여 전파하자 예기치 않은 사태가 발생하였다. 유대인들과 하나님을 경외하는 자들 뿐만아니라 이교도들도 그 소식을 믿었으며, 새롭게 하시고 자유케 하시는 능력으로 말미암아 자신들의 생활이 변화된 것을 발견하였다. 그리고 그 능력으로 인하여 이기심과 악의 속박을 깨뜨리고 내면으로부터 깨끗하게 되었다. 이와 같이 십자가에 못 박히신 그리스도에 대한 소식은 헬라의 철학적 교훈으로는 도저히 이루지 못했던 그 무엇인가를 그들에게 성취시켜 주었다.

5. 갈리오의 "재판"

데살로니가와 베뢰아에서와 같이 고린도에서도 바울을 해하려는 시도가 일어났으나 결국 그 목적은 달성되지 못하였다.

AD 51년 7월에(아니면 그보다 12개월 가량 후에)[12] 루시오 쥴리오 갈리오가 아가야의 식민지 총독으로 임명받아 고린도에 왔다. 갈리오 (본래는 마르코 안나유스 소바도였음)는 스페인 혈통의 저명한 로마 가문에 속한 자였다. 그는 탁월한 수사학 교수였던 마르코 안나유스 세네카의 아들이요, 스토아 철학자이며, 장차 네로 황제가 될 사람의 가정교사였던 루시오 안나유스 세네카의 동생이었다. 그의 성〈姓〉이 바뀐 것은 부친의 친구인 루시오 쥴리오 갈리오가 그를 양자로 택하여 상속자로 삼았기 때문이었다.[13]

갈리오가 고린도에 도착한 후 얼마 되지 않아서 그 지역의 유대인 공동체에 속한 몇몇 사람들이 불법적인 종교를 퍼뜨렸다는 죄목으로 바울을 갈리오에게 고소하였다. 그 고소의 내용에 바울의 전도사역이 정치적으로 불온한 점이 들어 있다는 암시가 내포되어 있었는지에 대해서는 언급되어 있지 않다. 아마 바울은 단순히 로마의 법이 인정하지 않는 종교를 도입했다는 이유로 고소되었을 것이다.[14] 어

---

12) 갈리오가 아가야의 총독으로 재위한 시기를 뒷받침해 주는 증거로 글라우디오가 델피의 주민들에게 내린 포고령을 기록한 비문을 들 수 있다. 그 비문에는 글라우디오가 26대 황제로서 즉위식을 가졌던 무렵에 갈리오가 그 직책에 임명된 것으로 기록되어 있다. 그런데 다른 비문들에 의하면 그 시기는 AD 52년 1월~7월 사이였을 것으로 추정된다. 식민지 총독들은 7월 1일자로 각자의 임무수행을 위한 임지로 출발하였다. 그 포고령이 문제의 그 시기(즉, AD 51)의 마지막 무렵에 내려진 것이 아니라면(그럴 경우 갈리오는 AD 52년 7월 1일자로 식민지 총독에 오를 수 있었을 것이다), 갈리오는 AD 51년 7월 1일이나 또는 그 날을 전후로 하여 임지에 부임한 것이 된다.

13) 갈리오가 식민지 총독으로 재위한 기간은 그리 오래인 것 같지 않다. 총독이 된 지 얼마 후에 그는 열병을 고치기 위하여 배를 타고 계속 여행을 다녔음이 전해지고 있다(세네카의 *Epistulae morales*). 그 이후 그는 영사로 재직하였으나(AD 55년, 혹은 56년 경) 중증의 폐결핵으로 인하여 로마에서 애굽까지 배로 다시 한번 여행을 하고 있다. AD 63년 그는 큰 형이었던 세네카가 네로의 강요로 자살한 직후에 작은 형 멜라와 함께 네로의 포학함에 희생제물이 되었다.

14) S. Applebaum은 "The Jewish People in the First Century"의 460페이지에서 유대교에 대하여 "인정"된 단체였다고 기록하고 있다. 바울과 그의 제자들이 로마의 법에 비추어 볼 때 유대교와 무관한 자들이었다면 그들의 모임과 사역은 사실상 "불법적"인 것이 되었을 것이다.

쨌든 갈리오는 이 고소에 자신이 개입해야 할 만한 점이 전혀 없다는 판단을 내렸다. 피고는 고발자들과 마찬가지로 분명히 유대인이었다. 이것은 유대의 법과 신학의 쟁점들을 해석하는 면에서 발생한 문제였다. 범죄나 제국의 평화를 인정하는 행위는 그가 재판해야 할 문제였다. 그러나 그는 유대인의 종교적 분쟁에 대해서는 중재하고 싶지 않았다. 따라서 바울이 준비해 놓은 변론을 들어보지도 않은 채 그들을 자기의 법정에서 물러가도록 명령했다[15](갈리오의 법정이었던 것으로 추정되는 석재 단을 아직도 고린도에서 찾아볼 수 있다). 유대인 공동체의 지도자들이 법정에서 쫓겨나는 것을 보고 고린도인 구경군들은 소스데네라는 이름을 가진 회당장을 잡아다가 법정 앞에서 때려주었으나 갈리오는 그 일에 상관하지 아니하였다 [16](이 소스데네가 바울이 고린도인들에게 보낸 첫번째 서신에서 더불어 안부 인사를 전하는 자로 기록한 그 소스데네라면 그는 그의 동료 그리스보처럼 그때에 그리스도인이 된 것이다).

갈리오가 바울에 대한 고소를 기각한 것은 [17] 중대한 선례가 되어 바울에게 유리한 영향을 끼쳤다. 갈리오가 그 고소를 심문하여 유대인들이 주장한 바 대로 바울에게 반역죄를 선고했더라면 영향력있는 총독이 행한 그러한 불법적인 통치는 로마 제국의 모든 지방총독들에게 하나의 선례로서 받아들여져 추종되었을 것이다. 그리고 그렇게 되었더라면 바울의 사도적 사역은 막대한 방해를 받게 되었을 것이다. 갈리오의 권위는 빌립보나 데살로니가의 로마 집정관의 권위처럼 단순히 지역적이고 지방자치적인 차원에 불과한 것이 아니었다. 사실 갈리오가 그 문제에 개입하지 않은 것은, 바울이 가르치고 있는 것이 유대교의 한 형식이요 로마의 법으로 허용된 집회라는 판결을 내린 것이나 다름이 없었다. 그러나 바울의 이방인들에 대한 왕성한 사역으로 인하여 로마의 통치자들이 더 이상 기독교를 일종의 유대교로만 간주할 수 없게 된 때가 곧 닥쳐왔다. 그러나 그동안 바울은 고린도와 그 밖의 다른 곳에서 가이사의 대리인들에게 아무런 방해를 받지 않은 채 그의 임무를 수행할 수 있었다.

6. 고린도를 떠나는 바울

AD 52년 봄에 바울은 교우 브리스길라와 아굴라와 함께 고린도를 떠났다. 그리

---

15) 사도행전 18:12의 $βῆμα$. 이 말은 예수께 사형을 선고했던 예루살렘의 빌라도의 법정을 나타내는 데에 사용되어 있으며(요 19:13), 바울이 "가이사의 재판자리"라고 지적한(행 25:10) 가이사랴에서의 베스도의 법정을 나타내는 데에(행 25:6) 다시 한번 사용되어 있다.

16) 이것은 사도행전 18:17을 가리킨다. "갈리오가 이 일을 상관치 아니하니라"(개역성경). 서방 역본에는 더 명백한 표현이 사용되어 있다. "갈리오가 이 일을 못 본 체하니라."

17) 행 18:14의 동사 $ἀνέχεσθαι$ 는 (RSV의 "내가 너희 말을 들어주는 것이 가하거니와") 사법적 측면으로 볼 때 그런 의미를 내포하고 있다.

고 에게해를 건너 에베소로 들어갔다(그렇게 추측되고 있다). 거기에서도 그는 회당을 방문하였다. 에베소의 유대인들은 바울이 가르치는 내용에 대단히 큰 흥미를 가졌고, 그래서 더 배우고자 하였다. 그러나 그는 예루살렘과의 약속 때문에 에베소에 더 머무를 수가 없었다. 서방역본 사도행전 18 : 21에 따르면 그는 명절이 가까왔기 때문(아마 유월절이거나 오순절이었을 것이다)에 예루살렘에 갔다. 그가 예루살렘에서 행해야 할 그 약속은 나실인 서약과 관계가 있었던 듯하다. 아마 그 약속은 주님께서 밤에 환상 가운데에서 그에게 하신 언약에 대한 응답이었을 것이다. 그는 고린도로 떠나면서 겐그레아의 항구를 출항하기 전에[18] 머리를 짧게 깎음으로써 약속의 일부를 이행하였다. 그러나 그 약속은 예루살렘 성전을 방문해야만이 완전하게 이행될 수 있는 것이었다. 따라서 그는 브리스길라와 아굴라를 에베소에 남겨두고 그곳을 떠나 팔레스틴의 가이사랴를 향하여 출항하였다. 그는 예루살렘에서 그의 임무를 완수하고 모교회에 들러 문안하였다. 그리고나서 그는 수리아의 안디옥을 향해 북진하면서 에베소로 돌아가기 전에 안디옥의 옛 교우들의 신앙을 격려해 주었다.

7. 아볼로와 그의 추종자들

다른 한편 또 한 사람의 유대인이 에베소에 와서 회당을 방문하며 성경을 유창하게 해설해 주었다. 그도 바울과 마찬가지로 성경들이 예수로 말미암아 성취되었음을 가르쳤다. 브리스길라와 아굴라는 그의 말에 큰 관심을 나타내었다. 그들은 그가 가르치는 것을 모두 인정하였다. 그러나 그의 복음에 관한 지식에는 어딘가 부족한 점이 있다고 생각되었다. 그는 예수에 관한 이야기를 정확하게 알고 있었으나 예수의 이름으로 베푸는 세례에 관해서는 전혀 알지 못하고 세례 요한이 가르쳐준 세례만을 알고 있었다(그 세례는 요한의 제자들에 의하여 그때까지도 집행되고 있었다). 따라서 브리스길라와 아굴라는 그를 에베소의 그들의 집으로 초대하여 "하나님의 도를 더 자세히 풀어 가르쳐 주었다"(행 18 : 26).

그 사람이 바로 애굽의 알렉산드리아에 사는 유대인 아볼로였다. 누가는 그를 묘사하는데 형용사 logios를 사용하고 있는데, 그 말은 고대 헬라어로는 "학식이 있는" 또는 "교양이 있는"이라는 의미이고, 후기 헬라어로는 "유창한"이라는 의미이다. 여기에서 누가는 전자의 의미를 배제하고 있는 것은 아니지만 주로 후자의 의미로 그 말을 사용하고 있다. 또한 누가는 그를 "성경에 능한 자"라고 표현하고 있는데 그것은 그가 성경원문을 통달하고 있는 자라는 사실 뿐만 아니라 성경을 해설하는 데에도 뛰어난 능력이 있었다는 사실을 암시하고 있다.

---

18) 행 18 : 18.

서방역본 사도행전 18：25에 따르면 아볼로(이 역본에 의하면 그의 완전한 이름은 아본로니오다)는 그의 고향인 파트리스(Patris, 알렉산드리아)에서 주님의 도에 대한 가르침을 받았다. 이것은 AD 50년 경에 기독교가 알렉산드리아에 이미 전파되어 있었다는 것을 암시한다. 그리고 서방역본의 편집자가 이 사실을 덧붙일 때 어떤 증거를 토대로 하였든지간에 그것은 사실일 가능성이 아주 높다.[19] 아볼로가 성경들이 예수 안에서 성취되었음을 발견하는 능력이 뛰어났다는 사실 이외에도 알렉산드리아의 유대인 철학자 필로(Philo, 그는 아볼로가 에베소에 오기 1~2년 전에 죽은 것으로 추측된다)가 사용했던 우화적 해설방법에도 뛰어났었는지에 대해서는 전혀 알 길이 없다. 그럴 가능성이 없지는 않지만 그렇다고 확정적인 사실이라고 단정할 수는 없다.

우리는 아볼로가 예수의 이야기에 대한 정확한 지식을 가지고 있었음에도 불구하고 어째서 요한의 세례 밖에 알지 못했을까라는 의구심을 갖지 않을 수 없다. 아마도 그는 사도행전의 주요한 이야기와 바울의 서신서들을 통해 추측해 볼 수 있는 것과는 다른 통로를 통하여, 다시 말해서 예루살렘에서 출발한 것이 아닌 어떤 다른 통로를 통하여(알렉산드리아에서든 또는 다른 곳에서든) 복음과 접하게 되었던 것으로 보인다. 팔레스틴의 여러 지방에는(심지어 사마리아에도)[20] 예수를 믿는 무리들이 많이 있었다. 그리고 그들 중에는 예루살렘 교회의 설립 초기에 발생했던 오순절 사건을 체험하지 않았으면서도 복음전도 사역에 전념하는 사람이 있었다. 알렉산드리아의 기독교는, 그 설립 시기와 환경에 대해서 상세하게 알 수는 없지만 여러 세대에 걸쳐(사도 시대의) 예루살렘의 기독교와 (속사도 시대의) 로마의 기독교의 표준에 비추어 볼 때 분명히 무엇인가 결여된 점이 있었다. 이 점에 대하여 좀더 상세하게 살펴볼 필요는 없다. 다만 추측해 보건대 브리스길라와 아굴라에게 받은 좀더 정확한 가르침 속에는 예수의 이름으로 베푸는 세례에 관한 것이 포함되어 있었을 것이며, 그 세례의 결과로 성령으로 말미암는 새로운 탄체로의 가입이 실현되었을 것이다.

아볼로는 유대인 행상인들 가운데 하나였던 것 같다. 그 시대의 근동사를 살펴보면 그들 중 어떤 사람은 이리저리 돌아다녀야 하는 그들의 사업의 특성 때문에 종교적인 가르침을 전파하기가 더 용이했던 것을 알 수 있다.[21] 에베소에서의 용무를 끝마친 후 아볼로는 에게해를 건너 고린도로 갔다. 그때 그는 새로 알게 된 에베소의 교우들이 고린도의 "제자들"에게 보내는 소개장을 소지하고 있었다. 누가가 이 편지를 고린도의 "제자들"에게 보내진 것이라고 기술한 것으로 보아 그것

---

19) 구레네에 일찍부터 복음이 전파되어 있었다면 알렉산드리아에는 그보다 훨씬 일찍 전파되어 있었을 것이다.
20) 행 8：5~25를 보라.
21) 아디아벤(Adiabene)의 이자테스(Izates) 왕을 유대교로부터 개심시키는데 주도적인 역할을 했던 아나니아와 엘리아잘도 그 실례이다.

은 회당 앞으로 보내진 것이 아니라 고린도 교회 앞으로 보내진 것이었다고 볼 수 있다. 그러나 아볼로는 거기에 도착하여 우선 회당을 방문하고, 바울이 그랬던 것처럼 성경에 예언된 메시야는 바로 예수님이시라고 변론하였던 것으로 보인다. 물론 그의 해석방법은 바울의 그것과 달랐음이 분명하다.

어쨌든 그는 고린도에서 기독교의 대의에 관하여 정통한 자로 부각되었으며, 고린도 교회의 지체들 중 많은 사람들이 그가 받은 은사에 대해 크게 감명을 받았다. 그리고 혹자들은 그의 제자라고 자처하기까지 하였다. 분명히 그의 전도의 특성 속에는 바울보다 더 호소력이 있는 무엇이 들어 있어 그들을 매료시켰다. 아볼로의 능변은 스스로 "말이 시원치 않다"고 인정했던(고후 10:10) 바울과는 크게 대조적이었다. 또는 고린도인들이 아볼로의 상상력이 풍부한 우화적 해석방법을 되도록 "말과 지혜의 아름다운 것"을 피하는 바울의 해석방법보다 더 좋아했었을 것이라고 추측된다(고전 2:1).

바울에 대한 충성심을 갖지 않은 사람들은 아볼로의 독창적인 주장을 강력히 지지하며 그를 그들의 교회의 설립자로서 또 그들의 스승으로서 받들고 싶어했다. 한편 자칭 아볼로파에 대항하여 "나는 바울에게 속한다"는 구호를 내건 또다른 일단이 출현하였다.[22] 그렇지만 바울파와 아볼로파 사이에는 원칙에 관한 한 아무런 차이도 없었던 것 같다. 바울은 그 문제에 대하여 언급하면서 어쨌든 그러한 당파심이 존재한다는 사실 자체를 대단히 통탄스럽게 여겼다. "그런즉 아볼로는 무엇이며 바울은 무엇이뇨, 저희는 주께서 각각 주신 대로 너희로 하여금 믿게 한 사역자들이니라 나는 심었고 아볼로는 물을 주었으되 오직 하나님은 자라나게 하셨나니"(고전 3:5,6). 바울이 아볼로에 관하여 이렇게 언급한 데에는 어떤 저의가 조금치도 숨어 있지 않다. 그가 아볼로에 대하여 언급한 모든 말 속에는 우정과 신뢰가 가득 깃들어 있음을 엿볼 수 있다. 아볼로의 가르침은 분명히 바울의 승인을 얻은 것이다. 고린도전서의 끝부분(이것은 AD 55년 봄 에베소에서 쓰여진 것이다)에 사적인 말을 덧붙이면서 그는 이렇게 말한다. "형제 아볼로에 대하여는 저더러 형제들과 함께 너희에게 가라고 내가 많이 권하되 지금은 갈 뜻이 일절 없으나 기회가 있으면 가리라"(16:12). 이 방문이 연기된 자세한 연유에 대해서는 분명하게 기록되어 있지 않다(사실 우리는 그때 아볼로가 고린도 교회를 방문하는데 방해를 받은 것이 하나님의 뜻이었는지 혹은 그 자신의 뜻이었는지 확실히 알 수 없다).[23] 그러나 이 구절을 통해 우리는 그때 에베소에서 바울과 아볼로 사이에 어

---

22) 고전 1:12 ; 참고, 3:4.
23) 누구의 뜻 때문에 그렇게 되었는지는 분명하게 밝혀져 있지 않다. 헬라어를 사용하는 유대인들 사이에서 "뜻"이란 하나님의 뜻을 가리키는 말로 통용되었다(롬 2:18에서처럼). 아마 바울의 권고에도 불구하고 고린도에 돌아가기를 거절한 것은 아볼로 자신의 뜻이었으리라고 생각된다.

떤 교제가 있었다는 것을 알 수 있다. 아마 아볼로는 자신이 일당의 지도자로 부각하여 장차 바울과 경쟁하게 될 소지가 있다는 점을 자각하고 크게 당황하여 에베소를 떠났던 것으로 생각된다.

8. "글로에 사람들" 편에 들은 소식

바울은 에베소를 방문한 고린도인 신자들에게서 아볼로"파"(school)의 성장에 대한 소식과 거기에 대항하여 바울 자신을 후원자로 삼는 또 하나의 당"파"가 발생하였다는 소식을 들었다. 바울은 그 사람들에 대하여 "글로에 사람들"이라고 칭하고 있는데(고전 1:11), 그들은 아마 유복한 한 가문의 가족들이었거나 또는 일가가 모두 신자들인 집안의 일원들이었으리라고 추측된다.[24] 그들은 바울에게 베드로의 이름을 빙자하여 설립된 또 하나의 파당에 대해서도 이야기하였다(바울은 평소처럼 베드로를 게바라 불렀다). 그렇다면 베드로는 바울이 고린도에 부재하는 동안 그곳을 방문했었단 말인가? 그랬을 수도 있다. 베드로는 AD 50년 경 이후로 그전보다 더 광범위한 지역으로 다니며 전도사역에 착수한 것으로 보이며, 특히 (예루살렘 지도자들의 바울과 바나바와의 의견일치에 따라) 여러 주요 지역의 유대인 공동체를 중심으로 복음을 전파했던 것 같다.[25] 베드로가 고린도의 회당을 방문했었다면 의심할 여지없이 그는 거기에 있는 교회에도 문안하였을 것이다. 그 교회에는 이교로부터 개심한 자들 뿐만 아니라 유대교로부터 개심한 자들도 포함되어 있었다. 이미 지적했던 바와 같이 유대인의 지역이든 이방인들의 지역이든 거의 구분없이 복음이 전파되었으며 따라서 그들 두 부류 사이에는 일치점을 찾는데 있어서 오해가 발생할 소지가 대단히 많았다. 아볼로는 사도의 신분을 갖지 않은 자유의사로 행하는 복음전도자였다. 따라서 고린도와 및 그 외 바울에 의해 복음이 전파된 모든 지역에서의 아볼로의 사역은 바울의 권위에 위협적일 만한 것이 되지 못하였다. 그러나 베드로의 경우는 문제가 달랐다. 사려깊은 사람은 누구든지 바울에게 부여된 사도로서의 임무에 대하여 쉽게 의심을 품을 수 있었을 것이다(바울 자신의 설명에 의하면 바울은 자기 자신 외에는 아무도 보지 못한 환상 가운데에서 사도로서의 임무를 부여받았다).

그와 반대로 베드로의 사도로서의 자격은 의심할 여지가 없는 것이었다. 베드로가 바울의 가르침과는 다른 어떤 것을 말한다면 어느 편이 옳은 것으로 받아들여

---

24) 글로에(그에 관해서는 그밖의 다른 것이 전혀 알려져 있지 않다)는 그 가문의 우두머리였거나 또는 그 집의 소유자였던 것 같다.
25) G. Edmundson에 의하면(The Church in Rome in the First Ceutury, p. 80, 84), 그는 AD 54년 10월 13일 글라우디오의 사망소식을 들은 후에 로마에 교회를 재건하는 것을 돕기 위하여 그곳으로 여행하고 있는 중이었다.

질 가능성이 크겠는가? 고린도의 그리스도인들이 베드로에게 특별한 관심을 가졌다는 사실은 바울이 "다른 사도들과 주의 형제들과 게바와 같이"[26]라고 언급한 것으로 미루어보아, 즉 특별히 베드로를 뽑아 마지막으로 지명한 것을 미루어보아 잘 알 수 있다(고전 9 : 5). 여기에서 지적하고 있는 핵심은 그 사람들은 바울과는 달리 전도여행을 다닐 때 아내를 동반했다는 사실이다. 다시 말해서 고린도인들이 베드로의 예를 통해 사도들 간의 어떤 불일치점을 체험으로 인식하였을 것이라는 점이다.[27]

베드로가 친히 고린도를 방문한 것이 아니라면 어떤 다른 사람들이 베드로의 이름을 빙자하여 그 도시를 방문하였을 가능성이 크다. 게다가 그들은 베드로라면 지지했을 리가 없을 정도로 그의 권위를 높이 내세우며 복음을 전파하려고 했었던 것 같다. 고린도의 그리스도인들이 베드로의 권위를 받아들이도록 강요받았는지 그 점은 확실하지 않다. 그러나 그들은 예루살렘의 법령에 따라 음식을 가려 먹는 관습을 준수하라는 강요를 받았던 것 같다. 바울은 자기 자신에 대해서는 고린도 교회의 토대를 닦았다고 말하며, 다른 사람들이 와서 그 위에 튼튼한 교회를 세웠다고 기술하고 있다. 그리고 그는 "각각 어떻게 그 위에 세우기를 조심할지니라"고 경고의 말을 덧붙이고 있다(고전 3 : 10). 사도의 자격에 관한 한 고린도는 바울이 사도된 자로서의 표지를 제시할 필요가 전혀 없는 장소였다. 고린도 교회가 존재한다는 바로 이 사실이 그가 사도로서의 임무를 부여받았다는 충분한 근거가 되기 때문이다. 그는 그들에게 "나의 사도됨을 주 안에서 인친 것이 너희니라"고 말했다(고전 9 : 2).

그러나 바울을 찾아온 신자들이 전하는 바에 따르면 고린도 교회에는 승귀하신 그리스도의 주요한 종들의 이름과 관련된 당파 이외에도 그보다 더 고상한 사상을 내세우는 자들로 구성된 당파가 있었다. 그들은 자신들이 그리스도를 지지하는 자라고 주장하였다(그들은 모두 그리스도인들이 그리스도를 지지하는 그런 의미에서가 아니라 일종의 당파적인 의미에서 그렇게 주장한 것이었다). 바울이 보기에 이것은 가장 언어도단적인 당파심을 표출한 것이었다. 그는 대단히 분개하여 "그리스도께서 어찌 나뉘었느뇨"(고전 1 : 13)라고 힐난한다. 그러면 "나는 그리스도께 속하였다"라는 구호를 내건 사람은 어떤 사람들이었을까?

9. 고린도의 지식있는 자들

복음이 이방인의 지역에 전파될 때에는 어느 정도 변경된 형태로 전해지는 경향

---

26) 혹자는 이 말을 근거로 하여 "게바"가 "사도들" 가운데 속하지 않았다고 추측하는데 그것은 지지하기 어려운 견해이다.
27) 여기에는 베드로가 결혼한 사람으로 기술되어 있는 마가복음 1 : 30, 31과 일치되는 점이 있다.

이 있다. 고린도 교회는 바로 그러한 미묘한 변화의 예를 보여주는 본보기이다. 본래 어떤 의미를 띠고 있던 개념들과 용어들은 새로운 환경에 정착되면서 그곳의 영향을 받아 다른 의미를 갖게 되는 경향이 있다. 예컨대 바울은 예수님의 제자들 안에 내주하시는 성령을 부활의 시대에 충만하게 받아 누리게 된 영광의 기업의 첫 열매들이라고 간주하였다. 다른 한편 고린도의 개심자들 중 일부에게 있어서는 천국의 본질인 성령을 소유하는 것이 가장 중대한 문제로 간주되었다. 성령을 분배해 주신 것이 바로 예수님의 영광스러운 업적이기 때문이었다. 그리스도께서 십자가에 못 박히신 것도 중대한 요소로 간주되었다. 그런데 그것은 바울이 제시한 이유 때문이라기 보다는 그들에게 적대적이고 또 그들로 하여금 천국의 선물을 누리지 못하게 방해하는 "권력들과 세력들"의 허를 찌르고 그것들을 극복하는 수단이 되기 때문이었다. 그러나 그들이 일단 천국의 선물을 받았으면 그들은 이미 천국에 "도달한" 것이었다. 다시 말해서, 바울이 말한 장차 올 천국은 이미 그들의 것이 된 셈이었다.[28] 지금 그리고 여기에서 "성령을 누리고 있다"고 생각하는 사람들에게 있어서 육체의 부활에 대한 희망이 어떤 기쁨을 더 덧붙여 줄 수 있었겠는가?[29] 바울이 장래의 육체의 부활에 대한 전통적인 유대적 신앙을 고수하고 있다 할지라도 그들이 바울에게서 그런 신앙을 전수받아야 할 이유는 없었다. 그들은 이미 온전히 자유로와졌기 때문이다. 그들은 바울이 종종 신자들은 세례를 받음과 동시에 그리스도와 함께 죽었다가 다시 살아난 것이라고 가르쳤을 때[30] 그것을 보다 더 통찰력있는 설명이라고 생각하였다. 그들이 필요로 하는 부활은 그것이 전부였다. 바울이나 아볼로 또는 베드로가 사람들에게 그리스도를 전파했을 때 그들은 승귀하신 그리스도를 알게 된 것이며, 따라서 그들은 성령으로 말미암아 그리스도와 직접 교통하고 있었으며, 인간의 중재를 필요로 하지 않았다. 이런 의미로 볼 때 고린도의 "그리스도파"라고 주장하는 자들과 오늘날의 우리 자신을 동일시 한다 해도 그렇게 큰 잘못은 아닐 것이다.[31]

일부 고린도의 그리스도인들은 좀더 극적이고 황홀한 요소인 "영적 선물들" 또는 예언의 은사 특히 방언을 크게 중요시 했는데, 이것도 역시 지식을 중요시 한 것과 동일한 태도라고 볼 수 있다. 바울은 방언을 성령으로 말미암아 감도된 현상이라고 여기며 그것을 제외시키지 아니하였다. 그러나 그는 고린도의 교우들에게 방언만큼 그렇게 일상적이지는 않지만 그리스도인의 친교를 이루는데 훨씬 더 도

---

28) 참고, 고전 4:8.
29) 참고, 고전 15:12.
30) 참고, 롬 6:4, 5(그러나 여기에서는 그리스도와 함께 다시 살아나는 것을 지금 실현된 사실일 뿐만 아니라 장래에도 실현될 사실인 것으로 표현하고 있다).
31) 바우어(Baur)는 그리스도파에 대하여 그들은 베드로와 그의 동료들을 지정하고 임무를 부여해 주신 그리스도와의 관계를 강조하고 싶어하는 유대주의적 지지자들이라고 강조하고 있다(바우어는 고후 10:7도 그들을 가리키는 것이라고 말한다).

움이 될 요소인 예언의 은사가 더 필요하다고 단언하였다. 방언은 본래 기독교에만 고유한 요소는 아니었다. 헬라는 델피의 아폴로 신전의 여예언자의 말과 디오니소스 숭배자들의 열렬한 기원을 통해 오랫 동안 그러한 체험을 해왔다. 따라서 바울은 성령의 임재와 활동을 입증해 주는 것은 "언어"의 현상이나 또는 예언하는 것이 아니라 말의 실질적인 내용이라고 주장하였다. 바울은 두 가지 극단적인 예를 들어 그 사실을 설명하고자 했다. 즉, 그는 "예수는 주님이시다"라고 말하는 것은 분명히 성령으로 말미암아 유도된 것인 반면 "예수는 저주받은 자이다"라고 말하는 것은—그런데 한때 팔레스틴의 신자들은 그와 같은 말을 고백하도록 강요당했었던 것 같다[32]— 분명히 아주 다른 질서에 속하는 영으로 말미암아 유도된 것이라고 지적한다.[33]

이 "성령의 사람들"을 영지주의자(Gnostics)라고 부른다면 시대착오적인 표현이 될 것이다. 그것은 AD 2세기 경에 번창한 다양한 영지주의 학파들을 지지하는 자들이 즐겨 사용했던 용어이다. 그러나 그들의 교의는 "초기 영지주의"라고 기술할 수 있다. 바울이 고린도인에게 보낸 서신을 통해 우리는 적어도 고린도가 "영지주의의 씨가 자라기에 매우 좋은 토양"이었음을 알 수 있다. 고린도의 "성령의 사람들"은 지혜와 지식이 아주 많은 사람들이었으며, 이 자질들을 (바울이 그들에게 말한 바와 같이) 최신의 세속적인 표준으로 간주하였다. 그러나 오히려 십자가에 못박히신 그리스도에 대한 복음에 있어서 하나님께서는 이 표준을 뒤엎으시고 그들을 어리석게 보이도록 만드셨다. 그리스도의 사랑이 수반되지 아니한다면 그들이 중시하여 증대시켜 온 지식으로는 그리스도인 공동체를 형성시킬 수 없으며, 또는 그리스도인의 친교를 강화시킬 수 없었다. 그들의 지식은 계몽이 덜 되었다고 생각되는 동료 그리스도인들을 무시하게 하고 음식이나 성문제와 같은 그러한 문제에 있어서 미숙한 태도를 취하는 자들에 대해 인내하지 못하게 하는 시험을 동반해왔다. 그들은 육체를 현세적인 준비물로 간주하였으며, 따라서 육체의 행위들에 대해서는 도덕적으로나 종교적으로 무시해도 좋다고 주장하였다.

1세기의 그리스도인 가운데에서 가장 자유롭고 해방된 사람이었던 바울은 이 "지식있는 자들"에게 좋은 본보기가 되었다. 바울은 이교의 신들에게 바쳐진 동물의 고기라 할지라도 그렇게 나쁠 것이 없으며 감사하고 양심에 거리낌없이 먹을 수도 있다고 생각하는 자들과 의견이 일치하였다. 그러나 그들과는 달리 그는 그런 음식을 먹는 것이 양심이 부자유한 그리스도인들에게 해를 끼친다면 그러한 문

---

[32] 행 26：11.
[33] 고전 12：3. 타당성이 보다 빈약한 것이긴 하지만 또다른 설명이 제시되어 있다. 즉, 일부 이방인 그리스도인들은 성령으로 말미암아 누리게 된 천상의 그리스도만을 배타적으로 숭배한 나머지 비하의 신분을 취하시고 죽임을 당하신 지상의 그리스도에 대한 언급은 일체 부인해 버렸다는 것이다.

제에 있어서 언제든지 기꺼이 자기의 자유를 포기할 마음가짐이 되어 있었다.

한편 음식은 윤리적으로 그리고 영적으로 중대한 문제가 아니었지만 성관계에 대한 문제는 전혀 그렇지 않았다. 그 문제는 관련된 당사자들의 인격에 깊고 지속적인 효과를 미치기 때문이었다. "지식있는 사람들"은 "식물은 배를 위하고 배는 식물을 위하나 하나님이 이것저것 다 폐하시리라"[34]고 주장했으며, 그 당연한 귀결로서 "성생활은 몸을 위하고 몸은 성생활을 위해 있다"라고 주장하는 추세를 나타내보였다. 그러나 바울에 의하면 그것은 인정할 수 없는 주장이었다. 사실 음식과 몸은 다같이 썩어 없어질 것이겠지만 그 중 성관계는 육체 뿐만 아니라 전 인격에 영향을 미치는 것이요 인격은 썩어질 몸과 그 운명이 같지 않았다. 바울이 고린도를 떠난 후 얼마 안되어 그는 그곳의 회심자들에게 편지를 보낸 적이 있으나 현재 그것은 손실되었다(편의상 그 편지를 "고린도인들에게 보낸 서신 A"라고 하자). 거기에서 그는 그들이 친교하는 가운데 간음과 그밖의 어떤 악들을 인내로서 극복해내지 못한 것에 대해 책망하고 있다.[35] 그러나 그들은 바울의 충고를 실천에 옮기기가 대단히 어려웠다. 바로 그 다음 편지에서 바울이 그 충고를 일반적인 권고의 형태가 아니라 특별히 강조해야 할 사항으로 취급하여 다시 한번 되풀이하고 있는 것이 그것을 분명하게 입증해 준다. 고린도의 중생한 그리스도인들이 그 도시에 범람하고 있는 죄로부터 해방된다는 것은 분명히 쉬운 일이 아니었다. 고린도 교회의 일부 "교화된" 신자들이 그것은 실제로 전혀 죄가 아니라고 단언하는 상황에서는 더우기 그러했다.

이 "교화된" 사람들이 어느 정도까지 행동을 자유자재로 취할 태세가 되어 있었는지에 대해서는 바울이 에베소에 있을 때 그를 방문한 사람들이 전해 준 사건과 그 사건을 듣고 그가 대단히 분개했던 사실을 통해 잘 알 수 있다. 고린도 교회의 신자 하나가 자기 아버지의 처와 동거하기 시작하였다. 그 아버지가 살아 있었는지 죽었었는지에 대해서는 명시되어 있지 않으나 고린도인의 행동규범에 비추어 볼 때 그러한 관계는 일반적으로 지나친 것으로 간주되고 있었다. 그리고 교회의 지체된 자들 가운데에서 그런 일이 발생했다는 것은 필연적으로 교회의 명성을 해치는 결과를 초래하였다. 그 행동은 대단히 악덕하였다. 그러나 교회의 많은 지체들이 이 사실을 떳떳하게 여기도록 묵과했다는 사실, 즉 유대의 율법과 이교의 전통을 다같이 무시하고 그런 행동을 그리스도인의 자유를 올바르게 주장하는 태도로 간주하도록 내버려둔 사실이 훨씬 더 나쁜 것이었다. 바울은 교회 안에 그러한 행위를 그대로 둔다면 적은 누룩이 반죽 전체를 부풀리듯이 모든 친교를 부패하게

---

34) 고전 6:13에 대해서 RSV는 "몸은 식물을 위하여 있다"는 말 뒤에 인용부호를 달아놓고 있는데, 아마도 그것이 옳은 표현인 것 같다. 그러할 경우 "그러나 하나님이 이것저것 다 폐하시리라"는 말은 바울 자신이 그 말에 대해 덧붙인 논평이 될 것이다.

35) 고전 5:9~11을 가리키는 것임.

할 것이라고 말하였다. 그 죄를 범한 자는 교회의 건강을 위해서 또한 그 사람 자신의 궁극적인 구원을 위해서 교회의 지체로서의 자격을 박탈당하고 추방되어야 한다.[36]

10. 고린도의 약한 형제들

바울이 고린도 교회에게 경고해야 하는 문제는 비단 그리스도인의 자유를 남용하는 점에 한하지 않았다. 그 지체들 중 어떤 사람들은 고린도인의 생활의 부도덕에 대한 반작용으로 또는 2세기의 금욕주의적 영지주의의 영향으로 결혼을 기피하고 육체에 가혹한 훈련을 가하는 것이 바람직한 일이라고 생각하였다. 또다른 사람들은 우상에게 바쳤던 동물의 고기를 먹기를 주저하였다. 따라서 그들에게 내놓아진 고기가 혹시 우상에게 바쳤던 것이 아닌가 자세히 살피게 되었으며, 의심스러울 경우에는 그 고기를 먹지 않았다. 그러한 사람들은 바울을 비난하는 자들에게 합류하여 바울이 음식과 관련된 여러 가지 문제에 있어서 유감스럽게도 방종하는 면이 있다고 간주하게 되었다.

한편 바울은 그리스도의 자비를 위하여 자기의 자유를 솔선하여 제한하였으며 회심자들에게도 이 점에 관하여 자신을 본보기로 삼아 그렇게 해주기를 권하였다. 그는 그러한 제한은 자발적으로 행사해야 한다고 주장하였는데, 그것은 어떤 경우에도 그것을 기회로 하여 복음의 은혜와 성령의 자유에 대해 위협이 가해져서는 안된다는 것을 깨닫고 있었기 때문이다. 이 점에 대한 그의 지시는 그가 에베소에서 전도하고 있을 동안 고린도 교회로부터 그에게 보내온 수많은 문제들에 대한 답변을 제시하는 데에 나타나 있다.

---

36) 고전 5:1~3.

제24장

고린도인들에게 보낸 서신

1. 고린도인들이 바울에게 보낸 편지

바울은 글로에 집안 사람들과 다른 방문자들로부터 들은 소식에 대해 답장을 보냈다. 이 내용이 들어 있는 서신은 고린도전서로서 우리에게 전해져 내려오고 있다. 이보다 앞서 또 하나의 서신이 보내졌는데 그것은 지금은 남아 있지 않다(그것을 편의상 "고린도인들에게 보낸 서신 A"라 칭하기로 한다).[1] 그러므로 여기에서 다루게 될 고린도전서는 "고린도인들에게 보낸 서신 B"가 될 것이다.

바울은 서신을 보냈을 뿐만 아니라 받기도 하였다. 그러나 그가 받은 서신들은 현재 하나도 남아 있지 않다. 이것은 우리에게 큰 손실이다. 왜냐하면, 우리가 서신들을 읽을 수 있었더라면 바울의 서신에 등장하는 사람들과 상황들을 알지 못함으로 인하여 그 맥락을 명확하게 파악할 수 없는 부분들을 이해하는데 커다란 도움이 되었을 것이기 때문이다.

그러나 우리는 최소한 그가 받은 서신 중의 하나에 어떤 내용이 수록되어 있었을지에 대해서 추측해 볼 수 있다. 그 편지는 고린도의 교우들과 제자들이 쓴 것으로서 고린도 교회에 속한 세 사람의 신자들이(스데바나, 포르도나도, 그리고 아가이고)[2] 에베소의 바울에게 가져온 것이다. 이 편지에서 그들은 바울이 그들에게 전수해 준[3] 모든 "유전"을 계속하여 지키고 있다고 확언하면서 일련의 문제들을

---

[1] 고전 5:9~11 참조.
[2] 고전 7:1 ; 16:17.

제기하였다. 바울은 고린도전서 후반부(7~16장, 고린도전서의 주요 부분임)에서 그 것들에 대하여 하나씩 답변하고 있다. 그 문제들 중 어떤 것은 바울이 "고린도인들 에게 보낸 서신 A"에서 말한 것들 때문에 야기된 것이었을 것이다.

(1) 유전의 준수

고린도인들이 계속하여 준수하고 있다고 말한 "유전들" 속에는 믿음과 실천에 대한 기본적인 사항들이 포함되어 있었다. 바울은 그것들을 회심자들에게 전수해 주기 전에 자신이 먼저 "전수받았었다"[4] (여기에서의 "전수받다"와 "전수하다"는 말은 실제로 전문적인 용어로서 개인이 개인에게 또는 한 세대가 다른 한 세대에게 유전을 전하는 것을 나타낼 때에 사용된다). 이 유전들은 "그리스도의 유전"이라고 요약하여 말할 수 있는데[5] 다음과 같은 내용으로 구성되어 있다. ① 그리스도의 죽으심과 부활을 특별히 강조하는 그리스도에 관한 전도내용의 요약으로서 신앙고백과 관련된 내용과 ② 그리스도의 여러 가지 행위와 말씀들 ③ 그리스도인들을 위한 윤리적이고 절차적인 규칙들이다. 상기(上記)했던 바와 같이 이들 중 대다수는 바울이 회심한 후 최초로 예루살렘을 방문했을 때 전수받은 것으로서 그는 그것들을 그의 회심자들에게 전수해 주었다.

고린도인들이 바울에게 이 유전들을 유지해 오고 있다고 말했을 때 그는 그들을 칭찬하였다. 그리고 그는 그들이 망각하고 있는 것에 대해 경고를 덧붙인다.[6] 그들 사이에 싹튼 당파심은 바울이 그들에게 권고한 요소가 아니었다. 이 당파심은 사상면에서 경쟁적인 파벌을 조장시켰을 뿐만 아니라 특히 성찬식에서 아주 해로운 친교상의 분열을 야기시켰다. 따라서 그것은 성찬식에서 주님과의 친교를 나누며 서로서로 친교를 이룬다는 그들 자신의 주장을 조롱거리로 만들었다. 그들은 어떤 개인이나 한 가족이 기부한 음식으로 친교의 식사를 하며 그리스도를 기념하는 빵과 포도주를 서로 나누었다. 그런데 고린도인들은 가져온 음식을 서로 나누어 먹는 대신 부유한 자들은 자기의 음식으로 배불리 먹고 가난한 자들은 그들이 가져온 약간의 음식으로 허기를 채웠다. 그래서 바울이 지적한 바와 같이 "어떤 이는 시장하고 어떤 이는 취하였다"(고전 11:21). 그러한 이기적인 행동은 신성한 행사를 모독하는 것이었다. 그렇게 수치스러운 정신으로 잔치에 참석한 사람들은 거기에서 어떤 은혜를 얻기는 커녕 자기들의 심판을 먹고 마신 것이 되었다.

바울의 이 설명은 오늘날 우리가 지키고 있는 성찬식에 대한 최초의 근거가 된다(고전 11:23~26).

---

3) 고전 11:2.
4) 고전 11:23 ; 15:3 참조.
5) 골 2:6, 8 참조.
6) 고전 11:17~19.

내가 너희에게 전한 것은 주께 받은 것이니 곧 주 예수께서 잡히시던 밤에 떡을 가지사 축사하시고 떼어 가라사대 이것은 너희를 위하는 내 몸이니 이것을 행하여 나를 기념하라 하시고 식후에 또한 이와 같이 잔을 가지시고 가라사대 이 잔은 내 피로 세운 새 언약이니 이것을 행하여 마실 때마다 나를 기념하라 하셨으니 너희가 이 떡을 먹으며 이 잔을 마실 때마다 주의 죽으심을 오실 때까지 전하는 것이니라

위 인용문의 마지막 구절 "주의 오실 때까지"라는 말은 바울이 "전수받은" 것 중에서 절대 필수적인 요소였음이 분명하다. 그 말을 하게 된 근거는 하나님의 나라가 완성되기까지는 다시는 "유월절 음식을 먹거나 포도주를 마시지 않을 것"이라고 하신 다락방에서의 주님의 말씀으로 거슬러 올라간다.[7] 그러나 여하튼 그것은 지상의 교회에서의 식사가 마침내 폐해지리라는 종말론적인 의미를 반영하고 있다. 그것은 예수의 수난을 기념하는 것일 뿐만 아니라 그의 재림을 예상하는 것이기도 하다. 사실 우리는 이것을 원래 성찬식 때에 드렸던 것으로 보이는 마라나타("주여, 어서 오소서!")라는 기도가 확실히 성취되게 하는데 도움이 되는 "예언적 행위"로 간주할 수 있다.

우리가 바울의 기록에서 발견할 수 있는 예수의 말씀을 인용한 내용은 대부분 고린도인들이 보내온 서신에 대한 답장에 실려 있다. 바울은 결혼에 관한 문제에 답변하면서 예수의 이혼금지에 관한 말씀을 인용하고 있다.[8] 그는 자신의 사도적 자유를 옹호하면서 예수님이 명하신 "복음 전하는 자들이 복음으로 말미암아 살리라"는 말씀에 호소하고 있다.[9] 비그리스도인의 가정에 식사초대를 받은 그리스도인에게 충고할 때에도 그는 예수께서 70인의 제자들을 파견하시면서 호의에서 내놓은 음식이면 먹어도 좋다고 하셨던 지시를 인용하고 있다.[10]

바울이 고린도인들에게 전수해 준 유전 중에는 그리스도의 죽으심과 장사지냄 그리고 부활에 관한 복음과 관련된 설명도 들어 있는데 거기에서 그는 그리스도께서 부활하셔서 여러 사람에게 나타나셨던 때를 요약하여 들려주고 있다. 바울은 장래의 부활과 같은 그러한 것을 부인하는 고린도 교회의 신자들이 이 유전을 대수롭지 않게 여기고 있다는 것을 알고 있었다. 물론 그들은 그리스도께서 과거에 부활하셨음을 부인하려 들지는 않았다. 그러나 바울은 자신이 그들에게 전수해 주었던 유전을 상기시키면서, 그리스도의 이미 부활하심과 그의 백성들의 미래의 부

---

7) 눅 22:16, 막 14:25 참조.
8) 고전 7:10,11(막 10:5~12와 비교해 보라).
9) 고전 9:14(마 10:9,10 및 눅 9:3,4와 비교해 보라).
10) 고전 10:27(눅 10:8과 비교해 보라).

활은 서로 대단히 밀접하게 연관되어 있어서(그리스도의 부활은 첫 열매들의 나타남으로 입증되었으며, 그의 백성의 부활은 마지막 추수 때에 나타날 것이다) 후자를 믿지 않는다면 필연적으로 전자에 대한 믿음도 없는 것이 되며 따라서 그리스도인의 신앙은 붕괴되어 버릴 것이다.[11]

고린도인들의 편지에 제기된 문제들은 광범위한 영역에 걸쳐 있다. 거기에는 결혼 및 그것과 관련된 문제들, 우상에게 바쳤던 음식, 교회 안에서의 영적 은사들, 바울이 예루살렘의 동료신자들을 위해 조성하고 있다고 들은 구제기금에 관한 문제들이 포함되어 있다. 우리는 이 문제들을 쉽사리 확인해 볼 수 있다. 바울이 "…에 관해서는"이라는 말로 시작하면서 그 문제들에 대해 하나씩 답변을 제시하고 있기 때문이다.

(2) 결혼에 관한 문제들

고린도인의 생활방식의 일부를 차지하고 있던 성적 방종과 고린도의 교회조차도 그 방종을 면하지 못했던 사실에 영향을 받은 교회의 일부 지체들은 이미 결혼을 했으면서도 성관계를 전적으로 피하는 것이 최선이라고 여기게 되었다. 이렇게 느낀 사람들은 종말이 임박해 왔으므로 가정을 책임지기 위해 세워두었던 장기간의 생활계획을 벗어버려야 한다고 생각하고 자신들의 선택이 옳은 것임을 굳게 확신하게 되었을 것이다. 그들은 그들의 견해를 "남자가 여자를 가까이 아니함이 좋다"[12]는 말로 요약하였다. 게다가 적어도 그들 중 일부는 바울이 그들의 견해에 동의해 주리라 예상하고 있었다. 그들은 바울이 독신생활을 좋아한다는 것을 알고 있었고 그래서 그의 회심자들이 이러한 노선을 택하는 것을 칭찬해 주리라고 생각하였다. 그리스도 이후의 유전을 권장하는 자로서의 바울은 실제로 이 선택을 적극 칭찬하였다. 바울의 행적을 기록한 외경을 보면 그는 그 문제가 여자 회심자들 사이에 야기시킨 사태로 인하여 곤란을 겪고 있다. 그 권고를 듣고 약혼한 여자는 결혼하기를 거부하였고 결혼한 여자들은 남편과의 정상적인 관계를 중지하였기 때문이다. 그러나 역사적인 유전을 중시하는 자로서의 바울은 그와는 아주 다른 방향을 제시하였다. 그의 뜻밖의 권고는 고린도인 신자들을 놀라게 하였다. 그는 온전하게 살라는 권고를 함으로써 마치 자신이 그러한 삶을 승인한 것처럼 보이게 한 후 곧이어 "그럼에도 불구하고"라는 말로 시작되는 또다른 권고를 함으로써 이전의 권고를 뒤엎는다. 그는 독신생활이 그리스도인의 표준이 아니라 일부일처제가 그 표준이라고 말한다. 물론 일부일처제를 권장하는 것은 간음을 피하게 하려는것 외에 보다 고차적인 다른 목적은 없었다. 그리고 그것이 바로 그의 편지를 받는 자

---

11) 고전 15 : 12~19.
12) 고전 7 : 1.

들이 지향해야 할 목표였다(이것은 개인적인 논증을 위한 것이었다. 그렇지만 바울이 결혼에 대하여 간음을 피하기 위한 것 이외에 보다 더 고차적인 목적이 없다고 생각했다는 의미는 아니다). 누구든지 독신생활에 대한 특별한 소명(즉, 은사. 바울은 그것을 그렇게 부르고 있다)[13]을 받지 않았으면서 그 생활을 택하였다면 그것은 자연을 거스르는 것이요, 따라서 그들은 자신들이 혐오하는 바로 그런 종류의 시험에 들게 된 것이다. 바울은 회심자들이 금욕적인 삶을 택하든 자유로운 생활을 택하든 될 수 있는 한 그 선택에 동조하였다. 그러나 그것이 극단으로 치우칠 때에는 금지시켰으며 그 이전에 용인했던 것을 신중하게 제한시켰다.

남편과 아내의 성적인 결합을 억제하는 문제에 대하여 바울은 양자가 동의한다면 일정기간 동안 그렇게 할 수도 있다고 인정하였다. 그러나 일방적인 절제는 지지하지 않았다. 그것은 상대방의 권리를 침해하는 것이 되기 때문이다. 합의된 기간 동안 절제를 한 후에 그들은 다시 정상적인 관계로 돌아가야 한다. 그렇지 않으면 재난을 초래할 수도 있기 때문이다.

그리스도인 부부에 대한 그리스도의 법은 이혼을 금하고 있다. 이 점에 대하여 바울은 자신의 의견을 덧붙일 필요가 없었다. 왜냐하면 주님께서 이 문제에 관하여 명백한 규칙을 제시해 주신 바가 있기 때문이다. 예수께서는 랍비와 논쟁하면서 그리고 유대인의 사회적 관습에 대하여 언급하면서 그 문제에 대한 규칙을 말씀하셨다. 유대의 사회적 관습에 따르면 이혼소송을 제기할 수 있는 것은 남자의 특권이었다. 그러므로 예수께서 이혼을 금하는 명을 내리신 데에는 일면으로 사회적인 특권이 없는 아내를 보호하려는 의도가 있었다. 바울은 이방인의 입장에서 편지를 쓰면서 예수의 명을 남녀 모두에게 적용시키고 있다. 즉, 그리스도인들은 이혼을 택하지 말고 화해를 택해야 한다.

그러나 이방인에게 복음을 전파하는데 있어서는 팔레스틴에서 전도하신 예수께서 직면하지 않으셨던 상황에 자주 부딪히게 되었으며 따라서 그 상황에 적용시킬 수 있는 예수의 명을 찾을 수 없을 때가 있었다. 남편이나 아내 중 한편이 기독교로 개심하고 나머지 한편은 이교도로 남아 있는 경우가 있다. 그와 같은 경우에는 어떻게 해야 하는가? 바울은 이교도인 편이 그리스도인인 편과 계속하여 함께 살고자 한다면 그렇게 하는 것이 좋으며 또한 바람직하다고 말한다. 이교도와 동거한다면 그리스도인이 이교의 영향을 받지 않을까라는 의문이 제기될 수 있다. 그러나 바울은 그와는 반대로 그리스도인과 계속하여 함께 사노라면 이교도가 "거룩하게 될" 것이며 그러한 결합에서 태어난 자녀들까지도 "거룩해질"것이라고 말한다.[14] 바울은 "무릇 단에 접촉하는 것이 거룩하리라"는(출 29:37) 유대인

---

13) 고전 7:7.
14) 고전 7:14.

의 의식법에서 유래하는 원칙으로부터 암시를 얻어 이런 판단을 내린 듯하다. 랍비 문헌을 보면 유대교로 개종한 사람은 개종 이후로는 "거룩한" 자가 된다고 기술하고 있다.[15] 그러므로 부부 중에 이교도인 자는 배우자의 증거를 통하여 복음을 알게 될 수도 있다. 그러므로 그러한 혼인관계는 복음이 전파되게 하는 계기를 제공할 수도 있다.

한편 부부 중 이교도인 편에서 그리스도인인 배우자와 동거하기를 거부할 수도 있다. 그럴 경우에는 어떻게 해야 할 것인가? 바울은 서로 헤어질 수 있다고 답한다. 그는 비그리스도인인 남편이나 아내에게 본인의 뜻을 거슬러 함께 살도록 강요하지 말라고 말한다. 그러할 경우에는 말다툼을 하면서 함께 사는 것보다 서로 헤어지는 편이 훨씬 더 낫다. 그때 버림을 당한 자는 더 이상 결혼서약에 얽매일 필요가 없다. 바울은 "그의 이 특권"이 주님으로부터 명령받은 것은 아니지만 그것이 예수님의 명령과 모순된다고 생각하지는 아니하였다.

처음 결혼하고자 하는 사람들에게 바울은 무엇이라 말했을까? 아마 그는 미망인들 및 결혼하지 않은 사람들(동정으로 함께 살기로 결심한 부부들도 포함하여)에게 한 것과 동일한 답변을 제시했을 것이다. "너희가 결혼을 하지 않을 수 있다면 더 좋다. 그러나 결혼해야 한다면 해도 좋다. 그것은 죄가 아니다!" 결혼한 사람들은 결혼하지 않은 사람들과는 달리 세상적인 염려와 근심을 면할 수 없을 것이다. (바울이 보기에 이미 임박해 있는) 환난과 핍박의 시기에는 결혼하지 않은 사람이 가족에 대한 책임을 지고 있는 자보다 믿음을 더럽혀야 하는 시험으로부터 압박을 더 적게 받을 것이다. 결혼한 사람이 믿음을 지키려면 자기 자신 뿐만 아니라 자녀들도 고난을 받아야 하기 때문이다. 바울은 어려운 시기를 대비하여 비상용 식량을 준비하듯 결혼에 대해서도 그와 마찬가지의 태도를 취하라고 명한다. 이 말은 이 세상의 종말을 암시하고 있다. 예수께서는 큰 재난이 밀어닥쳐와서 도처에 위험이 팽만할 것이며 그때에는 아이를 가지지 못한 자가 오히려 자신을 복되다 여기게 될 것이라고 말씀하신 바 있다.[16] 예수님의 이 말씀은, 누구든지 자신처럼 독신생활을 더 좋게 여기는 자는 이상적으로 볼 때 훨씬 더 많은 고난을 면할 수 있다고 말한 바울의 논평보다 훨씬 더 실제적인 논증이었다. 바울은 자기가 소명을 받은 줄 알고 있는 소수만이 독신생활을 할 수 있다고 인정하였다.

바울의 사도로서의 경력을 감안해 볼 때 그는 분명히 독신이었던 것 같다. 그러나 혹자들은 그에게 실제로 배우자가 있었다고 생각한다. 바울은 베드로를 위시하여 전도여행을 다닐 때 아내를 동반했던 다른 그리스도인 지도자들을 알고 있었다. 그리고 그는 그들이 그렇게 할 자격이 있으며 교회는 그들 뿐만 아니라 그들

---

15) Mishnah Yebamót 11 : 2.
16) 눅 23 : 29, 막 13 : 17 참조.

의 아내들도 부양해야 한다는데 동의하였다. 사실 그는 자신에 대해서도 똑같은 권리를 주장하며 자신도 그렇게 하려고 한다면 그럴 수 있지만 그렇게 하지 않을 뿐이라고 말했다.[17]

이것은 그에게 아내가 있었지만 사도로서 여기저기로 전도여행을 다니는 동안 아내를 동반하지 않기로 한 것이었다는 의미는 아니다. 우리는 바울이 빌립보인 자주장사 루디아를 "참으로 나와 멍에를 같이 한 자"라 부르며 그가 복음을 전파할 때 그와 협력했던 다른 빌립보 여인들을 도와주라고 요청한 것을 근거로 하여 그가 루디아와 결혼했었을 것이라고 추정해서는 안된다(빌 4:3). 그렇지만 그가 사도로서의 활동을 하는 동안에는 결혼하지 않았었음을 인정한다 할지라도 그외의 시기에도 그는 결혼한 적이 없었던 것일까? 우리는 여기에서 결혼하는 것은 정상적인 행위요, 또한 경건한 유대인들도 결혼할 시기가 되면 결혼하는 것을 당연한 일이라고 여겼음을 상기할 필요가 있다.[18] 물론 예수께서는 어떤 예외가 있음을 지적하신 바 있다(그가 말씀하신 것처럼 "천국을 위하여 스스로 된 고자도 있었다" 〈마 9:20〉). 그리고 그는 거기에 세례 요한과 자신을 포함시키셨다. 그러나 바울은 그리스도인이 되기 이전에는 이런 사상의 영향을 받지 않았었을 것이다. 그렇다면 진상은 어떤 것일까? 그는 홀아비가 된 것일까? 그럴 가능성도 있다. 예컨대 요아킴 예레미아스는 그 문제에 대하여 긍정적인 답변을 제시한다.

그러나 바울이 그리스도인이 되자 아내가 그를 떠났다고 보는 견해가 훨씬 더 믿을 만하다. 혹은 그가 그리스도를 위하여 "모든 것을 잃어버렸을 때"[19] 그의 아내도 잃어버린 것이라고 볼 수도 있다. 물론 이것을 입증할 증거는 없다. 그러나 회심하지 않은 배우자가 그리스도인이 된 남편이나 또는 아내를 버리는 가정의 문제에 대하여 바울이 특별히 깊은 이해를 보인 것으로 미루어 볼 때 그럴 가능성이 전혀 없는 것은 아니다. 바울은 "형제나 자매나 이런 일에 구속받을 것이 없느니라"(고전 7:15)고 덧붙인다. 바울에 관해 말하자면 그는 어느 편으로부터도 구속을 받지 아니하였다. 하지만 그는 결혼서약으로부터 풀려난다면 보다 열심히 온 마음을 바쳐 그의 임무를 완수할 수 있으리라는 것을 알고 있었다.

(3) 음식에 관한 문제

우상에게 바쳐졌던 음식에 관한 문제는 고린도와 같은 이교도의 도시에서는 소홀히 여길 수 없는 문제였다. 그것은 우상숭배와 관련된 광범위한 문제들 중의 일부였다. 좀더 교화된 신자들은 "하나님은 한 분밖에 없기" 때문에 "우상은 세상에

---

17) 고전 9:5.
18) AD 2세기 후반기의 랍비였던 유다 벤 터마는 젊은 남자의 결혼 적령기를 18세로 규정한다 (Pirgé Abot 5:24).
19) 빌 3:8.

아무것도 아니며"(고전 8:4) 따라서 이교도의 신전에 바쳐졌던 동물로부터 취한 음식이라 할지라도 더 나쁠 것도 더 좋을 것도 없다는 것을 알고 있었다. 바울도 거기에 동의하였다. 그러나 그가 지적한 바 있듯이 그럼에도 불구하고 교화가 덜 된 많은 그리스도인들에게 있어서 우상은 실제적인 존재였다. 우상을 숭배하지 않고 오히려 혐오한다 할지라도 우상에게 실제성을 부여하는 자들에게 있어서는 우상은 마귀의 능력을 가진 존재로 비치고 있었다. 그러한 사람들이 보기에 우상에게 바쳤던 음식은 우상과의 접촉으로 오염되어 있으며 따라서 그 음식을 먹으면 마귀에 사로잡히게 되는 것으로 생각되었다. 바울은 이와 같이 "약한 형제들"에게 깊은 동정심을 표시하였다. 지식있는 대부분의 사람들과는 달리 바울은 우상이나 그와 같은 종류의 마귀의 존재를 믿는 사람에게 있어서 그것은 실제적인 실체요 또한 능력을 갖고 있는 존재(그들과 무관한 것이 아니라 효과적으로 작용하는 존재로)로 인식되고 있음을 알고 있었다.

고린도의 "베드로파"에 속하는 사람들은 그 점에 관하여 고린도 교회에게 예루살렘의 선언을 부과하려고 했었던 것 같다. 따라서 그것은 고린도의 그리스도인으로 하여금 바울에게 이런 의문을 제기하게 한 부가적인 동기가 되었을 것이다.[20]

바울은 이방인 교회들을 예루살렘의 권위에 복종시키기 위한 태도는 취하지 아니하였다. 그가 어떤 규칙을 부과했다면 그것은 이방인 회심자들로 하여금 어떤 문제들을 기독교의 기본 원칙들에 비추어 그들 스스로 판단할 수 있게 하기 위한 것이었다. 그 원칙들 중 중요한 하나는 약한 형제들의 양심을 고려하여 그들이 자신들의 믿음과 관련된 것들에 대해 좀더 올바르고 명확하게 분별할 수 있도록 친절하게 뒷바침 해주는 것이었다. 그것은 그리스도인의 자유가 외적 규제로 인하여 손상되어서는 안되기 때문이었다. 그리스도인은 가정용으로 쓸 고기를 살 때 그 고기가 우상에게 바쳐졌던 것인가 아닌가 면밀하게 조사해 볼 필요없이 고린도인의 푸줏간에서 자유로이 살 수 있었다.[21] 뿐만 아니라 그는 이교도 친지로부터 식사에 초대 받았을 때에도 주저하면서 살필 필요없이 자유로이 수락할 수 있었다. 다른 한편 그 이웃이 어떤 특정한 음식에 대하여 우상에게 바쳤던 동물의 고기[22]라고 일부러 지적하면서 그의 반응을 살펴 그리스도인의 신앙고백을 제대로 지키는지 시험해 보려고 한다면 그때에는 그 음식을 적절하게 사양하는 것이 바람직하

---

20) 고전 8:7,9~12 ; 9:22, 롬 14:1~3.
21) 바울이 고전 10:25에서 푸줏간을 나타내는데 라틴어에 그 기원을 둔(macellum) μάκελλον 라는 용어를 사용한 것은 그가 고린도의 푸줏간을 염두에 두었음을 암시해 준다. macellum 이라는 말은 고린도의 광장 북쪽에 있는 레카이움(Lechaeum)도로 근처에서 발견된 라틴어 비문 조각에 언급되어 있다.
22) 바울은(그리고 일반적으로 헬라어를 사용하는 유대인들도) 그것을 εἰδωλόθυτον ("우상에게 바쳐진"이라는 의미임)이라 일컫고 있다. 보다 더 경건한 의미를 내포하는 ἱερόθυτον 는 이교도가 사용한 용어였을 것이다.

였다.[23)]

그러나 고린도 교회의 일부 신자들은 우상에게 바쳐진 고기를 사거나 이교도 이웃에게 초대받았을 때 함께 식사하는 것 이외에 그보다 더 심각한 상황에 부딪혔다. 이교도 이웃이 그들의 신의 전각에서 연회를 베푸는 경우가 있었다. 그때 그리스도인은 그 초대에 참석해도 좋은 것일까?[24)] 여기에서 그 고기가 그 신전에서 모시는 신에게 바쳐졌던 동물의 고기인지 아닌지 하는 것은 별로 중요하지 않다. 그보다는 오히려 전체적인 상황이 그 신의 비호 아래 있는 것이 아닌지, 그래서 그리스도인이 우상숭배와 타협하지 않으면 안되는 상황에 처해 있지 않은지 하는 문제가 중요한 것이다. 바울은 동일한 사람이 오늘밤에는 주님을 기념하는 식탁에 참석하고 다음날에는 마귀를 위하는 식탁에 참석하는 것이 과연 있을 수 있는 일이겠는지 묻는다.[25)] 거짓 신들은 실재하지 않는 존재임에도 불구하고 그것들을 숭배하는 자들에게 있어서는 마귀의 능력을 발휘한다. 그러므로 그들의 전각에서 베풀어지는 연회에 참석하는 사람치고 나쁜 영향을 입지 않기란 불가능한 일이다. 이 점에 대해서조차도 바울은 일정한 법을 제시하지 않고 신자들의 적절한 분별력에 호소한다. "나는 지혜 있는 자들에게 말함과 같이 하노니 너희는 내 이르는 말을 스스로 판단하라"(고전 10 : 15).

이교도의 도시에서 우상숭배와 관련된 모든 것을 피하기란 극히 어려운 일이다. 그러나 그럴 필요도 없는데 일부러 그러한 것과 접촉하는 것은 어리석은 짓이다. 바울은 이스라엘 백성이 광야를 방황하는 동안에 모압족과 교제하는 동안 바알 숭배자로 변절했던 끔찍한 결과를 상기시키면서 그때와 마찬가지로 지금도 그러한 우상숭배는 성적 부도덕과 연관될 수밖에 없음을 암시하고 있다.[26)] 그는 "이런 일이 … 우리의 경계로 기록하였느니라 그런즉 선 줄로 생각하는 사람은 넘어질까 조심하라"(고전 10 : 11~12)고 말하였다.

지식있는 사람들이 단언했듯이 모든 것이 가하나 (바울이 덧붙인 것처럼) "모든 것이 유익한 것은 아니다."[27)] 적어도 이교도의 신전에서 행해지는 우상숭배를 위한 연회에 참석하는 것은 유익하지 못하다.

---

23) 바울은 타인을 위하여 자신의 자유를 자발적으로 절제하였다. 그러나 그는 그의 자유를 실천하는데 있어서 다른 사람들이 그를 판단하지 못하게 하였으며 또한 그들의 양심을 척도로 하여 그의 자유를 규제하지 못하게 하였다. 이것이 바로 그가 고전 10 : 29~30에서 양심에 대하여 논평한 것의 요점이다.
24) 고전 8 : 10에 기록되어 있는 사실에 대해서는 옥시린쿠스(Oxyrhynchus)로부터 보내온 파피루스에 적힌 편지, 예컨대 "가이레몬(Chaeremon)은 내일, 곧 15일 9시에 사라피스 신전에서 베풀어지는 사라피스(Sarapis) 기념만찬에 당신을 초대합니다"라는 편지를 들 수 있다.
25) 고전 10 : 21
26) 민 25 : 1~5, 시 105 : 28.
27) 고전 10 : 23 ; 6 : 12 참조.

(4) 영적 은사들에 관한 문제

일부 고린도의 신자들이 보기에 내주하시는 성령을 드러내주는 가장 중요한 표지는 방언을 하는 것과 같은 눈에 보이는 현상이었다. 그들은 이 문제에 대해서도 바울의 의견을 구하였다. 바울은 여기에 답변하면서 이 문제에 대해서도 되도록이면 질문자들의 견해에 동의를 표하였다. 그는 방언을 하는 것에 관한 한 그것은 내주하시는 성령을 입증해 주는 충분한 증거가 된다는데 동의하였다. 그리고 사실 바울 자신도 어느 누구 못지 않게 방언을 잘 할 수 있다고 말하면서 이렇게 덧붙인다. "그러나 교회에서 내가 남을 가르치기 위하여 깨달은 마음으로 다섯 마디 말을 하는 것이 일만 마디 '방언'으로 말하는 것보다 나으니라"(고전 14 : 18~19).

바울은 방언 발생의 생리적인 현상에 대해서는 알지 못하였다. 그것은 1861년 이래로 "브로카의 부위"(Broca's area)라고 알려져 있는 곳에 적절한 자극을 가하면 초래되는 현상이다. 그것은 확실히 알아들을 수 있는 말을 조성해내는 발성기관의 중앙부로서 대뇌와 연결된 앞 이마 쪽에 위치해 있다. 바울의 관심은 그것을 영적 은사로서 장려하는데 있었다. 그는 그것이 그리스도의 성령의 도구일 수도 있다는 데에 동의하였다. 그러나 그 말을 해석할 수 없다면 그것의 의미를 이해할 수 없다. 그러므로 방언을 해석하는 능력은 그 자체가 하나의 영적 은사였다. 방언은 그것을 해석하는 사람이 있을 때만 회중에게 유익이 될 수 있다. 그렇지 않으면 그 가치는 개인적 열심의 측면에만 국한될 것이다(바울이 자신의 개인적 체험을 통해 입증한 바와 같이).[28]

다른 한편 예언은 매우 귀중한 가치가 있는 은사였다. 바울은 예언하는 능력을 기를 것을 적극적으로 권장하고 있다. 그는 성령의 능력 안에서 화자와 청자가 다 같이 이해할 수 있는 말로 하나님의 뜻을 선포하는 수단이 바로 예언이라고 생각하였다(그 예로서 안디옥에서의 예언을 통해 그와 바나바가 선교사업을 확장하기 위해 안디옥 교회로부터 따로 세워졌던 경우를 들 수 있다).[29] 신자들이 "방언"을 말하고 있을 때 그 집회에 믿지 않는 어떤 사람이 찾아온다면 그는 그들이 모두 미쳤다고 생각할 것이다. 그러나 신자들이 한 사람씩 차례로 예언을 하고 있을 때 믿지 않는 자가 거기에 찾아온다면 그는 그가 들은 것으로 인하여 하나님이 계시다는 것을 인정하고 양심으로 믿게 될 것이다.[30]

바울은 "그리스도의 몸"인 교회가 전체적으로 건강한 상태를 유지하려면 여러 가지 재능과 임무가 필요하다는 것을 보여주기 위하여 각 부위가 적절하게 기능을 수행해야 온 몸이 건강을 유지할 수 있는 신체에 대한 비유를 사용하고 있다. 그러

---

28) 고전 14 : 4.
29) 행 13 : 2.
30) 고전 14 : 23~25.

므로 교회가 일반적으로 건강한 상태를 유지하기 위해 대단히 많은 요소를 필요로 하고 있음에도 불구하고 교회의 많은 지체들이 지나치게 몇몇 인상적인 은사에만, 그것도 모호하고 눈에 보이지도 않으며 게다가 아무런 가치도 없는 은사에만 관심을 집중시킨다는 것은 실로 어리석은 일이다. 신체에 대한 이 비유는 교회와 및 교회의 다시 살아나신 주님과의 관계에 대한 바울의 사상에서 중대한 역할을 차지하게 된다.[31]

(5) 예루살렘 교회를 위한 구제기금 조성에 관한 문제

마지막으로 제기된 이 질문은 고린도 교회 내의 분쟁에서 야기된 것이 아닌 어떤 실천적인 문제에 관한 것이다. 그들은 바울이 복음을 전파하고 있는 이방인 지역에서 예루살렘 교회를 돕기 위한 구제기금을 모금하고 있다는 소식을 들었다. 바울은 고린도 신자들에게 그 기금을 위해 어떤 식으로 기부해 주기를 요청하였을까? 그는 매주일마다 적절한 액수를 따로 떼어두라고 말하였다. 그러면 그가 모아진 돈을 거두러 갈 때 쉽게 내놓을 수 있을 것이며 갑자기 기부금을 늘리려고 닥치는 대로 긁어모으는 소동을 빚을 필요가 없을 것이기 때문이다. 또한 바울은 그들 스스로 대표자들을 임명하고 그들에게 예루살렘으로 선물을 가져갈 문서로 된 신임장을 주도록 지시하였다. 그들이 그렇게 하는 동안 시간에 맞춰 바울은 고린도에 갈 예정이었으며 그때 그들이 바울을 따라 예루살렘까지 갈 수 있었기 때문이다. 바울은 모금에 참여한 다른 교회들에게도 같은 지시를 내렸다. 거기에는 갈라디아의 교회들도 포함되어 있었다.[32]

2. 근심에 찬 방문과 준엄한 편지

바울은 그 편지(즉, 고린도전서 혹은 "고린도인들에게 보낸 서신 B")를 보내고 곧이어 친히 그곳을 방문하려고 생각했었다. 그는 에베소에 몇 주일만 더(오순절 때까지, 그 시기는 아마 AD 55년 경으로 추측된다) 머무를 계획이었다. 한편 그는 자기보다 앞서 디모데를 보내면서 고린도인들에게 그를 편안하게 대접하도록 당부하였다.[33] 오순절을 지낸 후 그는 에게해를 건너 마게도냐로 들어가서[34] 그곳의 교회들을 방문하고 그 후로 남쪽 고린도로 가서 그곳에서 겨울을 날 예정이었다. 그러나 그는 얼마 안있어 곧 그의 계획을 수정하였다. 그리고 고린도인들에

---

31) 고전 12:12~27.
32) 고전 16:1~4.
33) 고전 16:5~11, 행 19:22와 빌 2:19 참조.
34) 마게도냐의 상황은 AD 54년 글라우디오가 사망하자 변했을 것이다. 어쨌든 바울은 마게도냐를 돌아가는 것이 안전하다고 느꼈다.

게 자신이 그들을 두번 방문할 것이라고(마게도냐로 가는 도중에 한번, 그리고 거기에서 돌아오는 길에 다시 한번) 알려주었다.[35] 그 두번째 방문을 한 후 봄에 그는 예루살렘 구제기금을 기부한 교회들의 대표자들과 함께 팔레스틴을 향해 항해할 예정이었다.

여러 가지 요소들을 고려해 볼 때 이 수정된 계획은 실행되지 못했던 것 같다. 고린도 교회에 바울이 급히 방문하지 않으면 안될 심각한 문제가 발생했다는 소식이 바로 그 요인들 중의 하나였다. 바울이 최근에 고린도 교회에 보냈던 편지는 그가 책망했던 경향들을 억제시키는데 있어서 바라던 만큼의 효과를 거두지 못하였다. 그리고 디모데가 그곳에 갔음에도 불구하고 그는 바울의 지시를 강력하게 이행시키지 못하였다. 바울로 하여금 자신이 그 교회에 직접 찾아가는 것 이외에 다른 방책이 없겠다는 결심을 하게 한 소식을 가져온 것도 실은 디모데 자신이었다. 그 교회에 직접 찾아간 것은 바울과 그곳의 회심자들에게 다같이 고통스러운 경험을 남겨주었다. 바울에 대한 반대가 무르익기 시작하였고 특히 그 교회의 한 신자는 바울의 권위에 도전하는데 주도적인 역할을 하였다. 다른 사람들은 바울을 변호하기 위한 효과적인 행동을 취하지 아니하였다. 그리하여 바울은 큰 굴욕을 당하고 고린도를 떠났다.[36]

그러나 바울은 고린도의 상황을 그대로 내버려 둘 수가 없었다. 그는 "큰, 환난과 애통한 마음이 있어 많은 눈물로"(고후 2:3,4) 그 교회에 보낼 준엄한 편지를 작성하였다. 그리고 디모데보다 더 강한 성격을 가진 디도에게 그 편지를 "고린도인들에게 보낸 서신 C"라 부르기로 하자. 그 편지의 일부만이라도 현존하고 있는지에 대해서는 뒷받침이 될 만한 증거가 없다.[37] 디도가 그 편지를 가지고 고린도로 떠나자 바울은 그 편지를 보낸 것을 즉시 후회하게 되었다. 그 편지의 준엄한 어조는 분명히 소기의 성과를 달성할 것이나 다른 한편 그것은 상황을 악화시킬 수도 있었기 때문이다. 그 편지에서 바울은 고린도인들에 대한 자신의 사랑을 밝혔으며 또한 그의 사도로서의 권위를 옹호하며 그것을 부인하는 자를 준엄하게 훈계함으로써 그들이 바울을 사랑한다고 말한 것에 대한 증거를 나타내 보일 것을 요구하였다. 그는 디도에게 그 편지를 주어 고린도로 보내면서 고린도의 그리스도인들은 마음이 진실하며 그러므로 그 편지가 요구하는 바에 기꺼이 순종함으로써 그들의 참된 진실을 입증해 보일 것이라고 단언하였다. 그는 이제 그의 신뢰에 넘치는 단언이 올바른 근거에 토대를 둔 것이었는지를 확인하게 될 날을 기다리기만 하면 되었다.

---

35) 고후 1:15,16.
36) 이것은 고후 2:1의 "근심에 찬 방문"을 가리킨다.
37) 최소한 이 편지의 일부가 현존한다는 견해가 지지되고 있다. 그리고 고후 10~13장이 그것이라고 보고 있다.

3. 일시적인 화해

아시아 지방으로 돌아오자마자 바울은 크게 낙담하게 되었으며 외적으로도 극심한 위험에 부딪히게 되었다.[38] 그 뒤 위험은 사라졌으나 근심은 여전히 해결되지 않은 채 남아있다. 그는 그 지방 북서쪽에 위치한 드로아의 주변 지역으로 갔다.[39] 그곳에서 그는 고린도로부터 배로 돌아올 디도를 기다리기도 하였다. 디도를 기다리는 동안 바울은 거기에서 복음을 전파할 좋은 기회를 많이 얻었다. 그러나 그는 마음이 크게 불안하여 그 기회를 적절하게 이용할 수가 없었다. 아마 그는 겨울이 되어 에게해로 항해할 수 없게 될 때까지 거기에서 디도를 기다렸던 것 같다. 그리고 디도가 마게도냐를 경유하여 육로로 돌아오리라는 것을 알고 여전히 "밖으로는 다툼이요 안으로는 두려움"으로 가득차게 만드는 마게도냐를 향해 출발하였다(고후 7:5).

그러나 바울은 거기에서 디도를 만나 고린도에서 가져온 기쁜 소식을 들었다.[40] 그 준엄한 편지는 전적으로 큰 효과를 내었다. 고린도의 그리스도인들은 바울 앞에서 자기 자신들을 변호하기 위해 그토록 크게 분개한 것에 대해 양심의 가책을 느꼈다. 그래서 바울에게 충성할 것을 다짐하며 그 표시로 바울이 충고한 대로 바울의 권위에 도전하는데 앞장섰던 사람을 아주 심하게 견책하였다. 한편 바울이 여행계획을 수정한 것에 대해 전혀 뜻밖이고 예기치 않았던 일이라서 당혹스럽다는 불평이 남아 있었으나, 대체로 화해의 분위기가 지배적이었다. 디도는 그들의 태도에 기뻐하였으며 그 기쁨을 바울과 함께 나누었다. 바울은 즉시 "고린도인들에게 보낸 서신 D"라 부를 수 있는 다음 편지를 썼다(일반적으로 고린도후서라 불리우는 것, 그렇지 않으면 적어도 고린도후서 1~9장이 그것에 해당한다). 거기에서 바울은 디도가 가져온 소식에 대한 자신의 소견을 허심탄회한 사랑의 마음을 담아 분명하게 밝혔다. 그는 자신이 직접 고린도로 가지 않고 디도를 보낸 것은 자신이 감으로써 그들을 더욱 고통스럽게 만들고 싶지 않았기 때문이라고 설명하였다. 바울은 그들에게 그 위반자를 용서해 주도록 촉구하였다. 왜냐하면 그 위반자를 훈계하라고 명한 것은 개인적인 적개심 때문이 아니라 고린도 교회의 사랑과 순종을 시험해 보기 위한 것이었기 때문이다. 그들이 그 점에 대하여 바울에게 충분한 사랑과 순종을 표하였으므로 이제 그 위반자를 우정과 친교의 자리로 완전히 회복시켜 주도록 지시하였다. 그렇지 않으면 그들의 노골적인 비난으로 인하여 낙담한 그가 실족하게 될 우려가 있었기 때문이며 그렇게 되면 그것은 그들에게도 부끄러

---

38) 고후 1:8~10.
39) 고후 2:12의 εἰς τὴν Τρῳάδα 라는 구절은 드로아의 항구(행 20:6에서 처럼), 또는 그 항구가 위치해 있는 드로아를 가리킨다.
40) 고후 7:6~8.

운 일이 될 것이기 때문이었다.[41]

　디도의 소식을 듣고 행복감에 빠진 바울은 그들에게 허심탄회하게 마음을 열고 사도의 봉사를 하는데 있어서 겪는 어려움과 영광을 모두 말할 수 있는 용기를 얻었다. 자유와 생명의 소식이 담겨 있는 신약의 사역자가 되는 것은 구약의 사역자가 되는 것보다 훨씬 더 영광스러운 일이며 구약의 사역자였던 모세의 영광조차도 복음의 시대의 지속적인 유효성을 발휘하는 법을 선포하는 바울의 동시대인들의 영광에는 비할 바가 되지 못하였다.[42] 바울은 안도감과 긴장으로부터의 해방감을 느껴 예루살렘을 위한 모금문제를 다시 한번 제기할 용기를 얻었다. 서로 긴장된 관계에 있을 때 그 문제를 언급하는 것은 적절하지 못한 것이었기 때문이다. 하지만 이제 바울은 고린도인들에게, 대단히 가난하고 최근에는 박해를 받기까지 하면서도 이 구호기금을 위해 아낌없이 기부하는 마게도냐 교회 소식을 들려줄 수 있었다. 또한 그는 고린도 교회와 다른 아가야 지방의 교회들이 기꺼이 기부금을 낸다는 사실에 대하여 마게도냐인들에게 자랑하고 있다는 사실도 덧붙였다. 그리고 그는 마게도냐 교회들의 기부금을 가지고 그 대표자들과 함께 고린도로 갈 예정임을 밝혔다. 다른 한편 바울은 고린도의 기부금이 제대로 준비되어 가고 있는지 확인하기 위하여 디도와 다른 두 형제들을 고린도로 보냈다. 그들은 공정성과 정직한 마음으로 교회들 사이에 그 명성이 매우 높은 사람들이었다. 그들의 임무는 고린도인들이 훌륭한 태도로 시작한 일을 온전하게 이루도록 도와주는데 있었다. 즉, 그들은 예루살렘을 위해 기부하기 위하여 개인별로 또는 세대별로 따로 떼어둔 돈을 한데 모으는 것을 도와주기 위하여 파견된 것이었다.[43]

4. 바울의 권위에 대한 도전

　그러나 디도의 두번째 고린도 방문은 처음 방문했을 때처럼 그렇게 유쾌한 것이 되지 못했다. 고린도 교회의 일부 신자들은 바울이 예루살렘을 위한 선물을 자발적으로 내는 것이어야 한다고 강조했음에도 불구하고 실제로는 그들이 기부금을 억지로 내지 않으면 안되는 곤경에 처하게 만들었다고 느끼게 되었다. 그들은 어쩔 수 없이 후히 기부할 수밖에 없는 처지에 놓이게 되었던 것이다. 그렇지 않으면 그들은 바울이 데려온 다른 교회들의 대표자들 앞에서 망신을 당하게 될 것이기 때문이었다.

　따라서 다시 한번 바울에 대한 적개심이 교회의 일부 지체들 사이에 번지게 되

---

41) 고후 2 : 5~11.
42) 고후 3 : 7~9.
43) 고후 8 : 1~9, 15.

었다. 그리고 그것은 고린도에 온 방문자들에 의하여 더욱 더 가중되었다. 그들은 바울의 회심자들 앞에서 바울의 명예를 훼손시키기 위해 갖은 수단을 다하였다. 이 방문객들과 그들이 방문한 당시의 고린도 교회의 상황에 대해서는 고린도후서 10~13장을 통해서 알 수 있을 뿐이다. 그것은 "고린도인들에게 보낸 서신 E"라 분류할 수 있는데, 1~9장을 보낸 얼마 후 다시 써 보낸 편지인 것 같다. 바울이 고린도인들에게 편지를 쓸 때 그들에 대하여 신상을 밝히지 않았기 때문에 그들의 성격에 대해서는 오늘날 서로 다른 많은 견해가 제출되고 있다. 1908년 빌헬름 루트게르트(Wilhelm Lütgert)가 최초로 제시한 견해에 따르면 그들은 도취적인 기질과 자유주의적인 윤리학을 신봉하는 영지주의자들이었던 것 같다. 그러나 그들이 "히브리인들"이라고 주장하며 "최고의 사도들"의 권위에 호소한 것으로 미루어 볼 때 그들은 유대에서 온 자들이라고 추측해 볼 수 있다. 그들은 자기 자신을 "성령의 사람들"이라고 표현하였다. 그러나 그렇다고 해서 그들이 영지주의자는 아니다. 바울과 그들 사이에 발생한 문제는 gnōsis, 즉 영적 은사들에 관한 것이 아니라 바울의 사도의 exousia, 즉 그의 권위와 자유에 관한 것이었기 때문이다.

그들이 이보다 앞서 고린도 교회에 왔던 일부 방문자들처럼 예루살렘 지도자들이 설명한 신임장을 가지고 왔음에도 불구하고 바울은 그들을 추천한 자들의 권위나 또는 진실성을 공공연히 문제삼지 않고서 그들의 주장이 터무니없음을 밝혔다. 그는 이방인에게 복음을 전도하는데 있어서 예루살렘 교회와 조그마한 틈이라도 벌어지는 것을 피하려고 애썼다. 그러나 예루살렘의 권위가 바울의 권위를 지나치게 압박해 올 때에는 그러한 분열의 조짐을 막기가 항상 쉽지만은 않았다. 그 침입자들은 예루살렘의 권위로 인정된 것이 아니면 어떤 가르침도 유효하지 않다고 주장하였다. 바울이 예루살렘과 독립적으로 행동한다면 바울에게는 근본적으로 예루살렘에서 부여되었고 따라서 그들이 전수받은 그리스도의 위임이 결여되어 있다는 것이다. 바울처럼 영적 권위의 근원으로부터 떨어져나간다면 그것은 "육체대로 행하는" 것이며(고후 10:2) 그러므로 고린도 교회가 성령의 축복을 누리기를 바란다면 예루살렘의 권위를 인정해야 한다는 것이었다.

바울이 생각하기에 그들의 이 논증은 자기의 개인적인 신분에 대해서 뿐만 아니라 복음의 진리나 교회의 본질에 대해서도 아무런 영향을 끼치지 않았다. 그의 복음전도 사역이 하나님의 승인을 받은 것이라면, 그리고 고린도 교회가 그의 사도직에 대해 인친 표시라면 그 침입자들의 반대요, 뿐만 아니라 그에게 임무를 부여하신 주님에 대한 반대와 그에게 능력을 주신 성령과 그가 선포한 복음에 대한 반대였다. 그러므로 그들이 전파하는 것은 "다른 예수…[44] 다른 성령…다른 복음"(고후 11:4)인 것이다. 그들은 "최고의 사도들"의 권위에 호소했던 것 같다.[45] 이것은 예루살렘 지도자들에 대해 그들 자신이 만들어낸 명칭이었는지, 또는 바울이 그 지도자들에 대해 그들이 묘사하는 것을 듣고 비꼬는 어조로 그렇게 칭한 것인지는 확실치 않다(열 두 사도 중 실제로는 아무도 그 당시의 예루살렘에 머물러 있지 않았음에도 불구하고 예루살렘은 여전히 교회의 본거지로 간주되고 있었다. 그러나 야고보는 영구적으로 그곳에 있었던 것으로 보인다). 그러나 그들은 종류가 다른 사도들이었다. 실제로 그들이 그렇게 불리울 자격이 있기만 하다면, 그들이 지도자들의 지시를 글자 그대로 수행하든 그렇지 않으면 어기고 있든 간에 그들은 예루살렘 교회의 "사도들"이요, 또는 사자들이라 할 수 있었을 것이다. 그러나 그들은 바울과 같이 다시 살아나신 그리스도로부터 새로운 지역에 복음을 전파하고 교회를 세우라고 직접적으로 위임을 받은 자들이며, 또한 고린도에서의 바울의 경우처럼 그들이 수고하여 얻은 보이는 열매들을 그 위임에 대한 인침의 표시로 부여받은 자들인 "그리스도의 사도들"의 기능을 강탈하고 있었다. 그러나 그 침입자들은 그리스도의 사자들이기는 커녕 위장한 거짓 사도들이었으며 그리스도의 참된 종이 아니라 사단의 종이었다. 그들은 그들 스스로 새로운 지역을 개척하여 복음을 전파하는 것이 아니라(그리스도의 참된 사도들이었다면, 그렇게 했을 것이다) "남의 수고"를 자기 것인 양 자랑하였다(고후 10 : 15).

그들은 자기들이 완벽한 이스라엘 혈통을 가졌음을 자랑하였으며 그들의 주장을 뒷받침하는 증거로서 "주의 환상과 계시"를 지적하였다(고후 12 : 1). 바울은 이 주장들을 반박하려고 하지 않았다. 왜냐하면 그것들은 실제로 그럴 만한 가치가 없는 것들이기 때문이었다. 만일 그러한 표지가 고린도인들에게 깊은 인상을 준다면 바울 자신은 이보다 더 인상적인 표지를 나타내 보일 수 있기 때문이었다. 하지만 보다 더 중요한 것은(바울은 위 사실을 말하기를 부끄러워하였다. 왜냐하면 그의 회심자들은 바울이 그의 비난자들에 대항하여 즉시 자신을 변호하기를 기대했었기 때문이다) 그가 복음전도의 사역을 수행하는 동안 저들보다 훨씬 더 많은 어려움을 견뎠다는 점이다.[46] 만일 그들이 고린도의 그리스도인들 위에 군림하며 고린도인들의 비용으로 먹고 살면서 그것을 고린도 교회들에 대한 그들의 권위의 표지로 내세운다면, 바울은 어버이같은 염려로 그의 회심자들을 돌본 것과 그들을 위해 보냈고 또 보내졌던 수많은 시간들을 증거로 내세워 사도의 자유를 행사할 수 있었다.

이 침입자들은 좁은 의미에서의 유대주의자들은 아니었다. 그들은 이방인 신자들에게 법의식을 부과하려고 하지 않았기 때문이다. 그들은 단순히 모교회의 권위

---

44) D. Georgi (Die Geguer des Paulus, p. 286)에 따르면 이 "다른 예수"는 특히 뛰어난 "성령의 사람들"(θεῖος ἀνήρ)이 제시한 것이었다. 이것에 대해 반증할 수는 없으나 그렇다고 입증할 만한 증거도 없다. 아마도 그들은 바울의 십자가의 신학(theologia crucis)에 대항하여 영광의 신학(theologia gloriae)를 가르쳤을 가능성이 크다.
45) 헬라어로 ὑπέρλιαν ἀπόστολοι (고후 11 : 5 ; 12 : 11).
46) 고후 11 : 23~25.

로서 고린도 지역을 다스리는 것을 그들의 임무라고 여겼을 뿐이다. 그들은 그것이 수 년 전에 예루살렘 지도자들이 바울 및 바나바와 악수를 함으로써 맺은 연합의 유대를 백안시하는 행위임을 알지 못하였다. 그 "최고의 사도들"이 자기들의 이익에만 지나치게 집착했더라면 그들은 자신들을 위하여 자기들이 차지할 지위를 확보해 두었을 것이다. 여하튼 그 침입자들은 고린도에서 당분간 어느 정도 세력을 확보했었던 것 같다. 그러나 10년 혹은 11년 후에 그들의 술책은 붕괴되고 말았다. AD 66년에 반발한 로마에 대한 유대인의 항거의 결과로 예루살렘 교회가 분산되었는데, 그로 인하여 이방인 선교지역 전반에 걸쳐 누려왔던 예루살렘 교회의 권위는 종식되었기 때문이다. 그러나 알려져 있는 바에 의하면 바울은 그의 전생애를 통하여 고린도에서 복음적 자유의 대의가 최종적으로 승리를 거둔 것이라고 말해도 좋을 만한 시기를 다시는 맞이하지 못하였다. "고린도에서 그리스도 안에서 약해지는 것이 어떤 것인지를 몸소 체득한 바울은 그리스도인의 예지와 결실함과 아량의 완전한 본보기를 다른 어떤 지역에서보다도 고린도에서 가장 잘 드러내 보여주었다."[47]

---

47) 바렛트 의 "Christianity at Cotinth," *BFRL* 46 (1963~64), p. 297.

제25장

세례와 성찬식에 대한 바울의 견해

세례와 성찬식은 바울이 그보다 앞서 그리스도 안에 있었던 사람들로부터 "전수받은" 그리스도인의 두 제도였다. 따라서 그는 이방인 지역의 교회들에게도 당연히 그 두 제도를 전수해 주었다.

1. 세례

세례 요한은 자신이 베푼 물세례("죄사함을 받게 하는 회개의 세례〈막 1:4〉)와 자기의 뒤에 오실 더 강한 분이 베푸실 성령의 세례를 구분하였다. 따라서 우리는 초기 그리스도인들이 오순절날 성령의 부어지심을 받은 후로 물세례보다 더 좋은 어떤 것이 그것을 대치하였기 때문에 그것을 중지하였다고 생각할 수도 있다. 그러나 사실은 그렇지 않았다. 그들은 "죄사함을 위하여" 계속하여 물세례를 베풀었다(행 2:38 참조). 그 세례는 특별히 성령을 받음으로써 그 특성이 더욱 두드러지게 되었으며 성령의 세례와 더불어 포괄적인 경험의 일부를 구성하였다.[1]

바울이 유전을 전수받았던 상황은 그와 같았다. 그러나 바울은 물세례와 성령세

---

[1] 그리스도인으로 출발하는데 필요한 구성요소들 중 어떤 요소가 가장 먼저 적용되었는데 대해서는 사도행전에 의하면 경우에 따라 각각 달랐다. 오순절날 예루살렘에서 베드로의 설교를 들은 사람들은 회개하고 세례를 받은 후에 성령을 받았다(2:28,41). 빌립을 통해 복음을 전해 들은 사마리아인들은 믿고 "주 예수 그리스도의 이름으로" 세례를 받았다. 그러나 그들은 사도가 안수를 해준 후에야 비로소 성령을 받았다(8:12;14~17). 고넬료와 그 집안 사람들은 말씀을 들으면서 성령을 받고 후에 세례를 받았다(10:44~48).

례를 거의 같은 것으로 생각하였다. 사도행전 19 : 1~7에 따르면 바울이 죄사함을 위하여 요한의 세례를 받은 열 두 명쯤 되는, 에베소에 있는 "제자들"을 만났을 때 그들은 성령에 대해서는 아무것도 모르고 있었다. 그는 그들의 세례에 결여된 요소가 있다고 지적하였다. 따라서 그는 "주 예수의 이름으로" 그들에게 다시 세례를 베풀고 안수해 주었다. 그때부터 그들은 자신들이 성령을 받았다는 증거를 나타내 보였다.

사도행전 22 : 16의 증거를 따르면 바울 자신도 회심할 때 세례를 받았고 죄씻음을 받았다(9 : 18 참조). 바울은 각처의 그리스도인들에게 그들이 받은 세례의 의미를 상기시켜 주는 편지에서 그의 세례와 그들의 세례를 연관시켰다. "무릇 그리스도 예수와 합하여 세례를 받은 우리는 그의 죽으심과 합하여 세례를 받은 줄을 알지 못하느뇨?"(롬 6 : 3). "우리가 한 성령으로 세례를 받아 한 몸이 되었고"(고전 12 : 13).[2] 뿐만 아니라 그는 세례(그의 세례와 그들의 세례)에 보다 깊은 의미를 부여하였다. 바울의 가르침에 따르면 신자는 세례를 받음으로써 "그리스도 안에" 있게 되기 시작하며 그리하여 그리스도의 역사적인 죽으심과 부활이 그들의 영적 체험의 일부가 되는 것이다. 다시 살아나신 주님의 능력으로 성령 안에서 받은 세례는 그들을 그리스도와 한 몸으로 결합시켜 준다. 또는 바울이 갈라디아인들에게 말했듯이 "누구든지 그리스도와 합하여 세례를 받은 자는 그리스도로 옷 입었느니라 너희는 … 다 그리스도 예수 안에서 하나이니라"(갈 3 : 27,28). 바울은 옛 할례가 이미 종교적인 적절한 의미를 상실했음을 분명하게 깨닫고 또다른 외적 의식에 어떤 효력을 부여하지는 않았다. 회심자가 새로운 피조물이 되는 것은 믿음의 응답으로 주어지는 성령으로 말미암아서이다. 우리는 바울의 사상과 용어를 20세기 기독교적 합리주의를 지지하는데 함부로 적용시키지 않도록 주의해야 한다. 그러나 물세례와 성령을 받음으로 참여케 되는 최초의 영적 친교에 뒤따라 오는 회개와 믿음이 그리스도인으로 출발하는 일에 있어서의 하나의 복합적인 경험을 구성한다는 것을 깨닫는다면 그 전체적인 경험이 사실일 때 그 경험에 속하는 어떤 요소도 사실이라고 단정할 수 있다. 우리는 전자의 경험과 후자의 경험 사이를 논리적으로 구분지을 수 있다. 그러나 자신들이 "우리 주 예수 그리스도의 이름과 우리 주 하나님의 성령 안에서 씻음과 거룩함과 의롭다 하심"을 얻은(고전 6 : 11) 줄 알고 있던 바울의 고린도 회심자들에게는 그러한 구분을 적용시킬 필요가 없다. 그들이 그 씻음과 물세례를 구분하고 있는 것 같지는 않다. 그러나 그들의 생활 가운데에서 드러나는 하나님의 활동으로 말미암아 그들이 받은 세례에 효과

---

2) 그러나 던(J.D.G. Dunn)은 성령세례와 물세례를 분명하게 구분한다. 고전 12 : 13에 대한 설명에서 그는 이렇게 말한다. "바울은 성령의 세례를 염두에 두고 있으며 물세례에 대하여 말하고 있는 것이 아니다"(Baptism in the Holy Spirit〈London, 1970〉 p. 129).

적인 의미가 부여되었다. 그리고 바울이 성례의 현실주의를 말하게 된 것도 바로 그것 때문이다.

이스라엘 민족이 광야를 방황하는 동안 구름기둥의 "세례"와 바다에서의 "세례"를 받았다고 해서(또는 하늘에서 내려온 빵을 먹고 바위에서 솟는 물을 마셨다고 해서) 우상숭배와 부도덕을 멀리한 것이 아니었던 것처럼(고전 10 : 1~11), 역시 그리스도인들도 세례를 받았다 해서(또는 성찬의 떡을 먹는다 해서) 하나님의 심판을 받을 불충실을 범치 아니하는 것은 아니다. 하지만 그리스도인의 세례는 중생하지 않는 옛 존재와 그리스도 안에서의 새로운 생활 사이의 경계선을 이룬다. 다시 말해서 세례는 옛 질서에 대한 죽음과 새로운 질서에로의 다시 살아남에 대한 표지가 된다. 따라서 세례를 받은 그리스도인이 계속하여 죄 속에 머물러 있다는 것은 해방된 노예가 옛 주인에게 계속하여 속박되어 있는 것과 마찬가지로(롬 6 : 1~4 ; 15~23) 또는 과부가 "전 남편의 법"에 얽매어 있는 것과 마찬가지로(롬 7 : 1~6) 어리석은 일이다. 바울은 자신이 회심하기 전에 죄의 노예가 되어 있었다는 것을 알고 있었다(물론 그 당시에는 그 사실을 몰랐지만). 여기에서의 죄의 노예였다 함은 그를 죄로 인도한 율법의 노예였다는 의미이다. 그러나 그의 많은 이방인 회심자들이 체험한 죄의 노예 상태는 그와는 다른 형태의 것이었다. 바울이 세례의 논리에 호소할 때 그는 새 생명의 원천이요, 지주인 성령의 능력으로 말미암아 신자들이 옛 속박을 벗어버릴 수 있게 된다는 것을 의도하고자 한 것이다(물론 그 모양은 각자가 서로 다를 수 있다).

바울은 그의 독자들이 세례가 실제적인 차이를 빚어내는 것이 아니며 그러므로 그것은 그리스도인의 생활에 있어서 임의적인 여분의 요소라고 생각할 만한 근거를 제공하지 아니하였다.[3] 그는 모든 신자가 성령을 받은 것을 당연하게 여긴 것처럼 그들이 모두 세례를 받는 것을 당연하게 여겼다.[4] 바울이 고린도인 회심자들 중 몇몇에게만 세례를 베풀었던 것에 대하여 하나님께 감사드리며 그리스도께서 자신을 보낸 것이 세례를 베풀기 위함이 아니요, 복음을 전파하기 위함이라고 말했다 해서 그가 세례의 중요성을 약화시킨 것은 아니다.[5] 오히려 그는 세례를 베푸는 일을 다른 사람들에게 맡김으로써 자기의 교회 내지는 자기의 당파를 조직하려 했다는 비난을 받을 만한 근거를 전적으로 제거하였음을 지적하고 있다. 그의 회심자들은 그리스도의 이름으로, 다시 말해서 바울의 제자로서가 아니라 그리스도

---

3) 다른 한편 로빈슨(D. W. B. Robinson)은 고전 1 : 13~17을 근거로 하여 다음과 같이 결론을 내린다. "바울은 물세례를 궁극적으로 adiaphoron, 즉 별로 상관이 없는 문제라고 간주하고 있다. 이것은 그가 육체에 속한 의식의 본질적인 특징에 관하여 언급한 모든 것과 일치한다."
4) 롬 8 : 9 참조.
5) 고전 1 : 13~17.

의 제자로서 세례를 받은 것이다. 또는 골로새의 그리스도인들에게 말한 것처럼 그들은 바로 그리스도와 함께 "세례로 …장사한 바 되고 또 죽은 자들 가운데서 그를 일으키신 하나님의 역사를 믿음으로 말미암아 그 안에서 함께 일으키심을 받은 것이다"(골 2：12). 바울은 세례의 유전에 대하여 성찬의 유전과 마찬가지로 그것을 "주님으로부터" 전수받았다고 말하고 있지는 않지만 "주님으로부터" 전수받은 것이나[6] 다름없다는 의미를 함축하고 있다.

에베소서 5：25, 26을 보면 그리스도께서 교회를 "물로 씻어 말씀으로 깨끗하게 하사 거룩하게 하시기 위하여"[7] 자신을 내어주셨다고 되어 있는데 이때의 교회의 예는 세례로써 새로운 공동체의 일원이 된 신자 개개인의 체험에도 적용된다. 여기에서의 "말씀"이란 세례를 받은 사람들 위에 거룩한 이름을 선포하는 것, 또는 그들이 그리스도에 대한 그들의 믿음을 고백하고 주님의 이름을 불러 기원하는 것에 대한 응답으로 주어지는 것을 의미한다.

2. 성찬식

바울은 세례에 대한 언급을 별로 하지 않았는데 성찬에 대해서는 더우기나 그렇다. 성찬에 대한 바울의 언급은 고린도전서에 국한되어 있다. 그러나 그들에 대한 언급이 비록 적다 할지라도 그것들은 세례의 경우에서와 마찬가지로 바울이 그리스도의 몸으로서의 믿는 자의 공동체에 대한 개념과 함께 그 제도를 그의 사상 속에 어떻게 통합시켰는지를 보여준다.

바울은 고린도인들에게 "예수께서 잡히시던 밤에" 행하시고 말씀하신 것에 대하여 "주님으로부터" 설명을 "받았다"고 말했다(고전 11：23). 그러나 그것은 그가 언제 어디에서 그것을 받았는지를 가리키는 말이 아니다. 그가 그것을 "주님으로부터" 받았다 함은 모든 참된 그리스도인의 유전은 그 근원을 십자가에 못 박히시고 승귀하신 그리스도 안에 두고 있다는 의미이며, 또한 그로 말미암아 그 유전이 영구적으로 유효하다는 의미이다. 아마 그는 그 유전을 자신이 그리스도인으로서의 삶을 맨처음 시작할 때, 즉 예루살렘으로 가서 모교회의 지도자들을 만나기 전부터 전수받았던 듯하다. 다시 말해서 그가 그 최초의 기념하는 빵과 포도주를 먹고 마신 것이 다메섹의 제자들과의 친교에서였다면 그는 그들로부터 그 유전을 전수받은 것이라고 볼 수 있다.

---

6) 고전 11：23.
7) 딛 3：5, 6에서도 "중생의 씻음과(이 말을 나타내는 데에는 엡 5：26에서와 같이 $λουτρόν$ 이 사용되어 있다) 성령의 새롭게 하심으로 하셨나니 성령을 우리 구주 예수 그리스도로 말미암아 우리에게 풍성히 부어주사"를 표현할 때에 그와 똑같은 말을 사용하고 있다.

성찬제도에 관한 바울의 기록은 그 제도에 대하여 우리가 발견할 수 있는 최초의 기록이 되고 있다. 그리고 그 기록과 다른 기록들을 비교해 보면(즉, 마가복음 14 : 22~25의 그것과[8] 이 기록은 마태복음 26 : 26~29의 기록을 약간 변경시켰을 뿐 거의 그대로 재현시킨 것이라 할 수 있다. 그 말씀을 길고 짧은 형태로 덧붙이거나 간략히 하여 기록한 누가복음 22 : 17~20의 그것을 비교해 보면) 초기 시대에는 주님의 말씀을 전달하는데 있어서 그 형태가 조금씩 달랐었다는 것을 알 수 있다. 바울이 기록한 그 제도의 형태를 살펴보면 "이것은 내 몸이니라"는 말은 "너희를 위하는"이라는 말로 뒷받침되어 있으며, "이 잔은 내 피로 세우는 새 언약이니 곧 많은 사람들을 위하여 붓는 것이라"는 말대신 "이 잔은 내 피로 세운 새 언약이다"라고 표현되어 있다. 그리고 떡에 대한 말과 잔에 대한 말 다음에 다같이 "이것을 행하여 나를 기념하라"(이 제도에 대하여 비교적 길게 기록한 누가만이 떡에 관한 말 다음에 이 말을 덧붙여 기록하고 있다)는 명령이 나온다.[9] 이 성찬을 기념하는 목적은 아주 명백하게 밝혀져 있다. 바울은 "너희가 이 떡을 먹으며 이 잔을 마실 때마다 주의 죽으심을 오실 때까지 전하는 것이니라"고 덧붙이고 있는데 그것은 원래의 배경 속에 존재하고 있는 미래를 향한 전망도 또한 정당화시키고 있다. 그러나 그 제도에 대한 기록들이 서로 조금씩 다르다 할지라도 그것이 그 제도의 중심적인 의도를 본질적으로 바꿔놓는 것은 아니다. 바울은 복음의 기본적인 사실에 관한 한 다른 사도들이 전파한 것과 다를 바 없다고 했던 것과 마찬가지로("내나 저희나 이같이 전파하매 너희도 이같이 믿었느니라")[10] 성찬제도에 대해서도 다른 사도들이 전한 것과 동일한 것을 전했을 것이다.

바울이 성찬식에 관하여 두드러지게 공헌한 점은 성찬을 영적 친교(koinoia)의 기회로 강조한 사실과 "이것은 내 몸이니라"는 떡에 관한 말을 그리스도의 몸과의 연합이라는 의미로 해석한 사실에 있다.

바울이 고린도의 그리스도인들에게 우상을 위한 잔치에 참석하지 말라고 경고했을 때 그는 우상의 잔치에서 발생하는 일과 성찬식에서 발생하는 일을 서로 비교함으로써 그들이 "주의 잔과 귀신의 잔을 겸하여 마실 수 있다"(고전 10 : 21)고 생

---

8) 마가복음에 "저희가 다 이를 마시매"(막 14 : 23)라고 기록되어 있는 잔에 관한 말은 마태복음에서는 "너희가 다 이것을 마시라"는 명령형으로 되어 있으며, 또한 "너희를 위하여 흘리는 바"라는 구절 뒤에 "죄사함을 위하여"라는 보충적인 말을 덧붙여 기록하고 있다(마 26 : 28).
9) 고전 11 : 25의 잔에 관한 말 다음에는 "이것을 행하여 마실 때마다 나를 기념하라"는 명령형태의 기념의 말이 기록되어 있다. 예레미아스는 이 말을 "이것을 행하여 하나님이 나의 재림을 속히 오게 만드시도록 하며 또 그의 왕국을 완성시킴으로써 나를 기념하게 하라"는 의미로 해석한다. 그러나 그것은 지지할 수 없는 견해이다(The Eucharistic Words of Jesus, E. T. 〈Oxford, 1955〉 p. 159~161). 또한 라이츠만(Lietzmann) 등은 (Mass and Lord's Supper, p. 204~206에서) 이 기념하라는 명령이 예루살렘 의식의 본래의 목적을 변경시키거나 또는 재해석하라는 의미라고 해석하는데 이것은 더 더욱 지지하기 어려운 견해이다.
10) 고전 15 : 11.

각하는 것이 얼마나 불합리한 것인지를 드러내 보인 것이다. "우리가 축복하는 바 '축복의 잔'은[11] 그리스도의 피에 참예함 (koinoia)이 아니며 우리가 떼는 떡은 그리스도의 몸에 참예함이 아니냐?" 또한 그는 이렇게 덧붙인다. "떡이 하나요 많은 우리가 한 몸이니 이는 우리가 다 한 떡에 참예함이라"(고전 10:16~17). 그들이 주님의 식탁에서 함께 나눈 주님과의 영적 친교는 이교도 신의 식탁에서 이교도의 신과 나눈 영교와는 배타적이며 그리고 이교도의 신과 나눈 그러한 영교는 그리스도와 나눈 영적 친교와 배타적이다.

그러나 그리스도의 몸의 지체됨은 주님의 식탁에서 그 몸의 다른 지체들에게 비우호적인 태도나 행동을 취함으로써 손상될 수 있다. 그들이 그리스도의 몸의 표시인 떡을 뗄 때 그들은 십자가상에서 자신을 제물로 바치신 주님의 몸을 회상하는 것일 뿐만 아니라 그의 연합된 몸에로의 참예를 선포하는 것이기도 하다. 그러므로 그들이 성찬식에서 성찬을 통하여 고백하는 내용들을 실생활에서 실천하지 않는다면 그들은 주님의 몸과 피를 합당치 않게 먹고 마시는 것이며 따라서 그의 거룩하신 몸과 피를 모독하는 것이 된다. 다시 말해서 그들이 "주의 몸을 분변치 못하고" 먹고 마신다면 그것은 자기의 죄를 먹고 마시는 것이 된다.[12] "주님의 몸을 분변치 않고" 먹고 마신다 함은 동료 그리스도인들에 대해 생각이나 행동으로 자비롭지 못하게 대하면서 그 떡을 먹고 마신다는 것을 의미한다. 바울이 그러한 "합당치 않은" 참예에 대하여 그 죄를 범한 자들에게 너무나 현실성 있게 강한 경고를 했기 때문에 그들이 자초한 심판으로 인하여 그들에게 질병과 죽음이 닥치기도 했다.[13] 성찬을 통한 그리스도에의 참예는 세례를 통하여 그리스도와 연합되는 것과 무관한 독립적인 문제가 아니다. 이 두 가지는 다른 모든 신자들과 그리스도의 몸 안에서 공동의 생명에 참여하는 것을 내포한다. 그리고 그리스도인들이 그것을 도외시한다면 심각한 윤리적 결과가 초래될 것이다.

---

11) "축복의 잔"이라는 말은 식사 후에 나누는 포도주 잔을 나타내는데 이것은 유대인들이 흔히 사용하는 표현이다. 그 잔은 식후에 감사를 드리기 위한 신호가 되었기 때문에 그것을 그렇게 표현한 것 같다. 그 잔에 하는 축복은 하나님께 대한 감사를 표하는 것이다(고전 10:16에서의 그 말은 $εὐλογέω$로 되어 있으며 11:24에 사용된 $εὐχαριστέω$와 동의어이다). 그 말을 유대인의 용례에서 찾아보면 "우주의 왕이신, 오! 주 우리 하나님, 포도를 만드신 분이시여, 당신을 찬미하나이다"라는 형태를 취하고 있다. 그들은 성찬식의 축복에 그리스도인의 취지를 보다 명백하게 부여했던 것 같다. "우리 아버지시여, 당신의 종 다윗의 거룩한 줄기를 인하여 감사하나이다. 당신은 당신의 종 예수로 말미암아 그 줄기를 우리에게 알려 주셨으니 아버지시여, 영원히 영광을 받으시옵소서"(Didache 9:2).
12) 고전 11:27, 29.
13) 고전 11:30.

제26장

에베소 : 전도의 문은 열렸으나 반대자도 많았던 곳

1. 에베소에 간 바울

AD 52년 봄 팔레스틴과 수리아의 짧은 여행을 마친 후 바울은 육로를 통해 다시 에베소로 돌아갔다. 이때에는 어떤 장해나 예언을 통한 금지가 없었기 때문에 바울은 소아시아를 거쳐 서쪽으로의 여행을 무사히 마칠 수가 있었다. 그 여행을 하는 도중에 "갈라디아와 브루기아 땅을" 차례로 다녔다고 기록되어 있으나 거기에서 수행한 복음전파에 대해서는 "모든 제자들을 굳게 하니라"고만 되어 있을 뿐 그 외에 다른 것은 전혀 기록되어 있지 않다(행 18:23). 여기에 제시된 지역은 복음전도를 위한 초기여행 시에 실라 및 디모데와 동행하여 다녔던 곳으로 사도행전 16:6에서 "브루기아와 갈라디아 땅"이라고 일컬어진 곳과 동일한 곳이라고 생각된다. 그때 그는 "윗지방"을 경유하여 에베소로 갔다(19:1). 그러므로 이 말은 바울이 리쿠스와 마이안더 골짜기를 통과하는 큰 길을 택하지 않고 좀더 북쪽에 위치해 있는 길을 택하여 메소기소산(현재 Aydi Dağlari) 북쪽으로 간 후 그리로부터 에베소로 들어갔음을 시사해 준다(여기에서의 "윗지방"이라는 말은 그말이 흔히 그러한 것처럼 에베소의 오지를 가리키는 표현이다).

이미 언급했던 바와 같이 아시아 지방은 BC 133년 아탈루스 3세가 죽고 그의 영토가 로마의 원로원과 백성들에게 넘어갈 때 페르가몸 왕국으로부터 떨어져 나와 형성되었다. 그것은 모이시아, 루디아, 가리, 루기아 그리고 서부 브루기아로 구성되어 있다. 그 해변과 앞바다의 섬들에는 태고적부터 이오니아계 희랍인들이 정주하고 있었다.[1] 본토의 거류지는 BC 6세기 전반기에 크로에수스가 루디아 제국을 팽창시킬 때 그에 의하여 그 제국에 병합되었다. 그리고는 BC 546년 키루스가 크로에수스를 타도했을 때 그 지역은 페르시아의 통치 하에 처하게 되었다. BC 498년 반란이 일어났으나 무산되었고 그 후로 BC 480~479년 세르세스의 헬라 침공을 격퇴시킨 후 자유를 되찾고 그것을 수십 년 동안 누릴 수 있었다. 그러나 BC 387년 페르시아 왕의 치세로[2] 또다시 페르시아의 통치를 받아야 했다. 그들은 BC 334년 알렉산더에 의해 해방되었으며 그가 죽자 차례로 역대 왕조들의 통치를 받았다. 그러나 주요 도시들은 상당히 넓은 범위의 시 자치권을 소유하였으며 그 후 로마인의 지배 하에서도 그 자치권을 지속적으로 누릴 수 있었다.

Caÿster(현재는 Kücük Menderes) 어귀에 위치해 있는 에베소는 이 이오니아인들의 정착지에 대해서 가장 많은 것을 예증해 준다. 이오니아인들이 유입하기 전 여기에는 가리인들이 정착하고 있었다. 그들은 지역적으로 아나톨리아의 모신(mother-goddes)을 숭배하고 있었다.[3] 이오니아 이주민들은 가리인 선조들과 혼합되었으며 가리인들을 따라 그들의 여신을 섬기게 되었다. 그 여신은 헬라 이전 시대에는 아데미라는 이름으로 불리웠다. 헬라 문학에 등장한 것을 보면 그 여신은 처음에는 야생생물의 여왕이요, 보호자로 나타나 있다.[4] 그리고 희랍본토에서는 그녀를 순결한 여사냥군으로서 숭배하였다. 에베소의 아데미 신전에는 여러 가지 짐승의 형상을 한 조상이 들어서 있었는데 에베소인들은 그것이 "하늘에서 내려왔으며"(행 19:35) 따라서 신성한 손에 의해 만들어진 것이라고 믿었다. 초기의 신전은 BC 356년에 불타 없어졌다. 전하는 바에 의하면 알렉산더 대왕이 태어나던 날밤 어떤 젊은이가 자기의 이름을 역사상 길이 남기기 위하여 불을 지른 것이라고 한다. 그 젊은이는 자기의 목적을 달성했다고 볼 수 있다. 그는 헤로스트라투스로서 그 방화행위로 인하여 우리에게 그 이름이 알려졌기 때문이다. 그후 곧 새로운 신전이 세워졌는데 그것은 이전의 신전보다 훨씬 더 웅장한 것으로서 세계 7대 불가사의 중의 하나로 알려져 있다. 에베소는 "아데미 전각지기"(Temple Warden 〈neōkoros〉)[5]라는 그 신전의 이름과 그리이스 전 지역 뿐 아니라 그 국경

---

1) 창 10:4의 민족들의 도표에 그들은 "야완"이라고 되어 있다.
2) 그것은 다른 말로 안탈시다스의 치세라고도 불리운다.
3) 가리인들은 소아시아 남서부에 살던 비헬라계 주민들 중의 하나였다. 왕하 11:4, 19에서는 그들을 가리 사람들이라고 기록하고 있는데(이들은 블레셋인들과 관련이 있었다) 그들이 가리 지역에서 왔기 때문에 그렇게 부른 것 같다. 그 어머니 신은 다양한 명칭으로 불리었다. 예컨대 갑바도기아에서는 마(Ma)로 테시누스에서는 시벨(Cybele) 또는 위대한 어머니(the Great Mother)라고 불리워졌다(BC 204년 로마에 전해진 그 여신의 신상은 페시우스의 신상의 모형을 딴 것이다).
4) 호머는 (일리어드 21장 p.470~471 에서) 그 여신을 πότνCA 또는 Apτε/ιcs áypoτεpη("야생동물의 여왕, 또는 야생동물의 아데미"라는 뜻)라고 부르고 있다. 이스킬러스(아가멤논 p. 134~136에서)는 그녀를 야생동물에 손상이 입혀졌을 때 분개하는 자로 묘사하고 있다.

을 넘어선 지역에서까지 그 여신을 숭배한다는 사실에 대해여 큰 자부심을 갖고 있었다. 은장색이 데메드리오가 "온 아시아와 천하가" 그 전각을 위한다고 말한 것도 무리가 아니었다(행 19：27).[6] 그 전각이 그토록 웅장했었음에도 불구하고 현재는 그 형적이 거의 사라지고 말았다(사실 그 전각은 아테네의 파르테논 신전보다 네배 가량 컸다. 파르테논 신전은 높이가 62피트나 되는 127개의 원주로 버팀목을 삼고 있으며 많은 조각 실습생들과 고대의 다른 위대한 조각가들의 찬양의 대상이 되어왔다). 현재는 오직 그 신전의 터가 남아 있을 뿐인데 1869년 우드(J. T. Wood)가 많은 어려움 끝에 발견한 바에 의하면 Ayasoluk(지금은 Selcuk) 언덕 기슭의 소택지에서 그 자취를 찾아볼 수 있다.

헬라와 로마의 지배를 받던 에베소의 주요 유적지는 그 신전이 있던 곳으로부터 남부와 남서쪽으로 1.5마일 정도 떨어진 곳에 위치해 있다. 에베소는 신약 시대의 항구도시였음에도 불구하고 카이스터로 실려 들어온 침적토로 뒤덮여 지금은 해안으로부터 7마일 정도 들어 온 내륙에 위치해 있다. 극장의 꼭대기에서 내려다보면 아직도 그 고대항구의 윤곽을 알아볼 수 있는데(마치 항공사진에 찍힌 모양과 같다) 그 항구가 있던 자리는 현재는 늪이 많은 황무지로 변하여 아르가디 로(路)[7]가 끝나는 부분과 연하여 위치해 있다. 에베소 시의 중앙부에 우뚝 솟은 피온산(Panayirdag)의 서쪽 경사면에 세워진 그 극장은 무려 2만 5천 명 이상을 수용할 수 있었던 것으로 전해져 오고 있다.

페르가몸(Pergamum)은 그 지역 전체가 아탈리드 왕국에 속해 있던 연유로 유명무실한 수도에 불과하였다. 오히려 에베소가 가장 크고 인구도 가장 많았다. 스트라보(Strabo)에 의하면 에베소는 Taurus 서쪽에 있던 아시아의 모든 도시들의 가장 큰 상업무역 중심지였다. 에베소, 페르가몸 그리고 그 지방의 다른 헬라 도시국가들은 하나의 연방정부(아시아 코이논)를 구성하고 있었다. 그리고 그 의회에서 활약하던 시(市)대표자들은 아시아인들이었던 것으로 알려져 있다. 그 도시를 다스리는 로마의 행정부는 9개 또는 그 이상의 도시국가들에서 개최되는 정기순회재판(agoraioi)을 통해 권력을 행사했으며 식민지 총독이 그 행적을 관장했다. 그 지방을 통치하는데 필요로 하는 섭외업무는 시 서기장에 의한 지방 총독이나 주요 집정관이 담당하였다.

바울은 AD 52년 늦여름에 이 대도시로 갔으며 거기에서 거의 3년을 머물렀다.

---

5) 행 19：35 참조.
6) RE에는 그녀를 숭배한 지역이 서른 세 군데라고 기록하고 있다. AD 161년의 비각에는 그 여신의 명성이 "그 여신을 숭배하는 본토 지역에서 뿐만 아니라 헬라인과 야만인들 사이에서도" 자자했다고 기록하고 있다.
7) 아르가디로는 아르가디오 황제(AD 395~408)를 기념하여 이름 붙여진 것으로 그가 그 도로를 보수하였다.

그리고 에베소 시와 그 지역 전체를 복음화하는데 주력하였다. 그는 이 일을 하는데 있어서 많은 동료들의 도움을 받았음이 분명하다. 그 동료 중 한 사람으로서 에바브라를 들 수 있는데 그는 리쿠스 골짜기의 브루기아 도시들(즉, 골로새, 라오디게아와 그리고 히에라볼리)을 복음화시켰다.[8] 그들은 대단히 효과적으로 복음을 전파하였기 때문에 누가가 기록한 바와 같이 "아시아에 사는 유대인이나 헬라인이나 다 주의 말씀을 들었다"(행 19:10). 사실 그때 이래로 그 지역은 1923년 그레코 터어키인으로 주민이 교체될 때까지 기독교국으로서의 특성을 잃지 않았다.

2. 누가가 기록한 에베소에서의 바울의 "행적"

바울이 에베소에서 복음을 전파하는 동안 누가는 바울과 함께 있었던 것 같지 않다. 그리고 그 기간 동안 이방인 지역에의 복음전도가 큰 성과를 거두었음에도 불구하고 그 동안에 일어난 일들을 연속적으로 설명해 주는 기록은 찾아볼 수 없다. 또한 바울과 에베소의 회심자들 사이에 왕래되었을 서신도 찾아볼 수 없는데 우리가 그 서신을 읽을 수 있었더라면, 고린도서들이 바울의 고린도 교회와의 체험을 재구성하는데 도움이 되는 것처럼 바울의 에베소 회심자들과의 체험을 재구성하는데 도움이 되었을 것이다. 누가가 에베소에서의 에피소드들을 생생하게 보도하고 있음에도 불구하고 그 사실은 그 사건들을 직접 목격한 자들의 증언을 전해 듣고 그것을 기록한 것으로 생각된다.[9]

현대의 어느 신학자는 누가의 이야기체를 "환등기를 이용한 강연"에 비유하며 이렇게 말한다. "연사가 환등기의 그림들을 한 장씩 넘기며 일반적인 논평을 함으로써 자기의 하고자 하는 이야기를 예증해 나가듯이 누가는 그와 같이 생생하게 이야기를 진행시키고 있다." 바울이 에베소에서의 복음전도를 설명하는 장면이야말로 사도행전 가운데에서 이 비유를 가장 적절하게 적용시킬 수 있는 예가 될 것이다(행 19:1~41).

(1) 에베소의 제자들

이 "그림들" 중 첫 장의 주제는 바울이 에베소에 도착한 직후에 거기에서 열 두 사람과 대면하는 것으로 누가는 그들이 "제자들"이라고 일컫고 있다(행 19:1~7). 누가가 "제자들"이라는 말을 이와 같이 절대적인 측면에서 사용할 때 그것은 일반적으로 "예수의 제자들"을 뜻한다. 이들이 어떤 사람들인지에 대해서는 바울이 그

---

[8] 골 1:7; 2:1; 4:12, 13 참조.
[9] 예컨대 에베소 극장에서의 폭동에 대해서는 아리스다고를 통해 이야기를 들은 것으로 생각된다(행 19:29 참조). 골 4:10, 14 및 행 20:4, 5; 27:2를 보면 누가도 아리스다고의 무리에 속해 있었던 것을 알 수 있다.

들에게 "너희가 믿을 때에 성령을 받았느냐?"라고 물은 질문으로 미루어 보아 추정할 수 있다. 바울은 그들이 신자들, 즉 예수를 믿는 사람들이라고 추측하였다. 그러나 그들의 그리스도인으로서의 체험에는 무엇인가 결여된 요소가 있다고 생각했으며 그들이 성령에 대해서는 아무것도 모른다는 것을 발견했다. 그리고 그 다음 질문을 보면 그들의 알고 있는 세례는 사실상 요한의 세례 뿐이었음을 알 수 있다. 그들은 이 점에 있어서 아볼로의 경우와 똑같았다. 아마 그들은 아볼로처럼 먼저 요한의 세례를 받고 예수의 이야기에 대한 지식을 얻게 된 어떤 사람들로부터 도에 대한 지식을 얻었을 것이라고 생각된다. 그들이 세례를 받은 곳이 반드시 에베소였으리라고 생각할 수는 없다. 아마 요한의 제자들은 요한의 가르침을 소아시아 최북단의 지역에까지 전파했을 것이다. 그러나 에베소의 이 제자들은 그 밖의 다른 지역, 아마도 팔레스틴에서 요한의 가르침과 세례에 대한 것을 알게 되었을 것이다. 여기에서 우리는 복음이 본고장에서 다른 지방으로 전파될 때 여러 가지 형태로 변경되어 보급된다는 점을 다시 한번 상기할 필요가 있다.

    바울은 이 제자들에게 요한의 사역이 예비적인 특성을 띠고 있음을 강조하였다. 그들이 요한의 증거, 즉 요한 자신의 뒤에 오시는 성령으로 세례를 베푸실 분에 대한 증거를 모르고 있다면 그들은 요한의 사역을 충분히 이해했다고 할 수 없다. 아볼로는 그리스도인의 서약이라고 인정할 수 있는 어떤 것을 맺고 있었다. 그리고 아볼로가 "열심으로" 예수에 관한 것을 가르쳤다는 누가의 기록(행 8:5)은 그가 "성령으로 충만하였다"는[10] 것을 의미한다. 다시 말해서 그것은 아볼로가 이 제자들이 알고 있는 것을 훨씬 능가하는 어떤 체험을 한 사람이었다는 것을 의미한다. 따라서 바울은 그들에게 "주 예수의 이름으로" 세례를 베풀고 안수해 주었다. 그리고 그때부터 그들은 방언과 예언을 함으로써 자신들이 성령을 받았다는 증거를 드러내었다. 이것은 신약에서 재세례가 베풀어진 유일한 예이다. 아볼로가 재세례를 받을 필요가 있었다고 볼 만한 암시는 전혀 찾아볼 수 없다. 사도들과 일부 요한의 세례를 받은 자들을 포함한 사도들의 제자들은 세례를 다시 받을 필요가 없었다. 오순절날 성령이 일시에 그들에게 부어지셨기 때문이다. 그러나 에베소의 이 제자들에게는 성령강림의 체험을 하게 하기 위하여 안수를 수반한 세례를 베풀 필요가 있었던 것으로 보인다. 그들의 세례는 그들이 자신을 그리스도께 전적으로 위임했다는 것과 그것이 무엇을 뜻하는지를 알고 있다는 것을 의미하는 표시였다. 그들은 바울을 통해 세례가 무엇을 뜻하는지를 명백하게 알게 되었다. 이 사실을 적절하게 지적하고 있는 바에 의하면 바울은 예루살렘 교회에 대하여 "가장 유력한 힘을 가진 사람들 중"의 하나였다. 왜냐하면 예루살렘의 표준에 비추어볼 때 결

---

10) 이 구절에 대한 헬라어는 바울이 롬 12:11에서 사용한 것과 동일하다. 거기에서 바울은 그리스도인 독자들에게 "열심을 품고 주를 섬기라"고 권고하고 있다.

여된 점이 있는 것으로 판단되던 복음에 대한 헥석들이 바울의 개인적인 활동과 (여기 에베소에서와 같이) 그의 영향력으로 인하여(브리스길라와 아굴라가 아볼로를 가르친 것과 같이) 바울과 모교회의 지도자들이 공동으로 지지하는 노선과 합일점에 이르게 되었기 때문이다.

(2) 두란노 서원으로 옮겨가다.

누가는 두번째 "그림"에서 바울이 3개월 간의 환대를 받은 후 회당에서 쫓겨나는 장면을 묘사하고 있다. 에베소의 회당 당국자들은 바울이 방문했던 다른 도시들의 회당 당국자들이 그랬던 것보다 좀더 긴 기간 동안 바울에게 편의를 제공했던 것 같다. 사실 에베소에서 "하나님의 나라에 대하여 강조하고 권면한" 바울에 대해 적대한 것은 회당의 당국자가 아니라 "마음이 굳어 순종치 아니하고 무리 앞에서 이도를 비방한" 신분이 명기되지 않은 어떤 사람들이었다(행 19：8~9).[11] 하여튼 그 반대는 대단히 강력하고 드센 것이었기 때문에 결국 바울은 회당을 떠나지 않으면 안되었다. 그는 그의 회심자들과 그가 동행한 동료 그리스도인들을 데리고 회당에서 나와 두란노라는 사람의 서원으로 가서 그곳을 새로운 집회지로 삼았다. 그를 최초로 두란노라고 부른 사람이 그의 부모였는지 또는 그의 제자들이었는지는 잘 알 수 없다. 그의 제자들은 하루 중 기온이 서늘한 시각에 그의 강의를 듣고 정오 무렵이면 스승과 학생이 다같이 집으로 낮잠을 자러 간 것으로 보인다. 서방역본 사도행전 19：9에 따르면 바울이 두란노의 서원을 사용하여 회중과 토론을 했던 시각은 "제5시에서 제10시 사이"였던 것으로 보인다(이것을 우리가 사용하는 시간법으로 바꾸면 오전 11시부터 오후 4시까지가 된다). 서방역본이 어떤 원본을 토대로 한 것이든간에 그 사실은 상당히 신빙성이 있다. 그리고 그들이 2년 동안 날마다 하루 중 가장 무더운 시각에 서원에 나와 토론하였다면 그것은 바울 뿐만 아니라 그의 청중들의 끈기가 참으로 놀라운 것이었음을 시사해 준다. 바울에 대해서 말하자면 아마 그는 이른 아침과 저녁에는 손으로 하는 노동을 위해 시간을 사용한 것으로 추측된다. 바울은 나중에 에베소 교회의 장로들에게 "이 손으로 나와 내 동행들의 쓰는 것을 당하였다"고 고백했다(행 20：34).

(3) 마술들

셰익스피어의 희곡 Comedy of Errors를 보면 에베소에 온 시라쿠스의 안티폴로스가 마술을 가르치고 실시하는 중심지로서의 에베소의 명성을 지적하는 장면이 있다.

---

11) 여기의 "무리 앞에서"($\pi\lambda\acute{\eta}\theta ous$)라는 말에 대하여 서방역본 사도행전의 주요한 증거사본에서는 "회중 앞에서"($\pi\lambda\acute{\eta}\theta ous$)라는 좀더 완벽한 표현을 사용하고 있다.

> 이 도시는 마술의 도시
> 재빨리 눈을 속이는 마법사들
> 은밀한 수법으로 마음을 홀리는 요술장이들
> 육체를 망치고 영혼을 죽이는 마녀들
> 위장한 사기군들, 수다스러운 협잡군들로 가득차 있고
> 하여 그들이 범하는 온갖 죄가 범람하도다.[12]

에베소가 이 방면으로 명성이 높았다는 것은 "에베소의 문서"라는 말이 고대에 널리 통용되었던 사실을 미루어 보아 알 수 있다. 런던, 파리 그리고 리이덴에 소장된 장문의 마법의 파피루스들이나, 또는 조그마한 원통 모양이나 목걸이의 메달 모양으로 말거나 접어 목에 걸거나 혹은 신체의 다른 부위에 지니고 다니던 작은 부적들(크리스마스 크랙커 속에 넣었던 격언이 적힌 조그만 두루말이를 그 예로 들 수 있다)과 같이 주문이나 또는 마법을 거는 말을 내용으로 하는 기록물을 일컬을 때 일반적으로 "에베소의 문서"라는 말이 사용되었다. 후자에 속하는 것 중 하나로 프린스턴 대학에 소장된 파피루스를 들 수 있는데 그것은 특수한 양식으로 배열해 놓은 일련의 이상한 글자들로 되어 있다.

$$ZAGOUR\bar{E}PAGOUR\bar{E}$$
$$AGOUR\bar{E}PAGOUR$$
$$GOUR\bar{E}PAGOU$$
$$OUR\bar{E}PAGO$$
$$UR\bar{E}PAG$$
$$R\bar{E}PA$$
$$\bar{E}P$$
$$E$$

이런 형태로 글자를 반복하여 나열한 후에 이러한 말이 기록되어 있다. "주권적이고 선한 천신들이 열병에 사로잡힌 소피아의 아들을 구원한다. 바로 오늘, 바로 이 시간, 바로 지금 곧, 바로 지금 즉시로" 이 부적의 서두를 이루고 있는 신중하게 도안된 글자의 배열양식은 그들이 어떤 신이나 또는 악마의 이름을 표현하려고 했었다는 것을 짐작케 한다. 위력이 큰 마법의 파피루스들 속에는 실재하는 존재의 이름이나 상상의 존재의 이름들이 가득 적혀 있다. 이 기록들은 근동지방 전역에 걸쳐 우리에게 전래되고 있으며 특히 에베소는 그런 기록들로 유명한 지역이었다.

---

[12] 제 1 막 2장 97행 이하.

그러한 상황을 고려해 볼 때 바울이 일종의 마술사로 간주된 것이 무리가 아니다. 바울이 손으로 하는 일을 할 때 사용한 손수건과 앞치마를 가져다가 각종의 환자와 악령이 들린 사람들에게 대면 그 효험이 즉시 뚜렷하게 나타났다. 물론 그 효험은 천조각이나 가죽조각에 있었던 것이 아니라 그것들을 약제로 사용한 사람들의 믿음에 있었다. 어떤 사람들은 예수의 이름을, 능력을 보유한 주문으로 간주하고서 바울의 흉내를 내어 주문으로 외웠다. 파리에 소장된 마법의 파피루스에는 "히브리인들의 신 예수의 이름으로 내가 너에게 명하노라"라는 주문이 들어 있다. 그리고 사보스, 이아오 그리고 이아베와 같은 신성한 명칭을 포함한 다른 히브리의 명칭들을 그와 동일한 목적으로 사용했었다는 증거를 발견할 수 있다.

위의 마지막 두 명칭(이아오, 이아베)은 감히 입에 올릴 수 없는 이름인 이스라엘의 하나님을 재현하려는 의도로 사용된 것이다. 마술의 표준에 의하면 그 존재의 이름을 발음할 수 있는 자가 거의 없을수록, 또는 있다 하더라도 극소수에게만 그 이름을 발설할 자격이 주어질수록 그 이름에 큰 효력이 있는 것으로 간주되었다. 사람들은 대제사장이 그 비결을 알고 있는 극소수인들 중에 하나라고 생각했으며 매년 속죄의 날에 예루살렘 성전 뜰에서 희생 양에게 백성의 죄를 씌울 때 그 이름을 발설하는 것이라고 믿었다.[13] 그러므로 떠돌아다니는 유대인 마술사들이 자신들을 대제사장 가문의 일원이라고 내세운 것이 조금도 이상할 것이 없다. 누가는 "유대의 한 제사장"인 스게와의 일곱 아들들을 예로 들고 있다. 그들은 "바울의 전파하는 예수를 빙자하여 너희를 명하노라"는 주문을 외우며 악귀를 쫓아내려 하였다(행 19:13,14). 그러나 악귀들린 사람이 그들에게 대단히 사납게 대들어 생명을 부지한 것만으로도 다행이라 생각될 정도로 그들은 큰 변을 당하였다. 이 사실은 사람들에게 예수의 이름의 능력을 돋보이게 하는데 전적으로 큰 공헌을 하였다. 다시 말해서 예수의 이름은 대단히 위험한 결과를 초래했기 때문에 그 이름을 올바르게 사용할 줄 모르는 사람은 함부로 불러서는 안되는 것으로 인식되었다. 누가의 이야기에 등장하는 도시들 가운데에서 특히 에베소는 그러한 사건을 가장 자연스럽게 받아들일 수 있는 풍토가 조성되어 있는 곳이었다.

그러나 예수의 이름의 능력은 몇몇 마술사들이 기독교로 개심하고 그들의 마술을 버렸을 때 바울이 칭찬해 줌으로써 명백하게 입증되었다. 그들은 그들만이 알고 있는 신비스러운 주문을 공공연하게 밝히고(이렇게 하여 그들에게서 마술의 능력이 박탈되었다) 5만 드라크마 상당의 마술 서적을 불태움으로써 그들이 체험한 변화에 대해 실제적인 증거를 나타내 보였다.

(4) 극장에서의 폭동

---

13) Mishnah Yoma 6:2.

누가가 보도한 에베소에서의 모든 에피소드들 중 가장 생생한 것은 그 도시의 큰 극장에서 발생했던 폭도들에 관한 기술이다. 바울이 복음전도 활동이 성공했다는 것은 아데미 여신의 숭배자들이 감소되었음을 뜻할 뿐 아니라 아데미 숭배와 관련된 세공품을 만들어 팔던 장인들의 수입이 감소되었음을 의미한다. 이 장인들 중에서 주도적인 위치를 차지하고 있었던 부류는 은장색들이었다. 따라서 에베소의 은장색이 조합의 조합장이었던 데메드리오라 하는 사람이 동료 장인들을 소집하고 종교적인 측면으로나 경제적인 측면으로 볼 때 상황이 대단히 심각해졌다는 사실을 설명하였다. 누가는 데메드리오와 그의 동료들이 "아데미의 은감실"을 만들어 적지 않은 벌이를 했다고 기록하고 있다. 이 은감실은 그 여신을 상징하는 아주 작은 신전으로(거기에는 아마 그녀를 시중드는 사자들도 함께 새겨져 있었을 것이다) 벽감에 설치하는 것이었다. 아데미 여신을 숭배하는 자들은 이 은감실을 구입하여 그녀의 전각에 헌납하였다. 당시의 은으로 조각한 여신상과 테라코타 전각은 전해내려 오고 있으나 은감실은 현재는 하나도 남아 있지 않다. 이 사건이 발생한지 반 세기 후인 AD 104년의 비문을 보면 로마의 관리가 어떻게 하여 은으로 된 아데미 여신상과 다른 조상들을 극장에 세우게 되었는지를 알 수 있다.[14] 누가가 데메드리오를 설명하기 위해 사용한 표현은 "감실을 만드는 자"라는 의미의 neopoios라는 명칭과 똑같은 것인데 그 말은 그 전각을 돌보기 위한 대표회의의 일원을 나타내는데 사용되는 것이었다(그 대표회의는 12명의 남자로 구성되었던 것으로 보인다). 그러므로 데메드리오는 은장색이 조합의 지구장이었을 뿐만 아니라 그 여신을 숭배하는 제사장들 중의 하나였으리라고 생각된다.

외국에서 온 이 교사들 때문에 자기들의 여신이 경멸당한데 대하여 대단히 분개한 은장색들과 그 조합원들은 "크다 에베소 사람의 아데미여!"라고 찬미의 함성을 질렀다.[15] 그들의 분개는 민중들에게로 전염되었으며 마침내 그들은 극장으로 몰려가 커다란 시위를 벌이게 되었다. 그들은 바울의 동료인 가이오와 아리스다고 두 사람을 잡아 극장으로 끌고 갔다.[16] 바울 자신도 그리로 가서 군중들을 진정시키기 위하여 할 수 있는 모든 일을 하려고 하였으나 바울에게 호의를 갖고 있던 에베소의 아시아 관원들 중 어떤 사람들이 그렇게 하지 못하도록 말렸다.

에베소의 유대인들은 사건의 정황을 파악하고 대단히 불안하게 되었다. 그들이 바울의 활동에 가담하지는 않았지만 아데미를 받드는 신도가 아니라는 것은 잘 알려져 있는 사실이었다. 따라서 아데미를 옹호하는 시위는 셈족을 타도하려는 폭동으로 발전할 가능성이 농후했으며 그러자 유대인 공동체를 지도하는 자인 알렉산

---

14) 그 비문은 헬라어와 라틴어로 되어 있다.
15) 서방역본에서는 그들이 "광장으로 달려가" 거기에서 찬미의 함성을 질렀다고 기록되어 있다.
16) *Μακεδόνας*의 마지막 글자가 *συνεκδήμους*의 첫 글자와 혼합되어 이중복사된 것이라면 이들은 데베의 가이오와 데살로니가의 아리스다고라고 볼 수 있다.

더라는 사람이 나와 군중을 잠잠케 하고 자기들의 집단은 바울 및 다른 복음전도자들의 무리와 무관하다는 사실을 밝히려 하였다. 그러나 그가 유대인이라는 사실을 안 군중들은 그를 잡아 끌어내리고 두 시간 동안 계속하여 "크다 에베소 사람의 아데미여!"라고 함성을 질렀다.

마침내 대단히 놀란 시 서기장이 나와 무리의 소란을 진압하고 동료 에베소인들에게 그 폭동이 대단히 심각한 결과를 초래할 수 있다는 사실을 경고하였다. 그리고 그는 다음과 같이 말했다. 그 지방을 다스리는 로마의 행정부가 그러한 행동을 묵인하지 아니하고 그들에게서 시민의 특권을 박탈해 버릴 수도 있을 것이다. 실상 위대한 여신의 영예와 명성이 훼손된 것은 아니다. 다시 말해서 그들의 분노를 일으킨 자들은 신성모독을 범하지는 아니하였다. 만일 그들이 바울이나 다른 일행들을 고소하고자 한다면 법정을 사용하는 것이 좋을 것이다. 시와 관련된 문제들은 ekklēsta 또는 시 의회라는 정기집회에서 다루어져야 하며 이와 같이 불법집회를 통해 처리되어서는 안된다(정기집회인 의회는 극장에서 개최되었는데 그것은 위에서 언급한 AD 104년의 비문을 통해 알 수 있다. 그리고 은으로 된 아데미 여신상과 다른 신상들은 의회가 개최되는 기간 동안에 거기에 세워지게 될 것이다). 그 서기장은 그 일에 관여해야 할 이유가 있었다. 그는 "에베소 시의 가장 유력한 인사"였기 때문이다. 하지만 바로 그 점 때문에 로마인들은 시민들의 행동에 대하여 특별히 그에게 책임을 지게 했다.

3. 에베소에서 겪은 위험

누가는 시 서기장의 강력한 개입으로 인하여 그 사건이 염려했던 것보다 훨씬 조용하게 지나갔다고 기록하고 있지만 그 사건으로 인하여 바울은 위험한 처지에 직면했었을 것이다. 바울의 친구 가이오와 아리스다고는 폭도들의 난폭한 취급에도 불구하고 거의 손상을 입지 않았던 것으로 보인다. 물론 이렇게 단정을 내리는 데에는 바울이 아리스다고를 가리켜 그와 "함께 갇힌 자"(골 4:10)라고 기술한 것이 이 사건 당시에 아리스다고(바울의 무리 중의 하나였던)가 투옥되었음을 암시하는 것이 아니라는 전제를 필요로 한다. 하지만 그런 전제는 유용하지 못하다. 바울이 이 사건 당시에 큰 위험에 처한 것이 아니었다면 그가 에베소에 체류하던 기간 동안 그에게 생명의 위협을 초래했던 또다른 사건이 발생했었다는 결과가 된다. 예를 들면, 부활의 희망에 대하여 고린도의 지식인들과 논쟁할 때 바울은 "내가 범인처럼 에베소에서 맹수로 더불어 싸웠으면 내게 무슨 유익이 있느냐?"라고 반문했다(고전 15:32). 여기에서 "범인처럼"이라는 말은 "상징적으로 말해서"라는 의미를 내포하고 있으며 그러므로 맹수와 싸웠다는 말을 글자 그대로 해석해서는 안된다는 것을 시사해 준다(그런데 바울의 행적을 기록한 2세기의 작가는 그 말을 글자 그대로 해석하여 바울이 그 전에 친하게 사귀어 두었던 그리고 세례까지 베풀어 주었던 사자와 원형경기장에서 우연히 만나게 되었다는 이야기를 꾸며 기술하고 있다).[17] 만일 그 표현이 상징적인 것이라면 그와 같은 종류의 체험을 표현하는 데 그러한 상징을 사용하는 것이 적절한 일이 아니었겠는가? 다음으로 그 사건 이후로 바울이 아시아 지방에서 겪은 생명을 잃을 뻔했던 위험에 관한 기록이 들어 있는 고린도후서 1:8~10을 예로 들 수 있다. 그때 바울에게는 죽음이 임박해 있었고 또한 그것은 확실했기 때문에 피할 도리가 없는 것처럼 보였다. 그럼에도 불구하고 그는 죽음을 모면했기 때문에 그가 구출된 것을 "죽은 자를 살리시는 하나님"께서 이루신 기적이라 믿으며 감사하였다. 이때의 위험은 거의 생명을 앗아갈 뻔했던 질병을 가리키는 것일 수도 있다. 그러나 그보다는 오히려 그것이 사람들의 적개심을 가리키는 것이며 다만 어떤 이유 때문에 그것에 대해 상세하게 기록하지 않는 것이 좋겠다고 여겨 그렇게 표현한 것이라고 보는 것이 훨씬 더 타당성이 있다.

이 점에 대해서는 그 지방의 정치적 사건과 어떤 관련이 있다고 볼 수 있다. 네로가 그의 계부 글라우디오에게서 군주정치의 정권을 이양받던 당시(AD 54년 10월 13일)의 아시아 식민지 총독은 마르쿠스 쥴리우스 실라누스였다. 그는 결혼으로 황제의 집안과 동맹을 맺은 뛰어난 로마 가문 출신이었다. 실라누스는 새로운 군주정치제도의 첫 희생자가 되었다. 네로의 어머니 아그리파가 그를 독살했던 것이다. 이것은 네로가 모르는 사이 또는 그의 승인이 없이 집행된 일이었다. 아그리파는 실라누스 가문에 대해 원한을 품고 있었으며 따라서 그를 제거할 최초의 기회가 오자 곧 포착하였다. 게다가 그는 네로와 함께 아우구스투스의 장손이었으며, 네로는 정통 후계자가 아니었기 때문에(글라우디오의 친아들 브리타니쿠스가 최우선권을 가지고 있었다) 백성들은 실라누스를 황제로 삼는 것을 더 좋아하였다. 아그리파는 바로 이 점에 대해서도 불만을 품고 있었던 것이다.

아그리파는 실라누스를 제거하는 일을 식민지 아시아의 문관 두 사람에게 청부하였다. 그 중 한 사람은 푸브리우스 셀러라는 이름을 가진 기마사 출신의 관리였고 다른 한 사람은 자유인으로 헬리우스라는 자였다. 그들 두 사람의 영향력은 해가 갈수록 증대되었다.[18] 에베소의 시 서기장이 극장의 시위자들에게 바울이나 그의

---

17) 혹자는 말하기를 로마 시민은 사자에게 던져지는 선고를 받지 않았다고 주장하는데 그것은 사실이 아니다. 중죄를 범한 경우에는 때때로 예외적으로 이러한 처벌이 내려졌기 때문이다. 그러나 그러한 처벌을 받음으로써 그는 시민권을 몰수당하였다. 그러므로 엄밀하게 말하면 로마 시민은 사자에게 던지우는 형벌을 받지 않은 것이 된다.

18) 셀러는 AD 57년 아시아 지방에서의 강탈죄로 기소되었다. 그러나 네로는 그에게 형의 선고를 내리지 못하게 하였다. 헬리우스는 네로가 헬라 지방을 여행하는 동안(AD 66~68) 로마와 이탈리아를 책임지도록 위임받았다. 그리고 나중에 갈바에게 처형되었다.

동료들에 대해 특별히 고소를 제기할 사항이 있다면 재판날을 이용하라고 말했을 때 그는 "(그리고) 총독들도 있다"고 덧붙였다(행 19:38). 아시아의 식민지 총독은 지방순회재판을 관장하였다. 그런데 그 서기장은 어째서 "총독들"이라는 복수를 사용하여 말했을까? 실라누스가 살해되고 그 다음 후계자가 도착하기 전 공위기간 동안에 그 사건이 발생했기 때문이라고 볼 수 있다. 그 고위기간 동안 셀러와 헬리우스가 식민지 총독의 행정업무를 이행했더라면 서기장은 그들을 총독들이라고 부르지는 않았을 것이다. 식민지 총독으로 공인된 사람이 없었기 때문에 그는 일반적인 복수를 사용하여 "총독들과 같은 그러한 사람들도 있다"고 말한 것이다.

일설에 의하면 실라누스는 바울의 친구가 되었다고 한다. 그래서 바울이 성전 약탈죄로 재판에 회부되었을 때 바울을 방면해 준 것으로 추측되며, 이 사실 때문에 실라누스가 죽은 후 바울에게 손상이 입혀졌다고 한다. 바울은 어째서 성전약탈죄로 기소된 것일까? 아마 에베소와 아시아의 다른 도시들의 유대인 공동체의 지도자들이 바울이 예루살렘 구호기금을 모금하는 것을 예루살렘 성전유지를 위해 매년 징수하는 성전세를 침식하는 행위로 간주했기 때문인 듯하다. 로마의 법은 특별히 이 세금징수 및 그 세금을 유대로 송달하는 것을 공인해 주었다. 사실 전해지는 바에 의하면 아시아의 에베소 지방에서 이 일이 생기기 반 세기쯤 전에 로마의 총독 루시우스 발레리우스 플라쿠스가 유대로 세금을 송출하는 것을 금하였으며 BC 59년에는 재정적인 비행과 관련된 고발과 그외 다른 고발들에 대해 로마에서 재판이 열렸다고 한다.[19]

그러나 성전세는 유대인 공동체로부터 징수하는 것이었다. 반면에 바울의 구호기금은 이방인 교회들의 기부금을 토대로 하여 조성되기 시작했다. 바울의 이방인 회심자들은 유대교도가 될 잠재적 가능성을 소지한 자들이었으며 그렇게 되면 그들도 성전세의 징수대상자에 들게 될 것이었다. 유대인 지도자들은 이 점을 놓치지 않았을 것이다. 따라서 그들이 보기에 바울은 이방인들을 유대교로 기울지 못하게 하고 그래서 예루살렘 교회의 유지를 위해 기부하도록 조장하고 있었다. 그러므로 결국 그것은 예루살렘 전을 침탈한 것이었다. 바울이 그 다음번에 예루살렘을 방문했을 때 그에 대하여 제기된 성전 침해죄라는 일반적인 기소 속에 이 문제에 대한 고발이 포함되어 있었다면, 그리고 바울의 사건이 황제가 관장하는 로마의 재판정에서 다루어질 가능성이 있을 만한 것이었다면 예루살렘 기금이 바울의 계획에 있어서 제아무리 중대한 위치를 차지하고 있었다 할지라도 누가가 그것에 대해 명백하게 밝히지 않은 것은 충분히 납득할 만한 일이다.[20] 에베소의 시 서

---

[19] 키케로의 Pro Flacco, p.60~68. 아우구스투스 황제의 칙령으로 지방의 유대인들이 예루살렘으로 송금하는 것이 허용되었다.

기장이 극장의 군중에게 바울과 그의 친구들이 신성모독을 범하지 않았다고 단언했을 때 그가 사용한 용어는 글자 그대로 하면 "성전을 약탈하는 것"이라는 의미를 가진 것이었음을 지적해야 하겠다.[21] 그러나 시 서기장이 사용한 용어의 정확한 의미가 무엇이든간에 그것은 단지 아데미 신전과 그녀에 대한 숭배와 관련된 것일 뿐이며 그러므로 이 문제와는 전혀 무관하다. 바울에 대해 "성전약탈"을 범했다는 고발을 제기했다면 그것을 처음 제안한 것은 아마 유대인들이었다고 보아야 할 것이다.

바울은 고린도인들에게 보내는 한 서신에서 에베소는 복음을 증거할 기회가 많고 효과도 대단히 높은 곳이지만 반면에 "대적하는 자도 많은" 곳이라고 말하고 있다(고전 16:9). 이 "대적하는 자들" 중의 일부는 유대인 지방 공동체의 유력한 신자들이었다는 암시가 여러 곳에서 발견된다. 바울이 에베소를 떠난 지 1, 2주일 후 에게해 연안 지역으로부터 팔레스틴으로 향하던 마지막 여행길에서 잠시 쉬는 동안 에베소 교회의 지도자들에게 이야기를 할 기회를 얻었을 때 그는 그들에게 자신이 에베소 시에서 "유대인의 관계"로 인하여 당했던 고난을 상기시키고 있다(행 20:19). 이 사실을 우리에게 보도해 준 누가는 아마 그 집회에 참석해서 거기에서 나눈 이야기를 들었던 것 같다. 또한 누가는 바울이 예루살렘을 마지막으로 방문하는 동안 바울을 심하게 비난하며 소리를 지르고 폭행을 가하려고 했던 자들도 오순절을 지내려고 "아시아 지방에서 온 유대인들"이었음을 기록하고 있다(행 21:27~29). 디모데후서 4:14에 기록된 바, 바울에게 "많은 해"를 가한 자인 구리장색 알렉산더는 극장에서 소요하는 군중에게 에베소의 유대인 공동체를 바울과 무관한 것으로 인식시키려 했던 알렉산더와 동일인물인 것 같다. 바울에게 "많은 해"가 가해진 곳이 에베소에서였는지 또는 다른 곳에서였는지 그것은 확실치 않다(예를 들면 이 알렉산더는 예루살렘에서 바울에게 그러한 고통을 주었던 아시아 유대인들의 지도자가 아니었을까?).[22]

만일 바울이 쥴리우스 실라누스 앞에서 이 기소에 대한 심문을 받고(여기에서 "만일"이라는 가정의 의미를 강조해야 한다) 방면되었다면 바울의 적대자들은 실라누스가 제거되었을 때 바울을 성공적으로 해칠 기회를 포착할 수 있게 되었다고 판단했을 것이다. 그들의 두번째 시도가 성공적이었다면 그것은 바울이 아시아에서 겪었다고 언급했던 것과 마찬가지로 생명을 건질 수 있으리라고는 꿈에도 생각지 못할 정도로 "대단히 치명적인" 위험을 초래한 것이었을 것이다. 실라누스가 그

---

20) 행 24:17에 언급된 "구제할 것과 제물"에 관한 문제.
21) 그 시 서기장은이 사람들이 "전각의 물건을 도적질하지 아니하였고(ἱερόσυλοι) 우리 여신을 훼방하지도 아니하였다"고 말하였다(행 19:37).
22) 딤전 1:20의 알렉산더는 배교자(혹은 적어도 자유사상가)였던 것 같다. 따라서 그 알렉산더는 행 19:33의 알렉산더와는 다른 사람인 것으로 보인다.

를 보호했다는 것이 로마에 알려지게 되었다면 바울이 로마 시민으로서의 법적 권리를 요구했을 때 그것은 바울의 운명을 더욱 더 불리하게 확정시킨 원인이 되었을 것이다. 하지만 이 모든 것은 추측에 불과한 것이며 단정적인 사실은 아니다.

바울이 로마서 16:4에서 언급한 바와 같이 브리스길라와 아굴라가 바울의 생명을 구하기 위하여 그들의 "목이라도 내놓으려고" 했던 것은 아마도 바울이 에베소에서 복음을 전파하던 때에 있었던 일로 추측된다. 이 사건에 대한 바울의 언급은 (그 서신을 직접 읽은 당사자들은 어떻게 받아들였는지 알 수 없지만) 너무 간결해서 확실한 것을 아는데 별로 도움이 되지 못한다. 그러나 그것은 그 사건 당시에 바울이 목숨을 잃을 뻔한 위험에 처했었다는 것과 그의 두 동료들이 자신의 생명을 돌보지 않고 그를 구하려고 애썼다는 사실을 분명하게 시사해 주고 있다. 같은 문맥(롬 16:7)에서 바울은 안드로니고와 유니아스(여자일 경우에는 유니아)에 대해 언급하고 있는데 그들은 사도의 무리 가운데에 잘 알려져 있던 사람들로서 바울은 그들을 "나와 함께 갇혔던" 자들이라고 기술하고 있다. 그들이 바울과 함께 갇혔던 곳이 에베소가 아니었다면 그들은 언제 어디에서 함께 투옥되었던 것일까?[23]

4. 에베소에서의 투옥

바울이 에베소에서 복음을 전파하는 동안 한번 이상 투옥되었는지에 대해서 많은 논란이 있어 왔다. 그가 에베소에서의 복음전파를 끝마친 직후에 쓴 고린도후서 11:23~27에서 그는 사도의 임무를 수행하는 동안 체험했던 고난과 위험을 일일이 열거하고 있는데 거기에는 "옥에 갇히기도 많이 하였다"는 사실이 포함되어 있다. 다른 곳에서와 마찬가지로 이 목록에 언급된 감금에 대한 기록은 바울의 경력에 대하여 명확하게 아는데 큰 도움이 되어주지 못하고 있다. 사도행전의 이야기는 이보다 앞서 바울이 감금되었던 일을 단 한번 기록하고 있다. 그것은 구체적으로 바울과 실라가 빌립보의 시 감옥에 밤새도록 감금되어 있었던 때를 가리킨다. 바울이 에베소에서 옥에 갇힌 적이 있었는지에 대해서는 직접적인 증거를 찾아볼 수 없다. 성 바울 감옥이라 불리우는 코레서스 산(Coressus, Bülbüldağ) 꼭대기의 탑은 그런 이름으로 불리워야 할 이유가 없다. 하지만 그럼에도 불구하고 그 명칭은 바울이 에베소에서 감금되었다는 어떤 유전을 반영하고 있다. 그러나 그 유전의 기원이 얼마나 오랜 것인지에 대해서는 확실히 알 수 없다. 그러한 유전을 반영하고 있는 것으로 보이는 또 하나의 예는 골로새서의 서두에 나오는

---

23) 이 투옥은 AD 57년 이전에 있었던 것으로 추측된다. 골 4:10에 보도된 바 아리스다고가 바울과 함께 갇혔던 것(거기에서의 "함께 갇힌 자"라는 말을 글자 그대로의 의미로 해석한다면)은 이 투옥보다 나중에 일어난 일이다.

문안인사의 말미에서 발견된다. 거기에는 사도가 에베소에 감금되어 있을 때 그 편지를 쓴 것으로 진술되어 있다. 그러나 이것은 잘못 기록된 것일 가능성이 없지 않다.[24] 빌레몬에게 보내는 서신의 서두를 보면 그 서신이 로마에서 쓴 것임을 짐작케 한다. 그리고 빌레몬서와 골로새서는 같은 시기에 같은 장소에서 동시에 보낸 것임이 분명하다.

바울이 "감금된 상태에서 쓴 서신들"의 일부에 대한 배경을 연구하는 많은 학자들은 바울이 에베소에서 한 번 이상 감금되었다는 의견을 지난 세기 동안 줄곧 주장해 오고 있다. 예컨대 던컨(G.S. Duncan)은 빌립보서에 대하여 바울이 실라누스에 의해 방면되기 전 잠간 동안 감금되어 있을 때 쓴 것이라고 주장한다. 그리고 해리슨(P. N. Harrison)은 빌레몬서와 골로새서에 대하여(이것들은 최소한 그가 확실한 근거가 있다고 간주하고 있는 서신들이다) "광신적인 유대인들의 손길이 바울에게 미치지 못하게 하기 위하여 호의를 가진 아시아인 관원들이 바울을 집안에 억류시켜 두었을 동안에" 쓴 것이라고 주장한다. 하지만 이 시기에 대해서는(특히 후자의 경우에) 의심의 여지가 많다. 이것을 뒷받침해 줄 만한 증거가 부족하여 확실한 사실을 알 수 없음에도 불구하고 식민지 아시아에서의 복음전도야말로 바울의 모든 복음전도사역 가운데에서 가장 결실이 풍성한 기회 중의 하나였다. 그리고 거기에서의 그의 체험(특히 살아날 가망성이 없다고 생각될 정도로 극심했던 말기의 치명적인 위험)은 바울의 내적 생활에 지대한 영향을 미치게 되었다.

---

[24] 하르낙(A. Von. Harnack)은 per Epaphram("에바브라에 의하여")라는 말이 ab Epheso("에베소로부터")라는 말로 잘못 기록된 것이라고 주장한다.

제27장

바울과 내세

1. 사상의 배경

　에베소의 복음사역의 말기에 죽을 뻔한 위험으로부터 기적으로 벗어났을 때 체험한 바울의 영적 전환점에 대하여 20세기의 신약성경 연구자 중 한 사람은 그것을 바울의 "두번째 회심"이라고 일컫고 있다. 이것은 그 위기를 겪고 난 후에 쓴 것으로 보이는 편지들에서 "성품의 변화"가 있었다고 말한 것을 지지하는 입장에서 본 견해라 할 수 있다. 여기에서의 성품의 변화란 좀더 인내심 있는 태도로 논쟁을 펴나갈 수 있게 된 것, 사도에게 가해지는 고난을 더욱 기꺼이 받아들일 수 있게 된 것, 가정생활의 가치를 더 높이 평가하게 된 것, 그리고 "화해의 사상"을 지속적으로 강조하게 된 것[1] 등을 들 수 있다. 바울이 이 위기를 겪기 전에 취한 생명에 대한 태도와 그 이후에 가지게 된 태도 사이의 차이를 명확하게 구분할 수 있는 것은 아니다. 앞 장에서 언급했던 바와 같이, 고린도후서 10~13장("고린도인들에게 보낸 서신 E")이 고린도후서 1~9장("고린도인들에게 보낸 서신 D")을 보낸 후에 쓴 것이고 그 이전에 쓴 것이 아니라면 바울은 "두번째 회심" 이후로 대단히 날카롭고 풍자적인 논박을 할 수 있는 사람으로 변한 것이 된다.

　그럼에도 불구하고 바울의 영적 성장이라는 폭넓은 관점에서 바라본다면 일반적으로 "두번째 회심"이라는 견해를 지지할 수 있다. 사실 그 위기를 겪고 나서 바울

---

[1] 다드(C.H. Dodd)의 "The Mine of Paul : I" p. 81 참조.

의 사고 영역은 크게 변화하였는데 특히 내세에 관한 견해에 뚜렷한 변화가 일어났다.

회심하기 전의 바울의 내세에 대하여 어떤 견해를 가지고 있었는지 우리로서는 그 상세한 것을 정확히 알 수 없다. 바울이 살던 당시의 유대교는 내세에 관하여 아주 다양한 견해들이 존립하고 있었다. 그리고 그 다양성은 우리가 일반적으로 추측해 온 것보다 훨씬 더 컸었던 것으로 보인다. BC 200~AD 100년 사이에 기록된 유대인의 문헌에는 다음과 같이 언급되어 있다.

> 육체의 부활을 인정하지 않고 영혼의 불멸을 주장하는 견해들 뿐만 아니라 육체의 부활을 분명하게 지지하는 견해들도 흔히 접할 수 있다. 그리고 사후에 육체가 소멸되지 않은 채 영혼이 사는 것을 주장하는 견해들과 육체에 대해서 분명하게 언급하지는 않았으면서도 부활을 지지하는 문헌들도 흔히 찾아볼 수 있다.[2]

바울은 그 당시 바리새인들 사이에서 널리 인정되고 있던 미래의 육체의 부활에 대한 신앙을 전수받았었음이 분명하다. 그러나 AD 1세기 초엽에 부활에 대한 바리새인의 교리가 하나로 통일되어 있었는지, 또는 그것이 그 무렵의 랍비의 가르침을 원래의 형태 그대로 반영하고 있는 것인지에 대해서는 함부로 속단해서는 안 된다. 부활에 대한 신앙은 바리새인들과 사두개인들 사이의 신학적 상이점으로서 주요한 쟁점 중의 하나였던 것으로 보인다.[3] 사도행전에는 예루살렘에서 체포된 바울이 산헤드린 공회 앞에 서서 자신은 바리새인으로 태어나서 바리새인으로 양육되었으며 "죽은 자의 소망 곧 부활"로 인하여 심문을 받는다고 선포함으로써 공회의 대표자들 사이에 분란의 불씨를 던진 이야기가 기록되어 있다(행 23:6). 또한 이보다 더 명백한 증거를 들 수 있는데, 바울이 벨릭스 앞에 서서 자신을 고소한 자들과 마찬가지로(물론 이것은 바리새인 고소자들을 가리킨다) "의인과 악인의 부활이 있으리라"한 소망을 품고 있음을 선포하였다(행 24:15). 그러나 바울의 편지에 악인의 부활에 대한 것이 분명하게 언급되어 있지 않은 점은 이상한 일이다(비록 우연히 그렇게 된 일이라 할지라도).

이 선인과 악인의 부활에 대해서는 일반적으로 다니엘 12:2에 처음 나타나는 것으로 여겨진다. "땅의 티끌 가운데서 자는 자 중에 많이 깨어 영생을 얻는 자도 있겠고 수치를 받아서 무궁히 부끄러움을 입을 자도 있을 것이며" 그러나 이 말씀을 다음과 같이 표현할 수도 있다. "땅의 티끌 가운데서 자는 자 중에 많은 자들이 깨어 영생에 이를 것이요 또다른 이들은 (깨어나지 못하는 다른 사람들) 수치를 입어

---

[2] 카발리우(H.C.C. Cavalliu)의 Life after Death : Paul's Argument of the Resurrection of the Dead in 1 Corinthians 15, part I (Lund, 1975) p. 200을 인용한 하리스(M.J. Harris)의 "Resurrection and Immortality : Eight Theses," p. 52.
[3] 막 12:18~20 참조.

무궁히 부끄러움을 당하리라"[4] (잠 10:7 참조, "의인을 기념할 때에는 칭찬하거니와 악인의 이름은 썩으리라").

바리새인들의 가르침에 대한 요세푸스의 설명은 믿을 만한 자료에 근거를 두고 있다. 그러나 그는 특별히 큰 관심을 기울여 그것을 헬라의 사고방식에 비유하여 (특히 Antiquities, 28장 14절에서) 다음과 같이 말한다. "그들은 영혼이 죽음을 이기고 살아날 힘을 가지고 있다는 것과 선하게 산 자들과 악하게 산 자들에게 각각 지하에서 상과 벌이 주어지리라고 믿고 있다. 즉, 악한 영혼들이 받을 몫은 영원히 갇혀버리는 것이요, 반면에 선한 영혼들은 새로운 생명으로 옮겨가는 편안한 길을 제공받을 것이다." 여기에는 플라톤 학파 사람들의 견해와 모순되는 점이 전혀 들어 있지 않다. 요세푸스는 이보다 먼저 저술한 그의 저서 『유대인의 전쟁』 (Jewish War)에서 바리새인들의 부활에 대한 신앙에 대하여 보다 명백하게 언급하고 있다. "그들은 모든 영혼은 부패하지 않는다는 것과 선한 사람의 영혼만이 **또 다른 육체를** 입게 되며 악한 자들의 영혼은 영원한 벌을 받는다는 것을 믿는다." 여기에서 그는 의인들의 육체의 부활을 염두에 두고 있는 것 같다. 그런데 이 사상에 대하여 어느 정도 알고 있는 헬라인 독자나 로마인 독자는 요세푸스의 이 말을 윤회에 대한 신앙을 뜻하는 것이라고 해석할 수 있을 것이다. 요세푸스는 "유대인의 전쟁" 뒷부분에서 바리새인의 믿음에 대하여 새로운 표현을 사용하여 말하고 있다. 거기에서 그는 자기 자신을 로마인의 손아귀에서 처형되는 것을 피하기 위해 자살하려는 동료들을 말리는 사람으로 표현하고 있다. "자연의 법칙에 순응하여 이 세상을 떠나는 자들은 (자살한다면 자연의 법칙을 거스리는 것이다) 영원한 명성을 얻을 것이다. 그리고 더럽혀지지 않고 순종하는 자들의 영혼은 하늘에서 가장 거룩한 처소를 배당받을 것이며 시대가 바뀔 때 정결한 몸을 취하고 새로운 거처를 발견하게 될 것이다."

기원전 마지막 2세기 동안 신앙심이 깊은 유대인들은 부활에 대해서 여러 가지 견해를 가지고 있었는데 중간기의 문헌이 그것을 잘 예증해 주고 있다. 벤 시라 (Ben Sira)는 선인의 미덕을 후손들이 기억하는 것이 바로 가장 바람직한 불멸의 상태라고 생각한다.[5] 헬라 사상의 영향을 받은 지혜서의 저자는 영혼의 생존, 특히 "하나님의 손 안에 있어서" 어떤 악도 일어나지 아니하는 "의인들의 영혼"의 생존에 대하여 고려하고 있다.[6] 마카비 2서(구레네의 야손의 역사서에 대한 개요)의 순교자들은 잘려져 나간 지체들이 원상태로 회복되고[7] 뿐만 아니라 그와 같은 수

---

4) 이것은 모든 사람의 부활이 아니라 많은 사람의 부활이라고 해석하는 것이 보다더 일반적인 경향이다.
5) 집회서 44:1~3 참조.
6) 지혜서 3:1~3.
7) 마카비 2서 7:11.

난을 당할 때 취했던 육체 그대로 부활되기를 고대했다. 마카비 4서에서는(알렉산드리아의 유대인이 쓴 지혜서에서와 같이) 위와 동일한 순교자들이 스토아 학파에서 쓰는 표현을 사용하여, 올바른 이성은 육체적인 고통과 죽음을 훨씬 능가한다고 예증하고 있다.[8]

그러나 BC 2세기부터 사후의 의인들을 위한 축복의 장소인 에덴동산(즉, 낙원)과 악인들이 거처할 불타는 형벌의 장소인 게힌놈에 대한 사상이 유대인들 사이에 널리 퍼져 지지되고 있었다. 물론 여기에는 불을 최후의 심판 때에 시험하기 위해 사용하는 수단이라고 믿는 페르시아인들의 신앙의 영향력이 배어 있음을 부인할 수 없다.[9] 바리새파에서는 불경한 자들이 처하게 될 게힌놈의 불을 항상 형벌의 수단으로 생각한 것은 아니다. 샤마이 학파에 따르면 공적과 과실의 비중이 서로 비슷한 사람은 먼저 게힌놈의 불구덩이에서 죄들을 정화하고 나서 낙원에 들어간다고 한다. 이것은 죽은 후 부활하기까지의 기간 동안 일종의 인격적인 생존이 존재한다는 사상을 반영하고 있다.

AD 1세기 말엽에 기록된 두 권의 유대인의 묵시록에서는 죽은 자들의 영혼, 적어도 의인으로 죽은 자들의 영혼은 죽은 후 부활까지의 기간 동안 고성소(庫聖所)에 머물러 있는 것으로 기록하고 있다.[10]

쿰란사본은 의인들에게는 영생이, 악인들에게는 소멸이 기다리고 있다고 분명하게 기록하고 있다. 그러나 거기에는 부활의 문제에 대해 도움이 될 만한 사항은 들어 있지 않다. 하나님의 집에 굳게 붙어 있는 자들은 "영생을 누릴 것이요 인간의 모든 영광(이것은 인간에게 주어지기로 되어 있는 영광이라고도 해석할 수 있다)이 그들의 것이 될 것이다."[11] 반면에 불순종하는 자들은 "살아남지 못하고" 대홍수 이전의 죄인들이 당했던 것처럼 "멸망하고 마치 존재하지 않았던 것같이" 될 것이다. 쿰란 사람들은 하나님께서 인간에게 상을 주실 보상의 날을 기대하였다. 그의 택하심을 입은 자들은 거룩한 자들이 받을 몫을 물려받을 것이다. 사실 그들은 공동생활을 하는 가운데 이 유산을 받기를 기대하고 있었다. 왜냐하면 하나님께서 그들의 무리를 하늘의 아들로 삼아주셨고 공동체의 의회로, 거룩한 건물의 토대로, 다가올 무궁한 세상의 영원한 목초지로 삼으셨기 때문이다. 그들은 하나님의 광채로 치장하고 영원한 평화가 깃든 수많은 빛들과 영원한 날들을 누리게 될 것이다. 선과 악 사이의 마지막 전투가 벌어질 때 하나님의 몫에 속한 자들에게는 영원한 구원이 모든 악한 족속들에게는 멸망이 있을 것이다. 그러나 경건한 자들이

---

[8] 마카비 4서 5:15~17.
[9] Yasna 47:6, 51:9.
[10] 에스라 제4서 7:32, 75~101에는 분명히 모든 죽은 자들로 되어 있고 바룩후서 30:2에는 의인으로 죽은 자들이라고 되어 있다.
[11] "인간의 영광"('adām)이라는 말은 에덴동산에서의 아담의 영광을 가리키는 말일 수도 있다.

죽어야 할 생명으로부터, 또는 순교의 죽음으로부터 어떻게 영원한 복락의 상태로 옮겨지게 될 것인지는 분명하게 나타나 있지 않다.

쿰란인들이 에센파 사람들이라는 것이 확실하다면 영원한 복락에 대한 전자의 기대는 가장 맑은 공기로 이루어진 영혼이 육체의 속박에서 풀려나 낙원같은 은신처에서 즐거이 지내게 된다는 후자의 견해에 대한 요세푸스의 진술과 연관시켜 볼 수 있다. 요세푸스가 기술한 그 은신처는 쿰란의 송가 중 하나에 나타나 있는 바, 경건한 자가 그 거처로 삼는 다는 오아시스와 같은 곳이 아니다. 오히려 그것은 "바싹 메마른 대지를 흐르는 샘물가…(광야에 있는) 물이 넘치는 동산가"에 위치해 있다.

> 아무도 생명의 샘물로 다가갈 수 없으리
> 아무도 영원히 시들지 않는 나무들이 서 있는
> 거룩한 곳의 물을 마실 수 없으며
> 하늘의 나무에 열린 열매를 맛보지 못하리
> 생명의 샘물을
> 보아도 알아보지 못하고
> 살피고도 믿지 못하는 자들은.

그러나 요세푸스는 유대인의 신앙과 관습을 희랍철학으로 윤색되어 고차원적으로 다듬어진 형태로 만들려고 애쓰는 경향을 가지고 있기 때문에 그의 자료를 글자 그대로 해석해서는 안된다는 사실을 다시 한번 상기해야 한다. 히포리투스는 그의 저서 *Philosophonmena* 제 9권에서 에센파 사람들을 설명할 때 요세푸스의 의견을 따르고 있으나 보다 더 고차원적인 원천에 의지하고 있다. 거기에서 그는 에센파 사람들은 영혼의 불멸 뿐만 아니라 육체의 부활을 믿는다고 말하고 있다. 그에 의하면 에센파 사람들은 영혼을 불멸하는 것으로 간주하고 있으며, 사후에는 심판날에 부활한 육체와 다시 결합하게 될 때까지 공기 중의 빛이 매우 잘 드는 곳에 머물러 있다는 것이다. 그러나 우리는 히포리투스가 덧붙인 그 원천에 대하여 잘 알지 못하기 때문에 요세푸스의 주장과 모순되는 그의 주장을 올바르게 평가할 수 없는 입장이다. 어쨌든 그 주장을 일단 의심해 보는 것이 바람직한 태도가 될 것이다.

2. 새로운 전망

바울이 영생불사에 대하여 초기에 어떤 입장을 취했었든간에 기독교로 개심한 후에는 영생불사에 대한 견해가 결정적으로 변화되었다. 바울은 그를 친히 자기의 사도라 부르신 다시 살아나신 주님을 뵈온 후로 즉각적으로 그리고 필연적으로 개심하게 되었다. 전에는 그가 인정하지 않았던 것(그보다 먼저 사도가 된 자들이 증언한 바와 같이 십자가에 못 박혀 죽으신 예수가 하나님의 능력으로 말미암아 죽은 자 가운데서 다시 살아나셨다는 사실)이 이제는 도저히 의심할 수 없는 증거에 의해 그에게 입증되었다. 그러므로 예수는 메시야요, 하나님의 아들이시며 높이 들어올려진 주님이시다. 그러나 특히 오늘날의 우리에게는 예수께서 죽은 자 가운데에서 살아나심으로 말미암아 부활에 대한 소망이 생기기 시작하였다. 바울에게 있어서 이전에는 부활이 단순히 소망에 지나지 않았으나 예수에 관한 한 이제 그것은 소망 그 이상의 것이 되었다. 즉, 그것은 기정사실이 된 것이다. 하나님께서 예수를 죽은 자 가운데서 다시 살리심으로, 또한 그는 분명히 정해진 과정에 따라, 좀더 구체적으로 말해서 예수께서 재림하실 때, 즉 그가 영광 속에서 재림하실 때 그의 모든 백성을 다시 살리실 것이다.[12] 최소한 그는 옛 시대의 군주들과 선지자들이든, 또는 새로운 시대의 신자들이든 전혀 개의치 않고 재림하시기 이전에 죽은 자들을 모두 다시 살리실 것이다. 그러나 새로운 시대의 많은 신자들은 죽은 자 가운데에서 다시 살려짐을 받을 필요가 없게 될 것이다. 왜냐하면 그들은 재림 시에 여전히 살아 있을 것이기 때문이다. 새로운 시대의 신자들은 지금 그리고 여기에서 죽어야 할 육체를 입은 채 계속하여 살고 있다. 그러나 내적으로 볼 때 그들은 이미 다가올 부활생명(즉, 영생)을 미리 맛본 것이다. 왜냐하면 그들은 믿음으로 말미암아 다시 살아나신 그리스도와 일체가 되었으며 그 안에서 연합되었기 때문이다. 이 연합은 그들이 받은 그리스도의 성령으로 말미암아 이루어진 것이며 성령의 능력으로 말미암아서 다시 살아나신 그리스도의 생명이 그의 모든 백성들에게 이미 부여된 것이다. 사실 그들은 세례 때에 그리스도와 함께 죽고 그리스도와 함께 묻혔으며 그리스도와 함께 다시 살아난 것이다. 그리고 그가 재림하실 때 그들은 그의 드러난 영광을 함께 누릴 것이다. 그러나 그들은 내주하시는 성령으로 말미암아 영광의 소망에 참여하여 그 소망의 아름다움 안에서 살 수 있게 된다.[13] 이와 같이 그들이 받은 것은 전적으로 암시에 불과한 것만은 아니다. 그것은 불멸에 대한 경험의 계시이다. 물론 그 완전한 경험은 재림 때에 이르러서야 완성될 것이다. 그들은 지금 그리고 여기에서 "그리스도께서 죽은 자 가운데서 사셨으매 다시 죽지 아니하시고 사망이 다시 그를 주장하지 못할 줄을" 알고 있다(롬 6:9). 그리고 그에게 사실인 것은 그로 말미암아서 하나님의 선물로 주어진 다가올 세상의 생명을 갖게 된 그의 백성들에게도 사실이다. 따라서 바울은 다음과 같이 논증한다. "예수를 죽은 자 가운데서 살리신 이의 영이 너희 안에 거하시면 그리스도

---

12) 살전 4:14, 고전 6:14, 고후 4:14 참조.
13) 롬 5:2 ; 6:4, 골 1:27 ; 2:11, 12 ; 13:1~4 참조.

예수를 죽은 자 가운데서 살리신 이가 너희 안에 거하시는 그의 영으로 말미암아 너희 죽을 몸도 살리시리라"(롬 8 : 11).

　위에서 두번째로 인용한 바울의 기록을 통해 우리는 그의 이해력이 완전히 성숙한 단계에 이르렀음을 엿볼 수 있다. 그러나 우리는 이 주제에 대한 그의 사상과 표현에서 어느 정도의 진보의 자취를 엿볼 수 있지만 그의 신앙과 가르침의 중심 요지는 그의 신앙인으로서의 전생애를 통해 근본적으로 변하지 않았던 것으로 생각된다.

　우리에게 전해져 내려오는 바울 서신의 주요한 부분은 10~12년에 걸쳐서 씌여진 것이다. 일반인들의 경우에 비추어 볼 때 그렇게 짧은 기간 동안 이룩할 수 있는 성장의 정도란 극히 미미할 정도에 불과하다. 그러나 바울의 생애를 보면 그는 그 기간 동안 쉬지 않고 대단히 적극적인 활동을 하였다. 나중에 한동안 강제로 활동을 중지당했지만 그것은 그로 하여금 이방인들에게 그리스도의 사도가 된다는 것이 무엇을 뜻하는지를 더욱 깊이 자각하게 해주었다. 그러므로 그의 그러한 체험들이 내세에 대한 그의 견해에 전혀 영향을 끼치지 않았다면 그것이 오히려 이상한 일일 것이다.

3. 데살로니가인들의 문제

　그 시기의 초기에 바울은 데살로니가에 교회를 세웠다. 그러나 그가 통제할 수 없는 상황들이 발생하여 그는 그의 회심자들에게 그가 믿고 있고 또 그들이 필요로 하는 모든 가르침들을 다 전수해 주지 못한 채 그 도시를 떠나야만 했다. 그는 그들에게 마지막 시대에 불경한 자들 위에 진노가 퍼부어질 때 그들을 구원하러 하늘로부터 오실 예수의 나타나심을 고대하도록 가르쳐 주었다.[14] 그리고 그러한 기대에 찬 기다림 속에는 그들이 살아서 그 위대한 사건을 목도하게 되리라는 것이 함축되어 있었다. 그러나 바울이 떠난 지 몇 주 되지 않아 수 개월에 걸쳐 바울의 개심자들 중 몇 명이 죽었다. 그리스도께서 재림하시기 전에 생긴 신자들의 죽음은 데살로니가 교회가 미처 대비해 주지 못했던 일이었다. 따라서 그 일은 빛을 구하고 있던 그들의 마음 속에 어떤 문제를 야기시켰다. 사실 그들은 바울에게 두 가지 질문을 제기했던 것 같다.

　① 그리스도께서 재림하실 때 그가 오시기 전에 죽은, 그를 믿은 신자들의 운명은 어떻게 될 것인가?
　② 그리스도의 재림은 언제 이루어질 것인가?

---

14) 1 : 9, 10 참조.

첫번째 질문에 대한 답변에서, 바울은 그리스도께서 재림하시기 전에 죽은 자들이라 하더라도 재림이 있을 때에 전혀 불이익을 당하지 않을 것이라고 확언한다. "주 강림하실 때까지 우리 살아남아 있는 자도 자는 자보다 결단코 앞서지 못하리라." 오히려 그와 반대로 주께서 호령과 천사장의 소리와 나팔로 친히 하늘로 좇아 강림하실 때 그리스도 안에서 죽은 자들이 제일 먼저 그 부르심에 응답할 것이다. 그때 그들은 주의 부르심을 좇아 일어나, 죽으셨다가 다시 살아나신 그와 더불어 생명을 얻게 될 것이다. "그리고 그 후에 우리 살아남은 자로 저희와 함께 구름 속으로 끌어올려 공중에서 주를 영접하게 하실 것이다"(살전 4:14~18). 이 단언은 "주의 말씀에 의지하여," 즉 예수께서 친히 하신 말씀을 근거로 하여 그들에게 선포된 것이다(그 말씀이 그가 죽으시기 전에 하신 것이든 아니든 그것은 중요하지 않다). 그 용어와 이미지는 구약에서의 구속과 심판을 위한 신의 출현을 연상케 하는 것들이다. 다시 말하면, 여기에서의 나팔소리는 이사야 27:13에서의 흩어진 이스라엘 백성을 고향으로 불러모으는 나팔소리로, 그리고 하늘 구름은 다니엘 7:13에서의 인자와 같은 자가 옛적부터 항상 계신 자에게 나아올 때 타는 그 하늘 구름으로 생각해 볼 수 있다. 하지만 여기에서 이 용어들을 통해 지적하고자 하는 대상은 새로운 그리고 구별된 그리스도인이다. 예수께서 죽으시고 다시 살아나셨기 때문에 그를 믿으며 죽은 자는 반드시 그와 더불어 다시 살아날 것이며 그의 모든 백성은 영원히 그와 더불어 살 것이다.

재림의 시기가 언제이냐 하는 좀더 일반적인 두번째 질문에 관하여 바울은 다만 예수의 말씀을 반복하여 답변하고 있다. 즉, 그날은 전혀 예상치 못할 시기에, "밤에 도적같이" 임할 것이라고 말한다.[15] 그러므로 그리스도의 백성들에게 요청되는 바 그들은 "깨어 근신해야" 한다. "하나님이 우리를 세우심은 노하심에 이르게 하심이 아니요 오직 우리 주 예수 그리스도로 말미암아 구원을 얻게 하신 것이기" 때문이다(살전 5:1~9).

4. 죽은 자의 부활

바울은 "죽은 자의 부활이 없다"(고전 15:12)고 주장하는 고린도 교회의 지체들에게 답변할 때 이 문제에 있어서 아주 큰 공헌을 하였다. 시체에 생명이 회복된다는 것은 고린도인들에게 있어서(그들이 실제로 그렇게 간주한 바와 같이) 아마도 동의하기 어려운 유대의 미신으로 비쳤을 것이며 또한 사려깊은 이방인들이 기독교의 메시지를 받아들이는데 방해물이 되는 것에 지나지 않는 것으로 생각되었을

---

[15] 마 24:43, 눅 12:39, 계 16:15 참조.

것이다. 그들은 바울이 다른 많은 유대의 특성들로부터 해방된 것과는 달리 이 문제에 대해서 자유로와지지 못하는 것에 대하여 대단히 애석하게 여겼다. 다행히도 그들 자신은 이 점에 대하여 바울보다 좀더 자유로운 태도를 취하고 있었다.

이 고린도인들이 이 문제에 대하여 절대적으로 믿은 것이 무엇이었는지에 대해서는 명확하게 규정하기 어렵다. 그들은 단순히 영혼의 본래적인 영생불사나, 또는 죽을 때에 혹은 그리스도의 재림 시에 있게 될 영광에로의 승천과 같은 것을 믿었을 수도 있다. 그러나 바울이 고린도인들에게 보낸 편지의 다른 곳을 보면 우리는 그들이 "이미 실현된 종말론"(over-realized eschatology)이라 말할 수 있는 것을 믿고 있었다는 암시들을 찾아볼 수 있다. 그는 이 편지의 그 앞부분에서 고린도의 그리스도인들에게 빈정거리는 어투로 그들이 때가 이르기 전에 이미 그때에 "도달해" 있다고 말하고 있다. "너희가 이미 부요하며 우리 없이 왕노릇하였도다 우리가 너희와 함께 왕노릇하기 위하여 참으로 너희의 왕노릇하기를 원하노라"(고전 4:8). 그들은 아마도 자기들이 성령의 은사와 함께 신앙심이 깊은 사람이 열망할 수 있는 모든 것을 다 받았다고 생각했던 듯하다. 그들은 2세기의 영지주의자인 프로디쿠스의 견해를 유지하고 있었던 것 같다. 그의 추종자들은 자기들이 본래 첫째 위격이신 하나님의 아들들이요, 따라서 인류의 나머지들보다 훨씬 뛰어난 아들들이라고 주장하였다.

영지주의적 연관성을 찾고자 한다면 "융 파피루스"(나그 하마디 사본들 the Nag Hammadi codices 중의 하나인) 안에 들어 있고 1963년에 최초로 간행된 부활에 관한 벨렌타인의 소논문인 『레지누스에게 보내는 서신』을 들 수 있다. 그 문서에 따르면 다음과 같은 사실을 알 수 있다.

> 구세주께서는 죽음을 삼키셨다 … 왜냐하면 그는 멸망하는 세상을 버리셨기 때문이다. 그는 보이지 않는 것으로써 보이는 것을 덮어 없애신 후에 스스로 부패하지 아니하는 영겁으로 변화하셨으며 스스로 다시 살아나셨다. 그리고 우리에게 영생불사하는 길을 제공해 주셨다. 그러나 사도가 말한 바와 같이 바로 그때 우리는 그와 더불어 고난을 받았으며 그와 더불어 살아났고 또한 그와 더불어 천국에 갔다. 하지만 우리가 이 세상에서 분명하게 그를 입고 있다면 우리는 그의 빛들이 되며, 또한 이 세상에서의 우리의 죽음을 뜻하는 우리의 떠남의 시기까지 그에 의해 둘러싸여 있게 될 것이다. 우리는 태양을 향해 빛들이 모아 올려지듯이 어떤 것의 저지도 당하지 아니하고 그에 의해 위로 이끌려 올려질 것이다. 이것이 바로 육적인 것과 더불어 "영적인" 것을 삼켜버리는 영적 부활인 것이다.

이 문서를 최초로 펴낸 사람들은 그 내용들을 이미 실현될 종말론의 관점에서 해석하고 있다. 그런데 디모데후서 2:17,18을 보면 후메내오와 빌레도가 그 관점을 취하고 있다 하여 책망을 받고 있다. "진리에 관하여는 저희가 그릇되었도다 부활이 이미 지나갔다 하므로 어떤 사람들의 믿음을 무너뜨리느니라"(아마 그들이 이미 얻은 그리스도 안에 있는 새 생명은 그들이 바랐던 모든 것이었을 것이다). 그보다 후대의 작가인 말콤 리 필은 그 문서에 아직 실현되지 않은 종말론의 요소가 들어 있다고 지적하고 있다. 다시 말해서 택함 받은 자들조차도 육체의 죽음을 겪어야 하며 그 후에 부활이 뒤따를 것이라는 것이다. 물론 이 부활은 영적 부활을 뜻한다. 하지만 죽음 뒤에 오는 변화를 영적 부활이라 기술할 때 그 "부활"이라는 말은 넓은 의미에서의 부활의 의미로 사용된 것이며 그런 의미에서의 부활이라는 말은 신약성경에는 전혀 사용되어 있지 않다. 부활을 부인하는 고린도 사람들이 초기의 영지주의의 형태를 지지하는 자들이었다면(그것이 필요한 견해는 아니라 할지라도 일견 타당성이 있는 견해이다) 그들은 "레지누스에게 보내는 서신"에 표현된 것과 같은 그러한 종류의 견해를 가지고 있었을 것이다. 왜냐하면, 그 "서신서"에 묘사되어 있는 "영적 부활"은 바울이 보기에 참된 의미에 있어서의 부활이 아니었기 때문이다. 이 "영적 부활"에서 새롭고 영적인 "육체"를 입고 승천하는 자는 내적이고 보이지 아니하는 "지체들"이다. 그 선례로서 변화산에서의 모세와 엘리야의 모습을 들 수 있다.

바울에게 있어서 그리스도의 과거의 부활은 그의 백성들을 위한 장래의 부활을 함축하는 것이었다. 그리고 그 장래의 부활은 그리스도의 부활이 그랬던 것과 마찬가지로 육체의 부활이 될 것이다. 사실 영생불사하는 부활한 육체는 현대의 죽어야 할 육체와는 다른 질서에 속하는 것이다. 다시 말해서, 현세의 육체는 "본성적인" 육체, 즉 "영혼"에 의해서 생기를 띠게 된 육체 $sóma\ psychikon$인 반면에 영생불사하는 부활의 육체는 "영적인" 육체이다. 이 말은 창세기 2 : 7에서 "생령"이라 묘사된 "아담 안에" 있는 생명과 부활하여 "살려주는 영"이 된(고전 15 : 45) "그리스도 안에" 있는 생명 사이의 차이와 같은 관련이 있다. 그러나 이 논거에서 바울은 수 년 전 데살로니가의 그리스도인들에게 확언했던 것보다 훨씬 더 큰 확신을 나타내고 있다. 그때 그는 재림 시까지 살아남는 자들이라 하더라도 이미 죽은 신실한 자들보다 더 큰 유익을 누리는 것은 아니라고 선언했었다. 그리고 여기에서는 특별한 계시의 의미를 보다 강조하면서 어떤 하나의 "신비"를 새롭게 밝히고 있다.[16] 즉, 재림 시에 살아 있는 자들은 그때에 즉각적인 어떤 변화를 겪을 것이며 그러므로 그들도 역시 부활 시대의 상태에 적합한 존재의 형태를 취하게 될 것이라는 것이다. 우리는 그것을 1세기의 바룩의 계시록에서 발견할 수 있는 사상과 비교, 대조해 볼 수 있다. 바룩의 계시록에 의하면 죽은 자의 몸은 공정한 심판을 받기 위하여 변형되지 않은 채로 다시 살아나서 그 판정에 따라 적절한 형태로 변화된다는 것이다. 즉, 의로운 자들의 몸은 천사의 영광을 입을 것이요, 반면에 정

---

16) 고전 15 : 51.

죄받은 자들의 몸은 고통 속에 버려지게 될 것이라는 것이다.[17] 바울에 따르면 죽은 자(이것은 그리스도 안에서 죽은 자들을 뜻하며 여기에서는 그들만을 가리키고 있다)는 부패하지 않을 육체를 입고 살아날 것이요, 살아 있는 자들은 필멸의 상태로부터 영생불사의 상태로 변화될 것이다.[18] 그는 빌립보의 그의 동료들에게도 그와 동일한 영향을 끼칠 말을 하였다. "우리는 (하늘로서 오시는) 구원하는 자 곧 주 예수 그리스도를 기다리노니 … 그가 우리의 낮은 몸을 자기 영광의 몸의 형체와 같이 변케 하시리라"(빌 3 : 20, 21). 그의 사상전반에 걸쳐 기본적인 사실이 있었는데 그것은 그리스도와 그의 백성들은 대단히 밀접하게 그리고 영구적으로 연합되어 있어서 죽음을 이기신 그의 승리는 성례적인 의미에서 뿐만 아니라 육체의 부활에 있어서도 그 백성들과 함께 나누어 갖게 된다는 바로 이 사실이다.

5. 죽을 때에 무슨 일이 발생할 것인가?

우리가 생각하기에 영생불사라는 주제에 관하여 본질적인 문제로 여겨지는 질문, 즉 죽을 때 무슨 일이 발생할 것인가 하는 이 질문에 대해서는 지금까지 전혀 다루어지지 않았다. 현존하는 바울의 서신서에서 바울은 고린도후서에 이르러서야 이 문제에 접근하고 있다. 그 이유는 부분적으로는 그가 자신은 그리스도께서 재림하실 때까지 살아 있을 것이라고 예상하고 있었기 때문이었을 것이다. 그 문제의 특성을 고려해 볼 때 그는 자신이 그때까지 살아 있을지에 대하여 알 수 없었을 것이다. 그럼에도 불구하고 그의 초기의 서신들을 보면 그는 자기 자신을 그때까지 살아 있을 사람들과 연관시키고 있다. "주 강림하실 때까지 우리 살아남아 있는 자도 자는 자보다 결단코 앞서지 못하리라"(살전 4 : 15). 여기에서 "자는 자들"에 대해서는 삼인칭으로 표현하고 있으나 살아 있는 자들에 대해서는 화자를 포함하는 일인칭 복수로 표현하고 있다. 고린도전서 6 : 14에서는 부활을 체험할 자들을 나타내는데 일인칭 복수를 사용하고 있다. "하나님이 주를 다시 살리셨고 또한 그의 권능으로 우리를 다시 살리시리라." 그러나 여기에서는 죽은 자들과 살아 남아 있는 자들 사이에 차이를 두고 있지 않다. 왜냐하면 바울은 여기에서 하나님의 구속의 목적의 범위 안에 육체가 포함되어 있으며, 그러므로 현세에서의 육체의 활동들은 그리스도인들의 미래의 상태와 깊이 연관되어 있다는 것을 강조하고 있기 때문이다. 따라서 여기에서 "우리"라는 말은 가장 일반적인 의미에서의 "우리 그리스

---

17) 바룩후서 49 : 1~3.
18) 예레미아스는 죽은 자를 나타내는 전문적인 용어로 멸망하지 않을 자 또는 부패하지 않을 자 ($\dot{\alpha}\phi\theta\alpha\rho\sigma\acute{\iota}\alpha$)라는 말과 대응하는 멸망할 자 또는 부패할 자($\phi\theta\alpha\rho\tau\acute{o}\nu$)라는 말을, 그리고 살아 있는 자를 나타내는 전문적인 용어로 영생불사($\dot{\alpha}\theta\alpha\nu\alpha\sigma\acute{\iota}\alpha$)라는 말과 대응하는 멸해야 할 자 ($\theta\nu\eta\tau\acute{o}\nu$)라는 말을 구별하여 사용하고 있는데 그것이 전적으로 지지할 만한지에 대해서는 의심스러운 바가 있다.

도인들"을 가리킨다. 고린도전에 나타나 있는 말들도 그 점에 있어서 관점이 다를 바가 없다. "우리가 다 잠잘 것이 아니요 순식간에 홀연히 다 변화하리니" 재림하실 때에 "죽은 자들이 썩지 아니할 것으로 다시 살고 우리(살아 있는 자들)도 변화하리라"(고전 15:51,52).

고린도후서에 이르면 우리는 바울의 견해에 관점의 변화가 일어나고 있음을 발견할 수 있다. 이 두 서신이 씌여진 시기 사이에는 불과 1년 정도의 기간이 흘렀을 따름이다. 그런데도 그 일 년 동안의 체험들은 바울에게 깊은 영향을 끼쳤다. 그가 고린도후서 7:5에서 언급했던 바 "밖으로는 다툼이요 안으로는 두려움"에 직면했었던 이외에도 총독이 관할하는 아시아에서 그에게 덮쳤던 특별히 심각한 위험이 또 있었다. 그 위험이 대단히 컸기 때문에 그는 죽는 것 이외에 달리 피할 도리가 없겠다고 생각할 정도였다.[19] 죽음과 직면하는 것은 바울에게 있어서 전혀 새로운 일이 아니었다. 그는 이 고난이 닥치기 수 개월 전에도 "나는 날마다 죽노라"고 고백했었다(고전 15:31). 그러나 이번에는 더욱 더 자신이 사형선고를 받은 사람처럼 느끼지 않을 수 없었다. 이전에는 언제나 위험 중에도 피할 도리가 생기곤 했었다. 그런데 이번에는 전혀 그런 기미가 보이지 않았으며 그리하여 그러한 모든 예상을 뒤엎고 마침내 그 위험을 피하게 되었을 때 바울은 그것을 죽음으로부터 부활한 것과 다름 없다고 생각할 정도였다.

바울은 이전에도 죽음의 위기를 빈번하게 겪곤 했었다. 그러나 이번처럼 틀림없이 죽게 되리라고 믿어졌던 적은 없었다. 이 체험이 그의 견해에 다른 어떤 변화들을 초래했든지간에 그것은 죽음과 부활에 대한 그의 관점을 바꿔놓게 되었다. 무엇보다도 그는 그 이후로 그리스도께서 재림하시기 전에 자신이 죽을 수도 있다는 점을 전과는 달리 더욱 타당성 있는 일로 다루게 되었다. 물론 이러한 변화는 그 체험이 아니었더라도 시간이 경과함에 따라 언제든지 발생할 수 있었을 것이다. 하지만 아시아에서의 체험으로 인하여 그 변화가 촉진된 것이다. "그리스도의 재림의 연기"가 그의 개인적인 관점에서 깊은 영향을 미친 것이 분명하다 할지라도 혹자가 종종 주장하듯이 그것은 전체로서의 교회에 대한 그의 관점에 어떤 변화를 초래했을지언정 그의 사상에 있어서는 아무런 근본적인 변화도 야기시키지 못하였다. 그리하여 이제 그는 개인적인 신앙고백의 차원에서 이렇게 말한다. "주 예수를 살리신 이가 예수와 함께 우리도 다시 살리사 (아직 살아 있는) 너희가 함께 그 앞에 서게 하실 줄을 아노라"(고후 4:14).

여기에서 또 하나의 의문이 제기될 수 있다. 그리스도께서 재림하시기 전에 바울이 죽을 가능성이 더 커졌다면 죽은 후 재림하실 때까지 그는 어떤 존재 상태를 취하고 있을 것이겠는가? 우리가 살펴왔던 바와 같이 (그의 현존하는 서신들로

---

[19] 고후 1:8 이하.

미루어 판단해 보건대) 이 문제는 이전에는 그를 고심하게 하지 않았었다. 하지만 고린도후서를 보면 이제 그는 그 문제에 직면하고 있다. 하지만 이 문제를 해결하는데 있어서 그는 데살로니가인들의 난문제를 분명하게 해결해 주었을 때와는 달리 "주의 말씀"에 의지하지 못하고 있으며, 고린도인들에게 재림 시에는 자는 자들의 부활 뿐만 아니라 살아 있는 자들의 변화도 있게 될 것이라는 "신비"를 해결해 줄 때처럼 어떤 특별한 계시를 받지도 못하였다. 그럼에도 불구하고 그는 확신에 차서 "우리는 알고 있다"고 말하고 있다. 그렇다면 "우리가" 무엇을 "알고 있다"는 말일까? 그것은 신자가 떠나가는 것은 빌립보서 1 : 13에서 말한 바와 같이 "훨씬 더 좋은" 상태인 "그리스도와 함께" 있고자 함이라는 것을 알 뿐 아니라 그렇게 되기 위해서는 죽을 때에 어떤 새로운 형태의 구체적인 형체가 필요하다는 것을 알고 있다는 것을 뜻한다. 그리고 그는 이러한 구체적인 형체가 유용하리라는 바로 이 사실을 확신하고 있는 것이다.

바울은 영생불사를 부활과 유리시켜 생각할 수 없었다. 그의 견해로는 어떤 종류의 것이든 육체는 인격에 필수적인 요소였기 때문이다. 우리는 헬라 로마 문화의 정신적 유산 덕택에 "죽지 아니하는 영혼"에 대하여 전통적인 견해를 가지게 되었기 때문에 그 점에 대한 바울의 견해를 높이 평가하지 못하고 있다(신약성경에서는 영생불사를 하나님의 속성이라고 기술할 때를 제외하고는 영혼의 속성이 아니라 언제나 부활한 육체의 속성으로 기술하고 있다). 헬라인에게 있어서 인간이란 구체적인 형체를 가진 영혼인 반면에 히브리인들에게 있어서는 생명을 가진 육체로 간주되었다고 기술한다면 그것은 지나치게 단순화시킨 표현이 될 것이다. 그러나 다른 면에 있어서와 마찬가지로 이 점에 있어서도 바울은 히브리인으로 태어나 히브리인으로 양육되었다고 말한다면 거기에는 충분한 근거가 있다고 할 수 있다. 고린도의 몇몇 회심자들을 포함한 어떤 이들에게 있어서는 육체라는 굴레로부터 해방되는 것이야말로 간절한 소망의 극치로 간주되었다. 하지만 바울이 이 세상에서의 "거처"인 썩어져야 할 것으로부터 해방되기를 열망했다면 그것은 그것을 썩지 아니할 것으로 바꾸고자 함에서였던 것이다. 어떤 형태의 것이든 육체가 없다는 것은 바울로서는 인정할 수 없는 상태로서, 그것은 바로 영의 부재 또는 영의 격리를 뜻하는 것이 되기 때문이었다. 바울은 부활의 원리가 그리스도의 백성 안에 내주하시는 성령의 능력으로 말미암아 그들 안에서 이미 효력을 발생하고 있는 것을 깨닫고 있었다. 다시 말해서 어떤 의미로 볼 때 내세에서의 영적 육체가 이미 형성되고 있음을 알아본 것이다. 즉, "외적 인간"은 썩어질 생명의 소모와 그리스도를 위해서 봉사를 하는 동안 겪게 되는 고난들로 인하여 훼손되고 반면에 내적 인간이 날마다 새로이 태어나게 되는 것이다.[20] 그러므로 육체의 죽음은 육체

---

20) 고후 4 : 16.

를 떠나는 것을 뜻하는 것이 아니라 즉각적으로 "주와 함께 (본향에) 거하는"것을 뜻하는 것이 될 것이다.[21]

고린도후서 5∶1∼10에서 바울은 영생불사에 대한 그의 개인적인 관점을 분명하게 밝히고 있다. 이 구절의 해설에 대해서는 수많은 연구논문과 전공논문이 제출되어 왔다. 그리고 아직도 그러한 추세는 변함없이 유지되고 있다. 그리스도의 재림을 기다리지 않으면서 바울은 이렇게 확언하고 있다. "만일 땅에 있는 우리의 장막 집이 무너지면 하나님께서 지으신 집 곧 손으로 지은 것이 아니요 하늘에 있는 영원한 집이 우리에게 있는 줄 아나니"(고후 5∶1). 여기에서 "집"이라 일컬어져 있는 것은 그 다음 절에서는 "옷"이라는 말로 표현되어 있다. "과연 우리가 여기 있어 탄식하며 하늘로부터 오는 우리 처소로 덧입기를 간절히 사모하노니 이렇게 입음은 벗은 자들로 발견되지 않으려 함이라"(고후 5∶2,3). 그러나 그가 집이라고 표현하고 있든 옷이라고 표현하고 있든 그 말은 육체, 곧 새로운 영생불사하는 육체를 가리키는 말이다. "이 장막에 있는 우리가 탄식하는 것은 벗고자 함이 아니요 오직 덧입고자 함이니 죽을 것이 생명에게 삼킨 바 되게 하려 함이라 곧 이것을 우리에게 이루게 하시고 보증으로 성령을 우리에게 주신 이는 하나님이시니라"(5∶4, 5).

바울이 여기에서 기대하고 있는 새로운 육체와 고린도전서 15장의 가르침대로 마지막 나팔소리가 울릴 때 받게 될 영적 육체를 서로 구별하기란 어려운 일이다. 천상의 육체를 그리스도의 몸이라는 집합적인 실재로 설명하려는 사람들이 많이 있었다. 그러나 신자들은 이미 "그리스도로 옷 입고 있다"(갈 3∶27). 그리고 그리스도의 몸과 그 안에 있는 신자들의 지체됨에 대한 바울의 개념은 내세와 관련된 것이라기 보다는 현세의 썩어져야 할 존재와 관련된 것이다. 그러나 여기에 언급되어 있는 새로운 육체가 고린도전서 15장에 제시되어 있는 영적 육체라면 바울은 그리스도께서 재림하실 때까지 기다려야만 그 육체를 받을 수 있다고 생각한 것은 아니었다고 할 수 있다. 그는 부활의 육체를 받는 것을 그리스도의 재림 시까지 미루어두고 죽을 때에 일시적인 외투를 받아 입는 것만으로 족하다고 여기지 아니하였다. 하나님께서 그와 그의 동료 신자들에게 예비해 주신 것은 영원한 "집"이며 또한 현세에서 주어진 성령의 은사가 바로 그렇게 기대해도 좋을 만한 보증이 되기 때문이다. 바울이 여기에서 묘사하고 있는 옛 육체가 새로운 육체로 변화되는 과정은 참으로 순식간에 진행되기 때문에 옛 육체에서 새롭게 건너가는 과정에서 구체적인 존재형태가 "부재"하는 순간을 의식할 겨를이 전혀 없을 것이다.[22] 바울이

---

21) 고후 5∶8.
22) 오늘날 죽음과 부활 사이에 존재하는 것으로 가정되고 있는 어떤 시간적 격차의 문제에 대해 논란이 제기되고 있다. 하지만 옛 몸이 해체되고 새 몸을 부여받게 될 때까지의 시간적 간격이 지상에 사는 인간의 시간 계산법으로는 제아무리 길게 느껴진다 하더라도 죽은 신자의 의식

고린도전서 15 : 52에서 말한 바와 같이 그 변화는 "순식간에 홀연히" 일어날 것이다. 바울은 그리스도의 재림 시에 그러한 순간적인 변화가 있을 것이라고 말하며 그렇기 때문에 그때까지 살아 있지 못할 신자들을 위하여 죽을 때 즉시 새로운 육체를 입게 된다고 암시하고 있는 듯하다. 그가 여기에서 그 점을 명백하게 설명하고 있지 않은 것은 그가 그 점에 대해 명백한 계시를 받지 않았기 때문일 것이다.

바울이 기독교인이 되기 전에 내세에 대하여 가지고 있던 개념에 대해서 살펴보면 죽음과 부활 사이에 생길 일에 대하여 언급한 사실이 별로 없다. 죽은 자들은 죽어 있고 부활은 있는 일이라는 정도를 알 수 있을 뿐이다. 하지만 그는 그들이 부활의 날에 하나님의 능력으로 말미암아 생명을 되찾게 될 것이라고 생각하고 있었다.

그러나 기독교인으로서의 바울은 그리스도의 부활에 대하여 그와는 전혀 다른 양상으로 생각하였다. 그리스도께서 죽으시고 하나님의 권능으로 이미 새로운 생명을 되찾으셨기 때문에, 그의 백성들은 그리스도와 믿음으로 연합함으로써 이미 그의 부활의 권능을 공유할 수 있게 되었으며 또한 새로운 생명 안에서 걸을 수 있게 되었다. 하지만 현재 썩어질 생명 안에 있으면서, 다시 살아나서서 영원히 살아 계신 그리스도와 연합된 자들이라 할지라도 육체적인 죽음으로 인하여 일시적이긴 하지만 그 연합이 깨어지게 될 수 있지 않을까라는 의문이 제기될 수 있다. 사무엘 존슨의 견해에 따르면 인간은 사형집행의 순간이 임박해지면 놀라울 정도로 정신집중이 된다고 한다.[23] 고린도후서를 쓰기 수 개월 전에 바울은 이 문제에 대하여 골몰하고 있었음을 알 수 있는데(그 결과 그는 5장에 제시된 결론에 도달할 수 있었다) 그것은 아마 사형이 집행되리라는 예상 때문에 그랬던 것 같다. 바울은 육체가 박탈된 상태에서는 의식을 가진 존재란 있을 수 없으며 주위 환경과의 교제도 할 수 없다고 생각했었다. 하지만 그렇다고 해서 부활한 육체의 상태에 관한 것이 그의 주요 관심사였던 것은 아니다. 그가 열망했던 것, 그리고 얻기를 바랐던 것은, 지상에 속한 육체의 부재로부터 조금의 지체됨도 없이 주님과 "본향에서" 함께 있고자 하는 소망의 확신이었다. 새로운 육체를 즉각적으로 부여받는 것은 썩어질 생명 안에서 가능했었던 것보다 주님께 훨씬 더 가까이 나아가 좀더 완전한 친교를 나누게 된 수단이요, 또한 그것을 실현하는 수단이라 간주할 수 있다. 그러므로 바울은 "우리가 항상 담대하여," "거하든지 떠나든지 주를 기쁘게 하는 자 되기를 힘써야" 한다고 말한다(고후 5 : 6, 9). 하지만 우리가 죽어야 할 육체를 입었을 때

속에서는 아무런 격차를 느끼지 못할 수도 있다는 점을 감안한다면 그 문제는 해결될 수 있을 것이다.

23) 사무엘 존슨에 의하면 인간은 두 주일 후에 자신이 교수형에 처해지리라는 것을 알 때 정신력이 고도로 집중된다고 한다. 그리고 바울은 그가 고후 1 : 9에서 말한 바의 "사형선고"를 재판관에게서 실제로 언도받았던 것으로 보인다.

행한 행동들을 결산하기 위해서 그리스도의 심판대 앞에 나타나야 한다는 것은 여전히 장래에 있을 확실한 사실이며, 그리스도께서 영광 중에 나타나실 때, 다시 말해서 로마서 8 : 19에 기록된 대로 "피조물의 고대하는 바 하나님의 아들들이 나타날 때에" 그리스도의 백성들이 그 영광에 참여하게 되리라는 것도 또한 확실한 사실이다. 장래의 완성은 결여됨이 없는 것이 될 것이다. 그러나 이 세상의 생활 가운데에서 실현되는 종말론적 특성들은 죽음 이후 최종적인 완성이 이루어지기까지의 기간동안에도 지속적으로 실현될 것이다. 그리고 사실 그 특성들은 바로 그때에 세상에서의 삶을 통해 실현될 수 있는 것보다 더 강렬하게 지속적으로 실현되어질 것이다. 믿음을 가진 사람들에 대한 바울의 마지막 말은 그들이 살아계신 그리스도와 연합된다는 가르침에서 비롯된 논리적인 귀결이다.

제28장

마게도냐와 아가야를 떠남

1. 서쪽으로 향하는 바울

에베소에서의 선교 일정이 끝날 무렵에 누가는 바울이 "내가 거기 갔다가 후에 로마도 보아야 하리라"고 말하면서 "마게도냐와 아가야로 다녀서 예루살렘에 가기를 경영"하였다고 적고 있다(행 19 : 21). 바울이 그 무렵에 이와 같은 계획을 세운 일은 그의 서신들에서 스스로 적고 있는 내용에 의해 세밀하게 확증된다. 그렇지만 누가와 바울이 서로 강조를 두고 있는 부분에는 차이가 있었다. 누가는 그의 서술하는 이야기의 종착지를 로마로 잡았으며, 그것을 바울 자신의 목적지로 만듦으로써 로마의 역할을 중시하였다. 바울 자신은 이로부터 얼마 지나지 않은 후에 쓴, 로마의 그리스도인들에게 보내는 서신에서 다음과 같이 증거하고 있다. "그러므로 나는 할 수 있는 대로 로마에 있는 너희에게도 복음 전하기를 원하노라"(롬 1 : 15). 그러나 이 편지에서 바울은 자신이 로마에 오래 체류할 생각이 전혀 없음을 분명히 밝히고 있다. 왜냐하면 첫째로, 이미 흥왕하는 기독교인의 모임이 형성되어 로마에 정주한다는 것은 "남의 터 위에 건축"[1] 하는 일에 스스로 연루되는 것일 터이었고, 이는 그의 정책과 맞지 않는 일이었기 때문이다(우리는 바울 자신의 선교 영역으로 들어온 자들, 그리고 그의 터 위에 건축한 자들에 대한 그의 태도가 어떠했는지 알고 있다).[2] 둘째로 그의 생각에 로마는 잠시 머무른 장소이며 기껏해야 스

---

1) 롬 15 : 20.
2) 고전 3 : 10 이하 참조.

페인으로 나아가는 전진기지였다. 그는 에게해 연안의 세계에서 이제 겨우 완수한 것과 동일한 사역을 스페인에서도 되풀이하여 행할 계획을 가지고 있었다(롬 15：23~24).

> 이제는 이 지방에 일할 곳이 없고 또 여러 해 전부터 언제든지 서바나로 갈 때에 너희에게 가려는 원이 있었나니 이는 지나가는 길에 너희를 보고 먼저 너희와 교제하여 약간 만족을 받은 후에 너희의 그리로 보내줌을 바람이라.

"이제는 이 지방에 일할 곳이 없고"라는 바울의 진술은 자신의 맡은 바 임무에 대한 바울의 생각을 잘 드러내준다. 이미 바울에 의해 복음화된 지역에는 좀더 일해야 할 여지가 많을 것은 분명한 일이었다. 그러나(바울이 생각한 대로) 그것은 사도로서 해야 할 그러한 성격의 일은 아니었다. 사도가 할 일은 이전에 복음을 들어보지 못한 곳에서 복음을 전하고, 교회가 없던 곳에 교회를 세우는 일이었다. 그리고 그러한 교회들이 충분한 가르침을 받아서 저희의 그리스도인의 자세와 책임을 이해할 수 있을 정도가 되면 사도는 다른 곳에서 또다시 같은 종류의 일을 계속하기 위해 옮겨가야 할 것이었다. 그렇게 해서 바울은 복음전파의 주요한 노선이 된 로마의 대로를 따라, 중요한 요지에서마다 복음을 전하고 교회를 개척하며 여행을 계속했다. 그리고 이들 요지들로부터 구원에 이르게 하는 메시지는 다시금 다른 곳으로 널리 퍼뜨려질 것이었다. 이렇게 하여 데살로니가는 마게도냐의 다른 지역들을 복음화하는 기지역할을 하였으며 고린도는 아가야 지역의 기지, 그리고 에베소는 로마 식민지로 복속된 아시아 지역의 기지가 되었다. 바울이 일할 수 있는 시간은 한정되어 있었다. 그리고 마지막 날이 이르기 전에 "복음이 먼저 만국에 전파되어야 할 것"(막 13：10)이라는 예수 그리스도의 예언이 성취되기까지는 아직 많은 지역이 남아 있는 셈이었다. 만일 바울에게 있어 스페인이 차기 선교지로 고려되었다면 그것은 아마도 지중해 연안에 인접한 다른 지역들(구레네의 서쪽에 위치한 북부 아프리카 해안을 포함하여)이 복음화되었기 때문일 것이었다. 나보니스 고올 지방(Narbonese Gaul, 현재의 프로방스 지방)은 여러 세기 이전에 이오니아 기독교인들에 의해 식민지화되었으며 그 무렵에도 여전히 에게해 연안의 세계와 긴밀한 유대관계를 유지하고 있었고 아시아의 여러 교회들의 범주에 포함되는 것으로 간주되었다.[3] 하지만 서쪽에 있는, 아주 오래 전부터 로마령으로 복속되었으며[4] 그쪽 세계에서 로마 문명의 요새역할을 해온 스페인에는 아직 복음이 전해지지 못하고 있었으며, 그런 까닭에 가능한 한 빨리 복음화되어져야 했다.

그러나 스페인은 한 가지 점에 있어서 바울이 이제까지 복음화한 다른 지방들과 달랐다. 즉, 이제까지의 다른 지방들은 헬라어를 사용하였던 반면에 스페인에는 라틴어가 통용되었다. 바울은 라틴어를 전혀 모르지는 않았을 것이다.[5] 그는 라틴어가 로마군대의 상용어임을 알고 있었고 비록 바울의 이전의 사역이 빌립보나 고린도같은 여러 로마 식민지에서 주로 헬라어를 사용하는 거류민들 가운데서 행해졌을지라도 그곳에서 라틴어가 사용되는 것을 들은 바 있었다.[6] 그가 자신의 시민권을 주장하였을 때에, 그는 라틴양식으로, 즉 나는 로마 시민이다(ciuis Romanus Sum)를 따라 그렇게 하였을 것이다.[7] 그러나 라틴어가 통용되는 나라를 방문하여 그 언어로 복음을 받아들여질 만하게 전하는 일은 특별한 준비를 요하는 일이었다. 이는 바울이 로마에 있는 그리스도인들에게 쓴 편지에서 자신이 이 무렵에 "예루살렘으로부터 두루 행하여 일루리곤까지" 복음을 전하였다고 한 진술을 설명해 준다고 할 수 있다(롬 15:19).[8] 현재의 선교지에서 가장 가까운, 라틴어를 사용하는 지역을 방문하여 복음을 전한다는 생각은 그가 고린도에 있는 자신의 친구들에게 그 소망을 표현하였을 때 마음에 새겨진 것 같다. 즉, 그는 그들의 신앙이 증진됨으로 말미암아 "너희 지경을 넘어 복음을 전하"는 기회를 갖을 수 있게 되었다고 말했다(고후 10:15 이하). 이 말이 구체적으로 무엇을 지적하는지는 불확실하다. 이것은 스페인으로 가는 길에 로마에 들리려는 그의 계획을 의미하는 것일 수도 있다. 그러나 그가 로마인들에게 한 말에서 보다 명확해진다. 즉, 바울이 AD 57년 초(아마도)에 고린도에서 그들에게 편지를 썼을 당시에 그는 서쪽으로는 일루리곤까지 복음을 전하였다는 것이다.

일루리곤은 아드리아해 연안에 있는 지방의 라틴식 이름이다. 그 지방의 헬라식 명칭은 일루리아(Illyria)였다. 하지만 헬라어로 일컬어지는 일루리아는 비아 에그나티아의 서쪽 종착지 가운데 하나인 디르하키움(로마령 마게도냐 지경 내에 있는)을 포함하며, 로마의 일루리곤 보다 더 남쪽으로 뻗쳐있었다. 이 일루리곤 사람들은 본래, 현대의 알바니어의 방언들과 같은 그룹에 속하는 인도-유럽피안 방언

---

3) 마실리아(Massilia, 마르세이유)는 BC 600년 경 소아시아의 이오니아 해안으로부터 온 포케이아인들(Phocaeans)에 의해 건설되었다. 론 계곡(Rhone Valley)에 있는 리용(Lyons)과 비엔나(Vienne)의 여러 교회들과 그 모교회인 아시아의 여러 교회들과의 긴밀한 유대관계는 AD 177년의 저희의 환난을 묘사한 "아시아와 브루기아의 여러 교회들에" 보낸 그들의 편지에서 잘 나타나고 있다(유세비우스, Hist. Eccl. V.1.1 이하). 그리고 바로 그 직후에 아시아 기독교인인 이레니우스(Irenaeus)가 순교당한 포티누스(Pothinus)의 뒤를 이어서 저희의 감독으로 임명된 사실에서도 잘 드러난다.
4) 스페인은 BC 197년에 로마령으로 부속되었으며 두 지역으로 나뉘어지게 되었다.
5) A. Souter, "Did St. Paul speak Latin?," Expositor series 8, 1(1911), pp. 337~342 참조.
6) 그의 고린도인 친구들인 가이오(Gaius, 즉 Titus Justus)와 에라스도(Erastus)는 아마도 라틴어를 사용하였을 것이다.
7) 행 16:37; 23:25 참조.
8) A.S. Geyser, "Un essai dexplication de Rom. XV.19," NTS 6(1959~60), pp. 156~159. 저자는 이 말씀이 행 1:8의 일반적인 사도의 직무를 반영해 주며 바울의 선교활동에 어떤 구체적인 지리적 한계가 있었음을 가리키는 것이 아니라고 주장한다. 여기에서 "일루리곤" (Illyricum)이 이 문맥에서는 "지구의 끝"을 말하는 한 방편이라고 보는 것은 가능성이 없는 말이다.

을 사용하였다. 일루리곤은 BC 2세기 때에 로마에 복속되었다. 그리고 BC 59년에는 시실핀 고올(Cisalpine Gaul, 그리고 후에는 나보네스 고올도)과 함께 쥴리어스 시이저의 관할지로써 그에게 할당되었다. 아우구스투스 때에는 그 북족 경계지역이 다뉴브(Danube)까지 확장되었다(BC 9세기). 그리고 수년 후에 있을 아우구스투스의 양자이자 왕위 계승자인 티베리우스에 의해 진압된 한 반란의 결과로 그 북부지역인 파노니아(Pannonia)는 분할되어 별도로 한 지역을 이루게 되었다(AD 9세기). 또한 일루리곤으로 알려진 그 남쪽 부분은 달마디아(Dalmatia, 딤후 4:10에 나오는)라는 이름으로도 불리워지게 되었는데, 그 지역은 황제령에 속했으며 집정관(執政官, legatus pro praetore)에 의해 다스려지고 그의 지휘 아래 움직이는 로마 군단이 딸리게 되었다. 티베리우스 치세 초기에 그 로마 군단은 일루리곤의 산악지대를 뚫는 도로를 건설하는 좋은 목적으로 주둔하였다.

바울이 일루리아라는 명칭을 사용한다면, 그것은 그의 마게도냐 선교가 서쪽 끝으로 디르하키움까지 이르렀음을 가리키는 것으로 해석될 수 있다. 그리고 반면에 일루리곤이라는 라틴식 명칭을 사용하였다면, 그것은 그가 그 이름을 지닌 로마 지방을 횡단하였음을 가리켜 주며 그가 왜 그렇게 하였는지 그 이유—라틴어를 사용하는 환경에 친밀해지고자 하는—를 시사해 준다. 그러나 여기에는 일루리곤이라는 이름만이 언급되었을 뿐이며 그곳을 그가 방문한 것에 대해서는 일체 알려진 바가 없다.

2. 에베소를 떠난 후

에베소에서의 사역을 완수한 후의 바울에 대해서 누가는 가능한 한 가장 간략하게 요약하고 있다(행 20:1~3).

> 소요(에베소의 아데미 제단에 가해진 위협으로 말미암은)가 그치매 바울이 제자들을 불러 권한 후에 작별하고 떠나 마게도냐로 가니라. 그 지경으로 다녀가며 여러 말로 제자들에게 권하고 헬라에 이르러 거기 석 달을 있다가…

그러나 바울이 에베소를 떠나서(아마도 AD 55년 여름) 헬라(즉, 아가야지방 보다 구체적으로는 고린도)에서 석 달을 유하게 되기까지 그 사이에는 누가의 간략한 설명에서 추출해낼 수 있는 것보다 상당히 더 긴 시간차가 있었던 듯하다. 이 사이의 기간이 여덟 달정도 된다고 할지라도 지나친 추정은 아닐 것이다. 바울은 이 기간 중의 초반의 몇 달을 고린도후서에 언급되고 있는 대로 고린도와 마게도냐와 아시아 지방의 곳곳을 왕래하며 사역하는 일로 보내었다. 이렇게 따져볼 때 바울이 마게도냐 서부지역과 일루리곤으로 여행하기까지 얼마간의 공백기가 있게 된다.

　더군다나 목회서신서들에는 바울이 헬라 세계에 위치한 다른 지역들을 방문했다는 암시가 넌지시 시사되어 있는데, 이 문헌에 대한 일부 학자들의 의견에 따르면 이 공백기야말로 그 방문을 설명해 주기에 가장 적합하다. 그러나 목회서신서들에 대한 주석과 평자들은 확실히 너무도 많은 문제점들로 인해 이같은 암시에서 구체적인 사항을 끌어낼 수 없는 형편이다. 그러나 이 여러 지역들에 대한 방문은 바울이 그후 로마에서 가택연금 상태로 보낸 2년 동안의 구류기간에 행한 것으로 분류하기 보다는 바울의 생애의 이 시기에 속한 것으로 해석하는 편이 훨씬 합리적이다. 예를 들어, 니고볼리(Nicopolis, 액티움에서의 자신의 승리를 기념하기 위해 아우구스투스가 에피루스에 세운 로마 식민지)에서 겨울을 나기로 계획한 것에 대한 디도서 3:12의 바울의 언급을, 니고볼리는 그리이스의 서쪽 해안에 위치한 까닭에 바울이 일루리곤에서 돌아오는 길에 겨울을 지내기에 편리했을 것이라는 생각을 근거로 하여 그의 일루리곤 방문과 연관짓는 것은 아주 위험스러운 태도이다. 그리고 그보다 더 위험스러운 것은 그레데 섬이 복음화되지 않은 채 남아 있는 데도 바울이 더 이상 "이 지방에 일할 곳이" 없다고 어찌 말할 수 있었겠는가 하는 지레짐작이다. 즉, 로마의 그리스도인들에게 그렇게 단언하기 전인, 이 기간 동안의 바울의 여행은 디도를 통역자로 한 그레데 섬에의 방문을 포함하였을 것이며 바울은 여기에서 디도를 그들이 함께 시작한 사역을 계속하고 그 섬에 교회를 조직하도록 남겨둔 것이라고 하는 생각이다(딛 1:5).[9]

　에베소에서의 사역을 마칠 무렵의 바울의 행방을 우리가 가능한한 추적해 보자면 시험삼아 임시로 다음과 같이 나타내 볼 수 있다.

AD

55	봄	고린도를 힘겹게 방문함. 바울이 디도의 편에 엄중한 편지("Corinthians C")를 보냄.
55	여름	아시아에서 죽음의 위험에 처함. 바울이 에베소를 떠남.
	늦여름	드로아에서 보냄.

---

[9] 길크리스트(J. M. Gilchrist)는 "그레데는 이때에 이미 복음화되었음에 틀림이 없다. 그렇지 않다면 바울이 롬 15:23에서 한 말은 무의미하다"고 말한다(The Authorship and Date of the Pastoral Epistles 〈unpublished Ph. D. Desis, University of Manchester, 1966〉, p. 189). 다시 말해서 그는 그레데 섬의 복음화와 디도의 선교를 이 기간으로 보고 있다. 반면에, 바틀렛은 디도의 선교를 바울이 AD 59년에 로마로 항해하는 동안 잠깐 그레데를 거친 그 결과로 보았다(행 27:7~13). 그가 디도에게 보낸 서신인, 디도서에는 "바울이 로마에 당도한 후에 그리고 그가 디도를 그가 탄 배가 잠시 그곳 미항에 정박했던 그레데 섬에 남겨둔 후에" 씌여졌다고 말한다("The Historic Setlig of the Pastoral Epistles," Expositor, series 8, 5 〈1913〉, p. 327). 그러나 이 기간 동안 바울의 여행에 대한 우리의 지식이 충분치 못한 까닭에 그레데 섬의 방문이 이 기간동안에 행해졌다고 규정짓기란 참으로 어려운 일이다.

	10월	바울이 마게도냐를 향하여 드로아를 떠남. 디도를 만나고 화해의 편지를 보냄("Corinthians D").
55~56	겨울~봄	마게도냐에서 보냄. 고린도 교회의 참견자들에 대한 소식을 듣고 바울은 책망의 편지를 보냄("Corinthians E").
56	여름	일루리곤에서 보냄.
	가을	마게도냐(?)에서 보냄.
57	1~3월	고린도에서 보냄.

3. 예루살렘을 위한 기부금 모집

이 기간에 쓴 것으로 여겨지는 바울의 여러 편지들에서 한 가지 사실이 명확하게 드러난다. 즉, 바울은 이 몇 달 동안에 마게도냐와 아가야에 있는 그의 여러 교회들이 예루살렘 교회를 위해 부조금을 모으는 일이 완결되었다는 것이다. 바울이 이 일에 참여한 것과 그 부조금을 이 일에 동참한 여러 교회들의 대표단 편에 예루살렘에 안전하게 전해 준 일의 중요성을 과장해서 말하기란 어려운 일일 것이다.

바울은 그의 생애의 보다 이른 시기에 바나바와 함께 예루살렘 교회의 지도자들과 회합을 가진 바 있었다. 그 회합에서는 이미 이방인을 복음화시키는 일에 있어 좋은 출발을 보인 이 두 사람이 그 일을 계속하여 수행하는 것이 마땅하며 반면에 예루살렘 교회의 지도자들은 유대인들에 대한 그들의 선교활동에 열중해야 한다고 결정하였다. 예루살렘 교회의 지도자들은 그때에 바나바와 바울에게 "가난한 자들"을 계속 기억해 줄 것을 특별히 요청하였다.[10] 그리고 이 요청은 안디옥 교회가 바나바와 바울 편에 예루살렘 신자들에게 보낸 기근부조의 배경을 잘 설명해 준다. 이 요청을 전하면서 바울은 자기 자신도 이 문제에 특별히 주의를 기울여 오던 바라고 덧붙여 말하였다. 그리고 그는 에게해 연안에 동서로 위치해 있는 여러 지방들을 복음화하는 동안 이 일을 명심하고 있었으며 이 기간 동안의 사역을 마무리짓는 몇 해 동안에 그는 갈라디아와 아시아와 마게도냐, 그리고 아가야의 여러 교회들에서 예루살렘을 위한 부조금을 모으는 일에 열의있게 참여하였다.

우리는 고린도전서 16:1~4에서 고린도의 그리스도인들에게 주어진 가르침으로부터 이 부조금에 대해 처음으로 알게 된다. 고린도 교인들은 그 부조금에 대하여 이미 들은 바 있었거니와 보다 자세히 알고자 하였다. 바울이 여기에서 그들에게 말하고 있는 바로부터 우리는 그가 이미 비슷한 가르침을 갈라디아에 있는 교회들에도 주었다는 사실을 알게 된다―그가 갈라디아인들에게 그렇게 한 것은 아마도 AD 52년 늦여름이었던 것으로 추정된다. 그때 바울은 유대와 수리아로부터 에베

---

10) 갈 2:10.

소로 가는 길에 "갈라디아와 브루기아 땅을" 거쳤다(행 18:22 이하). 바울이 고린도인들에게 보낸 회신 덕분에 오늘날 그 일에 기여한 다른 여러 교회들보다도 고린도에서 그 부조금이 모아진 과정에 대해 보다 상세히 알 수 있게 되었다.

만일 바울이 고린도에 있는 회심자들에게 준 가르침이 수행되었다면, 그 회심자들, 각 가정의 가장들은 열 두 달 동안 매주마다 자신의 수입에서 일정한 몫을 따로 떼어두었을 것이다. 그렇게 해서 그 교회는 다음 해 봄에 그 목적을 위해 교회가 선정한 대표단 편에 부조금을 들려 예루살렘으로 보낼 수 있었을 것이다. 후에 고린도 교회의 많은 그리스도인들과 바울 사이에 야기된 긴장 상태는 아마도 이 선한 사업에 대한 그들의 열정이 식어감으로 인해 야기되었던 듯하다. 그 다음 번에 바울은 그들에게 그 일에 대하여 쓸 때(그가 디도 편에 그들에게 보냈던 엄중한 편지로 말미암은 화해의 분위기로) 그들이 그의 가르침을 받아들인 이래 체계적인 방법으로 부조를 위해 모은 돈을 인수했다고 말하면서 아울러 어떻게 그가 마게도냐의 여러 교회들에게 그들의 신속한 지원을 하나의 모범으로써 제시하였는지를 전하고 있다. 그러나 이 말씀들을 읽어볼 때 바울이 이 연보에 대하여 개인적으로 우려하는 바가 있었음이 자명하게 나타난다. 그런 까닭에 그는 두 명의 다른 동역자들[11]과 함께 디도를 다시 고린도로 보내고 있다. 이는 교회를 도와서 그 부조금을 모으는 일을 완결짓기 위함이었다. 바울은 다음과 같이 말하고 있다. "내 말한 것 같이 준비하게 하려 함이라 혹은 마게도냐인들이 나와 함께 가서 너희의 준비하지 아니한 것을 보면 너희는 고사하고 우리가 이 믿던 것에 부끄러움을 당할까 두려워하노라"(고후 9:3~4). 우리가 알거니와, 아마도 그들 가운데 어떤 이들은 이것이 그들에게 미묘한 방법으로 저항할 수 없는 압력을 가하는 것이라고 생각하였던듯하다. 즉, 그들은 그를 "공교한 자"로 말하였으며 "궤계로" 이를 취하였다고 말하였다(고후 12:16).

바울이 디도와 그의 동료들을 이 일에 대하여 알아보도록 고린도로 보낸 그때에 그 자신은 마게도냐에 있었으며, 그곳의 여러 교회들이 각기 저희의 몫을 감당할 수 있도록 돕고 있었다. 바울로 하여금 이전에 다섯 내지 여섯 해 동안 마게도냐에 체류하지 못하게 만들었던 정치적인 상황은 이제 해결되어 있었다. 아마도 AD 54년에 황제가 바뀐 사건이 이 일에 도움이 되었을 것이다. 그렇다고 할지라도 마게도냐의 여러 교회들은 구체적으로 명시되지 않은 시련의 기간을 겪었기 때문에 당시에 겨우 생계를 유지할 만한 생활을 하고 있었고, 그런 까닭에 바울은 그들 자신들보다 더 어렵지 않은 동료 그리스도인들을 돕도록 그들에게 요청할 수는 없다고

---

11) 고후 8:18 이하, 22절. 그들의 이름은 나와있지 않으며 그들이 누구인가 추정해 보는 일은 무익하다. 오리겐(Origen)시대 이후로 적어도(Eusebius, Hist. Eccl. vi 26.6 참조) 그들 중의 한 사람은 누가로 종종 생각되어져 왔다("저와 함께 한 형제를 보내었으니 이 사람은 복음으로써 모든 교회에서 칭찬을 받은 자요"). 그러나 이것은 상당히 의심스러운 생각이다.

생각하였다. 그러나 그들은 자신들도 이 일에 참여할 것을 주장하였고 바울은 그들의 생활에서 보여지는 하나님의 은혜의 징표에 크게 감동되었다(고후 8：2~4).

> 환난의 많은 시련 가운데서 저희 넘치는 기쁨과 극한 가난이 저희로 풍성한 연보를 넘치도록 하게 하였느니라 내가 증거하노니 저희가 힘대로 할 뿐 아니라 힘에 지나도록 자원하여 이 은혜와 성도 섬기는 일에 참여함에 대하여 우리에게 간절히 구하니.

그리고 바울은 덧붙여 말하기를 그들의 관용함의 비결은 저희 자신을 먼저 주께 드린데 있으며, 그들은 자신들의 소유(대단한 것은 못되었지만)를 그의 재량에 맡기는 일을 당연한 일로 여겼다고 했다. 바울은 고린도인들에게 보낸 한 편지에서 마게도냐의 그리스도인들을 이같이 칭찬하였는데 이는 마게도냐인들이 저희의 극한 빈곤 가운데서 한 것처럼, 고린도인들로 그들의 상대적인 풍요함 가운데서 관용을 베풀도록 격려하기 위함이었다.

바울은 현재 보존되고 있는 그의 서신들 가운데서 이 부조금에 대해 다시 한번 소급하고 있다. 이 언급은 특히 우리에게 새로운 사실을 알려주는데 이는 그 서신의 수신자가 바울이 개척하지 않은 교회이며 그런 까닭에 그 부조금 모집에 참여하거나, 부조금에 대해 전혀 아는 바도 없던 교회라는 점에서 그러하다. 스페인으로 가는 길에 그가 그 도시를 일부러 방문할 것을 대비케 하기 위해 로마의 그리스도인들에게 보낸 서신에서, 바울은 이 부조금을 모으는 일이 자기가 서쪽으로 여정을 떠나게 되기 이전에 완결지어져야만 한다고 말하고 있다(롬 15：25~28).

> 그러나 이제는 내가 성도를 섬기는 일로 예루살렘에 가노니 이는 마게도냐와 아가야 사람들이 예루살렘 성도 중 가난한 자들을 위하여 기쁘게 얼마를 동정하였음이라 저희가 기뻐서 하였거니와 또한 저희는 그들에게 빚진 자니 만일 이방인들이 그들의 신령한 것을 나눠가졌으면 육신의 것으로 그들을 섬기는 것이 마땅하니라 그러므로 내가 이 일을 마치고 이 열매를 저희에게 확증한 후에 너희에게를 지나 서바나로 가리라.

예루살렘 교회의 구성원들은 최상의 "성도"이었다. 그들은 한때는 신앙심깊은 이스라엘의 남은 자들이었으며 이제 새로운 시대에는 하나님의 백성들의 핵심 구성원들이었다. 만일 이방인 신자들 역시 "성도"라고 불리워질 수 있다면, 그것은 그들이 유대 민족 "성도들과 동일한 시민"이 되었고 그들과 함께 "하나님의 권속"이 되었기 때문이었다(엡 2：19). 유대인 기독교와 이방인 기독교의 결속은, 특히 예루살렘 교회와 이방선교지역 간의 우애를 강화시키는 일은 바울의 주된 관심사이었다. 그리고 그의 부조금 모집은 넓은 의미에 있어 이 목적을 이루기 위해 의도된 것이었다. 그는 예루살렘 교회의 많은 일원들이 그의 이방인 선교가 독자적인 노선을 취하는 것을 의심스러운 눈으로 바라보고 있음을 익히 알고 있었다. 실제에 있어 그의 선교지는 여러 가지 방법으로 바울의 권위를 무너뜨리고 예루살렘의 권위를 심고자 시도하는, 유대로부터 온 사람들의 침입을 거듭 받았다. 그러나 그들을 비난함에 있어 바울은 자신이 예루살렘 교회와 그 지도자들을 비평한다는 인상을 주지 않기 위해 매우 주의깊게 행하였다. 다른 한편으로, 바울의 이방인 회심자들 가운데 많은 이들은 자신들이 어찌되었든 예루살렘 교회에 빚이 있다는 생각에 못견디어 했을 것이었다. 바울은 그들이 예루살렘에 대한 저희의 실제적인 부채를 인식하기를 바라고 있었다.

그 자신은 결코 예루살렘 교회의 일원이 아니었으며 자신의 복음이나 맡은 바 위임이 예루살렘 교회로부터 나온 것이 아님을 강조하여왔다. 그렇지만 그가 보기에 그 교회는 하나님의 백성의 모교회로써 기독교 질서에 있어 독특한 위치를 점유하고 있었다. 만일 그가 예루살렘 교회와의 교제를 단절하게 되었더라면, 그의 사도로서의 활동은 무익한 것이었으리라고 바울은 생각하였다. 이와 같은 것이 바로 바울이 로마의 그리스도인들에게 편지를 쓸 당시, 자신의 사역의 한계를 말하였을 때 그가 생각한 예루살렘 교회의 역할이었다. 그는 거기에서 "예루살렘으로부터 두루 행하여 일루리곤까지" 복음을 전하였다고 말하고 있다(롬 15：19). 그가 동쪽 끝의 한계영역으로 일루리곤을 말한 것은 당연한 일이었다. 그러나 그는 왜 자신의 출발지를 예루살렘으로 말했겠는가? 갈라디아의 교회에 보낸 편지에서 바울 자신이 언급한 바에 의하면 그는 다메섹과 아라비아에서 사역을 시작하였다.[12] 그러나 바울에게는 얼마 간, 누가에게는 전적으로 예루살렘은 복음의 출발지이었다.[13] 그리고 아마도 그들 둘 다 이사야 2：3과 미가 4：2에 전해진 예언의 성취를 여기에서 인지하였을 것이다.

> 율법이 시온에서부터 나올 것이요, 여호와의 말씀이 예루살렘에서부터 나올 것임이니라.

바울은 확실히 예루살렘이 그를 고려하였던 것보다 훨씬 더 예루살렘을 고려하였다.

바울과 이방인 선교에 대하여 예루살렘 교회에 야기된 의혹들에 관해 말하자면 바울이 그 선교에 대한 하나님의 축복의 명백한 증거를 가지고 예루살렘 교회의 신자들을 대면하고자 한 계획보다 더 그같은 의혹을 가라앉히기에 적절한 것이 무엇이 있겠는가? 그리고 그것도 예루살렘에 대한 이방인 교회들의 실제적인 관심

---

12) 갈 1：17.
13) 눅 24：47, 52 이하, 행 1：4 ; 8：12 ; 2：5, 14 등 참조.

을 표시해 주는 재정적인 선물과 아울러, 그들의 선물을 전하도록 선정된 저 교회들의 대표단과 함께 말이다. 고린도에 있는 형제들에게 편지하면서 바울은 그들에게 예루살렘에 있는 저희 동료 기독교인들이 그들에게 주신 "하나님의…지극한 은혜를 인하여" 깊은 형제애를 느끼게 될 것이라고 예상하였다(고후 9:14). 모든 의혹이 실지로 가라앉혀지리라고 미리부터 짐작한 것은 아니었다. 바울은 로마의 그리스도인들에게 "예루살렘에 대한 나의 섬기는 일을 성도들이 받음직하게" 끔 그와 함께 힘을 같이하여 기도하자고 권하고 있다(롬 15:31). 그러나 만일 이 일로 그같은 의혹들이 가라앉지 아니하였다면 아무것도 후에 행해지지 않을 것이었다.

아마도 바울은 이방인 신자들이 저희 선물을 가지고 예루살렘에 나아가는 것을 적어도 몇몇 히브리 예언들의 성취의 징표로 생각하였음직하다. 즉, 부유한 열방들이 예루살렘으로 나아오며, 예루살렘 성민들의 형제들이 열방에서 나와 하나님의 성산으로 예물을 가져오리라는 예언들의 성취이다(사 60:5; 66:20).[14] 그러나 만일 바울이 그같은 예언들을 마음에 두고 있었다면 아마도 예루살렘 교회의 지도자들 역시 그러했을 것이다. 그리고 어쩌면 그 예언들로부터 다른 결론에 이르렀을 수도 있다. 이 말씀의 원래의 문맥에서 열방들의 재물은 이방인들이 그 우월성을 인정하여 예루살렘으로 가져오는 공물이다. 바울의 생각에는 그 부조금은 그의 회심자들이 예루살렘을 돕기 위하여 자원하여 가져온 선물이었다. 즉, 그리스도인의 은혜와 감사의 표시였다. 그러나 받는 사람들은 그것을 오히려 다윗의 아들에게 종속된 이방인들이 드리는 마땅한 공물로 간주할 수도 있었을 것이다.

더군다나 이 부조금에 대한 바울의 관심에는 상당히 개인적인 요소가 있었다. 이방인 대표단들은 그들의 선물을 예루살렘에 가지고 갔었다. 그러나 이방인 대표단들 자체가 바로 바울의 선물이었다. 물론 모교회에 드리는 선물이라기 보다는 여러 해 전에 바울을 이방인들에 대한 자신의 사도로 부르신 하나님께 드리는 선물이었다. 바울의 사도직의 주요한 국면은 이제 하나의 목적지에 이르게 되었다. 그는 새로운 국면으로 접어들기 이전에 이제까지의 자신의 직무에 대하여 셈을 하였을 것이다. 그는 자신의 직무를 "제사장 직무"로 보았으며 "이방인을 제물로 드리는 것," 즉 그가 예루살렘에서 보증케 하고자 했던 저 직무의 결실이 "성령 안에서 거룩하게 되어 받으심직하게" 되기를 소망하였다(롬 15:16). 이방인 회심자들을 할례를 받지 않았다고 하여 부정한 것으로 낙인찍고, 그런 연유로 그들을 하나님의 백성에게 제외시키는 자들이 있었다. 바울은 이방인들의 마음이 믿음으로 인하여 정하게 되었으며 그들이 "주 예수 그리스도의 이름과 우리 하나님의 성령 안에서 씻음과 거룩함과 의롭다 하심을 얻었음을 알고 있었다(고전 6:11). 그들이 이

---

14) 사 2:1 이하, 습 3:9 이하 참조.

렇게 하여 이제 히브리 선지자가 선포한 대로 이방인 선교를 통하여 그 이름이 "이방민족 중에서 … 크게 된"(말 1 : 11) 그 분 하나님 앞에 순전한 예물로 드려지기에 적합하여졌다.

바울은 이 예물을 예루살렘이 아닌 어떤 다른 곳에서 드릴 생각이 없었다. 그리하여 그는 그의 이방인 회심자들의 대표단을 예루살렘에 보냈다. 어쩌면 바울은 여러 해 전에 주께서 환상 중에 나타나셔서 그를 "멀리 이방인에게로 보내셨"던(행 22 : 21), 성전이 있는 바로 그 경내에서 자신의 사도의 직무를 셈하고 새로운 국면의 사역을 위해 자기 자신을 다시금 드릴 것을 염두에 두었을 수도 있다. 그의 회심자들은 성전에까지 그를 동반하고 갈 수 없었다. 그러나 정신적으로 바울은 이제까지 자신의 증거를 통하여 믿은, "이방인을 제물로 드리는" 일을 완결지을 수 있었으며 앞날에 대한 은혜와 힘을 구할 수 있었다.

그는 어쩌면 다음 번에는 스페인 복음화를 완수할 차례가 되었다고 생각했을 때에 이제 지중해 서쪽의 이방인들을 새로운 제물로 드리면서 다시금 예루살렘을 방문할 것을, 그리고 자신의 직무에 대한 또다른 셈, 아마도 마지막 셈을 치룰 것을 소망하였을 수도 있다. 이 소망은 우리가 알거니와 이루어지지 않았다. 그러나 바울은 그의 임박한 예루살렘 방문이 그에게 준비해 두고 있는 일이 무엇인지 알 수 없었다. 그는 어려운 일이 있을 가능성을 미리 예상하였다. 그런 까닭에 그는 로마에 있는 그리스도인들에게 그가 "유대에 순종치 아니하는 자들에게서 구원을 받게끔" 기도해 줄 것을 요청하였다(롬 15 : 31). 그러나 이번의 예루살렘 방문은 마지막 때에 예루살렘이 행할 역할을 부분적으로 미리 예기해 주는 것일 수 있었다. 왜냐하면 예루살렘은 복음이 시작된 곳일 뿐만 아니라 또한 하나님께서 세상을 구원하시는 계획의 절정이 전개되는 곳이기 때문이다.[15]

바울이 혹시 어떤 반대가 있을지 모른다고 짐작했던 "유대에 순종치 아니하는 자들"은 그럼에도 불구하고 저희 가운데 있는, 이방지역으로부터 온 너무도 많은 신자들의 대표들, 즉 그 물적증거에 깊은 인상을 받았을 수도 있었다. 바울이 그의 회심자들과 그들의 선물을 유대로 보내기 위해 준비하고 있던 바로 그때에 그가 하나님의 계획하심에 있어서 그의 이방선교와 전 이스라엘의 궁극적 구원의 관계에 대해 깊이 생각하였다는 것을 우리는 알고 있다. 이것이 바로 바울이 로마인들에게 보낸 편지에서 자신의 생각을 숨김없이 표현한 그 점이다.[16] 이 편지는 고린도에서 보낸 것이었는데 바울은 그가 유대로 떠나기 직전인 AD 57년 초에 친구 가이오의 집에 머물러 있었다. 만일 예루살렘을 위한 부조금 모집에 대해 로마인들에게 말함에 있어, 바울이 단지 마게도냐와 아가야에 있는 그 일에 기여하고

---

15) 롬 11 : 26 참조. "구원자가 시온에서 오사"(시편 14 : 7 ; 53 : 6, 그리고 사 59 : 20을 함께 인용한 말씀이다).

16) 롬 15 : 31.

있는 교회들에 대해서만 언급했다면 그것은 아마도 이 두 지역의 교회들이 그때 가장 먼저 떠올랐기 때문일 것이다. 바울은 소아시아에, 그곳 교회들에서 부조금을 모으기 위해 완전한 채비를 갖추고 그 일을 추진할 수 있을 만한 동료들을 가지고 있었다.

그렇지만 로마인들에게 보낸 편지에서 바울은 예루살렘을 위해 부조금을 모으는 이 일을—그의 생각에 적절한 것으로 여겨짐—하나님의 인류를 구원하시는 대의라는 문맥과 관련해서 예루살렘 자체의 문제로 제시하고 있다.

제29장

바울이 쓴 복음서

1. 믿음으로 말미암는 의

사도 바울은 에게 지방의 전도를 끝마친 후, 로마의 그리스도인들에게 서신을 보내어 스페인에 가는 도중에 자신이 로마에 들리게 될 것을 알리면서 그 편지의 주된 내용에 자신이 알고 선포하던 그 복음을 체계적으로 설명하는 것이 좋겠다고 생각했다. 그는 로마에 정착하거나 자신이 닦지 않은 터 위에 건물을 세울 생각은 없었다. 그러나 짧은 체류기간이지만 로마에서도 다른 이방세계에서와 마찬가지로 복음을 전할 기회를 갖고 열매를 맺기를 소원했다. 그리고나서 그는 다음과 같이 덧붙이고 있다. "내가 복음을 부끄러워하지 아니하노니(이것은 복음을 자랑스럽게 여긴다는 뜻이다) 이 복음은 믿는 자에게 구원을 주시는 하나님의 능력이 됨이라 첫째는 유대인에게요 또한 헬라인에게로다 복음에는 하나님의 의가 나타나서 믿음으로 믿음에 이르게 하나니 기록된 바 오직 의인은 믿음으로 말미암아 살리라 함과 같으니라"(롬 1:16~17).[1]

"의인은 믿음으로 말미암아 살리니"라는 하박국 2:4 하반절 말씀을 일찌기 바울이 갈라디아서 3:11에서 "또 하나님 앞에서 아무나 율법으로 말미암아 의롭게 되지 못할 것이 분명하니 이는 '의인이 믿음으로 살리라' 하였음이니라"고 강조하여 인용하였다. 이 말씀은 논리를 전개해 가는 과정에서 갈라디아서에 인용되었다.

---

1) 이 말씀은 합 2:4 하반절 말씀을 인용한 것으로 그 문맥의 일부가 히 10:37~38에도 인용되었는데 거기에서는 원문에 더 가깝게 강조되어 있다.

한편 로마서에서는 그가 복음의 내용을 설명하는 서론부분의 본문에 삽입시키고 있다. 바울이 갈라디아인에게 서신을 보낼 때 주장했듯이 참된 복음은 오직 한 가지 뿐이며, 그것은 로마서에서 설명한 바로 그 복음이다. 그런데 로마서의 내용이 갈라디아서의 내용보다 논리적이고 상세하다. 왜냐하면 그가 로마서를 쓸 때는 갈라디아서를 쓸 때와 같은 근심과 압박을 느끼지 않았기 때문이다. 당시의 갈라디아 교인들은 그들이 최초로 받아들인 복음 대신에 진리에서 벗어난 다른 복음을 받아들이도록 설득당하던 중이었다. 이 두 복음서 사이의 관계는 라이트푸트(J. B. Lightfoot)가 자주 인용하는 말 속에 집약되어 있다.

> 갈라디아서와 로마서는 서로 관련되어 있는데 그것은 미완성 작품과 완성작품 사이의 관계와 같다. 오해를 일으키지 않도록 은유적으로 표현한다면 갈라디아서는 어느 단면에 대한 최초의 연구인데, 이것이 그 후의 작품 속에서는 전체의 일부로서 삽입되어 있다. 사도 바울은 분개에 찬 항의서를 갈라디아인들에게 보낸다. 그 내용은 유대교의 완고한 형식주의에 반대하는 복음에 대한 열의로 불붙은 그의 열광적인 사상이 담겨져 있다. 그런데 로마서를 쓸 때 그는 환경적 압박도 주위의 적개심도 받지 않는 편안한 마음을 가지고서 그 편지를 썼다. 그 편지의 내용은 유대인과 이방인 이 둘 모두를 공격하는 것으로써 갈라디아서의 내용을 더 자세히 설명하여 완벽을 기하였으며, 적용범위를 넓히고 가르침에 힘썼다. 갈라디아서에서는 개인적이고 단편적이던 문제가 로마서에서는 각 교회[2]의 특수한 필요성 때문에 부각되어 이해하기 쉽고 체계적인 논조의 일반적인 내용으로 정리되었다.

갈라디아서에서 바울은 모든 인간은 율법을 지킴으로써가 아니라 그리스도를 믿음으로써 하나님 보시기에 의롭다함을 얻을 것이요, 이 의는 행위의 공로로써가 아니라 은혜의 선물로써 하나님께서 주시는 것이라고 주장하였다. 로마서에서 좀 더 넓게 이 가르침을 전개할 뿐이며 근본적으로 중요한 요지는 갈라디아서의 내용과 동일하다. 믿음으로 의롭게 되는 교리는 바울 신학의 작은 일부분에 불과하다. 바울은 자신의 전도 영역인 갈라디아 지방에 침입해 온 유대 교인들과의 논쟁에서 이 교리를 무기로 삼았다. 그 후 이 내용을 더욱 엄격히 강조한 복음을 체계적으로 설명하여 로마로 보내어 재론의 여지가 없도록 하였다. 사실 이미 말했듯이 그 교리는 바울의 회심과 절대적 관계가 있다. 그는 그 교리로 인해 율법의 불합리성에 눈을 떴고 이후로 지금까지 하나님께서 받아주신다는 믿음을 바탕으로 헌신해 왔다. 또한 그는 "내가 하나님의 교회를 핍박하였으므로"(고전 15 : 9)라고 스스로 고백한 바와 같이 하나님께 예배드릴 자격조차 없는 죄인이었으나 자신의 죄를 씻어주시고 예배할 수 있도록 불러주신 하나님의 은총을 깨달아 하나님께서 자신을

---

[2] 차라리 "특정한 몇몇 교회만의 필요성에 의해서"라고 하는 편이 낫다.

받아주심을 확인하였다. 그래서 로마인들에게 자신을 소개할 때 그리스도로 말미암아 "은총과 사도의 직분을 받아 그 이름을 위하여 모든 나라 중에서 믿어 순종케 하려는 자"(롬 1 : 5)라 할 수 있었다.

2. 복음의 보편적 필요성

바울은 인간에게 어떤 희망이 있다면 그 희망을 전하는 복음이 만인에게 필요하다고 강조함으로써 자신이 복음을 증거하게 된 배경을 밝힌다. 하나님이 보시기에 인간은 분명히 도덕적으로 타락하였고, 이 때문에 유대인과 이방인은 그토록 차이점이 많음에도 불구하고 똑같은 죄인의 수준에 놓여 있다.

이방인은 도덕적으로 타락하기가 쉽다. 유대인 사이에는 이미 문필형식이 표준화되어 "거친 이방세계"의 타락을 예견하였는데, 그 예견내용을 "알렉산드리아의 지혜서"와 "아리스데아의 서신"에서 볼 수 있다. 바울은 이 형식을 빌어 자신의 목적에 적용한다. 그의 목적은 곤경에 처한 이방 속에 들어가 하나님의 심판 중에 나타난 뛰어난 업적을 밝혀내는 것이다. 혼란의 뿌리는 우상숭배라고 그는 말한다. 즉, 우상숭배란 조물주를 섬기지 아니하고 피조물을 숭배하는 것을 뜻한다.[3] 우상숭배는 작은 죄가 아니다. 말하자면 모든 사람은 하나님의 창조물 가운데서 참 진리를 알 수 있고, 따라서 오로지 하나님께로만 충성하는 것이 의무임에도 불구하고 그리 하지 않는 사람들은 적당한 변명조차 할 수 없다. 우상숭배로부터 모든 타락 행위가 발생한다. 그 가운데는 성도착증도 포함되는데, 그것은 유대인들이 보기에는 이교도의 비행 중 가장 고약한 것이었다. 인간은 양심이 무디어져서 그런 비행을 즐길 뿐 아니라 더 나아가서는 그것을 지지하기 위해, 도적 문제에 관한 논쟁까지도 벌인다. 하나님은 이렇듯 자유로이 행로를 선택한 인간에게 자연적 결과를 부여하심으로써 심판의 원리를 나타내신다.

이 사실은 그밖의 유대 문학과 동시대의 이교도 문학에 함께 나타난다. 헬라와 로마의 도덕주의자들도 바울 만큼이나 단호하게 시대풍조를 비난할 수는 있다. 그러나 바울이 사태를 살펴보건대 그들이 아무리 시대풍조를 비난한다고 해도 자신이 지은 죄는 씻어낼 수가 없다. 그들은 남을 비난할 때 자신도 비난한다. 왜냐하면 그들은 행실과 태도에 죄가 있고 그 죄는 원칙면에서 보면 그들이 한탄해마지 않는 다른 사람들의 죄와 별다를 것이 없기 때문이다.[4] 그리고 만약의 유대인 도덕주자가 이방세계를 판단하는 자리에 있다면 그것은 이방인이 판단자의 자리에 있는 경우보다 결코 더 이롭지가 못하다. 유대인은 하나님의 창조물과 내적 양심

---

[3] 지혜서 14 : 12에서 말하기를 "우상을 만들고자 하는 생각은 우상숭배의 시작이요, 우상의 발명은 생명의 멸망이다"라고 하였다.

의 소리를 보고 들었으며, 또한 이스라엘의 율법을 통해 특별계시를 받아 하나님을 알고 있었으므로 그의 책임은 더욱 크다. 그가 받은 율법을 지키지 않는다면 그의 죄는 더욱 크다. 이방인은 "옳고 그름"이라는 제한된 관념을 본성으로 가지고 태어나 그것만으로 삶을 규제하였다. 그런데 유대인은 하나님의 의지가 충분히 밝혀져 있는 율법을 갖고 있었다. 그러니 율법이 없는 이방인이 율법을 갖고서도 지키지 못하는[5] 유대인보다 더 큰 인정을 받게 되었다. 몇몇 유대인이 이방세계에서 저지른 행위로 인해 하나님의 이름이 모독을 받는다는 사실은 흔히 알려진 문제이다(어느 부유한 개종자가 예루살렘 성전에 바치려던 헌금을 로마의 유대인들이 횡령했기 때문에 티베리우스 황제가 로마 밖으로 유대인들을 축출했던 사건을 생각하게 된다).[6] 유대인들은 역사의 흐름 속에서 종교적 특권을 받았다. 그 특권은 어느 유대인도 경시할 수 없다. 그런데도 불구하고 그들은 도덕적으로 타락하여 하나님이 보시기에는 이방인과 다를 바 없었다. "구별이 없느니라 모든 사람이 죄를 범하였으매 하나님의 영광에 이르지 못하더니"(롬 3:22~23)

3. 믿음으로 얻는 구원

유대인이나 이방인이 구원을 받게 된다면, 그것은 그들이 윤리적으로 덕을 쌓았기 때문에 아니고 오직 하나님이 은혜를 베풀어주시기 때문이다. 유대인과 이방인이 다같이 필요로 하는 것이 두 가지가 있다. 하나는 하나님께서 죄를 사해 주심으로 씻음받았다는 증거이고, 또 하나는 공로 없이도 하나님께서 자비를 베푸사 하나님 품에 받아주신다는 확신이다. 이 필요를 아신 하나님께서 그리스도를 보낼 준비를 하셨다. 그리스도가 구원의 과업을 이루신 덕분에 자신이 하나님 앞에 깨끗해졌음을 인간은 알게 된다. 복음 속에 나타나는 그리스도는 자기 희생과 죽음으로 인간의 죄를 모두 속죄하신 분이다. 인간은 믿음으로써, 오직 믿음으로써 그리스도의 죽음심으로 얻어진 속죄의 은혜를 받는다. 이와 같이 하나님은 인간에게 베푸실 의를 버리지 아니하시고 유대인이든 이방인이든 가릴 것 없이[7] 예수를 믿는 자는 모두 하나님이 보시기에 의로운 자로 받아주신다.

---

4) 바울과 동시대인인 세네카가 좋은 본보기이다. 그는 선한 삶에 대하여 아주 효과적인 글을 썼기 때문에 터툴리안과 같은 엄격한 그리스도교 율법주의자도 그를 "때때로 우리들 중의 하나"라고 묘사하였다. 그는 훌륭한 윤리 미덕을 찬양하였고 위선을 폭로하였으며, 만민평등을 역설하였다. 죄의 악함을 깨달아 매일 자기 반성을 되풀이 실천하였고 저속한 우상숭배를 비웃었으며, 윤리적 지도자로서의 역할을 떠맡았다. 그러나 그가 그토록 비난하던 똑같은 죄악을 그 자신도 마음 속에서 수없이 참아내야만 했다.
5) 롬 2:12~16, 26~29.
6) 롬 2:21~24.
7) 롬 3:21~30.

여기에 관한 교훈적인 예로 아브라함이 있다. 그는 믿음으로써 하나님께서 자신을 받아주신다는 것을 알았던 것이다. 성경은 "아브라함이 여호와를 믿으니 여호와께서 이를 그의 의로 여기시고"(창 15 : 6)[8]라고 말한다. 아브라함의 예만 있는 것이 아니다. 다윗도 마찬가지로 "허물의 사함을 얻은 자"(시 32 : 1~2)가 축복을 받는다고 선포하였다. 아브라함으로 말하자면, 그가 할례를 받기 오래 전에 이미 하나님께서 그의 믿음을 의로 여겼다는 것에 주목해야 한다. 이것은 할례를 받아야만 믿음으로 말미암는 의의 길이 열리는 것이 아니라는 것을 말해 준다. 다시 말해 그 길은 유대인과 마찬가지로 이방인에게도 열려 있다는 뜻이다. 그래서 아브라함은 어느 종족을 불문하고 모든 믿는 자의 영적 조상이 되었다. 그리고 하나님께서 그의 믿음을 의로 여기신다는 말씀은, 그리스도가 죽으시고 또 부활하심으로 구원의 능력을 나타내셨으니 하나님을 믿는 모든 자도 또한 아브라함과 마찬가지로 그들의 믿음이 의로 여겨지리라는 것을 의미한다.[9]

그리하여 하나님을 믿는 자들은 의의 선물을 받고 동시에 평화와 기쁨과 영광된 소망을 얻는다. 무엇보다도 그들에게는 성령이 함께 하시고 능력을 더해주시며 그 성령을 통해 그들의 마음은 하나님의 사랑으로 차고 넘친다. 이 모든 축복을 받고 있고 또 하나님 자신이 그들의 크나큰 기쁨이 되시므로 그들은 믿음의 삶을 방해하는 고통을 기쁘게 이겨낼 수 있다. 그리고 하나님께서 스스로 그리스도를 죽게 하심으로 그 사랑을 나타내시고 그들로 하여금 하나님과 더불어 화목케 하셨으니, 그리스도가 다시 사시고 그들이 그리스도의 부활에 동참하면 최후의 심판날에 그들이 구원받을 것은 더욱 더 확실하다.[10]

한때 그들은 죄와 죽음의 결속에 빠져서 "아담으로서" 살며 불순종의 과실을 나누어 먹었다. 그러나 옛 결속이 이제 새 결속으로 바뀌었으며, 그로 인해 모든 사람이 그리스도 안에서 하나가 된다. 그런데 새 결속이란 의와 생명의 결속을 말한다. 옛 인간의 속성은 깨어지고 새 속성이 형성되니 "최후의 아담"인 그리스도가 그 머리가 되신다. 최초의 아담이 불순종하여 재난을 일으켰으나 최후의 아담은 순종하여 더 큰 축복을 이루셨다. 이에 대해 존 칼빈(John Calvin)은 "왜냐하면 그리스도의 구원의 능력은 아담의 파멸보다 분명 더 강하기 때문이다"라고 말한다.

모세의 율법은 이런 하나님과의 관계 변화와는 아무런 상관이 없다. 다시 말해

---

[8] 창 15 : 6과 시 32 : 2에 "간주하다"라는 말이 동시에 등장한다. 그러므로 랍비들이 해석상에 사용하는 gezerah shawah, 즉 "동등한 범주"라는 원칙에 따라 두 본문을 공동의미로 번역해야 한다(또 하나의 예로 "저주받다"라는 말이 있는데, 이것 역시 두 곳에 공동으로 쓰였고 갈 3 : 10~14에도 인용되었다).

[9] 롬 4 : 1~25.
[10] 롬 5 : 1~11.

서 모세의 율법은 인간의 잠재적인 죄를 겉으로 드러내기 위해 주어진 것이다. 그래서 각 계명에는 그 잠재적 죄를 구체적인 범죄로 표현하여 놓았다. 그런데 이 율법으로 인해 죄가 더욱 증가하였으며, 그 결과는 "그러나 죄가 더한 곳에 은혜가 더욱 넘쳤나니"(롬 5 : 20)라는 성경말씀과 같이 나타났다. 이것은 사실상의 일이었다.

4. 죄에서의 자유

은혜가 더욱 풍성해지기 위해서는 믿는 자의 생활 가운데서도 죄가 계속 증가해야 한다는 주장은 있을 수 없다(아마 바울이 개종시킨 사람들 중에 위와 같이 주장하는 사람이 있었던 모양이다). 그런 논법으로는 복음의 의미를 전혀 파악하지 못할 뿐더러 믿음의 생활은 완전히 실패하게 된다. 그리스도를 믿는 자들은 새 삶을 살기 시작한 것이다. 그러므로 다음 말씀을 기억해야 한다. "죄에 대하여 죽은 우리가 어찌 그 가운데서 더 살리요"(롬 6 : 2).

죄를 노예주인이라고 의인화 해보자. 그의 종들은 자신이 살아 있는 동안은 주인의 명령에 복종해야 한다. 그러나 그들이 죽고나면 더 이상 주인의 명령에 매이지 않는다. 이번에는 상황을 조금 바꿔서 새 주인이 전 주인으로부터 노예들을 사서 해방시켰다고 하자, 그때는 전 주인은 더 이상 그 노예들에게 대하여 권위가 없다. 왜냐하면 믿는 자는 하나님께로 속한 자들이고, 하나님은 그들을 예전의 굴레에서 해방시켜 주셨기 때문이다. 죄는 가혹한 주인이며 그의 종들에게 봉사의 댓가로서 죽음을 나누어준다. 그러나 하나님께서는 그와 반대로 그리스도 안의 영생을 자유의 선물로 자신의 백성들에게 내려 주신다. 따라서 믿음으로 그리스도께 연합된 자에게 있어서는 죄 안에 산다는 그 말 자체가 도덕적으로 모순이 된다.

5. 율법으로부터의 자유

율법은 하나님의 의지를 선포한 것이다. 그러나 율법은 결코 그것을 수행할 능력을 주지 못하며, 죄의 속박을 풀지도 못한다. 그러므로 인간은 율법 밑에서 하나님의 위엄과 권위를 인정하면서도 동시에 죄의 지배 하에 놓일 수 있었다. 그러나 하나님의 죄의 속박을 끊으신 바로 그 은혜는 율법의 속박에 묶여 있던 자들도 또한 자유롭게 하셨다. 이것은 위험스러운 교리이므로 많은 사람들이 거기에 대해 생각해 보았을 것이 틀림없다. 그런데 그 중에도 바울은 그 교리에 대한 자신의 생각을 명백히 밝히고 있다. 그에 따르면 하나님의 은혜는 죄에 얽매인 자들을 자유롭게 한다. 그러나 율법은 결코 그럴 수 없다고 주장한다. 이 말을 역설적으로 바꾸면 율법은 죄의 사슬을 더욱 견고히 죄인에게 씌우는 역할을 할 수도 있다는 뜻이 된다.

　이것에 대한 실례로서 결혼의 비유를 들 수 있다. 바울은 자신이 살던 그 당시의 법전과 관습에 대해 말하면서 로마인이든 유대인이든(어쩌면 유대인이 로마인보다 더 했는지 모른다) 아내는 남편에게 죽음이 그들을 갈라놓을 때까지 법적으로 매인 바 되어 있다고 지적한다. 노예주인과 노예의 비유에서 노예주인은 죄이고, 해방된 노예는 믿는 자라고 말했다. 그런데 두번째 비유에서는 아내란 믿는 자를 말하며, 그 아내는 그리스도와 함께 죽음으로 자신을 이전의 남편, 즉 율법에 묶어두었던 끈을 끊고 해방된다. 이제 이 끈이 끊어졌으니 믿는 자는 자유로이 그리스도와 연합할 수 있다. 율법은 인간으로 하여금 율법이 금하고 있는 바로 그 죄들을 범하도록 자극하지만 그리스도께 연합된 자들은 의와 생명의 열매를 맺는다. 그런데 이 비유에도 난점이 있기는 하다.[11] 그러나 이 비유가 예로 들고자 하는 상황은 실생활에 속한 것이다. 그러므로 특히 바울 자신은 율법으로부터의 해방을 경험하고 나서 그 후로는 "영의 새로운 것으로 섬길 것이요 의문의 죽은 것으로 아니할지니라"(롬 7 : 6)고 강하게 선포하고 있다.

　율법을 알고서 죄를 의식하게 되었다. 이 사실은 인간의 최초의 타락에서도 그대로 나타난다. 최초의 인간 아담과 이브는 선악(善惡)을 알게 하는 나무의 실과를 먹지 말라는 계명을 받기 전까지는 근심과 걱정 없는 생활을 즐겼다. 그런데 그 계명을 받자마자 곧 그것을 깨뜨리고 싶다는 유혹자가 생겼다. 그래서 유혹이 "나를 속여 내가 그것을 먹었나이다"(창 3 : 13)라고 이브가 말한 대로 되었다. 바울은 그와 똑같은 예를 유대 민족의 역사 가운데서 보여 주었다. 유대 역사 중에 율법이 주어진 것은 인간에게 생명의 길을 보이려 함이었다. 그러나 결국(율법의 영향을 받는 인간의 본성이 약했기 때문에) 율법은 죄를 더욱 증가시켜 사망에 이르게 하였다. 또 율법의 지배를 받는 각자 각자의 경험에서도 이것을 알 수 있다(바울은 이것을 1인칭 단수를 사용하여 극적으로 표현하였다). 율법이 인간의 주목을 끌기 전까지 인생은 아주 무사태평이었다. 그런데 "탐내지 말라"는 계명을 알고나서는 곧 온갖 것을 탐하고 싶어졌다. 말하자면 계명 자체는 좋은 것이지만 죄가 그 계명으로부터 좋지 않은 결과를 거두는 것이다. 이것은 다음 말씀처럼 옛날 이브의 경험이 다시 되풀이된 것이다. "죄가 기회를 타서 계명으로 말미암아 나를 속이고 그것으로 나를 죽였는지라"(롬 7 : 11).

　율법을 가진 인간은 긴장상태에서 생활한다. 그는 무엇이 옳은가를 알고 또 인정한다. 그러나 옳은 것을 행할 능력은 없다. 그의 속에 거하며 활동하는 또 하나

---

[11] 비유 속에서는 남편이 죽고 아내는 자유로이 다른 남자와 결혼할 수 있게 되었다. 그런데 실제 상황에서는 율법(즉, 남편에 해당한다)과의 관계에 있어서 죽게 되는 쪽은 믿는 자(즉, 아내에 해당한다)인 것이다.

의 힘이 인간의 의지와는 반대로 하나님의 율법을 거역하게 만든다. 인간은 자신의 의지와 맞지 않는 그 힘으로부터 벗어나고 싶어한다. 그렇지만 그리스도를 통하기 전까지는 그 힘으로부터의 탈출이란 불가능하다. 그때까지는 "그런즉 내 자신이 마음으로는 하나님의 법을 육신으로는 죄의 법을 섬기노라"(롬 7 : 25 하반절)는 말씀과 같은 상태이다.

6. 죽음으로부터의 자유

그러나 그리스도를 통해 해방을 경험했을 때는 감옥과 같은 상태에 더 이상 머물 필요가 없다. 그리스도 안에서 성령을 받은 사람들에게는 그리스도의 성령이 생활의 원리가 되는 새 힘을 주신다. 그 새 힘은 인간의 속에 거하는 죄로부터 인간을 자유롭게 한다. 율법의 지배를 받는 사람들은 결코 하나님의 요구조건을 충족시킬 수 없으나 성령의 인도를 받는 삶을 사는 사람들은 충분히 해낼 수 있다. 죄가 지배하는 영역, 즉 인간의 본성 속에서 그리스도는 죄를 물리치시고 그 지배를 무너뜨리셨다. 그리고 이 승리는 사람들이 성령을 통해 그것을 경험함으로써 더욱 효과를 거두었다. 성령은 새 힘을 주시며, 그 힘은 오래도록 인간 속에 거하던 죄를 짓고자 하는 기질을 물리치신다. 성령은 지금 여기 계셔서 그리스도 안의 새 삶을 지켜주신다. 그러다가 그리스도께서 다시 오실 때 믿는 자들을 죽음에서 건져내어 영원한 생명을 주실 것이다. 그러므로 인간의 생활을 인도하시는 성령은 믿는 자들을 하나님의 자유로운 아들로 살게 하신다. 또한 "우리가 '아바 아버지'라 부르짖느니라 성령이 친히 우리 영으로 더불어 우리가 하나님의 자녀인 것을 증거하시나니"(롬 8 : 15~16)라는 말씀에서처럼 모든 믿는 자들로 하여금 하나님을 "아버지"라 부르게 하신다. 유한한 운명을 가진 모든 것에서 해방된 하나님의 자녀들이 하나님의 영광을 위해 자신들이 창조되었음을 온 우주에 드러낼 그 날이 다가온다. 또 모든 피조물이 지금은 절망 속에서 신음하지만 그 날에는 절망에서 벗어나서 하나님의 자녀로서 영광된 자유를 서로 나눌 것이다.

모든 피조물이 그 날을 고대하고 있고 하나님의 자녀들 역시 마찬가지다. 그러나 그들은 이 세상을 살아가는 동안 성령의 도우심과 중보하심을 받고 있다. 또 모든 일이 합력하여 선을 이루도록 성령께서 도우신다는 확신을 가지고 있다. 그것은 그들에게 향하신 하나님의 목적이 그들의 선이기 때문이다. 하나님의 목적은 하나님께서 태초에 예정해 놓으신 자들과, 때가 차매 하나님께서 그의 백성이라 부르시고 의의 선물로 축복을 내리신 모든 자들에게 최후의 영광을 얻게 하는 것이다. 바울은 하나님에 대한 확실한 믿음을 요구하면서 윗 글의 주장을 끝맺는다. 하나님은 그의 백성편에 계신다. 십자가에 못 박히셨다가 다시 살아나셔서 영원한 찬양을 받으시는 그리스도께서 하나님의 심판대에서 백성들의 변호인이 되신다.

그러므로 이 우주의 어떠한 힘도 현재에나 장래에나 그들을 주의 사람에서 떼어놓을 것이 없다"[12]

7. 하나님의 구원의 역사에 나타난 이스라엘과 이방인

로마서의 첫머리에서 바울은 하나님의 의의 길은 믿음을 바탕으로 열리며, 이 사실은 복음 중에 "첫째는 유대인에게요 또한 헬라인에게로다"(롬 1 : 16)라는 말씀에 나타 있다고 하였다. 그러나 유대인들은 대부분 복음을 받아들이지 않았지만 많은 이방인들은 복음을 받아들였다는 것은 널리 알려진 사실이다. 어떤 사람들은 유대인들이 복음을 받아들이지 않은 것이 하나님의 목적을 좌절시켰노라고 주장할지 모른다. 그러나 바울은 이런 결론을 부인한다. 이스라엘 민족 중 몇몇은 하나님의 부르심에 응답을 하였지만 그 민족의 거의 대부분이 되는 나머지 사람들은 하나님께 불순종하였는데, 이것은 이스라엘의 역사가 흐르면서 언제나 되풀이되는 현상이었다고 바울은 지적한다. 복음은 바울 시대의 유대인들 앞에 분명히 놓였고 그것은 옛 예언의 말씀들이 그들의 조상들 앞에 놓였던 것과 똑같다. 그러므로 아무도 복음을 듣지 못했노라고 말할 수는 없다. 그렇다고는 하지만 은혜로 택하심을 받아 그리스도를 믿는 유대인이 남아 있으니 옛 구약 시대와 같이 이제도 그 민족의 미래의 희망이 구체적으로 실현되는 것은 믿음을 가진 일부 남은 자들에게 달려 있다.

말씀에 선언된 순서에 "첫째는 유대인에게요 또한 헬라인에게로다"(롬 1 : 16)라고 되어 있지만 실제로 복음을 받아들인 순서는 "첫째는 이방인에 의해서요, 후에 유대인에 의해서"였다. 바울은 사도로서 이방에 나가 전도하는 자신의 직분을 영광스럽게 여겼다. 이 전도를 통해서 직접적으로는 이방인이 축복을 받을 뿐 아니라 간접적으로는 유대인이 축복을 받은 것이기 때문이다. 다시 말해서 많은 이방인들이 복음의 축복을 기뻐하는 것을 보면 유대인들은 그것을 시기하게 되고, 따라서 자신들도 축복을 함께 받겠노라고 선언하고 나설 것이라는 뜻이다. 여기에서 축복이란 예전에 하나님께서 아브라함을 비롯한 이스라엘의 족장들에게 하신 약속을 실천하신 축복이다. 즉, 그리스도를 믿는 수많은 이방인들이 선물을 들고 예루살렘으로 오는 것을 보고 유대인들의 공동체 의식이 자극을 받아 이러한 축복을 갈망하는 일이 촉진되었으리라 본다. 현재는 그들이 복음에 대해 무감각하고 반응도 없지만 이러한 상황은 부분적이고 일시적일 뿐이다. 부분적이라고 하는 것은 바울과 같은 일부 유대인들이 이미 복음을 믿었기 때문이고, 일시적이라고 하는 것은 시간이 지남에 따라 모두가 믿게 될 것이기 때문이다. 그러므로 충만한 수의

---

12) 롬 8 : 31~39.

이방인이 믿음에 들어오고 나면 "온 이스라엘이 구원을 얻으리라"(롬 11 : 26)는 말씀이 이루어진다.

이 토론 내용(아마 다른 로마서의 내용도 마찬가지겠지만)은 이 글이 피상적으로 나타내는 것 이상으로 로마의 그리스도인들의 처지에 직접 적용된다. 로마 교회는 유대교적 바탕 위에 세워졌다. AD 49년에 그라오디오 황제가 "추방칙령"을 내린 때까지 태어났던 그리스도인들은 모두 유대인으로서 태어났다고 해야 할 것이다. 몇 년 후 "추방칙령"이 폐지되고 유대인들이 다시 로마로 돌아오자 로마 시내에 그리스도인의 사회가 재구성되었다. 이번에는 이방인의 비율이 상당히 늘어나서 유대인과 더불어 꽤 많은 이방인들이 거기에 포함되었다. 그런데 그 이방인들은 오만하게도 유대인 교우들을, 몰락한 이스라엘 중에서 하나님의 자비를 받아 구원된 불쌍한 이웃으로 여겼다. 바울은 그런 이방인들의 우월감을 나무라고 이방인과 유대인의 관계를 감람나무의 비유를[13] 들어 설명한다. 이것은 한 로마 가톨릭 교회가 "감람나무 교회"라 불리웠다고 해서 그 후로 자주 쓰이게 된 비유이다. 이 비유에서 감람나무는 하나님의 백성인 참 이스라엘이고, 가지는 개개의 이스라엘인들이다. 이 중에 어떤 가지는 믿지 않았기 때문에 잘리워지고 대신 돌감람나무 보리수의 가지, 즉 믿는 이방인이 그 자리를 차지하였다. 믿는 이방인들이 이스라엘이라는 참감람나무에 접붙여져 생명력과 자양분을 나누어 갖게 된 것이다.[14] 그러나 새로 접붙여진 가지는 자긍해질 이유가 없다. 믿음으로 접붙여진 바 되었으나 믿지 않으면 많은 원가지가 잘려나갔듯이 그렇게 잘려나갈 것이기 때문이다. 지금까지 원예농사의 한 방법을 이용한 비유를 제한적으로 설명하였다.[15] 그러나 바울이 하나님께서는 잘려나간 원가지를 본래의 줄기에 다시 접붙여서 그곳에서 새로운 삶을 얻도록 하실 수도 있다고 말하면 이스라엘 줄기와 이방인 가지 사이의 연계성이 완전히 끊어질 수도 있다. 그런데 바울은 영적인 영역에서 그런 은혜로운 기적이 일어나기를 진심으로 기대하고 있으며, 그것을 자연세계에서의 기적이 될 만한 일로써 예증한 것이다. 이렇듯 이방인이 하나님의 은혜로 참 이스라엘의 일원이 되었을진대 똑같은 은혜를 자기 백성에게 베푸신다면 얼마나 많은 유대인이 다시 제자리를 찾아 돌아갈 수 있겠는가?

---

13) 롬 11 : 17~24.
14) 이스라엘은 렘 11 : 16에 "좋은 행실 맺는 아름다운 푸른 감람나무"라고 묘사되어 있다. 유대교로 개종한 사람은 열매를 맺지 못하는 돌감람나무에서 떨어져 나와 좋은 감람나무에 접붙여진 가지에 비유되고 있다.
15) 바울은 자신이 묘사하는 내용이 "본성을 거스려"(롬 11 : 24)라는 말씀대로라는 것을 인정한다. 그러나 바울의 동시대인인 콜루멜라(Columella)가 한 말로써 로마 시대에는 접붙이는 방법이 실제 행해지고 있었다는 것을 알 수 있다. 그에 따르면 감람나무가 열매를 잘 맺지 못할 때는 돌감람나무에 조각을 그 위에 접붙여서 감람나무에 새로운 생장력을 준다고 한다.

바울 자신은 분명히 이 문제에 크게 마음을 쓰고 있었다.[16] 그러나 그는 이스라엘의 재건을 예언할 때 소망의 결과를 예언한 것이 아니라 "비밀"[17]의 본질을 밝힌 것이다. 비밀이란 전에는 감춰져 있었으나 이제는 밝혀진 하나님의 목적의 일면을 말한다. 이 비밀은 사실 다메섹으로 가는 길에 "그리스도께서 주신 계시"의 주된 내용이다. 바울은 그 계시에 의해 이방인들에게 선교하라는 사명을 받았다. 그 당시에 그는 계시에 함축된 의미를 이해하지 못했다. 그러나 사도의 직분을 수행하는 가운데 점차로 그 의미를 명확히 알게 되었다. 그 자신의 사도로서의 사명은 이 "비밀"을 이루고자 하시는 하나님의 목적을 위한 수단이 되는 것이다. 그 옛날의 이사야는 하나님으로부터 씻음받고 나서 하나님의 말씀을 듣고도 그 말씀에 대해 마음을 굳게 닫아버린 사람들에게 보내어졌다(사 6:9~10).[18] 만찬가지로 바울도 하나님으로부터 씻음받고 난 후 사람들에게 보내어졌다. 그러나 하나님의 말씀에 마음을 굳게 닫아버린 사람들에게 직접 보내어지지는 않았다. 반대로 말씀과 구원의 은혜를 다른 사람들에게 전하여 마음을 닫은 사람들이 그것을 보고 은혜를 갈망하기 시작하고 마침내는 그 은혜가 담겨 있는 말씀을 받아들이도록 하였다. 그렇게 해서 구원의 역사는 완성될 것이며, 거기에서 바울은 하나님의 선택하신 도구로써 이 역사를 완성하는데 중요한 역할을 맡았던 것이다. 그가 처음 계시를 받고 자신의 사명을 수행하며 점차 그 내용을 밝혀가는 중에 그는 자신이 하나님의 아래서 종말론적 의미를 지닌 인물(이것은 이미 언급했거니와)이라는 것을 알았다.

더구나 이제 이 비밀이 밝혀졌으니 그 안에 담긴 예언의 말씀도 확실해졌다. 그것은 기쁜 결과를 가져오게 될 예언이었다. 70인역 성경의 이사야 59:20을 인용하면

구속자가 시온에 임하여 야곱 중에 죄과를 떠나는 자에게 임하리라.

라고 말하고 있다. 그 밖에 70인역 성경에는 "시온을 위하여"[19]라고 되어 있는 부분을 바울은 시편 14:7(53:6)의 "이스라엘의 구원이 시온에서 나오기를 바라노라"는 말씀에서 유추하여 "시온에서"라고 말하고 있다. 그리고나서 새로운 약속에

---

16) 아돌프 폰 하르낙은 "온 이스라엘"(롬 1126)의 구원에 대해 주장을 펼 때, 넓고 실제적인 의미의 이스라엘과 순수한 이스라엘을 이루는 믿음 깊은 사람들(롬 9:6~7)과의 차이점을 신중하게 밝힌 후, 바울은 자신의 감정이 쏠리는 대로 내버려 두었다고 말했다. 왜냐하면 "바울 속에 있는 유대인적인 요소가 아직 너무 강했기" 때문이다.
17) 롬 11:25
18) 누가는 바울이 로마의 유대인 지도자들에게 이사야의 말을 인용하는 장면을 묘사해 두었다 (행 28:25~27). 이것은 막 4:12과 요 12:39~40에도 인용되어 있다.
19) "그는 시온에 구원자로 오시리라."

대한 예레미야와 본문 말씀을 되풀이 하여 다음과 같이 말한다. "내가 저희 죄를 없이 할 때에 저희에게 이루어질 내 언약이 이것이라"(롬 11：26~27).[20]

말하자면 바울은 이스라엘을 축복하고자 하는 하나님의 계획을 성취하는 것을 이스라엘이 기다리는 구원자가 "시온에서" 나타나는 것과 연결시키고 있다. 아마도 그것은 재림을 가리키는 것으로 보인다. 그렇다면 이스라엘이 축복을 받아들이는 것이 즉각적인 전조가 되어 "죽은 자 가운데서 사는" 부활의 열매를 얻을 수 있게 된다.

그러나 위에서 강조한 것은 하나님의 선하신 뜻이 유대인과 이방인 모두에게 향하신다는 것이다. 비록 바울이 논리를 정립해 가는 초기 단계에 있어서 "… 구별이 없느니라 모든 사람이 죄를 범하였으매," 그런즉 누구나 하나님의 은혜를 필요로 하노라고 결론지었지만 이제는 "유대인이나 헬라인이나 차별이 없음이라 … 하나님이 모든 사람을 순종치 아니하는 가운데 가두어 두심은 모든 사람에게 긍휼을 베풀려 하심이로다"(롬 10：12; 11：32)라고 결론짓는다.

8. 그리스도인의 생활방식

바울의 복음해설 뒤에는 언제나 실제적 권고가 따른다. 하나님께서 그리스도를 믿는 자들을 위해 해주신 모든 것을 생각해 볼 때 믿는 자의 삶은 하나님을 예배하는 일로 채워져야만 한다. 믿는 자는 그리스도의 몸 안에서 서로 지체들이며, 전체의 유의를 위해서 그들 각자의 맡은 바 기능을 이행해야 한다. 그러므로 모든 믿는 자는 다른 사람들과의 관계에서 그리스도의 용서의 자비를 보이도록 해야 한다. 이 명령을 보면 산상보훈 중에 예수께서 우리를 위하여 강론하신 가르침을 바울이 잘 알고 있다는 것을 알 수 있다. 비록 이 말씀들은 바울이 살던 시대 이전의 것이고 복음 중 가장 초기의 것이긴 하지만 그는 그 내용의 많은 부분을 원래의 내용 그대로 알고 있었다.[21]

그는 자신의 글을 읽는 사람들에게 모든 권세들에 굴복하라고 권고한다. 왜냐하면 모든 권세는 하나님께로부터 나며 권세 역시 하나님의 종이기 때문이다.

"가이사의 것은 가이사에게"(막 12：17)라는 말씀은 예수님의 가르침의 일반법칙이다. 그러나 예수님의 가르침은 로마의 통치를 받고 있던 유대의 미묘한 상황에서 따져볼 때 예수님 스스로가 모순에 빠져들지도 모르는 그런 질문에 대한 대답으로 주어진 것이다. 반면에 로마의 그리스도인들에게 바울이 해준 충고에는 그런 정치적인 문제점은 없었다. 그는 로마의 통치에 관해 긍정적인 평가를 내렸다. 이

---

20) 사 59：21과 27：9에도 같은 의미를 가진 말이 쓰였다.
21) 롬 13：1~7.

것으로 우리는 그가 제국 전역에 걸친 로마의 통치를 바람직하게 여겼다는 것을 알 수 있다.

훌륭한 통치의 예로 갈리오의 재판을 들 수 있다. 그러나 바울은 이미 오랜 세월 동안 확립되어 온 로마의 권세가 복음의 이익을 언제나 보호해 주리라고 기대할 만큼 비현실적인 사람은 아니었다. 다시 말해서, 만약 로마가 하나님의 것을 침해한다면 그도 베드로와 그의 동료들처럼 주저없이 "사람보다 하나님을 순종하는 것이 마땅하니라"(행 5:29)는 말씀에 동의했을 것이다. 데살로니가후서 2:3~12에 나타난 그의 생각을 그가 포기했을 것이라고 생각할 만한 아무런 이유가 없다. 그 말씀에 따르면 이미 성립된 정치질서는 언젠가 불법의 힘에 의해 압도당하게 되고, 그 스스로 하나님의 영광을 탈취하게 될 것이라고 예견한다. 그러나 기존의 질서가 아직 세력을 유지하고 있어서 하나님이 주신 자신의 기능을 수행하며 옳은 것을 보호하고 그릇된 것을 멀리하는 동안에는 그리스도인들도 그 질서에 기꺼이 순종해야만 한다. 예를 들어 세금납부는 하나님께 드리는 예배의 일부이다. 사실 그것은 "영적 예배"(롬 12:1)의 일부인 것이다.

그리스도인들이 다른 사람들에게 빚진 것 중 하나는 사랑의 빚이다. 예수님의 전례를 뒤따라 바울은 "이웃 사랑하기를 네 몸과 같이 하라"(레 19:18)[22]는 말씀을 인용함으로 율법의 모든 명령을 집약시키고 있다. 즉, "사랑은 이웃에게 악을 행치 아니하나니 그러므로 사랑은 율법의 완성이니라"(롬 13:10)고 말하고 있다. 율법이 위와 같은 용어로 요약되었을 때에는 "율법"이란 말의 의미가 바뀐다. 그리스도의 성령이 역사하시므로[23] 율법은 이제 더 이상 외적강제에 의해 수행되는 것이 아니라 내부로부터 자발적으로 순종하게 된다. 그러므로 사랑의 법은 곧 그리스도의 법인 것이다.

바울은 위기의 때가 임박했노라고 경고한다. 그러므로 그리스도인들은 다른 누구보다 더욱 마음에 경계함을 게을리하지 말며 "예수 그리스도로 옷 입고"(롬 13:14)라는 말씀에 합당한 삶을 살아야 한다. 즉, 예수님의 생애 동안 하나님의 은혜가 완전하였듯이 모든 그리스도인들의 생애에 또다시 그 은혜가 넘쳐나도록 해야 한다.

그런 다음에는 그리스도인 동료를 특히 "믿음이 약하고" 양심이 자유롭지 못한 사람들에게 특별한 친절과 동정을 보여줄 것이 요청된다. 그들에게는 음식제한이나 어느 특별한 날에 서로 의견을 일치하지 않는 관습 등을 지켜야 하는 문제가

---

22) 막 12:31, 눅 10:27, 갈 5:14 참조.
23) 바울이 사랑과 그 밖의 성령의 열매에 대하여 "이같은 것을 금지할 법이 없느니라"(갈 5:23 하반절)고 말하면서 아리스토텔레스의 말을 인용하였다. 그 의미는 위에 말한 사랑 및 성령의 열매가 율법의 지배한계를 벗어난다는 것이다.

있다. 그런 문제에 있어서 양심의 가책을 받지 않는 사람들은 가책을 받는 사람들을 경멸하지 말아야 하며, 양심의 가책을 받는 사람들은 가책을 받지 않는 사람들을 심판하는 자리에 앉지 말아야 한다. 단지 "각각 자기 마음에 확정할지니라"(롬 14:56). 모든 성도들이 궁극적으로 자신의 생에 대해서 변명을 해야 할 상대는 하나님이시다. 지금 여기에서의 그들의 행동에 책임을 담당하신 분도 역시 하나님이시다. 그리스도인의 자유는 귀중한 것이며, 누가 됐든 인간의 명령으로는 제한받지 않는다. 그러나 그것은 그리스도의 사랑을 희생해 가면서까지 주장되어서는 안 된다. 그의 백성들에게 그리스도는 최고의 본보기이며 언제나 자신의 이익을 돌보기 전에 남의 이익을 먼저 생각하셨다.[24] 그러므로 그의 백성들은 자유에 관해서는 누구에게도 매이지 않으나 사람에 관해서는 누구에게나 종속되어야만 한다.

9. 마지막 인사

바울은 로마의 그리스도인들에게 자신이 곧 개종자들과 함께 선물을 가지고 예루살렘을 방문했다가 스페인으로 떠날 것이며, 도중에 잠깐 로마에 머무르게 될 것이라고 말한다. 그는 또 겐그리아 항구에 있는 교회의 일군인 뵈뵈가 편지를 전하러 갈 터이니 그를 환영해 달라고 로마인들에게 요청한다. 그러면서 그가 여러 곳에서 만났었고 지금은 로마에 살고 있는 많은 동역자들에게도 안부를 전한다.

그 편지를 부치면서 끝으로 지금 머물러 있는 곳의 주인인 가이오와 그 도시의 재무상인 에라스도를 포함하여 그때 바울과 함께 있던 모든 동행인과 "그리스도의 모든 교회"(롬 16:16)가 보내는 인사말도 추가하고 있다. "그리스도의 모든 교회"란 바울 자신의 전도지역 내의 교회를 말한다. 그 교회들은 대표자를 하나씩 보내어 바울과 함께 배를 타고 유대[25]로 가도록 했다. 거기에서 그들은 각기 교회에서 가져온 선물을 예루살렘의 교우들에게 전하도록 되어 있었다.

---

24) 롬 15:3.
25) 행 20:4 참조.

제30장

마지막 예루살렘 방문

1. 유대로의 항해

고린도나 에게해의 겐그리아 항에서 바울과 합세하여 같이 여행한 자들 중에서, 그와 함께 유대로 항해하고자 한 사람들은 부로의 아들로 베뢰아 사람인 소바더와 데살로니가 사람인 아리스다고와 세군도와 더베 사람 가이오와 디모데(그는 원래 루스드라 출신이다)와 아시아 사람[1]인 두기오와 드로비모였다고 누가는 말한다(드로비모는 에베소 출신의 이방인 그리스도인이다).[2]

누가가 기록한 명단에 고린도인의 이름이 없다고 신경 쓸 필요는 없다. 그 명단에는 이름이 다 적혀 있는 것이 아니고 바울과 동반하기 위하여 다른 장소에서 고린도로 여행하였던 사람들의 이름만이 적혀 있기 때문이다. 바울은 그를 접대한 가이오와 다른 고린도 친구들과 몇 주일을 함께 보낸 적이 있었다. 또한 마게도냐와 아가야가 예루살렘 구제기금에[3] 도움이 되도록 결정한 바를 로마 그리스도인들에게 말하기도 하였다.

여기에서 바울이 말하는 아가야 지방이란 고린도와 그 근방을 뜻하며, 로마인들에게 쓴 그의 편지에 "아가야"가 그들의 결정을 실행하지 않았다고 암시하는 말은 한 마디도 없었다. 몇몇 사람들은 바울이 기금을 관리하는데 도움이 되도록 디도

---

1) 행 20 : 4.
2) 행 21 : 29.
3) 롬 15 : 26.

를 보낸 것을 바울의 "공교함"⁴⁾이라고 비난하였지만, 고린도 교회가 그들의 선물을 예루살렘으로 전달해 달라고 디도에게 부탁하였을 가능성도 있다.

만약 그렇다면 여기에서 디도의 이름을 생략한 것은 사도행전의 전체 이야기에서 그의 이름을 뺀 것과 마찬가지라고 볼 수 있다.⁵⁾

겨울이 지나 에게 해로 항해할 수 있게 되어 그 일행의 대부분은 약속하였던 시간에 겐그리아를 떠났다. 그러나 바울은 그가 타려고 했던 배에서 그의 생명을 해치려는 음모가 있음을 알아차렸다. 그래서 그는 계획을 바꾸어 빌립보를 향하여 북쪽으로 갔다. 그는 빌립보의 항구인 네아볼리에서 드로아로 가는 배를 한 척 발견하였다. 바울과 누가는 "무교절 후에"(행 20:6) 이곳 빌립보를 떠났다. AD 57년에 무교절 축제는 4월 7일에서 14일까지⁶⁾ 한 주일 동안 열렸다.

바울은 5월의 마지막 주간에 시작될 성령강림절 때는 예루살렘에 있게 되기를 바랬지만 이 희망의 실현 여부는 배가 무사히 항해할 수 있느냐에 달린 것이었다.

닷새 후 그들은 드로아에 닿았다. 약 팔년 전 여행 때는 드로아에서 네아볼리까지 이틀이 걸렸는데⁷⁾ 이번에는 세찬 바람 때문에 늦어졌다.

드로아에서 바울 일행은 겐그리아를 떠나 그들을 기다리고 있던 일행의 나머지와 만났다. 그들은 이곳에서 한 주일 동안 머물렀다. 네아볼리에서 그들이 타고 온 배는 드로아 이상 더 멀리 가지 않았다. 그래서 그들은 자신들이 가고자 하는 방향으로 가는 배를 기다리거나 더욱 남쪽으로 항해하여 소아시아의 서쪽 해안을 따라 기항하려는 배를 기다려야만 했다. 그들은 드로아에서 머무르며 나중에 들리는 항구에서도 한 것같이 뱃짐을 풀고 새 짐을 꾸렸다.

나중에 사도행전이 된 일기를 쓴 이가 직접 배에 타서 이 항해에 대해 썼으므로 우리는 이 항해에 대해 비교적 상세하게 알게 된다.

드로아에는 소규모의 그리스도인 집단이 있었다. 아마도 이 집단은 바울이 한두해 전 그 근방에서 박해를 받으며 전도하던 기간에 형성된 것이라고 본다.⁸⁾

바울 일행은 드로아에서 머무는 동안 그곳의 동료 그리스도인들과의 교제를 즐겼다. 특히 그들이 떠나기 전날 밤 식사를 함께 하기 위해 모였을 때 바울은 한 밤

---

4) 고후 12:16.
5) 바울이 이렇게 신임하는 대리인에 관하여 누가가 아무런 언급을 하지 않은 것은 디도가 누가의 형제이기 때문이다. 바울이 이 "형제"를 디도와 함께 보내는 목적은 그로 하여금 구제기금을 관리하는데 독립된 별개의 보증인이 되도록 하려는데 있었다. 그런데 만약 비난하는 자들이 이 두 사람 간의 혈연관계에 주의를 집중하였더라면 바울의 이 목적은 좌절되었을 것이다.
6) 람제이는 "그 일행이 4월 15일 금요일 아침에 빌립보를 떠났다"고 말한다. 그러나 이러한 주장은 바울의 일행이 탈 배가 축제 끝나는 날까지 그들을 기다리고 있었으리라는 가정에 의한 것이다.
7) 행 16:11~12.
8) 고후 2:12~13.

중까지 그들에게 강론을 계속하였다.

누가는 이 일을 생생히 기억하고 있었다. 왜냐하면 이 드로아의 집회에 유두고라는 이름의 젊은이가 바울이 이야기하는 동안 잠을 이기지 못하여 앉아 있던 삼층 창문틀에서 떨어진 일이 있었기 때문이다.

그 다음날 (누가를 포함한) 일행 중 대부분이 배로 떠났다. 그러나 바울은 반도를 가로질러 앗소까지 육로로 갔다. 바울은 유두고가 무사함을 확인하려고 떠나는 순간까지 출발하는 것을 연기하였던 것으로 보여진다. 렉도(Lectum) 곶을 돌아 오는 배를 앗소에서 탈 수 있도록 먼저 번 그 지방을 여행했을 때 알게 된 길을 택하였다. 그는 앗소(고대 방파제로서 그 당시 항구로 사용되고 있었다)에서 배를 탔다. 이 배는 미둘레네(이곳은 레스보 섬의 동쪽 해안에 있다)를 지나 기오와 아나돌리 본토 사이의 해협을 빠져나간 후 사모를 거쳐 그 다음날은 밀레도를 다음에는 라도니아 만의 남쪽 해안을 지나 마엔더의 입구로 항해를 계속하였다(서방역본은 사모와 밀레도 사이에 드로길리움 곶을 삽입하기도 한다)[9]

배는 밀레도에서 며칠 동안 머무를 예정이었다. 그래서 바울은 그곳에서 약 30마일 떨어진 에베소로 급한 전갈을 보냈다. 그것은 에베소 교회 지도자들에게 자신을 만나러 오라는 것이었다.

바울은 그가 에베소에 갔다가 돌아 오기전에 배가 떠날지도 모르기 때문에 그 자신이 에베소로 가는 모험을 할 수는 없었던 것이다. 바울은 배로 여행할 것을 신중하게 결정하였다. 배는 기오에서 에베소 만의 입구를 지나 사모로 직접 가기 때문에 성령강림절이 될 때까지 예루살렘에 도착하는 것이 거의 확실하기 때문이었다. 그리고 에베소를 그렇게 가깝게 지나 가면서 에베소의 동료들에게 연락없이 지나칠 수는 없었다.

우리가 추측할 수는 있지만, 그 지방의 다른 성들과 마찬가지로 밀레도 그리스도인들에 관한 말은 전혀 없다. 그러나 이 밀레도인들 역시 바울의 에베소 전도여행 중 "주의 말씀을 들었다."[10]

우리는 그 성에 유대인 집단이 있었다는 것을 극장에 새겨 있는 유대인과 하나님을 경외하는 자의 자리 구역을 할당한 표시로써 알게 된다.

에베소 지도자들이 도착하였을 때 바울은 그들을 환영하였다. 이때 바울이 그들에게 한 말의 요약을 누가는 보존하고 있었다. 퍼시 가드너(Percy Gardner)는 이 요약이 사도행전에 있는 모든 바울의 설교 중에서도 "가장 역사적인 것이다"라고 하였다. 그러나 이 요약은 사도행전 필자의 문체와 부합되는 한편 필자가 기억

---

9) 비잔틴역본은 이 서방역본을 차용하였다(행 20 : 15 참조). 드로길리움(또는 드로길리아)은 1마일 이상되는 넓은 해협을 형성하여 본토에서 사모의 남동쪽으로 튀어나온 곳이다.
10) 행 19 : 10.

에 의존하여 글을 썼음을 암시한다고도 하였다. 바울은 그의 말을 듣는 자들에게 신성한 책임을 부과하였다. 그들은 장로, 목자, 감독자 등 여러 가지 말로 표현된다.[11]

바울은 그들에게 신성한 책임으로 그들을 따르는 평신도인들을 잘 돌보아주며 안 밖 으로 위협하는 위험으로부터 그들을 보호해 주도록 요청하였던 것이다. 바울 그 자신이 그들과 함께 지내는 동안 이런 일에 있어서 그들에게 모범을 보여주었다. 그 후에 바울은 다시 그들을 보지 못하였지만, 하나님께서 사역에 필요한 모든 것을 그들에게 충족시켜 주셨다.

이것은 사도행전에서 그리스도인들에게 이야기한 유일한 설교로 그의 다른 어떤 설교보다도 그의 편지에서 볼 수 있는 내용의 특성을 잘 나타내고 있다. 특히 사도행전 중 단 한 군데, 즉 이곳에서만 예수님의 죽음으로 인한 구원의 능력을 언급하였다. "하나님이 자기 피로 사신 교회를 치게 하셨느니라"(행 20 : 28)고 바울은 말하였던 것이다.

이것이 단지 바울적인 문제의 특징을 주기 위해 누가가 문장을 전환한 것 뿐이라고 주장하는 것은 바람직하지 못하다. 왜냐하면 이 말의 문맥으로 보아 모울(C. F. D. Moule)의 다음과 같은 판단은 확실하기 때문이다.

> 말하는 사람은 다른 사람이 아닌 바울이다. 그리고 그는 복음전도를 하고 있는 것이 아니라 이미 복음화된 이들의 깊은 내면을 다시 상기시키고 있는 것이다. 예컨데 이 상황은 최초 복음화 상황이 아닌 바울의 서신전도에서의 상황인 것이다.

밀레도에서 배는 도데가네스(Dodecanese)에 있는 고스, 로도 섬으로의 항해를 계속하여 남서 소아시아의 루기아 지방 항구인 바다라에 닿았다.[12]

이 배는 바다라에서부터 반도의 남쪽 해안을 따라 계속 동쪽으로 나아갔다. 그러나 이 방향으로 항해하는 것은 바울 일행의 목적과는 맞지 않았다. 그들은 바다라에서 베니게로 향하는 다른 배로 옮겨 탔다. 이 배는 바다라에서 두로로 가는데 항구 옆에 있는 구브로 섬을 남동쪽으로 지나치고 곧장 나아갔다. 바울 일행은 두로 항에서 칠 일 동안 머무르며 뱃짐을 풀었다. 먼저 번 드로아에서와 같이, 두로에서도 그 지방 그리스도인들과 교분을 돈독히 하는 모임을 가졌다. 두로 교회의 기원은 어디에도 확실히 기록되어 있지 않지만, 스데반의 순교[13] 후 예루살렘에서

---

11) 행 21 : 17, 28.
12) 서방역본의 행 21 : 1, 나는 바다라에서 무라로 가는 배를 타고 갈 일행을 모아 그곳에서 배를 갈아탔다(27 : 5에서 무라는 바울이 가이사랴에서 로마로 가던 도중 배를 바꾸어 탄 곳이라고 한다).
13) 행 11 : 19.

온 헬라인 그리스도인들에 의하여 전파된 베니게 복음화에 속하는 것이 거의 확실하다.

그 주가 다 끝나고 두로 교회의 모든 신도들이 처자와 함께 바울 일행을 해안까지 전송하였다. 이 해안에서 그들은 서로 기도로 이별의 인사를 나누었다.

다음에 들리는 항은 돌레마이(또는 엑코 Akko)로, 바다라에서 그들이 탔던 배가 종착하는 곳이었다. 바울 일행은 그곳의 교회사람들과 더불어 하루를 지내고 육로였는지 해로였는지는 확실히 밝혀지지 않고 있지만, 계속하여 가아사랴로 나아갔다. 가이사랴에 도착한 것은 아마도 성령강림절이 시작되기 바로 며칠 전인 것으로 보인다. 그들은 가이사랴에서 예루살렘으로 올라가기 전에 그동안의 여독을 풀었다.

가이사랴에서 바울은 오랜 동료들을 다시 만나기도 하고 그가 먼저 알고 있던 이들에게 그의 새로운 형제들을 소개하기도 했다. 가이사랴의 그리스도인 집단은 고넬료 및 그의 집안이 복음화된 후[14] 점점 커져왔다.

이 발전은 복음전도자인 빌립(스데반이 살아 있을 때 예루살렘 교회의 헬라인 일곱 집사 중 한 사람이다)이 그곳에서 본거지를 만들어 그의 뛰어난 네 명의 딸들을 양육하였을 때 더욱 촉진되었다. 그런데 이 딸들은 모두 예언하는 자들이었다[15] (반세기 후 빌립이 피니기아⟨Phnygia⟩로 이주한 후에도 딸들 중 몇 명은 늙도록 살아 초기 팔레스틴 교회에 대한 자료 제공자로 명망이 높았다).

가이사랴에서 다 머문 후 바울 일행은 그 성에서 그들을 따르는 자들과 또한 모 교회의 창단 신도인 구브로 사람 나손과 함께 동행하였다.[16] 나손은 예루살렘에서 그들을 접대하였다.

예루살렘에서 이렇게 많은 이방인 그리스도인들을 쾌히 접대하고자 하는 사람을 찾는 것은 중요한 일이었다. 그러나 나손은 헬라인으로 이 사명을 기꺼이 감당하였던 것이다. 아마도 가이사랴의 그리스도인들은 나손이 그 일을 맡기를 조정하였을 것이다. 그들이 예루살렘을 방문하는 동안 만약 나손이 그들을 조정할 수 있는 위치에 있었더라면, 예루살렘 교회는 스데반 순교 후 분산되는 헬라인들을 완전히 잃지는 않았을 것이다. 그들은 노새나 당나귀를 타고 예루살렘으로 올라갔다(가이샤라에서 예루살렘까지는 64마일이나 100킬로미터의 거리이다).

2. 수난의 예감

---

14) 행 10 : 44~46.
15) 행 21 : 8~9 ; 8 : 40.
16) 행 21 : 16.

여행을 떠나기 전 바울은 이번 예루살렘 방문에 많은 위험이 있음을 예감하였다. 바울이 로마인들에게 보내는 편지에 암시하는 불길한 예감들은 바울 일행이 여행 중 들린 항구와 그리스도인 집단에서 차례 차례로 예언적인 말로 확실히 되었다. "오직 성령이 각 성에서 내게 증거하여 결박과 환난이 나를 기다린다 하시나"(행 20 : 23)라고 바울은 밀레도에서 에베소 형제들에게 말하였다. 두로의 그리스도인 몇 명은 바울에게 "성령의 감동으로 예루살렘에 들어가지 말라"(행 21 : 4)고 권고하였다. 또한 가이사랴에서는 예루살렘의 아가보가 바울을 방문하였다. 아가보는 예언자로 약 십이 년 전에 안디옥에 있었던 짧은 동안의 혹심한 가뭄을 예언하였던 사람이었다. 이스라엘의 위대한 예언이 그랬던 것처럼 아가보의 경우에도 예언을 상징적인 행동과 동반하여 했다(행 21 : 11).

> 우리에게 와서 바울의 띠를 가져다가 자기 수족을 잡아 매고 말하기를 성령이 말씀하시되 예루살렘에서 유대인들이 이같이 이 띠 임자를 결박하여 이방인의 손에 넘겨주리라 하거늘.

위의 말이 정확히 기록된 것이라면 이 말은 사건과 완전하게 들어맞지는 않았다. 즉, 유대인 공격자로부터 바울을 잡아 묶은 것은 이방인이었던 것이다. 그러나 이 말의 주요 취지는 명백한 것이다. 즉, 바울이 예루살렘으로 가기를 계속 주장한다면 그의 목숨은 위태롭다는 경고이다. 그러므로 바울의 동료들은 바울에게 이방인 교회의 대표자들과의 그 성을 방문하고자 하는 계획을 포기하라고 권고하였다(이방인 교회 대표자들은 가져온 선물들을 잘 전달하였으며, 예루살렘에 머무는 동안 융숭히 대접하였다).

그러나 바울은 그를 따르는 형제들이 예루살렘에 들어가지 말 것을 종용하는 만큼이나 그곳으로 갈 것을 결정한 하나님의 인도하심을 확신하였다. 그들은 바울의 결심이 굳고 또한 그의 마음을 변하게 할 것은 아무것도 없음을 알자 그를 설득하려던 것을 그치며 "우리가 주의 뜻 대로 이루어지이다"(행 21 : 14)라고 하였다. 여기에는 겟세마네 동산에서 하나님의 뜻에 따라 순종하신 예수님을 본받은 것이다(누가는 의식적인 본받음이라고 한다). 누가복음에서 예수님이 "예루살렘을 향하여 올라가기를 굳게 결심하고"[17])라고 한 것과 사도행전에서 바울의 마지막 예루살렘 여행 간에는 감지할 수 있는 유사성이 있다.

복음서에서 그리스도의 고난에 대해 반복되는 예언들은 사도행전에서 계속되는 바울이 맞을 환난에 대한 예보와 상응한다. 그리고 이 두 가지가 모두 신의 목적을 완수하는 것으로 결과에 이른다.[18])

---

17) 눅 9 : 51.

이리하여 바울이 "심령에 매임을 받아 예루살렘으로 가는 것"(행 20：22)은 그가 그때까지 감당해 온 "하나님의 복음화에 사역하는 것"을 종결짓기 위해 필요한 것으로서 로마서 15：15~32의 예루살렘 방문에 대하여 묵상하는 것과 서로 상통한다.

3. 야고보와 장로들

바울은 로마 그리스도인들에게 그가 주도하고 있었던 예루살렘 성도를 위한 구제기금이 "성도들이 받음직하게 하고"(롬 15：31) 기도하는데 동참해 줄 것을 부탁하였다. 이 기도는 결국 응답을 받았다.[19]

바울 일행 중 한 명으로서 누가는 예루살렘의 형제들이 그들을 따뜻하게 환영하였다고 쓰고 있다. 성에 도착한 후에(행 21：18~20),

> 그 이튿날 바울이 우리와 함께 야고보에게로 들어가니 장로들도 다 있더라 바울이 문안하고 하나님이 자기의 봉사로 말미암아 이방 가운데서 하신 일을 낱낱이 고하니 저희가 듣고 하나님께 영광을 돌리니라.

바울이 구두로 그들에게 한 말은 수 백명의 이방인 개심자 대표들이 나타남으로 확증되었다. 이것은 또한 (누가는 그 자신이 가장 잘 알고 있는 이유로 해서 침묵으로 넘어갔지만)[20] 그들이 대표하고 있는 교회를 대신하여 야고보 및 그를 따르는 장로들에게 전달한 선물로 확실해졌다.

바울 서신에서나 누가의 기록에서 예루살렘 교회가 언급되고 있을 때까지 사도들 또는 사도 중 몇 명이 지도적 역할을 하였다. 그러나 예루살렘 교회가 언급되어질 당시에는 사도들의 행적이 나타나지 않는다. 베드로와 그의 동료들은 모교회를 야고보와 장로들(그들 자신도 그렇게 생각하는 바와 같이, 그들은 이스라엘의 진정한 남은 자의 공회였다)에게 맡겨놓고 유대인들이 흩어져 살고 있는 지역에

---

18) 막 8：31 ; 9：31 ; 10：33~34. 신의 필요의 $\delta\epsilon\tilde{\iota}$ 와 함께 반복하여 인간의 모습을 한 그 아들을 이방인들 손에 넘겨준다는 것에 강조점을 둔다—아가보의 예언에서 모방한 기록이다(행 21：11).

19) 누가에게 있어 가장 큰 충격은 예루살렘 교회가 바울의 기금을 받아들이기를 거부한 것이었다. 그것은 바울의 복음화를 방해함을 의미했기 때문이다.

20) 낙스(J. Knox)는 누가가 그의 이야기에 대한 확실한 자료를 가졌다고 지적하면서 기부금의 성질과 목적에 대해 두드러지지 않는 누가의 표현을 잘 주의해 보아야 함을 지적한다. 그는 이 기부금이 예루살렘 교회에 보내는 화목을 위한 헌금으로 예정되었다고 설명한다. 반면에 누가가 행 15장의 사도들의 회의 이후 예루살렘 교회와 이방전도단 간의 관계를 우호적이라고 표현한 것으로 보아 이러한 화목을 위한 헌금이 있었을 가능성은 없다. 따라서 누가의 이야기 속에서 이 헌금은 "원래의 문맥과는 전혀 별개의 것"이 되어버렸다.

전도 활동을 하기 위해 예루살렘을 떠난 것으로 보인다. 만약 야고보가 그들 중 공적인 산헤드린 공회의 고위 성직자로서 탁월한 지도자의 위치에 있었더라면 그가 성직자 같은 의복을 입고 신성한 구역에 들어갈 수 있는 권한을 가졌다고 한 이후의 성도전(聖徒傳)의 이야기들이 입증될 수 있다.

야고보와 그의 동료들이 형제로서 바울을 환영하며 그가 이방 가운데서 성취한 행적에 감동하면서도 한편으로는 바울이 예루살렘에 있음으로 해서 분쟁이 시작될까봐 두려워 하였다. 유대인들의 종교적 체제상 이러한 배반자에 대해 느끼는 확연한 적의는 별개로 하더라도 "율법에 열심인 자"(행 21 : 20)라고 묘사되는 교회의 많은 신도들은 바울의 전도 방침과 그가 이스라엘 전통과 율법에 자유롭게 행동하는 것을 비난하였다. 바울이 그가 전도한 이방인들에게 율법과 전통을 지키지 말라고 한 것도 비난의 대상이 되었지만 더구나 그는 흩어져 있는 유대인 그리스도인들에게도 유아 할례를 하는 것까지를 포함하여 조상의 관습을 지키지 말라고 권고하였다고 비난을 받았다.

야고보와 다른 장로들은 이러한 소문을 믿지 않았다. 그뿐 아니라 그 소문들이 무엇 때문에 생겨났는가를 쉽게 알았고, 동시에 그 소문들이 진실을 왜곡하였다는 것도 알았다. 어떤 사람들은 본질적인 것과 부차적인 것을 쉽게 구별할 수 없다. 따라서 그들이 새로운 질서를 택하여 구질서를 버리게 될 때, 구질서와 관련된 모든 것(중립적이거나 심지어는 도움이 될 만한 것을 포함하여)을 버려야 할 필요가 있다고 느낀다.

그러나 이런 것은 율법주의적 의무의 긍정적인 것을 부정적인 것으로 바꾸어버리는 것이다. 이런 식으로 전통 관습을 당연하게 따르는 예루살렘의 유대인 그리스도인들과는 반대로 그 관습을 지키지 않을 것을 신조로 삼는 이들도 있었다. 바울의 방침은 이 두 극단과는 달랐다. 진실로 해방된 영혼은 자기가 해방된다는 사실에 구애받지 않는다. 가장 가치가 있는 복음 전파에 도움이 되도록 때때로 바울은 그가 처해 있었던 유대인 집단에서는 관습을 따르기도 하고 이방인 집단에서는 관습을 이탈하기도 하였다.[21]

유대인 집단에서 그는 자연스럽게 유대인의 음식 관례를 따랐다. 또한 그리스도인의 자비는 말할 것도 없고, 유대의 일반 예절도 준수하였으며, 유대인의 감정을 상하게 하지 않으려고 주일도 성수하지 않았다. 그는 모든 날이 똑같이 중요하다고 여겼던 것이다.[22]

그는 그가 전도한 갈라디아 사람이 "날과 달과 절기와 해를 삼가 지킨다"(갈 4 : 10)는 말을 듣고 심히 당황하였다. 그들은 이방인이므로 종교적 의무를 다하는 방

---

21) 고전 9 : 19~23.
22) 롬 14 : 5~6.

법으로서 성력(聖曆)을 쓴다는 미미한 이유 외에는 유대인의 성력을 쓸 이유가 없는 것이다. 언젠가 한번 바울은 종교적 의무로서 성력을 지킨 때가 있었다. 그러나 그는 기독교인은 성력의 준수, 비준수에 관계없이 완전히 자유롭다는 것을 알았다.

비록 그가 공언하였던 방침에서 벗어날지라도 바울은 "유대인에게나 헬라인에게나 하나님의 교회에나 거치는 자가 되지 말고 그와 같이 모든 일에 모든 사람을 기쁘게 하여 그의 유익을 구치 아니하고 많은 사람의 유익을 구하여 저희로 구원을 얻게 하기 위하여"(고전 10 : 32~33) 예루살렘의 어떤 곳에서도 관습을 잘 따르는 유대인처럼 살았음이 확실하다. 예루살렘에는 소수의 헬라인이 살았다. 그러나 만일 바울이 관습을 지키지 않는다면 그 성의 유대인과 하나님의 교회(the church of God) 양쪽에서 모두 비난하였을 것이다.

그러나 바울이 이러한 문제들에 있어서 그 자신의 행동의 자유를 주장하였다면 어찌하여 다른 유대인 기독교인들에게는 이러한 사실을 부인하였을까?

만약 그들이 종교적 의무에서가 아니라 자신들의 편의에서 우러난 행동으로 이스라엘의 유전적 관습에 대하여 바울과 같은 행동을 취하였더라면, 그들은 아마도 자유롭게 그 행동을 계속할 수 있었으리라고 보여진다. 바울이 **해방된다는** 것에 구애되지 않는다면 그들도 역시 그 일에 대해 구애받을 필요가 **없는** 것이다. 그들이 타당하고 적절해 보이는 이유를 들어 그들의 자녀들에게 **할례를** 하고자 한다면 바울은 그 자신이 타당하고 적절하다고 생각하는 이유로 **디모데에게** 할례하였던 일을 상기하곤 했다.[23]

바울은 우리에게 보낸 편지에서, 유대인 기독교인과 이방인 기독교인은 똑같이 서로 상대방이 주저하는 것(또는 주저하지 않는 것)을 존중해 주어야 한다고 충고한 이외에는, 유대인 그리스도인의 이러한 점들에 관해서 아무런 충고도 하지 않았다.

이러한 문제들을 대하는 바울의 자유스런 태도에 모든 예루살렘 교회의 지도자들은 찬동하지 않았다. 그들은 자의로 "관습"을 지키지 않는 유대인 기독교인들도 인정하지 않았으리라고 보인다. 그들은 예루살렘 포고에서 요구되는 것으로서 이방인 기독교인들에게 할례를 면해주는 모든 허가를 자신들이 만들어야 함을 느꼈다. 반면에 그들은 이방인 기독교인들이 최소한 준수해야 할 "필요성이 있는 것"들을 명기해 놓았다.[24]

그들은 바울이 개종시킨 이방인들에게 "관습"을 지키도록 강요할 생각은 없다고 장담하듯 바울에게 그 허가를 다짐하여 말하였다[25](그들은 예루살렘 포고에 관한

---

23) 행 16 : 3.
24) 행 15 : 28.
25) 행 21 : 25.

바울의 보류된 권리가 점점 커져 가는 것을 잘 알지 못했을 가능성도 있다).

예루살렘에 있는 바울을 둘러싼 온갖 소문과 오해로 인하여 그들은 바울을 체포하라는 제의를 받았다. 그들은 그것이 소문을 효과적으로 진압하기를 바랬다. 교회의 신도 네 명이 나실인 서약을 하였다. 그리고 그 서약을 실행할 시간이 다가왔다. 이 서약은 그들의 머리카락을 미는 것도 포함하는데 이 머리카락은 오랜 서약 기간 동안 길게 자라도록 놓아두었던 것이다. 그런 다음 그 머리카락을 성전에 특별한 헌물로 바치는 것이다.[26]

서약이 실행되기 전 의식적 정화를 거치는 사람들에게 필요한 환경이 있었다. 이 정화는 한 주일 동안 이루어진다.[27]

만약 바울이 이들과 같이 어울려 정화의식을 함께하고 그들의 서약을 실행하는데 비용을 지불하였다면 이것은 모든 이에게 그가 관습을 따르는 유대인이라고 표명하는 것이리라.

바울은 예루살렘 형제들의 낙관주의적 소박함에 참여하지는 않았으리라고 보여진다. 그들의 이러한 행동이 바울과 같이 의심스러운 인물과 함께 어울린다는 세상사람들의 비난에서 벗어나게 해주는 것이라면, 바울이 그들의 계획에 동조하지 않을 이유가 없는 것이다.

바울을 모욕하는 미묘한 수단으로서 그들이 바울에게 이것을 강요할 만한 근거는 없다. 나실인 서약이 타당한 것인가 하는 것은, 바울 자신이 오 년 전에 고린도에서 직접 이 서약을 한 적이 있었던 것으로 판단할 수 있다.[28]

이러한 서약을 하는 다른 사람을 위하여 비용을 지불하는 것은 경건한 사랑의 행위로 간주되었다. 바울과 네 명의 나실인 모두 하나님 앞에 덕을 쌓으려는 수단으로써 이 의식에 참여한 것은 아니다. 이것은 응답받은 기도에 대해 하나님께 감사드리는 겉으로 드러난 표시인 것이다.

4. 성채로 잡히어 간 바울

바울이 네 명의 나실인과 성전을 방문한 것이 예루살렘 교회의 많은 "율법에 열심인 자"에게 어떠한 영향을 주었건간에 바울이 두로, 가이샤라 등 여러 곳의 동료들에게 예견한 바와 같이 바울은 예루살렘 성전 방문으로 해서 위험에 처하게 되었다. 성령강림절이 다가오자 여러 곳에 흩어져 있던 유대인들이 축제를 위하여 예루살렘에 모여들었다. 그들 중에는 에베소와 그 근방에서 온 자들도 있었는데 그들은 바울이 아시아 총독부에 주재하고 있을 당시 그를 잘 알고 있었고, 따라서

---

26) 민 6:1~21.
27) 민 6:9~10.
28) 행 18:18.

바울의 지금의 모든 행적을 인정하지 않았다. 그들이 바울을 예루살렘에서 보았을 때 바울은 한 에베소인과 같이 있었는데 그 이름은 드로비모로 이방인 개종자 중 한 사람이었다. 나실인 정화주일이 끝나갈 무렵 그들은 성전 경내(아마도 이스라엘 정원이라 여겨진다)에서 드로비모와 같이 있는 바울을 발견하였다.[29]

그리고 그를 향해 소리치며 금지구역 안으로 이방인을 데리고 와서 성전의 신성함을 망치었다고 비난하였다.

헤롯 왕의 명령에 의해서 폐쇄된 성전뜰의 외부는 이방인들도 자유롭게 드나들 수 있었으므로 이방인의 뜰이라고 불려졌다. 예수님께서 "만민이 기도하는 집"으로 사용해야 할 곳이 온갖 장사로 더럽혀짐을 분개하시며, 그 거룩한 주간에 "깨끗이 하신"곳이 이곳이다(마 11:15~17).

그러나 이방인들에게는 뜰 외부와 신성구역인 내부를 차단하는 경계 이상 들어가는 것은 금지되어 있었다. 이방인 방문자들은 더 이상 갈 수 없다고 헬라어와 라틴어로 쓰여진 경고문이 이 경계선까지 곳곳에 세워져 있었다. 이것은 로마가 유대 권력이 재판할 수 있도록 권한을 부여해 준 항목이다. 이 죄에 있어서는 위반자가 로마 시민일지라도 사형에 처할 수 있도록 권한을 주었던 것이다. 이렇게 조심스럽게 로마인들은 유대인의 종교적 감정을 무마하였다. 따라서 만약 바울을 비난하는데 어떤 확실한 근거가 있었더라면 바울의 로마 시민권도 그를 구해주지는 못했을 것이다.

아시아에서 온 유대인들의 함성 소리가 커지자 곧 군중들이 모여들어 바울을 둘러싸고 그를 이스라엘의 정원 밖으로 끌어내었다. 그들은 그곳에서 바울을 계속 매질했다. 그러나 성전의 치안관이 바깥뜰에서 안뜰로 통하는 문을 닫아서 군중들의 꼴 사나운 폭행이 신성구역의 존엄성을 무너뜨리지는 않았다. 바깥뜰에서 폭행이 오래 계속되어 바울이 살아남기 어려울 즈음 안도니아 성채에 주둔하고 있는 로마 수비군이 적절한 행동을 취하였다. 이들은 북서쪽에서 성전 경내를 관망하고 있다가 두어 층대 위에 있는 바깥뜰과 연락하였던 것이다. 수비군을 책임맡고 있는 천부장은 벌써 온 성으로 퍼져나간 혼란을 진압하고는 즉시 군인들을 층대로 내려 보내 폭도들 가운데로 보냈다. 그들은 바울을 공격자들로부터 끌어내어 공격자들이 그를 밀어뜨리는 것을 막기 위해 어깨 높이의 층대 뒤로 그를 데려왔다. 층대 맨 위에 서 있던 천부장은 글라우디오 루시아로서 그는 바울을 체포하고 두 명의 군인에게 바울을 수갑채워 성채로 데려 오도록 정식으로 명령했다.

군중들이 미친듯이 바울을 규탄하는 것이 사리에 맞지는 않았지만 바울은 명백하게도 사람들을 분노케 하는 일을 했던 것이다. 천부장은 바울을 약 삼년 전에 예

---

29) 바울은 유대인으로서 이스라엘 뜰안에 들어갈 수 있으나 평신도로서는 더 이상 나아갈 수 없었다. 드로비모는 이방인이었기 때문에 이방인의 뜰 이상 들어갈 수 없다.

언자라 자처하며 예루살렘에 왔던 애굽인 여행자라고 성급히 판단하였다. 그 애굽인 여행자는 감람산으로 추종자 무리를 이끌고 갔다. 그는 그곳에서 예루살렘 성벽이 무너질 때까지 기다리라고 추종자들에게 명령하였다. 그런 다음 그들은 행진하여 와서 로마 수비대를 무찌르고 성을 점령하였던 것이다. 그래서 벨릭스 총독이 그 무리에게 대항하도록 군대를 보내어 무리 중 몇 명은 죽이고 얼마는 체포하고 나머지는 해산시켰다. 그런데 그 애굽인은 어느 새인가 사라져 버렸다. 그 애굽인에게 속았던 사람들은 그를 좋지 않게 여겼고, 천부장은 이제 그 애굽인이 다시 나타나서 사람들이 그를 때렸다고 판단하였던 것이다.

그러므로 천부장은 바울이 성채로 잡혀 들어가기 전에 교육을 잘 받은 헬라어로 말하며 군중에게 이야기할 수 있도록 요청했을 때 적지않게 놀랐다.

바울은 천부장에게 자신은 애굽인이 아니며 "소읍이 아닌" 다소 성 출신의 유대인이라고 말하였다(행 21:39). 천부장은 군중에게 이야기해도 좋다고 허락하고 층대 맨 위의 자리를 비켜주며, 바울을 수갑채운 병사들 옆에 세웠다. 바울은 군중에게 그들의 방언인 아람어로 이야기하며 잠시 그들을 주목시켰다.

바울은 자신이 하나님께 열심인 자며, 조상들의 율법에 애착을 갖고 있다고 군중에게 말하였다. 또한 왜 그가 지금의 행동방침을 택하였는가도 설명하였다. 누가는 이 바울의 연설을 다음과 같이 청중들에게 특히 매력적으로 들릴 만한 점들을 강조하여 요약하였다―바울이 예루살렘에서 자라나고 가말리엘 문하에 있었던 점, 그가 "이 도"를 열광적으로 박해하였던 점, 그의 개심과 다메섹에서 온 "율법에 의하여 경건한 사람"인 아나니아의 방문을 받았던 점, 그리고 그 후에 예루살렘 성 방문이 확정되고, 이곳에서 하나님이 그의 꿈에 나타나셔서 "멀리 이방인에게로" 갈 것을 명령하신 점 등이다(행 22:3~21).

그의 마지막 말이 끝나자 군중은 불만을 기억해내고 다시금 소란스러워졌다. 그리하여 죄인을 심문하는 방법 이외에는 이 소란의 원인을 찾을 길이 없었던 천부장은 바울을 성채로 데리고 들어가서 채찍질할 것을 명령하였다. 헬라와 로마에는 사람을 고문이나, 고문할 것처럼 위협하면 대부분 사실을 털어놓는다는 생각이 존재했다. 그러나 헬라 법에서는 대체적으로 자유인에게는 이러한 취급을 하지 않도록 되어 있고, 로마 법에는 로마 시민들에게 이러한 취급을 하지 않도록 되어 있었다. 따라서 바울은 채찍질 당하기 위해 묶였을 때, 이 일을 관장하는 백부장에게 로마 시민을 채찍질할 수 있느냐고, 특히 공개 재판에서 죄인으로 판결나지도 않은 사람에게 채찍질할 수 있느냐고 물었다. 백부장은 채찍질을 중지시키고 천부장에게 가서 바울이 로마 시민임을 알렸다. 천부장은 놀라면서 급히 바울을 데려오도록 하여 이 사실이 정말인지를 확인했다. 바울이 정말 자신은 로마 시민이라고 하자 천부장은 의심스러운듯이 그를 쳐다보며 "나는 로마 시민권을 얻기 위해 얼마나 많은 돈을 썼는지 모른다"고 말하였다. 그는 바울의 심히 단정치 못한 차림

새를 보고 바울이 서로 비벼댈 한 데나리온조차 없을 위인 같다는 뜻으로 말한 것이었다. "나는 태어날 때부터 로마 시민이라"고 바울이 말하자 천부장은 크게 충격을 받았다.[30]

로마 시민은 정식 법적 절차에 따라서 대우받아야 한다. 바울은 명백하게 유대법을 위반한 죄과를 쓰고 있었으며, 산헤드린 공회는 이런 위법을 취급하기에 적절한 단체이다. 그러므로 바울은 산헤드린 공회로 불리워 갔다. 그 당시 산헤드린 공회는 네데바우(Nedebaeus)의 아들인 아나니아(Ananias)라는, 평판이 나쁜 이가 대제사장으로 관장하였다(AD 47~58).[31]

바울의 죄과가 정식으로 확정되고 그 죄의 사실 여부가 확인될 때까지 산헤드린 공회가 재판권을 갖고 있었다. 천부장은 그가 바울을 재판할 책임이 있다고 주장하였으나, 만약 바울이 안뜰에 들어가는 것을 보았다는 증인이 나타나면 이 일은 확실하게 산헤드린 공회 재량 안에 있는 것이다. 그러나 오랜 시간을 끌어오는 동안에도 증언하러 오는 사람은 하나도 없었다. 바울은 그리스도 안에서 유대인과 이방인 사이에 있는 벽은 허물어졌다고 공언하였으나,[32] 성전 안에 있는 실체적 벽은 아직도 존재하며, 아시아 유대인들이 그를 향해 고함치며 비난한 것처럼 만일 그가 성전 안뜰에 들어가기라도 했더라면 예루살렘을 무사히 나가 로마와 스페인을 방문하려던 그의 희망은 이루어지지 못했을 것이라고 생각했다.[33]

이때까지도 산헤드린 공회로 바울을 고발하는 증언을 하러 아무도 오지 않았으므로, 바울은 그 자신이 한 마디 할 기회를 얻었다. 바울은 대제사장이 이스라엘의 대법원장직에 걸맞지 않는 행동을 비난하며 예의있게 말문을 열었다. 그러나 바울이 그 고위성직자에게 사과하고,[34] 다시 말을 시작하여 부활의 희망에 기초를 두고서 자신이 그들 앞에 서게 된 모든 사건 경위를 밝힘으로써 산헤드린 공회의 바리새인들에게서 호의를 얻었다.

바울이 지금 하고 있는 성직 사명을 받은 그때 다메섹 도상에서 바울에게 확인시키셨던 예수님의 부활은 이 산헤드린 공회의 바리새인들과 함께 갖는 공통적 희망으로 바울의 마음을 꽉 채웠던 것이다. 바울에게 선고할 명백한 죄과가 없자 산헤드린 공회의 사두개인과 바리새인은 논쟁을 벌였다. 바리새인들은 예수님의 부활을 믿고, 바울과 같이 정통적 신조를 가진 이가 악한 일을 할 리가 없다고 느꼈지만 사두개인들은 그렇지 않았던 것이다.

---

31) 요세푸스는 아나니아가 백성들에게 돌아가야 할 십일조를 어떻게 착복하였는가를 밝힌다. 유대에는 아나니아의 대식(大食)을 풍자하는 대중가요가 구전되었다. 아나니아는 AD 66년에 유대교 광신자들에 의해 살해되었다.
32) 엡 2 : 14.
33) 클라우스너(J. Klausner)는 바울이 성전 안뜰에 들어갔을 수도 있다고 의외의 제시를 한다.
34) "형제들아 나는 그가 대제사장인줄 알지 못하였노라"(행 23 : 5)는 "이렇게 비합법적으로 행동하는(바울의 입을 치라고 명령한 것을 말함)이가 대제사장일리가 없다"라는 의미이다.

5. 가이사랴로 보내진 바울

결국은 천부장이 이 다루기 힘든 로마 시민을 다룸에 있어 전혀 진전이 없다는 것을 알고 다시 바울을 성채로 데리고 오도록 했다. 바울의 적들은 바울이 자신들의 손에 들어올 법적인 수단이 없음을 알자 바울이 산헤드린 공회에 다시 나올 때 그를 납치하려는 음모를 꾸몄다. 그런데 바울의 조카가 이 음모를 알았다(이것은 바울의 친척에 관하여 신약성경에 기록되어 있는 유일하고도 슬쩍 지나치고 마는 언급이다).[35]

그래서 성채에 있는 바울에게 접근할 기회를 얻어 음모 계획을 알려주었다. 바울은 조카에게 알아낸 음모를 천부장에게 말하도록 조정하였다. 천부장의 마음은 이 말로 결정되었다. 천부장은 더 이상 바울의 안전에 대해 개인적인 책임을 질 수 없었다. 여기에는 그가 대처할 수 없는 문제들이 있었고, 만약 이 문제들을 처리할 수 있는 이가 있다고 하면 그는 총독인 것이다.

따라서 천부장은 밤중에 바울을 무장한 경호대의 보호 아래 총독의 본부가 있는 가이샤라로 보냈다. 다음날 아침 안디바드리(Antipatris)에 도착하였을 때 가이샤라까지 27마일 갈 동안 바울을 경호할 경장비의 마병 70명을 남겨놓은 채 보병은 돌아갔다. 천부장은 자신의 입장에서 자기의 역할을 나타내며 전후 사정을 설명하는 편지를 바울과 함께 총독에게 보냈다. 이렇게 하여 천부장은 바울을 공격자로부터 성전에서 구해내게 되었다. 그는 말하기를 바울이 "로마 시민인 줄 알고"(행 23 : 27) 그리하였던 것이라고 한다.

총독은 편지를 읽고난 후 바울더러 어느 영지 출신인가를 물었다. 그리고는 가이샤라에 있는 그의 본부 안에다 바울을 구금하여 놓도록 했다(이곳은 공식 집정관으로 헤롯에 의해 헤롯궁으로 지어졌다). 그 후로 총독은 자신이 직접 이 사건을 맡기로 하였다.

바울에게는 "유대에 순종치 아니하는 자들에게서 구원을 받도록"(롬 15 : 31) 기도해 줄 것을 로마 그리스도인들에게 부탁하였던 이유가 여기에 있었다. 이제 바울은 구원을 받았지만 이 후로 적어도 사년 동안 자유를 잃고 로마 방문 계획을 연기해야만 하는 처지에 있게 되었다. 이렇게 하여 바울은 마지막 예루살렘 방문을 마치게 되었다.

---

35) 이 젊은이의 어머니는 바울의 누이이다. 그녀는 예루살렘에 살았던 것으로 보인다. 이것은 바울이 소년 시대에 그 혼자 예루살렘에 온 것이 아니고 가족 모두 왔으리라는 것을 의미한다.

제31장

가이사랴와 가이사에 대한 호소

1. 바울과 벨릭스

가이사랴는 바울이 그 다음 두 해를 보내야 했던 곳이다. BC 20~9년에 헤롯 대왕이 옛날 스트라토의 탑(Strato's Tower)이라는 것을 세웠던 것은 자기 나라의 중요한 지중해 항구로 사용하기 위해서였다. 하이파만(the Bay of Haifa) 남쪽 연안을 따라서 천연적인 항구가 없었으므로 그는 정교하고 인공적인 항구를 여기에 건설했다. 그것은 반원 모양의 방파제로 둘러싸여 있었고, 그 도시가 이름을 받은 것을 경축하여 세운 아우구스투스 신전과 같은 몇몇 다른 시설물(1956년과 그 이후 발굴된 것)과 더불어 훌륭한 극장과 경기장이 있었다. 처음부터 그곳은 두드러진 이방인의 도시였다. 이 때문에 AD 6년부터 로마의 유대 통치자들은 그들이 정상적으로 거주하는 데는 그곳이 예루살렘보다 더 적합하다는 것을 알고 있었다. 가이사랴에 있는 헤롯의 궁전은 그들의 본부로 사용되었다. 본디오 빌라도라는 이전의 유대 총독의 이름은 1961년 발굴 당시 그 극장에 있는 라틴어 비문에서 발견되었는데 거기의 빌라도의 관직이 "행정 장관"이라고 적혀 있었다. 행정 장관(procurator)라는 직함은 비록 타키투스가 빌라도에게 붙인 직함이긴 하지만 AD 44년부터 유대 총독에게 사용되었다고 생각해 왔다.

바울을 가이사랴에 감금한 행정 장관은 마르쿠스 안토니와 벨릭스인데, 그는 전형적인 로마인 속주 총독은 아니었다. 유대와 같은 3등급 속주의 장관들, 행정 장관들은 정식적으로 기사단에 속해 있었던 반면에, 원로원과 제국의 관할구역의 지방

총독들은 귀족인 원로단에서 뽑았다. 그러나 벨릭스는 한때 안토니아의 집에서 노예로 있다가 해방된 자유인이었는데 안토니아는 안토니와 옥타비안의 딸이요, 티베리우스의 형제 드루수스의 미망인이요, 글라우디오 황제의 어머니였다. 그의 형 발라스도 마찬가지로 안토니에게서 해방된 노예 중 한 사람이었는데 글라우디오 밑에서 국고를 맡은 회계사 우두머리 같은 재무장관이라고 말할 수도 있는 상당한 책임과 전망이 있는 지위로 부상했다. 이것이 벨릭스가 유대 통치권을 가지는데 도움을 준 영향력이 될 수도 있었겠지만 벨릭스는 상당한 타고난 실력이 있었고 그에게는 가장 존귀한 가문에 들어갈 권한을 얻을 수 있는 개인적인 자질도 겸하고 있었다. 그의 잇따른 세 명의 아내는 모두가 왕실의 혈통이었다. 즉, 한 명은 안토니 클레오파트라의 손녀이고, 그의 세번째 부인은 그가 바울을 만났을 때 결혼했는데, 그녀는 아그립바 2세와 베르니스의 동생이며 형 헤롯 아그립바의 막내동생인 두루실라였다. 타키투스의 진술에 의해서 벨릭스는 AD 52년 유대 총독으로 벤티디우스 쿠마누스를 계승하여 임명을 받기 전에, 유대 지방에 속했던 사마리아에서 쿠마누스 휘하에 행정직을 맡고 있었다고 유추해 왔다. 이 기간 동안에 그는 유력한 전(前) 대제사장인 안나스의 아들 요나단의 신뢰를 얻은 것 같다. 그가 쿠마누스에 대한 유대인들의 불만을 전하기 위해서 대표단으로 로마에 갔을 때 벨릭스를 유대의 속주 장관으로 임명할 것에 대해서 강조했기 때문이다. 바로 타키투스 때문에 벨릭스는 "노예정신을 가지고 왕권을 행사했다"는 불리한 평판을 가지고 있다. 그러나 타키투스가 그런 비천한 출신의 사람이 높아진 것을 생각하곤 했던 그 선입관을 참작해야 한다. 벨릭스가 유대의 총독직에 들어선 것은 시카리(sicarii) 혹은 칼잡이라고 하는 자유의 투사, 즉 새로운 집단의 소요분자가 등장한 것과 때를 같이 했는데, 그들은 축제 때 군중들 속에 뒤섞여서 유대인으로서 로마군에 협력하는 자들과 그들이 인정하지 않은 다른 사람들을 찔러 죽였다. 그들의 첫 희생자 중의 한 사람은 전 대제사장 요나단이었다. 무자비한 힘으로 이들과 다른 해방운동을 제지함으로써 벨릭스는 로마에서 자신의 신뢰를 높여놓았다. 발라스가, 네로가 즉위한 바로 뒤인 AD 55년에 황제의 집안에서 총애를 잃었을 때조차도 그랬다. 벨릭스는 4년 이상 동안 유대에 재직하고 있었다.

바로 이 사람이 바울을 예루살렘에서 군사적으로 호송하여 보내었고 이후에 그에 대한 불만을 조사할 책임을 맡은 장본인이었다.

바울에 대한 소송이 지금 산헤드린에 의해서 제기되었다. 바울이 가이사랴에 도착한 지 5일 만에 그 회원 중 대표들이 벨릭스 앞에서 그 고소 내용을 진술하려고 내려갔다. 그것을 가지고서 그들은 더둘로라는 한 변사가 법정의 웅변적 상투어로 그것을 이야기하도록 했다. 누가는 더둘로의 진술 중에서 서론을 다소 충분히 인용했는데, 그것은 그런 관리에게 말할 때 사용된 "듣는 사람의 마음을 부드럽게 하기 위해서 사용하는 말"(captatio beniuolentiae)의 좋은 본보기이다(행 24 : 2 이

제31장 가이사랴와 가이사에 대한 호소

하).

벨릭스 각하여 우리가 당신을 힘입어 태평을 누리고 또 이 민족이 당신의 선견을 인하여 여러 가지로 개량된 것을 우리가 어느 모양으로나 어느 곳에서나 감사 무지하옵나이다. 당신을 더 괴롭게 아니하려 하여 우리가 대강 여짜옵나니 관용하여 들으시기를 원하나이다.

그리고나서 뒤따르는 고소는 그것이 더 일반적인 것에서부터 더욱 특수한 것으로 나아가듯이 바울이 완전히 염병들린 자요, 로마 제국 전역에 퍼진 유대인들 사이에 불화를 조장하는 자요, 나사렛 사람들[1]의 이단의 괴수요, 그가 성전을 욕되게 하려 했다고 주장했다. 그는 이 마지막 죄를 범하는 현장에서 붙들렸으나, 유대 당국이 그런 문제에 대해서 자기들의 특별한 재판법에 따라 그를 체포했을 때 타당치 못한 무력으로 군인들이 그를 그들의 손에서 잡아챘다.

그 유대의 총독이 아마도 바울에 대한 선입관을 갖도록 하는 일반적인 불만을 가질 수 있는 어떤 권한이 있었는지는 모를 일이다. 성전을 더럽힌다는 특별한 혐의는 과중한 것이지만 그것을 제시하는 데는 심각한 결함이 있었다. 왜냐하면 어떠한 증거도 그것을 증명하기 위하여 제시되지 않았기 때문이다. 벨릭스가 그 기소자들에게 바울더러 대답하기를 청했을 때 그는 주저하지 않고 이 점을 지적했다 (행 24:10 이하).

당신이 여러 해 전부터 이 민족의 재판장된 것을 내가 알고 내 사건에 대하여 기쁘게 변명하나이다 당신이 아실 수 있는 바와 같이 내가 예루살렘에 예배하러 올라간 지 열 이틀 밖에 못되었고 저희가 내가 성전에서 아무와 변론하는 것이나 회당과 또는 성중에서 무리를 소동케 하는 것을 보지 못하였으니 이제 나를 송사하는 모든 일에 대하여 저희가 능히 당신 앞에 내세울 것이 없나이다 그러나 이것을 당신께 고백하리이다 나는 저희가 이단이라 하는 도를 좇아 조상의 하나님을 섬기고 율법과 및 선지자들의 글에 기록된 것을 다 믿으며 저희의 기다리는 바 하나님께 향한 소망을 나도 가졌으니 곧 의인과 악인의 부활이 있으리라 함이라 이것을 인하여 나도 하나님과 사람을 대하여 항상 양심에 거리낌이 없기를 힘쓰노라 여러 해만에 내가 내 민족을 구제할 것과 제물을 가지고 와서 드리는 중에 내가 결례를 행하였고 모임도 없고 소동도 없이 성전에 있는 것을 저희가 보았나이다 그러나 아시아로부터 온 어떤 유대인들이 있었으니 저희가 만일 나를 반대할 사건이 있으면 마땅히 당신 앞에 와서 송사하였을 것이요 그렇지 않으면 이 사람들이 내가 공회 앞에 섰을 때에 무슨 옳지 않은 것을 보았는가 말하라 하소서 오직 내가 저희

---

1) 그들은 나사렛 예수의 추종자들이었기 때문에 그렇게 불려졌을 것이다. 그러나 히브리어 "노시림"이란 말이 "관찰하는 자들"이란 의미로 이해될 수도 있을 것이다.

가운데 서서 외치기를 내가 죽은 자의 부활에 대하여 오늘 너희 앞에 심문을 받는다고 한 이 한 소리가 있을 따름이니이다.

만약 바울이 기소에 대한 유력한 증거가 없다는데 주의를 기울였고 또 그 총독이 또다른 물적 증거가 없다고 결정했다면, 그는 원고와 피고가 줄 수 있는 것보다 더 공평한 설명을 그들에게서 기대했을 것이다. 따라서 산헤드린의 고소와 바울의 답변을 들은 뒤 그는 소송을 기각시켰다. 라틴어로 Amplius라 하는데 그때 "천부장 루시아가 내려 오거든 너희 일을 처결하리라"고 말했다.

누가가 바울의 변명을 말한 데는 사도행전을 기록함에 있어서 예루살렘 구제금에 대해서 유일하게 언급한 것과 일부 다른 관심거리가 포함되어 있다. 바울이 성전의 거룩을 더럽혔다는 진술을 증명해 보일 어떠한 증거도 없다는 주장은 제쳐놓고, 그 말의 내용이 유대 총독 앞에서의 자신의 현재의 모습보다는 앞으로 로마의 최고 법정에 있을 자신의 모습과 더 크게 관련되어 있음은 당연하다. 그리고 참으로 그같은 것은 더둘로의 고소를 일반적인 용어로 말했을 것이다. 이 때문에 사도행전과 로마에서의 바울의 재판 사이에 관련된 긴 논쟁의 문제가 야기되었다. 만일 누가가 실제로 변호하기 위한 변호사를 알려주기 위해서 기록을 했다거나, 그렇지 않으면 그러한 경우에 하나의 문서로서 사용하기 위해서 그가 기록했다고 주장할 수 없다면 일부 이런 류의 자료가 사도행전을 작성하는데 원자료로서 사용되었을 가능성이 여전히 남아 있다. 이미 설명하고 시사한 바와 같이 바울의 혐의는 그가 그 지방의 평화를 어지럽힌 자라는 것이고, 성전을 유지하는 데나 대개 유대인들을 구제하는 데로 돌아갔어야 할 돈을 한 종파의 이익을 위해 빼돌렸다는 것이며 또 그가 (갈리오의 통치에도 불구하고) 유대 종교에 대해서 로마법이 확대시킨 보호를 받을 권리도 없는 한 새로운 종파를 선전하고 있었다는 것인데, 정말이지 그것은 황제 심문을 받는 것과 관련되는 일이지 벨릭스의 관할구역 내에 해당되는 것은 아니다.

우리는 비록 거기에 대해서 남아 있는 기록은 없지만, 벨릭스가 글라우디오 루시아가 자신의 증거를 제시하기 위해 그 이후의 심문에 참여했다고 단호히 주장한 사실을 추측해 볼 수 있을 것이다. 그렇다고 해도, 글라우디오 루시아가 말할 수 있었던 어떠한 증거도 그 사태를 거들어서 바울을 불리하게 하지는 못했을 것이다. 그리고 벨릭스가 단순히 그 상황에 대한 합법성에 주의를 기울이기만 했더라도 그는 바울을 그때 거기서 돌려보냈을 것이다. 그러나 누가의 말에 의하면 그가 바울이나 그의 동료들이 뇌물로써 자기를 설득하여 어찌한다 해도 자기가 해야 할 것을 하도록 애쓰기를 바라면서 그러한 조치를 연기했다고 지적한다. 아주 최근에 바울이 "구제금과 제물"을 가지고 예루살렘으로 간 사실로 보아 벨릭스는 자기가 얼마의 재정적인 이득을 취할 수 있는 수입원에 바울이 접근할 수 있다는 제시를 받았을 것이다. 비록 로마법이 뇌물에 대해서 엄격하지만,[2] 그 법은 많은 속주 총독들이 자기 관직이 준 벼락부자가 될 기회들을 저지하는 데는 충분하지 않았다. 그리고 벨릭스도 그런 기회를 그냥 지나칠 사람은 아니었다. 그의 형제 발라스가 로마에서 착취할 수 있었던 것들에 비하면 비록 온당하긴 하지만 말이다.[3] 그러나 바울이나 그의 동료들에게서 어떤 뇌물을 받으리라는 기대는 실현되지 않았고 바울도 풀려나지 않았다.

2. 바울의 동료들

그러는 중에 바울과 예루살렘으로 동행했던 이방인 기독교인들은 어떻게 되었는가를 물을 수 있을 것이다. 그들 중에 두 사람은 유대에서 계속 머물렀던 것 같고, 누가와 아리스다고는 아마 바울 가까이에서 그들이 할 수 있는 봉사를 하기 위해서 가이사랴로 갔을 것이다.[4] 또다른 사람들은 가능한 한 빨리 조심스럽게 자기 집으로 갔을 것이다. 이는 그들이 예루살렘에서 증거했던 사건이 전환됨으로써, 그 헌금을 통해서 이방인 교회와 유대인 형제들 간의 사랑의 띠를 형성한 것을 이방인 교회들이 알기를 원하는 바울의 희망이 실현되지 못하고 좌절될 수밖에 없었기 때문이다. "하나님의 지극한 은혜를 인하여"라는 말이 그들의 후한 연보에 나났는데(고후 9:14), 우리는 그 사태의 전환으로 유대인 형제들과 이방인 동료 기독교인들이 더욱 더 가까와졌는지에 대해서는 알 길이 없다.

예루살렘 교회와 그 지도자들이 그들의 선의의 충고가 그를 곤경 속에 빠뜨린다는 사실을 알았을 때 그들이 바울을 위해서 힘을 썼는지에 대해서는 알 길이 전혀 없다. 아마 그들은 바울이 가이사랴로 호송되었다는 것을 들었을 때 안도감을 느꼈을 것이다. 예루살렘을 향한 바울의 이 마지막 방문은 이전의 방문과 동일했는데, 또 한번 더 소동이 발생했던 것이다. 바울이 예루살렘으로 다시 가지 않았더라면 참으로 잘 되었을텐데 말이다. 그가 가이사랴에서 로마인의 감시 하에 있었으므로 아마 당장의 위험은 없었겠지만 어쨌든간에 그들이 바울을 위해 할 수 있는 일은 거의 없었다. 더우기 대제사장과 산헤드린은 그를 기소하기에 바빴는데 쓸데없이 그들의 적대감을 일으킬지도 모르는 그런 행동을 하는 것은 현명하지 못할

---

2) 일찌기 BC 122년에 아시아 지방을 점령한 후 12년 동안 아킬루스 재심법(lex Acilia repetundarum)은 지방 통치자들의 강탈과 매수행위를 법으로 규제하였고, 스탠딩코드(a standing court)는 그런 범죄를 취급하기 위해서 만들어졌다.
3) 발라스와 글라우디오의 다른 자유민인 나르시수스는 매우 부유했다. 그래서 하루는 글라우디오가 지갑에 돈이 거의 없다고 불평했을 때, 그는 이 둘과 함께 동업할 생각이 있느냐는 농담 섞인 권고를 받았다.
4) 그들은 바울이 가이사랴에서 로마로 출항할 때 그와 동행했다(행 27:2).

것이었다. 예루살렘 교회와 그 지도자들을 무가치한 자들로 생각하기 쉽겠지만, 그들이 처했던 극도로 어려운 상황을 고맙게 여겨야 할 부분도 있다. 만약 그들이 자기 동족 유대인에게 복음을 전할 임무를 여전히 성실하게 수행했다면(물론 그들이 전하는 것을 중단했다고 생각할 이유는 없지만), 바울과의 어떠한 공적인 교제일지라도 그것이 기소에 지대한 장애가 되었을 것이다. 정말이지 이러한 교제는 베스도가 죽은 이후(AD 62) 총독직이 공석 중에 있을 때 대제사장 안나스 2세의 제의로 이것이 의인 야고보(James the Just)가 불법적인 소행을 할 수 있는 근거 중의 하나가 되었을 수도 있다.

3. 가이사랴에서의 2년

바울 자신에 관해서는, 그의 "옥중서신들" 중에 전부는 아니지만, 일부를 다른 곳이 아닌 바로 가이사랴에서 보냈다고 주장한 학자들이 있다. 우리는 에베소의 감금은 불확실한 자료에서 유추한 것(그렇지만 일리가 있는)에 지나지 않는다. 반면에, 바울이 가이사랴에서 감방생활을 겪었다는 데는 의심의 여지가 없다. 빌립보서 1 : 3에서, 바울은 자기의 매임이 그리스도를 위한 것임이 온 시위대(praetorium) 안에 알려지게 되었다고 말한다. 그는 확실히 가이사랴에서 시위대의 감시를 받고 있었다. 그리고 "시위대"란 말에는 몇 가지 뜻이 있는데, 이것이 그가 빌립보 교인에게 편지할 때 언급한 시위대인 것이다. 그것은 로마에서 집정관 경호원을 가리키는데 사용된 것이 아니고, 야전 사령관이나 자신이 통제할 수 있는 군대를 거느린 유대나 시리아의 총독과 같은 지방 총독의 본부를 의미했다. 그것은 상비군이 없는 아시아와 같은 지방에 있는 지방 총독의 본부로 사용된 것 같지는 않다.[5]

빌레몬서, 골로새서와 에베소서와 같은 다른 옥중서신들로 말하자면 바울이 석방되어 빌레몬을 방문하고자 하기 때문에 우리는 그가 빌레몬에게 자기를 위하여 방을 준비하라고 한 요청을 고려해야 한다. 즉, 만약 그가 가이사랴 감옥에서 석방되었다면, 총독이 통치하는 아시아로 돌아갈 생각이 있었겠느냐는 점이다. 만약 그가 로마로 가는, 보다 더 질러가는 해로(海路) 대신에 긴 육로를 택할 것을 생각했다면 그것은 있음직한 일이다. 그러나 그럴 가능성은 매우 희박하다. 그가 골로새서 4 : 10에서 아리스다고를 부를 때 그가 바울과 같이 수감자되었던 곳이 바로

---

5) 에베소 근처의 한 도로에서 발견된 세 개의 라틴어로 된 비문 시위대에 대해서 언급하는 것은 에베소에 시위대(praetorium)가 있었다는 것을 시사하지는 않는다. 왜냐하면 이 시위대는 그 도로에서 지방에 배속된 부대 멤버(stationarius)로서 당시 경찰 임무를 수행하고 있던 전직 시위대 경호원 회원이었다.

에베소였다는 "불필요한 가정"에 대해서는 위에서 언급한 바 있다. 그가 가이사랴에서 바울과 함께 있던 것으로 보이기 때문에 바로 거기에서 함께 갇혔는가? 아마 그럴 수도 있을 것이다. 그러나 미구에 바울과 함께 로마로 가서 바로 거기서 함께 갇혔을 수도 있을 것이다.

누가가 가이사랴에서 바울이 감금된 지리한 기간에 대해서 우리에게 말하는 모든 것은 가끔 벨릭스가 그를 불러 대화하려고 출두시켰다는 것이다. 왜냐하면 비록 그것이 이상해 보일지라도 누가에 따르면 벨릭스가 "그 도에 관한 것을 더 자세히 안다"고 했기 때문이다(행 24:22). 그렇지 않으면, 벨릭스에 대해서 알려진 어떠한 것도 독자가 그 주장을 하도록 배려하지 않는다. 그러나 그것은 헤롯 아그립바 1세의 막내딸과 그가 결혼한 것과 결부되어야 한다. 서방역본에 의하면, 참으로 그가 바울을 소환하여 자기 아내를 만족시켜 줄 것을 바라면서 바울을 불러 또 그가 말하는 것을 듣기를 요구한 사람은 바로 벨릭스의 아내였다는 것이 아주 명백하다고 한다.

이때 드루실라는 아직 스무살이 못되었다. 어린 소녀로서 그녀는 Commagene의 황태자와 약혼해 있었지만 결혼은 하지 않았다. 왜냐하면 그는 유대주의를 받아들이기를 거부했기 때문이다. 그때 그녀의 동생인 아그립바는 그녀를 시리아에 있는 에메사(Emesa, Homs)의 왕인 아시수스(Azizus)에게 시집을 보내었는데 그녀는 정치적으로 필요한 희생을 각오했어야 했다. 그러나 그녀가 아직 16세였을 때 요세푸스의 말에 의하면 벨릭스는 아토모스(Atomos)고 하는 한 사이프리오트(Cypriot)의 마술사의 도움을 받아 그녀를 설득하여 그녀의 남편을 떠나서 자기의 세째 부인이 되게 했다고 한다(그녀와 결혼하기 위하여 그가 유대인이 되었다는 것에 대해서는 의심의 여지가 없다).[6] 그녀는 벨릭스에게서 아그립바라는 이름을 가진 한 아들을 낳았는데, 그는 AD 79년 베수비어스(Vesuvius) 화산 폭발 때 죽었다.

그래서 이 이상한 부부와 종교적인 토론에 참여하기 위해 소환된 바울은 기독교 신앙과 유대주의와의 관계를 설명할 뿐만 아니라 칭의, 절제와 미래 심판을 언급하는 윤리적 시사를 강조했다. 벨릭스는 그 대화의 내용이 너무 개인적인 자신의 안락에 관한 것임을 느꼈을 때 그는 바울을 당분간 돌려보냈지만 다시 그를 계속 불렀다. 아마도 그것은 따분한 공직생활에 변화를 주려는 것이리라. 우리가 추측하기로는 가이사랴가 심심풀이로서 많은 것을 제공하지 않았지만 유대인과 이방인 거류민 간의 격심한 집단분쟁 때문에 그는 점점 더 어려움을 겪게 되었고 마침내 소환당하게 되었을 것이다.

---

6) 자기 자신의 평판을 이용해서 벨릭스는 그녀가 자기와 결혼을 한다면 그녀에게 온갖 "더없는 행복"을 주겠다고 약속했다고 한다.

비록 가이사랴가 이방인 도시의 체제를 가졌지만 그곳 유대인 거류민들은 자기들이 그 이웃 이방인들과 동등한 시민권(isopoliteia)을 가지고 있다고 생각했다. 이는 그 도시의 왕실의 설립자가 유대인이었기 때문이다. 이 권리에 대한 논쟁으로 인해서 이 두 집단 사이에 소동이 일어났다. 그리고 벨릭스의 군대가 그 폭동을 진압하려고 개입했을 때 그들은 유대인들이 생각한 대로 하지 않고 유대인들의 권리를 반대하는 이방인 운동에 편을 들었다. 이것은 그 투쟁을 악화시켰다. 그래서 벨릭스는 이 두 집단의 지도자들을 로마로 보내어서 황제 앞에서 각기 진정하도록 했다. 그 결과 시민권에 대한 유대인의 주장은 허가를 받지 못했는데[7] 이 불만이 AD 66년에 로마에 대한 유대인의 반란으로 이끈 요인들 중 하나가 되었다. 그러나 그 사건 조사의 초기에 벨릭스는 로마에 소환되어 그의 총독직이 해고되었다. 그는 이보다 더 곤란한 상태를 겪은 적이 없었다. 왜냐하면 그의 형 발라스의 계속적인 영향 때문이었다. 그는 비록 전에 4년 동안의 공직에서 해고되었지만 그의 막강한 재력과 주요 인사들과의 접촉으로 인해서 상당한 개인적 권력을 보유하고 있었다.[8]

벨릭스는 그 지방에서 여러 가지 이유들로 유대인들의 불만을 사게 되었는데, 가장 최근에는 가이사랴에서의 그의 반유대적인 조치로 풀이된 행동 때문이었다. 그가 균형을 유지하기 위해 할 수 있었던 일은 많지 않았다. 그러나 적어도 바울을 놓음으로써 이유없이 산헤드린을 괴롭힐 필요도 없었다. "당신이 이 사람을 놓으면 가이사랴의 충신이 아니니이다"[9]라는 말은 그의 전임자 중 한 사람에게 효과적으로 사용된 내용이었다. 그래서 벨릭스는 "유대인의 마음을 얻고자 하여 바울을 구류하여 두었다"(행 24:27).

4. 신임 총독

벨릭스를 계승하여 베스도가 총독으로 부임했는데,[10] 그가 바울에 대해 결정을 내릴 임무를 이어받았다. 아마도 그는 유대인의 일을 처리하는데 경험이 없었을 것이고, 벨릭스와는 달리 "그 도에 대해서 더 자세한 지식"을 얻을 수 있는 유대인

---

7) 이것은 가이사랴의 유대인이 이미 소유했던 시민권을 네로가 무효로 했다는 요세푸스의 진술보다 좀더 그럴 듯하다.
8) 발라스가 공직에서 해고되었을 때 그는 자기의 과거 행동은 물론 개인의 이력도 보지 못하게 할 충분한 영향력을 가졌다(Tacitus, Annals Xiii. 14.2). 드루실라가 제국의 법정에서 환영을 받는 인물(persona grata)이었던 젊은 아그립바에게 누이가 된다는 사실은 벨릭스에게 또한 도움이 되었을지도 모른다.
9) 예수님을 재판할 때 대제사장이 빌라도에게 한 경고(요 19:12).
10) 베스도가 총독직에 취임한 때는 AD 59년 새로운 지방 화폐 주조의 파업이 있는 시기였을 것이다.

아내도 없었다. 그 신임 통치자가 경험이 부족했기 때문에 바울은 쉽게 불리하게 이용될 수 있었다. 특히 그가 대제사장과 산헤드린과 좋은 관계를 세우려고 재직 기간의 처음부터 노력했다면 말이다. 아니나 다를까 베스도가 한 것은 바로 이것이었다. 그가 유대에 도착한지 며칠만에 그는 그들을 사귀기 위해서 예루살렘으로 올라갔다. 그리고 웬만큼 인사를 나눈 후에 그들은 바울의 문제를 꺼내었다(물론 벨릭스가 불만족한 상태로 남겨두었던 많은 다른 문제들 중에서). 베스도는 그 문제를 재개하는데 동의했다. 그래서 산헤드린 공회의 대표는 가이사랴로 내려가서 바울에 대한 고소를 재진술했다. 벨릭스 앞에서 그랬듯이 바울은 지금 베스도 앞에서도 그들의 고소를 정면으로 부정했다. 그의 상황은 불안정했다. 만약 그 총독이 한번 보아서 입증할 수 있는 사건(a prima facie)으로 바울이 신성모독의 근거에서 이해된 것으로 알았다면 그를 즉시 산헤드린 공회의 관할로 넘겼을 것이다. 그 총독의 통치권(imperium)은, 그 발견한 것이 기록된 상태로 있었다 할지라도 반드시 자기 선임자가 발견한 것에 의해서 제한을 받을 필요가 없는 것이었다. 그러나 바울을 고소하는 자들은 자신들의 권한을 넘어서 벨릭스 앞에서 그랬듯이 바울이 제국의 평화를 해친다고 고소했다. 사실 이것은 자기들의 관할이 아니고 로마의 관할에 속한 것이었다.

그러나 유대인 지도자들의 비위를 맞추기를 열망하여 베스도는 그 신성모독이라고 하는 것이 행해진 예루살렘으로 그 문제를 옮길 것을 제안했다. 이는 그 자신이 계속해서 그것을 자기 통제 아래 두고 싶었기 때문이었다. 그는 이것을 합당한 제안으로 여겼으나 바울은 전혀 이치에 맞지 않는 것이라고 생각했다. 만약 베스도가 산헤드린 공회에 양보해서 시작했다면, 그는 당연히 계속해서 더 많이 양보할 것이고, 그렇게 할 때마다 바울은 더 위험한 사태에 놓이게 될 것이다. 베스도는 산헤드린 공회를 그의 자문위원회(consilium)로까지 취급했을 것이다. 그의 통치권이 그에게 일할 자격을 주었듯이 말이다. 비록 그 길 자체에 위험이 따를 수도 있지만, 로마 시민인 바울에게 이 특별한 위험을 모면할 하나의 길이 열려 있었다. 그는 베스도에게 자신이 로마의 법을 회피하거나 자기가 행한 모든 것에 대해서 치루어야 할 댓가를 회피하기를 원치 않는다고 확실히 말했다. 만일, 그를 고소하는 자들이 주장했듯이 그가 진짜로 중대한 죄를 지었다면 그는 최고형을 받을 각오가 되어 있을 것이다. 그러나 그들의 고발 속에 증거가 없었다면 그는 그들의 권한 속에 있어서는 안된다. 로마의 법이 결정하게끔 해야 한다. 베스도가 가이사의 대리자이듯이 바울이 섰던 법정도 가이사의 대리자였다. 그러나 바울은 지방법정을 충분히 신뢰하지 못했기 때문에, 그는 최고 법정에 호소했다. 즉, "내가 가이사에게 호소하노라"고 선언했다(행 25:11).

5. 가이사에 대한 호소

황제에게 호소하는 시민의 권리는 공화국 시대에 지배층의 로마 사람들에게 하는 옛날의 호소권에서 발달한 것으로 보인다. 디오 가시우스(Dio Cassius)에 의하면[11] BC 30년 옥타비안은 항소 때 판사에 대해 그 권리를 부여받았다고 한다(존즈〈A. H. M. Jones〉는 헬라의 ekklēton dikazein과 ex prouocatione cognoscere는 동등한 것이라 인정했다). 또한 위에서 언급한 율리아 공법(lex Iulia de ui publia)이 제정된 것도 바로 이때였다. 이 법은 통치권이나 potestas를 부여받은 어떠한 행정장관이라도 로마 시민을 죽이거나 징계하거나 감금하고 고문하는 것을 금지했고, 심지어 어떤 호소에 상관하지 않고 그에게 선고를 내린다거나 정해진 시간 내에 로마에서 그가 항소를 제기하러 거기에 가는 것을 방해하는 것까지도 금지했다. 존즈 교수가 내린 결론에 의하면, 이 법이 제정된 때부터 비록 지방 행정장관이 제정된 성문법(분명히 바울의 경우는 그렇지 않지만)을 명백히 어긴 것과 관련된 사건을 다룬다고 할지라도, 로마의 시민은 그 제국 어디에서나 행정장관의 즉각적인 즉결 심판(coercitio)으로부터 보호를 받았다. AD 2세기 초 경에는 법으로 규정하지 않는 범죄의 혐의가 있을 때는(extra ordinem, 법에 명시되지 않은) 황제에 대해 호소하는 절차를 거치지 않고도, 거의 자동적으로 로마로 보내는 것이 그 지역의 로마 시민에 대한 정규적인 관례가 되었음이 분명하다.[12] 그러나 2세기가 경과함에 따라 전제국에 있는 시민의 수가 안정된 증가를 나타내면서 시민의 특권이 점차 부식했던 것 같다.[13] 이러한 경향은 카라칼라(Caracalla)의 지배 아래서 자유인으로 태어난 모든 지방민들에게까지 그 특권을 확장하면서 AD 212년에 그 절정에 달했다. 다른 관점에서와 같이 여기서도, 신학적이 아니라 역사적으로 생각해 볼 때, 사도행전에 나타난 사건은 그 책의 극적인 연대에 들어맞는다. 다시 말해서, 바울의 항소 사건은 1세기 기독교의 50년대 후반의 상황에 대해서 우리가 아는 것과 잘 조화가 된다는 것이다. 그리고 그것에 대한 누가의 설명은 쓸 만한 증거를 제시한데 대한 실질적인 공헌을 한 것으로서 다룰 가치가 있다.

---

11) 7년 후 그는 거기에다 종신 호민관의 권력(tribunica protestas)을 받았는데, 이 때문에 그는 로마에서 또 내밀히 행해진 어떤 다른 행정장관의 조치를 거부할 수 있는 호소(appellatio)의 권한을 갖게 되었다.

12) 여기에 대해서 가장 잘 알려진 경우는 비두니아 지방에 사는 기독교인들에 대한 "트라쟌"(Trajan)에게 보내는 서신에서 플리니(Pliny the Younger)가 한 말이다(약 AD 112). 그들은 로마 시민이었기 때문에 그는 그 사람들에게 그 사건의 소식을 적어 로마로 보냈다.

13) AD 177년 론 골짜기에 모여든 기독교인 중 로마 시민들은 재판을 받기 위해서 로마에 호송되지 않았다. 즉, 그들은 마르쿠스 아우렐리우스의 판결을 받기까지 옥에 갇혀 있었다. 그리고 심지어 그가 그들을 참수형시키라는(고문에 의해 죽는 것이나 비슷한 사형 대신에) 판결을 한 이후에도 그 중에 한 사람인 아탈루스(Attalus)는 군중의 강요 때문에 맹수에게 내어준 바 되었다.

베스도가 바울이 가이사에게 호소한 것을 들은 것은 어느 정도 안심이 되는 일이었다. 그것은 그 자신이 자기가 심각한 일에서 벗어나 있음을 알았던 경우에 판결할 책임에서 지금 벗어나게 되리라는 것이다. 그러나 한 가지 책임이 남아 있었는데, 그것은 그가 그 피고와 함께 그 사건의 성격과 최근의 경위를 요약한 설명서를 로마에 보내야 하는 일이었다. 이 조서를 작성함에 있어서 그는 유대 종교문제에 대해 전문가로 평판이 나 있는 사람의 때맞은 도움을 받아서 기뻤다.

바울이 항소한 지 얼마되지 않아서, 아들 아그립바와 그의 여동생 버니게(Bernice)가 새로 부임한 총독에게 문안하려고 가이사랴로 갔다. 그의 아버지 헤롯 아그립바가 죽은 이후 AD 44년에 아들 아그립바는 그때 19살이었는데, 글라우디오와 그의 자문위원들이 그가 너무 어리다고 판단해서 그가 있는 지방의 유대인들의 왕으로 임명하지 않았다. 그러나 그에게는 왕의 칭호를 가지고 다스리는데 좀 힘이 덜 드는 지역인 훨씬 북쪽 지역이 주어졌다. 그리고 그 당시 그의 왕국은 이전의 빌립과 루자니아의 사분령을 포함하고 있는데, 그것은 갈릴리 호수의 서쪽 도시인 디베랴와 다리가야와 함께 그 호수의 북동쪽이며, 마을을 에워싸고 있는 베뢰아의 쥴리아스(Julias)를 포함하고 있다. 그 수도는 가이사랴 빌립보(지금 Banyas)였는데, 그는 네로 황제를 찬양하여 그곳 이름을 네로니아(Neronias)라 고쳐 불렀다. 그의 왕적인 위엄에 덧붙여서, 그는 AD 48년에서 66년까지 이스라엘의 대제사장을 임명하는(또 퇴임시키는) 특권을 누렸다.

공식적인 인사를 교환한 후 베스도는 아그립바에게 자기의 문제를 알려주었다. 그는 바울에 대한 혐의가 "죽었으나, 바울이 다시 살아났다고 하는 예수라는 사람"(행 25 : 19)의 주변을 감싸고 일어난 문제인 것 같다고 진술했다. 아그립바는 즉시 관심을 갖게 되어 바울을 만나고 싶다고 했다. 베스도는 면담을 갖게 되어 너무 기뻤다. 그래서 그 다음날 바울은 베스도, 아그립바, 버니게와 다른 인사들 앞에 서게 되었다.

누가에 의하면 바울이 한 연설의 분위기는, 자기의 사건을 진술하려고 아그립바가 자기를 초청한 것에 대한 반응으로 성전뜰에 있는 소란스런 군중에게 그 상황 속에 그가 연설을 했듯이 이 상황에서도 조심스럽게 그렇게 했다. 정말이지 누가는 이 연설을 바울이 살기 위한 변명(apologia pro vita sua)을 할 기회로 여긴다. 확실히 그가 자기 의중에서 바울이 완전한 객관적 입장을 유지할 수 없는 것으로 묘사할 때 그는 사실 그대로였다. "선지자들과 모세가 반드시 되리라고 말한 것밖에 없으니"(행 26 : 22)라고 그가 헌신하는 복음의 주제에 이끌리면서 바울은 아그립바가 자기 주장의 논리에 승인할 것을 요청했다. 그런데 아그립바는 바울이 그렇게 쉽게 자기를 그리스도인의 역할을 하도록 한다는 말로써 그 요청을 웃어 넘겨버린다. 그러나 아그립바는 바울이 자신에 대한 심각한 혐의가 이치에 맞게끔 있을 수는 없다고 하는 베스도와 의견을 같이 했다. 실로 왕의 말에 따라 바울이 가이사에게 항소하지 않았다면 그 현장에서 그는 풀려날 수도 있었을 것이라고 결론을 내린다. 그러나 베스도에게는 그를 놓아주는 것이 비록 자기 권한을 벗어나지(ultra vires)는 않는다고 할지라도 좋지 않게 여겼다. 그러나 아그립바는 베스도가 그 설명서(litterae dimissoriae)를 작성하는데 요청한 도움을 그에게 준 것으로 추측할 수 있다.

바울은 벨릭스의 재직 중에 가이사에게 호소하지 않았다. 추측컨데 그 이유는 벨릭스가 사실상 그의 무죄를 선언해서 공식적인 기각과 석방을 단지 연기했기 때문이었을 것이다. 어느 날 벨릭스의 보류는 끝이 나고 바울은 풀려나서 그가 오랫동안 숙원하던 서방과 로마로 여행하는 계획을 수행할 수 있을 것이다. 그러나 벨릭스의 소환과 베스도의 부임으로 인해서 바울에게 새롭고 위태로운 상황이 발전해 가고 있었는데, 바로 여기서 그의 중대한 결정이 나왔다.

우리가 바울에 대해서 알고 있는 바, 그가 가이사에게 호소하는 데에 맨먼저 떠오르는 생각은 그의 안전이 아니라 복음에 대한 관심이었던 것이 분명하다. 7, 8년 전 그는 아가야의 총독 갈리오가 자기가 전파한 것에 불법적인 것이 없다고 판결한 데서 로마법의 친절한 중립성을 경험한 적이 있었다(행 18:12 이하). 그는 당연하게 로마의 최고법정에서 그와 비슷하게 유리한 판결을 기대했을 것이다. 그뿐만 아니라, 그것은 바울보다 덜 지성적인 사람도 갈리오의 마음을 움직인 사항은 훨씬 더 정당하지 않을 거라고 깨달았음에 틀림없기 때문이다. 갈리오는 실제로 바울이 전파하는 것을 유대주의의 한 부류로 규정했었다. 그래서 로마법으로 금지하지 않았다. 그러나 바울이 직접 활동한 것에 상당한 힘을 입어 기독교를 유대주의의 한 부류로 간주할 수는 없었을 것이다. 이는 당시 기독교회가 유대인보다 이방인이 분명히 더 많았기 때문이다. 로마에서 온 한 유리한 정보를 따른다면 기독교에 대한 승인을 얻었을 것이다. 그것이 비록 바울이 믿는 바 대로 이스라엘 조상의 종교의 참된 성취로서가 아니라 하더라도, 적어도 자체 권리를 가진 승인된 협회(collegium licitum)로서 말이다.[14] 이 밖에 가이사가 친히 바울의 변명을 들었더라면 그 결과가 어떻게 되었겠는가?[15] 아들 아그립바는 바울의 주장의 논리를 정중하게 거절했으나 이방인들은 일정하게 유대인보다는 더 복음에 순종할 여지를 나타내었고, 한 로마의 황제가 한 유대 속국의 왕보다 더 쉽게 믿게 되었을지도 모른다. 바울의 높은 소망을 제한하는 것은 위험한 일이지만 회고해 보면 그것

---

14) 혹은 오히려 일련의 지역적인 승인된 협회(collegia licita)로서 말이다. 종종 사용된 종교(religio licita)란 말이 로마법의 전문용어로 나타나 있지는 않다. 다만 터툴리안이 로마 제국의 유대주의 상태를 묘사하기 위해서 그것을 사용했다.

15) 이 사실은 바울이 "복음의 비밀을 담대히 알릴"(엡 6:19) 수 있게끔 기도를 요청한 원인이 되는가?

이 우리에게 나타날 것이라고 하는 것도 비실제적일 것이다.

그러나 가이사가 친히 그 사건을 들었을까? 이 질문은, 바울이 호소한 것은 바로 가이사에게였다는 사실에서 나오지 않았을 것이다. 타키투스에 의하면 네로는 그의 원수정치의 초에 그의 선임자인 글라우디오가 그랬듯이 그가 직접(in propria persona) 사건들을 재판하지 않겠다고 선언했다고 한다. 그래서 실로 처음 8년 동안에 그는 대개 그 사건들을 다른 사람에게 위임했다.[16] 그래서 쉘윈 화이트(A. N Sherwin-White)가 말하는 것은 맞다. 즉, "만일 바울이 사도행전 28：30에서 언급된 2년 후에 언젠가 재판을 받으러 갔다면, 그의 사건이 최고의 권좌에 앉은 사람에 의해서라기 보다는 다른 어떤 사람에 의해서 알려졌을 것이다." 이 "다른 어떤 사람"이라는 것은 "법정의 배석 판사와 고위 관리들과 함께 공의의 근거로서 자격을 가진 황제를 대표하는" 근위대장(praefectus praetorio)일 것이다.[17] 그러나 이것은 우리가 정보를 갖고 있지 않는 문제이다.

---

[16] 그것은 네로가 AD 62년에 개인적으로 Fabricius Veiento의 사건을 재판했을 때 그에게서 처음 시작되었음이 분명하다.

[17] AD 62년 아프라니우스 벌루스(Afranius Burrus)가 죽었을 때 그 다음 3년 동안 그를 계승하여 오포니우스 티겔리누스(Ofonius Tigellinus)와 파니우스 루푸스(Faenius Rufus)가 공동 지방장관이 되었다. 그런데 2년 동안 티겔리누스가 더 많은 실권을 잡았다. 정말 바울이 그 시위대 장관들 중에 한 사람에게 호소했다면 그가 비교적 정직한 벌루스인지 야비한 티겔리누스인지에 따라서 근본적인 차이가 있을 것이다.

제32장

"드디어 로마로"

1. 이탈리아로 출항함

바울은 죄수였기에 구류된 상태로 로마에 가야 했다. 적당한 기회가 되었을 때 그는 다른 죄수 몇 사람과 함께 "율리오라는 아구사도대[1]의 백부장"에게 맡겨졌다 (행 27 : 1). 그 백부장은 자기가 그 임무를 수행하는 데에 자기를 도울 많은 군인들을 휘하에 두고 있었다. 람제이에 따라서 데오도 몸센(Theodor Mommsen)이 이 말에서 유추하기로는, 율리오가 제국의 여러 지방에 있는 군대와 로마 사이의 연락장교로서 근무한 백부장(Frumertarii)단의 멤버였고, 지방에서 로마로 죄수들을 호송하는 부수적인 임무도 맡았을 거라고 한다. 그러나 백부장이 하드리안(Hadrian, AD 117~138)의 원수(元首)정치 이전에는 연락장교나 제국경찰로서 일한 증거는 없다. 그들의 원래 임무는, 그 이름이 시사하는 대로 로마로 곡물(frumentum)을 수송하는 기관이었다.

로마의 주요 곡창지대인 애굽에서 곡물을 수송하는 것은 대단히 중요한 일이었는데, 거기에 사용되는 함대는 일찌기 프톨레미 시대부터 로마 국가를 섬기기 위해 조직되었다. 실로 바울은 이 일에 쓰이는 함정에 타고 있었기 때문에 로마로 가는 항해는 거의 완전했다. 바울과 다른 사람들을 싣고 가이사랴에서 출항한 그 배는 2년 전 바울과 그의 동료들이 팔레스틴으로 갔던 그 반대 방향으로 가려고

---

[1] "아구사도"란 "매우 자주 지원군에게 붙여진 영예의 명칭"이었다.

했다. 다시 말해서 처음에 곧장 소아시아의 서남해안으로 갔으나 서풍 혹은 북서풍이 불므로 구브로의 북동쪽인 그 섬의 그늘 아래에 숨어서 연안을 따라 항해해야 했다. 그 배는 바다에서 동쪽으로 몇 마일 떨어진 항구인 무라에 도착했는데, 그때 그것은 그 본 항구가 있는 레스보(Lesbos) 맞은 편의 본토에 있는 아드라물데노에 도착하기까지 소아시아의 서쪽 연안을 따라 북쪽으로 항해하기 위한 것이었다. 그러나 무라에서 백부장은 배에 탄 상당한 수의 승객들[2]과 그의 짐을 이탈리아로 가는 알렉산드리아의 곡물함대 중의 한 배에 옮겼다. 서쪽에서 부는 순풍을 타고, 알렉산드리아에서 이탈리아로 가는 최고의 항로가 무라 옆으로 나 있었고, 그곳은 곡물 수송함대가 사용하는 주요 항구 중의 하나였다. 그 후 백부장이 배 안에서 상당한 권력을 행사한 것이 나타나는데, 그 말에 대한 그 이전의 의미에서 그는 곡물수송관(Frumentarius)이었다고 할 만하다.

이탈리아로 항해하는 것을 묘사하는 것은 생생한 이야기를 담은 하나의 걸작이다. 그 이야기의 문자와 문체의 특징에 각별한 주의를 기울이면서, 마틴 디벨리우스(Martin Dibelius)는 "그 이야기에 대해서는 고려하지 않고 그 사건에 대해서만 생각한 고전적인 고등비평학파"의 결점을 지적했다. 동시에 그 사건에 대해서는 생각지 않고 그 이야기에 대해서만 생각하는 접근방법에도 결함이 있을 것이다. 정말 고전학도는 호머의『오딧세이』에 연루될 수 있는 잘 설정된 문형으로 이 이야기를 가늠할 준비를 할 것이고, 구약학도는 요나의 지중해 항해와 약간 엇비슷한 점들을 추적할 것이다.[3] 그러나 우리는 고대 선박조종술의 지식에 관해서 가장 도움이 되는 문헌들 중의 하나로 기술되어 있는 그 이야기의 세밀한 내용에도 주의를 기울여야 한다.

바울은 항해 중에 그의 동료 누가와 아리스다고와 같이 동행했다. 누가가 개인적으로 참석했기 때문에 우리에게 일인칭 복수로 항해에 대해서 설명했다.

아마 그는 선박의사로 고용되었을 것이다. 아리스다고는 바울의 종으로 승객 중에 끼어들어 왔을 수도 있고, 아니면 그가 구류 중에 있는 죄수의 상태로 참여했을 수도 있으나 우리는 확실히 알 수 없다.

바울은 항해 첫 단계에서 사교의 솜씨를 보였다. 그는 백부장의 신임을 얻어서 가이사랴에서 출항했던 배가 시돈에 도착했을 때 허락을 받아서 가석방된 채 해변으로 가서 자기 동료들을 방문했다. 누가가 항해에 대해 설명하는 것은 고대 선박

---

[2] 행 27 : 37의 다수의 사본에 의하면 승객과 승무원 모두 합해서 276명이라고 기록되어 있다. B사본과 Sahidic 역에는 "약 76명"이라고 기록했음. 그 많은 수는 본문에 근거하여 더욱 있음직하다. 요세푸스는 AD 63년에 600명을 태운 배로 로마로 항해한 것을 기록하고 있다.

[3] 행 27 : 41에 나타난 배를 운행하는데 대한 언어는 고전적인 것의 사용이기는 하나 사어(obsolete word)인 ναῦς 뛰어난 호머식을 따르고 있다. 행 27 : 18 이하에 나오는 화물을 투하하는 것이 욘 1 : 5의 70인역을 나타내는 언어에서 묘사된다. 그러한 이야기는 다른 여러 문학적 기억을 포함한다.

조종술의 문제에 도움이 되는 것만이 아닐 것이다. 즉, 그것은 한 인간의 참된 성품을 나타내기 쉬운, 어려운 환경 가운데서 바울의 인격을 묘사하는 데도 가치가 있는 것이다.

2. 바다의 광풍

강한 북서풍이 불어서 무라에서부터 항해하는 것은 느리고 어려웠다. 그 배는 무라를 출발한 지 며칠이 지나서 그들이 도착한 트리오피움(Triopium)의 카리안(Carian) 곶에 있는 니도(Cnidus) 항에 정박하지 못하고 그레데의 동쪽 끝에 있는 살모네로 향해 달렸다. 그리고 그 섬의 그늘 아래 숨어 남쪽 연안을 따라서 행선했다. 살모네를 돌고나서 첫번째 편리한 거처가 미항이었다. 그들은 거기에 들러서 바람이 지나가기를 기다렸다. 서쪽으로 6마일 떨어진 곳에 마탈라(Matala) 곶이 있는데 그 너머로 그레데의 남쪽 연안이 갑자기 북쪽으로 향하게 되고, 거기서는 북서풍에서 더 이상 보호를 받을 수 없다.

그들이 대기할 동안에 그들은 배에서 회의를 열었는데, 바울이 거기에 초대를 받아 참석했다. 아마 그가 경험있는 여행자였기 때문일 것이다. 지중해를 항해할 안전한 때는 이제 끝났다. 즉, 누가의 말에 의하면 "금식(유대인 속죄일)이 벌써 지났다."(행 27:9)고 했다. AD 59년의 속죄일은 10월 5일이었는데 3주 전에는 항해하기가 위험한 때였다. 그러므로 그들이 겨울 전에 이탈리아에로의 항해를 마칠 수 없음은 명백한 것이었다. 그래서 겨울을 지나기까지 어디서 머물러야 하는가 하는 것이 문제가 되었다. 바울은 강력하게 그들이 있는 미항에 머물기를 주장했다. 거기에는 선박회사에 필요한 설비가 있는 라시아가 가까이 있었다. 바울은 그들이 더 행선한다면 위험과 재난이 따른다고 예고했다.

그러나 선장과 선주는 그들이 보다 더 편리하고 잘 보호받을 수 있는 마탈라 곶에서 서쪽 약 36마일 떨어진 뵈닉스 항구로 행선해야 한다고 생각했다. 그 백부장은 그들의 충고를 받아들였다. 그래서 그의 결의가 단호해진 것 같다. 이것이 결정되자마자 바람은 변했다. 그래서 마치 그들이 생각한 겨울의 처소를 얻을 수 있는 것 같아 보였다. 그러나 그들이 마탈라 곶을 돌아서자 마자 바람은 다시 변했다. 그것은 선원들에게 유라굴로로 알려진 태풍의 일종인 북동풍이었는데 만트 이다(Mannt Ida)로부터 그들을 몰아쳐서 바다로 내쫓았다. 그들은 곧 남서쪽 약 23마일 떨어진 가우다라는 작은 섬 아래로 돌진했다. 그래서 재빨리 그리고 제때, 은신할 짧은 틈을 이용했는데 해상에 있는 작은 배를 끌어당겨서 선체를 둘러감고 해묘(drift-anchor)를 내렸다. 만약에 유라굴로가 계속해서 강풍으로 몰아쳤다면 그들은 몰려서 구레네의 서쪽 유사(類似)인 스르디스로 갔을 것이다. 그것은 대단히 위험한 일이었다. 그러나 해묘가 고물을 끌고, 선두에 폭풍 때 항해하는 돛대를 설치했으므로 그 배가 바람이 부는 오른쪽으로 대서 1.5노트 비율로, 서에서 북으로 8도 방향으로 천천히 표류하는 것은 가능한 일이었다. 한 이틀 후 큰 돛대의 아래 활대 곁에 보관된 흔들리는 모든 수하물과 연장을 바다로 내던졌다. 나중에는 배의 무게를 덜기 위해 선적된 밀을 던져야 했다.

그 폭풍은 하늘을 가리운 채 여러 날 동안 계속 몰아쳤기 때문에 그들은 그들을 안내할 낮의 해와 밤의 별을 볼 수 없었다. 그래서 정확한 진로를 정하고, 정확하게 시간이 경과하는 것을 헤아릴 수조차도 없었다. 틀림없이 배는 새고 있었고 침몰해 가는 배에게 유일한 대책이라고 할 수 있는 것은 배를 해변으로 나가게 하는 것인데, 그들은 그러기 위해 가장 가까운 육지로 가는 길이 어느 길인지도 알 수 없었다. 그러나 만일 그들이 육지로 가지 않았다면 바다에서 침몰했음에 틀림없다. 굶주림과 기갈로 인해 곧 그들의 기력이 떨어졌다. 다시 말해서 이런 극심한 곤경 속에서 식욕이 거의 없었다. 음식을 마련하는 어려움과 그들이 가졌던 음식 중에 어떤 것이 부패하고 잃어버렸을 가능성은 별문제로 하고 말이다. 얼핏 보기에는 곧장 그 배는 승선한 모든 사람들과 함께 파선당할 수밖에 없었다.

누가의 말에는 바울이 살아날 모든 희망을 버린, 배에 있는 나머지 사람들이 가진 일반적인 비관을 갖지 않았다고 시사하지는 않는다. 그는 죽음에 직면한 적이 있었고 내적으로 죽을 각오가 되어 있었다. 그것은 그가 전번 경우에 말했듯이 그의 야망이었는데, "이제도 온전히 담대하여 살든지 죽든지 내 몸에서 그리스도가 존귀히 되게 하려 함"(빌 1:20)이기 때문이다. 이것은 로마에서 증거하는 것보다 더 중요한 것이었는데, 실로 그 증거는 예루살렘 투옥 때에 일찍이 확인했었다. 바로 그가 미항에서 이 항해의 결과가 "하물(荷物)과 배 만 아니라 우리 생명에도 타격과 많은 손해가 있으리라"(행 27:10)고 경고한 바 있었다. 그것은 특별한 계시가 아니라 상식적인 발언이었다. 그러나 표류한 지 열흘 내지 열 이틀 후에 그는 밤에 환상을 보았는데 거기에서 그 자신이 살아서 가이사 앞에서 증거할 뿐 아니라 자기 때문에 그와 함께 탄 모든 사람들의 생명이 구원을 얻으리라고 했다(자기가 배에 승선함으로써 함께 탔던 모든 사람들의 생명이 위태롭게 되었던 요나와 대조시키고자 했는지는 모를 일이다).

그가 직접 영감받은 신선한 비밀을 다른 사람들에게 전하려고 애썼다. 그는 그들에게 이 배는 잃었지만 그들 자신은 살게 될 것이라고 말했다. "그러나 우리가 한 섬에 걸리리라"(행 27:26). 확실히 그들이 미항을 떠난 후 열 나흘 동안 암벽의 연안에서 일어나는 흰 물결의 수심은 육지로 접근하지 못하도록 경고했다. 계속해서 수심을 재어본 것이 이 사실을 증명해 주었다. 그러므로 선원들은 그들이 있는 곳에서 해가 보일 때까지 고물에서 4개의 닻을 내려서 정박시켰다. 아침에 그들은 닻을 풀고 배를 모래사장이 있는 조그만 항구로 몰았다. 그들이 알 수 없는 것은 그 항에 있는 배가 끈끈한 찰흙으로 변해가는 진흙바닥에 박혀서 앞부분은 단단히 고정되었을 것이고, 반면에 후미는 물결의 기세에 드러나 있다는 것이었다. 선체가 긴장과 압력에 드러난 상태에서 이 새로운 연타를 오래 견딜 수는 없었다. 배는 조금씩 부서지기 시작했다. 결국 백부장이 "자신을 구출하라"(sauve qui peut)는 명령에 모두가 무사히 상륙할 수 있었다.

3. 멜리데에서의 겨울

그들이 상륙하고나서야 비로소 그곳이 멜리데임을 알았다.

그 섬의 이름은 원래 베니게의 선원들에 의해 명명됐는데, 그들의 말로 멜리데(melitta)는 "은신처"를 의미했다. 그리고 그 단어가 히브리어에서 같은 의미를 가지고 나타나는 바와 같이 어쨌든 바울은 그 이름이 참 적합하다고 깨달았을 것이다.

누가가 폭풍에 흔들리는 배 위에서 바울이 도움을 준 것을 생생하게 묘사했듯이-그와 함께 한 모든 사람들이 자기들의 소유물을 던져버릴때의 그의 침착성, 아무도 생명을 잃지 않을 것이라는 그의 예언적인 확신을 그 배에 탄 사람들에게 심어주며 또 그 난파선에서 해변에까지 도달하는데 드는 힘을 고려하여 그들이 음식을 먹게끔 한 일-상륙한 후 그는 그를 필요한 일에 다른 사람들과 협력하는 실질적인 사람으로 묘사했다. 친절한 그 섬의 원주민들은 불을 지펴서 배에서 온 사람들이 따뜻하게 불을 쬐고 말리도록 하는데, 많은 신학자들과는 달리 바울은 연료를 공급하지 않으면 불이 계속 타지 않을 것이라는 사실을 알고서 불이 계속 타도록 하기 위해 모아둔 나뭇가지를 넣었다. 그 나뭇가지 중의 하나가 추위로 얼어 있는 뱀으로 판명되고 열기가 그 뱀을 녹이자 그것이 나와 바울의 손목을 물었을 때 [4] 그 멜리데 사람들은 그가 하늘에 죄를 지었고 비록 그가 바다에서 죽지는 않았지만 네메시스(Nemesis)가 뱀으로 하여금 그를 물게 했다고 단정했다. 바울이 뱀을 떨쳐버리고 아무 해도 받지 않았을 때 그들은 바꾸어서 그가 변장한 신이라고 생각했다.

바울은 신도 아니고 초인도 아니었지만 그가 등장한 것은 그 해 겨울 동안 많은 섬의 주민들에게는 축복이었다. 물론 그는 여전히 죄수였지만, 바울 자신이나 다른 죄수들이 다음 항해철이 오기 전에는 멜리데를 도망할 위험은 없었다. 그는 멜리데에서 "제일 높은 사람"인 보블리오라는 자를 치료했는데 그는 열병과 이질에 걸려 있었다. 그리고 각종 병든 많은 멜리데 사람들이 치료를 받으러 누가와 바울

---

4) 지금은 멜리데에 독있는 뱀은 없다. 누가는 그 뱀을 독사로 불렀으나 1세기 때는 거기에 독사가 있었는지에 대해서는 단언할 수 없다. 람제이는 그 뱀이 독사를 닮은 독없는 뱀(coronella austriaca)이었다고 주장한다.

에게로 왔다. 그래서 그들이 이탈리아로 출항할 준비가 되었을 때 그들은 감사의 표현으로 배에 선물을 실어주었다.

4. 드디어 로마에!

로마로 항해하는 것은 멜리데에서 과동(過冬)한 후 알렉산드리아에 소속된 다른 배를 이용해서 초봄에 완결되었다. 배가 수라구사와 레기온에 댄 다음 승객들은 나폴리 만의 보디올(지금의 포주올리〈Pozzuoli〉)에 상륙했다. 거기에는 바울이 이레 동안 함께 머물도록 허락한 그리스도인 단체가 있었다. 추측컨대 율리오가 용무가 있어서 바울을 그 지역에서 그 기간 동안 기다리게 했을 것이다. 보디올은 동부 지중해에서 상선이 입항하는 이탈리아의 주요 항구이다. 만약 율리오가 원래의 의미로 곡물 수송관이었다면 그가 배의 하물을 내려서 저장하는 일을 취급했을 것이다(보디올의 그리스도인 단체 말고도 거기에 거의 한 세기 동안 유대인 공동체가 있었다).

로마로 가는 나머지 여행은 육로로 끝맺었는데 카푸아(Capua)에서 북쪽으로 바이아 아피아(Via Appia)를 따라 여행했다. 그러나 바울이 이탈리아에 도착했다는 소식은 로마에 벌써 전해졌다. 이것은 보디올에 있는 성도들이 전갈했음이 분명하다. 그래서 그와 그의 동료들이 수도에서 아직 3,40마일 떨어진 곳에 있을 때 로마의 그리스도인들은 남은 여행 동안 그를 문안하고 호위하려고 나가서 맞았다. 그들의 마중은 바울에게 큰 용기를 북돋아 주었다. 누가는 "그래서 우리가 로마에 왔다"(행 28 : 15)고 기록한다.

사도행전 28 : 16에서, 서방역본에 의하면 로마에서 바울을 포함한 죄수들은 "야전 사령관"(stratopedarchos)이라는 한 관리에게 인계되었다고 한다. 서방역본에 근거한 사도행전의 고대 라틴어 역에 대한 한 증거는 이 명칭을 전초 부대(princeps peregrinorum)로 번역하고 있다. 그렇게 지정된 관리가 존재했는지는 트라쟌(Trajan) 시대의 한 아프리카 비문이 증명하고 있다. 그는 분명히 로마에서 휴가 중인 부대 장교들의 사령부인 카리안(Caelian) 언덕에 있는 야전 부대(castra peregrinorum)의 사령관이었다(그리고 또 2세기부터는 후에 연락장교의 역할을 하는 백부장단〈frumentarii〉의 사령관이었다). 그러나 "전초 부대"라는 번역은 단지 지적인 추측에 지나지 않을지도 모른다. 그 야전 사령관은 어떤 다른 부대의 사령관일 수도 있을 것이다. 예를 들면 야전부대나 그 시의 북동쪽 모퉁이의 비미날 문(Viminal Gate) 근처에 있는 시위대(praetorian guard)의 사령부의 사령관일 수도 있다. 시위대 야전 사령관은 국가의 매우 대단한 권력을 가진 근위대장보다는 훨씬 존중을 받지 못하는 사람이었을 것이다. 어쨌든 사도행전 28 : 16에서 야전 사령관을 언급하는 더 긴 서방역본이 원래 사본의 일부로서 확실히 인정받을 수는 없지만 그 사본의 모든 형태는 바울이 "자기를 지키는 그 군사와 함께 따로 머물도록 허락을 받았다"는 데에 동의하고 있다. 누가가 기록한 마지막 문장에 의하면 그래서 그가 "자기 자신의 내용으로" 또는 "자기가 세낸 집에서" 두 해를 꼬박 지냈다고 했다(헬라 어구는 양쪽 다 번역될 수 있다). 말하자면, 그는 시위대 사령부나 어떤 다른 야전부대(camp)에 감금된 것이 아니라 한 병사의 경계 아래 자택에서 연금되어 있었다. 그래서 그는 이렇게 억류된 상황에서도 조차 방해나 구애를 받지 않고 멀리서나 가까이서 오는 방문객들을 맞고 그의 사도적 사역을 다할 수 있었다.

구류된 후 초기 단계에서 그가 영접한 유대인 대표단을 언급하고 있다. 그들이 바울과 논쟁하는 것은 누가의 이야기 중에서 명백한 프로그램의 마지막 그림을 보는 듯한 문장을 이루고 있다. 그들은 바울에 대해 사전에 아는 것이 없는 가운데서 신중한 침묵을 드러냈다. 즉, 그들은 유대로부터 그의 수치에 이르는 어떠한 이야기도 들은 적이 없었다. 그들은 바울을 안심시켰다. 그들은 기독교와 첫 대면할 일을 거절하면서 같은 신중한 조짐을 나타내었다. 그들은 "우리가 너의 사상이 어떠한가 듣고자 하노니 이 파에 대하여는 어디서든지 반대를 받는 줄을 우리가 앎이라"(행 28:22)고 했다. 그 논쟁은 사도행전에서 일찌기 상기해 온 바 이방인이 복음을 받은 것과 결부하여 유대인이 그것을 거절하는 양상을 완벽하게 보여주었다. 바울은 완악한 마음과 둔한 귀와 닫힌 눈에 대하여 이사야 6:10을 인용하여 결정적인 마지막 말을 했는데, 이것은 유대인의 불신앙에 대한 만연된 초대 기독교의 증언(testimonium)이었다. 즉, "그런즉 하나님의 이 구원을 이방인에게로 보내신 줄 알라 저희는 또한 들으리라"(행 28:28).

5. 답변할 수 없는 의문들

바울의 사도직과 이방인 선교에 대한 누가의 전망은 바울 자신의 것과 다르다. 그러나 누가가 사도행전을 끝냄으로써 우리와 작별할 때 바울이 로마에 도착한 뒤의 일에 대해서는 아무것도 모른다. 그래서 그것은 해당 기간 동안 그가 기록한 것이 가치있다는 방대한 증거가 된다. 예를 들어, 그가 2년 간 연금되어 있을 동안 바울과 로마의 기독교인들과의 관계는 어떠했는가? 그들이 압비오 가(街)에서 매우 기쁘게 시작한 이후 어떻게 계속했는가? 그리고 이 기간의 마지막에 어떻게 되었는가?

혹자는 우리에게 아주 자신있게 분명히 말하기를, 그것은 바울의 재판, 유죄판결, 그리고 사형집행으로 끝났다고 하고, 또다른 사람들은 재판 후 사면을 받아서, 혹은 태만으로 인해 그 사건이 고소한 자들에게 불리하게 돌아갔기 때문에 그가 석방됨으로써 끝났다고 한다.

바울이 그 두 해의 마지막에 사형당했다는 것을 60여년 전에 바틀렛이 주장했다. 그는 기소자들이 그 사건을 처리할 의향에 대해 법정의 시한(그가 후기 관습에 비추어 보아 18개월이라고 생각한) 안에 통지했다고 주장했다. 다시 말하면, 그들은 AD 62년 초 로마에 도착해서 성공적으로 바울을 기소했고, 그는 지방의 화평을 깨뜨리는 자로서 처형당했으며, 제일 처음 사도행전을 읽은 자들은 정확하게 들을 수는 없지만 네로의 기록에서 그 당시 네로에 대한 세력이 절정에 달하고 있었던 폼페이 사빈아(Poppaea Sabina)의 유대인의 동정을 고려하여 그 기소의 결과가 어떠했을 것이라는 것을 알았을 것이다. 그리고 사실 아그립바가 베스도에게 한 말에서 불길한 암시가 있다고 한다. 즉, "그가 만일 가이사에게 호소하지 아니하였더면 놓을 수 있을 뻔하였다"(행 26 : 32).

　만약 바울이 AD 62년에 처형을 당했다면 그때 그의 순교는 일반적으로 생각하듯이 64년의 대화재에 따른 로마의 기독교인들에 대한 제국적인 공격이 있을 때 난 사건이 아니었다. 물론 이것은 그가 62년에 처형당했다는 연대에 대해 반대하는 주장은 아니다. 비록 그 증거가 그 방향을 시사한다고 할지라도 말이다. 그러나 만일 바울이 두 해 동안 연금된 후 곧장 유죄판결을 받아 처형되었다면 누가가 그것을 언급하지 않은 것은 매우 이상한 일이다.

　그 대신에 우리는 람제이(W. M. Ramsay), 킬소프 레이크(Kirsopp Lake)와 카드베리(H. J. Cadbury)가 다양하게 제시한 견해를 취하는데, 그것은 기소자들이 법정 시한 내에 나타나지 못했기 때문에 그 사건은 결코 재판에 부치지 않았다는 것이다. 이 제언이 약간 더 신빙성이 있는 것이다. 유대 총독을 억압하여 가해질 수도 있었던 모든 지역적인 압력에도 불구하고 만일 산헤드린 공의회가 바울의 사건에 대해 온건한 태도를 취한 벨릭스와 베스도를 설득하지 못했다면, 그들은 로마에서도 성공할 가능성이 적을 것이다. 로마법은 경솔한 기소자들에 대해 엄격해지기 쉬웠다. 반면에 어떠한 고소라도 기소자들이 나타나지 않은 정도로 경솔하지는 않을 것이다. 다시 말하자면, 로마법은 그들이 나타나야 한다고 주장했던 것이다.

　바틀렛의 주장과 또 람제이와 카드리의 주장에 의해서 추정된 18개월이라는 법정기간은 조사해 보니 지방에서 황제에게 제출된 범죄사건에 대해, 그것이 1심 법정에 대한 조회를 위한 것이든지 항소를 위한 것이든지간에, 18개월이라는 시한을 정한 제국의 한 칙령을 기록한 한 파피루스의 잘못된 연대에 근거한 것으로 판명되고 있다. 이 문서는 18세기 말 경에 처음 출판되었는데, 람제이는 레이드(J. S. Reid)에 의해서 거기에 주의를 기울이게 되었다. 그러나 몸센(Mommsen)이 인정한 바와 같이 그 칙령은 3세기에 속한 것이다. 또 거기에 적혀 나타나 있는 "항소"(appeal)는 이미 지난 판결에 반대하는 appellation라는 그 이후의 절차이지 1심의 법정이 사건을 결코 심리하지 못하게 한 1세기의 항소(prouocatio)의 절차이다. 사실, 태만으로 인해 경과한 사건을 처리하도록 허락하는 어떤 절차에 대한 1세기의 증거가 되는 것은 보이지 않는다. 있는 증거라고는 모든 것이 기소자와 피고들을 출두시켜 혐의를 유기시키지 않도록 되어 있다고 제시한다. 적절한 시간 내에 법정에 출두하지 못한 기소자는 아마도 처벌을 받을 것이지만 그것은 피고의 자동적인 기각을 시사하지는 않을 것이다.

바울이 2년이 넘도록 로마에서 연금되어 머문 것은 다른 일과 마찬가지로 밀리는 법원업무 때문일 수도 있을 것이다. 실로 만일 그가 심리에 부쳐지지 않고 석방되었다면 쉘윈 화이트가 지적하듯이, 이것은 아마 가이사의 편에서 통치권을 행사한 결과일 것이다. "아마 바울은 네로의 관대함에 혜택을 입어서 일시적 석방을 받았을 것이다. 그러나 어쨌든 그가 석방되었다는 것을 의도하여 사도행전을 해석할 필요는 없다." 바다에서 바울이 밤에 환상을 본 것을 설명한 데서, 그는 자기가 가이사 앞에 설 것을 확신했는데, 누가는 아마도 독자들이 바울의 호소가 그 결과가 어찌 되었던지간에 드디어 재판을 받는데 부쳐졌다고 유추하기를 의도하고 있는 것 같다.

사도행전은 우리에게 여기서 증거를 주지 못하기에, 우리는 바울의 로마 구금과 그 영향에 관련된 더 나은 자료를 찾아서 다른 곳을 보아야 한다.

시 제33장

바울과 로마의 기독교

1. 로마의 유대인과 기독교인

"로마 사람들은 유대인의 관례를 따르기는 했지만 기독교 신앙을 신봉했다. 비록 그들이 능력있는 사역의 표적이나 사도들 중에 누구도 보지 않았지만 말이다"라고 전통에 따라 편의상 우리가 암브로시아스터(Ambrosiaster)라 하는 4세기의 익명의 바울에 대한 라틴 주석가가 로마서를 해설하면서 그 서문에 기록했다. 이 무렵에 로마 사람들은 대개 "기독교 신앙을 신봉"했으나 기독교 신앙이 처음 로마에 받아들여졌을 때는 그 신앙을 고백한 사람들은 그 시민의 극소수에 달했다. 그건 그렇다고 하더라도, 대체로 그 서문이 제시하는 바에 의하면 암브로시아스터는 로마의 기독교에 관한 특히 그것이 발생한 유대교 환경에 대한 신빙성있는 전통에 접근할 수 있었다고 한다. 로마 교회의 전통은 사도 베드로와 바울을 공동 설립자라고 주장한다. 그러나 우리가 가지고 있는 얼마되지 않는 증거물들은 기독교가 그 도시에 어떠한 사도도 나타나기 전에 로마에 왔다는 암브로시아스터의 증언을 입증하고 있다.

로마의 유대인 공동체가 시작된 연대는 아마 BC 2세기 중엽 유대의 하스모니아 정부와 로마 간의 외교관계를 수립한 지 얼마되지 않은 시기일 것이다. 그 공동체의 멤버들은 BC 63년 로마 제국의 유대 합병과 2년 뒤의 폼페이의 승리 이후 크게 증가되었다. BC 59년 키케로가 로마의 루시우스 플라쿠스(Lucius Valerius Flaccus)를 옹호하여 그의 아시아 총독 임기 동안 예루살렘으로 성전세를 전달하는 것을 방해한 혐의를 반대하고 있었을 때, 키케로는 법정 밖에 있는 유대인에게 말이 새어나가 들릴까봐서 극적으로 갑자기 목소리를 낮추어서 그 배심원에게 "당신은 그들의 수가 얼마나 많으며 또 그들이 얼마나 당파적이며 또 어떻게 자기들의 영향력을 끼칠 수 있는 것을 알고 있지 않소"라고 말했다고 한다. 이것은 수사학적인 과장이긴 하지만 그것은 자기 청중들에게 알려진 한 상황을 과장한 것이다. 기독교 기원의 초기 경에 로마의 유대인들의 수는 4만에서 6만 사이에 달했다고 추산된다.

로마의 유대인에 대해 우리가 알고 있는 것은 현대 문헌적 자료 뿐 아니라 여섯 개의 유대인 카타콤의 연구결과로 나온 것인데, 그 중 셋(Via Portuensis, Via Appia, Via Nomentana에 각각 있는 것)은 특별히 가치있는 정보를 제공했다. 제국 시대의 유대인 회당은 아직 발굴된 적이 없으나 열 한개의 이름은 비문에 의해서 알려져 있다. 이미 언급한 Olive Tree 회당은 제외하고, 어떤 것은 그것이 있던 지역의 이름(Compenses나 Suburrenses의 회당과 같이)과 그 구성원들이 원래 왔던 장소(트리폴리타니의 회당처럼)나 그들의 주인(Augustenses나 Agrippenses)에게서 그 이름을 따왔다. 고린도에서와 같이 로마에서도 유대인의 회당은 그 예배가 히브리어로 행해졌기 때문에 그렇게 불려졌을지도 모른다.

AD 19년 유대인 사회 내에서 야기된 소문난 한 스켄달 때문에 디베료 황제의 칙령에 의해서 로마에서 추방당하게 되었다. 네 사람의 유대인이 풀비아(Fulvia)라고 하는 유대교로 개종한 유력한 로마인을 설득하여 예루살렘 성전에 후한 선물을 드리도록 했는데 그들이 그것을 착복했다. 이것이 예배자들의 행위로 인해서 이방인들 사이에서 이스라엘의 하나님의 이름을 욕되게 한다고 바울이 말했을 때 그가 생각한 그런 종류의 스캔달이었다. 그러나 몇 년 안가서 로마의 유대인들은 여전히 많아졌다.

글라우디오 황제는 그의 임기 초기에 전 제국의 도처에 있는 유대인 공동체 내의 소동 때문에 제국의 평화가 침해당한다는 것을 깨달았다. 그런데 그것은 애굽에서는 현저했고 로마에서도 나타났다. 그는 유대인의 자치 활동에 규제를 가함으로써 로마의 그 소동을 다루려고 애썼으나 8년 후에는 유대인들을 로마에서 추방하는 비상한 조치를 취했다. 우리가 알고 있듯이 그 당시 마게도냐와 아가야에서 선교활동한 바울에게서 특히 그가 브리스길라와 아굴라라는 두 피난민과 일생의 우정을 맺은 것은 그 추방의 결과로 나타난 것이다.

그 사건 이후 70년 동안을 기록한 수에토니우스(Suetonius)에 의하면 이 추방의 이유는 "크레스투스(Chrestus)의 충동에"(impulsore Chresto) 관련된 끊임없는 소동이었다.

이것이 보통(또 옳을 수도 있는) 우리가 로마에 기독교가 도착한 것에 대해서 가진 가장 이른 제시로 해석된다. 그것은 확실한 해석은 아니다. 왜냐하면 크레스투스는 흔해빠진 노예이름이었기 때문이다. 그러나 만약에 그 말이 알려지지 않은 다른 크레스투스라는 사람이었다면 스에토니우스는 아마 "크레스투스란 자의 충동에서"(impulsore Chresto guodam)라고 말했을 것이다. 그가 사용하는 단어 형태는 그 이름을 가진 잘 알려진 어떤 사람을 가리키고 있고, 이 당시 헬라어로 같은 발음을 가진 크리스투스(Christus)와 크레스투스 간의 일반적인 혼란으로 그리스도를 의미한다고 쉽게 추측하게 된다. 우리는 여기서 "그리스도"가 "메시야"란 의미로 사용된다고 쉽사리 생각할 수 없다. 마치 그 말이 나사렛 예수와 필연적인 관련을 갖지 않고서도 유대인 공동체 안에서 어떤 종류의 메시야적인 논쟁에서도 있듯이 말이다. 왜냐하면 크리스투스나 크레스투스는 그런 의미로 라틴 이방사상에서 통용되지 않았기 때문이다. 시몬이 이 메시야적인 주장을 했다는 증거가 없다는 것은 그렇다고 하고, 본래 이 사실은 시몬 마구(Simon Magus)를 의미하는 로버트 아이슬러(Robert Eisler)의 상상을 제외시킬 것이다. 수에토니우스가 잘 알려진 크리스투스(혹은 크레스투스), 즉 크리스티안니(Christiani), 혹은 크레스티안니(Chrestiani)의 창시자로서 알려진 그를 생각한 것은 대단히 있음직하다. 사실 이 단어가 시사하는 바는 이 사람이 글라우디오 황제의 임기 중 로마에 실제로 존재했고 유대인 공동체 내의 소동을 선동했다는 것이다. 아마 수에토니우스는 이런 의미로 자신의 자료를 이해했을 것이다. 이는 그가 그의 연대기를 확증하는데, 디베료 황제의 임기 중에 그리스도가 처형당한 사실을 알고 있었던 그와 동시대인인 타키투스가 수고한 만큼 하지는 않았다는 것이다. 그 소동이 유대인 공동체에서 일어난 것은 최근에 예수의 제자들이 그 속에 섞여서 도착했기 때문일 수도 있다.

또다른 증거로부터 분명해 보이는 것이 하나 있는데, 그것은 로마 기독교가 원래 유대적이었고 유대교를 믿지 않는 유대인의 표시였다는 것이다. 이 후 3세기 초엽 소위 "사도적 전통"(Apostolic Tradition)이라고 하는 힙폴리투스(Hippolytus)의 이름과 관련된 교회법의 절차를 따라 판단하는 로마의 기독교적 관행은 유대교를 믿지 않는 유대인에게서 유래된 특징들로 이루어져 있다. 그래서 암브로시아스터가 원시 로마 기독교를 "유대적 의식을 따른" 것으로 제한을 두었다.

누가 최초로 로마에 기독교를 전했는지는 알려지지 않고 있다. 첫 기독교 오순절 때 예루살렘에서 베드로의 설교를 들었던 사람들 중에 "로마로부터 온 나그네 곧 유대인에서 들어온 사람들"(행 2:10)을 누가가 포함시킨 데는 특별한 의의가 있다고 가끔 생각해 왔다. 그렇지만, 그들 중에 누가 그의 메시지를 믿었는지 또 믿었다 하더라도 그 중에 누군가가 그것을 로마로 가지고 돌아갔는지를 우리가 결정짓는데 도움을 주는 문맥들은 하나도 없다. 그러나 정상적으로 여행하는 중에 복음은 늦어지기 보다는 오히려 빨리, 유대교 신자들의 첫번째 경우로 말미암아 로마로 전해질 수밖에 없었다.

분명한 것으로 여겨지는 또다른 하나는 브리스길라와 아굴라가 고린도에서 바울과 만나기 바로 직전에 글라우디오의 추방령 때문에 이탈리아를 떠났는데 그들이 이미 기독교인이 되어서 나타난 문제이다. 바울은 어느 곳에서도 그들을 주 안에서 자기의 자녀라고 부른다거나, 어쨌거나 그들이 자신의 열매들(converts)이라고 시사하지는 않는다.

히브리서 수신자들이 비방과 환란으로 사람들에게 구경거리가 되고 저들의 산업을 빼앗기는 것도 "기쁘게 당했을" 때 그 "전날"이라고 하는데 대해서 그 수신자들에게 생각나게 하는 것은 AD 49년 로마의 사건에 대한 하나의 암시이다. 그러나 이 "서신"의 목적지가 로마라는 것은 타당한 면도 있지만 아직 모호하다. 그리고 그것이 더욱 더 생각할 가능성을 가진 증거를 제시한 것처럼 취급되어서도 안 된다.

만일 AD 49년 이전에 이방인 기독교인이 로마에 있었다면 그들은 황제의 칙령의 영향을 받지 않았을 것이지만 우리에게 그때 로마에 누가 있었다는 암시는 없다. 그러나 8년 후에는 그 상황이 완전히 달라졌다.

2. 로마의 이방인 기독교인들

이 제목과 관련해서 영국의 정복자인 아울루스 플라우티우스(Aulus Plautius)의 아내인 폼포니아 그래시나(Pomponia Graecina)의 흥미로운 사건에 너무 많은 비중을 두어서는 안된다. 타키투스가 보고하는 바에 의하면 AD 57년에 이 여자는 "이국적 미신"의 혐의를 받고 로마의 전통을 따라 자기 남편이 사회하는 가정 법정에 서게 되었다고 한다. 그녀는 그 혐의를 벗어났다. 이 보고서에 있는 어떤 것도 "이국적 미신"이 기독교였다고 제시하지는 않는다. 타키투스의 보고에 대해 한 주석가는 그녀가 40년 동안 상복을 입었다는 진술과 관련해서 "한 기독신자의 은거와 절제가 네로 시대의 방탕한 사회에 대해서 일종의 '영구한 비애'를 나타내는 것도 당연하다"고 지적했다. 그러나 타키투스가 아주 명백히 말하는 바로는 이 슬픔은 메살리나 여왕(Empress Messalina)의 선동으로 그녀의 친척 리비아 율리아(Livia Julia)가 14년 전에 살해당했기 때문이었다고 한다. 만약 그녀가 전부 40년 동안 상복을 입었다고 한다면, 그녀는 도미티안(AD 81~96)의 원수(元首)정치 때까지 생존했다는 것을 알 수 있다.

"이국적 미신"에 관한 타키투스의 보고내용 보다는 폼포니아를 기독교와 관련시키는 더 강한 이유는 2세기 말 경 그녀의 가족 중 몇 명이 기독교인이었다는 증거 때문이다. 그러나 이것으로부터도 우리는 폼포니아 그래시나가 4 내지 5세대 전에 기독신자였다는 어떤 확신을 유추해낼 수는 없다.

그러나 이와 같은 해(AD 57)에 우리는 바울의 로마서에서 로마의 기독교의 상태에 대해서 훨씬 더 긍정적인 증거를 가지고 있다. 바울은 그의 편지를 받는 자인

"로마에 있어 하나님의 사랑하심을 입고 성도로 부르심을 입은 모든 자" 중에 유대인 뿐만 아니라 이방인 신자도 포함되어 있다고 분명히 밝히고 있다. 이 무렵에 그들이 유대인 형제들보다 그 도시에서 수적으로 우세했는지는 확실치 않다. 그러나 바울은 아브라함의 수많은 자연적인 후손들이 하나님의 백성 중에 가입되기를 거부했을 때 이방인 신자들이 그렇게 들게 된 것이 자기들의 우월한 어떤 공로에 기인한 것인양 뽐내지 말라고 경고할 필요가 있다는 것을 알았다.

3. 로마 기독교의 조직

바울은 왜 고린도서의 선례를 따라 "로마에 있는 하나님의 교회에게"라고 하지 않고 "로마에 있어 하나님의 사랑하심을 입고 성도로 부르심을 입은 모든 자에게" 그의 편지를 보낸다고 했는가? 우리는 섣불리 로마에는 시(市) 체제로 조직된 교회가 없었다고 유추할 수는 없다. 빌립보서는 빌립보에 있는 교회로 보내어지지 않고 "빌립보에 사는 모든 성도와 또는 감독들과 집사들에게"(빌 1:1) 편지한다고 기록하고 있다. 그러나 그것 때문에 우리가 빌립보에 있는 교회에 대해서 이야기 못하지는 않는다. 실로 "감독들과 집사들"을 덧붙인 것은 행정적으로 잘 갖추어진 한 교회를 시사하고 있으며, 또 바울이 빌립보 교인들에게 한 선물을 보낸데 대해 감사하면서 "주고 받는 내 일에 참여한 교회가 너희 외에 아무도 없었느니라"(빌 4:15) 한 때를 회상할 때, 그는 자신이 그들을 하나의 교회로 간주했음을 분명히 밝혀주고 있다. 또다른 바울 서신이 보내어진 "골로새에 있는 성도들 곧 그리스도 안에서 신실한 형제들"(골 1:2)은 특별히 교회라고 언급되지는 않았지만[1] 그들은 분명히 "라오디게아 교회"(골 4:16)의 자매와 같은 수준이었다. 왜냐하면 루커스 계곡의 다른 도시에 있는 것들처럼 골로새에 있는 기독교 공동체는 한 사람, 즉 바울의 동료인 에바브라가 세운 것으로 보이기(골 1:7 ; 4:12 이하) 때문이다.

만일 로마의 중앙에 하나의 조직된 교회가 있었는지가 확실치 않다면, 이것은 그 기독교인들의 교회로 불려지지 않기 때문만이 아니라 오히려 바울의 편지가 증거하는 상황의 개연성 때문이다. 한편으로 바울은 그의 편지가 로마의 모든 기독교인들에게 도달할 것을 기대했으나, 그는 그들 모두에게 그것이 읽혀지는 것만을 생각한 것 같지는 않다. 아마 뵈베가 그 서신을 한 가정교회에서 또다른 곳으로 전달했을 것이다. 이때 로마의 기독교인들은 가정교회나 다른 지방 회합장소에서 그룹별로 모인 것으로 보인다. 유대인 기독교인들 중에 어떤 이는 아직도 자기들이 유대교 회당 중의 하나, 또는 다른 회당의 신자로 생각해 왔을지도 모른다. 그들이

---

1) 골로새에 있는 기독교 공동체는 눔바(골 4:15)와 빌레몬(몬 2절)의 집에 모이는 소그룹들(교회들)을 포함한다.

더 이상 양쪽 진영에 한쪽씩 발을 걸치고 있지 못하도록 할 시기가 급히 다가오고 있었다. 말하자면, 어떤 이들은 회당과 관계를 끊고 싶지 않았지만 그들은 그렇게 할 수밖에 없었다. 아마 이것은 히브리서에서 설명한 그 모임의 상황이었을 것이다. 그들은 이 문헌이 쓰여지기(AD 약 63년)[2] 몇 년 전에 그리스도를 믿었는데 그 결과로 상당한 핍박을 받았다. 그러나 그들은 자기 배를 태운다거나 결정적으로 그리스도와 지금은 이미 한 제도로서의 회당이 관계를 끊어버린 그의 백성과 자신들을 동일시 하기를 꺼려했고, 공인단체(Collegium licitum)의 안전과 그런 보호를 받지 못하는 단체에 수반된 불확실성과 기꺼이 바꾸려고 하지 않았다. 그래서 그들에게 한 익명의 기자는 "우리가 그 능욕을 지고 영문 밖으로 그에게 나아가자"(히 13 : 12)고 요청한 것이다.

4. 로마서 16장에 나오는 안부의 증거

그러나 로마가 히브리서의 목적지라는 것은 당연시 될 수 없다. 또한 이것은 많은 주석가들이 그 목적지가 에베소라는 유력한 주장을 고려하여, 바울이 스물 여섯 명의 개인의 이름을 들어 안부를 전하고 다섯 가정과 가정교회들에 안부를 전한 로마서 마지막 장의 목적지에 대해 말하고 있음에 틀림없다. 그러나 두 가지의 일반적인 관점이 형성될 수도 있을 것이다.

첫째, 바울은 그가 잘 아는 교회의 성도들에게 개인적 안부를 전하는 습관이 없었다. 그가 개인적인 안부를 묻는 유일한 다른 서신은 골로새 사람들에게 한 것이다. 그는 직접 골로새 교회를 방문한 적이 없었지만 다른 곳에서 눔바와 아킵보와 같은 골로새에 거주하고 있던 한 두 사람을 만난 적이 있었다. (다른 이가 아니라 고린도나 에베소에 있는 교회의 몇몇 성도들에게 개인적인 안부를 그가 전했다면 마땅히 언급되어야 할) 그 교회의 다른 사람들이 왜 언급되지 않았을까 라는 의문에도 불구하고 그는 이름을 들면서 그들에게 안부를 전하고 있다. 그래서 바울이 로마 세계의 전역을 여행하는데 용이함과 모든 길이 로마로 나 있다는 사실을 고려해 볼 때 바울이 다른 곳에서 만났던 많은 사람들이(아시아 지방에서 그의 첫 열매인 에베네도를 포함하여) 지금 로마에 거주한다는 것과 모르는 사람들의 이름까지 들어 그가 한번도 만난 적이 없는 사람들에게 실례하는 것을 개의치 않고 그가 그들에게와 말로만 들었던 다른 사람들에게 개인적인 안부를 전하는 것은 당연한 일이다.

둘째, 이 안부에 실린 사람들의 많은 이름은 에베소라기 보다는 로마임이 더 잘

---

[2] 그 서신이 만일 로마에 있는 유대인 기독교 단체에 보내졌다면 히 12 : 4(너희가 아직 피흘리기까지는 대항치 아니하고)은 AD 64, 65년의 네로 박해 이후의 연대는 제외시키는 것 같다.

입증된다. 이것은 주로 에베소보다 로마에서 얻을 수 있는 훨씬 더 많은 비문에 기인한다. 어쨌든 그것은 대부분 로마에서 입증되는 개개인이 아니라 이름이기 때문이다(롬 16:9의 우르바노와 같은 이름은 urbs와 관련이 있어 보인다).

개중에는 상세하게 안부를 묻는 경우가 있는데 "나깃수의 권속 중 주 안에 있는 자들"(롬 16:11)에게 하라고 했다. 이 나깃수는 글라우디오 아래서 큰 영향력을 행사하던 자로 디베료 황제의 유력한 자유민인 디베료 글라우디오 나깃수와 일반적으로 일치한다. 그러나 그는 AD 54년 네로 황제가 즉위한 직후 아그립바의 의뢰로 처형당했다. 몰수된 그의 재산, 노예와 종들은 왕실로 넘어갔지만 그 집에 있는 다른 집단과 구별되어 덧붙여진 이름인 나르씨싸아니(Narcissiani)를 그대로 가지고 있었을 것이다. 바울의 문안은 그 나르씨싸아니 가운데 있는 기독교인들을 향한 것인지도 모른다. 물론 우리는 그가 어떻게 나르씨싸아니의 일원과 그들에 대해서 알았는지 모른다. 만약 이 임시적인 판정이 옳다면 이들은 확실히 "가이사 집의 성도들"이었다. 그리고 빌립보 교회에 바울이 문안한 이들 중에 있었을는지도 모른다(빌 4:22).

"가이사의 집에 있는 성도들" 중의 또다른 그룹은 감정적으로 로마서 16:10에서 바울이 문안한 "아리스도불로의 권속"에 속한 자들로 알아왔다. 아리스도불로는 특히 헤롯가(家)에서 평범한 이름이었다. 그 이름을 가진 헤롯가의 한 사람은 불행한 그의 아버지의 이름을 따른 아버지 아그립바의 동생인데 그는 일개의 시민으로서 로마에서 살았다. 그리고 그의 형처럼 글라우디오와 친구로 지냈다. 만약 그가 자기 재산을 황제에게 넘겨주었다면 그때 자기의 노예도 왕실로 넘겼을 것이고 아리스토불리아니(Aristobuliani)로 불려졌을 것이다. 그러나 비록 그러한 조치가 전혀 전례없는 것이 아니라고 해도 우리는 그가 자기의 재산을 황제에게 넘겼는지는 모른다. 그런데 바울이 문안하는 그 다음 사람이 헤로디온이란 이름을 가진 것은 단순한 일치가 아닐 것이다. 바울은 헤로디온을 유대인 태생의 동료 기독교인을 의미하는 그의 "친척"이라 불렀다.

이름을 들면서 그 그룹의 회원들 중 몇 사람을 언급함으로써 또다른 두 기독교 단체를 알 수 있다. 그들은 먼저 "아순그리도와 블레곤과 허메와 바드로바와 허마와 저희와 함께 있는 형제들"(14절)이고, 다음은 "빌롤로고와 율리아와 또 네레오와 그 자매와 올름바와 저희와 함께 있는 모든 성도들"(15절)이다. 앞의 그룹에 나오는 바드로바는 독자로 하여금 네로에게 파트로비우스(Patrobius)라고 하는 영향력있고 평판이 나쁜 자유민이 있었다는 타키투스의 『역사』(Histories)를 기억나게 할 것이다. 그 바드로바라는 이름은 준말의 형태인데, 그리스도인인 바드로바는 네로의 파트로비우스의 하인이었다고 생각할 수 있다. 허마란 이름은 Hermagoras, Hermodorus, Hermogenes나 그와 같은 것의 약자인데, 그것은 진부한 것이었다. 즉, 한 두 세대 후에 그것은 매우 인기있는 작품인 *Sheperd* [3]의 작가였던 한 로마의 기독교인에 의해서 가지게 되었다. 4세기 후에 로마 교회의 전통에 의해서 1세기의 마지막 10년의 한 기독교인에게 네레오란 이름이 주어지고, 그의 동료 아킬레우스와 함께 도미티안 황제의 질녀인 플라비아 도미틸라(Flavia Domitilla)와 동료지간이었는데, 그 이름을 따라서 바이아 아드레아티나(Via Adreatina)에 있는 도미틸라 묘지가 지어졌다(우연히 이 묘지는 롬 16:8에 나오는 이름인 암블리아투스〈Ambliatus〉란 가명〈家名〉을 가진 아우렐리아 가족〈gens Aurelia〉 중에 기독교인들의 매장지가 있다). 그 다음 그룹에 나오는 빌롤로고와 율리아는 같은 목록에 언급된 다른 쌍과 같이 부부지간이거나 남매지간일 것이다. 율리아란 이름은 황실과 어느 정도 관련이 있음을 제시하고 있다. 실로 괄목할 만한 것은, 비록 이름의 일치가 사람의 일치라는 증거는 없지만, 로마서 16:5~15에 나오는 상당수의 이름들이 황실의 일원의 이름으로 비문에서 발견된다.

그런데 우리는 그 문안의 서두에서 "그들의 가정에 있는 교회"와 더불어 브리스길라(혹은 바울이 정식으로 그를 부를 때 브리스카)와 아굴라에 대한 언급을 대한다(3~5절). 그들이 글라우디오가 모든 유대인을 추방했을 때 이탈리아를 떠난 이후 그 추방령이 시간이 경과했을 때 그 수도로 그들이 되돌아간 데는 놀랄 것이 하나도 없다. 사실 바울이 그들을 마지막으로 언급했을 때(고전 16:19) 그들은 그와 함께 고린도를 떠나서 아직 에베소에 있었다. 그러나 바울이 에베소에서 떠난 것은 그들이 로마로 돌아간다는 신호가 되었을 것이다. 정말이지 그들이 돌아가는 것은 바울이 가능하면 빨리 로마를 방문할 자신의 계획과 관련될 수도 있을 것이다. 그리고 어쨌든 그들이 서신이나 다른 방도로 바울과 연락을 했을 것이라고 예상된다. 그들은 에베소에서 자기 집에 기독교의 회중을 유치했듯이 로마에서도 그렇게 했다. 에베네로를 말하자면 아시아에서 바울의 첫 열매요, 브리스길라와 아굴라에게 문안한 후 즉시 안부를 전한 사람인데, 그는 그 두 사람에게 가담해서 그들이 로마로 돌아갈 때 그들과 동반했음은 당연한 일이다.

안스로니고와 유니아(혹은 여성일 수도 있음)의 이름으로 문안을 받는 자들 중에는 흥미있는 부분이 있다. 그것은 바울이 그들을 친척과 함께 갇혔던 자로 부르기 때문만이 아니라 더우기 그들이 "사도들 사이에서 유명한" 그리고 "나보다 먼저 그리스도 안에 있었다"고 말하기 때문이다(7절). 만약 그들이 바울보다 먼저 기독교인이 되었다면 그들은 매우 일찌기 그리스도인이 되었음에 틀림없다. 그리고 만일 그들이 "사도들 중에 유명한" 자가 되어 사도들에게 잘 알려졌을 뿐만 아니라 어떤 의미에서 그들이 사도 자신이었다는 것을 시사한다면, 이것은 무엇을 의미하는가? 아마도 그들은 부활하신 주님이 한때 나타나신 그 오백여 형제 중에 있었

---

3) 2세기 초엽에 쓰여진 풍유적 작품인데, 한때 영어 상용권에서 존 번연의 『천로역정』과 같이 후세대의 교회에서 인기가 있었다.

을 것이다. 라이트푸트가 암시하는 바에 따르면(그는 상당히 조심스럽게 다루고 있음) 그들은 오순절에 예루살렘에서 베드로의 설교를 들었던 로마에서 온 방문객 중에 있을 수 있다고 했다.

"주 안에서 택하심을 입은 루포"(13절)에 대해서 시몬의 아들 중에 한 사람과 이름이 같다는 암시가 가능하다. 만약 바울이 이 안부를 로마에 전하고 마가복음이 몇 년 후에 로마에 있는 기독교인들을 위해 쓰여졌다면 두 문서에서 동일인물인 루포를 의미할 가능성은 아주 짙어진다.

이 문안에서 우리가 받은 인상은 로마에 있는 분산된 기독교 공동체인데, 실로 "공동체"란 말은 실제적 사실보다는 영적인 해석일 것이다. 그 다양한 단체들이 어느 한 단체 내에서 견해상의 차이점은 말할 것도 없고 견해에 있어서 서로 다를 수도 있을 것이다. 아마 복음에 대한 바울의 이해는 특히 브리스길라와 아굴라의 환대를 받은 가정교회에서 촉진되었을 것이다. 어떤 학자는 로마서의 다른 곳에서 그 서신을 받아볼 독자들 중의 다섯 가지 다른 견해의 증거를 신앙에 있어서 약하고 강함에 관해 특별히 언급함으로써 주장했는데, 그것은 특정한 날의 준수나 특정한 음식을 피하는 것과 여러 가지 태도와 같은 논쟁의 여지가 있는 기독교인의 행동의 국면을 향해 또한 이런 문제에 있어서 다른 입장을 취하는 동료 기독교인들을 향해서 다양한 태도를 취하는 것 등이다. 이런 상관관계는 어쨌든 결코 성립될 수 없다. 형제의 사랑이 실천되지 않았다면 바울은 긴장을 일으킬 수도 있는 태도와 관습에서 차이점을 분명히 알고 있었다. 다시 말하면, 이것이 그들 모두가 "하나님의 영광을 위하여"(롬 15:7) 그리스도로부터 받은 것과 같이 바울이 그 모든 단체가 아주 진실하게 서로를 받으라고 주장한 이유라는 것이다. 그럼으로써 영적인 연합의 의미는 촉진될 것이다.

그러나 바울이 조직적으로 분산된 로마의 기독교를 세웠다면, 그는 이와 같이 그들을 중앙으로 모으지 않았다. 즉, 실로 그가 그러한 일을 하고자 했을지라도 그의 기회는 제한되어 있었다는 것이다. 그가 로마로 간 후 반세기가 되었을 때 이그나티우스(Ignatius)와 허마스(Hermas)의 증거에 의하면, 로마에 있는 기독교회는 그 당시에 있던 다른 많은 교회들보다 아직 중앙집권화가 덜 되어 있었다고 한다. 그것은 아직 단 하나의 감독의 행정적인 권위 아래 조직되어 있지 않았기 때문이다.[4]

---

4) 특히 이그나티우스의 증거는 확실하다. 그는 감독 직무의 중요성을 통감하고 그의 일곱편의 편지 중 여섯 개에서 그것을 강조하고 있다. 그래서 그가 로마인에게 하는 편지에서 거기에 대해 언급하지 않은 것은 설명을 요한다. 가장 그럴싸한 설명은 그가 편지했을 때(AD 약 110), 로마 교회에 아직 군주 같은 감독이 없었다는 것이다. 고린도 사람들에게 로마의 클레멘트가 쓴 편지(AD 약 96)에는 감독의 권위에 대한 기미가 보이지 않는다. 그 뒤 얼마 안되어, 허마스는 로마 교회의 규정에 대해서가 아니라 "그 교회를 관장하는 장로들"에 대해서 말하고 있다(Shepherd. Vision 2, 4, 3 ; 3, 9, 7).

5. 빌립보서의 증거

우리가 신약성경의 몇몇 문서의 목적지가 로마라는데 대해 확실히 모르는 것은 우리가 나머지 문서의 출처가 로마라는 것에 대해서 확실히 모르는 것과 견줄 수 있다. 바울의 "옥중서신들"은 전통적으로 그가 로마에 감금되었을 때로 연대를 잡아왔으나 우리는 적어도 그 중에 얼마가 그 출처에 있어서 에베소나 가이사랴로 지지를 받아온 사실을 알고 있다.

빌립보 교회로 문안을 받은 "가이사 집의 성도들"이 가장 가능성이 있어 보이듯이 로마의 기독교인들이라면 우리가 가장 자연스럽게 시위대(praetorium)를 찾을 수 있는 곳은 역시 로마에서이다. 빌립보서 1:13에 의하면 온 시위대를 통하여 바울의 감금이 그리스도를 위한 것이라는 것이 널리 알려졌다고 한다(우리가 가진 것과 같이 빌립보서는 바울이 빌립보에 있는 그의 동료들에게 보낸 하나 이상의 편지를 포함하고 있다고 몇몇 학도들이 주장해 왔다. 그리고 그것이 비록 "누가, 언제, 어디서, 무엇을 등과 같은 모든 것을 고려할 때 가장 그럴 듯한 가능성" 〈bibliographical probabiity〉에 반대된다 할지라도 그 가능성은 염두에 두어야 한다.). 시위대의 모든 가능한 의미 중에서 이 문맥에 가장 적절한 것은 "시위대 경호원"(praetorium guard)이다. 이 시위대 경호원은 황제의 개인 호위병이었다. 그리고 바울이 항소함으로써 그가 황제의 처분에 맡겨진 이후 셋집에서 그를 지키는 군인들이 잇달아 교대로 시위대에서 파견되는 것은 당연한 일이었다. 그 군인들 중에는 이전에 바울과 같은 사람을 만난 적이 있는 사람은 아무도 없었다. 그러나 그들은 바울이 무엇 때문에 로마에 오게 되었는지를 곧 알게 되었을 것이다.

시위대 뿐만 아니라 "기타 모든 사람에게"도 자기가 매인 이유를 알게 되었다고 말할 때 이 "기타 모든 사람들"이란 것은 아마 어쨌든 그의 사건의 최종 공판을 준비하는데 관련되어 있던 모든 사람들을 의미할 것이다.

더우기 그의 매임(house-arrest)에도 불구하고 그를 보려고 온 모든 사람들에게 자유롭게 복음을 전할 수 있었다는 사실은 로마의 다른 많은 기독교인들을 고무시켜서 그들이 전에 했던 것보다 더 담대히 복음을 증거하게끔 했다. 그래서 바울이 로마에 옴으로써 모든 면에서 그 도시에 복음의 진보를 위한 효과가 있었다. 물론 이 진보는 끊임없이 바울과 협력하는 뜻에서 이루어지는 것은 아니었다. 다시 말하면 로마의 여러 기독교 단체들 중에서 견해상 차이가 의미하는 바는 어떤 그룹은 다른 그룹보다 바울에게 덜 동정적이었다는 것이다. 사실 어떤 그룹은 노골적인 반감을 갖고 있었던 것이다. 바울 자신의 말로 인해 많은 사람이 모였는데 그 중 어떤 이는 자신을 바울의 동료나 동역자로 여기면서 선한 뜻으로 그리스도를 전파하는 반면에 다른 이는 그가 억류된 상황 속에서 느낄 수밖에 없는 좌절감을 더하는 것과 또 그의 상처 속에 소금을 넣어 문지르는 것과 다름없는 동기로써, 증오와 분쟁의 뜻으로 그렇게 전했다. 그러나 바울은 만족스런 반응을 보였다. 중요한 것은 좋은 뜻으로 하나 나쁜 뜻으로 하나 전파되는 것은 그리스도시라는 것이었다. 바울은 "이로써 내가 기뻐하노라"고 고백했다(빌 1:15~18).

이것은 몇 년 전에 바울이 갈라디아 선교지역에 잠입하여 거기서 얻은 회심자들에게 "다른 복음"을 가르친 자들에 대해서 그가 기원한 저주와는 현격한 차이가 있다. 실로 로마에서 그가 못되기를 바라는 자들은 자기들의 영역이 아닌 곳으로 들어가지 않았다. 그리고 그들의 전파 내용이 결함이나 파괴적인 것이 있었다고 제시하지도 않는다. 더우기 바울은 알아볼 수 있을 정도로 "그리스도의 온유와 관용"에 대해서 더 나타내고 있는데 그가 불만스런 고린도 교회 신자들에게 권고하면서 그 자질들을 호소했을 때 그가 했던 것 보다도 더 그렇다. 아마 그가 지금 로마에 연금되어 있기 전에 가이사랴에서 두 해 동안 감금되었던 것이 그에게 인내하는 새로운 교훈을 주었을 것이다.

그가 얼마나 오랫 동안 연금생활을 했으며, 또한 그가 언제 소환되어 가이사 앞에 섰는지에 대해서는 알 길이 없다. 절반 이상은 그가 그 앞에 나타났을 그때에 그 결과가 유리할 것이라고 예상했다. 왜냐하면, 로마와 빌립보와 또다른 곳에 있는 그의 그리스도인 형제들이 이 일을 위해 기도하고 있었고 그는 자기에게 전도받아 개종한 자들의 안녕과 복음의 진보를 위해서 자신의 사면과 석방이 바람직하다고 확신했다. 아마도 그는 자신의 마지막 여행을 떠나서 "그리스도와 함께" 평안히 거하는 것이 훨씬 더 좋은 것인지도 몰랐다. 그가 이 둘 중에 하나를 선택한다는 것은 어려운 일이었지만 다행스럽게도 그 선택은 자신의 것이 아니었다. 어쨌든 그가 오로지 바라는 것은 그리스도가 영화롭게 되는 일이었다.

6. 골로새서의 증거

이 단계에서 골로새서와 바울이 로마에 머문 것에 대한 관련성은 아주 희박하다. 그러나 만약 이 편지가 참으로 로마에서 왔다면 반드시 마지막 인사말에서 주는 암시를 고려해야 한다. 거기서 바울은 아리스다고와 바나바의 생질인 마가와 유스도라고 하는 예수를 들고 있는데 그들은 "하나님 나라를 위해 함께 일하는 자들"로서 그 당시 그와 함께 있는 유대인 태생으로는 유일한 자들이요 또 "나의 위로가 되었다"고 덧붙이고 있다(골 4:10 이하). 바울은 이방인 출신의 다른 동료가 있었지만 그 편지의 첫 인사에서 그 이름이 자신과 결부되어 있는 디모데를 제외하고는 또다른 "할례받은 사람"은 없었다.[5] 이 말은 라이트푸트가 생각했듯이 "중

---

5) 엄격히 말하자면 디모데는 바울로 부터 할례를 받은 이후에는 "할례받은 사람" 중에 속해 있다고 할 수 있다(행 16:3).

앙에 있는 할례당 출신의 개종자들의 반대"를 가리킬 수도 있고, "다툼으로 그리스도를 전파하는"(빌 1 : 11) 빌립보 사람들에게 편지하는 데서 바울이 언급한 것과 관계가 있을 수 있다.

바울이 언급한 세 명의 유대인 그리스도인들 중에 유스도라 하는 예수는 다른 어느 곳에서도 언급되어 있지 않다. 여기서 "나와 함께 갇힌 자"로 묘사된 아리스다고는 바울과 함께 로마로 가서 이때 그와 함께 연금되어 있었을지도 모른다. 바울이 2차 전도 여행에 마가를 선교의 조력자로 택하기를 거절한 이후 바나바가 그를 데리고 함께 시리아 안디옥에서 구브로까지 항해한 이래, 기록이 우리에게 알려주고 있는 한도 내에서 바울의 길과 마가의 길은 마주치지 않았으므로 마가에 대해 언급한 사실은 특히 흥미를 끌고 있다. 제 2세기의 전설은 마가와 로마를 연결시키고 있는데 특히 베드로와 관련되어 있다.[6]

마가가 로마에 간 상황을 재구성하는 유일한 방법은 약 54년 경에 그 도시로 유대인들이 돌아간 직후 마가를 동반한 베드로가 처음 로마를 방문해서 유대인 공동체의 로마 그리스도인들을 도와서 자신들의 신분과 증거를 재정립했다고 추측하는 것이다. AD 57년 초 바울이 로마의 기독교인들에게 편지할 무렵에 아마도 베드로와 마가는 그 도시를 떠났을 것이다. 그러나 마가는 돌아와서도 때때로 로마에 있는 유대인 기독교인들과 접촉을 유지했고 바울이 골로새 교인들에게 편지했을 때에 한차례 방문을 하고 있었던 것이다. 바울이 한때 마가를 비판적인 눈으로 바라보았지만 지금은 자기에게 "위로"라고 판명된 사람들 중에 그를 포함시키고 있다는 사실을 알게 되는 것은 좋은 일이다. 마가는 틀림없이 처음에는 바나바의 현명하고 동정어린 지도 아래 성숙했고 나중에는 베드로의 조력자로 자라왔다. 그래서 우리가 이미 본 바와 같이 바울 자신의 태도도 부드러워졌다.

그러나 골로새서의 출처가 로마라는데 대한 의문은 서로 짝을 이루고 있는 빌레몬서의 검증을 필요로 한다.

---

6) 유세비우스의 글(교회사)에서 인용된 Papias(AD 130년 경)에 의하면 "마가는 베드로의 통역관이 되었고 그가 주님의 말씀과 행적에 대해서 기억한 모든 것을 정확하게 기록했다. 그러나 순서대로는 아니었다"고 한다. 2세기 말경 마가복음에 대한 반말시온의 서문은 말하길 "바울이 떠난 후 그는 이탈리아 여러 지방에 이 복음을 써 두었다"고 지적한다. 유세비우스 글과 거의 같은 시대인 알렉산드리아의 클레멘트와 이레네우스도 비슷한 결과에 대해 기록하고 있다.

제34장

빌레몬서

바울의 빌레몬서는 꽤 자유로운 번역으로 완전히 재현할 수 있을 정도로 짧다.

예수 그리스도를 위하여 포로된 바울과 우리 형제 디모데는 우리 자매 압비아와 우리와 함께 군사된 아킵보와 당신 집에서 모이는 교회와 더불어 우리의 사랑받는 자요 동역자인 빌레몬에게 편지를 띄운다오. 하나님 우리 아버지와 주 예수 그리스도로부터 은혜와 평강이 늘 있기를 기도하오.

사랑하는 친구여 내가 내 기도 중에서 당신을 기억할 때 내가 항상 하나님께 감사함은 우리 주 예수와 그의 모든 성도에게 당신이 보여준 사랑과 충성에 대한 기쁜 소식을 듣기 때문이오. 그래서 당신이 믿음을 행하는 데서 나오는 그리스도인의 관용으로써 당신들이 효과적으로, 우리가 그리스도의 지체로서 가지는 모든 복을 감지하고 체험하게 되기를 기도하겠오. 나의 사랑하는 형제여 당신의 사랑으로 인하여 내가 큰 기쁨과 위로를 얻었으니 이는 그대가 하나님의 백성들의 마음을 유쾌하게 했기 때문이라오. 그것이 내가 당신에게 이 요청을 하는 이유라오. 다시 말해서 비록 내가 그리스도의 이름으로 권위를 잘 행사하여 그대에게 마땅한 일을 하도록 명령할 수 있지만 내가 사랑을 인하여 그것을 요청하고 싶다오. 그렇소 나 바울은 그리스도 예수의 사신으로서 그대에게 명할 수 있으나 내가 그렇게 하지않고 그리스도 예수의 포로로서 부탁하기를 더 원하오. 내가 하고 있는 요청은 나의 아들을 위한 것이오. 내 아들이라고? 그래요 내 아들이지요. 내가 갇혀 있지만 여기서 얻은 사람이오. 그의 이름은 오네시모인데 그것은 본래 이름 자체로는 유익하다는 말이라오. 이전에는 그가 당신에게 약간 유익했던 것을 내가 알지만 이제는 그가 자기 이름에 걸맞게 되어 당신과 내게 유익하리라고 확신하고 있오.

자, 내가 그를 당신에게 돌려보내는데 그렇게 하는 것은 내 심정을 찢는 것과 같다오. 내가 바라는 것은 그를 나와 함께 여기 있게 하는 것이라오. 그래서 그가 당신 대신에 나를 섬겨서 복음을 위하여 갇힌 중에 계속 그렇게 할 수 있기를 바란다오. 그러나 나는 당신의 승락없이는 어떤 것도 하고 싶지 않소. 이는 그의 봉사를 통하여 그대에게 하는 선한 일을 억지로 하는 것이 되기를 원치 않고 오직 그대의 자유로운 발안으로 하기를 원하기 때문이오.

　　　내가 알기로는, 당신과 그가 잠시 동안 떠나 있는 이유는 이 때문이었는데, 이는 더 이상 노예로서가 아니라 노예보다 훨씬 나은 관계, 즉 사랑받는 형제로서 내게와 특히 당신에게 더욱 그러한 자로서 끝까지, 이제 당신의 가정의 일원으로서 뿐만 아니라 주 안에서 동료된 신자로 그대에게 속해 있답니다. 당신은 나를 동료로 여기고 있지 않습니까? 자, 오네시모는 나의 대리자인데 당신이 나를 맞듯이 그를 환대하십시오. 그가 당신에게 잘못한 것이 있읍니까? 그가 당신에게 빚졌읍니까? 걱정하지 마십시오. 그것은 내가 계산할테니 내게 맡겨두시오. 내가 친필로 여기 나의 차용증서를 쓰겠소. "내가 그것을 해결하겠소, 바울의 이름으로 싸인하오."

　　　(물론 당신이 내게 진 빚을 상기시킬 필요는 없지만 어쨌든 그것은 당신 스스로가 내게 진 것이오.)

　　　오, 나의 사랑하는 형제여, 나로 함께 그리스도인된 당신으로부터 이 유익을 얻도록 해주십시오. 우리가 속한 그리스도의 이름으로 내 마음을 유쾌하게 해주시기를 당부하오.

　　　나는 당신이 순종하는 것을 확신하고 있기 때문에 이같이 썼다오. 당신이 내가 하는 말 이상으로 행할 줄을 알고 있소. 참, 나를 위하여 객실을 하나 마련해 주시오. 당신의 기도에 힘입어 내가 곧 당신에게 나아가기를 소원하고 있소.
　　　그리스도 예수를 위해 나와 함께 갇힌 에바브라가 당신에게 문안하고 나의 동역자인 마가와 아리스다고와 데마와 누가도 함께 안부를 묻소. 우리 주 예수 그리스도의 은혜가 당신들 모든 영혼에 함께 있기를 축원하오.

　바울이 로마에 감금되어 있다는 맥락에서 빌레몬서를 논하는 것은 분명히 증명하지 않고 결정하는 일이다. 사실, 두 가지 의문이 제기된다. 즉, 이 서신이 바울에 의해서, 또 로마에서 쓰여졌는가?

1. 저 자

이 편지가 바울에 의해서 쓰여졌는가? 대부분의 비평가들은 바울의 저작권으로 그대로 인정하고 있다. 이 서신은 너무 짧아서 가장 성능 좋은 컴퓨터도 그 문체와 어휘를 의의있게 분석하지 못했다. 만일 그 진실성이 의심스럽다면 그것은 주로 혹자가 바울의 것으로 받아들이기 어렵다고 하는 골로새서와 이 서신 간에 밀접한 관련이 있기 때문에 그러리라. 왜냐하면 골로새서와 빌레몬서는 분명히 같은 시기와 장소에서 쓰여졌고, 같은 전달자에 의해서 같은 장소로 보내졌다. 실제로 두 서신에는 바울의 같은 동료가 문안 인사를 하고 있는데, 골로새서에서 여섯 명의 동료가, 또 빌레몬서에서 다섯 명의 동료가 그렇게 하고 있다. 이것은 별문제로 치더라도 두 서신이 아킵보를 언급하고, 또 거기에서 오네시모가 그 편지와 동시에 도착해 있다.

에른스트 레난(Ernest Renan)은 골로새서의 진실성을 기꺼이 인정하기 때문에 빌레몬서의 진실성에 대해서 확신하고 있다. 그가 기록한 것에 의하면 "이상한 것들로 가득차 있긴 하지만 골로새서는 디도서와 디모데서에서 발견할 수 없는 어떤 가능성을 포함하지 않는다. 그것은 서신의 익명의 가설을 거짓된 것으로서 거절하는 수많은 작은 항목을 제공하기까지 한다. 확실히 그 중에 하나는 빌레몬에게 한 단신과 관련이 있다. 만약 그 서신이 외경이라면 그 단신도 외경이다. 그러나 그렇게 진지한 어조로 말하는 기록은 찾기 어렵다. 말하자면, 우리에게 나타나는 대로 바울만이 그 조그만 걸작을 쓸 수 있었다."

그러나 레난은 낭만주의자였다. 그래서 빌레몬서의 신빙성을 포기하는 것 자체는 꺼려했을 것이다. 그것은 진정한 성경비평가는 보다 더 엄격한 자질을 갖추어야 했다는 것이다. 그리고 바우어(Ferdinand Christian Baur)가 그런 부류에 속했는데, 그의 눈에는 갈라디아서, 고린도서, 로마서가 진짜로 바울의 것으로 보였다.

바우어는 "비평주의와 이 짧고 매력적이며 은혜롭고 다정한 편지와 무슨 상관이 있는가? 그것은 가장 고상한 기독교인의 감정에 의한 것으로 영감을 받고 여지껏 한번도 의심을 받아본 적이 없는 작품이다"라고 말했다. 그러나 그는 계속해서 사도적 저작권이 여기서 조차도 당연히 받아들여질 수 없다고 주장한다. 그리고 빌레몬과 아주 밀접하게 관련된 다른 "옥중서신"도 바울의 것이 아니며, 사실상 그것은 클레멘타인 호밀리즈(Clementine Homilies)와 관련해서 비길 만한 초기의 한 기독교인의 가공적인 이야기라고 주장한다. 호밀리즈는 어떻게 "기독교는 하나 혹은 또다른 이유로 전에 나누어졌지만, 바로 그 목적을 위한 신적 섭리로 이루어진 사역을 특별히 조정함으로써 다시 모여든 사람들을 영구히 화목케 하는가"를 보여준다. "그것은 그들이 서로서로 재차 알고 있는 기독교로 개종함으로써 한 사람은 다른 사람에게서 그 자신의 살과 피를 본다는 것이다." 그래서 빌레몬서는 그 서신이 그 후부터는 오네시모를 더 이상 노예로서가 아니라 사랑하는 형제로서 영원히 받기 위해 오네시모와 그의 주인이 아마 잠시 동안 떨어져 있었을 것이라고 제시한다.

마넨(W. C. van Manen)은 바우어가 인정한 네 개의 "주요한 서신"까지 포함해서 바울의 열 셋 모든 서신의 신빙성을 거절했는데, 그는 바우어가 빌레몬서의 신빙성에 반대하는 주장에다 자신의 몇 가지 항목을 덧붙였다. 또 한 가지는 그 서신의 크기가 바울이 빌레몬에게 쓴 개인 서신인 반면에 바울과 디모데가 세 사람의 개인과 한 가정교회에 그 서신을 보내기에 그 수신 방향이 모호하므로 바울의 저작을 부인한다. "이 이중적 형태가 한 사람에게든 여러 사람에게든간에 구애받지 않고 자유스럽게 살고 있는 누구에게나 자연스런 스타일은 아니다." 게다가 아마 그 이름없는 저자가 그의 친구 사비니아누스(Sabinianus)에게 하는 아들 플리니(pliny)의 편지를 본떠서 작성했을 것이다. 자기 주인을 화나게 하고는 플리니의 좋은 지위로 하여금 화해시키도록 모색하는 자유민 사비니아누스를 위해 중재하면서 말이다. 빌레몬서의 저자가 그 자유민을 노예로 만들고 그 편지를 다시 쓰는 것은 "바울의 기독교인들의 입장을 따르는 그의 생각으로는 특히 노예가 몰래 자기 주인의 일을 그만두는 것과 같은 품행이 좋지 않은 면이 있을 때, 기독교인 노예들과 그 주인들 사이에 살아야 한다는 이상적인 관계를 묘사하기 위함이다."

혹평과 순진함의 그런 조화는 그것이 무엇인지에 대해서 쉽게 알게 된다. 가장 평범한 독자들처럼 대부분의 비평가들의 생각과는 반대로 가장 있음직한 설명을 지니는 한 문서에 대해서 그런 억지 설명을 제시할 필요는 없다. 즉, 그것은 노예와 그의 주인 사이에 좋은 인간관계를 회복시키는데 어쨌든 사도의 도움이 필요한 오네시모라는 한 노예에 관한 진짜 바울의 서신이다. 그리고 그것은 바울이 아주 자연스럽게 기회를 잡아서 그 편지의 서두와 말미에서 그 가정의 다른 식구들에게 문안하는 것이다. 이들이 이 서신의 명료한 진실성으로 간주되는 것 때문에 골로새서 전체를 바울의 것으로 받아들이지 못하는 몇몇 학자들이 그럼에도 불구하고 부득이 그 중 일부를 그 사도의 것으로 받아들이게 되었다. 즉, 적어도 빌레몬과 사귀기에는 충분할 정도로 말이다.

2. 기록 장소

그러나 이 서신이 바울에 의해서 쓰여졌다고 하더라도 그것이 로마에서 보내졌는가? 여기서는 논쟁이 두 가지 쟁점으로 고정되는데, 첫째는 오네시모가 자기 주인의 집에서 바울이 감금된 장소로 가야 했던 여행거리이고, 둘째는 바울이 일찍 석방되어 루커스 골짜기로 방문할 것을 기대하여 처소를 준비하라고 그가 요청한 것이다. 이 두 가지 관점에 따르면 바울이 그 당시 에베로소 말하면 100 마일 정도 떨어진 루커스 계곡에 꽤 가까운 곳에 있었다거나, 로마로 말하면 1,000마일 이상 떨어진 훨씬 먼 거리에 있었다는 것이다.

이 문제는 어떻게든 논쟁이 되어왔는데, 던컨(G. S. Duncan) 교장과 다드(C. H. Dodd) 교수만큼 훌륭하게 이 문제를 다룬 사람은 없으리라. 에베소에 대한 던컨 교장의 주장은(그곳이 로마보다는 골로새에 훨씬 더 가깝기 때문에) 다드 교수의 입장에 대한 해답으로 주어진 것이었는데 그 교수는 더 먼 도시일수록 더욱 가능성이 있다고 생각했다. 던컨 교장은 다드 교수에게 대답했으나 그 문제는 여전히 해결을 보지 못한 채 남아 있다.

오네시모가 은신처를 선택한 것에 관해서 던컨 교장은 말하기를 "그 편지가 우리에게 추측해 볼 판단력조차도 주지 않는 그런 가장 절망적인 상황 속에서 만이 재판을 피하는 자가 육로로 알려지지 않고 위험한 길로 1,000마일의 여행을 약 닷새 이상 계속되는 두 차례의 항해와 함께 기도할 수 있었을 것이다. 특히 그가 틀림없이 이미 친숙했고 또 그가 요구할 모든 안전을 그에게 줄 수 있는 정도가 되는 한 도시가 비교적 가깝게 있을 때 말이다."

22절에서 바울이 제시한 방문에 대해서 던컨 교장은 계속해서 다음과 같이 말한다.

> 투옥 때문에 일시적으로 중단되었지만 그의 활동이 아시아의 복음화를 향했을 이때에 그러한 방문은 얼마나 당연한 일인가. 이것은 그가 에베소에 머문 것처럼 루커스 계곡에 있는 교회들이 그에게서 멀리 있지 않다는 것인데 그 교회는 분명히 다소 간접적으로 그 교회 시작에 있어서 바울이 그 지방에서 선교사역을 한 것에 혜택을 입었으나 그가 그렇게 멀리 방문한 적은 없었고 적어도 그 중에 하나인 골로새에서의 상황들이 그에게 과중한 염려거리를 주었을 것이다. 다른 한편으로, 그가 로마에 한 죄수를 둘 때 거기서 혼자서 비록 거할 방을 준비하는 일에 대해 신경을 쓰긴 하지만 그가 그러한 방문을 계획하는 것이 얼마나 불가능한 일인가… 로마로부터 그가 루커스 계곡으로 가려고 하기 보다는 오히려 서바나로 진출할 것을 의도했다.

오네시모가 먼 곳으로 가기 보다는 이웃에 있는 에베소로 도망했을 가능성이 더 크다는 주장에 대해서 다드 교수는 다음과 같이 말한다.

> 이것은 가능성이 있어 보이지만 잠시 고려해 볼 때 우리는 아무것도 모르는 것에 대해서 여기서 이야기하고 있다는 것을 깨닫게 될 것이다. 우리는 오네시모가 생각하고 있던 것이나 그가 여행할 기회를 가졌을 것이라는데 대해서는 알 수 없다. 만일 꼭 추정하고자 한다면 그가 거리가 가깝기 때문에 에베소로 갔던 만큼 자기 주인의 돈으로 호주머니를 채우고 도망하는 노예가 거리가 멀다는 그것 때문에 로마로 행했다는 것도 있음직 하다. 그러나 도망간 노예가 갇혀 있던 사도와 함께 만나게 된 것은 어쨌든 수수께끼이다. 그가 바울에게 가고자 했던가? 아니면 그가 그에게 붙들렸는가? 그렇지 않으면 그런 거짓말 같은 만남이 동시에 이루어

진 것인가? 어쨌든 우리가 설명할 수 없는 한 사실에 대해 근거가 될 수 있는 확실한 주장은 없다.

바울이 만약 로마라기 보다는 에베소에 있었다면 골로새에 머물 것을 요청한 것이 이상스럽게 된다는 주장에 대해서 그가 말하기를

> 이것은 에베소의 가설을 찬성한다면 옳은 관점이다. 동시에 우리는 바울이 크게 달라진 상황 속에서 자신의 의향을 고수했는지도 모른다. 실제적인 모든 사람들처럼 그는 자기 생각을 바꾸기 쉬웠다. 마치 사실 우리가 바울이 드물지 않게 행했던 것을 사도행전과 다른 서신들에서 알고 있듯이 말이다. 로마의 가설에 대해서는 골로새의 이단의 출현 때문에 더 먼 여행을 출발하기 전에 바울이 당연히 아시아를 방문할 계획을 가지게 된 것이다. 하여간 그 계획이 실행됐든지 안 됐든지간에 말이다.

다드 교수의 이러한 주장은 멘체스터에 있는 John Rylands 도서관에서 있었던 한 강좌에서 처음으로 공개발표되었는데, 1934년 그것이 그 도서관 보(Bulletin)에 인쇄되어 나온 직후 던컨 교장에게 화제가 되어 올랐다. 처음 단계에서 던컨 교장은 그가 전에 말했던 것에 조금 덧붙였다(아데미의 신전이 에베소에서 오네시모의 피난처로 제공했을 것이라는 J. Pongrácz의 제의로 참고한 각주는 별문제로 하고). 두번째 단계에서 그는 바울이 로마에 갇혀 있을 동안 자기 계획을 바꾸어서 골로새로 방문하기로 결정했을지도 모른다고 인정했다. "그러나 그가 루커스 계속에 있는 그런 외지고 보잘것 없는 마을에 도착하기 훨씬 이전에 우리가 그의 석방이나, 동방으로 여행하는 것, 에베소나 아시아의 그런 어떤 중심지에 차후에 도착하는 것에 대한 그의 앞서 열망하는 소식을 고려하지 말아야 한단 말인가? 그런 입장에 처한 사람이 골로새에 숙소를 예약해야 하는 것은 바울이 친히 첫번에 여행에 대해서 아주 잘 알았던 모진 상황(고후 11 : 25 이하) 보다는 20세기의 비행기를 좋아하는 것을 제시하는 것과 같으리라."

이 마지막 관점에 관해서, 20세기에 비행기를 좋아하는 사람들 훨씬 이전에도 바울이 1세기에 겪어야 했던 것에 못지않는 모진 여행상태를 경험한 일부 사람들을 포함한 이 서신의 독자들은 바울이 골로새에 숙소를 로마에서 예약한 것은 당연했다고 할지도 모른다. 더욱 중요한 것은 바울을 염려케 한 것은 골로새 이단 뿐이 아니었다는 것이다. 바울이 에바브라와 다른 방문객으로부터 들어서 알고 있었듯이 아시아 지방에서 전개되는 상황은 그가 자유를 되찾자 마자(정말 그가 그렇게 된다면) 즉시 거기에 나타날 것을 요구한 것같이 여겨질 만도 하다. 루커스 계곡과는 다른 지역에서 바울을 반대하는 자들이 그를 해롭게 하며, 또 그가 그것을 보았듯이 그의 개종자들과 복음운동에 손해를 끼치면서 그가 부재중인 것을 이용하고 있었다. 비록 사태가 디모데후서 1 : 15에 묘사된 상황으로 아직 일어나지는 않았지

만 "아시아에 있는 모든 사람들"이 그를 떠나버렸다고 하는 곳에서 이런 경향이 더 일찍 시작되지는 않았겠지만, 로마에서 바울이 감금되어 있을 그때에 있었던 것으로 추적된다.

기록장소로서 로마를 쉽게 지적하는 사람은 기록 당시 바울의 동료 중에 누가와 마가를 포함시킬 것이다. 누가는 바울과 함께 로마에 있었는데 우리는 그가 바울과 함께 에베소에 있었다는 증거는 가지고 있지 못하다.[1] 그러나 그것이 비록 그렇다고 해도 이렇게 지적하는 사람은 결론과는 맞지 않다.

그 서신과 그런 종류의 서신들이 바울이 가이사랴에서 감금되었을 동안 작성되었다는 견해를 지지하는 자는 누가가 그 당시 바울과 함께 있었을 가능성이 많다고 지적할 수 있을 것이다. 그러나 로메이어(Lohmeyer)의 주장에도 불구하고 가이사랴는 문제가 되지 않는다. 사람들은 오네시모가 거리가 가깝기 때문에 에베소로 갔다거나 거리가 멀었기 때문에 배삯 대신에 일을 해주면서 로마로 갔다고 이해할 수 있었을 것이다. 그러나 그가 왜 가이사랴로 가야 했는가?

사실 빌레몬서가 쓰여진 장소는 이 편지만의 연구로 결정될 수는 없다. 그것은 그 중에서도 이것이 가장 밀접하게 관련된 서신의 증거를 고려함으로써 결정되는데 첫째는 골로새서이다. 우리가 빌레몬서를 따로 볼 때 에베소에 대한 주장은 유력하다. 그러나 우리가 빌레몬서와 골로새서를 함께 볼 때 이 주장들은 골로새서가 기록된 장소로서 로마에 대한 주장에 의해 압도당하게 된다. 이 문제는 따로따로 취급할 것을 요구한다.

3. 오네시모의 문제

때때로 바울이 동료 죄수로서 오네시모를 만난 장면은 약간 오해하기 쉽다. 던컨이 "바울이 자기 셋집에서 보낸 2년 후에(행 28 : 30) 그가 도로 도망한 노예와 함께 감방을 사용하게 되었다면 로마에서 그의 감금조건이 아주 철저하게 악화되었음에 틀림없다"라고 강조하는 것은 매우 옳다. 그러나 우리의 생각 속에서 그러한 어떤 장면을 상상해낼 필요는 없다. 비록 그를 지키는 군사에게 딸려 쇠고랑을 차고 있어서, 전문용어로 죄수(1. 9절) 혹은 "사슬에 매인 자"(10, 13절)라고 하지만 오네시모가 그에게 왔을 때 바울이 그의 셋집에서 아직 연금생활을 하고 있는 것으로 우리가 생각한다면 그 상황이 보다 더 이해할 만하다.

이 경우에 있어서 우리가 오래 전에 구드노(E. R. Goodenough) 교수에 의해 제시된 한 제안을 고려해 볼 수도 있을 것이다. 그가 지적한 바에 의하면 아덴의 법은 목숨이 위험한 상태에 있는 한 노예가 제단이 있는 성소를 찾는 것을 허용한다

---

[1] 마가에 의한 아시아 지방에로의 방문은 골 4 : 10에 시사되어 있지만 그것은 골로새서가 급송된 이후의 일이다.

는 것과 그 제단은 한 개인 가족의 난로일 것이라고 한다. 그때 그 가족의 장(長)은 그 노예를 보호해야 했던 반면에 그를 자기 주인에게로 돌아가도록 설득하려고 애썼다. 분명히 그는 주인의 진노를 누그러뜨리기 위해서 자기의 좋은 직분을 사용하곤 했다. 만일 그 노예가 돌아가기를 거절했다면, 그 가장의 임무는 그 노예를 경매에 붙여서 받은 값을 그의 옛날 주인에게 넘겨주는 것이었다. 이런 규정은 프톨레미 치하의 애굽에서 남아 있었다. 그것이 AD 3세기 초 Ulpian의 법률 제정에 영향을 미쳐서 로마 제국 시대로 들어갔다. 애굽의 관행을 알고 있던 필로는 도망한 노예에 대한 신명기의 법을 수정하여 그것과 동일하게 했다.[2]

구드노는 이 규정의 견지에서 오네시모의 경우를 설명했지만 그런데 바울은 그 당시 풀려나 있었다는 것과 그가 "매여"있다는 언급은 비유적일 것이라고 추측할 필요가 있다는 것을 알았다. 그러나 그 사도가 자기 집에 연금되어 있었다면 그가 살던 그 장소가 법률이 의미하는 "난로"나 "제단"으로 간주해서는 안되는가? 오네시모가 이 법적 규정을 잘 이용했다는 것을 항상 생각하면서 말이다.

사실 오네시모가 어떻게 바울에게 갔는지를 결정할 길이 없다. 아마 루커스 계곡의 전도자인(골 1 : 7) 골로새의 에바브라가 그 당시 바울을 방문해 있었고(골 4 : 12) 참으로 바울의 "동료 죄수"로 빌레몬서 23절에 묘사되어 있는 그가 오네시모를 바울에게 데려갔을 것이다. 왜냐하면 그는 바울이 곤경 중에 있는 그를 도와줄 것으로 알았기 때문이다. 그러나 우리는 단정할 수 없다. 오네시모가 그 단어의 일상적 의미에서 도망한 노예였다고 생각할 때는 우리가 아주 틀린 것이다. 내가 생각컨대 그의 주인이 어떤 임무를 수행하기 위하여 그를 바울에게 보냈는데 바울이 사랑하는(amore Pauli) 오네시모가 너무 오랫 동안 머물러 있었다. 그래서 그가 너무 오래 부재 중에 있는 것에 대해 용서를 비는 편지를 바울에게서 받아야 했던 것이라고 주장할 수 있겠다. 현재 있는 것은 우리가 세부적인 것들을 모르므로 거론될 수도 있는 가능성이 많다.

이 서신은 노예제도에 대한 바울의 태도에 약간의 빛을 던져준다. 우리는 골로새서와 에베소서에 있는 "가정의 규율"(household tables)에서와 다른 서신에서 언급된 것에서 나타난 이 주제에 관한 보다 더 공식적인 교훈을 얻을 수 있다. 이 편지가 하는 일은 그 제도가 단지 약화되고 없어질 수 있었던 분위기로 우리를 인도하는 것이다. 오네시모가 "더 이상 노예로서가 아니고 사랑받는 형제로서" 보내졌

---

[2] 신명기 법은 아래와 같이 쓰여 있다. "종이 그 주인을 피하여 네게로 도망치거든 너는 그 주인에게로 돌리지 말고 그가 너의 성읍중에서 기뻐하는 곳을 택하는 대로 너와 함께 네 가운데 거하게 하고 그를 압제하지 말지니라"(신 23 : 15, 16). 이것은 고대 근동의 법률에 비할 수는 없다. 거기에는 엄격한 제재들이(함무라비 법전 제14조와 같은 사형죄까지도) 도망한 노예를 숨겨주는 누구에게나 가해졌다. 바울에게는 이 법령이 신적인 권위를 수반했던 것이다. 더우기 그는 빌레몬이 자신의 자유의지를 가진 기독교인으로 행동하는 것을 더 좋아하면서 빌레몬의 동의없이는 그것을 간청하려 하지 않았다.

을 때 공식적인 해방은 이미 돌입한 새로운 관계의 기술적인 양상이요, 단순한 편의상 문제일 것이다. 만약 이 서신이 노예제도에 관한 문서였다면, 사람들은 모울 교수가 골로새서와 빌레몬서의 주석에서 인용한 BC 156년의 한 광고를 포함한 로마 제국 치하의 노예제도의 형편을 설명하는데 그것을 많이 예증할 것이다. 그의 주석에는 도망간 노예에 관한 정보를 요구하고 있고 노예 자신 뿐만 아니라 마지막 나타날 때 그가 가졌던 물건도 묘사하고 있다.

4. 세 가지 문제

이 서신이 우선 일종의 사회학적인 문서가 아니라면 그것은 무엇인가? 우리가 세 가지의 특별한 질문을 할 때 그 서신의 성질과 목적에 관한 좀더 분명한 개념을 얻게 될 것이다.
 a) 바울이 요구하고 있는 바는 무엇인가?
 b) 그가 그것을 얻었는가?
 c) 그 편지는 왜 보호되었는가?

비록 형식적으로는 이것이 세 문제이지만 내용상 그것은 신약에서의 위치와 그 문서의 특성을 포함한 포괄적인 질문의 일부이다. 더우기 만일 우리가 이 서신에 관해서 여지껏 기록된 가장 중요하고 매혹적인 책들 중에 하나로 본다면 그것은 이 중요한 문제들 뿐만 아니라 수많은 부수적인 것도 다루고 있는 책인데 그것은 우리를 도와서 이 포괄적인 문제와 그것을 해결하는 더 많은 명백한 문제들에 대한 해답을 찾게 할 것이다.

1935년 존 낙스(John Knox) 교수는 그 전에는 시카고 대학교에 있었고 그 뒤에는 뉴욕 유니온 신학교에 있었는데, 『바울 서신 중의 빌레몬서』(Philemon among the Letters of Paul)라는 제목의 작은 책 한 권을 출판했다. 그 판은 조그만 것이었고, 그 책은 그것이 지닌 가치만큼 주목을 받지 못했다. 1959년 그 책은 새롭고 또 약간 증보된 판으로 나왔다. 그 동안에 빌레몬서에 관한 낙스 교수의 견해는 『해석자의 성경』(The Interpreter's Bible)에서 그 서신에 관한 그의 서문과 주석에서 좀 더 넓게 인정받았다.

낙스 교수의 저작이 이루어졌던 환경은 고 굳스피드(Edgar J. Goodspeed)가 주도한 시카고 신학학파였다. 굳스피드가 친히 세 편의 목회서신을 제외하고 바울이 집성한(corpus Paulinum) 열 편이 AD 1세기 말 경 에베소에서 편집되고 출판되었으며 우리가 에베소서라고 하는 문서는 그 집성(corpus)에 대한 서문으로 사용하기 위해 그 편집자에 의해 작성되었다. 시카고 학파의 다른 회원들은 이 중심주제와 관계있는 연구를 지지하기 시작했다. 그리고 낙스 교수의 책은 이런 범주에 속해 있다.

그는 굳스피드의 일반적인 입장을 받아들이면서 타당한 질문을 던지는데, 왜 빌레몬서가 바울 서신 중에 포함되어 있느냐는 것이다. 간략하게, 그의 답은 빌레몬서가 바울이 집성한 것을 발행하는데 특별한 역할을 한 사람에게 최고로 중요했다는 것이다. 그 사람은 누구인가? 그가 바로 오네시모였다.

그 주장은 이렇게 계속된다. 시리아 안디옥의 주교인 이그나티우스가 AD 110년 경 혹은 좀더 늦게 로마로 가던 도중에 야수에게 던져졌을 때 에베소의 주교 이름이 오네시모였다. "그것이 뭐 그리 중요한가?"라고 질문할 것이다. 오네시모는 진부한 이름이었는데 특히 흔해 빠진 노예 이름이었다. "유익한" 또는 "유용한"이란 말은 잘 알려진 명명법의 원리를 따라 많은 노예들에게 붙여진 이름이었는데, 그것은 어떤 노예가 실제로 유익하고 유용해서가 아니라 그에게 좋은 징조를 가진 이 이름을 붙여줌으로써 그가 그렇게 하게 되기를 바랐기 때문이었다. 그런데 우리가 왜 AD 110년 경 에베소의 주교였던 오네시모와 그보다 이른 50년과 60년 사이의 빌레몬서에 나타나 있는 오네시모와 연결을 시켜야 하는가?

낙스 교수에 의하면 이그나티우스가 에베소 교회에 보내는 그의 편지에서 빌레몬서와 친숙한 것으로 나타나는데 그것은 우리가 가진 서신의 언어가 명백하게 흉내낸 교부의 문헌에서 드문 위치 중의 하나이다. 그 뿐만 아니라 빌레몬서의 언어가 모방된 이그나티우스가 쓴 에베소서의 그 부분도 오네시모 감독을 언급하고 있는 부분인데 그것은 처음 여섯 장이다. 이 여섯 장에서 그 주교가 열 네 번 언급되는데 나머지 열 다섯 장에서는 "흔들리지 않는 마음으로 감독과 장로들에게 순종하라"는 평범한 표현을 제외하고는 한 번도 언급되지 않는다.

이러한 고찰은 결정적이지는 않지만 인상적이다. 그러나 내가 특별히 인상적이라고 보는 하나의 관점이 있다. 우리가 가진 바울 서신의 20절에서 오네시모의 이름의 의미를 이용하여 "오, 형제여, 나로 함께 그리스도인된 자로서 당신(onaimēn sou)으로부터 이 유익(profit)을 얻도록 해주시오"라고 한다. 그리고 익나시우스는 그가 에베소 교인들에게 말할 때 말을 동일하게 이용하려 하는 의도로써 이 표현을 모방하는 것 같다. 즉, "내가 합당하기만 하다면, 나로 당신(onaimēn hymōn)에게서 항상 유익(profit)을 얻게 하시오"라고 했다.

실로 이것은 두 오네시모를 동일 인물로 보도록 요구하지는 않는다. 그것은 단지 에베소의 동시대의 주교의 이름이 이그나티우스에게 빌레몬서의 오네시모를 기억나게 했다는 것일 수 있다는 것이다. 전에는 덜 유익했던 첫째 오네시모가 그 후로는 자기 이름이 약속한 만큼 유익하게 되었듯이 둘째 오네시도가 그의 "사랑받는 이름"에 대한 특출한 가치가 있었다. 그러나 동일인물일 수는 없다. 그러나 그것이 있을 수 없는 일은 아니다. 빌레몬서가 AD 약 61년에 쓰여졌는지 아니면 바울의 에베소 사역 도중으로 그 연대를 잡는 사람들처럼 약 6년 더 일찍 쓰여졌든지간에 바울이 그것을 쓴 십 몇 년 뒤나 20년 전반에 한 사나이가 이그나티우스가 순교할 무

제34장 빌레몬서   417

렵 70년 대에 있었을 것이다. 그것은 그 당시 한 주교로서 믿을 수 없는 연령은 아니었다.

그는 바울이 이렇게 말하도록 했을 때, 낙스 교수는 그렇게 납득을 시키지 못하고 있다. 즉, "내가 요청하고 있는 바는 내가 여기 감옥에서 오네시모로서 낳은 나의 아들을 위한 것이오." 그것은 마치 오네시모가 신앙의 아버지에게 의해 그에게 주어진 새로운 "크리스챤" 이름이었던 것처럼 말이다. 이 견해는 너무 억지이다. 그것은 이미 언급되어 왔듯이 오네시모가 흔해 빠진 노예 이름이었을 뿐만 아니라 바울이 그의 주인이 인정하지 않으려고 한 이름을 가진 그 젊은이를 명명하지 않았을 것이기 때문이다.

이 문제는 별도로 두고 바울의 오네시모와, 이그나티우스가 알았던 에베소의 주교와 동일인물일 가능성이 있는 것과 바울 서신 중에 빌레몬서가 보존된 것과 무슨 상관이 있는가? 낙스 교수는 이것을 말하고 있다. 즉, 굳스피드 학파가 믿고 있듯이 에베소가 1세기 말 경 바울의 집성이 편집된 곳이었다면 이그나티우스 편지에 나오는 오네시모는 아마도 이미 에베소의 감독이었고 그 집성의 편집과 관련된 책임 있는 위치에 있었을 것이다. 그가 왜 편집자 자신이 되어야 했는가? 그 경우에 있어서 우리는 빌레몬서의 조심스런 보존에 대한 이유를 더 이상 찾을 필요가 없다. 그러나 만일 오네시모가 바울 집성의 편집자였다면 굳스피드 학파에 의해서 그는 에베소서의 저자가 될 것이다. 그 일이 그렇게 된다면, 바울이 그리스도를 위하여 오네시모를 얻은 날에 그는 확실히 한가지 훌륭한 일을 한 셈이다.

낙스 교수는 또 한가지 흥미있는 문제를 제기하고 있다. 빌레몬서가 누구에게 보내졌는가? 물론 빌레몬에게 라는 것이 당연한 대답이다. 그러나 그렇게 확고하지는 않다. 그것은 빌레몬에게만 보내진 것은 아니다. 다시 말하면, 그것은 "우리의 사랑받는 자요 동역자인 빌레몬과 및 자매 입비아와 및 우리와 함께 군사된 아킵보와 네 집에 있는 교회에게" 보내졌는제 여기서 "당신의"(your)는 단수로 쓰였다는 것이다. 이것은 흠정역(Authorized Version)과 개정역(Revised Version)에서도 2인칭 복수 대명사와 단수 대명사 간에 차이가 있는 것을 볼 수 있는데, 그것은 유용한 것이다. 즉, "당신 집에 있는 교회"(the church in thy house)라는 것이다. 누구 집에서 말인가? 그 편지의 4절부터 24절까지의 2인칭으로 쓰여 있는 그 사람의 집은 오네시모 주인의 것이다. 그가 누구였나? 다시금 빌레몬이 당연한 답이 되는데 마치 그 서신의 진짜 저자가 1절의 발신자들 중에 언급된 첫번째 사람이듯이 그는 1절의 수신자 중에 언급된 첫번째 사람이다.

그러나 낙스 교수는 그렇게 생각하지 않는다. 그에 의하면 오네시모의 주인은 빌레몬이 아니라 세번째 수신자인 아킵보라고 주장한다. 아킵보가 아니라 왜 빌레몬이 오네시모의 주인이 되었어야 했는가? 아킵보가 오네시모의 주인이었다는 확증은 바울이 골로새 교인들에게 명령하여 아킵보에게 "주 안에서"받은 직분을 삼가 이루라고 말을 전하도록 하는 골로새서 4:17의 아킵보에 대한 숨은 언급에서 발견된다. 거기서 바울이 하고 있는 일은 바울이 바라는 것을 오네시모의 주인이 행하도록 설득하는 것에 골로새 교회의 협조를 구하는 것이다.

그러면 빌레몬은 누구였나? 그는 라오디게아에 살던 루커스 계곡에 있는 교회들의 감독이었다. 바울은 빌레몬이 아킵보와 잘 통할 수 있었기 때문에 그에게 먼저 편지가 전달되도록 조정했는데 이것은 바울이 골로새 교회에게 전해 받고 또 읽도록 한 "라오디게아로서 오는 편지"였다.[3]

이러한 재구성에 대해서 뭐라고 말할 수 있는가? 아킵보의 직분에 대한 숨은 언급이 그 편지를 전해 받고 또 읽으라고 권고한 직후에 따라 나오기에 그 언급이 "라오디게아에서 오는 편지"와 무슨 상관이 있었다는 것도 아주 있을 만한 일이다. 그러나 한 가지 분명한 것이 있는데 그것은 바울이 빌레몬서에서 오네시모를 위해 부탁하는 특이한 부드러움이 있은 후에 아마 오네시모의 주인이 있을지도 모를 교회 회중 가운데서 큰 소리로 읽혀질 편지에서 이름을 들어 그 주인에게 압력을 가하는 것은 믿을 수 없을 정도로 단호한 행동이라는 것이다.[4] 반면에 골로새서 4:9에 있는 오네시모에 대한 언급은 완고한데 "두기고와 함께 신실하고 사랑을 받는 형제 오네시모를 보내노니 그는 너희에게서 온 사람이라"고 되어 있다. 비록 의심은 없을지라도 빌레몬서에 있는 바울의 부탁에 좀 더 비중을 두는 것에 대해서 아무도 의의를 제기할 수 없었다. 그러나 바울이 따로 편지하면서 "내가 말하는 것보다 더 많은 것을 당신이 할 것을 아오"라고 그가 말하는 어떤 사람을 그 현장에 둘 필요가 없었다. 그런데, 골로새 교회가 멀리가서 빌레몬서에 있는 바울의 외교적 결과를 무마시키기 전에 그 사람을 그 현장에 두려는 어떤 시도가 있었다는 것이다.

그리고 빌레몬서가 골로새에 모인 교회에서 큰 소리로 읽혀지도록 바울이 명령한 것은 어느 편에서는 훨씬 더 불행할 것이다. 실로 빌레몬서에서 바울이 빌레몬과 압비와 아킵보에게 뿐만 아니라 "당신 가정에서 모이는 교회"에게도 문안하고 있다. 그러나 그것은 4절에서 22절까지의 사적인 내용이, 골로새서 시(市) 교회는 차치하고, 이 세 사람이 관련된 그 가정교회에까지 누설되리라는 것을 의미하지 않는다.

아킵보의 직분이었다는 것은 골로새서 4:17에서 공적으로 부과되어야 했던 것인데, 그것은 생각해 볼 문제임에 틀림없다. 왜냐하면 그것이 우리가 빌레몬서를

---

[3] 굳스피드는 라오디게아에서 온 편지라는 견해를 주장했다. 그러나 그는 빌레몬과 마찬가지로 아킵보와 오네시모도 라오디게아에 사는 것으로 간주했다.
[4] 굳스피드에 의하면 그가 없었을 것이라 한다. 왜냐하면 "만일 그가 골로새에 있었다면 골로새 교인들이 왜 그에게 말을 전해야 했는가? 그는 그 교회의 모임에 있었을 것이고 전해 받지 않은 그 메시지를 들었을 것이다"라고 하기 때문이다.

이해하는데 적절하다고 생각할 정당한 이유는 없기 때문이다. 결코 아킵보는 오네시모의 주인이 아니었다. 이런 생각은 단지 골로새서 4:17에 아킵보에게 부과된 직분과 빌레몬서의 취지와 연결시키고자 하는 열망에서 누구에게나 일어날 수는 없다. 빌레몬서의 수신자로 첫번째 언급된 사람은 당연히 가장일 것이고 압비아와 아킵보는 물론 그의 가족일 것인데 아마 그의 아내와 아들일 것이다. 그때에 바로 빌레몬의 집에서 1절의 가정교회가 모였고 바울이 계속해서 "내가 당신에게 간구하오"고 말할 때에 그 요청을 받은 사람은 다른 사람이 아니고 바로 빌레몬이었다. 이 빌레몬이 오네시모의 주인인데 그 서신의 전통적인 제목은 잘못 붙여진 것이 아니다.

5. 세 가지 답변

이제 세 가지 특별한 질문으로 되돌아 가겠다.

a) 바울이 요구하고 있는 바는 무엇인가? 그는 자기의 개종자[5] 중에 한 사람인 골로새의 빌레몬에게 그의 종 오네시모를 용서하고 그를 그리스도인으로 맞을 뿐만 아니라 그를 자기에게 다시 보내어 그가 이미 도우기 시작했듯이 바울을 계속해서 도울 수 있도록 요구하고 있다. 바울은 오네시모를 자기와 함께 계속 있게 하고 싶었지만 빌레몬의 말과 기꺼운 동의가 없이는 그렇게 하려고 하지 않았다. 그렇게 하는 것이 단지 불법이기 때문이라는 것이 아니라 특히 자기와 빌레몬 사이의 그리스도인의 교제에 금이 갈 것이기 때문이었다.

b) 그가 요구한 것을 받았는가? 그렇다. 그렇지 않으면 그 서신은 결코 남아있지 않았을 것이다. 일단 그것이 보존되어 남아 있다는 것은 논평을 요하는 문제이지만 만일 빌레몬이 자기 마음을 굳게 하여 오네시모를 용서하고 맞아들이는 것을 거절했다면 그가 그 편지를 틀림없이 감추었을 것이다.

c) 그 서신은 왜 보존되었는가? 그것은 빌레몬이 관련된 한 그 목적을 달성했기 때문만이 아니라 오네시모가 그것을 자기의 자유에 대한 허가서로서 소중히 여겼기 때문이다. 그리고 오네시모가 평범한 그리스도인으로 머물러 있지 않고 멀지 않아 아시아 지방으로 사는 즉 에베소의 감독과 같은 가장 중요한 인물 중의 한 사

---

5) 만약 골로새에 빌레몬이 바울의 열매였다면 바울이 어떻게 소문만으로(골 1:4 이하; 2:1) 골로새 교회를 명백히 알고 있었단 말인가? 바울이 에베소로 지나서 갔던 "윗지방"(행 19:1)은 루커스 계곡을 포함한다고 오레곤주의 포클랜드에 있는 물트노마(Multnomah) 성경학교의 굳드릭(E. W. Goodrick) 교수가 내게 제시해 왔다. 만약 그렇다면, 비록 골로새와 이웃에 있는 도시들의 실제적인 복음화가 좀 뒤에 바울의 동역자인 에바브라에 의해서 수행되기는 했지만 그가 여행 중에 빌레몬을 만나 그리스도께로 그를 인도했을 것이다. 대신에, 그는 다른 곳에서 빌레몬을 만났을 것이다. 예를 들어, 우리가 모르는 에베소에서 말이다.

람이 되었다는 견해에 대해서는 할 말이 많이 있다. 바로 그의 생애에 바울 서신의 집성이 처음 수집되고 출판되었다. 그리고 그 일이 어디에서 또 누구에 의해서 수행되었든지 오네시모는 (그가 만일 에베소의 감독이었다면) 그것에 대해서 알 수 있었을 것이고 그는 "자기의" 바울 서신이 그 수집된 것 가운데 한 자리를 차지한 것을 확인했을 것이다.

제35장

정사와 권세

1. 리쿠스 계곡의 복음

빌레몬의 고향인 골로새는 Maeander(현재 Menderes)의 지류인 리쿠스 강(현재 Cürüksucay)의 남쪽 지방에 있는 브루기아에 위치해 있었다. 그것은 에베소에서 유브라데로 가는 주도로에 있는데, 따라서 이 도로를 따라 행군한 크셀크스와 고레스 2세의 군대의 여행일정 속에 언급된 것을 볼 수 있다. BC 5세기 헤로도투스는 그 도시를 "브루기아의 굉장한 도시"라고 했고, 크세노폰은 다음 세기 초에 그것을 "인구가 많고 부유하고 큰 도시"로 묘사하고 있다. 그러나 그 후 기독교 전시기에는 이웃해 있는 라오디게아와 히에라폴리스가 성장함에 따라 그곳은 그 중요성에 있어서 감소되었다. 그리고 기독교 초기에는 스트라보가 그 시를 작은 읍이라고 했다. 지금은 그 위치가 황폐되어 있으나 호나즈(Honaz)의 읍(옛날의 대주교직의 자리와 비잔틴 요새)은 동남쪽으로 3마일 되는 데에 위치해 있다. 신약 시대에는 그 인구가 BC 2세기 초의 안티오쿠스 3세부터 브루기아에 정착한 수많은 유대인 이주민과 더불어 브루기아 토착민과 헬라 정착민으로 구성되었다.

리쿠스 계곡의 골로새와 다른 도시가 있는 브루기아의 서쪽 지역은 Pergamum 왕국의 일부를 이루고 있었는데, 그 왕국은 마지막 통치자인 아타루스(Attalus) 3세에 의해서 BC 133년 로마 원로원과 국민들에게 전해져서 그들에 의해 아시아 지방으로 편성되었다.

기독교는 바울이 에베소 사역을 몇 년 할 동안(AD 약 52~55), 리쿠스 계곡에 소개되었다. 그 몇 년 동안 복음 전파는 매우 활발했다. 누가에 의하면, 에베소 사람들 뿐만 아니라 "아시아에 사는 자는 유대인이나 헬라인이나 다 주의 말씀을 듣더라"(행 19 : 10)고 기록한다. 바울이 이 일을 지시할 동안에 그는 많은 동역자의 도움을 받았고 그들의 활동을 통하여 바울이 개인적으로 방문할 수 없던 지방의 일부 지역에 교회들이 세워졌다. 이들 중에 골로새, 라오디게아와 히에라볼리 교회가 있었는데, 이들은 바울의 동역자인 에바브라에 의해서 세워진 것으로 보인다. 그런데 이것은 골로새서 1 : 7 이하 그리고 4 : 12 이하에서 바울이 그에 관해서 언급한 것에서 유추할 수 있을 것이다.

바울이 에베소를 떠난 지 5년이 못되어 그는 로마에서 감금된 상태로 있었다. 여기서 2년이란 기간 동안 어려움없이 그는 셋집에서 방문객을 맞을 수 있었다.[1] 이 방문객들 중에 한 사람이 리쿠스 계곡의 전도자인 에바브라였다. 그는 바울에게 그 지역의 교회들의 성장에 관한 소식을 가져다 주었다. 많은 소식이 고무적이었으나 염려가 되는 소식이 한가지 있었는데, 특히 골로새에서 그리스도인들 가운데 그들이 최근에 믿었던 은혜의 복음을 타파하고 그들의 기독교 자유를 영적 굴레로 대체시키려고 위협하는 일종의 교훈(비록 그들 자신이 여기에 대해 의심하지 않았지만)을 받으려는 강한 경향이 있었다. 이러한 위협으로부터 그들을 보호하기 위해서 바울은 그들에게 골로새서를 보냈다.

2. 저작과 연대

앞 단락의 진술 내용을 몇 가지 가정에 근거해 있는데 특별히 다음 두 가지가 그렇다.
 a) 골로새서의 저자를 바울로 보는 것,
 b) 그것은 바울이 로마에 감금되어 있을 동안에 쓰여졌다는 것이다.
 (1) 저작
저작문제에 관해서는 첫 인사말에서 바울과 디모데를 함께 이 서신의 발신자로 들고 있다. 디모데의 이름이 이런 식으로 바울의 이름과 결부되어 있는 대부분의 서신은 바울 집성의 다른 서신과 구별되는 공통적 문학적인 특징을 내보이고 있음이 나타난다. 다시 말해서 이것에 대한 자연스런 설명은 이 서신에서 디모데가 바울의 서기로서 일했다는 것일 것이다.

그러나 그것이 가정하듯이 그런 영지주의 이단이 AD 2세기 전에 출현할 수 없었다는 것은 이 서신의 바울 저작과 반대된다. 만약 "골로새의 이단"이란 것이 완

---

1) 리쿠스 계곡이 라오디게아 지역을 황무케 한 지진을 당한 때가 이때쯤이었다(AD 60). 그런데 그것이 골로새에 어떤 영향을 끼쳤는지는 모른다.

전히 발달한 발렌티나아니즘(Valentinianism)의 특징이나 이레네우스와 히폴리투스에 의해 묘사된, 혹은 나그 하마디 파피루스에 반영된 다른 영지주의 체제 중의 하나를 나타낸다면 이 주장에는 요지가 있을 것이다. 그러나 그런 2세기 체제와 비교할 때 그 "골로새의 이단"은 영지주의의 초기 형태로 인정해야 한다. 실로 1세기에 초기 형태의 영지주의가 점점 유행하는 데서 증거가 나타난다. 특히 유대주의가 있던 지역에서 헬라 사상과 동양사상의 지배적인 경향에 연루되어서 말이다.

결국 골로새서의 바울 저작에 반대해 온 몇몇 다른 주장이 가지는 느낌은 갈라디아서와 고린도서와 로마서의 저자는 골로새서의 저자가 그 서신이 다루는 상황에 맞는 것처럼 적합하지 못하다는 것이다. 그러나 이것은 바울의 지성과 다재(多才)함을 과소평가한 것이다. 복음을 위하여 "여러 사람에게 여러 모양"이 되었던 (고전 9：22 이하) 그 사람의 정책을 그가 그리스도의 참된 지식(gnósis)과 영적 금욕(askèsis)으로써 골로새에서 가르쳐진 거짓된 "지식"과 세속적인 "금욕"으로 여겼던 것을 완벽하게 대결할 수 있었다. "골로새의 이단"에 대해서 반대하기 위해서 그는 즉시 그들이 전달하고자 하나 단지 왜곡시키기만 하는 그 진리가, 나타난 "하나님의 비밀"(골 2：2)인 그리스도 안에서 완전히 구체화 되는 것을 보여줌으로써 특색있는 전문용어를 택하고 있다.

몇 해 전 헨리 채드윅(Henry Chadwick) 박사는 이 서신에서 바울은 한번에 두 가지 일을 하고 있다고 지적했다. 즉, 그가 이교주의의 지성계에 대해 기독교 변증가의 역할을 하는 동시에 교회 내의 복음의 진리를 옹호하고 있다는 것이다. "치료하는" 의미를 알 때 "골로새의 이단"이란 전문용어를 변증하기 위해 그가 사용함으로써 이 서신과 한편으로는 에베소서, 다른 한편으로는 고린도서와 갈라디아서와 로마서 간에 구별되는 어휘상 차이점에 대해 어느 정도 설명이 가능할 것이다.

특히 홀쯔만(H. J. Holtzmann)과 찰스 마쏜(Charles Masson)과 최근의 해리슨(P. N. Harrison)같은 일부 학자들은 골로새서에 있는 바울적인 요소들을 분명히 인정하면서, 바울이 더 짧은 골로새서를 썼다고 생각함으로써 바울적이 아닌 것으로 느껴지는 요소들이 있다고 애써 설명해 왔다. 이 가설에 따르면, 더 짧은 에베소서는 에베소서를 쓴 바울주의자들이 작성했는데 그 후에 같은 바울주의자가 진짜 골로새서에다 자기 자신의 "독특한 문체"로 실제적인 내용을 더 적어넣었다. 그래서 오늘날 우리가 갖고 있는 확대된 골로새서를 내놓게 되었다. 홀쯔만은 골로새서와 에베소서의 공통되는 구절에서 어떤 때는 전자가, 때로는 후자가 더 이른 것으로 보이는 진기한 현상에 대해서 이런 식으로 설명하고자 했다. 그러나 홀쯔만의 주장에 대한 피크(A. S. Pecke)의 비평은 그 가설의 복잡성 때문에 그 가설은 치명적으로 반대를 받는데 똑같이 가장 최근에 형성된 것과 명백히 반대된다.

해리슨은 이 가설의 구조와 에베소서는 오네시모에 의해 쓰여졌다고 한 굳스피드에게서 그가 물려받은 견해를 통합하고 있다. 그가 결론짓기로는 오네시모도 골로새서에 추가로 삽입해 넣은 사람이라고 한다. 해리슨이 분별하는 가장 실질적인 첨가해 넣은 내용 중 두 가지는 골로새서 1：9 하반절에서 25절 그리고 2：8~23의 구절인데 이는 주로 그 구절이 신약에 한번만 나오는 단어들을(hapax legomena) 포함하고 있기 때문이다. 그러나 신약에 한번만 나오는 구절에 근거한 주장은 이 두 어구에 적용될 때 믿을 수 없다. 그것은 전자에서는 예배학적 모범을 아주 많이 사용하는 반면에 후자는 다른 모든 것 위에 "골로새의 이단"이라는 어휘를 인계받아 "치료하는" 의미로 사용되는 것처럼 보이는 구절이 있다는 것이다.

보다 더 최근의 한 연구에서 에드어드 로시(Eduard Lohse) 주교는 골로새서의 사상이 바울적인 특징을 나타낸다는 데는 동의하지만 그 서신의 신학과 직접적 혹은 간접적인 저자로서 바울을 제외시키는 바울의 중요한 서신들의 신학 사이에 차이점들을 발견할 수 있다고 지적한다. 이 차이점은 그 서신의 논쟁적인 부분 뿐만 아니라 비논쟁적 부분에까지도 퍼져 있다. 다시 말해서 그것들은 기독론과 교회론과 종말론과 세례교리에 영향을 끼치고 아마 에베소에 있었을 "바울 학파의 전통"의 출현에 기인된다는 것이다. 그러나 골로새서는 비교적 이 전통의 이른 단계에 속한다. 왜냐하면 예를 들어 그 서신의 교회에 대한 개념은 에베소의 것보다 이르고 사역에 대한 이해는 목회서신의 것보다 원시적이기 때문이다. 참으로 우리는 로시 주교가 보여주는 바에 의해서 골로새서는 여기서 바울의 주요한 서신들과 조화를 이룬다고 말할 것이다. 그런데 "그 서신들은 때때로 그 사도와 함께 말씀을 가르치는 교사들과 선지자들과 목사들을 언급하기도 하나 동시에 모든 그리스도인이 자기에게 부과된 직분에 의해서 성취한 그리고 성취해야 하는 전 공동체의 임무로서 교훈을 묘사하고 있다."[2] 이 마지막 주장은 "가르치는 자"가 "우리에게 주신 은혜대로 받은 은사가 각각 다른"(롬 12：6 이하) 중에 하나를 실천한다는 그 중요한 서신들의 증거를 넘어선다. "모두가 교사인가?"란 질문에 "아니오"란 답은 당연하다. 그러나 골로새서의 사역에 대한 이해가 원시적이라는 것은 그 사도의 생애 중에서 한 연대를 잡기 위한 긍정적인 주장으로 사용될 만도 하다.

(2) 연대

바울이 골로새를 기록할 때에 그가 감금되어 있던 것이(골 4：3, 18) 로마의 감금인지 아니면 그 이전의 것인지에 관한 문제에 대해서는 보다 더 명백한 증거가 없어서 바울 서신들의 상대적인 연대를 결정하는데 도움이 될지도 모를 두 가지 판단기준에 관한 언급이 다른 곳에 나와 있다. 이 기준들은 정해진 범위 내의 바울 사상의 발전과 관계가 있다. 여기서 그의 서신의 순서로부터 그의 사상의 발전을 결정하고 나서 그의 사상으로부터 그의 서신의 순서를 결정하면서 범주 안에서 논

---

2) "피차 가르치며 권면하라"(골 3：16)는 골로새 교인들에 대한 권면은 그 교회에 전문적으로 가르치는 은사가 없었다는 것을 시사하는 것으로 강조해서는 안된다.

하는 것은 너무 쉬운 일이다. 그러나 만약 우리가 독립된 증거에 관해 연대를 잡을 수 있는 서신들에 기초한 사상에 대해서 어느 정도 한정된 진보를 설정할 수 있다면, 우리는 가끔 이렇게 설정된 진보의 노선을 따라서 다른 서신이 언제 쓰여졌는지를 가장 잘 알 수 있을 것이다. 더우기 우리가 바울의 사상과 같은 생각을 다루고 있을 때 직선적인 진보의 성격을 가진 어떤 것을 가정할 수 있다는 사실을 상상하고 있음을 주의해야 한다.

언급된 두 가지 판단기준이란 첫째로 종말론적 희망, 그리고 둘째로 그리스도의 몸으로서의 교회인데 이들에 관련된 바울 사상의 진보이다.

이 기준 중에 앞의 것을 생각할 때 골로새서는 우리에게 별 도움이 되지 않는다. 이 서신에는 우리가 고린도전서 15 : 15 이하에서 어느 정도 그리고 데살로니가서에서 볼 수 있는 천계를 묘사한 언어는 없지만 그리스도의 백성의 소망으로서 재림에 대한 확실성은 아주 분명하다. 즉, "우리 생명이신 그리스도께서 나타나실 그때에 너희도 그와 함께 영광 중에 나타나리라"(골 3 : 4). 이것은 하나님의 아들이 영광 중에 나타나는 것이 우주 만물이 고대하며 바라는 로마서 8 : 18~25과 대단히 조화가 잘된다. 그리고 하나님께서 우주만물과 자기와의 화목을 도모하시는 자로서 골로새서 1 : 20에서 그리스도를 묘사하는 것은 로마서에 있는 그 구절과 빌립보서 2 : 10 이하의 구절과 함께 조화를 이루는데, 빌립보서 구절에는 하나님의 목적은 모든 무릎이 예수의 이름 아래 꿇는 것과 모든 혀가 그 분은 주시라고 고백하는 것이라고 말한다.

골로새서의 연대에 대해서 훨씬 더 결정적인 것은 두번째 기준인데, 그것은 그리스도의 몸으로서 교회에 대한 바울의 개념이다. 골로새서에서 이 개념에 대해 설명하는 것은 고린도전서와 로마서에서 나타나는 것보다 그 주제에 관한 바울의 사상에 있어서 더 진보된 단계를 보여주고 있음을 알 수 있다. 본장의 뒤에서 이에 대해서 더 많이 이야기할 것인데, 여기서는 다음의 사실만 말해 두기로 한다. 즉, 고린도전서와 로마서에서는 그리스도인의 공동생활이 머리가(혹은 머리의 특별한 부분) 다른 지체들 가운데 한 지체이듯이, 몸의 다양한 지체의 상호의존에 비유되는 반면에 골로새서(에베소서도 동일함)에는 그리스도가 몸의 머리로 나타난다. 바울의 사상에서 이렇게 더욱 진보된 단계는 골로새의 이단에 대한 그의 반응을 반영할지도 모른다. 이것은 로마서보다 더 이전에 또, 고린도전서와 거의 같은 시대에 그가 에베소 사역을 할 동안으로 그 연대를 정하기는 어렵다는 것이다. 골로새서를 기록한 때를 에베소의 감금이라는 것은 불가능한 것으로 추정된다.[3] 그리고 만일 에베소의 감금이 아니라면 우리는 가이사랴나 로마로 생각해야 한다. 이 둘 중에 양자택일 한다면 모든 것을 고려해 보아서 로마가 더 가능성이 있을 것이다.

만일 골로새서의 작성에 있어서 두 단계의 이론이 받아들여진다면 이 주장은 물론 반박을 받을 것이다. 예를 들면, 해리슨은 그 서신에서 "머리"와 "몸"으로 표현된 모든 것을 나중에 삽입한 내용으로 돌린다. 그래서 광적인 유대인들에게서 바울을 보호하고 소동을 피하도록 하기 위해 "아시아의 관원 중에 바울의 친구된 자에 의해" 잠간 연금된 동안(행 19:31)에 바울의 에베소 사역의 진정한 핵심에 대한 연대를 정할 수 있다는 것이다. 그러나 이것을 지지하는 유력한 증거가 있기만 하다면 (우리가 찾는 그런 증거는 없지만) 이 이론에 대해 총론상 불가능한 것 (bibliographical improbability)이 유리하게 고려될 수 있는 것이다.[4]

3. 골로새의 이단

흔히 "골로새의 이단"이라고 하는 것에 대한 공식적인 표현은 없는데 그 말은 우리가 가진 서신에 나타난 반론으로부터 유추해야 한다.

그러나 이 반론이 "골로의 이단"의 존재를 지적하는가라고 질문할 것이다. 바울은 로마와 빌립보 교인들에게 어떤 잘못된 교훈과 나쁜 습관에 대해 주의를 주고 있다(롬 16:17~20, 빌 3:2,18 이하). 그런 것이 실제로 로마와 빌립보 교회에 침입했는지에 대한 아무런 시사도 없이 말이다. 즉, 골로새서에서는 그같은 것을 행하지 않았을까? 요컨대 모나 후커(Morna Hooker) 교수가 질문했듯이 골로새에 거짓 교사가 있었는가? 그녀는 바울이 그들의 구역에 침입할지도 모를 거짓 교사들에 대해서 골로새 교인들에게 미리 경고하고 있는 것이 아니라 그가 미신이 만연된 그 당시 사회의 압력에 대해서 그들에게 경고하고 있다고 제시한다.
마치 "20세기 영국에 있는 한 목사가 그리스도는 어떠한 점성학의 위력보다 더 크다는 것을 사람들에게 상기시킬 필요를 당연히 느끼듯이" 말이다.

후커 교수의 질문에 대한 답변은 대체로 주관적인 것임에 틀림없다. 왜냐하면, 내가 그 서신을 읽을 때 내가 받은 인상은 "맞아, 골로새에 거짓 교사들이 있었어"라고 대답하기 때문이다.

근본적으로 그들의 교훈은 유대적이었던 것으로 보인다. 이것은 법적인 절차, 할례, 음식에 대한 규정들, 안식일, 월삭과 유대절기에 대한 여러 가지 규율로서 유대교 안에서 준수하는 것으로부터 나타난다. 그러나 그것은 갈라디아 교회가 경계해야 했던 바로 그 유대주의는 아니었다. 그 유대교는 유대에서 온 밀사에 의해서 골로새 교회에 소개되었을 것이다. 그런데 골로새의 이단은 지역적으로 다양한 유대주의가 비유대적인 기원을 가진 어떤 철학과 융합되어 브루기아에서 발전한 것이었을 가능성이 더 크다. 그것은 영지주의 초기의 단순한 형태였다.

---

3) 만약 에베소가 골로새서가 작성된 장소로서 제외된다면 그것으로 보아 빌레몬서도 제외된다.
4) 골로새서의 진정한 핵심이라고 하는 것이 도대체 왜 쓰여져야 하는가를 알기란 쉽지 않다.

브루기아의 회당들은 특히 헬라주의의 사색의 영향을 받기 쉽고 당연히 종교적 혼합주의로 기울어지기 쉬웠던 것으로 보인다.[5] 복음이 그 지역에 소개되었을 때 유대적이고 헬라적인 한 혼합주의가 기독교 이야기의 일반적인 윤곽에 맞도록 그것을 충분히 확장하고 수정하는데 어려움이 없었을 것이다. 그리고 그 결과는 우리가 그것에 대한 바울의 답변에서 재구성할 수 있는 골로새의 이단과 다름없는 것일 것이다.

이 이단 중에는 한 특별한 지위가 창조와 율법을 주는 데 있어서 대행자로서 천사들에게 명백히 주어졌다.

창조에 있어서 대행자 천사로 말하자면 이 신앙의 한 형태가 필로의 글에서 나타난다. 다른 형태로는 순교자 져스틴(Justin Martyr)에 의해 나타나는 것 같은데, 그는 "우리가 사람을 만들자"(창 1:26)와 "우리 중 하나"(창 3:22)란 말이 "하나님이 천사들에게 말씀하셨거나 혹은 사람의 모양은 천사들의 솜씨"라고 주장한 어떤 유대인 교사들에 대해서 언급하고 있다. 이에 반해 져스틴은 "우리"라고 하는 복수 대명사는 성부와 성자를 가리킨다고 주장했다. 우리는 Nag Hammadi 본문 가운데서 발견되는 "세 본질에 관한 논문"(Treatise on the Three Natures)에서 그 진술을 비교할 수 있을 것이다. 즉, "일부 유대인 종파는 하나님이 존재하는 것의 창조자라고 하는데 다른 유대인 종파는 그가 그의 천사들을 통하여 창조했다"는 것이다.

율법을 주는 천사 대행자는 갈라디아서에서 바울에 의해서와 다른 두 신약 성경 기자에 의해서 언급되어 있는데, 그것은 더 이전의 유빌리즈(Jubilees)의 책과 그 이후의 랍비들의 주석에서 뿐만 아니라 당시 유대 문학에서도 나타나 있다. 골로새 이단에 있어서 율법을 준수하는 것은 그 천사들에 대한 순종의 표시로 간주되었고 그 율법을 범하는 것은 그들의 불만을 일으켜서 그 범법자는 그들에게 죄와 굴레로 매이게 된다. 그래서 그들은 전통적인 유대주의를 합법적으로 지킴으로써 뿐만 아니라 거기에 덧붙여서 엄격한 금욕주의를 준수함으로써 풀려나야 한다.

율법을 준 천사들을 "초보적인 것들"(stoicheia)로 묘사하는데 이것은 갈라디아서 4:3,9에서 이미 사용된 용어이다. 그러나 그들은 초보적인 존재들일 뿐만 아니라 지배하는 자들이다. 즉, 정사와 권세와 땅 위의 주요, 신적인 충만함(plèroma) 속의 분배자요, 하늘과 땅 사이의 중재자들이다. 그들은 하나님과 사람들 사이의 의사소통의 길을 조정하기 때문에 하나님으로부터 사람에게 오는 모든 계시와 사람에게서 하나님을 향한 모든 경배는 그들의 중재에 의해서만 그리고 그들의 허락

---

5) 브루기타(Prugita)의 목욕탕과 음주회 모임 때문에 자기 동족 이스라엘 백성으로부터 열 부족을 나누었던 결과와 관련해서 TB Shabbath 1476에서 가끔 인용된 이 진술은 브루기타와 브루기아(Phrygia)가 관계가 있는지 모르겠다. 아마 브루기타는 브루기아를 의미할 수도 그렇지 않을 수도 있다.

에 의해서 그 목표에 도달할 수 있었다. 그리스도 자신이 비록 땅에서 하늘로 돌아가는 도중에 있지 않다 할지라도 하늘에서 땅으로 오는 도중에 그들의 권위에 복종해야 했다고 분명히 주장했다.

이 모든 것은 영적인 엘리트를 위한 진보된 교훈의 형태로서 나타났다. 골로새의 그리스도인들은 그들이 완전한 것(teleiòsis)를 달성하기까지 일련의 계속되는 입회로 더 깊은 신비를 탐구하기 위해 이 진보적인 지혜와 지식(gnòsis)에 찬성하지 않을 수 없었다. 기독교 세례는 단지 예비적인 입회식에 불과했다. 진리의 길을 따라 더 나아가기를 원하는 사람들은 드디어 그들이 빛의 영역, 즉 영적인 세계의 시민이 되기까지 금욕요법을 추구함으로써 모든 물질적 요소를 벗어버려야 한다.

라이트푸트 감독은 골로새서와 빌레몬에 관한 그의 주석(1875)에서, 이런 종류의 유대화한 지식을 엣센파(Essenes)로 소급해서 추적했는데, 그가 그 주석의 끝에 쓴 세 편의 논문은 그 파에 관한 것이었다. 그래서 그가 자기의 갈라디아서 주석 안에 "성 바울과 세 사람"에 관한 그의 박사논문에서 이미 10년 전에 제창했던 한 주제를 원상태로 되돌렸다.

골로새서의 주제와 엣센파에 관한 그의 논문과의 관련성은 좀 제쳐두고, 라이트푸트 감독은 엣센파와 그들의 교리를 묘사하면서 특유의 학자적인 냉엄과 정확성을 보여주고 있다. 한편으로 그의 설명과 1864년 출판된 "엣센파 그들의 역사와 교리"(The Essenes, their History and Doctrines)에 관한 진즈버그(C.D. Ginsburg)의 논문 내용 간의 대조에 의해서 나타날 수도 있고 다른 한편으로 방대하게 증가된 엣센파의 지식이나 쿰란 사본에서 우리가 이용할 수 있는 관계된 한 집단에 조명해 볼 때 나타날 수도 있듯이 말이다. 이들 사본에 비추어 보면 역시 에비온니티즘(Ebionitism) 속에 있는 강한 엣센파 요소에 대한 라이트푸트의 그 뒤의 논문은 보완된 것이다.

골로새의 이단을 엣센파와 관련시켜서 라이트푸트가 주장하는 바에 따르면,
 a) 엣센파 유대주의는 지성적인 배타성과 영지주의적 사색주의로 특색을 이루는 "노스틱"이었다.

b) 이러한 유형의 유대적 사상은 사도 시대에 소아시아 그 지역에서 설립되었다.

c) 골로새의 이단은 노스틱 유대주의의 간판이었다. 왜냐하면 우선 그것은 그 토대에 있어서 분명히 유대적이었고, 다음으로 그것은 영지주의의 일부 독특한 양상으로 특징을 지니기 때문이다. 그 양상은 지혜와 지식 등을 강조하는 지성적 엘리트와 천사의 중보와 충만 등을 강조하는 우주발생적 사색과 금욕주의와 절기의 규정들이라고 한다.

보다 더 최근에 많은 이러한 특징들이 쿰란 사본과 골로새의 이단 사이의 특별한 접촉점을 분류하는 데서 재차 나타난다. 예를 들어, 데이비즈(W.D. Davies)

교수는 이들 접촉점 중에서 문체의 특징, 절기의 섬세함, 안식일 규정, 음식 구별, 금욕주의와 지혜와 지식에 대한 강조를 열거하고 있다. 거기에는 세계관, 천사론, "진리의 영"과 "오류의 영" 등에 대해서 특별하게 이해하고 있는 사실을 포함하고 있다.

더우기 우리는 더 많은 수고를 하지 않고는 골로새 이단을 다양한 엣센파나 쿰란 교리로 동일시 할 수 없다. 한 가지에 대해서 말하자면 골로새서에서는 엣센파 가운데서는 일반적으로, 그리고 쿰란에서는 특별히 중요한 역할을 했던 것으로 나타나는 의식적인 씻음에 대해 강조하는 것을 빠뜨리고 있다. 세례가 골로새서에서 언급될 때 그것은 유전적인 씻음에 대한 진정한 대응으로서가 아니라 "손으로 하지 아니한 할례"(골 2:11 이하)와 관련해서 언급되어 있다. 아마도 할례의 의문의 의식은 그리스도의 사역에 의해 폐지되었음을 보여주기 위한 것으로 알려져 온 것이다. 그러므로 골로새 이단 중에 있는 엣센파의 영향에 대해서 특별히 말하기 보다는, 최근에 마태 블랙(Matthew Black) 교장에 의해서 대중화된 더 넓은 용어를 사용해서 "유대교를 믿지 않는 자들의 유대주의," 혹은 "유대적이면서 유대교를 따르지 않는 것"에 대해 이야기하는 편이 더 나을 것이다.

골로새서와 일부 다른 부분의 신약의 문헌 배후에서, 기독교가 처음 나타났을 때 쯤 근동에서 통용되던 것으로 생각되는 이란(Iranian)의 기원에 대한 노스틱 신화를 발견한 학자들도 있다. 한 신약의 문헌에 이 신화가 반영된 것은 확실히 속사도적이라는 것을 알 수 있다. 특히 만일 문제가 되는 순서가 바울의 집성에 속한다면 그것은 바울적이 아니거나 적어도 제2의 바울의 것이라는 것이 확실하다. 이 신화의 두드러진 한 가지 특성은 갇힌 자들에게 진리의 지식을 전함으로써, 흑암과 음부의 세계에 육신으로 갇혀 있던 영역에서 포로들을 해방시키려 빛의 세계에서 오는 구속자-계시자와 가장 높은 자와 동일시 하는 것이다. 이 신화가 재구성되는 데 기초가 되는 많은 자료는(특히 Mandaean과 Manichaean 문헌) 사도 시대보다 늦고 신약성경에 의해 영향을 받았으며 적어도 신약에 영향을 끼쳤을 것 같다. 가장 높은 자와 구속자이자 계시자는 복음의 영향이 아니고서는 영지주의에서 찾아볼 수 없다는 논지를 지지할 수 있다. 그리고 사람들은 그러한 영지주의적 신화의 견지에서 복음을 고쳐서 다시 말하려는 가장 최초의 시도 중의 하나가 바로 골로새의 이단에서 발견될 수 있을지 모른다고 생각할 수 있다.

4. 우주적인 그리스도

골로새 이단의 교묘한 전체적 구조는 바울에 의해 아주 허울좋은 거짓으로 정죄를 받고 있다. 그것은 사도의 설교에서 선포된 것 보다 더 진보된 수준의 종교적 진리를 전혀 보여주지도 못하면서 모든 점에서 그 설교와 조화가 되지도 않는다.

세상의 권세가 아주 현저한 역할을 했다는 한 체제는 운명을 반드시 하나님의 보좌에 앉혀야 했다. 만약 우리가 병행적 구조를 유추해서 판단한다면 아마 그리스도는 땅으로 오는 길에 그들의 영역을 통과할 때 세상의 권세에 대해서 자기의 가지는 권위의 몫을 포기할 수밖에 없었을 것이다. 그리고 만일(골로새 이단이 가르친 것으로 여겨진 것처럼) 바로 이 권세들이 그를 십자가에서 고난당하게 했다면 그것은 그리스도에 대한 그들의 우월성을 결정적으로 증명하는 것으로 여겨질 것이다.

이 "사람의 유전"(골 2:8)에 대한 바울의 답변은 그리스도의 전통과 대치되는데, 그것은 그리스도의 교훈에서 나오는 전통일 뿐 아니라 그 안에서 구현된 전통이다. 바울에 의하면, 그리스도는 하나님의 형상이요, 신적인 본질의 충만을 구체화한 분이다. 그래서 그 기본이 되는 영은 결코 나누이지 않는다고 강조한다. 그리고 그리스도의 지체가 된 자들은 그 분 안에서 자신의 충만을 이룬다. 다시 말해서 그들은 다른 어느 곳에서도 완전을 찾을 수 없기 때문에 그들이 구할 필요가 없다는 것이다. 오직 그리스도 안에 지혜와 지식의 총체가 집약되어 있고 그것은 자기 백성들이 소유할 수 있다. 즉, 엘리트만이 아니라 모든 사람이 가능한 것이다. 그리고 그 분이 하나님과 사람 사이의 유일한 중보자이시다.

천사들이 창조에서 어떤 역할을 한 것이 아니라 그리스도는 골로새의 이단에서 그렇게 두드러지게 묘사된 정사와 권세를 포함한 모든 만물을 자신을 통하여 창조하신 분이다. 이러한 능력을 가진 창조주와 믿음으로 연합한 자들이 왜 그들에게 경의를 표할 필요가 있다고 생각하겠는가? 또 이러한 권세들이 그리스도에 대한 우월성을 보여주는 것이 아니라 오히려 그의 죽음과 부활이 그를 그들의 정복자로 나타내 주었다. 십자가 위에서 그들이 적대감을 갖고 달려들었을 때 그는 그들의 공격을 물려쳤을 뿐만 아니라 그 십자가를, 그들이 패배한 원수가 되게 한 승리의 마차로 바꾸었다. 그런데 신앙으로 그와 연합함으로써 그의 죽음과 부활에 참여한 자들이 왜 그리스도가 정복한 그 초등의 영들을 계속해서 섬겨야 하는가? 그 모든 금기사항과 함께 골로새의 이단은 결코 진보된 지혜의 요목이 아니었다. 오히려 그것은 낙후된 모든 특징을 지니고 있었다. 그리스도 안에서 성년이 된 자가 왜 어린 아이의 시절로 되돌아가야 하는가? 그리스도께서 자유롭게 한 자들이 왜 이 속박의 멍에에 복종해야 하는가?

골로새의 이단에 대한 그의 답변에서 바울은 그의 다른 서신에서보다 더 풍부하게 우주적인 그리스도의 교리를 발전시키고 있다. 분명히 다른 서신의 일부에는 거기에 대한 윤곽만 나타나 있다. 바울은 "한 주 예수 그리스도께서 계시니 만물이 그로 말미암고 우리도 그로 말미암았으니라"(고전 8:6)고 증거한다. 이 그리스도는 "하나님의 능력이요 하나님의 지혜"(고전 1:24)였다. 그리고 하나님은 그 백성들의 영광을 위하여 만세 전에 정한 감취었던 지혜를 성령을 통하여 그 백성들에게 보여주었는데, 세상의 권원은 그 지혜를 몰라서 영광의 주를 십자가에 못박고서 그들의 모반을 이루었던 것이다(고전 2 : 6~10). 그리고 그리스도의 죽음으로 말미암아 그런 절대적인 세력으로부터의 해방은 머지않아 전 우주에 퍼질 것이다(롬 8 : 19~22). 그러나 고린도전서와 로마서에서 그냥 제시된 것이 골로새서에서는 더 풍부하게 그리고 조직적으로 상술되어 있다(그것은 골로새서가 이 두 서신보다 더 늦다는 것을 보여주는 좋은 암시라고 덧붙일 수도 있을 것이다).

그리스도 안에서 그리고 그를 위하여 만물이 창조되고 그 안에서 만물이 함께 유지된다고, 바울이 그리스도를 묘사하는 언어는 그리스도를 신적인 지혜로 찬양하는 초대교회의 찬미와 고백에 근거한 것으로 오늘날 일반적으로 인정된다.

"지혜의 기독론"은 1세기 기독교의 여러 갈래 속에서 발견될 수 있는데, 거기에 대한 신약의 가장 현저한 증거는 골로새서 1 : 15~17과 요한복음 1 : 1~3 그리고 히브리서 1 : 1~3이며, 이 셋은 상호 독립적인 구절이다. 바울과 제4 복음서 기자와 히브리서 기자가 비슷하게 묘사한 이 기독론의 뿌리는 참으로 원시적임에 틀림없다. 공관복음서에 있는 그리스도의 말씀들(verba Christi) 중에서 비평가들이 "지혜의 금언"이라고 하는 것이 어떤 형태에서 나온 것인가를 고려할 때, "신적인 지혜"의 역할 중 그리스도가 이따금 말하는 것은 사도 시대의 "지혜의 기독론"의 중요한 뿌리라고 제시하는 것은 전혀 위태롭지 않다.

특히 구약의 한 구절이 "하나님의 지혜"로서의 그리스도가 만물을 창조했다고 하는 신약의 문맥에 영향을 주었는데, 그 구절은 잠언 8 : 22 이하이다. 거기서 인격화된 "지혜"는 일인칭으로 하나님의 사랑을 받는 맏아들이시고 태초의 창조 사역에 참관하신 예수 그리스도를 말하고 있는 것이다. 이 구절의 용어는 골로새서 1 : 15의 "창조물보다 먼저 나신 자"와 골로새서 1 : 18의 "으뜸"(archè)으로서 그리스도를 묘사하는 근거가 된다. 그 후 랍비의 주석이 잠언 8 : 22의 "태초"(그의 조화의 시작)란 단어를 인용한 것은 창세기 1 : 1 "태초"를 설명하기 위함이다. 이를테면, 하나님이 천지를 창조하셨다는 "태초"는 지혜(토지와 동일시된)였다. 이러한 유추는 우리가 행위자를 뜻하는 dia(~으로 말미암아)로 생각하고 있을 골로새서 1 : 16 "만물이 그에게 창조되되"에 있는 전치사 en(~안에)의 진기한 용법을 설명하고 있다. 다시 말하면, 그 전치사 "in"은 창세기 1 : 1의 "in"이다. 만약 "태초에 하나님이 천지를 창조했다"면 "하나님의 지혜"로서의 그리스도는 그 "안에서" 만물이 창조된 그 태초이다.

그러나 골로새서 1 : 15~20의 찬미는 그리스도를 옛 창조의 머리로서 뿐만 아니라 새 창조의 머리로서 찬양하고 있는데, 그것은 18절에 있는 태초로, 제 2 절(strophe)의 주제이다. 이 새 창조에서도 그리스도는 "태초"인데, 이때는 "모든 피조물 중에 먼저 난 자"로서가 아니라 "죽은 자들 가운데서 먼저 나신 자"로서이다. 즉, 부활로 말미암은 것이다. 만일 옛 창조와 관련해서 그가 창조자와 통치자라는 의미에서 모든 정사와 권세의 "머리"(골 2：10)라면, 새 창조와 관련하여 그가 통치자와 기원의 의미에서 뿐만 아니라 그가 자기 백성들과 아주 생명력있게 연합된다는 의미에서 그의 몸된 교회의 "머리"이며, 지금 그들이 누리고 있는 생명은 그가 죽은 자들 가운데서 먼저 나신 자로서 누리는 삶에서 파생된 것이다. 옛날의 찬송가의 형태를 직시해 볼 때 만물은 그의 몸이라고 할 수 없다. 그 찬송 가운데 있는, 교회가 아닌 만물이 그의 몸이라고 하는 것은 터무니없는 상상력을 발휘하는 것이다.

원래 찬양이 그리스도를 "몸된 교회의 머리"로 묘사한 형태는 무엇이나 바울의 것일 가능성이 가장 많다. 우리의 모든 증거로 인해서 바울은 이렇게 교회의 생명적 일치를 교회의 주로서 표현하는 원조로서 지목되는데, 그 표현은 "온 몸이 머리로 말미암아 마디와 힘줄로 공급함을 얻고 연합하여 하나님이 자라게 하심으로 자라느니라"(골 2：19)이다. 우리가 보았듯이 이것은 고린도전서와 로마서에서 사용하는 용어에 비해서 진보된 것을 보여준다. 거기에서는 교회가 "그리스도의 몸"(고전 12：27)이나 "그리스도 안에서 한 몸"(롬 12：5)이라고 하지만 그리스도가 교회의 머리라는 사실에 관해서는 말하지 않는다.

대단히 다양한 이론들이 교회 개념의 원천을 그리스도의 몸이라고 여기면서 진전되어 왔다. 유대주의, 영지주의와 스토아 학파를 앞서 제시한 적이 있지만 우리는 공동의 인격체에 대한 잔존하는 히브리적 개념과 관계가 있다는 것이 가장 가능성이 있다. 그리스도와 그의 백성은 연합되어서 경우에 따라 그리스도와 그의 백성이 함께 "그리스도"라고 불려질 수도 있다.[6] 이것은 개별적인 것과 공동의 인격사이의 변동이 발견될 수 있는 바울 사상의 유일한 국면은 아니다. 다시 말해서 이 국면 "사울아 사울아 어찌하여 네가 나를 핍박하느냐"(행 9：4)라는 도전적인 음성을 다메섹 도상에서 들었을 때 그의 마음에 지울 수 없는 인상이된 것이다. 이후에 어거스틴이 했듯이 바울은 즉시 이 말을 머리와 몸의 견지에서 해석하지 않았으나, 생명과 모든 다른 재원을 교회의 머리인 그에게서 끌어내면서 그가 교회를 그리스도의 몸으로 말할 때 그 말이 나타낸 그 진리는 골로새서(에베소서에서도)에서 바울이 표현한 진리이다.

고린도전서와 로마서의 직유법 언어로부터 골로새서와 에베소서의 언어로 표현된 실제적인 상호 인격적인 관계에 이르기까지 진보한 것은 바울이 골로새의 이단과 관련된 문제들을 고려함으로써 자극을 받은 것인지도 모른다. 바울이 주장한 바로는 그리스도가 정사와 권세에 결코 굴복하지 않았고, 오히려 창조와 정복의 이중적인 요구를 함으로써 그들의 창조주와 지배자가 되었다고 한다. 그러나 그가

---

6) 고전 12：12 참조, "몸은 하나인데 많은 지체가 있고 몸의 지체가 많으나 한 몸임과 같이 그리스도도 그러하니라."

옛 창조의 머리였듯이 죽은 자들 가운데서 그가 부활하므로 그는 새 창조의 머리도 되었다. 그리고 바울이 이미 거듭해서 교회를 그리스도의 몸이라고 했을때, 교회에 대한 그리스도의 머리됨은 몸의 머리가 그 여러 부분을 움직이는 것같이 그리스도가 그의 백성을 다스리는 유기적 관계로서 쉽게 이해될 수 있다. 바로 이런 식으로(그 전의 서신서에서 언급했듯이) 교회의 지체 간의 살아 있는 교제가 나타나 있을 뿐만 아니라 생명과 능력을 위해서 모든 지체가 그리스도께 그렇게 의존해 있다. 그리고 그의 지상권은 그의 탁월함에서 자기를 실추시키려고 위협하는 사상체계에 대해서 입증되었다. 결론적으로 "몸"은(전의 서신에서와 같이) "영"이라기 보다는 "머리"와 상호관계를 가지고 골로새서와 에베소서에 사용되어 있다. 그러나 이러한 사실이 저작의 일치를 반대하는 타당한 주장이 될 수는 없다.

5. 마귀 권세의 패배

"우리는 십자가에 못박힌 그리스도를 … 하나님의 능력이요 지혜니라"(고전 1 : 23 이하)라고 고린도 교인들에게 전파한 메시지는 바울이 골로새의 이단에 대한 답변으로 선포하는 것이다. 율법을 준 천사의 권세들에게 경의를 표하다니 얼마나 어리석은가! 마치 그들이 하나님에게서 사람에게로 또, 거꾸로 사람에게서 하나님에게로 가는 길을 통제했듯이 말이다. 그 길은 이제 그리스도의 통제를 받았는데 그는 이 권세들을 굴복시켰고 그들을 "약하고 천한 초등의 영"(갈 4 : 9)의 상태로 환원시켰다.

세상 영역의 주인들은 오늘날 사람들이 보는 세계에서 단지 미미한 역할을 할 뿐이다. 비록 "세상과 짝하라"는 요청을 용인한 통속적인 인쇄물을 읽는 수많은 독자들이 아마 그들은 우리가 생각하는 것보다 더 큰 역할을 한다고 말할지라도 그렇다. 그러나 현대인은 주저하지 않고 "마귀적"이라고 하는 세상에 있는 유력하고 악한 세력을 전례없이 잘 알고 있다. 그는 그 세력이 자신의 안녕을 해치고 있다고 느끼지만 개인적인 힘이나 연합된 행동으로서든간에 자신이 전혀 그들을 통제할 수 없다고 생각한다. 그들은 현대인이 만든 프랑켄슈타인 괴물일 것이다. 다시 말해서 그들은 현대인이 제어하지 못하는 잠재적인 공포일지도 모른다는 것이다. 그는 자기의 도덕적 의식이 퇴보하는 상황과 관련되어 있는 자신을 알고 있다. 그러나 그가 그들에 대해서 할 수 있는 일은 무엇인가? 만일 그와 그의 동료들이 맹목적이고 냉혹한 운명의 손에 있는 꼭두각시라면 그들이 저항해서 즉시 분쇄되든지 아니면 묵인해서 좀 뒤에 분쇄되든지간에 그 차이는 무엇인가?

이러한 좌절과 절망의 분위기에 대한 바울의 대답은 골로새 이단에 대한 자기의 답변일 것이다. 그가 말하는 바로는 그리스도께 연합되는 것은 마귀 권세의 속박에서 풀려나는 것이며, 운명의 노리개가 되는 대신에 자유를 누린다는 것이다.

실로 비록 바울의 용어는 낡았지만 그의 본질적인 메시지는 현대 언어로 쉽게 번역될 것이다. 남들이 무어라고 생각하든 그의 정신 속에 있는 정사와 권세는 더 이상 지상의 영역을 지배하는 통치자가 될 수 없었다. 바울은 그리스도와 그의 백성을 반대한 세상에 있는 모든 세력을 나타내기 위해서 그것들을 "비신화화"했다. 루돌프 불트만은 "우리 시대와 세대에 우리가 비록 더 이상 신화적으로 생각하지 않을지라도, 우리는 자주 정치적, 그리고 사회적 생활을 타락시키면서 역사를 지배하는 마귀의 세력에 대해서 이야기하고 있다"고 지적한다. 그는 계속하기를 "그러한 언어는 은유적이요, 즉 언어의 양상이다. 그러나 그 속에 지식과 통찰력이 표현되어 있는데, 그럼에도 불구하고 이것들은 모든 사람이 개인적으로 책임을 가지는 악이 신비하게도 모든 인류의 구성원을 노예로 만드는 권세가 되어온 것이다"라고 했다. 이 지식이나 통찰은 바울의 마음에 나타나고 정사와 권세의 견지에서 그가 표현한 것으로 나타나는데 그것들이 "우리 주 그리스도 예수 안에 있는 하나님의 사랑에서"(롬 8:39) 신자들을 끊을 수 없다고 바울은 단언했다.

제36장

바울 사상의 진수

"바울 사상의 진수"란 용어는 피크(A.S. Peake)가 1916년 10월 11일 맨체스터의 John Rylands 도서관에서 한 강의의 제목으로 채택했는데, 그것은 바울 사상과 교훈에 대한 통찰력있는 강해였다. 본장에서 꼭 같은 제목을 채택한 것은 그것이 신약성경 가운데서 에베소서로 우리에게 보존되어 온 1세기 문헌에 대한 적절한 묘사이기 때문이다. 대부분 이 문헌은 바울 서신의 중요한 주제들을 요약하고 있으며, 이방인의 사도로서 바울 사역에 대한 포괄적인 암시를 상술하고 있다.

1. 서론적인 제문제

에베소서의 저작의 문제에 대하여 여기서는 아무런 참신한 기여도 할 수 없다. 카일드(G.B. Caird)에게 있어서 그 서신이 "비록 바울에 의한 것이 아니라 할지라도 바울 이후 그의 사상을 생각할 수 있었던 한 제자가 바울의 신학을 교묘하게 요약한 것이다"라고 말하는 것으로 충분하다. 거기에다 우리는 바울의 로마 감금이 그 서신에 가장 그럴 듯한 극적인 생활 환경을 제시하고 있음을 언급하면서 그런 제자가 아무런 다른 흔적을 남기지 않았다는 놀라움의 표시를 덧붙일지도 모른다.

에베소서는 신약 학도들이 다루기 쉬운 그런 문서가 아니다. 마르쿠스 바르트(Markus Barth)는 그것을 바울 집성 중에 "문 밖에 있는 이방인"이라고 지칭하고, 굳스피드는 그것을 "주석가들의 워털루"라고 했는데 이것은 애매한 표현이다. 더욱 그럴 듯한 것으로 그는 그 서신을 "하나의 기독교 구원의 대서사시"로 묘사하면서 그는 그것이 "바울 서신에 관한 주석과 같이" 적혀 있다고 말한다. 그것은 사실이다. 그러나 앞에 나오는 몇 구절의 좀 이상한 부분을 "바울의 자료를 모자익(mosaic)한 것"으로 언급했다. 한 사람의 저작품의 조각들로 이루어진 모자익은 거기에 대한 주석을 제공하는데 가장 잘 어울리지는 않는다.

1966년에 출판된 한 책에서 익명의 한 저자가 언급한 것을 보면 "에베소서가 바울의 것이기를 바라는데, 비록 그것이 대체로 통일성을 가진 것으로 보임에도 불구하고 그것은 바울의 진술을 편집한 것같이 보인다"라고 했다. 그 책의 저자가 말하는 바로는 "비록 통일성이 있어 보인다 할지라도 어떤 종류이든지 혹은 누구에 의해서든지 불문하고 한 무더기의 돌이 그렇게 모여 있는 것 같다"고 했다. 그러나 그 유추는 틀린 것이다. 에베소서의 구조적 통일성은 돌 무더기가 아니라 그 편지 자체의 "서로 적절하게 연결된 건물"(엡 2:21)의 것과 꼭같은 것이다. 참으로 그런 면밀한 구조 때문에 바울의 저작이라는 증거를 내세우는 것은 아니다. 오히려 그것은 사람들이 바울의 저작을 반대하는 주장으로 사용된다고 생각할 수도 있다. 그러나 그 자체의 내적 통일성을 가지고, 이렇게 정교한 구조를 가진 작품을 사무엘 콜레리쥐(Samuel Taylor Coleridge)는 "최고의 사람의 저작"이라고 그 특성을 묘사한 그것이 돌 무더기나 바울의 다른 서신의 조각들로서 수고스럽게 짜 맞춘 모자익에 비유될 수 없다는 것은 타당한 논리이다.

2. 바울의 다른 서신들과의 관계

군스피드는 "형식에 있어서 그것은 일종의 회칙(回勅)"이라고 한다. 이것은 넓게 지지를 받는 견해인데 그 서신이 시작하는 인사의, 즉 "에베소에 있는"[1]이란 말의 독창성에 대해 의혹을 일으키는 본문의 현상 때문에 그것을 지지하는 이들도 있다. 아마 우리는 그것을 특히 아시아 지방에 있는 이방인 기독교인에게 한 일반적인 편지라고 부를 수도 있을 것이다. 그들은 베드로전서의 수신자들과 같이 그리스도의 도에 헌신하는데 관련된 것을 보여줄 필요가 있는 이방인일 것이다. 에베소서의 마지막에 있는 개인적인 기록은 그것을 골로새서와 관련지우고 동일한 역사적 맥락 속에서 이 두 서신을 고려하는데 대한 표면적인 정당성을 부여한다.

이런 개인적인 언급이 아니더라도 에베소서는 문자 뿐만 아니라 자료에 있어서도 골로새서와 또다른 밀접한 관계를 가진다. 만약 골로새서에서 그리스도의 우주적 역할이 나타났다면 에베소서는 그리스도의 몸으로서의 교회에 대한 이런 암시

---

1) 현존하는 바울의 사본 중 가장 오래된 것으로 사본과 알렉산드리아형의 사본에 대한 중요한 증거물에는 에베소에 관한 언급이 빠져 있다.

를 고려하고 있다. 즉, 그리스도의 우주적 역할과, 정사와 권세에 대한 그리고 하나님의 영원한 목적에 대한 교회의 관계는 무엇인가라는 것이다. 그리스도로부터 교회에 이르기까지의 시각의 변화는 "충만"(plērōma)과 "비밀"(mystērion)과 같은 핵심 단어가 골로새서에 비교하여 에베소서에 사용된 다른 뉘앙스를 설명하는데 크게 공헌하고 있다.

에베소서는 고린도전서와도 분명한 유사성이 있다. 특히 그것은 그 전의 편지에서 한 지역 회중의 생활에 적용되는 교회에 대한 교훈을 보편화 시키고 있다. 로마서의 일부분과도 이런 관계가 있다는 것을 결코 간과해서는 안된다. 만약 바울이 로마서에서 "아담이나 그리스도 안에서" 유대인이나 이방인이나 "차별이 없다"(롬 3 : 22, 10 : 12)는 것을 강조한다면 에베소서는 "그리스도 예수 안에서 하늘에 속한" 자들에게 주어지는 모든 신령한 복을 유대인이나 이방인이 다같이 대등한 위치에서 받을 수 있다는 것을 강조한다(엡 1 : 3 등). 만일 바울이 로마서에서 자기 직분을 이방인의 사도로 확대시키고(롬 11 : 13), "예루살렘으로부터 일루리곤까지" 이방인들을 순종케 하면서 이 직분을 어떻게 수행했는가(롬 15 : 15~21)를 말한다면, 에베소서는 그를 "그리스도 예수의 일로 너희 이방을 위하여 갇힌 자"(엡 3 : 1)로서 묘사하고 모든 사람들 중에서 바울이 선택된 것은 "측량할 수 없는 그리스도의 풍성을 이방인에게 전하기 위함"이라는 사실에서 신적인 은혜의 놀라운 증표를 보여준다(엡 3 : 8).

에베소서가 바울의 집성에 해당하는 서신 중 탁월한 다른 서신들과의 그러한 유사성에 비추어서, 에베소서가 그 지배적인 주제에 있어서 영지주의의 근원에 혜택을 입고 있고 두 세 가지 경우에서만 원시 기독교의 공통된 줄기에 의존해 있다고 하인리히 쉴리에르(Heinrich Schlier)가 주로 상술한 그 견해를 받아들이는 것은 그리 쉽지 않다. 이 주제는 진지한 연구와 평가를 요구하지만 나는 그것이 바울의 사역의 중요한 주제를 해설하는 에베소서의 해석보다 훨씬 중요하지 않은 것으로 알고 있다.

3. 믿음을 통한 은혜로 말미암는 구원

바울의 중요한 주제 중에서 믿음으로 말미암는 칭의가 가장 쉽게 많은 사람들의 생각에 떠오르는 것이다. 내 생각에는, 루터가 바울의 저작품에서 믿음으로 인한 칭의를 발견하고 그것을 진짜는 아니라 할지라도 적어도 성경으로서 전해 받아 모든 것의 가치를 결정하는 시금석으로 사용한 것은 그의 많은 추종자들이 바울에게 있는 다른 많은 요소를 보는데 어렵게 만들었다. 그리고 그 이유로 그들이 믿음에 의한 칭의가 갈라디아서와 로마서에서 핵심적인 역할을 하지 않는 바울 집성의 어떤 문서를 바울의 것이 아닌 것으로, 혹은 기껏해야 제2의 바울의 것으로 대충 처리하려는 경향을 갖게 되었다고 본다. 이 점에 관해서 에베소서는 어떠한가? 분명히 믿음에 의한 칭의가 에베소서의 중심 주제는 아니지만 그것은 그 서신의 주장 저변에 깔려 있다. 그래서 그것은 에베소서 2:8 이하를 제외하고는 표현되어 있다기 보다는 오히려 배여 있다. 즉, "너희가 그 은혜를 인하여 믿음으로 말미암아 구원을 얻었나니 이것이 너희에게서 난 것이 아니요 하나님의 선물이라 행위에서 난 것이 아니니 이는 누구든지 자랑치 못하게 함이니라."

은혜를 인하여 믿음으로 말미암는 이 구원은 독자들이 이미 경험했듯이 출생이 이방인이든 유대인이건 관계없이 전에는 "자기의 죄와 허물로 죽었고" 본질상 "진노의 자식"(롬 1:18~3:20에 도덕적 부패가 나타난 사람들같이)이었던 불경건한 자들에 대한 칭의를 시사하고 있다. 바울이 평소 구원을 재림 때 성취되는 것이라고 하는 반면에 그는 그것을 로마서 8:24에서 과거의 사건으로 묘사하고 있다. 에베소서 2:8 이하에서 강조하는 바는 로마서 3:27("그런즉 우리의 자랑할 데가 어디뇨 있을 수가 없느니라 무슨 법으로냐 행위로냐 아니라 오직 믿음의 법으로니라")과 고린도전서 1:30 이하("너희는 하나님께로부터 나서 그리스도 예수 안에 있고 예수는 하나님께로서 나와서 우리에게 지혜와 의로움과 거룩함과 구속함이 되셨으니 기록된 바 자랑하는 자는 주 안에서 자랑하라 함과 같으니라")에서 바울이 말하는 것과 꼭같은 견해이다.

4. 재림

영광 중에 그리스도가 나타나는 재림에 대해서 두드러진 표현은 별로 없다. 이 주제는 골로새서에서는 아주 명백하지만(골 3:4 참조) 에베소서에는 단지 암시로 나타나 있을 뿐이다. 예를 들어 교회를 거룩하게 하고 깨끗하게 하는 목적이 "영광 중에 티나 주름잡힌 것이 없이" 그리스도의 나타나심에 서게 하기 위함(엡 5:26 이하)이라고 한다면 이 나타남은 바울의 집성이 다른 곳에서 분명히 그렇듯이 재림과 부합하는 것으로 가장 자연스럽게 생각된다. 그 재림은 또한 그리스도의 백성들이 성령으로 인치심을 받는 "구속의 날"이다(엡 4:30).

5. 성령

이 제목에서 우리는 에베소서에서 확실히 유력하고 중요한 바울의 교리를 대하게 된다. 그것은 성령론이다. 비록 그것이 바울의 교훈에 있어서 핵심적이긴 하지만 이 교리가 특히 골로새서에는 결여되어 있다.[2] 그리고 골로새서와 에베소서 사

---

2) 성령은 골 1:8("성령 안에 있는 너희의 사랑")에 부수적으로 언급되어 있다. 그리고 그의 영

이의 유사성을 고려해 보면 에베소서에서 그 교리의 우월함을 기록한 것은 더욱 더 현저한 것이다.

  신약에서 일반적으로 성령의 출현은 기독교의 첫번 오순절에 예루살렘에서 베드로가 인용한 요엘서 2 : 28의 말씀을 따라서 마지막 날이 왔다는 표시이다. 즉, "하나님이 가라사대 말세에 내가 내 영으로 모든 육체에게 부어주리니…"(행 2 : 16이하)라고 했다. 더우기 성령의 출현은 참으로 예수께서 메시야였고, (세례 요한의 말로) 성령으로 세례를 주시는 분이라는 증거이다. 달리 말하자면, 예수의 고난과 승리가 시작된 시대는 선지자들이 예언한 성령의 시대이다. 예수께서 메시야와 주시라고 입증하는 성령의 증거에 관한 이러한 강조는 신약에 널리 퍼져 있다. 그것은 사도행전과 요한복음과 서신서들 그리고 베드로전서 1장에서 발견된다. 그것은 또한 바울에게서도 발견되는데 그가 보기에는 성령의 시대가 율법의 시대를 대신한 것이었다.

  그러나 바울이 받았던 성령에 관한 초대 교회의 일반적인 교훈에 덧붙여서 그는 적어도 두 가지의 뚜렷한 공헌을 하고 있다. 첫째, 성령은 오는 부활과 영광에 대한 나타난 보증이다. 둘째로 바로 성령 안에서 그리스도의 백성이 세례를 받아 하나의 연합적인 실체를 이룬다. 바울의 "주요" 서신들(로마서, 고린도서와 갈라디아서)에서 상술된 이 두 공헌들이 에베소서에 강조되어 있다.

  첫째, 성령의 보증, 성령은 에베소서에서 "약속의 성령"(엡 1 : 13)이라고 표현된다. 이것은 *RSV*와 *NEB*가 번역하듯이 그가 "약속된 성령"이라는 것을 의미하지는 않는다(행 1 : 4 이하 ; 2 : 33에서는 그것이 사실이라고 할지라도). 오히려 그 문맥은 그가 거하는 자들에게 성령이 친히 부활 생명의 약속과 관련된 영광의 모든 유산에 대한 약속이 되신다. 이런 성령의 견해에 대해 표준이 되는 구절(locus classicus)은 로마서 8 : 9 이하인데, 거기에서 "예수를 죽은 자들 가운데서 살리신 이의 영이" 바로 이 예수를 믿는 자들의 죽을 몸을 "살릴" 것임을 보여준다. 그리스도는 신자들이 공공연하게 그 모습을 나타나게 될 날에 대비해서 하나님의 아들들로서 그들의 특권과 책임을 깨닫게 한다는 의미에서 "양자의 영"이시다. 바울이 말하는 바와 같이 "하나님의 자녀들의 영광의 자유"에 이르기 위해 모든 피조물이 고대하는 바인 "하나님의 아들들이 나타나는 것"은 우리가 "양자되는 것 곧 우리 몸의 구속"이라고 말한다. 그리고 지금 여기서 신자는 성령 안에서 마지막 때의 "처음 익은 열매"를 소유한다. 동일한 결과에 대해서 바울은 고린도후서 5 : 2 하반절에서 신자들이 "하늘로부터 오는 처소"를 덧입는다고 증거한다. 즉, "곧 이것을 우리에게 이루게 하시고 보증으로 성령을 우리에게 주신 이는 하나님이시라." 성령이 신자들에게 그들의 "처음 익은 열매" 혹은 "보증"이라는 주장은 에베소서

  감은 골 3 : 16의 "신령한 노래"에 관한 언급에서 암시되어 있다.

1 : 13에 나타나는데 거기에는 그들이, 유대인 뿐만 아니라 이방인도 마찬가지로, 그리스도를 믿자마자 그들이 약속의 성령으로 "인침"을 받는다는 사실을 기억하게 된다. "이는 우리의 기업에 보증이 되사 그 얻으신 것을 구속하려 하심이라"(성령에 관하여 "인침"과 "보증"이란 단어의 이러한 배열은 이미 고린도후서 1 : 22에서 나타나 있다. 즉, "하나님이 우리에게 인치시고 보증으로 성령을 우리 마음에 주셨느니라"). 다시 에베소서 4 : 30에서 경고하기를 "하나님의 성령을 근심케 하지 말라 그 안에서 너희가 구속의 날까지 인치심을 받았느니라"고 말한다. 에베소서 1 : 14에서와 같이 여기서 "구속"이란 말은 로마서 8 : 23에 언급된 "우리 몸의 구속"과 일치한다.

이 인침이 언제 행해졌는지에 대해 활발하게 논의해 왔지만 아마 그것은 고린도전서 12 : 13에 지시된 경우와 가장 잘 부합될 것이다("우리가 유대인이나 헬라인이나 종이나 자유자나 단 한 성령으로 세례를 받아 한 몸이 되었고 또 다 한 성령을 마시게 하였느니라").

둘째, 성령의 연합, 고린도전서 12 : 13을 이렇게 인용함으로써 우리는 성령의 교리에 대한 바울의 또다른 놀라운 혜택을 입게 된다. 왜냐하면 성령의 교리가 거기에 요약되어 있기 때문이다. 세례 요한의 예언의 성취로서 그리스도께서 친히 세례주는 자가 되신다는 이 성령으로의 세례는 단순히 개인적인 체험이 아니다. 그것은 그리스도를 믿는 자들이 연합되어 그의 몸이 되는 신적인 행위이다. 다른 곳에서 바울은 그리스도와의 연합이 포함된다는 분명한 암시를 주면서 "그리스도와 합하여 세례받음"(갈 3 : 27, 롬 6 : 3), 혹은 "그리스도로 옷 입음"(갈 3 : 27, 롬 13 : 14)이라고 말한다. 그러나 그것은 경험으로 성령의 역할을 표현한 앞 단원의 마지막에서 인용된 고린도전서 12 : 13에 있다. 그리고 고린도전서 12 : 13에 있는 것을 에베소서 4 : 3에서 더 상세히 설명했다. 거기서 독자들은 확실하게 "평안의 매는 줄로 성령의 하나되게 하신 것을 힘써 지켜야 할" 임무를 맡게 된다. 이 "성령의 하나되게 하신 것"은 그리스도의 백성이 그의 성령에 의해서 이루어지는 그리스도의 몸과의 연합인데 이는 바로 뒤따라 나오는 말이 "몸이 하나이요 성령이 하나이니"(엡 4 : 4)라고 되어 있기 때문이다.

에베소서 2 : 19이하에는 교회가 몸이라기 보다는 오히려 건물로 묘사되어 있다(비록 마치 에베소서 4 : 12~16에서 건축 용어가 몸에 사용되어 있듯이 생물학적 용어가 에베소서 2 : 21에서 건물에 사용되어 있을지라도 말이다). 그러나 여기서도 각 개인의 성분이 "모퉁이 돌"이신 그리스도에 의해서 함께 연결되듯이 그 건물이 이루어지는 것은 바로 "성령 안에서"이다. 여기서도 바로 그 동일한 "한 성령" 안에서 유대인 아닌 이방인 신자들이 함께 아버지께 거리낌이 없이 나아갈 수 있다(롬 5 : 2 참조). 그렇지 않으면 변화된 모습으로 거룩한 처소나 하나님의 성전의 요소가 된다(이것은 고린도전서 3 : 16이하에서 기대할 수 있는 생각이다).

6. 새 사람

그리스도의 몸과 하나님의 성전에 대한 이런 개념들은 "새 사람"의 개념과 얽혀 있다. 건축학적인 그리고 생물학적인 형태가 뒤섞인 가운데 우리는 에베소서 4:13 이하에서 "그리스도의 장성한 분량이 충만한데까지"라는 완전히 성장한 사람에 대해서 읽을 수 있는데, 그것은 그리스도의 몸이 자라서 몸의 머리인 그에게까지 자라므로 교회 발전의 클라이막스와 같다. 둘째 사람으로, 마지막 아담과 새 창조의 머리요 구현으로서의 그리스도는 로마서 5:12~19과 고린도전서 15:20~28, 42~50에서 우리를 대한다. 그리스도로 옷 입는 신자들이 로마서 13:14과 갈라디아서 3:27에 언급될 때 우리가 보아왔듯이 이것은 개인적으로 그리스도를 본받는 것 (imitatio christi)에 대한 것이라기 보다는 차라리 그리스도와 함께 연합하는 것에 대한 문제이다. 그래서 골로새서와 에베소서가 "자기를 창조하신 자의 형상을 좇아 지식에까지 새롭게 하심을 받은 자"(골 3:10)로서, "하나님을 따라 의와 진리의 거룩함으로 지으심을 받은"(엡 4:24)[3] 새 사람을 입으라고 할 때 이 새 사람은 그리스도 자신이다. 그러나 그의 백성에게서 고립된 그리스도가 아니라 그의 백성 "안에 있는" 그리스도시다. 그는 바울이 그들 속에 "그리스도의 형상이 이루기까지" 그들을 위하여 해산하는 수고를 한다고 갈라디아의 형제들에게 말했을 때 그가 생각하던 것과 같은 그리스도시다(갈 4:19).

우리가 이전에 바울이 이렇게 언급한 것들을 명심할 때 "온전한" 사람의 "새로움"이라는 개념을 찾기 위해 외부적인 자료를 기대할 필요는 없다. 우리는 에베소에 있는 교회가 지역적인 회중이라기 보다는 오히려 우주적인 교회라는데 놀랄 필요가 전혀 없다.

위에서 말해 왔듯이 에베소서는 고린도전서의 교회론을 보편화시키고 있다. 그러나 에베소서에서 분명하게 표현된 보편적 원리는 고린도전서에서는 이미 숨겨져 있다. 거기에는 "고린도에 있는 하나님의 교회" 뿐만 아니라 "각처에서 우리 주 예수 그리스도의 이름을 부르는 모든 자들"(고전 1:1)에게 편지한다고 기록한다. 교

---

[3] 엡 2:15의 "새 사람"은 그 속에 옛날의 유대인과 옛날 이방인으로 구성된다. 엡 4:24과 같이 거기서 "새 사람"이란 $καινὸς\ ἄνθρωπος$인 반면에 골로새서 3:10에는 그가 $νέος\ ἄνθρωπος$ os라고 되어있다. 그러나 $καινός$와 $νέος$ 사이에 의미상의 차이가 있다고 할 수 없다. 왜냐하면 엡 4:23에서 $καινὸς\ ἄνθρωπος$를 입으라는 것은 "심령으로 새롭게 되는" 뜻인 $ἀνανεοῦσθαι$ 와 등등하기 때문이다. 반면에 골 3:10에 있는 동사 $ἀνακαινόω$는 $νέος\ ἄνθρωπος$의 새롭게 함으로 사용된다. 우리는 새 사람과 롬 7:22과 고후 4:16의 "속사람"($ἔσω\ ἄνθρωπος$)을 비교해 보아야 하는데 그가 엡 3:16에도 나온다. 우리가 "새 사람"의 개념의 영지주의적 "구속자" 신화에서가 아니라 바로 롬 6:6의 "옛 사람"($παλαιὸς\ ἄνθρωπος$)과 롬 2:22의 $ἔσω\ ἄνθρωπος$에서 발견한다(J. Horst in TDNT iv 〈p.567 7,79. s.v. $μέλος$ 참조〉).

회의 하나됨은 성령이 하나요, 주도 하나요, 하나님이 하나라는 사실과 불가분의 관계가 있다. 다시 말하면 그것은 당연히 한 하나님을 경배하는 자를 통하여 한 주를 고백함으로써 그리고 옛날에 한편으로는 유대인으로서, 다른 한편으로는 이방인으로 분리되었던 자들을 공평하게 포용함으로써 성령이 내주하는 그리스도의 한 백성이 있다는 것으로 추론된다는 것이다.

신약에선 분명히 독일 학자들이 말하는 이른바 "초기 공교회"(Frühkatholizismus)의 요소 중에서 주요한 것은 에베소서의 특징을 이루고 있는 통일성으로서의 전 세계 교회 개념이다. 그러나 초기 공교회는 진정한 바울의 사상에서는 나타나지 않는다는 것은 일반적으로 너무나 자명한 것으로 받아들여져 왔다. 그래서 그것이 나타나는 어떠한 문서도, 비록 거기에 바울의 이름이 실렸다 할지라도 진정한 바울 서신일 리가 없다.

수많은 다른 신학적 원리와 같이 이것도 면밀히 검토해 볼 필요가 있다. 그리고 그것은 검토하는 중에 그 신빙성을 상실해 버린다. 우리는 바울은 자신의 전 선교 지역의 기독교가 하나의 연합을 이루는 것으로 생각했다고 선험적으로(a priori) 기대해 왔을지도 모른다. "육신을 좇는 이스라엘"은 지역적인 회당에만 존재하는 것이 아니다. 그것은 하나의 에큐메니칼인 실체이다. 그 회당이 어떤 장소에 있든지 그것은 전 "이스라엘 회중"이 지역적으로 나타난 것이었다. 그같은 상황이 새 이스라엘에도 이루어진다.

우리가 선험적으로 기대해 왔던 것은 바울이 기독교 연합에 대한 깊은 관심을 가졌던 "주요한" 서신들에 나타난 증거에 의해서 입증된다. 그런데 그 연합은 자신의 이방인 선교 뿐만 아니라 한편으로는 그의 이방선교, 다른 한편으로는 예루살렘 교회와 유대인 선교를 포함하는 연합이다.

더우기 바울에 의하면 모든 기독교인이 "그리스도와 함께" 세례를 받아 단순하게 지역적인 교제를 이룬 것은 아니다. 그리스도와 함께 세례를 받은 모든 자들은 (그리고 그리스도로 "옷입은" 자도) 불가피하게 하나의 영적인 실재의 일부를 이루었다. 세례에서 그들이 그리스도의 죽음을 본받아 그와 연합되어 있음은 그의 부활을 본받아 그와 함께 일어나게 되고 "새 생명 가운데서 행하게 하기" 위함이다 (롬 6:3~5). 다른 말로 그들은 "한 성령으로" 세례를 받아서 그리스도의 몸의 지체가 되었다. 고린도의 신자들은 그들이 그리스도의 몸인 것과 서로 서로 그것의 지체인 것을 기억하고 있다(고전 12:27). 비슷하게 로마에 있는 자들도 "우리 많은 사람이 그리스도 안에서 한 몸이 되어서 서로 지체가 되었다"(롬 12:5)는 것을 들어서 알고 있다(여기서 "우리"란 로마의 기독교인만이 아니라 바울과 다른 사람들과의 교제 가운데 있는 로마 기독교인을 가리킨다). 바울의 사고방식에 있어서 그리스도가 여러 회중 사이에서 망설일 수 없었던 것은 그가 고린도의 회중 가운데 있는 당파 사이에서 망설일 수 없었던 것과 같다. 골로새서와 특히 에베소서에 나타난 우주적인 교회의 명백한 출현은 "그리스도 안에서"란 말을 바울이 이해한 데 대한 당연한 결과이고, 그 모든 것이 거기에 어울린다.

바울이 그리스도의 몸의 지체됨에 대해서 고린도와 로마 신자들에게 사용한 그런 언어는 지역적으로 제한 받을 수 없었다. 비록 "주요한" 서신에서 어떤 경우에는 지역적인 교제를 요구하고 있긴 하지만 말이다. 고린도와 로마, 에베소와 예루살렘 그리고 다른 모든 곳에 있는 모든 신자들은 그리스도와 함께 죽었고 또 그와 함께 일으킴을 받았다. 그의 부활한 생명에 참여한 자들처럼 그들은 하나의 그리스도인의 교제의 구성요원이 되지 않을 수 없었다.

7. 어둠에서 빛으로

그리스도 안에서 죽음에서 생명으로 통과하는 이 경험은 또한 어둠에서 빛으로 통과하는 측면으로 표현될 것이다. 그리고 그것은 에베소서 5:7~14에서 설명되고 있다. "너희가 전에는 어두움이더니 이제는 주 안에서 빛이라"는 말은 우리가 바울 서신의 다른 곳에서와 요한의 저술에서와 쿰란 문헌에서도 유사성을 지닌 언어로 읽어볼 수 있다. 그 관점은 다음 삼행시를 인용함으로써 납득될 것이다.

> 깨어라, 오 잠자는 자여,
> 그리고 죽은 자들로부터 일어나라
> 그러면 그리스도께서 네게 밝히 비춰시리라.

비록 이것이 마치 거룩한 경전인 양 "그러므로 그가 이르시기를"이란 어구로 시작하지만 그것은 정확한 구약의 인용이 아니다. 그리고 그것은 종종 초대 기독교계의 찬송으로 간주되어 왔다. 그 리듬은 여러 가지 신비적인 종파에서 사용되는 입회 고백서들의 리듬과 비슷하지만 그 내용은 참으로 기독교적이다. 빛이 모든 만물을 있는 그대로 나타낸다는 에베소서 5:14의 문맥에서 이 말은 죄인이 그가 옛날에 가던 길을 버리고 새로운 생명의 길을 택하도록 요구하는 것이다. 다시 말해서 그 말은 바울에 의하면 세례에서 성례전적인 것으로 실현되는 경험을 설명한다고 할 수 있다. 즉, "우리가 그의 죽으심과 합하여 세례를 받음으로 그와 함께 장사되었나니 이는 아버지의 영광으로 말미암아 그리스도를 죽은 자 가운데서 살리심과 같이 우리도 또한 새 생명 가운데서 행하게 하려 함이니라"(롬 6:4).

8. 허물어진 담

전에 서로 사이가 나빴던 두 집단인 유대인과 이방인의 기독교 공동체 내의 동등한 연합을 강조하면서 에베소서는 그리스도가 "둘로 하나를 만드사 중간에 막힌 담을 허시고"라고 증거한다. 이 담을 헐은 것은 그 두 집단 사이의 적대감을 그가 제거한 것으로 묘사되고, "의문에 속한 계명의 율법들"을 철회하는 것이다(엡 2：14 이하).

이 "중간에 막힌 담"은 이방인이 들어가면 죽기 때문에 출입이 금지되었던 장벽 곧 이방인의 뜰과 예루살렘 성전의 뜰 안을 분리시켰던 그 장벽이라고 제시할 수 있다는 것은 에베소서를 주석하는 영국 주석가들에게 있어서는 진부한 것이었다. 반면에 독일 주석가들은, 어느 정도 영지주의적 맥락에서, 빛이 있는 위의 세상과 아래의 세상을 나누는 장벽에 대해서 생각하려는 경향이 더 짙다.

영지주의적 형태 속에 있는 이 개념이 AD 1세기에 벌써 통용되었는지에 대한 문제를 검토하지 않고 우리는 두 장벽 중에서 어느 것이 에베소서 2：14의 사상에 더 적합하게 닮았는지를 물을 것이다. 성전에 있는 장벽은 수직적인 것이었다. 그러나 영지주의 본문에 있는 "철휘장"은 수평이었다. 에베소서 2：14에서 고려 중인 그 경계는 상부와 하부 세계 사이에 있는 경계가 아니다. 그것은 이 세상에 사는 두 그룹의 사람을 나누는 경계이다. 그러므로 그것은 수평적인 것으로라기 보다는 수직적인 장벽으로 더 적합하게 표현된다. 왜냐하면 이 "중간에 막힌 담"에 의해서 멀어졌던 두 구룹은 예루살렘 성전의 장벽에 의해서 멀어진 것과 똑같은 두 구룹이기 때문이다.

실로 마틴 디벨리우스(Martin Dibelius)가 한 것처럼 에베소서 2：14을 읽는 자들이 그러한 암시를 이해했는지에 대해서 물을 것이다. 그 답은 그렇지 않을 것이다. 그러나 그들이 영지주의적 암시를 더 잘 이해했겠는가？ 어쨌든 구체적인 장벽에 대한 강조는 없다. 그러나 그 독자들이 이해할 것과 이해하지 않을 것이 무엇이든지간에, 그 기록자는 마음 속 깊이 바울이 "예수의 일로 너희 이방을 위하여 갇힌 자"(엡 3：1) 되었던 일련의 사건 가운데 한 중요한 역할을 했던 그 성전 장벽을 생각하는 것도 마땅하다. 왜냐하면 사도행전 21：23이하에 의하면 바울이 체포된 것은 그가 한 이방인을 데리고 성전 장벽을 넘어서 불법돌입을 하는데 가세한 혐의를 받았기 때문에 된 것이다. 그 혐의는 증거가 없이 법정에 설 때는 승인될 수 없지만 바울은 석방되지 않았다. 그는 계속 감금되어 있었는데 처음에는 가이사랴요, 그 다음에는 로마에서이다. 유대인과 이방인 사이의 묵은 분열을 외적으로 볼 수 있게 나타내는 표시인 "중간에 막힌 담"이란 문자적인 표현은 이런 상황 속에서 쉽게 생각 속에 떠오를 수 있을 것이다.

더우기 이것은 그리스도 안에 있는 유대인과 이방인이 지금은 "한 성령 안에서" 누리는, 아버지께 보통으로 나아간다는 몇몇 구절의 강조점이 제시되고 있다. 옛 날에 이방인을 이스라엘의 하나님에게서 멀리 떨어져 있게 한 그 장벽은 철폐되었다. 그리고 유대인 신자들까지도 지금은 그들이 그 당시의 상황에 따라서 존경을 표하기 위해서 거리를 유지해야 했던 땅 위의 성전에서 할 수 있었던 것보다, 살아 있는 남자와 여자인 이 "성소" 안에서 더 방해됨이 없이 하나님께 나아갈 수 있다. 왜냐하면 이방인을 안뜰에서 제외시키는 그 장벽은 거기에 오직 그 장벽만 있을 것이 아니었기 때문이다. 그 뜰 안에는 여러 그룹의 이스라엘 사람들이 더 가까이 접근하지 못하도록 하는 순위를 따른 장벽들이 있었다. 여인의 뜰을 넘어서 유대 여인들이 들어가지 못하고 이스라엘의 뜰을 넘어서 유대인 평민들이 가지 못하고, 제사장의 뜰과 성소의 외곽 구역에 제사장과 레위인이 들어가서 자기의 규정된 임무를 이행해도 되지만, 내부의 간막이를 쳐서 가리운 육중한 휘장은 일 년에 한 번 속죄일에 속죄의 피를 가지고 거기에 들어갈 때의 대제사장을 제외한 모든 사람이 하나님이 볼 수 없도록 임하시는 보좌에 접근하는 것을 막았다. 그때 그가 직접 접근하는 것은 영혼의 고통의 순간이었지만 에베소서 2:21의 영적인 성소에서 직접적으로 모든 신자들이 누리는 하나님께로의 접근은 기쁨과 찬미의 순간이다. 이 직접적인 접근은 에베소서와 히브리서의 다 같은 중요한 주제이다. 그러나 히브리서에 예증으로 사용하는 장벽은 지성소 앞에 걸려 있던 휘장인 반면에, 에베소서에서 생각해 낼 수 있는 것은 이방인을 떨어져서 멀리 있도록 한 담이다.

9. 승천

그러나 에베소서의 다른 구절에서 수평적인 장벽과 같은 것을 더 볼 수 있다. 에베소서 4:8~10에는 시편 68:18에 대한 해석(pesher)체로서 우리가 지금 배워 알고 있는 것에 괄목할 만한 주석이 있다. 그가 위로 올라가실 때에 "사로잡힌 자를 사로잡고 사람들에게 선물을 주셨다"고 인용하는데 원래 2인칭을 3인칭으로 바꾸었다.

시편 68편의 상황은 개선의 행진이 거룩한 시온산으로 올라가는 것을 묘사하는 것 같다. 그것은 도로의 행렬이 정복하는 영웅을 뒤따르고 그의 길에는 기뻐하는 그의 동료 시민들로 늘어서 있는 모습이다. 성전에서 노래하는 자들은 그를 환호하여 승리자로 맞고 그가 어떻게 "사람들 중에서 선물을 받는" 자로 말한다(이것은 아마 피정복자들이 그에게 돌리는 찬사를 언급한 것일 것이다). 그렇지 않으면 이 개선 행진의 인도자가 인간의 정복자가 아니라 언약궤로 나타난 자신의 보이지 않는 임재요 여호와 자신일 것이다. 그것은 이스라엘이 전쟁터로 나갈 염려가 없고 그 행진의 선두에서 지금 그 성소로 옮겨질 필요가 없는 집에 안전하게 돌아왔다는 것이다. 이 경우에는 피지배국들이 이스라엘의 하나님께 직접 찬사를 돌렸던 것이다.

이 시편의 해석 중에 어느 것이 더 좋은 것이든간에, 18절이 에베소서 4:8~10에 상술되어 있는 것은 그 역사적 상황의 입장에서 본 것은 아니다. 비록 그 역사적 상황이 고려되었다고 할지라도 이스라엘 하나님이나 그의 기름부음을 받은 왕에 대한 환호는 그 말을 "육신으로는 다윗의 혈통에서 나셨고 성결의 영으로는 죽은 가운데서 부활하여 능력으로 하나님의 아들로 인정되신"(롬 1:3) 자에게 현재 적용하는 데는 마찬가지로 적합할 것이다. 마소라와 70인역에 있는 "사람들 중에서 선물을 받는"이란 말을 쓰는 대신에 여기서는 "사람들에게 선물을 주었다"고 되어 있는 아람어 탈굼과 시리아 역에 동의하여 한 문장을 택했다는 것은 가장 현저한 것이다. 탈굼역에서 이 문장은 모세가 시내산에 올라가서 율법을 새긴 돌판을 받아서 그것을 하나님의 선물로 사람들에게 전했다고 해석한다. 그러나 에베소서에서는 그리스도가 높은 곳에 올라가셔서 그의 교회에 성숙을 위한, 성장에 필요한 사역자들이나 직분들을 수여하는 것으로 해석한다.

바로 시편 68:18의 해설에서 수평적인 장벽이 어쩌면 함축되어 있을 것이다. 이것은 "땅 아래의 곳"과 "모든 하늘 위 먼" 상부세계 사이에 있는 장벽인데 그리스도가 승천할 때 그것을 무너뜨렸다. 그러나 그것이 암시되어 있다 하더라도, 거기에는 특별한 강조가 주어져 있지 않다. 시편에 있는 "오르신"이란 동사에 대해서 다음과 같이 주석할 수 있다.

> 무엇보다도 땅 아래 곳으로 내리셨던 것이 아니면 이것이 무엇을 의미하는가? 내리셨던 그가 곧 모든 하늘 위에 오르신 자니 이는 만물을 충만케 하려 하심이니라.

이 해설에서 결정적인 문제는 "땅 아래 곳"이라고 할 때 땅 그 자체("세상 위와 관련된 아래")를 가리키는지 혹은 아래 세계("땅과 관련된 아래")를 가르키는지에 대한 것이다. 완전한 확신에 도달하는 것은 불가능하다. 하늘로 오르는 것과 음부로 내려가는 것이 대조를 이루고 있는 로마서 10:6 이하(신 30:12~14의 pesher 주석)와 비교하는 것은 그 서신에 해석을 제시하고 있다. 또 요한복음 3:13(요한복음은 에베소서와 특별한 유사성을 지니고 있다)도 앞에서 제시한 것을 말하고 있는데, 이는 요한복음 3:13에는 인자가 하늘로 올라가는 것이 그가 하늘로부터 (즉 땅으로) 내려오는 것과 비교되기 때문이다. 전통적으로 이 구절은 지옥으로 내려가는 것(descensus ad inferos)이나 지옥의 고통으로 해석해 왔고 "사로잡힌 자를 사로잡는 것"은 이런 의미로 이해해 왔다. 그러나 에베소서의 "사로잡힌 자를 사로잡는 것"은 주석의 역활은 하지 않고 단지 시편을 인용한 것으로 나타난다. 만일 그 말을 인용한 데에 어떤 함축된 의미가 있다면 그것은 골로새서 2:15에 묘사된 정사와 권세의 탈취를 언급할지도 모른다. 그러나 이것은 십자가상에서 한 것이지 음부에서가 아니다. 대체로 "땅 아래 곳"이란 구절의 "땅"이란 한정을 의미하는 소유격으로 가장 잘 해석된다. 즉, 여기서 말하는 땅 자체는 그리스도가 내려와 있다고 말하는 "아래" 영역이다. 그러나 잇따른 그의 내림과 오름에 대한 언급의 요점은, 물론 그것이 이 해석의 요점(crux interpretum)이 어떠하든간에 우리의 해결방안에 좌우되지는 않지만, 이 이중적인 운동에 의해서 상층부와 하층부 영역에 다같이 그가 임재함으로써 우주에 충만해 있다는 것이다.

10. 신적인 비밀

에베소서와 쿰란 사본 간에 유사성 중 가장 흥미있는 관점 중에 하나는 하나님의 "비밀"의 개념이다. 이 "비밀"은 감추어진 것(arcana)이 아니다. 그것은 비록 계시된다 할지라도 성취의 견지에서 해석이 될 때까지 계속해서 비밀로 남는다. 다니엘서 중 아람어로 쓰여 있는 부분에서 "비밀"(rāz)과 "해석"(pesher)의 양식은, 전자가 이것을 보충 설명하는 후자를 요구하는데, 쿰란 사본(주석에서는 두드러지게)과 신약에서 다시 나타난다. 예를 들어 바울은 자신과 자기 동료 사도들을 "하나님의 비밀을 맡은 자"(고전 4 : 1)라고 하는데, "하나님의 선지자로 말미암아 성경에 미리 약속된" 것이 지금은 성취되었고, 그리스도와 복음 안에서 구체화됨으로써 그 성취의 사실로써 명백해진 것을 선포하기 위해서 부름받은 하나님의 종들이다.

그러나 바울은 비밀을 복수로 말할 뿐만 아니라 포괄적으로 단수로 "비밀"로도 말하고 있는 것은 하나님의 모든 계시가 그리스도 안에서 완성되었기 때문이다. 그래서 골로새서 2 : 2이하에서 그는 자기가 바라는 것은 루쿠스 계곡에서 이 글을 읽는 자와 거기에 있는 교회들이 "하나님의 비밀의 지식, 즉 모든 지식과 지혜의 부요함이 감추어 있는 그리스도 자신의 지식"(그렇지만 이 지식을 얻은 자들에게는 더 이상 감추어져 있지 않다)을 얻는 것이라고 한다. 이 비밀은 복음에 나타나 있는데 로마서 마지막의 송영은 "나의 복음과 예수 그리스도를 전파함은 영세 전부터 감추었다가 이제는 나타내신 바 되었으며 영원하신 하나님의 명을 좇아 선지자들의 글로 말미암아 모든 민족으로 믿어 순종케 하시려고 알게 하신"(롬 16 : 25, 26) 것이라고 언급하고 있다.

이방 중에 "측량할 수 없는 그리스도의 부요함"(엡 3 : 8)을 알려주기 위하여 부름받은 자로서 바울이 그런 "비밀"을 맡은 자에게 따르는 영광을 헤아리는 것도 당연하다. 또한 그 당시 그가 특별히 자신의 사역과 관련된 일부 복음의 국면에 집중하는 것과 그것을 하나의 비밀이라고 하는 것은 결코 놀라운 일이 아니다. 예를 들어 골로새서 1 : 26이하에서 그는 자기 사역의 주제가 "이 비밀은 만세와 만대로부터 옴으로 감취었던 것인데 이제는 그의 성도들에게 나타났고 하나님이 그들로 하여금 이 비밀의 영광이 이방인 가운데 어떻게 풍성한 것을 알게 하려 하심이라 이 비밀은 너희 안에(너희 이방에게조차도) 계신 그리스도시니 곧 영광의 소망이니라"(골 1 : 26, 27)고 고백한다. 이방인들이 이스라엘의 하나님께 예배하러 오리라는 것은 구약성경이 기대하는 주제였다. 그래서 로마서 15 : 8~12에 바울은 그런 취지로 율법과 선지자의 말과 시편에서 일련의 구절을 재현하고 있다. 그러나 그 이방인들은 믿음으로 자기들의 마음에 오는 영광의 산 소망으로서 거하는 현재 승귀하신 주님인 이스라엘의 메시야를 맞아야 한다. 그런데 이것은 전에는 전혀 생각하지 않은 것이었다. 다시 말해서 그것은 바울 자신의 이방 사도직과 밀접한 관계가 있고 새로운 계시의 주제였다. 비슷하게 에베소서 3 : 6에서도 처음으로 드러난 이 비밀의 본질은 "이방인들이 복음으로 말미암아 그리스도 예수 안에서 함께 후사가 되고 함께 지체가 되고 함께 약속에 참예하는 자가 됨이라"고 지적한다. 그렇다고 해서 유대인없이 혹은 심지어 유대인은 제쳐둔 이방인이 아니라, 이방인이나 유대인이 똑같이 유대인과 동일한 기초 위에 있는 이방인으로서 "십자가로 한 몸을 이루어"(엡 2 : 16) 하나님과 화해하게 되었다.

더우기 쿰란 사본과 신약에서 하나님의 비밀이 완전히 드러나 있는 것은 그의 궁극적인 목적을 밝히는 것이다. 에베소서 3 : 9~11에 영원부터 하나님 속에 감춰인 비밀이 드러난 것은 그의 "화목의 교제"인 교회를 조성한 목적으로 밝혀주고 있는데, 그것은 교회로 말미암아 그의 온갖 지혜를 모든 피조물에게 알게 하기 위함이다. 즉, "하늘의 정사와 권세와…우리 주 그리스도 예수 안에서 예정하신 뜻대로" 말이다. 그리고 교회로 말미암은 이 영원한 목적은 "때가 찰" 때에 실현될 것인데, 에베소서 1 : 9, 10에 요약되어 있다. 그것은 모든 것이 그리스도의 통치권 아래 통일되게 하려 함이다.

고린도전서 2 : 6 이하에서 바울은 고린도 교인들에게 그들이 자칭 지혜라고 하는 모든 것에 대해서 그들이 아직 영적으로 성숙하지 않았기 때문에 단단한 음식이 아니라 젖으로 그들을 양육해야 한다고 말한다. 이 미성숙은(그들이 많이 가졌던) 지식(gnosis)의 결핍에 기인된 것이 아니라, 사랑(agapē)의 결핍 때문이다.

그는 계속해서 말하길 "오직 비밀한 가운데 있는 하나님의 지혜를 말하는 것이니 곧 감추었던 것인데 하나님이 우리의 영광을 위하사 만세 전에 미리 정하신 것이라…기록된 바

> 하나님이 자기를 사랑하는 자들을 위하여 예비하신 모든 것은
> 눈으로 보지 못하고 귀로도 듣지 못하고
> 사람의 마음으로도 생각지 못하였다

함과 같으니라 오직 하나님이 성령으로 이것을 우리에게 보이셨으니"라고 한다.[4]

---

4) 고전 2 : 9의 이 인용은 이 구절이 마치 성령인 것처럼 "기록된 바"란 말로 소개되어 있다. 그것은 사실 궁극적으로 근거가 된다고 할 수 있을 사 64 : 4과 어느 정도 유사성을 지니지만 그것

만일 우리가 바울의 집성 중 어디에 이 신적인 "비밀한 가운데 있는 지혜"가 나타나 있느냐고 묻는다면 우리는 에베소서로 주의를 돌릴 것이다.

은 그 직접적인 원천이 아니다. 마 27 : 9에 대한 그의 주석에서(사 64 : 4에 대한 제롬과 고전 2 : 9에 대한 암브로지아스터 주석을 참조하라). 오리겐은 그 말이 엘리야의 묵시에 나타난다고 하나 그것은 지금까지 보존된 작품(바울의 후기 작품인지도 모를 부분에서는 나타나지 않는다. 그것은 요 1 : 1의 말이 교묘한 반증이 될지도 모를) 노스틱 해석에 쉽게 어울렸기 때문에 AD 몇 세기에 특히 노스틱 작가들에 의해서 자주 인용되었다. 약 2세기 말의 문헌에서 그것은 예수에게로 돌려졌다(베드로행전 39, 도마복음 17 참조). 또한 노르딤(E. von Nordheim)의 "고전 2 : 9의 바울의 인용과 야곱의 콥틱 유언과의 관계"(Das Zitat des Panlus in 1Kor 2, 9 und seine Beziehung zum Koptischen Testament Jakobs, ZNW 65, 1974, pp. 112~120)를 보라. 그리고(이 콥틱 작품은 유대적 유언이 기독교화된 역본인데 바울이 거기에서 인용한 것으로 생각된다) "고전 2 : 9이 야곱의 콥틱 유언의 인용인가?"라고 스파크(H. F. D Sparks)의 답변과 더불어서 말이다.

제37장

바울의 마지막 날들 :
역사와 전승

1. 네로 치하의 박해

　바울의 로마 포로와 그 영향과 관계가 있는 더 많은 자료를 위한 우리의 탐구는 실로 결실이 있어온 것은 아니다. 우리가 주목해 온 "옥중서신"이 만약 정말 로마에서 보내어졌다면 그것은 바울이 갇혔으므로 "그리스도의 비밀"을 전할 기회를 얻고자 하는 것이며 그의 동료들이 그가 "복음의 비밀을 담대히"전할 수 있도록 자기를 위해서 기도할 것을 갈망한 것으로 말한다(골 4:3,4, 엡 6:18,20). 그는 또한 그들의 기도를 통하여 석방되어서 아시아 지방과 마게도니아 지방을 더 방문하기를 바랬다.
　바울의 항소가 로마에서 2년을 머문 끝에 심리에 부쳐졌을 가능성도 있으나 우리는 그 결과에 대한 직접적인 정보를 얻을 수 없다.
　바울의 생애가 사형 집행자의 칼에 의해 로마에서 종결되었다는 것은 자신있게 용인될 지는 모르지만 전승에 의하면 그의 사형은 AD 64년의 대화재에 뒤따른 로마에서의 기독교 박해와 관련된다고 한다. 그런데 이것은 그의 사건을 심리한 마지막 연도라고 할 수 있는 날짜에서 적어도 2년후이다.
　AD 64년 7월 18,19일 밤중에 서커스 막시무스(Circus Maximus)의 동북 변방에서 한 화재가 발생했다. 이 시의 외곽에 둘러서 있는 가계들은 인화성 물건으로 가득차 있었는데 그 큰 불은 거기 있는 한 요새만을 남겨놓고 바람을 타고 닷새 동안 극렬히 타올랐는데 그 시의 14개 지역 중 세 지역은 완전히 파괴되고 일곱 지역은

제37장 바울의 마지막 날들 : 역사와 전승

심하게 피해를 입었다.

그 불이 났을 때 Antium(Anzio)에 있던 네로가 비록 급히 로마로 돌아가서 활발한 구제책을 폈지만, 소문에 의하면 그가 "그 마음이 원하는 바에 더 가깝게 그 도시를 개조하기" 위해서 거기에 불질렀다고 한다. 그는 드디어 대중에게 의혹의 대상이 되는 것이 싫어서 주위에서 자기를 대신해서 희생당할 사람을 찾았다. 이 사건에 대해서 가장 믿을 수 있는 권위자인 타키투스는 계속해서 이렇게 이야기하고 있다.

> 그러므로 그 소문을 와해시키기 위해서 네로는 죄수를 방불케 했으며 극도로 용의주도한 잔학 행위로써 군중들이 크리스찬이라고 일컫는, 즉 그들의 악습에 진저리가 난 한 계층의 사람들을 처벌했다. 그들은 자기의 이름을 크리스투스에서 얻었는데 그는 디베료가 황제였을 때 본디오 빌라도 총독의 선고에 의해서 사형되었다. 그리고 유해한 미신은 단지 갱신을 위해서 한동안 그 미신의 본 고장인 유대뿐만 아니라 세상의 온갖 끔찍하고 수치스러운 것들이 다 모여 있는 로마에서도조차 저지되었다.
>
> 무엇보다도 신앙을 고백하는 자들이 체포되었는데 그때 그들의 정보에 근거하면 수많은 무리가 유죄 판결을 받은 것은 방화 때문이라기 보다는 오히려 인류를 미워했기 때문이었다.
>
> 그들의 처형은 스포츠 거리로 행해졌다. 다시 말하면, 어떤 이는 야수의 가죽 속에 꿰매어져서 개들에게 물어 뜯겨 죽었고, 또다른 이들은 십자가에 매달려서 해가 진 후 빛으로 사용되는 살아 있는 횃불의 역할을 했다. 네로는 군중들과 뒤섞여서, 혹은 전차를 모는 전사의 복장으로 그의 전차 위에 서서 그 광경을 볼 수 있는 그의 유원지를 만들고 서커스에서 경기를 개최했다. 그래서 비록 희생자들이 처참한 처벌을 받아 마땅한 죄인들이었지만 그들에 대한 동정심이 일어나기 시작한 것은 그들이 공공복리를 위해서라기 보다는 잔학행위에 대한 한 사람의 탐욕을 만족시키기 위하여 희생되고 있었던 것으로 여겨졌기 때문이다.

꼭같은 경우를 수에토니우스도 그의 책 『네로의 생애』에서 언급을 하고 있는데 그는 말하길

> 처벌이 고상하고, 불운한 미신에 빠져있는 한 계층의 사람들인 그리스도인들에게 가해졌다.

타키투스의 설명에서 몇 가지 흥미있는 문제가 야기되는데, 그것은 믿음의 공동체 내부의 갈등을 제시할지도 모른다. 우리는 먼저 "신앙을 고백한" 사람들이 방화 혐의에 대한 죄상을 인정했는지 아니면 기독교인이라는 혐의에 대한 것인지는 확실히 알 수 없고, 또한 "수많은 무리"를 체포하게끔 한, 그들이 제공한 정보가 어

떤 종류의 것인지도 알 수 없다. 기독교인들은 대개 그 주변사람들이 반 사회적 태도로 본 것 때문에 미움을 받았다. 그리고 그들 중 일부 더 순진한 사람들은 그 도시 전역의 극렬한 화재가 현 세계의 질서를 소멸하고 성도의 통치로 인도하기로 되어 있던 대재난의 시작이라고 생각하고 말하는 것도 당연하다. 네로의 공격의 잔학하고 포학한 행위가 방심하고 있는 로마의 기독교인들을 엄습했으나 "성도의 인내와 믿음"으로 그들은 굳건하게 설 수 있게 되었고, 그 공격에 살아 남을 수 있게 되었다.

2. 목회서신의 증거?

만약 확실하게 받을 만한 자료와 목회서신에 대한 상황이 설정될 수 있다면 그 증거는 적절한 것으로 판명될 수도 있을 것이다. 목회서신이 바울의 저작이라고 쉽게 인정되는 경우에 있어서도조차 바울이 살아온 그 서신의 위치에 대한 완전한 일치는 없다. 바울의 항소가 심리에 부쳐지기 전의 기간에 세 서신 모두의 장소에 대한 바틀렛(J. Vernon Bartlet)의 주장은 자신을 제외한 어떤 사람도 납득시키지 못한 것으로 보인다. 로마에서 두 해를 보낸 말기에 바울이 석방되었다고 가정하는 그 다음 기간으로 그 연대를 두는 것에 대해서 말하자면 그것을 "미지의 영역(terra incognita)을 향한 싸움"으로 묘사한 것은 이것과 반대되는 주장이 아니다. 다시 말해서 그 두 해 말기에 바울이 얻은 행운은 일종의 미지의 영역을 구성한다. 그것이 어떤 형태이든간에 말이다. 그리고 우리는 이런 좌절시키는 사실을 될 수 있는 대로 잘 이용해야 한다는 것이다.

만약 목회 서신이 현 상태로서 바울이 작성한 것이 아니라 한 명 혹은 더 많은 그의 동료나 사도에 의해서 수집된 그리고 다른 문장이나 설명을 덧붙인 계속되는 형태로 주어진 바울의 서신과 교훈을 따로따로(disiecta membra) 나타내고 있다면 그 서신 속에 있는 바울의 모든 진짜 자료를 동시에 연대를 확정할 필요는 없다(그리고 그런 것은 해리슨(P. N. Harrison)의 "단편적인" 가설에도 나타난다). 그런데 그 구절 중 어떤 것은 바울 사역의 초기의 표현에 속할 것이고, 또다른 것은 "관제와 같이 내가 벌써 부음이 되고 나의 떠날 기약이 가까왔도다"(딤후 4:6)와 오네시보로에 대한 언급(딤후 1:16~18)으로 시작하는 구절과 같이 말기의 표현에 속할지도 모른다.

모울은 1965년 이 서신의 문제에 대한 『재평가』라는 책을 출판했다. 한편으로는 바울 서신을 관례적인 의미로 완전히 바울의 것으로 받아들임으로써 그 난점들을 인정하면서 그리고 또다른 한편으로는 그 "단편적인" 가설에 있는 고유한, 있을 것 같지 않은 그런 것을 인정하면서 그는 이 편지를 쓰기 위해서 바울이 정식적으로 어떤 서기로 인정받을 수 있는 것보다 훨씬 더 신중하게 그가 신뢰할 수 있는 사람을 그의 대필자로 고용했다고 한다. 즉, 누가와 같은 사람을 두고 말한다. 바울이 친히 로마를 떠나기 위한 준비 때문에 그리고 그의 석방 직전의 법적 절차를 생각하느라 특히 분주했던 반면에 그는 디모데에게 급히 그 메시지를 보내기를 원했을 때 로마 감금에서 석방되기 직전에 쓰여졌던 (모울 교수의 가설에 따라) 디모데전서를 쓸 최상의 자유가 누가에게 주어졌다. 분명히 목회서신은 바울의 초기 서신보다 문체와 교회 전체의 문제에 있어서 사도행전과 더 많은 공통점이 있다. 문체와 어휘에 있어서 목회서신의 동질성을 고려하여 그 글을 쓸 당시 바울과 함께 있었던 유일한 멤버인 누가에 대해 디모데후서 4 : 11에 언급한 것은 모울 교수의 재평가를 어느정도 지지할지도 모른다.

이 재평가는 바울이 로마에서 두 해를 보내고 말기에 풀려나와 한동안 동부 지중해 지방으로 돌아가서 마게도냐와 아시아의 지방에 있는 그의 친구들을 재차 방문하여, 디도가 초심자들과 합세하기 위해 뒤에 남았던 그레데에서 선교 운동을 주도했다고 추측한다.

켈리(J.N.D Kelly)도 이와 비슷한 결론을 그의 목회서신 주석에서 옹호하고 있다. 그가 주장하는 바에 의하면 바울의 죽음은 AD 64년, 65년의 네로 박해와 그 다음 해 이전으로 연대를 잡을 수 없고 또 그의 연금생활이 그때까지 어떻게 지속될 수 있었는지를 아는 것은 어려우므로 그가 수 해를 다 보내고 석방되어 계속 선교 활동을 한 후 다시 체포되어서 로마에서 두번째 그리고 마지막 기간 동안 투옥되어 있었다고 유추하는 것이 가장 이치에 합당하다고 주장한다. 비록 혹자는 "바울의 순교를 어쨌든 AD 64년보다 이전으로 볼 수 없다"는 켈리 박사의 확신에 동의하지 않으려 할지라도 이것은 분명히 있음직한 (아마도 가장 그럴싸한) 사건 과정의 재구성이다.

3. 석방과 재감금

바울의 첫번째 감금의 결과가 논의 중에 있을 때 교의적인 주장이 정당화되지 않는 것은 분명하다. 전승에 따르면 그가 석방되었다는 것은 명백하게 확인된다. 그러나 이 전승을 처음으로 분명하게 기록하고 있는 유세비우스는 그것을 "어떤 사람에 의하면"이라는 표현으로서 소개한다. 더우기, 한편으로 석방되고 또 한편으로 사형을 받아서 그 가능성이 사라지는 것은 인정될 것이다. 세번째 가능성은 그의 연금생활(libera cust odia)보다 훨씬 더 엄한 감금으로 교체되었을지도 모른다는 것이다. 마치 오네시보로가 그를 좇기 위해서 수많은 어려움을 겪었을 당시에 그가 인내하고 있었다고 생각하는 해리슨처럼 말이다. 네번째 가능성은 그가 계속 갇혀 있었을 것이라는 것이다. 바울이 죽은지 약 30년 동안을 기록한 로마의 클레멘트는 그의 고난 중에 그가 갇혀 있는 것을 포함시켰다. 이것은 갇힌 것에 대한 이전의 전승이 있었다는 것을 제시하고 있다. 만일 수사학적인 과장을 사용함으로써 클레멘트가 바울의 사도적 사역을 하는 도중에 한 도시에서 다른 도시로 차례로 떠나야 하는 것에 대해서 막연하게 이야기하고 있지는 않다면 말이다. 만일 정당한 의미에서 갇힌 것을 의미한다면 그가 언제 갇혀 있기로 되었는지 또 어디서 갇혀 있어야 했는가? 그것이 스페인이었다면 뜻밖의 일일 것이다. 다시 말해서 만일 바울이 가이사의 법정에 항소하기 위해서 뜻하지 않게 무장된 경비병의 감시 아래서 로마로 방문하려는 그의 꿈을 성취한 후에 포로라는 예기치 않은 방법으로 스페인에서 복음을 전파하는 그의 꿈을 성취했다면 말이다.

그가 석방되거나 포로가 되었다 하더라도 로마에서 다시 잡혀서 감금되었는데 그것은 이때 그의 투옥의 상황은 이전보다 훨씬 더 절박했기 때문이다. 그러한 절박한 감금상황으로 인해 아마 목회서신에서 로마에 대한 언급을 하기 위한 환경이 조성될 것이다. 식민지 통치지역인 아시아에서 그에 대한 충성을 아주 태만하게 한 것을 언급하면서 바울은 계속해서 다음과 같이 말하고 있다(딤후 1：16~18).

> 원컨대 주께서 오네시보로의 집에 긍휼을 베푸시옵소서 저가 나를 자주 유쾌케 하고 나의 사슬에 매인 것을 부끄러워 아니하여 로마에 있을 때에 나를 부지런히 찾아 만났느니라 (원컨대 주께서 저로 하여금 그 날에 주의 긍휼을 얻게 하여 주옵소서) 또 저가 에베소에서 얼마큼 나를 섬긴 것을 네가 잘 아느니라.

오네시보로는 바울이 자기 고향에서 사역할 동안 매우 우호적으로 입증된 자였고, 그 후 한때 로마로 방문해서 어렵고 체면이 깍일 수도 있을 뿐 아니라 확실히 위험까지도 게재된 상황 속에서 바울을 찾은 에베소 기독교인이 되어 나타난다. 바울이 사도행전 28：16의 연금생활(libera custodia)을 누리지 않고 더 모진 감금생활을 겪었다는 것은 보통 유추되는 바이다. 로마에서의 바울의 근황을 지금 알아내기란 그리 쉬운 일이 아니었지만 해리슨은 그의 몇 동료를 찾는 단호한 오네시보로의 추구를 묘사하면서 "떠돌아 다니는 군중들 사이에서 의미심장한 얼굴"을 가진 활동적이고 생기있는 모습을 그리고 있다. 이 개인적인 언급의 상황과 흔한 성격은 진짜 바울을 생각나게 하는 것으로 보인다.

바울의 석방과 로마의 재감금이라는 가설에 의하면, 그의 사건은 다시 심리에 부쳐졌다. 즉(그는 로마 시민권을 가졌기 때문에), 그는 기독교인의 지도자로서 또한 그 지방의 평화를 끊임없이 깨뜨리는 자라는 혐의로 기소되었다. 이것은 목회서신에 있는 또다른 구절의 상황이 될 것이다(딤후 4：16, 17).

> 내가 처음 변명할 때에 나와 함께 한 자가 하나도 없고 다 나를 버렸으나 저희에게 허물을 돌리지 않기를 원하노라 주께서 내 곁에 서서 나를 강건케 하심은 나로 말미암아 전도의 말씀이 온전히 전파되어 이방인으로 듣게 하려 하심이니 내가 사

자의 입에서 건지웠느니라.

켈리 박사는 그의 "처음 변명"을 첫번째 소송(prima actio)이나 예배적인 취조로 이해하고 있다. 이것은 바울이 감히 바랄 수 있었던 것보다 더 유리하게 그에게 작용했다. 다시 말해서 그는 풀려난 것이 아니라 판결이 (Amplius)이므로 다음의 취조를 받기 위해서 감금된 상태로 재유치 되어 있었던 것이다. 그 뿐만 아니라 그 심리로 인해서 바울은 제국의 조직의 심장부에서 법정에 참여한 전세계의 청중들에게 복음을 전파할 기회를 가지게 되었다.

바울 곁에 아무도 없었던 이유는 언급되어 있지 않은데 만일 로마에 사는 기독교인에 대한 일반적인 박해가 일어났다면 이것은 충분한 원인을 제공해 줄 것이다. 만약 오네시보로가 감옥에 있는 바울을 방문할 때의 용기를 위해 특별한 위임을 받는다면 그 당시 법정에서 바울 곁에 있는 것은 특별한 용기를 요구했을 것이다. 그때 당분간 바울은 네로의 학정을 모면했다. 그는 그것을 "사자의 입에서 건지웠다"고 표현한다. 그러나 단지 그 당시에, 두번째 소송(secunda actio)이 불원간에 열렸고, 이때의 판결은 "유죄", 즉 칼에 의한 사형선고였다. 바울의 마지막 말이 디모데후서 4:6~8에 보존되어 있다.

> 관제와 같이 벌써 내가 부음이 되고 나의 떠날 기약이 가까왔도다 내가 선한 싸움을 싸우고 나의 달려갈 길을 마치고 믿음을 지켰으니 이제 후로는 나를 위하여 의의 면류관이 예비되었으므로 주 곧 의로우신 재판장이 그 날에 내게 주실 것이니 내게만 아니라 주의 나타나심을 사모하는 모든 자에게니라.

4. 로마의 클레멘트

이제 우리는 신약 외부의 초기 증거로 돌아가고자 한다.

그 중 가장 이른 것은 로마의 클레멘트가 제시한 것인데 그것은 우리가 명확하게 알고 있는 모든 것에 많은 것을 증가시키지는 않는다. 로마 교회의 외국인 서기로서 그는 AD 96년 그 교회의 이름으로 고린도 교회에 보낸 그 편지는 시기와 질투의 무서운 결과에 대해서 그 교회에 경고함으로써 시작한다. 구약으로부터 일곱 가지의 실례를 든 다음 계속해서 말하고 있다.

> 그러나, 옛날의 사례를 떠나서 우리 자신에게 가장 가까운 시대에서 경주하는 자들에게로 가자. 시기와 질투로 말미암아 가장 위대하고 의로운 교회의 기둥들이 박해를 받았고 죽기까지 그들의 경기를 계속했다. 그 훌륭한 사도들을 우리 눈 앞에 모시자. 불의한 질투로 인해서 베드로는 한 두 번이 아닌 많은 고초를 겪었고

그래서 증거한 후에 그가 차지할 영광의 처소로 갔다. 질투와 분쟁으로 인해서 바울은 인내의 상금에 이르는 길을 보여주었다. 다시 말해서 일곱 가지로 들 수 있는데 그는 착고에 채였고, 포로되었고, 돌에 맞았으며, 동방에서와 서방에서의 통보자였고, 신앙의 고귀한 명성을 얻었으며, 서방 지역에 이르러서 전 세계에 걸쳐 의를 가르쳤고 위정자들 앞에서 증언을 한 후 그 세계를 떠나 거룩한 처소로 올리웠다. 이것은 인내의 가장 훌륭한 모범이다.

이런 종류의 수사학적인 글에서 우리는 정확성을 기대할 수는 없다. 그것은 우선적인 목적이 역사적인 정보를 제공하는 한 작품에서 적절하게 발견할 수 있는 것이다. 클레멘트는 고린도 교인들에게 그들이 몰랐던 사실을 전하고 있는 것이 아니라 적어도 전체의 윤곽에서 자기 자신과 그들이 공통적으로 알고 있던 사실로부터 교훈을 주고 있다. 참으로 우리에게조차도 사도행전이 끝나는 지점에서 그것의 해설을 보충하기 위해서 바울의 후기 생애에 관한 구체적인 것을 말하지 않고 있다. 바울이 위정자들 앞에서 증언을 했다는 것은 부활하신 주께서 다메섹의 아나니아에게 바울에 대해서 예언한 것을 기억한 것일 뿐만 아니라 사도행전의 기록에서 추정한 것일 수 있다. 즉, "이 사람은 내 이름을 이방인과 임금들과 이스라엘 자손들 앞에 전하기 위하여 택한 나의 그릇이라"(행 9 : 15). 그러나 바울이 도달한 "서방의 끝(한계)"(헬라어 terma)은 어디인가? 클레멘트와 같이 로마에 살면서 편지하는 사람의 입장에서는 로마의 어떤 서쪽 지방을 가리키지 않겠는가? 추측컨대 스페인일 것이다. 그러나 더우기 우리는 바울이 정말 스페인에 간 사실에 대해서 클레멘트가 알았다고 확신할 수 없다. 만약 그가 스페인을 의미했다면 그는 단순히 로마서 15 : 24, 28에 나타난 바울의 계획인 그의 진술로부터 추정했을 것이다.

다른 한편으로 우리는 그 말을 "서방의 끝"으로가 아니라 "서방에 있는 목표", 즉 바울의 서방 목적지로 번역하기 위해서 그 주장에 진지한 주의를 기울여야 한다. 수많은 다른 경기용어 중에서, terma가 "목표"라는 의미로 사용되는 것도 타당하다. 그러나 비록 우리가 클레멘트는 바울의 서방 목적지를 의미한다고 치더라도 이 표현은 역시 모호하다. 누가에 있어서는 바울의 서방 목적지가 로마였지만 바울 자신에게는 그것이 로마가 아니라 스페인이었다. 해리슨은 "목표"가 의미하는 바에 대해서 설득력있게 주장하는데 그는 계속해서 "세계의 육상 경기장의 어떤 지점에서든지간에 이 경기의 목표점은 분명히 스페인이 아니라 로마였다"고 주장한다. 그러나 그것은 너무 지나친 것이다. 우리가 바울 자신의 계획 속에 로마는 단지 서방으로 더 멀리 여행하는 도중에 있는 잠시 머무는 정거장이나 기껏해야 스페인 복음화를 위한 전진기지에 지나지 않았다는 사실을 고려해 볼 때 그렇다. 그러나 로마에서의 바울의 순교를 비추어 볼 때 후세대의 기독교인에게 로마는 당연하게 그의 경주의 "목표점"으로 생각되는 것은 쉽게 이해할 수 있다. 그리고 그것은 바울의 서방 "지역", 또는 "목적지"가 그가 "위정자들 앞에서 증언하고 나서 이 세상을 떠난 장소였다"는 클레멘트의 말에서 쉽게 유추될 수 있을 것이다.

바울 순교의 "시기"로 말하자면 사람들은 클레멘트가 다음과 같이 말할 때 이와 관계있는 어떤 것을 말한다고 생각할지도 모른다.

> 거룩한 생활을 하는 이 사람들에게 커다란 무리의 택자들이 함께 모여들게 되었는데 그들은 질투로 인한 수많은 수욕과 고초를 당하는 중에 그들의 인내로 말미암아 우리에게 고상한 모범을 보여준 자들이다.

이 말에 네로 치하에서 로마의 기독교인들의 핍박을 언급하고 있다는 것은 의심할 수 없다. 그것은 클레멘트의 "커다란 무리"라는 말과 타키투스의 거의 같은 표현과 비교가 될 수도 있기 때문이다. 만일 우리가 클라멘트의 여자적으로(au pied de la lettre)란 말을 채택했다면 그것은 베드로와 바울이 대화재 사건에 뒤따른 박해 이전에 순교당했다는 것을 암시할 것이고 바울이 관련되는 한, 그는 로마에서의 두 해의 연금생활 이후 언젠가 죄수로서 처형되었다는 것을 시사할 것이다. 그러나 비록 모팻트(Moffatt)와 다른 학자들이 클라멘트의 말에서 이것을 추론하려는 경향이 있었다고 할지라도 그것을 주장하는데는 아마 그가 의도하지 않은 용어를 사용할 때 정확성이 그로부터 요구된다. 더우기 바로 앞 문장에서 언급한 "거룩한 생활을 하는 이 사람들"이란 말이 바울과 베드로에게 국한되어서는 안된다. 다시 말해서 그들은 클라멘트가 "그 훌륭한 사도들"에게 주의를 돌리기 전에 열거되어 있는 구약의 인내한 영웅들을 포함하고 있다. 그 사실을 안전하게 말할 수 있는 최상의 것은 클라멘트가 네로 치하에서 바울이 로마에서 죽었다고 증거하는 것이다.

5. 무라토리안 정경

무라토리안(Muratorian) 단편은 2세기 말 경에 작성된 신약의 각권들의 라틴어 목록인데 1740년 무르토르(L. A. Muratori) 추기경이 발견해서 출판한 와전된 7, 8세기의 사본이다. 거기서 복음서를 설명한 후 사도행전에 대해서 이렇게 말하고 있다.

> 그런데 "모든 사도들의 행전"은 한 권의 책으로 기록되었다. 누가는 "가장 존귀한 데오빌로"에게 여러 가지 사태가 그의 면전에서 발생했다고 말한다. 그리고 실로 그는 바울이 로마에서 스페인으로 향해 출발할 때 그의 여행 뿐만 아니라 베드로의 수난까지도 생략하면서 이 점을 아주 분명히 하고 있다.

이 저자는 바울의 스페인 여행을 당연한 것으로 여기고 있지만 그가 여기에 대한 독자적인 증거를 가졌다는 암시는 없다. 그래서 그 자체로는 이 여행에 관한 언급은 로마서 15:24,28에서 유추한 것에 지나지 않을 것이다. 그러나 그것은 "베드로의 수난"과 나란히 언급되므로 또다른 근거를 시사하고 있다. 즉, 외경인 "베드로행전"말이다.

이 영지주의적 작품은 아마 무라토리안 목록이 작성되기 직전인 AD 180년 경에 작성되었을 것이다. 그것은 다양한 언어로 단편들로만 잔존하는데 그 중 가장 잘 알려진 단편은 Vercelli 사본(라틴어로 된)이다. 그것은 바울이 배편으로 이탈리아에서 스페인으로 향하는 것을 묘사하는 것으로 시작해서, 계속해서 베드로와 로마의 시몬 마구와의 변론을 상세히 언급하고 베드로가 십자가형을 당하는 것을 묘사함으로써 끝내고 있다. 그것은 마치 무라토리안 편집자가 베드로행전의 내용이 정경의 사도행전에 나타나 있지 않은 이유를 (부당하게) 설명하려고 애쓰는 것처럼 보인다. 비록 우리가 베드로행전을 바울이 스페인으로 향해 떠났다는 언급을 제시하는 근거와 동일시하는 것이 정당하다고 하더라도, 또 그것이 2세기 후반의 로마의 전통을 반영한다고 할지라도 그것은 큰 확신을 불러일으키는 권위는 못된다.

바울이 처음 감금된 데서 석방된 것을 알려주는 유세비우스와 제롬 같은 4세기 작가들로 말하자면 그들은 그들의 선배들의 추론을 단순히 되풀이하고 있을 뿐이고 아주 조심스럽게 그렇게 하고 있었다. 즉, 우리가 보아온 대로 유세비우스는 바울이 가이사 앞에 처음 나타난 후 복음 전파의 사역을 다시 시작했다는 "소문이 있다"고 말한다. 그러므로 이 점에 관해 우리가 가진 문헌적 증거는 우리에게 "판명되지 않은" 판결로써 남아 있다.

6. 오스티안 거리

여기서 잠정적으로 받아들여지는 가설은 바울이 그의 항소가 최고 법정에서 다루어진 후 석방되었고, 차후에 두번째 체포되어 투옥되어 있다가 재판을 받은 후 사형선고를 받고 참수형을 당했다는 것이다. 이 가설에 의하면 그의 처형은 네로의 로마 기독교들에 대한 박해에서 가장 그럴 듯한 사건이었는데, 그 연대는 65년 아니면 그 직후로 잡을 수 있다.

하여튼 로마가 바울이 처형된 장소였다는 데는 의심의 여지가 없다. 그의 죽음과 매장지에 대한 더 정확한 장소에 대해서 우리가 알 수 있는 가장 이른 증인은 2세기 말 로마의 가이우스(Gaius) 장로이다. 브루기아의 몬타누스주의자(Montanist)인 프로클루스(Proclus)와 변론하는 서신을 교환하는 중에 가이우스가 말하길, 만일 프로클루스가 그의 견해를 옹호하여 저명한 초대 기독교인들의 이름에 호소할 수 있다면(그들은 빌립과 그의 딸들과 다른 사람이었는데 그들의 무덤은 여전히 아시아에 있었다), 그는 그것을 더 잘 할 수 있다고 주장한다. 그는 계속해서 "나는 사도들의 기념비들을 가리켜 줄 수 있다. 당신이 바티칸 언덕이나 오스티안 거리로 가보면 이 교회를 설립한 사람들의 기념비를 발견할 것이다"라고 말했다. 가이우스가 "사도들"이라고 한 것은 로마 교회가 공동 설립자로 주장한 베드로와 바울을 의미했다. 그가 "기념비들"[1]이라고 한 것은 두 사도의 순교나 매장에 대한 전통적인 장소를 알려주는 기념비를 의미한다. 그는 그의 고향에 있는 초대 기독교인들의 무덤을 보여주는 프로클루스의 주장에 반대하므로 아마도 후자를 의미할 것이다. 어쨌든 베드로와 바울이 언급된 그 장소에 묻혔다고 일반적으로 믿게 되었고 거기에 힘입어 성벽 바깥에 콘스탄틴의 성 바울 성당이 오스티안 거리에 세워졌고, 바티칸 언덕에는 성 베드로 성당이 세워졌다. 전승에 따르면 바울은 오스티안 거리에 있는 세번째 이정표 근처에 있는 Aquae Salviae(지금의 Tre Fontane)에서 참수형을 당했다고 한다.[2] 가이우스의 시대에 한 기념비가 그 도시 가까이 약 1마일되는 곳인 그의 무덤으로 알려진 장소에 세워져 있었다(AD 160년경 마르쿠스 아우렐리우스 시대에 베드로를 기념하기 위해 바티칸 언덕에 한 기념비가 세워졌듯이). 그와 같은 자리에 콘스탄틴 대제는 바울에게 경의를 표하여 조그마한 성당을 세웠다(AD 약 324). 그런데 이 기념비는 4세기 말에 더 큰 것으로 대치되었고 굳건하게 남아 있다가 1823년 7월 15,16일 밤 사이에 일어난 화재로 인해서 파괴되었다. 현재의 성당은 1854년 12월 10일 교황 피우스(Pius) 9세에 의해서 재봉헌된 것이다. 새로운 고백소(confessio)[3]가 제단 뒤가 아니라 앞에 건축되었을 때(그곳은 옛날 성당 안에 고백소가 있던 곳), 일부 면밀한 하부구조가 새 건물의 건축가인 버질리오 베스피그나니(Virgilio Vespignani)에 의해 작성된 설계도에 보존되어 있었다.

주 제단 아래에 있는 그 고백소의 바닥은 두개의 석판으로 이루어져 있는데, 현재의 성당이 세워지기 전에 발굴 당시인 1835년에 발견되었다. 하나에는 PAVLO 라는 글이 새겨져 있고, 다른 하나에는 APOSTOLO MART[4]("사도이자 순교자인 바울에게")라는 둘째줄의 글로써 그 글을 완성시키고 있다. 그 새긴 글자는 4세기의 것인데 어떤 비문 연구가는 그것을 콘스탄틴 시대로 돌렸다. 그 두 석판은 원래 자기 위치에 있는 것이 아니라는 것을 보여 주는 몇 가지 암시가 있는데, 한때

---

1) 헬라어로 *τροπαῖα* 라고 하는 이 기념비들은 전장에서 승리한 군대가 그들의 승리를 알리기 위해서 세웠다.
2) 한 기념 예배당이 5세기에 그 현장에서 세워졌는데, 그 위에 현재의 성 바울 성당이 Tre Fontane에 서 있다. 이 "베드로와 바울의 행전"에 의하면 바울은 화석화된 소나무 아래서 처형되었다고 한다. 1875년 Trapgists단원들이 그 예배당 뒤를 발견했을 때 네로의 동전 한 무더기와 함께 화석화된 솔방울을 많이 발견했다.
3) 고백소는 그것을 제단과 연결하는 통로가 있는 무덤 주위의 방이다.
4) MART는 여격인 MARTYRI의 약자이다.

그것들은 한 줄로 그 글을 보여주기 위해서 서로 나란히 똑바로 서 있었거나 심지어 그 사도의 기념비(memoria)의 4면 중 2면을 형성하여 직각으로 서 있었다는 것이다.

베드로의 기념비와 같이 바울의 것도 후에 신앙인 들이 선택할 수 있는 환경이 못되는 이교도의 묘지에 위치해 있다는 것이 그 위치의 신빙성을 지지하는 주목할 만한 요점이다.

7. 압비아 거리

언급되어야 하는 것은 바울의 순교 장소가 아니라 매장지에 대한 것인데 한동안 경쟁이 되는 전승에 관계된 것이다. 필로칼루스(Philocalus) 달력(AD 354)에서, 그리고 리베르 폰티피칼리스(Liber Pontificalis, AD 약 53년)의 앞부분에서 베드로와 바울은 후에 압비아 거리에 성 세바스티안 성당이 들어선 장소와 관련이 있다. 옛날 문헌에 속하는 순교자록(Depositio Martyrum)에 6월 29일자로 기재된 것이 언급하는 바로는 베드로의 유해가 투세우스(Tuseus)와 바숫스(Bassus, AD 258년) 집정관 임기에 카타콤에 안치되어 있었다고 하는데 그 날짜는 아마도 그 장소에 바울의 유적(memoria)과 그에 대한 숭배를 설정한 것을 가리키는 것 같다(이 전체 지역은 그 당시 "지하 동굴"(Ad Catacumbas)으로 알려졌다. 거기 있는 지하 복도들이 중세 때 알려진 유일한 초대교회 묘지였기에 "카타콤"이란 말이 이 묘지로부터 확대되어 16세기부터 발견된 다른 묘지도 지칭하는 것으로 되었다). 바울은 6월 29일 날짜로 기재된 곳에 베드로와 함께 언급되어 있는데 그는 카타콤이 아니라 오스티안 거리와 관련이 있다. 그러나 그 기재된 사본은 아마 틀릴 것이고, 원래는 세 개의 숭배지를 의미했는데 그것은 바티칸 언덕 위의 베드로와 오스티안 거리의 바울과 카타콤에 함께 있는 베드로와 바울이다.[5] 확실히 베드로 뿐 아니라 바울의 유해도 카타콤에 안치되었다고 믿는 것은 3세기 말과 4세기 초, 그 장소에 있는 수많은 벽화(graffiti)에 의해서 입증된다. 거기에는 바울과 베드로의 이름을 사용하고 그들을 찬양하여 거기서 개최된 숭배 의식의 식사(refrigeria)를 언급하고 있다. 그 연대가 4세기 중엽이며 전통적으로, 밀란(Milan)의 암브로즈(Ambrose)가 지었다고 하는 "사도의 수난"(Apostolorum Passio)이란 찬송가는 6월 29일에

---

5) 전달된 그대로의 사본은 다음과 같이 쓰여졌다. Ⅲ KAL. IVL. Petri in Catacumbas et Pauli Ostense Tusco et Basso consulibus Martyrologium Hieronym ianum에 근거하여 이것이 어느 정도 아래와 같이 회복되었다.
  Ⅲ KAL. IVL. Petri in Vaticano
              Pauli Uero in Uia Ostensi
              Utrumque in Catacumbas Tusco et
              Basso cousulibus.

그 세장 안에서 베드로와 바울의 순교를 어떻게 기념했는가를 묘사하고 있다(바티칸 언덕, 오스티안 거리).[6] 서로 경쟁이 되는 다른 유적지에 대한 요구에 응하려는 이 시도는 만족스럽게 판단되지 않았다. 즉, 교황 다마수스(Damasus)가 로마의 기독교인 공동묘지를 복구하는 중에 그의 관심을 카타콤에 있는 사도의 유적지(Memoria Apostolorum ad Catacumbas)로 돌렸다. 그는 유적 위에 세워진 아포스톨로룸(Apostolorum)성당에 그가 세운 한 비문의 서언에 있는 한 공식적인 글을 지적했다.

> 여기에 이전의 성도들이 거했다는 사실을 여러분은 알아야 합니다. 여러분이 베드로나 바울의 이름을 묻는 사람이라면 누구나 그렇습니다. 우리가 쉽사리 인정하듯이 이 제자들은 동방에서 보냄을 받았습니다. 그러나 그들의 피의 공로 때문에 그들은 별을 지나 그리스도를 따라 천상의 품에 그리고 거룩한 영역에 이르렀읍니다. 그리고 로마는 그들을 그 시민들로 주장할 우선권을 획득했읍니다. 그래서 다마수스는 별처럼 위대한 인물인 당신들에 대한 찬미를 기록하고자 합니다.

이 비문의 후반부는 그 두 사도가 로마에서 순교했기 때문에 그 도시의 교회가 사도적 권위를 가지고 말할 우월권을 받는 것을 입증하고 있다. 비록 그들이 원래 동방에 속했지만 말이다. 그러나 시작하는 두 행이 의미하는 바는 "그들의 몸이 한 때 여기 누워 있었지만, 더 이상 여기 있지 않다"는 것이다. 그 두 사람의 유해가 압비아 거리에서 바티칸 언덕과 오스티안 거리로 각각 옮겨진 것을 시사함으로써 이 말은 상충적인 전승들을 조화시키고 콘스탄티니안(Constantinian) 성당으로 향하는 경건한 순례자들의 관심을 돌려 놓으려는 시도를 나타내고 있다. 17세기 체스터(Chester)주교였던 존 피어슨(John Pearson)이 시작한 이래 일부 학도들은, 발레리안(Valerian, AD 258) 치하의 박해 상황 때문에 사도들의 유해를 원래 있던 장소에서 압비아 거리로 잠시 옮겼다고 생각했다. 그때 기독교도들은 그들의 정규적인 공식집회를 개최하는 것이 금지되었고, 그들의 묘지에 접근도 못하게 되어 있었다. 그러나 전자는 공식적인 승인을 받고 후자는 그것을 지지할 만한 독자적인 증거는 없다.

3세기 중엽 그들의 무덤이 있는 곳에서 그 사도들을 경모하고자 하는 로마의 기독교인들은 바티칸 언덕이나 오스티안 거리의 바울의 유적에 쉽게 접근하지 못하게 금지했지만, 반면에 지하 동굴에서 그들이 그렇게 하는 데는 별 방해되는 것이 없었다. 그러나 왜 그 특별한 장소를 택했는가? 그것은 우리가 모른다. 말하자면 이미 거기에 사도들이 매장되었다는 일반적인 전승이 있었을지도 모른다. 즉, 이

---

[6] 가깝게 떼를 지은 종대행렬로 그들은 대도시를 순회하네, 거룩한 순교자들에 대한 축제가 세 도로상에서 거행되네!

곳에 그들의 시신이 안치되었다고 환상 중에 어떤 사람에게 보여졌을지도 모른다. 그 전승의 기원이 무엇이었든지간에 그것은 일찌기 한 세기 동안 대중적인 헌신에 영향을 강하게 끼쳤다. 그러나 베드로와 바울을 경모하여 콘스탄틴 성당을 건립한 후 그것은 약화될 수 밖에 없었다. 압비아 거리에서의 사도들에 대한 숭배는 점차로 그 뒤 3세기에 그 부근에 매장 되었다고 하는 성 세바스챤(Sebastian)의 숭배로 바꾸어졌다. 그리고 다마수스는 참으로 한때 압비아 거리에 베드로와 바울의 시신이 안치되어 있을 동안에 지금 그들이 놓인 장소에 각각 그들의 성당들이 그 뒤에 세워졌다고 설명함으로써 그 상황을 경감시킨다.

8. 로마의 문헌에 나타난 바울

그러나 이 문제는 로마에 있는 바울에 대한 실제 기록에 비해 상대적으로 중요하지 않다. 그런데 그가 그 기록을 보았다면 놀랐겠지만 만족스러웠을 것이다. 로마의 교회와 도시는, 그것이 비록 짧고 제한되었지만, 이방인들에 대한 그 사도와의 관계를 잊지 않고 있다. 비록 바울이 친히 자기가 그 도시를 처음 방문하기 몇 해 전에 로마의 기독교가 번창했다고 설명할지라도 로마 교회는 그를 사도적인 두 창시자 중의 한 사람으로 주장해 왔다. 우리가 보아왔듯이 로마의 클라멘트는 베드로와 바울의 모범에 호소하고 있다. 안디옥의 익나시우스는 10년 내지 20년 후 로마의 기독교인들에게 편지했는데, 그는 베드로와 바울이 했듯이 그들에 대한 논평을 주지 않았다. 다시 말해서 그들은 사도였는데 비록 로마법으로 단지 그랬다고 할지라도 그는 "유죄판결의 범죄자"이다. 교황 소테르(Soter)에게 편지한 고린도의 디오니시우스(Dionisius, AD 약 170)는 고린도 교회와 로마 교회 사이의 특별한 유대가 베드로와 바울에 의해서 설립되고 두 사도들의 교훈에 의해서 유익이 되었다는 사실을 알고 있다(바울은 로마 교회의 설립자 중의 한 사람이라는 지명을 반대하는 반면에 그는 베드로가 자기와 함께 고린도 교회의 공동 설립자였다고 생각하는 데에 죽어서 편히 잠들지 못한채 있음에 틀림없다). 로마의 가이우스는 베드로와 바울의 "기념비들"을 가리켜 로마 기독교를 가장 잘 보여주는 자료적인 기념물이라고 했다. 거의 같은 시대인 리욘의 이레네우스는 사도들이 세운 교회들을 평가하면서 "가장 영광스러운 두 사도, 베드로와 바울이 로마에서 세우고 조직한 매우 거대하고, 오래되고, 세계적으로 알려진 교회"라고 자부심을 부여하고, 또 그들이 리누스(Linus)에 있는 그 교회에서 감독직을 리누스에게 주었다고 덧붙이고 있다. 이것은 베드로와 바울을 로마의 교회 뿐만 아니라 로마 주교 계승의 창시자라고 하는 초대 전통과 일치된다. 비록 이레니우스 자신이 로마 교회에 충분할 정도로 밀접하게 접촉하여 그 지역적 전통이 무엇이었는지를 바로 알았지만 그에게 자료를 제공하는 자는 헤게시푸스(Hegesippus)였을 것이다. 3세기 중엽으로 내려오면서 두 사도는 정식적으로 로마 교회의 공동 설립자로 합쳐졌다. 4세기 유세비우스 조차도 이따끔 로마와 관련해서 바울-베드로의 순서로 그들의 이름을 부를 수 있었다(비록 그의 저서 "연대기"〈Chronicle〉에서 그가 베드로만 언급했지만, 즉 "베드로 이후 리누스가 로마 교황의 자리를 차지한 첫 사람이었다"). 우리가 아는 바와 같이 그 세기의 말에도 여전히 다마수스는 로마 교회를 위하여 그들의 공동 명성을 주장했다.

그러나 터너(C. H. Turner)가 그것을 설명하는 바로는 "어떤 카탈로그를 옮겨 적을 때 두 사람의 이름 보다는 한 사람의 이름을 더 쉽게 사용했는데 그런 습관이 되자마자 그 목록 선두에 있는 제목으로서라기 보다는 그 목록의 첫번째 이름으로 설립자 사도의 이름을 넣게 되었다… 하나의 이름을 사용하는 것은 한때 단지 한 사람의 주교만 있을 수 있는 원칙을 따랐다"고 주장한다. 베드로를 홀로 명명한 것은 교황 빅토(Victor, AD 190년 경)를 "베드로로부터 열세번째"라고 부른 히폴리투스(Hippolytus)에게서 처음으로 입증된다. 비록 이것이 베드로를 열거된 감독의 목록에서 빠뜨렸지만 말이다. 그 로마의 목록의 선두에 베드로란 이름이 단독으로 있다는데 대해 제일 먼저 교의학적인 의의를 부여하는 사람은 AD 258년에 죽은 카르타고의 주교인 키프리안이다. 그래서 바울이 초대 로마 기독교에 한 공헌은 사실상 점점 간과되었다. 확실히 바울은 성령의 검을 가지고 하늘 나라의 열쇠를 가진 베드로와 나란히 성 베드로 성당의 앞 뜰에 서 있다. 마치 베드로가 성 바울 성당의(outside the walls) 앞에 있는 바울을 마주보고 있듯이 말이다. 아마 그들은 살았을 때보다 죽어서 더 마음이 맞는 동료가 되었을 것이다. 그러나 그 성벽의 외부에 성 바울 성당이 있는 것은 상징적으로 적합할지도 모른다고 가끔 말해왔다. 즉 바울은 외톨이가 되어 바깥에서 도는데 잘 익숙해졌다고 이해하고 또 인정할 것이다. 바울같이 화목케하는 사역자가 1966년 3월에 영으로 거기 있었다고 생각하는 것은 기쁠 것이다. 그때에 그의 이름을 딴 바울 6세와 람제이(Michael Ramsey)가 "거룩한 복음들(Holy Gospels)과 고대 공통된 전통에 근거한 진지한 대화"에 참여할 것인지를 그들 각각의 교파에 질문하면서, 그들의 공동 선언문(Common Declaration)을 나타내 보이기 위해 그의 성당을 선정했다.

제38장

결론적인 고찰

1. 바울의 인격

바울은 어떤 사람이었나?

외부적인 특징에 관련되는 한, 솔직한 동료들의 생각으로는 그가 말에나 외모에 인상적인 사람이 아니었다고만 추측할 뿐이다. 우리는 이미 이들 가운데 하나 혹은 둘 다(말에나 외모)에 탐탁한 결과를 기대할 수 없다는 것에 대해서 논의한 적이 있다. 그러나 보다 더 중요한 것은 그의 지성과 정신적 자질이다.

자신이 설명하는 바로는, 그는 자기 동족의 조상 전통에 대해서 열심이었다. 그리고 이 전통들이 그의 생애에서 다른 사상으로 대치되었을 때 이 새로운 체계를 장려하는데 덜 열심인 것은 아니었다. 그가 교회의 핍박자로서 보여준 그 열심을 —한때 파괴하려고 애쓴 것을 건축하는 자로서 그리고 전에 거부하던 주님의 매인 종으로서—계속해서 보여주었다. 이 주님을 위해서 그가 한때 소중히 여기던 모든 것을 이제는 버릴 것으로 무시해 버렸다. 한때 엄격했던 사람이 다른 사람들에게 그가 믿던 꼭같은 주님을 믿게 하기 위해서 가장 능란하고 적응을 잘하는 사람이 되었다. 모든 것은 은혜의 복음을 전파하는데 귀속되고 모든 재능과 정력을 이 도에 완전히 쏟았다.

바울의 고유한 성급한 기질은 그의 서신 문체에 나타나 있다. 그의 서신들은 정규적으로 한 조력자에게 받아 쓰게 한 것이다. 때때로 그의 사상의 급류가 너무 급속히 앞으로 돌진하기 때문에 그것이 그의 풍부한 언어를 앞지르고 그의 말은 가끔 그 사상을 붙들기 위해서 어떠한 간격을 뛰어넘어야 했다. 그 서기가 어떻게 해서 그의 말을 따라잡았는지는 우리가 짐작만 할 수 있다. 몇 번이고 되풀이해서 바울이 결코 문법적으로 완결하지 않은 한 문장을 다시 시작하는 것은 그가 거기로 출발하기 전에 새로운 사상이 그에게 떠올라서 그것을 다루기 위해 하던 것을 중단하기 때문이다. 그가 주궤도로 돌아올 때는 원래 시작한 문장은 잊어버렸다. 이 모든 것은 바울이 가장 부드럽고 여유있는 작가가 아니라는 것을 의미한다. 그러나 그것은 그가 틀림없는 사람이라는 인상을 우리에게 주고 있다. 그에게는 말할 만한 것이 있고, 그것을 말하는 중에 자기에게 관한 것을 전하는데, 그것을 말하는 데는 인위적이거나 상투적인 것은 없다. 그리고 그가 말해야 하는 것은 너무 소중하기 때문에(1세기 독자들과 20세기 독자들에게 마찬가지로) 그의 말을 이해하려고 노력하는 것은 충분한 가치가 있다.

사무엘 존슨(Samuel Johnson) 박사는 그가 아는 사람 중 한 사람을 "비사교적인 사람"으로 묘사했는데[1] 그것은 바울을 아는 사람이면 누구나 그에게 결코 사용하지 못할 형용사이다. 그는 명백히 "사교적"이고 사회적이며 함께 거하기를 좋아한다. 그는 남녀 동료들에게 기쁨을 주었다. 일반적인 신화에서 바울에 대한 가장 믿을 수 없는 특징은 그가 여자를 싫어하는 사람이라는 것이다. 그러나 그는 여성들을 인격적으로 대우했다. 즉, 우리는 그가 겐그레아 교회의 집사인 뵈베를 천거한 사실을 회상할 수 있는데, 그녀는 다른 많은 사람들에게와 같이 그에게도 조력자로 나타난다. 또 복음에 그와 함께 힘썼던 빌립보의 유오디아와 순두게를 평했던 것을 생각할 수 있다. 기독교의 주류가 되는 교회들이 여성들의 목사 직분이 더욱 가치있는 것으로 아주 조금씩 인정해 갈 때 바울은 그것을 훨씬 앞서고 있는데 교회는 바울만큼 좇아가야 할 것이다.[2]

그의 잇단 우정과 애정의 온정은 그의 서신을 주의깊게 읽는 독자들이 놓칠 수 없는 성품이다. 바울의 동료였다는 이유만으로 적어도 이름이 우리에게 알려져 있는 사람은 신약에 수 십 명이 언급되어 있다. 그리고 그 동료들 중에서 그는 끝없는 헌신을 볼 수 있었다. 브리스길라와 아굴라는 그를 위해 위험한 상황 속에서 그들의 생명을 건 위험을 무릅썼다. 빌립보의 에바브로디도 과도할 정도로 그에게 힘이 되었고, 갇힌 그 사도를 섬기는 일을 염려하여 거의 치명적인 병에 걸렸다. 디모데는 바울의 아들된 역할을 감당하기 위하여 자기가 소중히 여겼을 개인적 야망이 무엇이든간에 쉽게 포기하고 바울의 선교활동에 협조해서 남을 위해 쏟는 그 사도의 열망과 못지않는 사심없는 관심을 보여주었다.

---

1) 그는 존 호킨즈(John Hawkins)경을 "가장 비사교적인 사람"이라고 썼다.
2) 그가 여자들이 기도나 예언할 때 머리에 수건을 쓸 것을 요구하지만 그 수건은 교회생활에서 책임있는 역할을 한 그들의 권위의 표시이다.

경건한 유대인으로서 바울은 그의 죽음을 하나님께 드릴 수 있는 마지막 제사로, 그의 죄를 씻고 경건을 성취하는 제사로 생각했을 것이다. 그리스도인으로서 그는 계속해서 그의 죽음을 하나님께 드리는 제사로 간주했지만 이제는 그것이 자기 자신에게 보다도 그의 개종자들의 생각에 신뢰를 지키게 된다는 사실을 더 좋아했다. 예를 들어, 만일 빌립보 교인들의 신앙을 온전케 하기 위해 어떤 공헌이 필요했다면, 그들의 희생 위에 부어지는 관제, 말하자면 그 관제로 바울의 생명을 바치게 하라는 것이다. 찰스 웨슬리가 훗날에 이렇게 그 열망을 표현할 수 있었다.

> 내가 당신의 모든 온전한 뜻을 갖출 때에
> 믿음과 사랑의 행위를 계속 되풀이하리
> 죽음이 당신의 한없는 자비를 보증해 주고
> 그 희생을 완전케 하기까지.

바울은 그같은 열망을 알고 있었다. 그러나 이 점에서 다르게 생각했는데, 즉 그의 죽음이 그들의 희생을 온전케 하라고 한다.[3]

갈라디아의 동료들이 자유로부터 영적 속박에 이끌려 방황하고 있을 때 바울이 그들에게 대해서 느끼는 자발적인 애정의 표현을 능가할 것은 아무것도 없다. 즉, "나의 자녀들아 너희속에 그리스도의 형상이 이루기까지 다시 너희를 위하여 해산하는 수고를 하노니"(갈 4 : 19). 그들의 목에 종의 멍에를 지움으로써 그들을 그릇되이 인도하는 자들을 향해서 터뜨리는 분노를 설명하는 것은 그들을 향한 그의 애정과 관심이다. 그 분노는 "이 소자 중에 하나"를 실족케 하는 자에 대해서 하는 예수님의 말씀 가운데서 표현된 것과 같은 것이다. 즉, "차라리 연자맷돌을 그 목에 매이우고 바다에 던지우는 것이 나으리라"(눅 17 : 2). 바울은 묻기를 "누가 약하면 내가 약하지 아니하냐? 누가 실족하게 되면 내가 애타지 않더냐?"고 했다.

바울은 그들을 향해서 느끼는 강한 애정으로 진심으로 한데 뭉쳐진 그의 열매들을 보기 원했다. 그가 갈라디아 교인들에게 말하는 구원의 믿음은 "사랑으로 말미암아 역사하는 믿음"(갈 5 : 6)이라고 한다. 이와 같은 사랑을 통하여 그들은 "서로 종노릇하라"고, 또 그렇게 "그리스도의 법을 성취하라"고 부름을 받았다(갈 5 : 13 ; 6 : 2). 바울은 이상을 가진 자로서 고독한 생활을 할 여유가 없었다. 다시 말해서 그의 모든 사도적인 활력에 대해서 "그가 홀로 여행하는 가장 빠른 사람"이라는 말을 그는 뿌리칠 것이다.[4] 그는 예배와 활동에 있어서 그리스도인의 교제와 함께

---

[3] 빌 2 : 17은 만약 그의 유대교 친척들의 구원이 이루어질 수 있다면 "그 자신이 저주를 받아 그리스도에게서 끊어진"다는 그의 각오와 비교할 수 있을 것이다.

[4] 이것 때문에 그가 독신생활의 좋은 것으로 여긴 것은 아니었다. 그는 베드로와 다른 사람들

함을 강조한다. 그들은 서로 지체이며 모두 함께 그리스도의 지체이다.

그의 개종자들은 그의 자랑이요 기쁨이다. 그가 그들에게 편지할 때는 아버지가 자녀에게 하듯이 한다. 그는 그들 속에 있는 칭찬할 만한 모든 것을 칭찬한다. 그런데 다른 사람들은 그 속에 있는 칭찬할 만한 것을 거의 발견하지 못할 것이다. 그는 그들의 단점에 대해서 꾸짖고 만일 태도를 고치지 않는다면 다음에 올 때 큰 매를 가지고 올 것이라고 경고한다. 그러나 그는 합당한 모든 것을 위해 격려하고 그들이 지니는 명예로운 이름인 온전한 그리스도인이 되도록 성장하기를 바라는 그의 타오르는 열망을 감추지 않는다.

그는 이렇게 아버지의 특권을 행사하고 있지만 다른 사람들에게 그들에 대해서 자랑한다. 그가 예루살렘의 구제금을 마련하고 있을 때 고린도 교인들에게 마게도니아 교인들의 관대함에 대해서 말하고, 마게도니아 교인들에게 고린도교인의 신속성에 대해서 자랑한다. 무엇보다도 그가 바라는 것은 자기에게 사명을 주신 주님에 대한 사도적인 청지기 직분에 대해서 마지막 설명을 할때 그는 단지 그의 개종자들을 지목할 것과 그들의 신앙과 생활에 의해서 판단되는 그의 봉사를 뛰어나게 하는 것이다.

예루살렘 구제금에 관한 그의 언급에서 돈과 관련된 그의 특이하고 섬세한 감각을 엿보게 된다. 그는 그 기금을 모았지만 그 기금은 기부자들이 지명한 사람들이 취급하고 목적지를 전달했다. 그 자신으로 말하자면 정직을 실천해야 할 뿐만 아니라 실제로 행한 것으로 나타나야 한다. 그는 재정적인 문제와 관련된 일로 의혹을 사는 경우가 얼마나 흔한가를 알고 있었다. 조금은 이와 비슷한 이유로 고린도 교인들에게서 돈받기를 거절했지만 어떻게 보면 그것은 그의 타고난 독립성 때문이기도 하다. 사실 그는 스스로 생활하기를 훨씬 더 좋아했다. 심지어, 빌립보에 있는 그의 사랑을 받는 동료들에게서 받은 선물에 대해서도 감사를 표현하는 것은 분명히 그가 무엇을 받기만 하면 거북스러움을 느낀다는 것이다. 남의 신세를 지지 않고 스스로 생활함으로써 다른 그리스도인들에게 귀감이 되기를 바라고 있음이 역시 분명하다. 그런데 그들은 주의 날이 이제 임박 했다는 확신에서 또는 어떤 다른 이유로 자기들이 일용할 양식을 버는 것은 무의미한 일이라 생각했다.

바울은 우리에게 비범할 정도로 강한 의지를 가진 자로 떠오른다. 그래서 그가 따라야 할 사명으로 믿은 길에서 쉽게 물러나지 않는다. 부활하신 주께서 그를 불러 이방인의 사도가 되게 하셨기에 그는 그 분에게 순종하는 것 외에 다른 선택의 여지가 없었다. 그는 바로 기쁘게 온 마음을 다하여 헌신적으로 순종했다. 이는 그리스도의 사랑이 그를 강권했기 때문이다. 그러나 그가 그 일에 대해서 달리 생각

이 그들의 선교여행에 아내를 동반하는 것이 방해가 되는줄 알았다고 시사하지는 않는다(고전 9 : 5). 바울이 접두어 συν-(예, "동역자", "함께 군사된 자"등)을 쓰기를 좋아했다는 것을 시사하고 있다.

했다 하더라도 그 문제에 있어서는 선택의 자유가 없었다. 그는 이 의무적인 일에 징집되었다. 확실히 보다 더 자발적인 징집병은 없었지만 그는 자신이 권세 아래 있음을 알고 있었다. 다른 점에서는 선택의 자유를 허락받았을지도 모르지만 여기서는 그렇지 않다.

죄의 굴레에서 해방된 사람들이 자신을 다시 죄 아래 두는 것은 말도 안된다고 그가 주장할 때 자신의 강한 의지로써 그의 개종자들을 신뢰했고, 옛 습관과 옛 생각과 옛 환경으로 끌리는 것을 충분히 고려하지 않았다고 사람들이 생각할 것이다. 그 굴레로부터 그 자신이 해방되었다고 할 때 그것은 율법의 굴레였다. 그러나 그는 고린도의 생활방식에 쉽사리 영향을 받지 않았다. 그리고 일부 그의 개종자들이 그것을 떨쳐내는데 상당한 어려움이 있다는 것을 알았을 때 당황하게 되었다.

그러나 그는 성령에 의해서 신자들의 마음에 심기운 부활하신 그리스도의 변화시키는 능력을 제한하지 않았고 그들의 삶 속에서 활동하는 그 능력의 충분한 증거를 바라본 것은 그가 소망없는 비실제적인 이상을 권하지 않고 있었음을 알기 위해서였다. 그리고 만일 그가 어떤 목표를 보면 바로 추구하는 사람의 강한 의지를 지닌 성격에 의해서 그의 개종자들을 평가하려는 경향이 짙다고 우리가 생각한다면, 다른 사람들에게 전도한 후에 자기가 넘어질까 봐서 끊임없는 자기훈련을 실시했다는 자신의 증언을 회상해 보자. 그에게는 그리스도인의 삶이 격렬한 일이었다. 그래서 그는 그것을 싸우는 전쟁, 달리는 경주와 같은 경기 용어로 묘사하기를 좋아했다. 그런데 즉각적으로 그것을 달성하는 것은 불가능했다. 왜냐하면 임종의 순간까지는 그가 강조한 목표에 도달하지 못할 것이기 때문인데, 그것은 "그리스도 예수 안에서 하나님이 위해서 부르신 부름의 상"을 받는 것이다. 자기의 업적을 대신하여 자기의 비천을 자랑하기를 익힌 자로서 마땅히 자랑할 만한 것이었다.

그의 개종자들에 대한 바울의 크나큰 염려는 그들이 자신의 삶에 있어서 그리스도의 성품을 본받았어야 했다는 것이다. 그것은 사랑, 인내, 양선, 온유, 절제와 같은 성품을 포함하고 있는(그가 부른 대로) 성령의 열매이다. 이 염려는 그의 자기훈련에 많은 기초가 되었다. 그런 성품들이 동시에 그의 삶 속에서 보이지 않았다면 그같은 것을 개발하라고 그들에게 권하는 것이 무슨 소용이 있었겠는가? 확실히 이런 성품들이 없을 때는 그것을 발전시키라고 다른 사람에게 권면할 자격이 없을 것이다. 예를 들어 인내와 온유같이 이 성품 중 일부가 자연적으로 생기지는 않는다. 온유는 예수님의 성품 가운데서 특이한 점이었지만 바울이 그것을 본받는 데는 성령의 능력과 자신의 조화있는 절제로 말미암아 그의 성급함이 길들여질 것을 요구한다. 그렇지만 그는 아주 단호하게 이 길들이는 과정에 복종하는데 그 과정은 선한 양심을 가지고 다른 사람들이 가진 이 그리스도인의 장점들을 가르치려고 애쓸 뿐만 아니라 자기가 직접 실행한 것을 그들의 모범으로 삼으라고 격려하는 것이다.

한 그루의 사과나무가 의회의 조례(Act of Parliament)에 의해서 사과를 맺지 않듯이, (그러나 그것은 열매를 맺게 되어 있기 때문이다) 그리스도의 성품은 규칙이나 규정에 의해서 그의 백성에게 생기지는 않는다. 그런데 그것은 성령의 열매가 그들 속에 있어야 한다. 특히 바울 사역의 초기에 그는 그리스도인들이 성령의 자유 속에서 기뻐하지 않고 율법을 따르기를 더 좋아하는 광경을 보고 당황했다. 그는 영적인 자유를 체험하는 기쁨으로 인해서, 그의 개종자들이 "원리보다는 규칙이 자기들이 사는데 더 편리하다"면서 그냥 살아가는 것을 보는데 만족할 수가 없었다. 그는 바리새인들처럼 살지 않고 그리스도께서 해방시킨 그 자유 속으로 그들이 들어가는 것을 보기를 원했다. 그런데 탈무드는 그 바리새인들을 "내게 나의 임무를 말해 주소서. 그러면 내가 그것을 시행하리이다"(tell-me-my-duty-and-I-will-do-it)라는 부류에 넣는다.

그러나 바울은 개인적으로 의지가 강한 사람이었기 때문에, 많은 경우에 있어서와 같이, 자기보다 더 약한 사람들에게는 인내심이 있었다. 그 자신이 강하고 해방된 양심을 가진 반면에 그 양심이 성숙하지 못하고 어두운 사람들에게는 동정적인 온정을 가졌고, 더욱 약한 형제를 생각해서 철저히 자기를 부정하려고 했다. 강한 마음을 가진 다른 그리스도인들이 무능하고 자발적이지 못한 것을 개탄해서 그들에게도 같은 태도를 보여주었다. 그리고 이 점에 관해서는 자신의 편에서 그리스도를 본받은 것같이 자기를 본받으라고 주장하면서 자신이 그들의 본이라고 강조한 것은 두드러진 일이었다.

그의 강한 의지는 여느 때와는 다른 신체적인 어려움에는 당할 수 없었다. 정말이지 이 두 가지 점에서 그는 소크라테스에 비유할 수도 있을 것이다. 여기서 사도행전의 증거는 자기 자신의 기록에 대한 증거임을 확증하고 있다. 누가는 그가 루스드라에서 어떻게 돌에 맞아 성 밖으로 끌려나와 길가에 죽은 채 버려졌는지를 묘사하고 있다. "그러나 제자들이 둘러 섰을 때에 바울이 일어나 성에 들어갔다가 이튿날 바나바와 함께 더베로 갔다"(행 14:20)고 한다. 이 경험은 고린도후서 11:23~27에 열거한 고난의 목록 중에 한 항목을 차지한다. 그는 자기를 변호하면서 그런 목록을 제시해야 하는 입장에 있는 것을 쑥쓰러워 하지만 여러 번 옥에 갇히고, 매맞고, 파선당하고, 죽음에서 겨우 벗어나는 등 그가 사도의 일을 하던 중에 겪어왔던 그같은 사실을 열거하는 것은 그가 강하다는 것과 그 모든 것을 견디어 온 지속적인 능력을 가진 사람임을 알려주고 있다. 그는 이 경험이 남긴 흔적들을 자랑거리로 지니고 있다. 이는, 그것들이 그가 주님의 종이라고 선언한 지울 수 없는 흔적들(stigmata)로서 그것은 주님을 섬길 때 받은 것이기 때문이다.

바울은 그가 겪는 환란과 위험을 고난으로 해석하지 않았을 것이다. 다시 말해서 자기 눈에는 이 모든 것이 신앙생활의 일부로 보였던 것이다. 그것은 사람들이 좀 절제하려는 어떤 것으로 견디는 것이 아니라 기쁨을 가지고, 하나님께서 수락하신다는 증표로서 또 기독교 신앙을 강화시키는 것으로 포용하는 것이다. 이런 태도는 그리스도의 십자가에 숨어 있는, 보통사람들이 생각하는 모든 가치를 역전시키는 것에 속했다. 바울은 그런 고난을 그리스도의 고난에 동참하는 것으로 또 수많은 그의 동료 그리스도인에게 미치는 고난을 몸소 겪는 방편으로, 기쁨으로 받아들였다. 그 고난이 겉사람을 약하게 할 때 동시에 하나님은 그것을 사용하셔서 속사람을 새롭게 하고 그의 영광의 기업을 증대시키셨다.

바울은 자기 시대의 소산이었다. 그는 더 늦거나 빠르지도 않는 AD 1세기에 태어났고, 로마 제국의 국경을 넘어서지 않고 그 제국 안에서 태어났으며, 이방인이 아니라 유대인으로 태어났다. 그는 그의 유산과 환경과 교육의 영향을 받았다. 어떤 사람들은 완전히 자기 시대의 사람으로만 남아 있기 때문에 그들에 관한 모든 것을 작기들의 문화적 상황의 입장에서 설명할 수 있으나 바울은 그렇지 않다. 아마 이것은 존 돈(John Danne)의 다음과 같은 말이 어울릴 것이다. 즉, "바울은 사람으로서, 사도로서 태어났지만 다른 사도들처럼 시간 속에서 빚어진 것이 아니라 (하나님의 은혜로) 녹은 사도요, 능력받은 그리고 주형(mold)에 던져진 사도였다." 바울은 자기들의 시대에 특징을 남기고 또 그 시대를 주도해 나가며 멀리 미래로 뻗어가는 영향력을 발휘하는 그런 선정된 공동체에 속해 있었다.

그가 비록 랍비로 훈련을 받았지만, 모든 정신과 자기가 받은 초기 교육의 내용을 재평가하는 것이 너무 과격해서 많은 유대 학자들은 그를 랍비 교육의 출신으로 인정하는데 어려움이 있었다. 그들은 이방인의 사도라기 보다는 "나사렛의 선지자"(사실 랍비로 훈련받지 않은 자)로 인정하기가 더 쉽다는 것을 알았다. 바울은 그들이 쉽게 타협할 수 없는 수수께끼를 내놓고 있다. 때가 차매 하나님께서 아들을 보내셨고, 못 박히신 예수께서 만유의 주로 높아지셨고, 그 자격으로서 율법의 통치를 폐지시킨 새 시대를 열었다는 것을 그 젊은 바리새인이 알기 시작했을 때 그의 사상과 생애가 완전히 바꾸어졌을 뿐 아니라 그로 말미암아 상당한 인류 집단의 사상과 삶은 새로 교육을 받게 되었다. 그 시대에 다른 사람이 이방 선교에 참여한 반면에 그가 끼친 공헌은 특출한 것이고, 가장 광범위했다. 그의 교훈을 네 가지 강조점으로 요약할 수 있는데, 그것은 여전히 강조할 필요가 있기 때문이다.

(a) 참된 종교는 규칙이나 규정의 문제가 아니다. 하나님은 타산적으로 사람들을 대하지 않으시고 그들이 자기의 사랑에 대해 반응을 보일 때 은혜로 용납하신다. 그리고 그리스도의 영을 그들의 마음에 심어주는 것은 그들이 그에게서 받은 사랑을 다른 사람에게 보여주기 위함이다.

(b) 그리스도 안에서 남녀가 다 성인이 되었는데, 그것은 그의 죽음과 부활의 생명으로 말미암아 새로운 인간성이 창조되기 때문이다. 하나님은 그의 자녀들을

속박된 상태에 두지 않으시고, 그들이 책임있는 장성한 아들과 딸로서 살기를 요구하신다.

　(c) 사람은 사물보다도, 원리보다도, 주의 주장보다 더 중요하다. 최고의 원리와 최선의 주의 주장은 사람들을 위해서 존재한다. 다시 말해서 그것들을 위해 사람을 희생시키는 것은 참다운 질서를 곡해하는 것이다.

　(d) 인종, 종교 계층이나 성별 때문에 부당한 차별을 하는 것은 하나님과 인간성을 다같이 위반하는 것이다.

　이 교훈들이 중요하다면, 그것을 가르친 이를 감사함으로 신뢰해야 할 것이다.

2. 초대교회에서의 바울

　예루살렘에 있던 로마 지원군에 의해서 체포된 이후 4년 동안의 공적 활동에서 바울이 물러남으로써 이방인 선교지의 전역에서 그를 반대하는 자들은 재빨리 그것을 이용할 기회를 갖게 되었다. 골로새서가 증거하는 바로는, 그 연대가 바울이 로마에 감금되었을 때라면, 빌립보 교인들은 유대주의로 만드는 자들(손할례당)과 영지주의화 시키는 불량배들을 경계하고 있었다. "아시아에 있는 모든 사람이 나를 버린 이 일을 네가 아나니"란 디모데후서 1:15절의 말씀은 아마도 이 반바울적인 경향이 절정에 도달했다고 볼 수 있을 것이다. "버린다"는 말이 무엇을 가리키는지는 우리가 모르지만 추측컨대 부겔로와 허모게네는 그 운동의 지도자라는 특별한 언급을 하기 위해 표시했을 것이다. 그러나 그들이 가르치는 세부사항은 주어지지 않았다. 같은 서신의 다른 곳에서는 후메네오와 빌레도라는 다른 한 쌍이 초과해서 실현된 종말론(over-realized eschatalogy)을 주장함으로써 진리로부터 탈선된다고 비난을 받고 있다. 즉, 일부 고린도 교인들이 그들 앞에서 부활이 이미 지나갔다고 말했을 때 말이다(딤후 2:17,18). 후메네오와 빌레도가 아시아 지방에 속했는지는 확실하지 않다. 그러나 만약 후메네오가, 디모데전서 1:19,20에 의하면 알렉산더라는 이와 함께 "믿음이 파선되어 훼방하지 않게 하기 위하여" 바울의 손에서(아마도 멀리서 행한) 징계조치를 받은 그 이름을 가진 자와 동일하다면 그들이 그럴 가능성이 크다.

　안정성이 있는 한 영향력이 유대 출신의 전망있고 대범한 마음을 가진 몇몇 기독교 지도자들이 있는 지방으로 옮겨 감으로써, 60년대 후반에 아시아의 여러 교회로 유입되었던 것이 분명하다. 그 지도자들 중에 "주님의 제자인 요한"(호칭으로)과 예언하는 딸들을 가진 가이사랴의 빌립이 있었다. 그들은 생존 당시와 마찬가지로 몇 세대 이후까지 아시아의 여러 교회에서 상당한 지위를 누렸다. 팔레스틴의 기독교 시작과 밀접한 관계를 가진 그런 남녀들이 있었던 것이 유대 율법주의와 방탕한 영지주의의 경향을 저지하는데 도움을 주었다. 그러나 다른 무엇보다도 바울의 선교지에서 유대화시키는 임무를 붕괴시킨 한 사건은 AD 66년 로마에 대한 유대인의 반란이었는데, 그로 인해 4년 후 예루살렘 시와 성전이 함락되었을 뿐만 아니라 예루살렘 교회도 흩어지게 되었다. 예루살렘 교회는 수 세대에 걸쳐서 자기 주체성을 유지하려고 노력했지만 이방인 교회가 받아들이는 신조를 더 이상 펼 수 없었다. 사실 그 교회와 이방인 교회 간의 접촉은 최소로 감소되었다. 그 교회의 옛 명분은 그 후 예루살렘의 새 교회에 어느 정도 이어졌는데, 그것은 완전히 이방인의 공동체였고 하드리안(Hadrian)이 AD 135년과 그 후 몇 년 동안 그 거룩한 성의 자리에 세워진 Aelia Capitolina 시를 새로 건설할 때 건립했다.

원래의 예루살렘 교회의 전통이 소중히 여겨진 곳에는 실로 그가 예수와 모세와 같은 선지자가 공포한 새 율법의 곡식 가운데 도덕 폐기론의 가라지를 뿌린 원수로 여겨지지는 않았다고 할지라도 바울은 여전히 미심쩍은 사람으로 남아 있었다.[5] 그러나 바울을 그렇게 묘사하는 것은 괴상하고 무력한 것이었다. 그의 이방 선교지 전역에 걸쳐서 그리고 그것을 넘어서 그의 명성은 그의 생애에 자주 그랬던 것보다 더 높이 올랐다. 이는 교회의 첫 출발이 그의 복음전파의 활동에 혜택을 입었기 때문에 그 교회가 그를 자기들의 사도적 설립자로 인정하는 것을 자랑으로 여겼기 때문이다.

그의 서신은 그것이 전체의 문서로든 단편으로든간에 조심스럽게 수집되었다. 그가 살았을 동안에 친히 그 일을 추진했는데, 자기가 이웃 교회에 했던 편지를 교환하도록 권함으로써 또 이따금 한 단체에 보낸 편지의 사본을 다른 곳에서 읽을 수 있도록 보냄으로써 그렇게 했다. AD 96년 경 로마의 클레멘트가 로마 교회의 이름으로 고린도 교회에 편지했을 때 그는 분명히 우리가 고린도전서로 알고 있는 서신의 사본을 대할 수 있었다. 왜냐하면 그가 고린도 교인들에게 40년 전에 그들의 사도적 설립자가 그들에게 말한 것에 더 주의를 기울일 것을 상기시키면서 고린도전서를 자유롭게 인용하기 때문이다. 사도행전이라는 누가의 역사서 제 2 권이 더 널리 유포됨으로써 바울의 서신을 문헌의 집성으로 수집하고 출판하는데 강한 자극을 주었다는 것도 있을 법하다. 만약 바울이 전도했던 지역에서 그를 잊어버리는 경향이 있었다면 이 매혹적인 기록으로 말미암아 분명히 그 지역과 또다른 곳에서 다같이 그에 대해 다시 관심을 갖게 될 것이다. 그러나 2세기 초 후 세대의 알려지지 않은 한 은인(恩人)이 적어도 열 개의 바울 서신을 베껴서 하나의 사본을 만들었을 것이다. 그 사본에서 기독교 세계의 여러 지역에서 사용하기 위한 여러 사본이 만들어졌다.[6] 그때부터 바울 서신은 따로따로가 아니라 수집된 것으로 배포되었다. 바울 서신에 대해서 언급하는 2세기의 작가들은 그들이 "정통"이든

---

5) 마 13:25을 참조하라. 사도 시대에서 나온 것을 의미하는 것으로 3세기에 집성된 클레멘트 문헌에서 바울이 그렇게 묘사되어 있는데, 거기에는 의인 야고보와 베드로가 그 교회의 권위의 원천이었다고 기록한다.

"이단"이든간에, 그것을 집성한 형태로 알고 있었다.

"이단" 작가들 가운데 가장 두드러진 자가 말시온이었는데, 그는 AD 144년 경 자기가 편집한 누가복음과(목회서신을 빠뜨린) 열 개의 바울 서신을 포함하는 기독교 성경의 한 정경을 공포했다. 말시온은 바울을 예수 그리스도의 유일하고 신실한 사도로 보았는데, 원래의 사도들은 모두가 다 그의 순수한 복음을 유대화시키는 교리로써 더럽혔다고 생각하기 때문이다. 그러나 진정한 바울 서신까지도 말시온이 말하는, 구약의 문헌을 계속 인정하는 것으로 여겨지는 그런 구절들, 즉 비바울적인 요소와 덧붙혀진 것에서 순수하게 될 것을 요구했다. 말시온은 자기 시대에 바울을 이해한 유일한 사람이라고 전해진다. 비록 그가 바울을 이해함에 있어서 그를 오해를 했다고 하지만 말이다. 비록 그의 특별한 교훈은 교회에 의해 거부당했지만 그가 바울의 집성을 편집한 것은 여러 면에서 그 집성된 사본을 후세에 전달하는데 영향을 끼쳤다.[7] 그런데 275년 경 전 공교회에 걸쳐 바울이 남긴 것은 존경을 받았고 그의 저작은 정경화되었다.[8] 그러나 이것은 그의 가르침이 이해되었다는 것을 의미하지 않았다. 그리스도인의 삶을 규정에 예속시키려는 경향이 너무 강해서 때때로 바울이 의도하는 바를 실제로 파악한 사람이 생길 때 그 결과는 혁명적이기가 쉬웠다. 많은 교부들이 바울이 말한 것은 그리스도인의 생활이 더이상 율법 아래 있지 않고 은혜 아래 있다는 것을 실제로 그가 의미했다고 생각할 수 없었을 것이다. 당연하게도 교부들은 그의 논쟁적인 구절에 대한 역사적인 상황을 잊어버렸을 때, 그가 할 수 있는 한, 먼저 그의 개종자들 가운데 있는 이 사상의 노선과 더불어 다음으로 저 사상과 더불어, 동시에 두 진영을 향해 전쟁을 치루는 바울의 생각을 따라가기란 어려웠다. 그가 "그러나 …"라는 말을 삽입시킴으로써 본질적으로 대대적인 양보로 보이는 것이 수정된 그 지점에 도달하기까지 말이다. 당대의 상황 속에서 바울의 주장을 잘못 평가한 아이러니칼한 결과는 그의 생애에서 도덕 폐기론자로 도덕주의자에게 비판을 받은 그 사도가 그들의 정신적 후계자들로부터 금욕주의자로 크게 존경을 받았다는 것이다.

3. 가설과 전설에 나타난 바울

---

6) 젼츠(G. Zuntz)의 The Text of the Epistles(London, 1954). pp. 14 ff. 276 ff.에서 그는 그것이 명백히 "학구적인 알렉산드리아의 편집법에 의존한 것"을 고려할 때 이 작업이 이루어진 곳이 알렉산드리아라고 생각한다.
7) 어떤 면에서 말시온이 바울에게 열중했기 때문에 정통적 입장에 있는 사람들의 마음에 바울에 대한 의심이 일어났다. 예를 들어, 터툴리안은 그를 "말시온의 사도" 혹은 "이단의 사도"라고 말한다. 그것은 사실 비난하는 뜻으로 그렇게 한 것이 아니라 그냥 언급하면서 (ab haminem) 그랬다. 그는 또한 "나의 사도"라고 하지만 말시온에 대한 배타적인 의미에서 한 것은 아니다.
8) 말시온에 답하여 공교회 교인들은 단지 열개가 아닌 열세편의 바울 서신을 들었다.

AD 250년 경 아시아 지방의 어떤 장로가 다메섹에서 로마에 이르기까지 그 사도의 전 활동지역으로부터 바울에 대한 전설과 전승들을 모았는데, 그의 상상력을 동원하여 연속성있게 그것들을 연결시켜서 그 작품을 "바울의 행전"으로 펴냈다. 그의 목적은 그 사도의 업적을 기리는 것이었으나 그의 동료와 선배들은 그가 한 것을 인정하지 않았다—그런 허구적인 작품에 대한 일반적인 생각이나 그들이 받아들일 수 없는 신앙이나 관습을 권면한 일부 내용을 가지고 흠을 잡으면서 말이다. 그리고 그를 그 직분에서 해임시켰다. 그는 그 작품을 "바울을 사랑하기 위하여"(amore Pauli) 편찬했다고 확증했으나 그 동기는 가치있는 것이지만, 그들의 생각으로는 그 작품의 못마땅한 성격은 보상받을 수 없었다.

그 저자의 직분을 박탈당한 것에 대해서 우리가 아는 정보는 카르타고의 터툴리안에게서 온 것이다. 그는 같은 세기의 말에 글을 써서 여자들이 가르치는 직분을 위한 권위를 구해서는 안되는 교회 안에서 그들에게 이 직분을 허락하는 자들에게 경고하고 있다. 그것은 합당한 권위에 의해서 비난을 받았기 때문이다. 언급된 그 작품 중 특이한 부분은 바울과 데클라(Thekla)에 관한 일화이다. 예로서 데클라는 전설상 바울의 개종자였는데 그녀의 약혼을 취소하고 한 동안 그의 사도적 사역에 동참했는데, 순교에서 기적적인 해방을 경험하였다. 이 일화에서 바울은 목회서신의 바울과 다르게 행동하고 있다. 반면에 목회서신은 "여자가 가르치는 것을 허락치 않는다" 그리고 "혼인을 금하는 자"들을 비난한다(딤전 2:12; 4:13). 이 행전에서 바울은 데클라에게 결혼생활을 못하게 하고 교사로서의 그녀의 자질을 개발하라고 격려한다. 독신생활과 일반적인 금욕주의의 가르침 속에서 아시아 교회의 지도자들이 "바울의 행전"에 있는 이단적인 경향을 인정했을지도 모른다. 왜냐하면 그런 경향이 바로 그 당시 새 몬타누스주의 운동 속에서 나타나고 있었기 때문이다.

그 바울의 행전 바로 이 부분에서 우리가 바울의 초상을 문득 생각해내는데 그것은 박력있고 특이한 문체 때문에 가끔 지속적으로 어떤 지역을 상기시킨다고 생각해왔다. 바울이 두 동료와 함께 이고니온으로 가는 중이다. 즉,

> 그리고 바울이 이고니온에 왔다는 소식을 들은 오네시보로라는 사람이 그를 자기 집으로 맞아들이기 위해서 자기 자녀들인 심미아스(Simmias)와 제노(Zeno)와 자기 아내 렉트라(Lectra)를 데리고 나갔다. 디도는 그에게 바울이 어떻게 생겼는지를 말해 주었는데, 여태까지는 오네시보로가 그를 육신으로 보지 않고 단지 영으로만 보았다고 했기 때문이다. 그는 루스드라로 나 있는 왕도를 따라갔는데[9] 거기서 그를 서서 기다렸다. 그리고 오는 사람들을 디도가 묘사

---

9) 그 왕도는 비시디아 인디옥에서 루스드라까지 아우구스투스가 세운 로마 도로임이 분명하다.

한 것과 비교하면서 바라보았다. 그래서 그는 바울이 오는 것을 보았는데 키가 작고 대머리에다 다리는 굽었으며, 몸은 양호한 상태인데 눈썹은 서로 접혀 있었고, 코는 약간 구부러졌으며 친절함으로 가득차 있었다. 왜냐하면 그는 지금 사람처럼 보였고 천사의 얼굴을 가졌기 때문이다.

 이 초상이 묘사하는 사실적인 인사에도 불구하고 그것이 하나의 문학적 전통에 속한다고 생각할 것이다(그 전통 중에 알키비아데스(Alcibiades)가 소크라테스를 묘사한 것은 일찍 표현한 것이다). 알키비아데스가 묘사한 것은 상당히 잘 나타내지 못했는데 소크라테스를 외견상 실레누스(Silenus, 그리이스 신화의 주신)이나 사티로스(반인 반수의 숲의 신)로 묘사했다. 그러나 그의 대화는 이루 말할 수 없이 매혹적이었다. 즉, 도무지 호감이 가지 않는 외모 속에는 너무 신성하고 귀중한 또 아름답고 놀라운 보배가 있어서 나는 단지 소크라테스가 명한 대로 행해야 했다고 한다. 로버트 아이슬러(Robert Eisler)가 주장한 바에 따르면, 바울을 묘사한 것은 이른바 렌투루스 서신(Letter of Lentulus)에 나타나 있는 상상력에 의해 예수를 묘사한 것과 같은 장르에 속한다고 한다. 그러나 이러한 대비는 확신을 할 수 있을 정도로 면밀하지 않다. 그리고 그 가능성은 여전히 남아 있는데 윌리암 람제이(William Ramsay) 경이 "이 솔직하고 꾸밈없는 바울 개인의 외모에 대한 설명은 아주 이른 전통을 구체적으로 나타낸 것 같다"고 말하는 데는 잘못이 없다.

 터툴리안이 "바울의 행전"을 인정하지 않은 반면에 그와 동시대인 로마의 히폴리투스는 그 작품을 수락한 것 같다—실로 경전으로서가 아니라(그것이 그런 인정을 받기를 바라지 않았지만) 사건의 참된 기록으로서 말이다. 히폴리투스는 서방 기독교에서 당대의 훌륭한 학자였으나 그의 학식 때문에 그는 우리가 이 책에서 너무도 명백하게 전설적인 사건 중의 하나로 여겨야 하는 것을 사실에 입각한 진리로 취한 것이 분명하다—그 사건은 바울이 친구로 사귀었고 세례를 베푼 사자와 경기장에서 대결하는 이야기이다.

 안드로클레스(Androcles)와 그 사자의 이야기는 주로 버나드 쇼(Bernard show) 덕분에 현대에 잘 알려져 있지만 2세기 중엽에 그와 매우 흡사한 것이 바울 자신에게서 알려졌는데, 아마 그것은 바울이 "에베소에서 맹수와 싸운"(고전 15:32) 것에 대한 언급이다. "사자의 입에서 구출됐다"(딤후 4:19)고 뒤에 주장하는 것을 문학적으로 해석하는 데서 나왔을 것이다. 이 이야기는 우연히도 "바울의 행전"에 기록되었다. 그리고 히폴리투스는 그것을 아주 진지하게 다루면서 그것을 사자굴 속의 다니엘 이야기와 대조함으로써 그의 다니엘서 주석에 인용하고 있는데, "바울이 경기장에 들어가게 되었을 때 그에게 달려든 사자가 그의 발 앞에 앉아 그를 핥았다는 것을 우리가 믿는다면 다니엘의 경우에 일어난 것을 왜 우리가 또 믿어서는 안되는가?" 그것은 정말 믿을 수 없는 변증이다.

로마에서도 전설로 바울의 이야기가 꾸며졌다. 예를 들어 그가 나폴리(Naples)로 가서 BC 19년에 죽은 시인 버질(Virgil)의 무덤을 보고 슬퍼한 것을 들 수 있는데, 그는 "내가 만일 당신이 가장 위대한 시인으로 아직 살아 있는 것을 보았다면 정말 당신을 개종시켰을 텐데!"라고 말했다고 한다. 특히 그의 순교에 대한 기록은 기록적인 장식으로 치장했다. 한 외경은 그가 사형장으로 끌려갔을 때 퍼페투아(Perpetua)라는 애꾸눈의 여자를 보았는데, 그녀는 그가 지나가자 울음을 터뜨렸다고 한다. 그는 그녀에게 목도리를 빌려달라고 했는데, 그를 호송하는 군인들이 그녀를 보고 웃었으나 그녀는 황제의 이름으로 그들에게 간청해서 그것으로 바울의 눈을 가리우고 그가 죽은 후에 되돌려 받았다. 온통 피투성이가 되어 있는 그것을 다시 착용했을 때 보이지 않던 한쪽 눈의 시력이 즉시 회복되었다고 한다.

Tre Fontane에 있는 성 바울 교회의 벽에 있는 부조는 바울의 머리가 떨어질 때 그것이 땅에 세번 튕겼다는 전설을 기념하고 있다. 그리고 그 각 장소에서 세 우물 중의 하나가 솟아 나왔는데 거기에서 그 장소의 이름이 나왔다.

4. 영원한 바울의 영향

그런 전설들은 바울의 위대성을 강조하기 위한 세련되지 못한 시도를 보여주고 있다. 그러나 그의 참된 위대성은 그의 자유케 하는 메시지에 대한 영속적인 능력에 의해서 확증된다. 몇 번이고 되풀이해서 복음이 율법주의와 낡아빠진 전통의 굴레에 매여 무능하게 되는 위험에 처해 있을 때 바로 바울의 말이 그 속박을 깨뜨리고 인류의 삶 속에 다시 한번 복음을 해방시켜서 복음의 자유케 하는 능력을 발휘하도록 했다.

(1) 어거스틴

AD 386년 여름, 서른 두 살 된 어거스틴은 밀란(Milan)에 있는 그의 친구 알리피우스(Alypius)의 정원에 앉아서 울고 있었다. 그는 그 도시에서 2년 동안 수사학 교수로 있었는데, 여태까지 그의 교수 경력에 만족하고 있었다. 그러나 그는 어떤 깊은 내적인 불안을 의식했다. 그는 새로운 삶을 시작해야 한다고 거의 확신했으나 옛 생활을 단절할 결단력이 없었다. 그가 앉아 있을 때 이웃집에서 한 아이가 "집어들고 읽어라! 집어들고 읽어라!"(Tolle, lege! Tolle, lege!)고 노래하는 것을 들었다. 그는 자기 친구 곁에 있는 두루마리를 집어들었는데(그것은 공교롭게도 바울 서신의 사본이었다), 우리가 로마서 13장 마지막 말씀으로 알고 있는 것에 그의 시선을 두었다. 즉, "방탕과 술취하지 말며 음란과 호색하지 말며 쟁투와 시기하지 말고 오직 주 예수 그리스도로 옷 입고 정욕을 위하여 육신의 일을 도모하지 말라"는 내용이었다. 그리고 그는 "나는 더 이상 읽지 않을 것이다. 나는 어떤 것도 필요치 않다. 그것은 이 문장의 마지막에서 즉시 밝은 빛이 내 마음에 넘쳤고 의심의 모든 어두움은 사라져 버렸기 때문이다"라고 고백했다고 한다.

"신약 시대 이후 가장 위대한 그리스도인"(한 교부연구가가 그를 그렇게 불렀다)인 어거스틴이 그 후의 생애의 사상에 미친 엄청난 영향력은 그가 바울의 말씀을 읽었을 때 그의 마음 속으로 넘쳐 흐른 그 빛이었다는 것을 알 수 있다.

(2) 루터와 종교개혁

1513년 어거스틴 수도원의 수도사요 삭소니(Saxony)의 비텐베르크 대학의 성경신학 교수였던 마틴 루터는 열심히 시편 강의를 준비했다. 그때 그의 마음은 "은혜로운 하나님을 발견하기 위해" 번민하여 애쓰는데 여념이 없었다. 시편 31:1의 "주의 의로 나를 건지소서"라는 기도가 그에게 떠올랐다. 그러나 하나님의 "의"가 어떻게 그를 구원할 수 있을까? 하나님의 의는 확실히 그를 구원하기 보다는 오히려 그 죄인을 심판하는 데에 적합했다. 그가 그 말씀의 의미에 대해서 생각했을 때 점점 더 로마서 1:17에 있는 바울의 진술로 주의를 돌리게 되었다. 그것은 "복음에는 하나님의 의가 나타나서 믿음으로 믿음에 이르게 하나니 기록된 바 오직 의인은 믿음으로 말미암아 살리라"(합 2:4)는 말씀이었다. 그의 연구결과는 다음의 자신의 말에 가장 잘 나타나 있다.

> 나는 바울의 로마서를 이해하기를 열망했다. 그런데 "하나님의 의"라는 한 가지 표현이 방해가 되었다. 왜냐하면 나는 그 의를 하나님이 의로우셔서 불의한 자들을 공의롭게 심판하실 때 행사하시는 것으로 알았기 때문이다. 나는 밤낮 숙고했다. 드디어 하나님의 의가 은혜와 온전한 자비로 말미암아 그가 믿음으로 우리를 의롭게 하시는 그 의라는 진리를 파악하게 되었다. 그때 나는 다시 태어나서 낙원으로 들어가는 열린 문을 통과하는 것을 느꼈다. 그러자 전에는 "하나님의 의"가 내게 반감을 일으켰지만 이제는 그것이 내게 더 큰 사랑 속에서 말할 수 없는 즐거움이 되었다. 바울의 이 말씀은 내게 하늘로 가는 통로가 되었다.

루터가 바울에 의한 자유케 하는 복음을 이해한 결과는 역사에 대서특필되어 있다.

어거스틴과 루터는 바울이 그들 자신의 각자 영적 상태에 아주 도움이 되도록 말한 것을 발견했으므로 그들이 회심하기 전에 경험했던 것과 같이 바울이 회심 전에 그와 같은 종류의 내적인 갈등을 가진 것으로 보려는 부당한 경향이 있어 왔다고 할 만도 하다. 그러나 강조되어야 하는 것은 바울이 말하는 하나님의 은혜로 말미암은 구원의 복음이 바울과 같이 자기가 율법을 준수함으로써 만족스런 의의 표준에 이르렀다고 생각한 사람들에게 뿐만 아니라 어쨌든 그런 수준에 못미쳐서 결과적으로 양심의 번민을 겪어온 사람들에게도 현실적인 관련이 있다는 것이다. 바울에 의한 복음은 한 종류의 기질이나 한 유형의 경험만을 위한 메시지가 아니다. 웨슬리 형제는 어거스틴과 루터와는 아주 다른 배경과 경험을 가졌지만 그들의 상태를 지적한 사람도 바로 바울이었다.

(3) 웨슬리 형제와 복음주의의 부흥

보통 그의 회심이라고 하는 사건에 대한 존 웨슬리의 유명한 이야기에서 그러나 이후에 그가 직접 그것을 "종의 믿음"에서 "아들의 믿음"으로 바꾼 시기라고 (바울의 표현으로) 묘사했는데, 거기서 그는 1738년 5월 24일 수요일 저녁 어떻게 그가 아주 내키지 않는 마음으로 런던 올더스게이트(Aldersgate) 가에 있는 한 집회에 갔는가를 말하고 있는데, 그곳은 어떤 사람이 루터의 로마서 서문을 읽고 있던 곳이다. 그가 계속해서 말하길 "9시 15분 전 쯤에 그가 그리스도를 믿음으로 말미암아 하나님이 그 마음 속에서 역사하시는 변화를 설명하고 있을 동안 나는 내 마음이 이상하게 뜨거워지는 것을 느꼈다. 나는 내가 정말 그리스도를 믿는다고 느꼈다. 그리스도만이 구원하신다. 즉, 그가 '나의' 죄를 '나의 모든 것'까지도 제하여 버리고 '나를' 죄와 사망의 법에서 구원했다는 확신이 내게 주어졌다"고 고백했다.

18세기의 복음주의의 부흥의 탄생을 나타내는 또다른 사건이 하나 더 있다면, 그것은 바로 이 사실이었다. "그 세기의 남은 기간과 그 이후에 걸쳐서 아주 밝게 타오른, 꺼질 줄 모르는 그 불길이 올더스게이트가에 있는 이 한 사람의 뜨거운 가슴에 지펴졌던 것이다." 그러나 거의 같은 시대에 다른 이들도 비슷한 각성을 체험하고 있었다. 그리고 바울은 그들 중 얼마나 많은 사람에게 결정적 역할을 수행했는가? 존의 각성이 있기 일주일 전에 그의 형제 찰스는 처음으로 문득 루터의 갈라디아서 주석을 생각해내었다. 그리고 "그는 믿음으로 고상하게 가득차 있었다"고 고백했다. 그 날 이후 그가 기록하는 바에 따르면 "나는 오늘 저녁 개인적으로 마틴 루터와 함께 몇 시간을 보내었다. 그는 특히 제2장 결론에서 나를 충만함으로 이끌었다. 나는 누가 '나'를 사랑하고 '나'를 위해서 자신을 주었는가를 느끼기 위해서 힘쓰고, 기다리며 기도했다"고 고백한다.[10] 4일 후 그의 기도는 응답받았다.

그러나 바울 사상의 또다른 표현이 복음주의 부흥에 크게 기여했는데, 그것은 1670년 초에 헨리 스코갈(Henry Scougal)이 "인간의 영혼 속에 있는 하나님의 생명"(The Life of God in the Soul of Man)에서 설명했다.[11] 이 논문은 웨슬리 형제에게 잘 알려졌는데, 그의 어머니가 그들에게 그것을 "탁월한 양서"로 그리고

---

10) 갈 2:20에서 인용한 데는 그가 그의 형이 롬 8:2을 언급할 때 했듯이 인칭대명사 me를 똑같이 강조하고 있다.

11) Henry Scougal(1650~78)은 1673년 Aberdeen의 king's college의 목회학 교수로 채용되어 5년 후 폐병으로 죽었다. *The Life of God in the Soul of Man*은 아마 1672~73에 썼을 텐데, 그때 그는 애버딘셔(Aberdeenshire)에서 Auchtarless의 교구 목사였다. 그것은 1677에 익명으로 출판되었는데 그 다음 세기에 많은 중판이 나왔다. 여기에 사용된 판은 인즈(D. J. Innes)의 머릿말에 실어서 I.V.P.(London, 1962)에서 출판했다.

"수 년 전에 내가 알았던 것"이라고 추천했기 때문이다. 존 웨슬리는 사바나(Savanah), 지오기아(Geogia)에서 사본을 하나 가지고 있었고, 찰스는 그의 옥스포드 시절에 그를 따르던 학생인 죠지 화이트 필드에게 한 사본을 주었다. 바로 이 책을 읽음으로써 1739년 화이트 필드는 회심하게 되었다. 즉, 자신의 말로는 그 책으로 인해 그는 "종교에 대해서 조금 밖에 모르는 사람들도 그것이 하나님의 아들 곧 마음 속에 이루어진 그리스도와의 생명적인 연합이라는 것"을 보게 되었다고 고백한다. 그는 덧붙이기를 "오, 신적 생명의 광선이 그때 내 영혼에 갑자기 떠올랐구나!"라고 했다. 그래서 그에게 일어난 일을 묘사하는 데에 그는 스코갈의 표현을 따르고 있다. 즉, "참된 종교는 하나님과 영혼이 하나되는 것이요, 그 신성에 실제로 참여하는 것이요, 영혼에 깃든 하나님의 형상이요, 또는 그 사도의 표현으로 그것은 '그리스도의 형상이 우리 속에 이루어진 것'이다." 그 "사도의 표현"은 율법의 행위에서 떠나서 믿음에 의한 칭의를 대단히 강조하는 갈라디아서에서 왔다. 바울은 갈라디아에 있는 동료들에게 "너희 속에 그리스도의 형상이 이루어지기까지"(갈 4:19) 그들을 위하여 해산하는 수고를 어떻게 하는가를 말하고 있다. 복음주의의 부흥에 심오하고 지속적인 영향을 끼친 것은 바로 이 두 가지 측면의 바울 사상의 결합이었을 것이다. 그것은 우선적으로 용서하는 하나님의 은혜와 점진적인 성령의 내적 사역인데 후자없이 전자에 집중할 때 균형을 잃은 종교 형태가 된다.

(4) 바르트와 위기신학

최근에 들어서면서 20세기에 가장 신기원을 이룬 신학 출판물 가운데 하나는 1918년 8월에 처음 출판된 칼 바르트의 로마서 주석이었다. 그때 그는 스위스 아르고(Aargau) 칸톤에 있는 자펜빌(Safenwil)의 목사였다. 그가 서문에서 말하길 "독자는 그것이 발견하는 즐거운 마음으로 쓰여져 있다는 사실을 스스로 발견할 것이다. 바울의 힘있는 음성은 내게 새로왔다. 그리고 나에게 그렇다면 분명히 다른 많은 사람들에게도 그럴 것이다. 그리고 내 작품은 끝났으나 내가 아직 듣지 못한 많은 것이 여전히 남아 있다는 것을 인식한다"고 말했다. 그러나 그는 그가 들었던 것을 적었고, 다른 사람들도 그것을 들었다. 그는 자신을 어둠 속에서 안내용 로프를 붙들고서 죽은 자들을 깨우려고 소리를 내는 벨 로프를 그가 당겼다는 것을 깨닫는 사람에 비유했다. 가톨릭 신학자 칼 아담은 바르트의 로마서 주석(Römerbrief)의 출판은 "신학자들의 놀이터에 폭탄과 같이" 떨어졌다고 평가했다. 그 폭발의 여파는 약 60년이 지난 우리에게도 여전하다.

(5) 바울과 민주주의적 자유

민주주의의 과정이 특히 종교개혁과 복음주의의 부흥의 혜택을 입은 세계의 일부 지역에서 바울은 그 복음운동에 대한 직접적인 영향을 끼쳤기 때문에 민주주의에 대한 간접적인 영향을 행사해 왔다고 주장할 수 있다. 이것은 스코틀랜드의 유명한 변호사요, 목사인 토마스 테일러 경의 판단이었다. 그는 바울 신학과 민주주의의 과정에 대해 이 양자를 조심스럽게 연구한 학자였다.

> 믿음에 의한 칭의는 구원이 성례에 달려 있지 않고 또는 어떤 성직자나 장로가 행한 것이나 그렇지 않는 것에 의존하지 않고 오직 예수 그리스도 안에서 하나님의 말씀에 대한 믿는 마음의 단순한 반응에 의존한다는 것을 기억하라. 그것은 신학적 허구가 아니다. 그것은 단번에 행위와 관련된 교리와 함께 사제주의의 방대한 제도의 뿌리를 강타한다. 즉, 고해성사, 성지순례, 금식, 연옥, 나머지 온갖 것들을 말이다. 교회는 더 이상 그 성도를 위한 불가피한 의식을 이행하는 성직 계급제도가 아니다. 또 교회는 더 이상 주교의 말에 있는 신비적인 능력은 말할 것도 없고, 신비가 가미된 사제의 카스터 제도가 아니다. 그러나 모든 신자들의 성직과 목사 직분은 성령의 부르심에 의해서, 생활과 교리의 적당한 시험에 의해서, 그리고 관련된 사람들의 승인에 의해서 위임되었다. 여기서 아니 다른 곳이 아닌 바로 여기에서 스코틀랜드의 민주주의가 시작되었다. 믿음에 의한 칭의의 교리를 수락하라. 그리하면 평신도, 일반인, 국민들(John the Commonweal)[12]이 단걸음으로 중앙으로 들어갈 것이다.

토마스 경이 특히 "스코틀랜드의 민주주의"에 대해서 언급한 것은 스코틀랜드 종교개혁의 4반세기를 기념하기 위해서 소집된 스코틀랜드 교회의 총회에서 연설을 하고 있었기 때문이다. 그러나 그의 현명한 말속에는 좀더 광범위한 의미를 지니고 있다. 바울은 인종, 종교, 성별과 사회적 편애나 차별이 온 새로운 피조세계에서 사라질 날을 학수고대했는데 원칙상 그는 그리스도인의 교제 가운데 있는 어떤 신분상의 차별도 부인했다. 그리고 그는 사회나 정치적 민주주의가 여지껏 할 수 있었던 것보다 인간의 인격에 대해 더 높이 평가했다. 그가 공동체 안의 더 약한 지체들에게는 특별한 관심을 가져야 한다고 주장한 것은 다른 관점에서는 비록 보잘것 없다고 할지라도 그들 각자가 "그리스도께서 위하여 죽으신 형제(혹은 자매)"였기 때문이다. 그는 영적 자유를 위한 투사였다. 그가 심지어 자유보다 더 우선권을 둔 것이 한 가지 있었는데 그 한 가지란 사랑이었다. 그러나 영적인 자유는 사랑에 의해서 감소되지 않는다. 이 둘은 성령에 의해 주어지는데 사랑 안에서 섬기는 것은 완전한 자유이다. 다른 수많은 점에 있어서처럼 이 점에 있어서도 바울은 그리스도의 마음을 간파하는데 여전히 가장 탁월한 사람이었다.

---

12) John the Commonweal("Iohne the Common-weill")은 David Lindsay 경의 *Satyre of the Thrie Estaitis*(1552)에 나오는 인물이다.

CHRISTIAN LITERATURE CRUSADE

기독교문서선교회는 청교도적 복음주의신학과 신앙을 선포하는 국제적, 초교파적, 비영리 문서선교기관입니다.

기독교문서선교회는 한국교회를 위한 교육, 전도, 교화에 힘쓰고 있습니다.

만일 당신이 예수 그리스도와 그리스도인의 생활에 대하여 알기를 원하시면 지체말고 서신연락을 주십시오. 주 안에서 기쁜 마음으로 도움을 드리겠습니다.

서울 서초구 방배동 983~2
Tel. 586-8761~3

기독교 문서 선교회

바울신학

PAUL: Apostle of the Heart Set Free

1987년 4월 20일 초판 발행
2020년 3월 10일 초판 5쇄 발행

지은이	|	F. F. 브루스
옮긴이	|	정 원 태
펴낸곳	|	(사)기독교문서선교회
등록	|	제16-25호(1980.1.18.)
주소	|	서울특별시 서초구 방배로 68
전화	|	02-586-8761~3(본사) 031-942-8761(영업부)
팩스	|	02-523-0131(본사) 031-942-8763(영업부)
홈페이지	|	www.clcbook.com
이메일	|	clckor@gmail.com
온라인	|	국민은행 043-01-0379-646, 기업은행 073-000308-04-020
		예금주: 사)기독교문서선교회

ISBN 978-89-341-0238-0(93230)

* 낙장·파본은 교환해 드립니다.